Coleção
OAB
Doutrina 3 em 1

Volume 4

Organizadores
Leonardo Garcia
Roberval Rocha

✓ Trabalho
✓ Processo do Trabalho
✓ Humanos | Difusos Internacional

Coleção

OAB

Doutrina 3 em 1

Volume

4

Organizadores

Leonardo Garcia

Roberval Rocha

✓ Trabalho
✓ Processo do Trabalho
✓ Humanos | Difusos Internacional

Guilherme Freire de Melo Barros

José Cairo Jr.

Leonardo Garcia

Paulo Henrique Gonçalves Portela

Romeu Thomé

4ª edição

Atualizada e reformulada

2019

www.editorajuspodivm.com.br

www.editorajuspodivm.com.br

Rua Território Rio Branco, 87 – Pituba – CEP: 41830-530 – Salvador – Bahia
Tel: (71) 3045.9051
• Contato: https://www.editorajuspodivm.com.br/sac

Diagramação: Maitê Coelho (maitescoelho@yahoo.com.br)

Capa: Ana Caquetti

ISBN: 978-85-442-2958-3

Apresentação da Coleção

A *Coleção OAB*, já reconhecida por auxiliar incontáveis estudantes a alcançar a tão sonhada aprovação no exame da Ordem dos Advogados do Brasil, foi totalmente reformulada, com o intuito de disponibilizar teoria direcionada e consolidada na medida certa, garantindo uma preparação completa e segura não só para a 1ª fase do certame, como também para a 2ª. Assim, a Editora JusPodivm tem o orgulho de apresentar a ***Coleção OAB Doutrina 3 em 1***.

Com o objetivo de tornar o preparo mais consistente e para que proporcione um estudo aprofundado e útil para a primeira e segunda fases do exame, unificamos os volumes das disciplinas afins. Desta forma, o estudante encontrará um conteúdo ao mesmo tempo abrangente e didático.

Sabemos que para uma preparação eficiente é fundamental conhecer o modo de abordagem dos temas e as exigências que a banca organizadora (Fundação Getúlio Vargas – FGV) impõe às provas. Pensando nisso, participam da elaboração deste material professores e autores com ampla experiência na preparação para concursos públicos, em especial para provas da OAB.

A coleção é formulada com base em metodologia eficaz de ensino e sintetiza, em quatro volumes:

- conteúdo amplo, na medida certa, e didático, otimizando o aprendizado;
- palavras-chaves e expressões de importância em destaque;
- quadros, esquemas e tabelas, facilitando e sistematizando a compreensão sobre os pontos principais de estudo.

Bons estudos e contem sempre conosco!

Leonardo Garcia

Roberval Rocha

Sobre Organizadores e Autores

ORGANIZADORES

LEONARDO GARCIA

Procurador do Estado do Espírito Santo. Mestre em Direitos Difusos e Coletivos pela PUC/SP. Ex-Procurador Federal com exercício no Gabinete do Advogado-Geral da União (AGU) com atuação específica perante o STF. Especialista em "Derecho del Consumo y Economía" pela Universidad de Castilla la Mancha/Espanha. Assessor do Relator da Comissão Especial de Atualização do CDC no Senado Federal. Professor de diversos cursos jurídicos e de pós-graduação. Autor e coordenador de diversos livros jurídicos.

www.leonardogarcia.com.br

Instagram: @professorleonardogarcia

ROBERVAL ROCHA

Mestre em direito processual pela Universidade Católica de Pernambuco. Bacharel em direito pela Universidade Federal de Pernambuco. Professor de cursos de graduação e pós-graduação em direito tributário e financeiro. Organizador e autor da Coleção Súmulas.

AUTORES

GUILHERME FREIRE DE MELO BARROS

Graduado pela Universidade Federal do Rio de Janeiro – UFRJ.

Pós-graduado em Direito Processual Civil pelo Instituto Romeu Bacellar.

LL.M em Contratos Internacionais e Resolução de Disputas pela Universidade de Turim/Itália.

Mestre em Direito Econômico e Socioambiental pela PUC-PR.

Ex-Defensor Público do Estado do Espírito Santo.

Procurador do Estado do Paraná.

Professor da graduação e coordenador da Pós-graduação em Processo Civil, Mediação e Arbitragem – Pós-PCMA da PUC-PR.

JOSÉ CAIRO JR.

Juiz do Trabalho do TRT da 5ª Região, titular da 3ª Vara do Trabalho de Ilhéus. Professor de Direito do Trabalho e Processo do Trabalho da Universidade Estadual de Santa Cruz – UESC. Mestre em Direito Privado pela Universidade Federal de Pernambuco – UFPE. E-mail: josecairojunior@me.com

PAULO HENRIQUE GONÇALVES PORTELA

Graduado em Diplomacia pelo Instituto Rio Branco (IRBr) do Ministério das Relações Exteriores (MRE) e em Direito pela Universidade Federal do Ceará (UFC).

Mestre em Direito pela Universidade Federal do Ceará (UFC).

Diplomata de Carreira (1996-2006).

Professor de Direito Internacional Público, Direito Internacional Privado e de Proteção Internacional dos Direitos Humanos no Centro Universitário Christus (Unichristus), em Fortaleza (Ceará).

Professor de Direito Internacional Público, Direito Internacional Privado, Direito Internacional do Trabalho e Direitos Humanos em cursos de especialização e em cursos preparatórios para concursos públicos.

ROMEU THOMÉ

Pós-Doutor em Direito Ambiental pela Université Laval, Canadá. Doutor em Direito Público com ênfase em Direito Ambiental pela PUC/MG. Mestre em Direito Econômico com ênfase em Direito Ambiental pela UFMG. Especialista em Direito Ambiental pela Université de Genève, Suíça. Professor do Mestrado e do Doutorado em Direito Ambiental da Escola Superior Dom Helder Câmara. Professor universitário e de cursos preparatórios para carreiras de Estado. Advogado e Consultor em Direito Ambiental.
Instagram: romeuthome_direitoambiental
Site: https://independent.academia.edu/RomeuThome
Currículo Lattes: http://lattes.cnpq.br/2216980940476048

Sumário

PARTE 1 – DIREITO E PROCESSO DO TRABALHO

José Cairo Jr.

Capítulo I → INTRODUÇÃO AO DIREITO DO TRABALHO 27

1. Conceito e denominação do Direito do Trabalho 27
2. Princípios do direito individual do trabalho 27
3. Fontes do Direito do Trabalho 31

Capítulo II → RELAÇÃO DE EMPREGO E CONTRATO DE TRABALHO 37

1. Elementos da relação de emprego 37
2. Relações de trabalho *lato sensu* 38
3. Contrato de trabalho 43

Capítulo III → EMPREGADO 53

1. Conceito 53
2. Empregados especiais 54

Capítulo IV → EMPREGADOR 71

1. Conceito 71
2. Empresa, estabelecimento e responsabilidade dos sócios 71
3. Grupo econômico 72
4. Sucessão de empregadores 73
5. Empregador e empregado rural 74
6. Terceirização 75
7. Contrato de empreitada e subempreitada 78
8. Responsabilidade do empregador por dano extrapatrimonial 79

Capítulo V → SALÁRIO E REMUNERAÇÃO 83

1. Conceito 83
2. Diferenças entre salário e remuneração 83
3. Gorjetas 84
4. Salário mínimo 85
5. Critérios para aferição do salário 86
6. Prazo, forma e prova do pagamento 87

7. Modalidades de salário 88
8. Parcelas indenizatórias 99
9. Parcelas *in natura* 103
10. Proteção ao salário 104
11. Isonomia salarial 107

Capítulo VI → JORNADA DE TRABALHO 111
1. Jornada normal de trabalho 111
2. Jornada extraordinária 112
3. Empregados excluídos das horas extras 119
4. Base de cálculo do valor das horas extras e sua integração ao salário 119
5. Jornadas especiais 121
6. Jornada noturna 125
7. Intervalo intrajornada 126
8. Intervalo interjornada 128
9. Repouso semanal remunerado 128
10. Férias 130

Capítulo VII → ALTERAÇÃO DO CONTRATO DE TRABALHO 137
1. Alterações contratuais lícitas 137
2. Alterações do regulamento da empresa 137
3. Alterações contratuais e prescrição 138
4. Cargo de confiança/reversão 139
5. Transferência do local de trabalho 139

Capítulo VIII → SUSPENSÃO E INTERRUPÇÃO DO CONTRATO DE TRABALHO 141
1. Distinção entre suspensão e interrupção do contrato de trabalho 141
2. Casos de suspensão do contrato de trabalho 141
3. Casos de interrupção do contrato de trabalho 142
4. Situações especiais 144

Capítulo IX → EXTINÇÃO DO CONTRATO DE TRABALHO 145
1. Despedida sem justa - demissão - aviso prévio 145
2. Demissão 148
3. Despedida por justa causa 148
4. Rescisão indireta do contrato de trabalho 149
5. Outras causas extintivas do contrato de trabalho 150
6. Prescrição e decadência 153
7. Efeitos financeiros da extinção do contrato de trabalho 156
8. Quadro sinóptico 162

Capítulo X → FGTS E ESTABILIDADE 163
1. Conceito de FGTS 163
2. Valor e base de cálculo do FGTS 163

3. Hipóteses para movimentação do FGTS 164
4. Multa de 40% sobre o FGTS 165
5. Estabilidade definitiva 166
6. Estabilidade provisória 167
7. Readmissão, reintegração e conversão em indenização 172

Capítulo XI → **SAÚDE, MEDICINA E HIGIENE DO TRABALHO** 175
1. Meio ambiente do trabalho 175
2. Proteção legal ao meio ambiente do trabalho 175
3. Atestado de saúde ocupacional 176

Capítulo XII → **DIREITO COLETIVO DO TRABALHO** 179
1. Conceito 179
2. Princípios do Direito Coletivo do Trabalho 179
3. Poder normativo 181
4. Sindicato 181
5. Liberdade sindical 190
6. Convenção e acordo coletivo de trabalho 192
7. Greve 198

Capítulo XIII → **PROCESSO DO TRABALHO** 201
1. Direito Processual do Trabalho 201
2. Comissão de conciliação prévia 204
3. Justiça do Trabalho 206
4. Ministério Público do Trabalho 212
5. Despesas processuais 213
6. Partes 219
7. Advogado 225
8. Atos, termos e prazos processuais 228
9. Nulidades 231
10. Ações trabalhistas 232
11. Audiência 238
12. Defesa 241
13. Provas, princípios e peculiaridades 244
14. Decisões interlocutórias, tutelas provisórias e sentença 252
15. A sentença e as contribuições sociais 257
16. Recursos 258
17. Ação rescisória 280
18. Liquidação de sentença 295
19. Execução 297
20. Mandado de segurança 308
21. Dissídio coletivo 309
22. Ação de cumprimento 311
23. Ação monitória 312

PARTE 2 – DIREITOS DIFUSOS

DIREITO AMBIENTAL

Romeu Thomé

Capítulo I → PRINCÍPIOS DE DIREITO AMBIENTAL 317
1. Princípio do desenvolvimento sustentável 317
2. Princípio do ambiente ecologicamente equilibrado como direito fundamental da pessoa humana 318
3. Princípio da prevenção e da precaução 319
4. Princípio do poluidor-pagador 321
5. Princípio do usuário-pagador 322
6. Princípio da obrigatoriedade de atuação (intervenção) estatal / Princípio da natureza pública da proteção ambiental 323
7. Princípio da participação comunitária (popular) / Princípio democrático 323
8. Princípio da informação 324
9. Princípio da educação ambiental 324
10. Princípio da função socioambiental da propriedade 325
11. Princípio da cooperação entre os povos 326
12. Princípio do controle do poluidor pelo poder público / Princípio do limite 327

Capítulo II → O MEIO AMBIENTE NA CONSTITUIÇÃO DE 1988 329
1. Direito difuso e de 3ª geração 329
2. Principais ações constitucionais: Ação Civil Pública e Ação Popular Ambiental 330
3. Competências constitucionais em matéria ambiental 331
4. O artigo 225 da Constituição de 1988 332

Capítulo III → POLÍTICA NACIONAL DO MEIO AMBIENTE 337
1. Introdução 337
2. Conceitos relevantes 337
3. Objetivos específicos da política nacional do meio ambiente 339
4. SISNAMA – Sistema Nacional de Meio Ambiente 340
5. Instrumentos da Política Nacional do Meio Ambiente 343
6. Responsabilidade civil por dano ao meio ambiente 346
7. TCFA – Taxa de Controle e Fiscalização Ambiental 348

Capítulo IV → LICENCIAMENTO AMBIENTAL 349
1. Conceito 349
2. Tipos de Licença Ambiental 350
3. Competência para licenciar 350
4. Prazos de análise para a concessão de licenças ambientais 352
5. Audiência pública ambiental 353
6. Prazos de validade das licenças ambientais 353
7. Modificação, suspensão e cancelamento da licença ambiental 354

Capítulo V → CÓDIGO FLORESTAL ... 355

1. Introdução ... 355
2. Conceitos relevantes ... 355
3. Área de Preservação Permanente - APP ... 356
4. Área de Reserva Legal - RL ... 357
5. Cadastro Ambiental Rural - CAR ... 358
6. Servidão Florestal ... 359
7. Cota de Reserva Ambiental - CRA ... 359
8. Áreas consolidadas até 22.07.2008 ... 359

Capítulo VI → SISTEMA NACIONAL DE UNIDADES DE CONSERVAÇÃO DA NATUREZA - SNUC ... 361

1. Introdução ... 361
2. Conceitos relevantes ... 362
3. Instituto Chico Mendes ... 363
4. Classificação das unidades de conservação ... 363
5. Unidades de Conservação de Proteção Integral ... 365
6. Unidades de Conservação de Uso Sustentável ... 366
7. Criação, alteração e supressão de Unidades de Conservação ... 367
8. Zona de amortecimento ... 368
9. Corredores ecológicos ... 368
10. Plano de manejo ... 368
11. Compensação ambiental ... 369
12. Reserva da biosfera ... 370
13. Decreto regulamentador ... 370

Capítulo VII → LEI DE CRIMES AMBIENTAIS ... 371

1. Introdução ... 371
2. Responsabilidade penal das pessoas físicas nos crimes ambientais ... 372
3. Responsabilidade penal das pessoas jurídicas nos crimes ambientais ... 373
4. Aplicação da pena ... 374
5. Penas aplicáveis ... 375
6. Atenuantes e agravantes ... 377
7. Suspensão condicional da pena ... 378
8. Prova emprestada ... 378
9. Liquidação forçada ... 378
10. Apreensão do produto ... 378
11. Da ação e do processo penal ... 379
12. Dos crimes contra o meio ambiente ... 379
13. Princípio da especialidade ... 383

Referências ... 385

ECA

Guilherme Freire de Melo Barros

Capítulo I → LIÇÕES PRELIMINARES ... 389

1. Introdução ... 389
2. Proteção integral e absoluta prioridade ... 389
3. Crianças e adolescentes são sujeitos de direito ... 390
4. Conceito de criança e de adolescente ... 391
5. Aplicação do Estatuto a quem já completou a maioridade ... 392
6. Interpretação do Estatuto ... 393
7. Competência legislativa ... 393

Capítulo II → DIREITOS FUNDAMENTAIS ... 395

1. Dignidade da pessoa humana ... 395
2. Direito à vida e à saúde ... 396
3. Identificação adequada ... 397
4. Maus-tratos, castigo físico e tratamento cruel ou degradante – comunicação ao conselho tutelar ... 397
5. Preocupação com entrega da criança à adoção ... 398
6. Direito à liberdade, ao respeito e à dignidade ... 398
7. Direito à educação sem castigo físico, tratamento cruel ou degradante ... 400

Capítulo III → DIREITO À CONVIVÊNCIA FAMILIAR ... 401

1. Introdução ... 401
2. Convivência familiar ... 401
3. Permanência fora do convívio familiar – limites ... 402
4. Entrega do filho para adoção ... 403
5. Apadrinhamento ... 404
6. Igualdade de direitos entre os filhos ... 405
7. Poder familiar ... 406
8. Carência de recursos materiais ... 406
9. Condenação criminal ... 407
10. Processo judicial contraditório para perda ou suspensão do poder familiar ... 407
11. Família natural ... 408
12. Reconhecimento de filho e de estado de filiação ... 408

Capítulo IV → FAMÍLIA SUBSTITUTA ... 411

1. Introdução ... 411
2. Diretrizes gerais sobre a colocação em família substituta ... 411
3. Guarda ... 414
4. Tutela ... 415
5. Adoção ... 416

Capítulo V → EDUCAÇÃO ... 427

1. Introdução ... 427
2. Direito à educação ... 427
3. Comunicação ao Conselho Tutelar ... 429

Capítulo VI → PROFISSIONALIZAÇÃO E PROTEÇÃO AO TRABALHO 431
1. Introdução 431
2. Idade mínima para trabalho 431
3. Proteção ao trabalho do adolescente 432
4. Trabalho técnico-profissional para o aprendiz 433

Capítulo VII → PREVENÇÃO 435
1. Introdução 435
2. Prevenção referente à informação, cultura, lazer, esportes, diversões e espetáculos 436
3. Prevenção à venda de produtos e serviços 436
4. Autorização para viajar 437

Capítulo VIII → POLÍTICA DE ATENDIMENTO 439
1. Introdução 439
2. Política de atendimento 439
3. Entidades de atendimento 442
4. Fiscalização das entidades 446
5. Medidas aplicáveis à entidade e a seus dirigentes 446

Capítulo IX → MEDIDAS DE PROTEÇÃO 447
1. Introdução 447
2. Situação de risco 447
3. Agentes 448
4. Rol de princípios 448
5. Medidas específicas de proteção 450
6. Situação de risco e fixação de competência 451
7. Medida de proteção X Medida socioeducativa 452

Capítulo X → PRÁTICA DE ATO INFRACIONAL: DIREITOS E GARANTIAS 453
1. Introdução 453
2. Tempo do ato infracional/crime 453
3. Direitos individuais 454
4. Garantias processuais 456

Capítulo XI → MEDIDAS SOCIOEDUCATIVAS 457
1. Introdução 457
2. Rol de medidas socioeducativas 457
3. Principais características 457
4. Medidas socioeducativas em espécie 459

Capítulo XII → REMISSÃO 469
1. Introdução 469
2. Momento para concessão da remissão 469
3. Características 470

Capítulo XIII → CONSELHO TUTELAR 473

1. Introdução 473
2. Características 473
3. Composição e características dos integrantes 473
4. Atribuições 475

Capítulo XIV → JUSTIÇA DA INFÂNCIA E DA JUVENTUDE 477

1. Introdução 477
2. Acesso à Justiça 477
3. Competência 478
4. Serviços auxiliares 482

Capítulo XV → PROCEDIMENTOS 483

1. Introdução 483
2. Perda ou suspensão do poder familiar 483
3. Colocação em família substituta 484
4. Habilitação dos pretendentes à adoção 485
5. Apuração de irregularidades em entidade de atendimento 485
6. Apuração de infração administrativa às normas de proteção à criança e ao adolescente 486

Capítulo XVI → APURAÇÃO DE ATO INFRACIONAL 487

1. Introdução 487
2. Apreensão e encaminhamento 487
3. Flagrante de ato infracional 487
4. Formação da convicção do Ministério Público 488
5. Possíveis medidas do Ministério Público 489
6. Prazo de conclusão do procedimento 490
7. Providências para realização da audiência de apresentação 490
8. Sentença 492
9. Termos jurídicos próprios do Estatuto 493

Capítulo XVII → RECURSOS 495

1. Introdução 495
2. Preparo 495
3. Prazos 495
4. Tramitação prioritária dos recursos 496
5. Apelação 496

Capítulo XVIII → MINISTÉRIO PÚBLICO, ADVOCACIA E TUTELA DE DIREITOS 499

1. Ministério Público 499
2. Advocacia 500
3. Tutela de direitos individuais e coletivos 500

Capítulo XIX → CRIMES E INFRAÇÕES ADMINISTRATIVAS 503

1. Introdução 503
2. Leis penais e processuais penais 503
3. Ação pública incondicionada 504
4. Modalidade culposa 504
5. Prescrição de infrações administrativas 504
6. Crime de mera conduta e tentativa 504
7. Produção de material pornográfico – crime 504
8. Artigo 243 – alcance 504
9. Venda de produtos sem potencialidade lesiva – atipicidade 505
10. Efeito obrigatório da condenação – art. 244-A 505
11. Corrupção de menores – crime formal 505
12. Inconstitucionalidade declarada pelo STF 505
13. Sujeitos da infração administrativa do art. 249 506
14. Hospedagem de criança ou adolescente – infração administrativa 506
15. Transmissão de espetáculo de forma inadequada – infração administrativa 506

Bibliografia 507

DIREITO DO CONSUMIDOR

Leonardo de Medeiros Garcia

Capítulo I → REGULAMENTAÇÃO DAS RELAÇÕES DE CONSUMO 513

1. A Constituição e Código de Defesa do Consumidor 513
2. Norma de ordem pública e de interesse social 514
3. Aplicação do CDC aos contratos celebrados anteriormente 515

Capítulo II → RELAÇÃO JURÍDICA DE CONSUMO 517

1. Conceito de consumidor 517
2. Consumidor por equiparação 520
3. Conceito de fornecedor 521
4. Conceito de produto 522
5. Conceito de serviço 522
6. Principais casos de aplicação do CDC pelo STJ 523
7. Principais casos de não aplicação do CDC pelo STJ 524

Capítulo III → POLÍTICA NACIONAL DAS RELAÇÕES DE CONSUMO 525

1. Objetivos e princípios 525
2. Execução da Política Nacional das Relações de Consumo 526

Capítulo IV → DIREITOS BÁSICOS DO CONSUMIDOR 527

1. Modificação e revisão das cláusulas contratuais 528
2. Efetiva reparação de danos patrimoniais e morais 529
3. Inversão do ônus da prova 530

Capítulo V → **NOCIVIDADE E PERICULOSIDADE DOS PRODUTOS E SERVIÇOS** 533

Capítulo VI → **RESPONSABILIDADE CIVIL (FATO X VÍCIO)** 535

Capítulo VII → **RESPONSABILIDADE PELO FATO DO PRODUTO** 539

1. Excludentes de responsabilidade 539
2. Responsabilidade do comerciante 541

Capítulo VIII → **RESPONSABILIDADE PELO FATO DO SERVIÇO** 543

1. Responsabilidade dos médicos e hospitais 544
2. Responsabilidade pela perda de uma chance 545

Capítulo IX → **RESPONSABILIDADE POR VÍCIO DO PRODUTO** 547

1. Vício do produto 547
2. Vícios dos serviços – qualidade e quantidade 550

Capítulo X → **SERVIÇOS PÚBLICOS** 553

Capítulo XI → **DECADÊNCIA E PRESCRIÇÃO** 555

1. Conceito 555
2. Prazos decadenciais no CDC 555
3. Prazo prescricional no CDC 557

Capítulo XII → **DESCONSIDERAÇÃO DA PERSONALIDADE JURÍDICA** 559

1. Responsabilidade de algumas sociedades 561

Capítulo XIII → **OFERTA** 563

1. Princípio da vinculação contratual da oferta 563
2. Princípio da transparência na oferta 564
3. Oferta de componentes e reposição de peças 565
4. Oferta veiculada à distância 566
5. Responsabilidade solidária 566

Capítulo XIV → **PUBLICIDADE** 567

1. Princípios aplicáveis à publicidade no Código de Defesa do Consumidor 567

Capítulo XV → **PRÁTICAS ABUSIVAS** 571

1. Venda casada (art. 39, I, parte a) 571
2. Venda quantitativa (art. 39, I, parte b) 571
3. Recusar atendimento às demandas (art. 39, II) 572
4. Fornecimento não solicitado (art. 39, III) 572

5. Aproveitamento da vulnerabilidade do consumidor (art. 39, IV) 572
6. Exigir do consumidor vantagem excessiva (art. 39, V) 573
7. Serviços sem orçamento e autorização expressa (art. 39, VI) 573
8. Repasse de dados e informações depreciativas (art. 39, VII) 574
9. Inobservância de normas técnicas (art. 39, VIII) 574
10. Recusa de venda com pagamento a vista (art. 39, IX) 574
11. Elevação injustificada de preços (art. 39, X) 575
12. Inexistência de prazo para cumprimento de obrigação (art. 39, XII) 575
13. Índice de reajuste diverso (art. 39, XIII) 575

Capítulo XVI → COBRANÇA DE DÍVIDAS 577

1. Forma de cobrança de dívida 577
2. Repetição do indébito 577

Capítulo XVII → BANCO DE DADOS E CADASTRO DE CONSUMIDORES 579

1. Direito de acesso 580
2. Direito de informação 580
3. Direito de retificação 581
4. Direito de exclusão 581
5. Arquivos de consumo e dano moral 582
6. Dívida *sub judice* 583
7. Cadastros de inadimplentes e o Novo CPC 583

Capítulo XVIII → PROTEÇÃO CONTRATUAL 585

1. Generalidades 585
2. Direito de arrependimento 586
3. Garantia contratual e legal 587

Capítulo XIX → CLÁUSULAS CONTRATUAIS ABUSIVAS 589

1. Generalidades 589
2. Espécies de cláusulas abusivas 590
3. Controle de cláusulas contratuais 594

Capítulo XX → FINANCIAMENTO DE BENS E SERVIÇOS 595

1. Cláusula de decaimento 595
2. Consórcio 596

Capítulo XXI → CONTRATOS DE ADESÃO 597

1. Definição e características 597
2. Cláusula resolutória 597
3. Destaque para a cláusula que implique limitação de direito 598

Capítulo XXII → SANÇÕES ADMINISTRATIVAS 599

Capítulo XXIII → INFRAÇÕES PENAIS 601

1. Condutas típicas estabelecidas pelo CDC 602

Capítulo XXIV → DEFESA DO CONSUMIDOR EM JUÍZO 605

1. Introdução 605
2. Direitos difusos, coletivos e individuais homogêneos 606
3. Legitimidade 607
4. Ações coletivas para a defesa de direitos individuais homogêneos 609

Capítulo XXV → CONVENÇÃO COLETIVA DE CONSUMO 617

DIREITO INTERNACIONAL E DIREITOS HUMANOS

Paulo Henrique Gonçalves Portela

Capítulo I → INTRODUÇÃO AO DIREITO INTERNACIONAL PÚBLICO 621

1. Conceito de Direito Internacional Público 621
2. Objeto do Direito Internacional Público 621
3. Características do Direito Internacional Público 622
4. Fundamento do Direito Internacional Público 623
5. Relações do Direito Internacional com o Direito interno 624

Capítulo II → FONTES DO DIREITO INTERNACIONAL PÚBLICO 629

1. Fontes: conceito e informações gerais 629
2. Fontes estatutárias – fontes do artigo 38 do Estatuto da Corte Internacional de Justiça (CIJ) 630
3. Fontes extraestatutárias 633

Capítulo III → FONTES DO DIREITO INTERNACIONAL PÚBLICO – TRATADOS 637

1. Introdução 637
2. Terminologia 638
3. Classificação 639
4. Condições de validade 639
5. Etapas do processo de elaboração dos tratados 641
6. Incorporação ao ordenamento jurídico brasileiro 645
7. Efeitos dos tratados 646
8. Interpretação 646
9. Adesão 646
10. Emenda 647
11. Reservas 647
12. Extinção e suspensão e dos tratados 648
13. Conflito entre o Direito Internacional e o Direito interno e hierarquia dos tratados no ordenamento jurídico brasileiro 649

Capítulo IV → **SUJEITOS DE DIREITO INTERNACIONAL PÚBLICO** 653
1. Personalidade internacional: os sujeitos de Direito Internacional 653
2. O Estado 654
3. As organizações internacionais 654
4. Os blocos regionais 654
5. A Santa Sé e o Vaticano 655
6. Beligerantes e insurgentes 655
7. Indivíduos, empresas e ONGs 656

Capítulo V → **O ESTADO** 659
1. O Estado. Introdução 659
2. Reconhecimento de Estado e de governo 661
3. Direitos e deveres fundamentais dos Estados 663
4. Imunidade de jurisdição 663

Capítulo VI → **ÓRGÃOS DO ESTADO NAS RELAÇÕES INTERNACIONAIS. PRIVILÉGIOS E IMUNIDADES** 669
1. Órgãos do Estado nas relações internacionais: noções gerais 669
2. Privilégios e imunidades: noções gerais 675
3. Imunidades diplomáticas 676
4. Imunidades consulares 678

Capítulo VII → **AS ORGANIZAÇÕES INTERNACIONAIS. A ONU. A OEA.** 681
1. Teoria geral das organizações internacionais 681
2. A imunidade das organizações internacionais 684
3. A Organização das Nações Unidas (ONU) 685
4. Organismos especializados do Sistema das Nações Unidas 690
5. Organização dos Estados Americanos (OEA) 691

Capítulo VIII → **NACIONALIDADE** 693
1. Noções gerais 693
2. Nacionalidade originária brasileira 696
3. Nacionalidade adquirida brasileira: a naturalização no Brasil 697
4. Mudança de nacionalidade, perda e reaquisição da nacionalidade brasileira 700
5. Estatuto da Igualdade Brasil-Portugal 701

Capítulo IX → **CONDIÇÃO JURÍDICA DO ESTRANGEIRO** 703
1. Introdução 703
2. Entrada e permanência em Estado estrangeiro 705
3. Impedimento e repatriação 709
4. Deportação 710
5. Expulsão 712
6. Extradição 714
7. Asilo e refúgio 719
8. O Estatuto da Igualdade 723

Capítulo X → RESPONSABILIDADE INTERNACIONAL 725

1. Noções fundamentais 725
2. Elementos da responsabilidade internacional 727
3. Excludentes da responsabilidade internacional 729
4. Proteção diplomática 730
5. Esboço de Artigos sobre a Responsabilidade de Estados por Atos Ilícitos Internacionais 730

Capítulo XI → DIREITO INTERNACIONAL ECONÔMICO E DIREITO DO COMÉRCIO INTERNACIONAL 735

1. Conceito 735
2. Histórico 735
3. Principais organizações internacionais na área de Direito Internacional Econômico ... 736
4. A Organização Mundial do Comércio (OMC). Direito do Comércio Internacional 737
5. Principais acordos comerciais celebrados na OMC 741

Capítulo XII → DIREITO DA INTEGRAÇÃO E DIREITO COMUNITÁRIO ... 749

1. Noções gerais 749
2. Mercosul 750
3. Estrutura e funcionamento do Mercosul 753
4. Solução de controvérsias no Mercosul 755
5. União Europeia 758

Capítulo XIII → SOLUÇÃO PACÍFICA DE CONTROVÉRSIAS INTERNACIONAIS 761

1. Introdução: as controvérsias internacionais 761
2. Meios diplomáticos e políticos 762
3. Meios semijudiciais: a arbitragem internacional 764
4. Mecanismos judiciais: cortes e tribunais internacionais 765

Capítulo XIV → DIREITO DO MAR 769

1. Introdução: o domínio público internacional 769
2. Direito do mar, dos rios e das águas interiores 769
3. Espaços tutelados pelo Direito do Mar 770
4. Navegação Marítima 773
5. Rios internacionais 774
6. Águas interiores 774

Capítulo XV → DIREITO INTERNACIONAL PRIVADO 775

1. Conceito e noções preliminares 775
2. Objeto 776
3. Fontes 776
4. A norma de Direito Internacional Privado 777
5. Elementos de conexão 779

Capítulo XVI → TÓPICOS DE DIREITO INTERNACIONAL PRIVADO 785
1. Cooperação jurídica internacional no CPC 2015 785
2. Homologação de sentenças estrangeiras 787
3. Carta rogatória 793
4. Auxílio direto 798
5. Regime das provas 799
6. Competência internacional: Direito Processual Civil internacional 800
7. Sequestro internacional de crianças: a Convenção sobre os Aspectos Civis do Sequestro Internacional de Crianças (Convenção da Haia) 804

Capítulo XVII → DIREITOS HUMANOS 809
1. Conceito 809
2. Fundamento 809
3. Características 809
4. Breve evolução histórica 810
5. Gerações e dimensões dos direitos humanos 811
6. Direito Internacional dos Direitos Humanos 812
7. A proteção internacional dos direitos humanos e o Direito brasileiro 815

Capítulo XVIII → PRINCIPAIS NORMAS E ÓRGÃOS INTERNACIONAIS DE PROTEÇÃO DOS DIREITOS HUMANOS 819
1. Sistema global 819
2. Principais instrumentos normativos do sistema global 819
3. O Direito Humanitário 826
4. Sistemas regionais de direitos humanos 829
5. Tribunal Penal Internacional (TPI) 835

Parte 1

Direito e Processo do Trabalho

José Cairo Jr.

Introdução ao Direito do Trabalho

1. CONCEITO E DENOMINAÇÃO DO DIREITO DO TRABALHO

O Direito do Trabalho é o ramo do Direito composto por regras e princípios, sistematicamente ordenados, **que regulam a relação de trabalho subordinada entre empregado e empregador**, acompanhado de sanções para a hipótese de descumprimento dos seus comandos.

Além da denominação consagrada pela doutrina e pela legislação, o Direito do Trabalho recebe ainda as seguintes denominações menos usuais: legislação do trabalho, direito industrial, direito corporativo, direito social e direito do emprego.

2. PRINCÍPIOS DO DIREITO INDIVIDUAL DO TRABALHO

O princípio da proteção é considerado o **princípio dos princípios do Direito do Trabalho**. Com o advento da revolução industrial e o surgimento da questão social, sentiu-se a necessidade de estabelecer uma proteção legal ao empregado hipossuficiente em face dos atos do empregador, enquanto estivesse sob o seu poder de comando e direção. Daí o aparecimento do princípio protetivo, também denominado de **princípio tuitivo ou tutelar**, que representa a própria essência do Direito Laboral. Sua ausência implicaria não reconhecer a autonomia desse ramo do Direito.

Assim, o Direito do Trabalho, por intermédio do princípio protetivo, **estabelece uma desigualdade no plano jurídico, para compensar a desigualdade no plano fático que existe entre o empregado hipossuficiente e o empregador.**

Nesse passo, o art. 9º da CLT dispõe expressamente que:

> "Serão nulos de pleno direito os atos praticados com o objetivo de desvirtuar, impedir ou fraudar a aplicação dos preceitos contidos na presente Consolidação".

O princípio protetivo manifesta-se por meio das regras do *in dubio pro operario*, da regra da aplicação da norma estatal mais favorável e da regra da condição mais benéfica, conforme se observa do gráfico abaixo e que serão abordados em seguida.

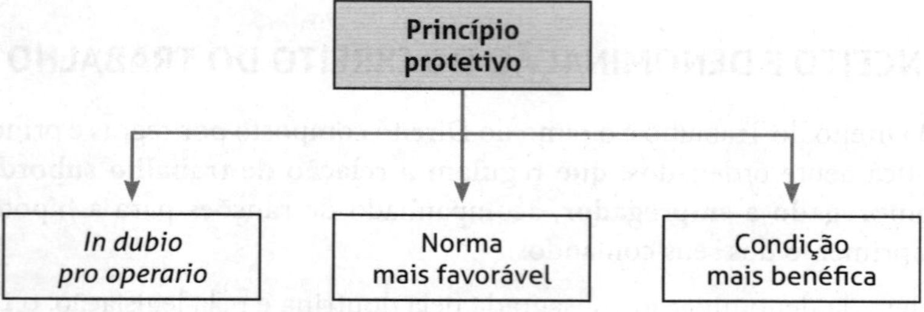

2.1. *In dubio pro operario*

Por essa regra, quando surgir interpretações divergentes em relação à mesma norma jurídica a ser aplicada a um determinado caso concreto, **será dada preferência àquela interpretação que mais favoreça ao empregado.**

2.2. Regra da norma Estatal mais favorável

Pela aplicação da regra estatal mais favorável, **será utilizada, no caso concreto, a norma heterônoma que atribua melhores condições de trabalho para o trabalhador hipossuficiente.**

Desse modo, se uma norma estatal de grau inferior contiver dispositivo que atribuam direitos em maior intensidade para o empregado, terá preferência sobre aquela de grau superior que não tenha oferecido maiores vantagens ao trabalhador.

Essa determinação está consignada expressamente no *caput* do art. 7º da CF/88:

> "Art. 7º. São direitos dos trabalhadores urbanos e rurais, **além de outros que visem à melhoria de sua condição social (grifou-se)**";

Atualmente, não se aplica a regra da norma mais favorável **no âmbito dos instrumentos normativos negociados.** Isso porque a Lei da Reforma Trabalhista (Lei nº 13.467/17), introduziu uma série de mudanças na CLT que vedam esse procedimento, a exemplo da alteração na redação do art. 620: "As condições estabelecidas em acordo coletivo de trabalho sempre prevalecerão sobre as estipuladas em convenção coletiva de trabalho.".

2.3. Condição mais benéfica

Como regra da aplicação da condição mais benéfica, entende-se que **prevalece aquela condição mais vantajosa para o empregado, desde que esteja prevista no próprio contrato de trabalho**, de forma explícita ou implícita, **ou decorrente de sua execução.**

Nesse caso, verifica-se que o empregador oferece uma condição de trabalho mais proveitosa do que aquela prevista nas normas autônomas ou heterônomas, devendo, por conseguinte, prevalecer sobre essas últimas.

2.4. Outros princípios

Além dos princípios basilares que foram mencionados acima, pode-se citar ainda o princípio da continuidade da relação de emprego, o princípio da irrenunciabilidade dos direitos trabalhistas e o princípio da não discriminação, dentre outros relatados pela doutrina pátria e alienígena.

A. Continuidade

Considerando o fato de que o salário do empregado é a sua única ou principal fonte de renda, presume-se que a sua vontade é de **continuar a prestação de serviços indefinidamente**, circunstância que alicerça o princípio de continuidade da relação de emprego.

Nesse sentido, o ônus de provar o término do contrato de trabalho, quando negados a prestação de serviço e o despedimento, **é do empregador**, pois o princípio da continuidade da relação de emprego constitui presunção favorável ao empregado (TST. Súmula nº 212. Res. nº 121/03).

B. Primazia da realidade

O contrato de trabalho é do tipo contrato-realidade. Primeiro, porque ele é consensual, pois a **sua eficácia independe de qualquer formalidade**, bastando, apenas, o consentimento das partes. Segundo, porque a solenidade só é exigida quando o contrato de trabalho for especial e assim dispuser a lei que o regula.

Dessas circunstâncias deriva o princípio da primazia da realidade, devendo prevalecer a realidade dos fatos, desde que devidamente provados por qualquer meio admitido em direito, em detrimento do que ficou registrado nos instrumentos formais de sua constituição.

C. Não discriminação

Proíbe-se a adoção de **qualquer prática discriminatória e limitativa** para efeito de acesso à relação de trabalho, ou de sua manutenção, por motivo de sexo, origem, raça, cor, estado civil, situação familiar, deficiência, reabilitação profissional, idade, entre outros, ressalvadas, nesse caso, as hipóteses de proteção à criança e ao adolescente (Lei nº 9.029/95. Art. 1º).

A Constituição Federal de 1988 acolhe o aludido princípio de forma expressa, o em seu art. 7º, inciso XXX:

> "proibição de diferença de salários, de exercício de funções e de critério de admissão por motivo de sexo, idade, cor ou estado civil".

A CLT, em seu art. 373-A, veda:

- publicar ou fazer publicar anúncio de emprego no qual haja referência ao sexo, à idade, à cor ou situação familiar, salvo quando a natureza da atividade a ser exercida, pública e notoriamente, assim o exigir;
- recusar emprego, promoção ou motivar a dispensa do trabalho em razão de sexo, idade, cor, situação familiar ou estado de gravidez, salvo quando a natureza da atividade seja notória e publicamente incompatível;
- considerar o sexo, a idade, a cor ou situação familiar como variável determinante para fins de remuneração, formação profissional e oportunidades de ascensão profissional;
- exigir atestado ou exame, de qualquer natureza, para comprovação de esterilidade ou gravidez, na admissão ou permanência no emprego;
- impedir o acesso ou adotar critérios subjetivos para deferimento de inscrição ou aprovação em concursos, em empresas privadas, em razão de sexo, idade, cor, situação familiar ou estado de gravidez;
- **efetuar, o empregador ou preposto, revistas íntimas nas empregadas ou funcionárias.**

Inclusive, a Lei nº 13.271/16 estabeleceu **multa de R$ 20.000,00** para as empresas que utilizarem o procedimento denominado de "revista íntima", valor este que pode ser **dobrado em caso de reincidência.**

No caso de **comprovada discriminação por motivo de sexo ou etnia**, o juízo determinará, além do pagamento das diferenças salariais devidas, multa, em favor do empregado discriminado, no valor de 50% (cinquenta por cento) do limite máximo dos benefícios do Regime Geral de Previdência Social (CLT. Art. 461, § 6º, incluído pela Lei nº 13.467/17).

Por fim, presume-se discriminatória a despedida de empregado portador do vírus HIV ou de outra doença grave que suscite estigma ou preconceito. Inválido o ato, o empregado tem direito à reintegração no emprego (TST. Súmula nº 443. Res. nº 185/12).

3. FONTES DO DIREITO DO TRABALHO

As fontes do Direito são classificadas, inicialmente, em **materiais e formais.** Fonte material nada mais é do que o substrato fático que enseja à formação da norma jurídica, impregnado da respectiva valoração que lhe é atribuído pela sociedade. Desse modo, **são fontes materiais do direito os fatos sociais, assim considerados, os econômicos, religiosos, políticos etc.**

Entendem-se como fontes formais do Direito as manifestações provenientes do Estado e, excepcionalmente, emanadas da própria sociedade, reconhecidas por esse mesmo Direito, que dão origem às normas e aos princípios que regulamentam a vida em sociedade.

As fontes formais dividem-se em heterônomas e autônomas, com suas respectivas subdivisões conforme esquematização abaixo:

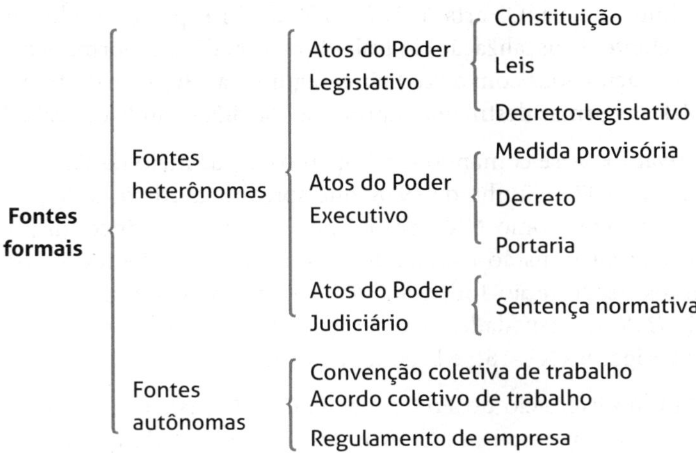

3.1. Fontes heterônomas ou estatais

Fontes estatais do direito são atos normativos emanados do Poder Público, derivados do Poder Executivo, Legislativo ou Judiciário, como a Constituição, a lei, o decreto, a sentença normativa etc.

Na Constituição Federal em vigor, os preceitos de Direito do Trabalho encontram-se incluídos no Capítulo II – Dos Direitos Sociais, do Título II – Dos Direitos e Garantias Fundamentais. Representou um grande avanço essa nova localização sistemática do Direito Laboral, pois, nas Constituições anteriores, os dispositivos dessa natureza estavam inseridos no Título que tratava da Ordem Econômica e Social.

O estatuto básico infraconstitucional do trabalhador brasileiro é denominado de **Consolidação das Leis do Trabalho** ou simplesmente de CLT. Formou-se a partir da reunião de diversas normas que regulamentavam as relações sociais de trabalho, pelo **Decreto-Lei nº 5.452, de 01 de maio de 1943**, com início de vigência em 10.11.1943.

Existem outras leis esparsas de extrema importância para o Direito do Trabalho, como as Leis 8.036/90, que trata do Fundo de Garantia do Tempo de Serviço; 5.889/73, que regulamenta o trabalho rural; 605/49, que trata do descanso semanal remunerado; 4.090/62, que institui a gratificação de natal, também denominada de 13º salário; 6.019/74, lei do trabalhador temporário; 12.395/11, que dispõe sobre o atleta profissional de futebol; 6.615/78, do radialista; 7.102/83, que dispõe sobre o trabalho dos vigilantes; 7.783/89, que regulamenta o direito de greve; 7.998/90, sobre o programa de seguro-desemprego etc.

No âmbito do Direito do Trabalho, as Portarias Ministeriais exercem função de elevada importância. Os arts. 155, I, e 200 da CLT, por exemplo, autorizam o órgão competente de fiscalização do trabalho a expedir ato normativo para tratar de questões relacionadas com a medicina, segurança e higiene do trabalho, assim consideradas as normas destinadas à proteção da vida e saúde do trabalhador.

A efetivação desse comando legal operou-se por meio da Portaria do então MTb nº 3.214, de 08 de junho de 1978, que aprovou as Normas Regulamentadoras, mais conhecidas como NR's, em número de trinta e cinco, dispondo principalmente sobre: Comissão Interna de Prevenção de Acidentes – CIPA (NR-5); Equipamentos de Proteção Individual (NR-6); Exames Médicos (NR-7); Riscos Ambientais (NR-9); Atividades e Operações Insalubres (NR-15); Atividades e Operações Perigosas (NR-16); e Ergonomia (NR-17).

Por fim, no exercício do Poder Normativo da Justiça do Trabalho, os Tribunais solucionam os conflitos coletivos de natureza econômica, proferindo sentenças normativas. Essa espécie de sentença, apesar de ser um ato originário do Poder Judiciário, tem o condão de criar novas condições de trabalho, pois tem um conteúdo normativo, como o próprio nome sugere, devendo respeitar as disposições mínimas legais de proteção ao trabalho, bem como as convencionadas anteriormente (CF/88. Art. 114, § 2º).

O TST reforça esse mandamento constitucional por meio da Súmula nº 277:

> "**CONVENÇÃO COLETIVA DE TRABALHO OU ACORDO COLETIVO DE TRABALHO. EFICÁCIA. ULTRATIVIDADE.** (Res. nº 185/2012) As cláusulas normativas dos acordos coletivos ou convenções coletivas integram os contratos individuais de trabalho e somente poderão ser modificadas ou suprimidas mediante negociação coletiva de trabalho.".

A sentença normativa vigora, desde seu termo inicial até que sentença normativa, convenção coletiva de trabalho ou acordo coletivo de trabalho superveniente produza sua revogação, expressa ou tácita, **respeitado, porém, o prazo máximo legal de quatro anos de vigência** (TST. Precedente Normativo nº 120. Res. nº 176/2011).

3.2. Fontes autônomas ou profissionais

São atos normativos praticados pelos próprios interessados em estabelecer regras de conduta. Todavia, agem dessa forma por assim estarem autorizados pelo ordenamento jurídico estatal.

Consideram-se fontes profissionais do Direito do Trabalho a **convenção coletiva, o acordo coletivo de trabalho e o regulamento da empresa.**

Quando a negociação coletiva processa-se entre sindicatos representativos de um grupo de trabalhadores de um lado e de um grupo de empregadores do outro, dá origem a uma **convenção coletiva de trabalho**. Na hipótese do grupo de trabalhadores, representados pelo sindicato da sua categoria profissional, negociar diretamente com uma ou mais empresas, surgirá um **acordo coletivo de trabalho.**

É de 2 anos o prazo máximo de vigência dos acordos e das convenções coletivas. Assim, é inválida, naquilo que ultrapassa o prazo total de **dois anos**, a cláusula de termo aditivo que prorroga a vigência do instrumento coletivo originário por prazo indeterminado (TST. SDI-1. OJ nº 322. DJ 09.12.2003).

No exercício do seu poder regulamentar, o empregador tem a faculdade de estabelecer um regramento geral (**regulamento de empresa**), válido para todos os seus empregados, desde que não imponha condições de trabalho que sejam mais desfavoráveis a estes últimos. Inclusive, pode fixar limitações ao exercício do seu poder diretivo.

A título de exemplo, nula é a punição de empregado se não precedida de inquérito ou sindicância internos a que se obrigou a empresa por norma regulamentar (TST. Súmula nº 77. Res. nº 121/2003).

Já as condições mais favoráveis aos empregados nele estabelecidas incorporam-se definitivamente aos contratos de trabalho em vigor. **Posterior alteração, em prejuízo para os empregados, só terá validade em relação aos contratos de trabalho celebrados após o início de sua vigência.**

Sobre a complementação de aposentadoria instituída por regulamento da empresa, a jurisprudência fixou as seguintes regras:

- Instituída complementação de aposentadoria por ato da empresa, expressamente dependente de regulamentação, as condições desta devem ser observadas como parte integrante da norma (TST. Súmula nº 97. Res. nº 121/2003);
- A complementação dos proventos de aposentadoria, instituída, regulamentada e paga diretamente pelo empregador, sem vínculo com as entidades de previdência privada fechada, é regida pelas normas em vigor na data de admissão do empregado, ressalvadas as alterações que forem mais benéficas (art. 468 da CLT) (TST. Súmula nº 288, I. Res. nº 207/2016);
- Na hipótese de coexistência de dois regulamentos de planos de previdência complementar, instituídos pelo empregador ou por entidade de previdência privada, a opção do beneficiário por um deles tem efeito jurídico de renúncia às regras do outro (TST. Súmula nº 288, II. Res. nº 207/2016);
- Após a entrada em vigor das Leis Complementares n.ºs 108 e 109 de 29/5/2001, reger-se-á a complementação dos proventos de aposentadoria pelas normas vigentes na data da implementação dos requisitos para obtenção do benefício (inclusive em relação aos processos em curso no Tribunal Superior do Trabalho em que, em 12/4/2016, ainda não haja sido proferida decisão de mérito por suas Turmas e Seções), ressalvados o direito adquirido do participante que anteriormente implementara os requisitos para o benefício e o direito acumulado do empregado que até então não preenchera tais requisitos (TST. Súmula nº 288, III e IV. Res. nº 207/2016);
- A pretensão à complementação de aposentadoria jamais recebida prescreve em dois anos contados da cessação do contrato de trabalho (TST. Súmula nº 326. Res. nº 174/2011);

- A pretensão a diferenças de complementação de aposentadoria sujeita-se à prescrição parcial e quinquenal, salvo se o pretenso direito decorrer de verbas não recebidas no curso da relação de emprego e já alcançadas pela prescrição, à época da propositura da ação. (TST. Súmula nº 327. Res. nº 174/2011).

Ressalte-se que esses verbetes **não mais serão utilizados na Justiça do Trabalho**, uma vez que o STF reconheceu a **competência da Justiça Comum** para julgar demandas envolvendo pedidos decorrentes de complementação de aposentadoria

3.3. Conflitos de leis no espaço

O local da prestação dos serviços é que define a norma a ser aplicada à relação de emprego, ou seja, segue-se o princípio da *lex loci executione contracti* **(lei do lugar da execução do contrato)** conforme dispõe o art. 198 do Código de Bustamante, que foi ratificado pelo Brasil.

Contudo, o art. 1º, da Lei nº 7.064 (com redação dada pela Lei nº 11.962/09), determina a aplicação da lei brasileira, quando a empresa contratar ou transferir empregado para prestar serviços no exterior, desde que seja mais favorável do que a legislação territorial, no conjunto de normas e em relação a cada matéria.

Por conta dessa contradição entre o ordenamento interno e a norma internacional, o TST optou pelo **cancelamento**, em 16.04.2012, da **Súmula nº 207** que tinha a seguinte redação:

> "A relação jurídica trabalhista é regida pelas leis vigentes no país da prestação de serviço e não por aquelas do local da contratação".

3.4. Hierarquia

Como foi dito, no Direito do Trabalho, aplica-se ao caso concreto a norma estatal que seja mais favorável ao empregado, não importando a sua posição hierárquica no ordenamento jurídico.

Entretanto, não se aplica essa regra quando se leva em consideração as convenções e os acordos coletivos de trabalho. Isso porque a Lei nº 13.467/17 introduziu profundas modificações no ordenamento jurídico laboral, inclusive a possibilidade dos instrumentos normativos negociados estabelecerem condições de trabalho **menos benéficas para o empregado.**

3.5. Aplicação, integração e interpretação do Direito do Trabalho

Na falta de lei específica que regule a matéria objeto do conflito, o aplicador deverá utilizar-se das fontes integrativas do Direito, na forma prevista pelo art. 8º da CLT:

> "As autoridades administrativas e a Justiça do Trabalho, na falta de disposições legais ou contratuais, decidirão, conforme o caso, pela **jurisprudência, por analogia, por equidade e outros princípios e normas gerais de direito**, principalmente do Direito do Trabalho e, ainda, de acordo com os **usos e costumes, o direito comparado**, mas sempre de maneira que nenhum interesse de classe ou particular prevaleça sobre o interesse público (grifou-se)".

Além disso, o **direito comum** será fonte subsidiária do Direito do Trabalho (CLT. Art. 8º, §1º, com redação dada pela Lei nº 13.467/17).

Observe-se que as Súmulas e outros enunciados de jurisprudência editados pelo Tribunal Superior do Trabalho e pelos Tribunais Regionais do Trabalho **não poderão restringir direitos legalmente previstos** nem **criar obrigações que não estejam previstas em lei** (CLT. Art. 8º, §2º, introduzido pela Lei nº 13.467/17).

Por fim, no exame de convenção coletiva ou acordo coletivo de trabalho, a Justiça do Trabalho analisará **exclusivamente a conformidade dos elementos essenciais do negócio jurídico**, respeitado o disposto no art. 104 da Lei nº 10.406, de 10 de janeiro de 2002 (Código Civil), e balizará sua atuação pelo princípio da intervenção mínima na autonomia da vontade coletiva (CLT. Art. 8º, §3º, introduzido pela Lei nº 13.467/17).

CAPÍTULO II

Relação de emprego e contrato de trabalho

1. ELEMENTOS DA RELAÇÃO DE EMPREGO

Segundo dispõe o art. 3º da CLT, são elementos da relação de emprego a:

- **pessoalidade;**
- **não eventualidade;**
- **onerosidade;**
- **subordinação jurídica.**

Alguns autores ainda incluem a **alteridade e a voluntariedade** como característica da relação de emprego.

A relação de emprego é ***intuitu personae*** somente no que diz respeito ao empregado, que não pode ser substituído por outra pessoa na prestação de serviço, sob pena de descaracterizar essa espécie de relação.

A **não eventualidade** significa que a execução dos serviços do obreiro deve estar inserida no âmbito de uma atividade permanente desenvolvida pela empresa, seja ela fim ou meio. Em outras palavras, o trabalho do obreiro não pode estar relacionado a um **evento ocasional.**

Por **onerosidade** entende-se que a prestação de serviços deve possuir, como correspondente, o pagamento de salário por parte do empregador, inclusive nas ocasiões em que o empregado estiver a sua disposição, aguardando ordens.

A **subordinação** representa o fenômeno por meio do qual o trabalhador desloca o comando de sua atividade laboral para o empregador, submetendo-se às suas ordens de serviço. Os meios telemáticos e informatizados de comando, controle e supervisão se equiparam, para fins de subordinação jurídica, aos meios pessoais e diretos de comando, controle e supervisão do trabalho alheio (art. 6º, parágrafo único, da CLT).

Por **alteridade** entende-se a circunstância de o empregado transferir a propriedade do seu trabalho ao empregador e, consequentemente, os riscos dessa atividade. **A teoria da subordinação jurídica** é a mais aceita pela doutrina, uma vez que o estado de submissão do empregado decorre da celebração do contrato de trabalho.

A relação empregatícia **é voluntária**, porque o trabalho prestado não tem caráter obrigatório, excluindo-se, desse modo, as relações de servidão, escravidão e de trabalho forçado a título de pena.

2. RELAÇÕES DE TRABALHO *LATO SENSU*

A relação de trabalho constitui o gênero da prestação de serviços, do qual se originam várias espécies. Sempre que o trabalho for prestado por uma pessoa em proveito de outra, sendo esse trabalho de meio ou de resultado, haverá uma relação de trabalho lato sensu.

A seguir serão analisadas as principais espécies de relação de trabalho em sentido lato.

2.1. Autônomo

A prestação de serviços autônomos é aquela que é executada por **conta e risco** da pessoa do trabalhador, ou simplesmente trabalho por conta própria.

É representada pelas relações derivadas, *por exemplo*, do contrato de empreitada, do contrato de representação comercial, da prestação de serviços dos profissionais liberais, como advogados, médicos, dentistas, engenheiros, arquitetos, economistas etc., desde que prestem serviços sem subordinação jurídica.

A definição legal do autônomo encontra-se inserida no art. 12, V, "h", da Lei nº 8.212/91: "a pessoa física que exerce, por conta própria, atividade econômica de natureza urbana, com fins lucrativos ou não".

Inclusive o art. 442-B da CLT, introduzido pela Lei nº 13.467/17, afasta qualquer dúvida sobre a possibilidade de ser reconhecida a relação de emprego com o trabalhador autônomo, **ainda que contratado esteja presente a continuidade e a exclusividade**, desde que preenchidos os requisitos legais, ou seja, observadas as regras contidas nas normas não laborais, como o Código Civil, a Lei do representante comercial (Lei nº 4.886/65) etc.

> "Art. 442-B. A contratação do autônomo, cumpridas por este todas as formalidades legais, com ou sem exclusividade, de forma contínua ou não, afasta a qualidade de empregado prevista no art. 3º desta Consolidação"

Essa nova categoria de trabalhador ficou conhecida como **"autônomo exclusivo"**.

2.2. Avulso

O trabalho avulso é aquele prestado a vários tomadores de serviços, com intermediação do órgão gestor de mão-de-obra – OGMO, quando a essa atividade é desenvolvida no porto, ou pelo sindicato, nas demais localidades.

A CF/88 estendeu, expressamente, aos trabalhadores avulsos toda a proteção legal que é dispensada aos empregados, conforme se observa do disposto no art. 7º, XXXIV:

> "Art. 7º. XXXIV – igualdade de direitos entre o trabalhador com vínculo empregatício permanente e o trabalhador avulso".

A. Avulso portuário

O avulso portuário trabalha, geralmente, na prática de serviços de capatazia, estiva, conferência de carga, conserto de carga, bloco e vigilância de embarcações em navios e encontram-se regidos pelos preceitos contidos na **Lei nºs 12.815/13.**

O órgão de gestão de mão-de-obra – OGMO organiza e mantém o cadastro de trabalhadores portuários habilitados ao desempenho das atividades mencionadas acima; organiza e mantém o registro dos trabalhadores portuários avulsos.

B. Avulso não portuário

O avulso não portuário desenvolve atividades de movimentação de mercadorias em áreas urbanas ou rurais, sem vínculo empregatício, e com intermediação do sindicato por meio de acordo ou convenção coletiva de trabalho.

A Lei nº 12.023/09 regulamentou o exercício da atividade de movimentação de mercadorias em zonas não portuárias desenvolvidas em áreas urbanas ou rurais, sem vínculo empregatício.

É necessária a intermediação obrigatória do sindicato da categoria profissional, por meio de acordo ou convenção coletiva de trabalho para execução de tais atividades, constituindo deveres do tomador de serviço:

- pagar ao sindicato os valores devidos pelos serviços prestados ou dias trabalhados, acrescidos dos percentuais relativos a repouso remunerado, 13º salário e férias acrescidas de 1/3 (um terço), para viabilizar o pagamento do trabalhador avulso, bem como os percentuais referentes aos adicionais extraordinários e noturnos;
- efetuar o pagamento a que se refere o inciso I, no prazo máximo de 72 (setenta e duas) horas úteis, contadas a partir do encerramento do trabalho requisitado;
- recolher os valores devidos ao Fundo de Garantia por Tempo de Serviço, acrescido dos percentuais relativos ao 13º salário, férias, encargos fiscais, sociais e previdenciários, observando o prazo legal.

2.3. Cooperados

A cooperativa de trabalho, que pode ser de produção ou de serviço, nasce pelo esforço conjunto de um grupo de trabalhadores, que se reúnem e contribuem com bens e/ou serviços para a criação dessa espécie de sociedade, para o exercício de uma atividade econômica e proveito comum, sem objetivo de lucro.

É uma sociedade de pessoas, de natureza civil e não se encontra sujeita à falência ou a processo de recuperação judicial ou extrajudicial.

A **Lei nº 5.764/71** define a Política nacional de cooperativismo de forma geral, institui o regime jurídico das sociedades cooperativas, estabelecendo em seu art. 3º que: "Celebram contrato de sociedade cooperativa as pessoas que reciprocamente se obrigam a contribuir com bens ou serviços para o exercício de uma atividade econômica, de proveito comum, sem objetivo de lucro".

Já a **Lei nº 12.690/12** disciplina, de forma específica, as cooperativas de trabalho, assim entendida como aquela sociedade constituída por trabalhadores para o exercício de suas atividades laborativas ou profissionais com proveito comum, autonomia e autogestão para obterem melhor qualificação, renda, situação socioeconômica e condições gerais de trabalho.

Autonomia ➨ deve ser exercida de forma coletiva e coordenada, mediante a fixação, em assembleia geral, das regras de funcionamento da cooperativa e da forma de execução dos trabalhos.

Autogestão ➨ é o processo democrático no qual a assembleia geral define as diretrizes para o funcionamento e as operações da cooperativa, e os sócios decidem sobre a forma de execução dos trabalhos.

A sociedade cooperativa de trabalho rege-se pelos seguintes princípios e valores:

- adesão voluntária e livre;
- gestão democrática;
- participação econômica dos membros;
- autonomia e independência;
- educação, formação e informação;
- intercooperação;
- interesse pela comunidade;
- preservação dos direitos sociais, do valor social do trabalho e da livre iniciativa;
- não precarização do trabalho;
- respeito às decisões de assembleia, observado o disposto nesta Lei;
- participação na gestão em todos os níveis de decisão de acordo com o previsto em lei e no Estatuto Social.

Garantem-se os seguintes direitos mínimos aos cooperados:

- retiradas não inferiores ao piso da categoria profissional e, na ausência deste, não inferiores ao salário mínimo, calculadas de forma proporcional às horas trabalhadas ou às atividades desenvolvidas;
- duração do trabalho normal não superior a 8 (oito) horas diárias e 44 (quarenta e quatro) horas semanais, exceto quando a atividade, por sua natureza, demandar a prestação de trabalho por meio de plantões ou escalas, facultada a compensação de horários;
- repouso semanal remunerado, preferencialmente aos domingos;
- repouso anual remunerado;
- retirada para o trabalho noturno superior à do diurno;
- adicional sobre a retirada para as atividades insalubres ou perigosas;
- seguro de acidente de trabalho.

2.4. Estagiário

Estágio é ato educativo escolar supervisionado, desenvolvido no ambiente de trabalho, que visa à preparação para o trabalho produtivo de educandos que estejam frequentando o ensino regular em instituições de educação superior, de educação profissional, de ensino médio, da educação especial e dos anos finais do ensino fundamental, na modalidade profissional da educação de jovens e adultos.

A relação de trabalho, no contrato de estágio, **também é triangular,** com a participação da empresa, do órgão público ou do profissional liberal, denominada de parte cedente; do estudante e da instituição de ensino, mediante o ajuste de termo de compromisso.

São as seguintes, as principais características do contrato de estágio, estabelecidas pela **Lei nº 11.788/08:**

- **limitação do número de estagiários por estabelecimento**, salvo no caso de estudantes de nível superior e de nível médio profissional;
- advertência de que a manutenção de estagiários em situação irregular caracteriza **vínculo empregatício;**
- proibição à parte concedente de receber estagiários por dois anos em caso de reincidência da hipótese acima prevista;
- reserva 10% das vagas de estágio para os estudantes **portadores de necessidades especiais;**
- estabelecimento de obrigações específicas para a parte concedente, como por exemplo: a indicação de empregado de seu quadro de pessoal, com formação ou experiência profissional na área de conhecimento desenvolvida no curso do estagiário, **para orientar e supervisionar até dez estagiários simultaneamente;**
- obrigação de enviar à instituição de ensino, com periodicidade mínima de **seis meses,** o relatório de atividades, com vista obrigatória ao estagiário.

2.5. Trabalhador voluntário

O serviço voluntário não gera vínculo empregatício, nem obrigação de natureza trabalhista, previdenciária ou afim e encontra-se disciplinado pela **Lei nº 9.608/98.**

Considera-se serviço voluntário, para os fins desta Lei, a atividade não remunerada prestada por pessoa física a entidade pública de qualquer natureza ou a instituição privada de fins não lucrativos que tenha objetivos cívicos, culturais, educacionais, científicos, recreativos ou de assistência à pessoa.

O serviço voluntário é exercido mediante a celebração de **termo de adesão entre a entidade, pública ou privada, e o prestador do serviço voluntário**, dele devendo constar objeto e as condições de seu exercício, podendo ser ressarcido pelas despesas que comprovadamente realizar no desempenho das atividades voluntárias.

2.6. Profissionais de salão de beleza

Os profissionais que trabalham em salões de beleza, tais como Cabeleireiro, Manicure, Pedicure, Esteticista, Depilador, Maquiador etc., podem prestar serviços sob a modalidade subordinada ou autônoma, ainda que no interior do respectivo empreendimento empresarial.

Para conferir maior segurança jurídica à contratação autônoma dos mencionados profissionais, foi editada a Lei nº 13.352/2016, apelidada de "Lei do Salão Parceiro".

A referida norma jurídica alterou dispositivos da já existente Lei nº 12.592/2012, que regulamentou o exercício das atividades de prestação de serviços de beleza por parte de Cabeleireiros, Barbeiros, Esteticistas, Manicures, Pedicures, Depiladores e Maquiadores, passando a admitir a celebração de contrato de parceria e, consequentemente, sem vínculo empregatício.

3. CONTRATO DE TRABALHO

O contrato individual de trabalho poderá ser acordado **tácita ou expressamente, verbalmente ou por escrito, por prazo determinado ou indeterminado, ou para prestação de trabalho intermitente**, por meio do qual o empregado, pessoa física, compromete-se a **prestar serviços não eventuais e subordinados** e o empregador a **pagar a retribuição convencionada ou imposta.**

Para fins de contratação, o empregador não pode exigir do candidato a emprego comprovação de experiência prévia por tempo superior a **seis meses** no mesmo tipo de atividade (CLT. Art. 442-A).

3.1. Modalidades de contrato por prazo determinado

O contrato de trabalho, ordinariamente, é celebrado por prazo **indeterminado.** Dessa forma, se nada foi ajustado em sentido contrário, com o devido respaldo legal, presume-se que o pacto laboral foi concretizado sem prazo certo para a sua extinção normal. Tal presunção decorre do princípio da continuidade da relação empregatícia que norteia o Direito Laboral.

A. Contrato por prazo certo segundo a CLT

Considera-se como de prazo determinado o contrato de trabalho cuja vigência dependa de **termo prefixado** ou da **execução de serviços especificados** ou ainda da **realização de certo acontecimento suscetível de previsão aproximada** (CLT. Art. 443. § 1º).

O contrato por prazo determinado, que não poderá ser estipulado por mais de **2 anos**, só será válido em se tratando de:

- serviço cuja natureza ou transitoriedade justifique a predeterminação do prazo; ou
- atividades empresariais de caráter transitório.

Admite-se, também, como contrato por prazo determinado, **o contrato a título de experiência**, que não poderá exceder de **90 dias**, cabendo, inclusive, aviso prévio quando houver rescisão antecipada (TST. Súmula nº 163. Res. nº 121/2003). **Poderá ser prorrogado, respeitado o limite máximo de 90 dias** (TST. Súmula nº 188. Res. nº 121/2003).

O contrato de trabalho por prazo determinado que, tácita ou expressamente, for prorrogado **mais de uma vez**, passará a vigorar sem determinação de prazo (CLT. Art. 451).

Da mesma forma, considera-se por prazo indeterminado todo contrato que suceder, dentro de seis meses, a outro contrato por prazo determinado, salvo se a expiração deste dependeu da execução de serviços especializados ou da realização de certos acontecimentos (CLT. Art. 452).

B. Contrato por prazo certo segundo a Lei nº 9.601/98

Trata-se de uma lei que flexibiliza as normas trabalhistas e que, por conta disso, permite a celebração de contrato de trabalho a termo sem a observância dos requisitos estabelecidos pela CLT, que foram acima mencionados.

Sua validade depende de dois requisitos:

1. Previsão em acordo ou convenção coletiva de trabalho; e
2. que tenha como objetivo admissões que representem acréscimo no número de empregados.

As partes, sindicatos e/ou empresas, devem estabelecer na convenção ou acordo coletivo:

- **a indenização para as hipóteses de rescisão antecipada do contrato a prazo**, por iniciativa do empregador ou do empregado, não se aplicando o disposto nos artigos 479 e 480 da CLT;
- **as multas pelo descumprimento de suas cláusulas**, admitindo-se, inclusive a prorrogação do contrato por mais de uma vez.

O número de empregados contatados deve observar o limite estabelecido no instrumento decorrente da negociação coletiva, não podendo ultrapassar os seguintes percentuais, que serão aplicados cumulativamente:

- **50%** do número de trabalhadores, para a parcela inferior a 50 empregados;
- **35%** do número de trabalhadores, para a parcela entre 50 e 199 empregados; e
- **20%** do número de trabalhadores, para a parcela acima de 200 empregados.

C. Contrato de trabalho temporário

O trabalho temporário encontra-se disciplinado pela **Lei nº 6.019/74,** alterada pela Lei nº **13.429/17**. Trata-se do trabalho prestado por pessoa física contratada por uma empresa de trabalho temporário que a coloca à disposição de uma empresa tomadora de serviços, para atender a:

- **necessidade de substituição transitória de pessoal permanente**; **ou**
- **demanda complementar de serviços.**

Empresa de trabalho temporário é a pessoa jurídica, devidamente registrada no órgão competente, sendo responsável pela colocação de trabalhadores à disposição de outras empresas temporariamente. (Lei nº 6.019/74. Art. 4º).

Trata-se de uma relação jurídica triangular, formada pela empresa tomadora dos serviços (empresa cliente), empresa de trabalho temporário e o empregado desta última.

Para a validade da relação de emprego temporário, é necessário que se observe as seguintes regras:

- **registro da empresa** no órgão competente;

- **contrato celebrado por escrito** entre a empresa de trabalho temporário e a tomadora de serviços, que deverá ficar à disposição da autoridade fiscalizadora no estabelecimento desta última. Deverá conter: I - qualificação das partes; II - motivo justificador da demanda de trabalho temporário; III - prazo da prestação de serviços; IV - valor da prestação de serviços; V - disposições sobre a segurança e a saúde do trabalhador, independentemente do local de realização do trabalho;

- contrato de trabalho escrito celebrado entre empresa de trabalho temporário e cada um dos assalariados colocados à disposição de uma empresa tomadora;

- contrato de trabalho temporário, com relação ao mesmo empregador, não poderá exceder ao **prazo de cento e oitenta dias, consecutivos ou não;**

- **pode ser prorrogado por até noventa dias, consecutivos ou não,** quando comprovada a manutenção das condições que o ensejaram;

- um novo contrato temporário com a mesma tomadora de serviços somente pode ser celebrado **após noventa dias do término do contrato anterior**, sob pena de configurar a relação de emprego com a tomadora.

Os trabalhadores temporários **têm os mesmos direitos** dos trabalhadores contratados diretamente pela empresa tomadora dos serviços, salvo no que diz respeito ao **aviso prévio e a multa de 40% sobre o FGTS.**

No caso de falência da empresa de trabalho temporário, a empresa tomadora ou cliente é **solidariamente responsável** pelo recolhimento das contribuições previdenciárias, no tocante ao tempo em que o trabalhador esteve sob suas ordens, assim como em referência ao mesmo período, pela remuneração e indenização (Lei nº 6.019/74. Art. 16).

Contrato temporário x contrato de experiência. O prazo máximo de duração do contrato de experiência é de 90 dias, enquanto que o contrato temporário é de 180 dias.

3.2. Classificação do contrato de trabalho

Doutrinariamente, o contrato de trabalho é classificado observando os critérios contidos na tabela abaixo:

Classificação dos contratos	Contrato de trabalho
Típico	A norma, mais precisamente a Consolidação das Leis do Trabalho (e outras leis esparsas), trata, especificamente, do contrato de trabalho geral ou especial, estabelecendo critérios definidores da sua constituição e validade.
Trato sucessivo	O contrato de trabalho não se exaure no cumprimento de uma única obrigação, característica do contrato instantâneo ou de execução imediata.
Sinalagmático ou comutativo	Existe certa equivalência entre as obrigações do empregado e do empregador.
Oneroso	Cria obrigações para ambos os contratantes, implicando vantagens que se compensam reciprocamente.
Informal	Não exige nenhuma formalidade para sua validade. Aperfeiçoa-se pela simples manifestação de vontade dos contratantes, ainda que essa vontade se limite à aceitação do emprego ofertado pelo empregador.
Personalíssimo	Em relação ao empregado.

3.3. Formas de invalidade do contrato de trabalho

O negócio jurídico, e, consequentemente, o contrato de trabalho, é formado por elementos essenciais que foram detalhadamente estudados anteriormente. A ausência desses elementos nos negócios jurídicos implica nulidade.

Nesse passo, o contrato de trabalho é nulo quando:

- for celebrado por trabalhador **menor de 16 anos**, salvo na condição de aprendiz, a partir dos 14;
- **seu objeto for ilícito** (TST. SDI-1. OJ nº 199. DEJT 18.11.2010 – jogo do bicho), contrário à moral e os bons costumes ou juridicamente impossível;
- **não revestir a forma prescrita em lei**, para os contratos especiais;
- quando a lei taxativamente o declarar nulo, ou proibir-lhe a prática, sem cominar sanção.

Quando à capacidade do sujeito empregado, deve-se acrescentar a questão relativa ao **trabalho proibido**. Por exemplo, é vedado o trabalho do menor de 18 anos em atividades **perigosas e insalubres.** De igual forma, o serviço doméstico, que é considerado como uma das piores formas de trabalho infantil, não pode ser executado por trabalhadores que ainda não atingiram 18 anos. Já o trabalho no subsolo somente será permitido a homens, com idade compreendida entre 21 e 50 anos (CLT. Art. 301).

Declarando-se a nulidade de um contrato de trabalho, torna-se impossível a devolução da força de trabalho despendida pelo obreiro, pois se trata de um contrato de execução continuada, originando obrigações de fazer. Nesse caso, surge a obrigação de indenizar o prestador de serviços, como forma de evitar o enriquecimento ilícito.

Portanto, a contratação de servidor público, após a CF/1988, **sem prévia aprovação em concurso público**, encontra óbice no respectivo art. 37, II e § 2º, somente lhe conferindo direito ao pagamento (TST. Súmula nº 363. Res. nº 121/2003):

- **da contraprestação pactuada**, em relação ao número de horas trabalhadas, respeitado o valor da hora do salário mínimo;
- dos valores referentes aos depósitos do FGTS.

Observe-se o seguinte detalhe: convalidam-se os efeitos do contrato de trabalho que, considerado nulo por ausência de concurso público, quando celebrado originalmente com ente da Administração Pública Indireta, continua a existir após a sua privatização (TST. Súmula nº 430. Res. nº 177/2012).

Saliente-se, por fim, que a nulidade da contratação sem concurso público, após a CF/88, bem como a limitação de seus efeitos, somente poderá ser declarada por ofensa ao art. 37, II, se invocado concomitantemente o seu § 2º, todos da CF/88 (TST. SDI-1. OJ nº 335. DJ 04.05.2004).

3.4. Efeitos do contrato de trabalho

Do contrato de trabalho derivam uma série de direitos e obrigações, tanto para o empregador quanto para o empregado, além de deveres impostos pelo ordenamento jurídico.

Do poder empresarial emanam-se determinações genéricas e ordens de serviços específicas que devem ser obedecidas pelo empregado. Assim, o empregador dirige serviços prestados pelo trabalhador, por meio da expedição de ordens que conduzem a sua atividade.

O poder de direção do empregador – que se desdobra do **poder de organização, de controle e disciplinar** – encontra seus limites no princípio do *pacta sunt* *servanda* (**força obrigatória dos contratos**), bem como no *ius resistentiae* (**direito de resistência**) do empregado.

O não cumprimento dos deveres decorrentes do exercício do poder organizacional do empregador, constatados por meio do poder de fiscalização e controle, permite que o empregador aplique certas sanções ao empregado.

Essas sanções comportam vários níveis, a depender da gravidade da falta cometida pelo empregado:

Faltas leves	punidas com a advertência verbal ou escrita;
Faltas de grau médio	punidas por meio das suspensões, que variam entre um e trinta dias no máximo;
Faltas graves	punidas com a despedida por justa causa, constituindo, desse modo, a maior penalidade no âmbito da relação de emprego.

Sobre as invenções e os modelos de utilidade, em relação à propriedade respectiva, devem-se observar as seguintes regras:

Propriedade do empregador ➔ quando decorrerem de contrato de trabalho cuja execução ocorra no Brasil e que tenha por objeto a pesquisa ou a atividade inventiva, ou resulte esta da natureza dos serviços para os quais foi o empregado contratado, limitando-se a remuneração ao salário ajustado, salvo prova em contrário. Inclusive, consideram-se desenvolvidos na vigência do contrato a invenção ou o modelo de utilidade, cuja patente seja requerida pelo empregado até 1 (um) ano após a extinção do vínculo empregatício, salvo prova em contrário. (Lei n° 9.279/96. Art. 88, *caput* e parágrafos). O empregador, titular da patente, poderá conceder ao empregado, autor de invento ou aperfeiçoamento, participação nos ganhos econômicos resultantes da exploração da patente, sem natureza salarial, mediante negociação com o interessado ou conforme disposto em norma da empresa (Lei n° 9.279/96. Art. 89).

Propriedade do empregado ➔ quando desenvolvidos pelo empregado, desde que desvinculado do contrato de trabalho e não decorrente da utilização de recursos, meios, dados, materiais, instalações ou equipamentos do empregador (Lei n° 9.279/96. Art. 90).

Propriedade de ambos em partes iguais ➔ quando resultar da contribuição pessoal do empregado e de recursos, dados, meios, materiais, instalações ou equipamentos do empregador, ressalvada expressa disposição contratual em contrário. Sendo mais de um empregado, a parte que lhes couber será dividida igualmente entre todos, salvo ajuste em contrário. É garantido ao empregador o direito exclusivo de licença de exploração e assegurada ao empregado a justa remuneração (Lei n° 9.279/96. Art. 91, *caput* e parágrafos).

Por fim, a Emenda Constitucional nº 81/2014, conferiu nova redação ao art. 243 da Constituição Federal de 1988, para abranger o confisco de imóveis rurais e urbanos, com sua destinação à reforma agrária e a programas de habituação popular, quando verificada a prática da exploração do trabalho escravo:

> "Art. 243. As propriedades rurais e urbanas de qualquer região do País onde forem localizadas culturas ilegais de plantas psicotrópicas ou a exploração de trabalho escravo na forma da lei serão expropriadas e destinadas à reforma agrária e a programas de habitação popular, sem qualquer indenização ao proprietário e sem prejuízo de outras sanções previstas em lei, observado, no que couber, o disposto no art. 5º. Parágrafo único. Todo e qualquer bem de valor econômico apreendido em decorrência do tráfico ilícito de entorpecentes e drogas afins e da exploração de trabalho escravo será confiscado e reverterá a fundo especial com destinação específica, na forma da lei".

O referido dispositivo constitucional ainda depende de regulamentação para que tenha plena eficácia.

3.5. CTPS

A Carteira de Trabalho e Previdência Social - CTPS é obrigatória para o exercício de qualquer emprego, inclusive de natureza rural, ainda que em caráter temporário, e para o exercício por conta própria de atividade profissional remunerada (CLT. Art. 13).

A CTPS será obrigatoriamente apresentada, contra recibo, pelo trabalhador ao empregador que o admitir, o qual terá o prazo de **48 horas** para nela anotar, especificamente, a data de admissão, a remuneração e as condições especiais, se houver, sendo facultada a adoção de sistema manual, mecânico ou eletrônico, conforme instruções a serem expedidas pelo órgão competente (CLT. Art. 29). Veda-se, ao empregador, efetuar **anotações desabonadoras** à conduta do empregado em sua CTPS.

A CTPS regularmente emitida e anotada serve de prova nos atos em que sejam exigidas carteiras de identidade e especialmente nos casos de dissídio na Justiça do Trabalho entre a empresa e o empregado por motivo de salário, férias ou tempo de serviço. Essas anotações não geram presunção *iuris et de iure*, mas **apenas *iuris tantum*** (TST. Súmula nº 12. Res. nº 121/2003).

A data de saída a ser anotada na CTPS deve corresponder à do término do prazo do aviso prévio, ainda que indenizado (TST. SDI-1. OJ nº 82. DJ 28.04.1997).

O empregador que mantiver empregado não registrado ficará sujeito a multa no valor de R$ 3.000,00 (três mil reais) por empregado não registrado, acrescido de igual valor em cada reincidência (CLT. Art. 47, com redação dada pela Lei nº 13.467/17).

Quando se tratar de microempresa ou empresa de pequeno porte essa multa será reduzida para R$ 800,00 (oitocentos reais).

Os valores dessas e de outras multas administrativas expressos em moeda corrente serão reajustados anualmente pela Taxa Referencial (TR), divulgada pelo Banco Central do Brasil, ou pelo índice que vier a substituí-lo (CLT. Art. 634, § 2º, inserido pela Lei nº 13.467/17).

Empregado

1. CONCEITO

Considera-se empregado toda pessoa física que prestar serviços de natureza não eventual a empregador, sob a dependência deste e mediante salário (CLT. Art. 3º).

São características do trabalhador empregado:

Características	Especificação
Pessoalidade	O contrato de trabalho é celebrado *intuitu personae* em relação à pessoa do empregado. É um contrato personalíssimo e, por conta disso, além de não se admitir que o empregado seja pessoa jurídica, a prestação de serviço deverá ser executada pessoalmente, vedada a substituição por outra pessoa.
Onerosidade	O empregado labora mediante o pagamento de uma retribuição denominada de salário, em decorrência do caráter bilateral e oneroso do próprio contrato de trabalho. Por conta disso, inexiste a figura do empregado que presta serviços por mera benevolência ou por qualquer sentimento altruístico.
Não eventualidade	Qualidade da prestação de serviços, que se enquadram entre aquelas permanentemente desenvolvidas pela empresa.
Subordinação	A subordinação verifica-se quando há cumprimento de ordens gerais ou específicas, diretas ou indiretas. Também pela aplicação de punições ao trabalhador pelas faltas cometidas, quais sejam, advertência verbal, advertência escrita, suspensão e despedida por justa causa.

Assim, preenchidos os requisitos do art. 3º da CLT, é legítimo o reconhecimento de relação de emprego entre policial militar e empresa privada, independentemente do eventual cabimento de penalidade disciplinar prevista no Estatuto do Policial Militar (TST. Súmula nº 386).

Exclusividade. A exclusividade não constitui requisito para a caracterização do contrato de trabalho, apesar de limitar os objetivos de alguns institutos do Direito Laboral, como as férias e o intervalo interjornada.

2. EMPREGADOS ESPECIAIS

2.1. Adolescente

Veda-se qualquer trabalho aos menores de **16 anos de idade**, salvo na condição de **aprendiz**, a partir dos **14 anos** (CLT. Art. 403. CF/88. Art. 7º, inciso XXXIII). Assim, a capacidade para celebrar contrato de trabalho válido é obtida quando a pessoa completa dezesseis anos.

Proíbe-se o trabalho do menor de 18 e maior de 16 anos:

- em locais prejudiciais à sua formação, ao seu desenvolvimento físico, psíquico, moral e social;
- em horários e locais que não permitam a frequência à escola;
- em horário noturno, considerado este o que for executado no período compreendido entre as vinte e duas e as cinco horas;
- em locais e serviços perigosos;
- em locais insalubres;
- em serviços prejudiciais à sua moralidade, assim considerado aquele prestado de qualquer modo, em teatros de revista, cinemas, boates, cassinos, cabarés, dancings e estabelecimentos análogos; em empresas circenses, em funções de acrobata, saltimbanco, ginasta e outras semelhantes, salvo mediante autorização do Juiz de Menores desde que a representação tenha fim educativo ou a peça de que participe não possa ser prejudicial à sua formação moral; e desde que se certifique ser a ocupação do menor indispensável à própria subsistência ou à de seus pais, avós ou irmãos e não advir nenhum prejuízo à sua formação moral;
- na produção, composição, entrega ou venda de escritos, impressos, cartazes, desenhos, gravuras, pinturas, emblemas, imagens e quaisquer outros objetos que possam, a juízo da autoridade competente, prejudicar sua formação moral;
- na venda, a varejo, de bebidas alcoólicas.

O trabalho exercido nas ruas, praças e outros logradouros dependerá de **prévia autorização do Juiz**, a quem cabe verificar se a ocupação é indispensável à sua própria subsistência ou à de seus pais, avós ou irmãos e se dessa ocupação não poderá advir prejuízo à sua formação moral.

Verificado pela autoridade competente que o trabalho executado pelo menor é prejudicial à sua saúde, ao seu desenvolvimento físico ou à sua moralidade, poderá ela obrigá-lo a **abandonar o serviço**, devendo a respectiva empresa, quando for o caso, proporcionar ao menor todas as facilidades para mudar de funções.

Quando a empresa não tomar as medidas possíveis e recomendadas pela autoridade competente para que o menor mude de função, configurar-se-á a rescisão do contrato de trabalho, na forma do artigo 483 da CLT.

Ao responsável legal do menor é facultado pleitear a **extinção do contrato de trabalho,** desde que o serviço possa acarretar para ele prejuízo de ordem física ou moral (CLT. Art. 408).

É lícito ao menor **firmar recibo pelo pagamento dos salários**. Tratando-se, porém, de rescisão do contrato de trabalho, **é vedado** ao menor de 18 anos **dar**, sem assistência dos seus responsáveis legais, **quitação ao empregador pelo recebimento da indenização que lhe for devida** (CLT. Art. 439).

2.2. Aprendiz

Contrato de aprendizagem é o contrato de trabalho especial, ajustado **por escrito e por prazo determinado**, contendo as seguintes obrigações especiais para os contratantes (CLT. Art. 428):

- **Para o empregador** compromete-se a assegurar ao maior de 14 e menor de 24 anos (salvo para os portadores de deficiência) inscrito em programa de aprendizagem, formação técnico-profissional metódica, compatível com o seu desenvolvimento físico, moral e psicológico;
- **Para o aprendiz** compromete-se a executar com zelo e diligência as tarefas necessárias a essa formação.

Para a validade do contrato de aprendizagem são necessários **quatro requisitos**:

1. anotação do contrato respectivo na CTPS;
2. matrícula e frequência do aprendiz à escola, caso não haja concluído o ensino fundamental;
3. inscrição em programa de aprendizagem desenvolvido sob a orientação de entidade qualificada em formação técnico-profissional metódica;
4. prazo não superior a **2 anos**, salvo se o aprendiz for portador de deficiência.

Ressalte-se que, para os fins do contrato de aprendizagem, a comprovação da escolaridade de aprendiz portador de **deficiência mental** deve considerar, sobretudo, as habilidades e competências relacionadas com a profissionalização.

Os estabelecimentos de qualquer natureza são obrigados a empregar e matricular nos cursos dos Serviços Nacionais de Aprendizagem **(SENAI, SENAC, SENAR, SENAT etc.)** número de aprendizes equivalente a **cinco por cento, no mínimo, e quinze por cento, no máximo**, dos trabalhadores existentes **em cada estabelecimento,** cujas funções demandem formação profissional, salvo se o empregador for entidade sem fins lucrativos, que tenha por objetivo a educação profissional (CLT. Art. 429).

Até 10% (dez por cento) da cota de aprendizes pode ser destinada à formação técnico-profissional metódica em áreas relacionadas (CLT. Art. 429, § 1-B):

- a práticas de atividades desportivas;
- à prestação de serviços relacionados à infraestrutura, incluindo as atividades de construção, ampliação, recuperação e manutenção de instalações esportivas; e
- à organização e promoção de eventos esportivos.

Na hipótese dos referidos Serviços Nacionais de Aprendizagem não oferecerem cursos ou vagas suficientes para atender à demanda dos estabelecimentos, esta poderá ser suprida pelas seguintes entidades:

- escolas Técnicas de Educação;
- entidades sem fins lucrativos, que tenham por objetivo a assistência ao adolescente e à educação profissional, registradas no Conselho Municipal dos Direitos da Criança e do Adolescente;
- entidades de prática desportiva das diversas modalidades filiadas ao Sistema Nacional do Desporto e aos Sistemas de Desporto dos Estados, do Distrito Federal e dos Municípios.

Quanto à jornada de trabalho do aprendiz, **não poderá exceder 6 horas diárias**, sendo vedadas a prorrogação e a compensação de jornada. Admite-se o limite de até **8 horas diárias** para os aprendizes que já tiverem completado o **ensino fundamental**, se nelas forem computadas as horas destinadas à aprendizagem teórica.

Também são direitos dos aprendizes:

- remuneração **não inferior ao salário mínimo/hora**, salvo condição mais favorável (art. 428, § 2º da CLT, com redação dada pela Lei nº 13.420/17);
- **recolhimento do FGTS**, com alíquota de 2% (Lei nº 8.036/90, art. 15, § 7º);
- demais direitos trabalhistas, inclusive gozo de férias, que deverá coincidir, preferencialmente, com as férias escolares.

O contrato de aprendizagem extingue-se **no seu termo** ou quando o aprendiz completar **24 anos**, salvo em relação aos portadores de deficiência, ou ainda antecipadamente nas seguintes hipóteses:

- desempenho insuficiente ou inadaptação do aprendiz, salvo para o aprendiz com deficiência quando desprovido de recursos de acessibilidade, de tecnologias assistivas e de apoio necessário ao desempenho de suas atividades;
- falta disciplinar grave;
- ausência injustificada à escola que implique perda do ano letivo; ou
- a pedido do aprendiz.

2.3. Mulher

A. Aspectos legais da proteção à mulher

Levando em consideração alguns aspectos físicos, biológicos, psíquicos e sociais, o legislador contempla o contrato de trabalho da mulher com algumas características especiais, com o objetivo principal de evitar **condutas discriminatórias** e para **proteger a maternidade**.

A Constituição Federal de 1988, em seu art. 7º, inciso XX, garante a

> "proteção do mercado de trabalho da mulher, mediante incentivos específicos, nos termos da lei".

A CLT reserva o Capítulo III, do Título III, para traçar regras específicas no que diz respeito à proteção do trabalho da mulher.

Além disso, a Lei nº 9.029/95 **proíbe a exigência de atestados de gravidez e esterilização**, e outras práticas discriminatórias, para efeitos admissionais ou de permanência da relação jurídica de trabalho.

Existe também a Lei nº 11.340/06, que criou mecanismos para coibir a violência doméstica e familiar contra a mulher, inclusive determinando a **manutenção do vínculo trabalhista**, quando necessário o afastamento do local de trabalho, por até seis meses (Art. 9º, § 2º, II).

Por fim, o Decreto nº 4.316, 30.07.2002, promulgou o Protocolo facultativo à Convenção sobre a eliminação de todas as formas de discriminação contra a mulher.

B. Condições especiais de trabalho

A mulher encontra-se sujeita a condições especiais de trabalho impostas pela lei, conforme se observa da tabela abaixo:

Instituto	DESCRIÇÃO
Força muscular	Ao empregador é vedado empregar a mulher em serviço que demande o emprego de força muscular superior a **20 quilos, para o trabalho contínuo, ou 25 quilos, para o trabalho ocasional** (CLT. Art. 390).
Guarda dos filhos	Necessidade de local apropriado onde seja permitido às empregadas **guardar,** sob vigilância e assistência, **os seus filhos no período da amamentação,** desde que trabalhem pelo menos trinta mulheres, com mais de dezesseis anos de idade, podendo ser substituído por creches distritais.
Vestiários individuais e privativos	**Vestiários** com armários individuais privativos das mulheres, exceto nos estabelecimentos comerciais, escritórios, bancos e atividades afins, em que não seja exigida a troca de roupa, admitindo-se como suficientes as gavetas ou escaninhos, **onde possam as empregadas guardar seus pertences.**
Repouso para amamentação	Para amamentar o próprio filho, até que este complete seis meses de idade, a mulher terá direito, durante a jornada de trabalho, a **dois descansos especiais, de meia hora cada um.** Quando o exigir a saúde do filho, esse período poderá ser dilatado, a critério da autoridade competente.

C. Proteção à maternidade

A empregada gestante tem direito à licença-maternidade de **120 dias**, sem prejuízo do emprego e do salário (CLT. Art. 392 e CF/88. Art. 8º, XVIII), mesmo no caso de parto antecipado. Caso o empregador opte pelo programa "empresa cidadã", essa licença é estendida em **mais 60 dias.**

Também será de **cento e oitenta dias** a licença-maternidade no caso das mães de crianças acometidas por sequelas neurológicas decorrentes de doenças transmitidas pelo *Aedes aegypti.*

Em caso de **aborto não criminoso**, provado por meio de atestado médico oficial, a licença gestante fica reduzida para **duas semanas. No entanto,** se o bebê nasce morto (natimorto), ainda assim a empregada fará jus ao salário-maternidade durante 120 dias.

A empregada deve, mediante atestado médico, notificar o seu empregador da data do início do afastamento do emprego, que poderá ocorrer entre o **28º dia antes do parto e ocorrência deste.**

Os períodos de repouso, antes e depois do parto, poderão ser aumentados de **duas semanas cada um**, mediante atestado médico.

Garante-se à empregada, **durante a gravidez**, sem prejuízo dos demais direitos e vantagens adquiridas:

- **transferência de função**, quando as condições de saúde o exigirem, assegurada a retomada da função anteriormente exercida, logo após o retorno ao trabalho;
- afastamento das suas atividades quando laborar em locais com exposição a agentes insalubres em qualquer grau (ADI 5938);
- **dispensa do horário de trabalho** pelo tempo necessário para a realização de, no mínimo, **seis consultas médicas** e demais exames complementares;
- **salário integral** e, quando variável, calculado de acordo com a média dos seis últimos meses de trabalho, sendo-lhe ainda facultado reverter à função que anteriormente ocupava;
- **repouso remunerado de duas semanas, em caso de aborto não criminoso**, comprovado por atestado médico oficial, assegurando-lhe o direito de retornar à função que ocupava antes de seu afastamento;
- **estabilidade no emprego, da concepção até cinco meses depois do parto, inclusive para as domésticas e nos casos de contrato por prazo determinado.**

Para as lactantes, garante-se:

- afastamento das atividades consideradas insalubres **em qualquer grau** (ADI 5938);
- **dois descansos especiais de meia hora cada um durante a jornada de trabalho** para amamentar seu filho, inclusive se advindo de adoção, até que este complete 6 (seis) meses de idade, sendo que o horários de concessão deverão ser definidos em **acordo individual entre a mulher e o empregador**.

D. Adoção

O empregado, homem ou mulher, que adotar ou obtiver guarda judicial para fins de adoção de criança ou adolescente, devidamente comprovada mediante apresentação do termo respectivo, será concedida licença-maternidade, **independentemente da idade.** (CLT. Art. 392-A).

A adoção ou guarda judicial **conjunta** ensejará a concessão de licença-maternidade **a apenas um dos adotantes ou guardiães** empregado ou empregada.

Em caso de **morte da genitora**, é assegurado ao cônjuge ou companheiro empregado **o gozo de licença por todo o período da licença-maternidade ou pelo tempo restante a que teria direito a mãe**, exceto no caso de falecimento do filho ou de seu abandono.

Confere-se garantia de emprego ao **empregado adotante** ao qual tenha sido concedida **guarda provisória para fins de adoção**, nos moldes da estabilidade gestante (CLT. Art. 391-A, parágrafo único, introduzido pela Lei nº 13.509/17).

2.4. Doméstico

Empregado doméstico: é aquele que presta serviços de natureza contínua e de finalidade não lucrativa a pessoa ou a família, no âmbito residencial destas, por mais de dois dias por semana.

- **Direitos**: a EC nº 72/2013 estendeu, sem igualar, vários direitos previstos na CF/88 aos domésticos, inclusive limitação de jornada e adicional de horas extras.

- **Doméstico x Diarista**: O elemento componente da relação de emprego doméstico denominado de continuidade difere da não-eventualidade, uma vez que, no primeiro caso, exige-se o labor em todos os dias da semana (salvo o repouso semanal remunerado), durante um lapso razoável de tempo e com certa habitualidade.

- **Aplicabilidade da CLT**: A Lei Complementar nº 150/2015 acabou com a discussão doutrinária e jurisprudencial que existia, pois determinou a aplicação subsidiária da CLT para disciplinar a relação de emprego doméstica em caso de omissão nos seus dispositivos. Além disso, há referência expressa para aplicação de leis específicas que tratam do: repouso semanal remunerado, 13º salario, vale-transporte e seguro-desemprego. Assim, entende-se que houve revogação tácita do art. 7º, alínea "a" da CLT.

- **Principais diferenças** entre a relação de emprego doméstica e a não doméstica:

  - Idade mínima para contratação: 18 anos doméstico – 16 anos não doméstico;

- Adicional de 25% para o período laborado pelo doméstico em deslocamento para acompanhar o empregador;
- Registro obrigatório de jornada de trabalho independente da quantidade de empregados domésticos prestando serviço à família. Para o empregador não doméstico essa regra só se aplica quando o estabelecimento possuir mais de 10 empregados;
- Intervalo intrajornada para o empregado doméstico que reside no local de trabalho pode ser dividido em dois períodos, sendo que nenhum deles pode ser inferior a uma hora ou superior a quatro horas. Para o empregado não doméstico não é possível, em regra, dividir o intervalo intrajornada;
- Quanto às férias, permite-se que o empregado doméstico goze o respectivo período no seu local de trabalho;
- O empregador doméstico pode conceder o vale-transporte em dinheiro, o que é vedado pela legislação laboral para os demais empregados;
- Os depósitos do FGTS correspondem a 11,2% do salário do empregado doméstico, sendo que 3,2% desse total se refere à eventual multa pela despedida sem justa causa;
- Quanto ao seguro-desemprego, o benefício respectivo limita-se a três parcelas de no máximo um salário mínimo cada.

Vedações

Veda-se ao empregador doméstico **efetuar descontos no salário** do empregado por fornecimento de **alimentação, vestuário, higiene ou moradia,** salvo, nesse último caso, quando se referir a local diverso da residência em que ocorrer a prestação de serviço, e desde que essa possibilidade tenha sido expressamente acordada entre as partes. Tais despesas não têm natureza salarial nem se incorporam à remuneração para quaisquer efeitos.

2.5. Empregado a domicílio e a distância (teletrabalho)

Trabalho a domicílio é aquele realizado **fora do estabelecimento** empresarial e no **âmbito da habitação do empregado ou em oficina da família**, por conta do empregador que o remunere.

O trabalho a distância, também conhecido como teletrabalho, é a prestação de serviços **preponderantemente** fora das dependências do empregador, com a utilização de tecnologias de informação e de comunicação que, por sua natureza, não se constituam como trabalho externo.

A lei não faz qualquer distinção entre o trabalho realizado no estabelecimento do empregador, o executado no domicílio do empregado e o realizado a distância, desde que estejam caracterizados os pressupostos da relação de emprego, conforme determina o art. 6º da CLT.

Em tais situações, é devido, pelo menos, o salário mínimo ao trabalhador (CLT. Art. 83) sendo que os meios telemáticos e informatizados de comando, controle e supervisão se equiparam, para fins de subordinação jurídica, aos meios pessoais e diretos de comando, controle e supervisão do trabalho alheio (CLT. Art. 6º, parágrafo único).

Não se aplica aos teletrabalhadores o Capítulo da CLT que trata da duração do trabalho (CLT. Art. 62, III, introduzido pela Lei nº 13.467/17).

Devem ser observadas as seguintes regras no regime de teletrabalho (CLT. Arts. 75-B a 75-E, introduzidos pela Lei nº 13.467):

- o comparecimento às dependências do empregador para a realização de atividades específicas que exijam a presença do empregado no estabelecimento **não descaracteriza o regime de teletrabalho**;
- a prestação de serviços na modalidade de teletrabalho **deverá constar expressamente do contrato individual de trabalho**, que especificará as atividades que serão realizadas pelo empregado.
- poderá ser realizada a alteração entre regime presencial e de teletrabalho **desde que haja mútuo acordo entre as partes**, registrado em **aditivo contratual**;
- poderá ser realizada a alteração do regime de teletrabalho para o presencial por determinação do empregador, **garantido prazo de transição mínimo de quinze dias**, com correspondente registro em **aditivo contratual**;
- as disposições relativas à **responsabilidade** pela aquisição, manutenção ou fornecimento dos equipamentos tecnológicos e da infraestrutura necessária e adequada à prestação do trabalho remoto, bem como ao reembolso de despesas arcadas pelo empregado, **serão previstas em contrato escrito**;
- as utilidades mencionadas acima **não integram a remuneração do empregado**;

- o empregador **deverá instruir** os empregados, de maneira expressa e ostensiva, quanto às precauções a tomar a fim de **evitar doenças e acidentes de trabalho;**
- o empregado deverá **assinar termo de responsabilidade** comprometendo-se a seguir as instruções fornecidas pelo empregador.

2.6. Empregado público

Empregado público é o trabalhador que presta serviços para a administração pública, mas regido pelo sistema da CLT.

Empregado público da União. No âmbito da União a relação de emprego público celetista encontra-se disciplinada pela Lei nº 9.962/2000.

Ao lado do empregado público, existe o servidor público em sentido estrito, ou funcionário público, que é aquele ocupante de **cargo público** e mantém uma relação estatutária de natureza administrativa com a administração pública direta, autárquica ou fundacional.

A. Contratação sem concurso público – nulidade

A investidura em cargo ou emprego público **depende de aprovação prévia em concurso público de provas ou de provas e títulos**, de acordo com a natureza e a complexidade do cargo ou emprego, **ressalvadas as nomeações para cargo em comissão declarado em lei de livre nomeação e exoneração** (CF/88. Art. 37, II).

Assim, a contratação de servidor público, após a CF/1988, sem prévia aprovação em concurso público, encontra óbice no respectivo art. 37, II e § 2º, somente lhe conferindo direito ao **pagamento da contraprestação pactuada**, em relação ao número de horas trabalhadas, respeitado o valor da hora do salário mínimo, e dos **valores referentes aos depósitos do FGTS** (TST. Súmula nº 363. Res. nº 121/2003).

Sobre a questão da nulidade do concurso público, além da Súmula nº 363, o TST manifesta-se por meio dos seguintes verbetes:

Verbete	CONTEÚDO
Súmula nº 430	Convalidam-se os efeitos do contrato de trabalho que, considerado nulo por ausência de concurso público, quando celebrado originalmente com ente da Administração Pública Indireta, continua a existir após a sua privatização. (Res. nº 177/2012)

Verbete	CONTEÚDO
Súmula nº 243	Exceto na hipótese de previsão contratual ou legal expressa, a opção do funcionário público pelo regime trabalhista implica a **renúncia dos direitos inerentes ao regime estatutário.** (Res. nº 121/2003)
OJ nº 335 da SDI-1	A nulidade da contratação sem concurso público, após a CF/88, bem como a limitação de seus efeitos, somente poderá ser declarada por ofensa ao art. 37, II, se invocado concomitantemente o seu § 2º, todos da CF/88. (DJ 04.05.2004)
OJ nº 10 da SDI-2	Somente por ofensa ao art. 37, II e § 2º, da CF/88, procede o pedido de rescisão de julgado para considerar nula a contratação, sem concurso público, de servidor, após a CF/88. (DJ 20.09.2000)
OJ nº 128 da SDI-2	O certame público posteriormente anulado equivale à contratação realizada sem a observância da exigência contida no art. 37, II, da Constituição Federal de 1988. Assim sendo, aplicam-se à hipótese os efeitos previstos na Súmula nº 363 do TST. (DJ 09.12.2003)

B. Estabilidade do empregado público

São estáveis após **3 anos** de efetivo exercício os servidores nomeados para cargo de provimento efetivo em virtude de concurso público (CF/88. Art. 41).

Os empregados de empresa pública ou sociedade de economia mista que explorem atividade econômica, que fazem parte da administração pública indireta, não são igualados, em direitos, aos servidores públicos da administração pública direta, por força do que dispõe o art. 173, § 1º, II, da Carta Maior de 1988: "A lei estabelecerá o estatuto jurídico da empresa pública, da sociedade de economia mista e de suas subsidiárias que explorem atividade econômica de produção ou comercialização de bens ou de prestação de serviços, dispondo sobre: II – a **sujeição ao regime jurídico próprio das empresas privadas**, inclusive quanto aos direitos e obrigações civis, comerciais, **trabalhistas** e tributários".

Segundo o entendimento do TST, o servidor público celetista da administração direta, autárquica ou fundacional **é beneficiário da estabilidade prevista no art. 41 da CF/1988.**

Contudo, ao empregado de empresa pública ou de sociedade de economia mista, ainda que admitido mediante aprovação em concurso público, **não é garantida a estabilidade prevista no art. 41 da CF/1988** (TST. Súmula nº 390. Res. nº 129/2005).

Entretanto, a despedida de empregados de empresa pública e de sociedade de economia mista **depende de ato motivado para sua validade. Inclusive,** o TST, em decisões recentes, **alterou seu posicionamento constante da OJ nº 247 da**

SDI-I, depois da manifestação do STF no sentido de exigir a motivação do ato para despedida em qualquer empresa pública e não só no caso da EBCT.

2.7. Índio

O Código Civil em vigor, em seu art. 4º, parágrafo único, remete para a legislação especial a regulação sobre a capacidade do índio, representada pela **Lei nº 6.001**/73, que instituiu o Estatuto do Índio.

Desde que o índio esteja integrado à comunidade nacional, não há qualquer óbice que o impeça de assumir as obrigações derivadas de um contrato de trabalho.

Conclui-se, desse modo, que o pacto laboral celebrado com indígena **isolado da comunidade nacional é nulo de pleno direito** pela ausência de capacidade do sujeito. Se a integração do índio estiver em vias de efetivar-se, haverá necessidade de autorização do órgão competente para que o contrato de trabalho se torne válido.

2.8. Atleta profissional

A atividade desenvolvida pelo trabalhador/atleta é classificada como desporto rendimento profissional, que é caracterizada pela remuneração pactuada em contrato formal de trabalho celebrado entre o atleta e a entidade de prática desportiva, com prazo mínimo de três meses e máximo de cinco anos.

Essa relação especial trabalhista é regida pela **Lei nº 9.615/98**, apelidada de "Lei Pelé", com alguns dispositivos alterados pela lei nº 12.395/11.

A atividade do atleta profissional é caracterizada por remuneração pactuada em contrato especial de trabalho desportivo, firmado com entidade de prática desportiva, no qual deverá constar, obrigatoriamente:

I. **cláusula indenizatória desportiva**, devida exclusivamente à entidade de prática desportiva à qual está vinculado o atleta, nas seguintes hipóteses:

   a) transferência do atleta para outra entidade, nacional ou estrangeira, durante a vigência do contrato especial de trabalho desportivo; ou

   b) por ocasião do retorno do atleta às atividades profissionais em outra entidade de prática desportiva, no prazo de até 30 (trinta) meses; e

II. **cláusula compensatória desportiva**, devida pela entidade de prática desportiva ao atleta.

O valor da cláusula indenizatória desportiva será livremente pactuado pelas partes e expressamente quantificado no instrumento contratual:

I. até o limite máximo de 2.000 (duas mil) vezes o valor médio do salário contratual, para as transferências nacionais; e

II. sem qualquer limitação, para as transferências internacionais.

2.9. Professor

O exercício remunerado do magistério, em estabelecimentos particulares de ensino, exige apenas a habilitação legal e registro no Ministério da Educação.

A remuneração do professor é aferida por mês e com base no número de aula ministradas por semana, multiplicando-se por **4,5** (número que representa o número de semanas por mês, segundo a ficção criada pelo art. 320, § 1º, da CLT), descontando-se as suas faltas injustificadas, sendo devida, inclusive, **durante o período de férias escolares e dos exames.**

Desse modo, como é assegurado aos professores o pagamento dos salários no período de férias escolares, se despedido sem justa causa ao terminar o ano letivo ou no curso dessas férias, faz jus aos referidos salários (TST. Súmula nº 10. Res. nº 185/2012).

O professor poderá lecionar em um mesmo estabelecimento por mais de um turno, desde que não ultrapasse a jornada de trabalho semanal estabelecida legalmente, assegurado e não computado o intervalo para refeição (CLT. Art. 318, com redação dada pela Lei nº 13.415/17).

2.10. Mãe social

A mãe social é uma empregada especial, pois o contrato de trabalho que lhe confere essa condição também é especial. O empregador da mãe social é a entidade sem fins lucrativos ou filantrópicos e as atribuições dessa empregada especial encontram-se definidas no art. 4º, da **Lei nº 7.644**, de 18.12.1987:

- propiciar o surgimento de condições própria de uma família, orientando e assistindo os menores colocados sob seus cuidados;
- administrar o lar, realizando e organizando as tarefas a ele pertinentes;
- dedicar-se, com exclusividade, aos menores e à casa-lar que lhes forem confiadas

A mãe social encontra-se sujeita à aplicação de penalidades de **advertência, suspensão e demissão**, sendo que, com a extinção do contrato de trabalho, ela deverá **retirar-se da casa-lar** que ocupava em razão do exercício de suas funções.

2.11. Motorista

Motorista profissional empregado: A Lei nº 12.619/12, alterada pela Lei nº 13.103/15, estabelece os seguintes direitos específicos aos motoristas:

- não responder perante o empregador por prejuízo patrimonial decorrente da ação de terceiro, ressalvado o dolo ou a desídia do motorista, nesses casos mediante comprovação, no cumprimento de suas funções;
- ter jornada de trabalho controlada e registrada de maneira fidedigna mediante anotação em diário de bordo, papeleta ou ficha de trabalho externo, ou sistema e meios eletrônicos instalados nos veículos, a critério do empregador; e
- ter benefício de seguro de contratação obrigatória assegurado e custeado pelo empregador, destinado à cobertura de morte natural, morte por acidente, invalidez total ou parcial decorrente de acidente, traslado e auxílio para funeral referentes às suas atividades, no valor mínimo correspondente a 10 (dez) vezes o piso salarial de sua categoria ou valor superior fixado em convenção ou acordo coletivo de trabalho.

Deveres dos motoristas empregados:

- estar atento às condições de segurança do veículo;
- conduzir o veículo com perícia, prudência, zelo e com observância aos princípios de direção defensiva;
- respeitar a legislação de trânsito e, em especial, as normas relativas ao tempo de direção e de descanso controlado e registrado na forma do previsto no art. 67-E da Lei no 9.503, de 23 de setembro de 1997 - Código de Trânsito Brasileiro;
- zelar pela carga transportada e pelo veículo;
- colocar-se à disposição dos órgãos públicos de fiscalização na via pública;
- submeter-se a exames toxicológicos com janela de detecção mínima de 90 (noventa) dias e a programa de controle de uso de droga e de bebida alcoólica, instituído pelo empregador, com sua ampla ciência, pelo menos uma vez a cada 2 (dois) anos e 6 (seis) meses, podendo ser utilizado

para esse fim o exame obrigatório previsto na Lei no 9.503, de 23 de setembro de 1997 – Código de Trânsito Brasileiro, desde que realizado nos últimos 60 (sessenta) dias.

2.12. Empregado hipersuficiente

Os trabalhadores com faixa salarial elevada (salário mensal igual ou superior a duas vezes o limite máximo dos benefícios) e portadores de diploma de nível superior **podem negociar condições de trabalho menos benéficas** quando comparadas com os direitos trabalhistas previstos na legislação, salvo aqueles garantidos pela Constituição Federal

A livre estipulação a que se refere o *caput* do artigo 444 da CLT aplica-se às hipóteses previstas no art. 611-A consolidado, com a mesma eficácia legal e preponderância sobre os instrumentos coletivos, no caso de empregado portador de **diploma de nível superior** e que perceba **salário mensal igual ou superior a duas vezes** o limite máximo dos benefícios do Regime Geral de Previdência Social. (CLT. Art. 444, parágrafo único, inserido pela Lei nº 13.467/17).

A hipersuficiência do trabalhador, nesse caso, é de natureza **econômica** (altos salários) e **técnica** (portador de diploma de nível superior), para contrastar com a hipossuficiência, que é jurídica, pois deriva da celebração de um contrato de trabalho por meio do qual o empregado se coloca sob a direção do empregador.

2.13. Empregado intermitente

Conceito: é aquele cuja prestação de serviços, com subordinação, não é contínua, ocorrendo com **alternância de períodos de prestação de serviços e de inatividade, determinados em horas, dias ou meses,** independentemente do tipo de atividade do empregado e do empregador, exceto para os aeronautas, regidos por legislação própria (CLT. Art. 443, § 3º introduzido pela Lei nº 13.467/17).

Formalidades: deve se revestir da forma escrita e conter o valor da hora de trabalho, que não pode ser inferior ao valor do salário devido aos demais empregados que exerçam a mesma função.

Convocação:

- Deve ser feita com três dias corridos antecedência mínimo;
- Pode ser feita por qualquer meio de comunicação eficaz;
- Deve informar qual será a jornada;

- O empregado tem um dia útil para responder à convocação, presumindo a aceitação em caso de silêncio;
- A recusa da oferta não descaracteriza a subordinação;
- Aceita a oferta, a parte que cumprir sem justo motivo pagará, em 30 dias, a outra multa de 50% da remuneração que seria devida, permitida a compensação em igual prazo;

Características do contrato:

- O período de inatividade não é considerado tempo à disposição do empregador;
- O empregado intermitente pode prestar serviços a outros contratantes;
- A cada doze meses, o empregado adquire direito a usufruir, nos doze meses subsequentes, um mês de férias, período no qual não poderá ser convocado para prestar serviços pelo mesmo empregador.

Direitos trabalhistas devidos ao final de cada prestação de serviços:

- Remuneração;
- Férias proporcionais com acréscimo de um terço;
- Décimo terceiro salário proporcional;
- Repouso semanal remunerado;
- Adicionais legais;
- O recibo de pagamento deverá conter a discriminação de tais valores;
- Será feito o recolhimento da contribuição previdenciária e do FGTS, mas com base nos valores pagos no período mensal, sendo que o empregador fornecerá ao empregado comprovante do cumprimento dessas obrigações.

Empregador

1. CONCEITO

Empregador, no âmbito da relação de trabalho subordinado, é a pessoa que **remunera e dirige** a prestação de serviços do obreiro. Celebrado o contrato de trabalho, o empregador assume a obrigação principal de pagar salários ao trabalhador.

Personalizando a entidade empresarial, o art. 2º da CLT considera empregador a **empresa**, individual ou coletiva, que, assumindo os **riscos da atividade econômica, admite, assalaria e dirige a prestação pessoal de serviços.**

Equiparam-se ao empregador, para os efeitos exclusivos da relação de emprego, os profissionais liberais, as instituições de beneficência, as associações recreativas ou outras instituições sem fins lucrativos, que admitirem trabalhadores como empregados (CLT. Art. 2º, § 1º).

2. EMPRESA, ESTABELECIMENTO E RESPONSABILIDADE DOS SÓCIOS

Por intermédio da empresa, o empresário exerce uma atividade econômica organizada e com a intenção de alcançar o seu escopo principal, que é a obtenção de lucro.

Na empresa é que se reúnem todos os esforços (bens materiais e imateriais) para efetivar a produção ou a circulação de bens ou de serviços.

Já o estabelecimento é representado por **uma unidade produtiva e autônoma da empresa**, que pode ser física ou virtual

2.1. Diferença entre empresa e estabelecimento

Empresa é atividade em si, enquanto que o estabelecimento empresarial corresponde a unidade na qual se desenvolve essa atividade.

É de grande importância a distinção entre empresa e estabelecimento, pois a norma trabalhista lhes confere tratamento diverso. O art. 74, § 2º, da CLT, por exemplo, exige que se mantenha controle manual, mecânico ou eletrônico da jornada de trabalho dos empregados dos estabelecimentos, e não da empresa, com mais de 10 empregados.

2.2. Responsabilidade dos sócios

Em caso de abuso da personalidade jurídica, caracterizado pelo desvio de finalidade, ou pela confusão patrimonial, pode o juiz decidir, a requerimento da parte, ou do Ministério Público quando lhe couber intervir no processo, que os efeitos de certas e determinadas relações de obrigações sejam estendidos aos bens particulares dos administradores ou sócios da pessoa jurídica (Código Civil. Art. 50).

O juiz poderá desconsiderar a personalidade jurídica da sociedade quando, em detrimento do consumidor, houver abuso de direito, excesso de poder, infração da lei, fato ou ato ilícito ou violação dos estatutos ou contrato social (CDC. Art. 28).

O sócio retirante responde subsidiariamente pelas obrigações trabalhistas da sociedade relativas **ao período em que figurou como sócio**, somente em ações ajuizadas até **dois anos depois de averbada a modificação do contrato**, observada a seguinte ordem de preferência (CLT. Art. 10-A, introduzido pela Lei nº 13.467/17):

- a empresa devedora;
- os sócios atuais; e
- os sócios retirantes.

O sócio retirante responderá **solidariamente** com os demais quando ficar comprovada **fraude** na alteração societária decorrente da modificação do contrato.

3. GRUPO ECONÔMICO

Quando uma empresa pertence a um grupo, sendo comandada por outra empresa (grupo de empresas por subordinação), ou resguardando sua autonomia (grupo econômico por coordenação) reconhece-se a **responsabilidade solidária,** pelo cumprimento das obrigações derivadas de um contrato de trabalho, de todas aquelas que se associaram com o objetivo comum.

Sempre que uma ou mais empresas, tendo, embora, cada uma delas, personalidade jurídica própria, estiverem sob a direção, controle ou administração de outra, ou ainda quando, mesmo guardando cada uma sua autonomia, integrem grupo econômico, **serão responsáveis solidariamente** pelas obrigações decorrentes da relação de emprego. (CLT. Art. 2º. § 2º).

A prestação de serviços a mais de uma empresa do mesmo grupo econômico, durante a mesma jornada de trabalho, não caracteriza a coexistência de mais de um contrato de trabalho, salvo ajuste em contrário (TST. Súmula nº 129. Res. nº 121/2003).

É bancário o empregado de empresa de processamento de dados que presta serviço a banco integrante do **mesmo grupo econômico**, exceto quando a empresa de processamento de dados presta serviços a banco e a empresas não bancárias do mesmo grupo econômico ou a terceiros (TST. Súmula nº 239. Res. nº 129/2005).

Natureza jurídica da solidariedade ➧ Segundo a doutrina dominante, essa solidariedade é **passiva e ativa,** já que todos os integrantes do grupo econômico podem exigir a prestação de serviços do obreiro.

Não caracteriza grupo econômico a **mera identidade de sócios**, sendo necessárias, para a configuração do grupo, a demonstração do interesse integrado, a efetiva comunhão de interesses e a atuação conjunta das empresas dele integrantes (CLT. Art. 2º, § 3º introduzido pela Lei nº 13.467/17).

4. SUCESSÃO DE EMPREGADORES

Qualquer alteração na estrutura jurídica da empresa não afetará os direitos adquiridos por seus empregados (CLT. Art. 10).

De igual forma, a mudança na propriedade ou na estrutura jurídica da empresa não afetará os contratos de trabalho dos respectivos empregados (CLT. Art. 448).

Tais assertivas legais definem a responsabilidade do empregador/sucessor pelo cumprimento das obrigações trabalhistas assumidas pelo empregador/sucedido.

Caracterizada a sucessão empresarial ou de empregadores prevista nos arts. 10 e 448 desta Consolidação, as obrigações trabalhistas, inclusive as contraídas à época em que os empregados trabalhavam para a empresa sucedida, são de responsabilidade do sucessor. Entretanto, a empresa sucedida responderá solidariamente com a sucessora quando ficar comprovada fraude na transferência (CLT. Art. 448-A, *caput* e parágrafo único, introduzido pela Lei nº 13.467/17)

Celebrado contrato de concessão de serviço público em que uma empresa (primeira concessionária) outorga a outra (segunda concessionária), no todo ou em parte, mediante arrendamento ou qualquer outra forma contratual, a título transitório, bens de sua propriedade (TST. SDI-1. OJ nº 225. DJ 20.04.2005):

- em caso de rescisão do contrato de trabalho após a entrada em vigor da concessão, a segunda concessionária, na condição de sucessora, responde pelos direitos decorrentes do contrato de trabalho, sem prejuízo da responsabilidade subsidiária da primeira concessionária pelos débitos trabalhistas contraídos até a concessão;
- no tocante ao contrato de trabalho extinto antes da vigência da concessão, a responsabilidade pelos direitos dos trabalhadores será exclusivamente da antecessora.

As obrigações trabalhistas, inclusive as contraídas à época em que os empregados trabalhavam para o banco sucedido, **são de responsabilidade do sucessor**, uma vez que a este foram transferidos os ativos, as agências, os direitos e deveres contratuais, caracterizando típica sucessão trabalhista (TST. SDI-1. OJ nº 261. DJ 27.09.2002).

É válida a penhora em bens de pessoa jurídica de direito privado, realizada anteriormente à sucessão pela União ou por Estado-membro, não podendo a execução prosseguir mediante precatório. A decisão que a mantém não viola o art. 100 da CF/88 (TST. SDI-1. OJ nº 343. DJ 22.06.2004).

O sucessor não responde solidariamente por débitos trabalhistas de empresa não adquirida, integrante do mesmo grupo econômico da empresa sucedida, quando, à época, a empresa devedora direta era solvente ou idônea economicamente, ressalvada a hipótese de má-fé ou fraude na sucessão (TST. SDI-1. OJ nº 411. DEJT 26.10.2010).

É devida a incidência de juros de mora em relação aos débitos trabalhistas de empresa em liquidação extrajudicial sucedida nos moldes dos arts. 10 e 448 da CLT. O sucessor responde pela obrigação do sucedido, não se beneficiando de qualquer privilégio a este destinado (TST. SDI-1. OJ nº 408. DEJT 26.10.2010).

Alienação na falência ➧ A alienação judicial de bens da massa falida está livre de qualquer ônus e não haverá sucessão trabalhista do arrematante nas obrigações do devedor, conforme determina o art. 141, II, da Lei nº 11.101/2005 (Lei de falências).

5. EMPREGADOR E EMPREGADO RURAL

A relação de emprego rural é disciplinada pela **Lei nº 5.889/73**, que foi regulamentada pelo Decreto nº **73.626/74**. Considera-se empregador rural a pessoa física ou jurídica, proprietário ou não, **que explore atividade agroeconômica,**

inclusive exploração industrial em estabelecimento agrário, em caráter permanente ou temporário, diretamente ou por meio de prepostos e com auxílio de empregados.

Assim, ainda que exerça atividade rural, o empregado de empresa industrial ou comercial é classificado de acordo com a categoria do empregador (STF. Súmula nº 196).

O empregado que trabalha em empresa de reflorestamento, cuja atividade está diretamente ligada ao manuseio da terra e de matéria-prima, é rurícola e não industriário, nos termos do Decreto nº 73.626, de 12.02.1974, art. 2º, § 4º, pouco importando que o fruto de seu trabalho seja destinado à indústria. Assim, aplica-se a prescrição própria dos rurícolas aos direitos desses empregados (TST. SDI-1. OJ nº 38).

As principais diferenças entre o trabalho urbano e o rural estão inseridas no quadro comparativo a seguir:

<table>
<tr><th>Instituto</th><th colspan="2">Trabalho urbano</th><th colspan="2">Trabalho rural</th></tr>
<tr><td rowspan="2">Horário noturno</td><td colspan="2" rowspan="2">Das 22 às 5h</td><td>Pecuária</td><td>Das 20 às 4h</td></tr>
<tr><td>Agricultura</td><td>Das 21 às 5h</td></tr>
<tr><td>Adicional noturno</td><td colspan="2">20%</td><td colspan="2">25%</td></tr>
<tr><td rowspan="3">Intervalo intrajornada</td><td>Até 4h</td><td>Sem intervalo</td><td colspan="2" rowspan="3">Acima de 6h de trabalho, o tempo do intervalo deverá observar os usos e costumes da região. Contudo, o Decreto nº 73.626 determina que não poderá ser inferior a 1h.</td></tr>
<tr><td>De 4 as 6h</td><td>15 minutos</td></tr>
<tr><td>Acima de 6h</td><td>Mínimo de 1 e máximo de 2 h</td></tr>
<tr><td>Redução da jornada no aviso prévio</td><td colspan="2">– 2 horas diárias; ou
– Faltas abonadas ao serviço durante 7 dias corridos</td><td colspan="2">Uma folga por semana</td></tr>
<tr><td rowspan="2">Percentuais do salário in natura</td><td>Moradia</td><td>Até 25%</td><td>Habitação</td><td>Até 20%</td></tr>
<tr><td>Alimentação</td><td>Até 20% mínimo</td><td>Alimentação</td><td>Até 25%</td></tr>
</table>

6. TERCEIRIZAÇÃO

Conceito: consiste na transferência feita pela contratante da execução de quaisquer de suas atividades, inclusive sua atividade principal, à pessoa jurídica de direito privado prestadora de serviços que possua capacidade econômica compatível com a sua execução (Lei nº 6.019/74. Art. 4º-A, com redação dada pela Lei nº 13.467/17).

Terceirização em atividade fim É licita a terceirização ou qualquer outra forma de divisão do trabalho entre pessoas jurídicas distintas, independentemente do objeto social das empresas envolvidas, mantida a responsabilidade subsidiária da empresa contratante (STF. RE 958252 com repercussão geral reconhecida. ADPF 324).

Contrato escrito: o contrato de prestação de serviços celebrado entre a empresa prestadora e a empresa contratante deverá conter (art. 5º-B, da Lei nº 6.019/74, com redação dada pela Lei nº 13.429/17)):

- qualificação das partes;
- especificação do serviço a ser prestado;
- prazo para realização do serviço, quando for o caso;
- valor.

A terceirização constitui uma relação jurídica triangular, formada pela empresa contratante (cliente), empresa prestadora de serviços a terceiros e o empregado desta última:

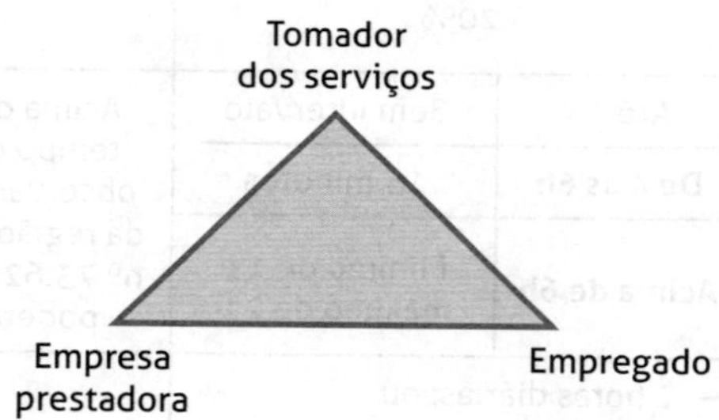

Empresa prestadora de serviços a terceiros: é a pessoa jurídica de direito privado destinada a prestar serviços à contratante. É ela quem contrata, remunera e dirige o trabalho realizado por seus trabalhadores, ou subcontrata outras empresas para realização desses serviços.

Contratante: é a pessoa física ou jurídica que celebra contrato com empresa de prestação de serviços;

Empregado terceirizado: é a pessoa física contratada pela empresa prestadora de serviços a terceiros para exercer suas atividades em benefício da contratante. **Não se configura vínculo empregatício** entre os trabalhadores, ou sócios das empresas prestadoras de serviços, qualquer que seja o seu ramo, e a empresa contratante, **salvo em caso de fraude.**

Local de trabalho: os serviços contratados poderão ser executados nas instalações físicas da empresa contratante ou em outro local, de comum acordo entre as partes.

Direitos assegurados aos terceirizados quando forem executados serviços nas dependências da tomadora:

I - relativos a:

- alimentação garantida aos empregados da contratante, quando oferecida em refeitórios;
- direito de utilizar os serviços de transporte;
- atendimento médico ou ambulatorial existente nas dependências da contratante ou local por ela designado;
- treinamento adequado, fornecido pela contratada, quando a atividade o exigir;
- condições de segurança, higiene e salubridade, quando o trabalho for realizado nas dependências da contratante ou local previamente convencionado em contrato.

II - sanitárias, de medidas de proteção à saúde e de segurança no trabalho e de instalações adequadas à prestação do serviço.

Isonomia salarial: contratante e terceirizada **poderão estabelecer no respectivo contrato** que os terceirizados farão jus a salário equivalente ao pago aos empregados da contratante, além de outros direitos.

Veda-se à contratante:

- utilizar os terceirizados em atividades distintas daquelas que foram objeto do contrato com a empresa prestadora de serviços.
- contratar, remunerar e dirigir o trabalho realizado pelos terceirizados;

Quarentena:

- o empregado que for demitido não poderá prestar serviços para esta mesma empresa na qualidade de empregado de empresa prestadora de serviços antes do decurso de prazo de dezoito meses, contados a partir da demissão do empregado;

- não pode figurar como contratada, a pessoa jurídica cujos titulares ou sócios tenham, nos últimos **dezoito meses**, prestado serviços à contratante **na qualidade de empregado ou trabalhador sem vínculo empregatício**, exceto se os referidos titulares ou sócios forem aposentados.

Responsabilidade subsidiária: a empresa contratante é subsidiariamente responsável pelas obrigações trabalhistas referentes ao período em que ocorrer a prestação de serviços, e o recolhimento das contribuições previdenciárias.

Segundo entendimento do STF revelado por meio da decisão proferida nos autos da ADC nº16, **a responsabilidade subsidiária da administração pública não decorre do simples inadimplemento das obrigações trabalhistas** por parte da empresa prestadora de serviço. É necessário que a causa de pedir esteja fundamentada na culpa *in vigilando* e a prova da ausência de fiscalização a cargo da administração pública.

Para o TST, os entes integrantes da administração pública direta e indireta respondem subsidiariamente, nas mesmas condições do item IV, **caso evidenciada a sua conduta culposa** no cumprimento das obrigações da Lei n. 8.666/93, especialmente na fiscalização do cumprimento das obrigações contratuais e legais da prestadora de serviço como empregadora. **A aludida responsabilidade não decorre de mero inadimplemento das obrigações trabalhistas assumidas pela empresa regularmente contratada** (TST. Súmula nº 331, V).

De qualquer forma, a responsabilidade subsidiária do tomador de serviços abrange todas as verbas decorrentes da condenação referentes ao período da prestação laboral.

7. CONTRATO DE EMPREITADA E SUBEMPREITADA

Nos contratos de subempreitada responderá o subempreiteiro pelas obrigações derivadas do contrato de trabalho que celebrar, **cabendo**, todavia, aos empregados, **o direito de reclamação contra o empreiteiro principal** pelo inadimplemento daquelas obrigações por parte do primeiro (CLT. Art. 455).

Em relação à responsabilidade do dono da obra, o TST alterou o seu entendimento constante da OJ nº 191, da SDI-1 e aprovou as seguintes teses jurídicas (incidente de recurso de revista repetitivo nos autos do processo: IRR-190-53.2015.5.03.0090):

- a exclusão de responsabilidade solidária ou subsidiária por obrigação trabalhista a que se refere a Orientação Jurisprudencial 191 da SDI-1 do TST não se restringe à pessoa física ou micro e pequenas empresas, compreende igualmente empresas de médio e grande porte e entes públicos (decidido por unanimidade);

- a excepcional responsabilidade por obrigações trabalhistas prevista na parte final da Orientação Jurisprudencial 191, por aplicação analógica do artigo 455 da CLT, alcança os casos em que o dono da obra de construção civil é construtor ou incorporador e, portanto, desenvolve a mesma atividade econômica do empreiteiro (decidido por unanimidade);
- não é compatível com a diretriz sufragada na Orientação Jurisprudencial 191 da SDI-1 do TST jurisprudência de Tribunal Regional do Trabalho que amplia a responsabilidade trabalhista do dono da obra, excepcionando apenas "a pessoa física ou micro e pequenas empresas, na forma da lei, que não exerçam atividade econômica vinculada ao objeto contratado" (decidido por unanimidade);
- exceto ente público da Administração Direta e Indireta, se houver inadimplemento das obrigações trabalhistas contraídas por empreiteiro que contratar, sem idoneidade econômico-financeira, o dono da obra responderá subsidiariamente por tais obrigações, em face de aplicação analógica do artigo 455 da CLT e culpa *in eligendo* (decidido por maioria, vencido o ministro Márcio Eurico Vitral Amaro).

Em resumo, decidiu o TST que a responsabilidade do "dono da obra" em decorrência do inadimplemento de verbas trabalhistas contraídas pelo empreiteiro **é subsidiária e não solidária**, desde que este último não tenha idoneidade financeira e com fundamento na culpa *in eligendo*, coincidindo com a tese adotada e citada nesta obra.

Houve uma sensível alteração em relação à redação da OJ nº 191 da SDI-1, que excluía tanto a responsabilidade solidária quanto a subsidiária, pelo que deve ser alterada em breve.

8. RESPONSABILIDADE DO EMPREGADOR POR DANO EXTRAPATRIMONIAL

O dano, inclusive o de natureza moral, constitui um dos elementos integrantes do instituto da responsabilidade civil, ao lado da ação ou omissão, do nexo de causalidade e da culpa.

O ordenamento trabalhista nacional não cuidava, de forma específica, do dano moral e sua reparação até a edição da Lei nº 13.467/17, que introduziu o Título II-A à CLT, incluindo o art. 223-a: "Aplicam-se à reparação de danos de natureza extrapatrimonial decorrentes da relação de trabalho apenas os dispositivos deste Título".

Conceito de dano material trabalhista: corresponde à diminuição do patrimônio valorado economicamente do seu respectivo titular por conta da ação ou omissão do empregado ou do empregador. É representado pelo lucro cessante ou pelo dano emergente.

Conceito legal de dano moral trabalhista: é a ação ou omissão que ofenda a esfera moral ou existencial da pessoa física ou jurídica, as quais são as titulares exclusivas do direito à reparação.

Bens imateriais da pessoa física: a honra, a imagem, a intimidade, a liberdade de ação, a autoestima, a sexualidade, a saúde, o lazer e a integridade física são os bens juridicamente tutelados inerentes à pessoa física.

Bens imateriais da pessoa jurídica: A imagem, a marca, o nome, o segredo empresarial e o sigilo da correspondência são bens juridicamente tutelados inerentes à **pessoa jurídica**.

Responsáveis pelo dano moral: todos os que tenham colaborado para a ofensa ao bem jurídico tutelado, **na proporção da ação ou da omissão**.

Cumulação de dano moral e dano material: a reparação por danos extrapatrimoniais pode ser pedida cumulativamente com a indenização por danos materiais decorrentes do mesmo ato lesivo. Nesse caso, o juízo, ao proferir a decisão, discriminará os valores das indenizações a título de danos patrimoniais e das reparações por danos de natureza extrapatrimonial. Saliente-se que a composição das perdas e danos, assim compreendidos os lucros cessantes e os danos emergentes, não interfere na avaliação dos danos extrapatrimoniais.

Ao apreciar o pedido de indenização por danos morais, o juízo considerará (CLT. Art. 223-G, introduzido pela Lei nº 13.467/17):

- a natureza do bem jurídico tutelado;
- a intensidade do sofrimento ou da humilhação;
- a possibilidade de superação física ou psicológica;
- os reflexos pessoais e sociais da ação ou da omissão;
- a extensão e a duração dos efeitos da ofensa;
- as condições em que ocorreu a ofensa ou o prejuízo moral;
- o grau de dolo ou culpa;
- a ocorrência de retratação espontânea;
- o esforço efetivo para minimizar a ofensa;

- o perdão, tácito ou expresso;
- a situação social e econômica das partes envolvidas;
- o grau de publicidade da ofensa.

Limites da indenização por danos morais: ao julgar procedente o pedido, o juízo fixará a reparação a ser paga, a cada um dos ofendidos, em um dos seguintes parâmetros, vedada a acumulação (CLT. Art. 223-G, § 1º):

- ofensa de natureza leve, até **três vezes o último salário contratual** do ofendido;
- ofensa de natureza média, até **cinco vezes o último salário contratual** do ofendido;
- ofensa de natureza grave, até **vinte vezes o último salário contratual** do ofendido;
- ofensa de natureza gravíssima, até **cinquenta vezes o último salário contratual** do ofendido.

Se o ofendido for pessoa jurídica, a indenização será fixada com observância dos mesmos parâmetros mencionados, mas em relação ao salário contratual do ofensor.

Na reincidência entre partes idênticas, o juízo poderá elevar ao **dobro** o valor da indenização.

Não se considera dano moral: cabe ao empregador definir o padrão de vestimenta no meio ambiente laboral, sendo lícita a inclusão no uniforme de logomarcas da própria empresa ou de empresas parceiras e de outros itens de identificação relacionados à atividade desempenhada. A higienização do uniforme **é de responsabilidade do trabalhador**, salvo nas hipóteses em que forem necessários procedimentos ou produtos diferentes dos utilizados para a higienização das vestimentas de uso comum (CLT. Art. 456-A inserido pela Lei nº 13.467/17).

Salário e remuneração

1. CONCEITO

O salário constitui a principal obrigação do empregador, derivada da celebração de um contrato de trabalho, representando a contraprestação direta pelo trabalho prestado ou pelo simples fato de o empregado encontrar-se aguardando ordens do empregador.

2. DIFERENÇAS ENTRE SALÁRIO E REMUNERAÇÃO

Compreendem-se na remuneração do empregado, para todos os efeitos legais, além do salário devido e pago diretamente pelo empregador, como contraprestação do serviço, as gorjetas que receber (CLT. Art. 457).

Portanto, a remuneração **é a soma do salário pago pelo empregador acrescida das gorjetas da clientela.**

Remuneração = Salário + Gorjeta

Salário complessivo. Observe-se que é nula a cláusula contratual que fixa determinada importância ou percentagem para atender englobadamente vários direitos legais ou contratuais do trabalhador (TST. Súmula nº 91. Res. nº 121/2003).

São características do salário:

Pré-tarifação	O salário *stricto sensu* tem definido o seu valor antes da prestação do serviço, seja por meio do ajuste entre as partes, seja pela determinação de outras fontes formais do Direito do Trabalho, como a lei, instrumentos normativos negociados e sentença normativa.
Caráter alimentar	É do salário que o empregado extrai a fonte de renda para fazer face às suas necessidades alimentares, bem como de sua família. Constitui a principal e, em muitos casos, a única fonte de renda do operário.
Crédito privilegiado	Em caso de falência, serão pagos, primeiramente, os salários dos empregados e, depois, as demais obrigações do empregador. Assim, estabelecendo uma hierarquia entre créditos de diversas ordens, o salário ocupa posição de nível superior a qualquer outro, desde que limitado à quantia equivalente a 150 salários-mínimos.

3. GORJETAS

Conceito: é a importância espontaneamente dada pelo cliente ao empregado (**gorjeta direta**), ou o valor cobrado pela empresa, como serviço ou adicional, a qualquer título, e destinado à distribuição aos empregados (**gorjeta indireta**).

Anotações na CTPS:

- o valor do salário fixo;
- a estimativa do valor da gorjeta (CLT. Art. 29, § 1º);
- o percentual da gorjeta (CLT. Art. 457, § 6º, III);
- a média dos valores recebidos a título de gorjeta durante os últimos doze meses (CLT. Art. 457, § 8º);

Natureza jurídica:

- As gorjetas, apesar **integrarem a remuneração**, não servem como base para o cálculo das verbas de aviso-prévio, adicional noturno, horas extras e repouso semanal remunerado, **salvo se o empregador suprimi-la da conta de consumo após ter sido cobrada por mais de doze meses**;
- No caso de supressão das gorjetas, o valor médio respectivo passa a ser devido diretamente pelo empregador, **imprimindo-lhe caráter salarial**;

Descontos para pagar os encargos sociais: É facultado ao empregador descontar das gorjetas diretas e indiretas o percentual de 20% ou 33%, conforme o caso, do seu respectivo valor para custear os recolhimentos previdenciários e os demais encargos trabalhistas e sociais, desde que autorizado por convenção ou acordo coletivo de trabalho;

Distribuição: Cobrada e arrecadada a gorjeta, cabe ao empregador distribuir o respectivo valor entre os empregados conforme regras estabelecidas em acordo coletivo de trabalho, convenção coletiva de trabalho ou, em caso de omissão do respectivo procedimento nesses instrumentos normativos negociados, por meio de assembleia geral de trabalhadores convocado para esse fim específico;

Comissão de fiscalização: As empresas com mais de sessenta empregados devem contar com uma comissão de empregados para fiscalizar a cobrança e distribuição das gorjetas, conforme previsão em convenção ou acordo coletivo de trabalho. Para desempenhar idêntica função nas empresas com até 60 empregados, será constituída uma comissão intersindical.

4. SALÁRIO MÍNIMO

Salário mínimo é a contraprestação mínima devida e paga diretamente pelo empregador a todo trabalhador, fixado em lei, nacionalmente unificado, capaz de atender as suas necessidades vitais básicas e às de sua família com moradia, alimentação, educação, saúde, lazer, vestuário, higiene, transporte e previdência social, **com reajustes periódicos que lhe preservem o poder aquisitivo**, sendo vedada sua vinculação para qualquer fim (Art. 7º, IV da CF/88, combinado com o art. 76 da CLT).

A verificação do respeito ao direito ao salário-mínimo não se apura pelo confronto isolado do salário-base com o mínimo legal, mas deste com a soma de todas as parcelas de natureza salarial recebidas pelo empregado diretamente do empregador (TST. SDI-1. OJ nº 272. DJ 27.09.2002).

Havendo contratação para cumprimento de jornada reduzida, inferior à previsão constitucional de 8 horas diárias ou 44 semanais, **é lícito o pagamento do piso salarial ou do salário mínimo proporcional ao tempo trabalhado.** Entretanto, na Administração Pública direta, autárquica e fundacional **não é válida remuneração de empregado público inferior ao salário mínimo**, ainda que cumpra jornada de trabalho reduzida. Precedentes do Supremo Tribunal Federal (TST. SDI-1. OJ nº 358. Res. nº 202/2016).

O salário profissional dos médicos e dentistas guarda proporcionalidade com as horas efetivamente trabalhadas, respeitado o mínimo de 50 horas mensais (TST. Súmula nº 143. Res. nº 121/2003).

4.1. Características

Umas das principais características do salário mínimo é a sua **não vinculação para qualquer efeito**, conforme mandamento constitucional. Tendo em vista essa circunstância, o STF editou a Súmula Vinculante nº 4, com a seguinte redação:

> "Salvo os casos previstos na Constituição Federal, o salário mínimo não pode ser usado como indexador de base de cálculo de vantagem de servidor público ou de empregado, nem ser substituído por decisão judicial".

As demais características do salário mínimo são:

- **nacionalidade**, no que diz respeito a unificação do seu respectivo valor em todo território nacional;
- **necessidade de reajustamentos periódicos**, com vistas a manter o seu poder de compra real;
- **legalidade**, pois é fixado por lei.

4.2. Salário máximo

Só existe previsão legal de teto salarial no serviço público. Assim, não só a administração pública direta, mas as empresas públicas e as sociedades de economia mista estão submetidas à observância do **teto remuneratório previsto no inciso XI do art. 37 da CF/1988**, sendo aplicável, inclusive, ao período anterior à alteração introduzida pela Emenda Constitucional nº 19/1998 (TST. SDI-1. OJ nº 339. DJ 20.04.2005).

5. CRITÉRIOS PARA AFERIÇÃO DO SALÁRIO

5.1. Por unidade de tempo

Por essa forma de pagamento, a quantidade de salário pago ao empregado possui relação direta com o tempo por ele despendido, trabalhando ou aguardando as ordens do patrão. Assim, o salário pode ser pago por **hora, por dia, por semana, por quinzena ou por mês**, independentemente da produtividade do empregado.

5.2. Por produção

No caso do salário por tarefa ou por peça, o valor respectivo encontra-se vinculado com a quantidade de força de trabalho gasta pelo empregado.

Na modalidade de pagamento **por peça**, o salário do obreiro é fixado por cada unidade produzida.

Já no **pagamento por tarefa** o empregado também recebe um valor fixo por cada unidade produzida, mas, uma vez atingida a meta previamente estabelecida pelo empregador, pode optar em findar a jornada diária ou continuar trabalhando e recebendo um adicional por peça produzida além da cota.

Saliente-se que o salário-produção como outras modalidades de salário-prêmio, é devido, desde que verificada a condição a que estiver subordinado, e não pode ser suprimido, unilateralmente, pelo empregador quando pago com habitualidade (STF. Súmula nº 209).

O **salário pago por comissão** tem como referência a quantidade de negócios intermediados pelo empregado, sendo equivalente a um percentual do valor da mercadoria comercializada.

Como todo o empregado que recebe por comissão, bem como nos demais pagamento de salário feito por produção, **não há pagamento embutido do valor relativo ao repouso semanal remunerado**, sendo devida a remuneração do repouso semanal e dos dias feriados ao empregado comissionista, ainda que pracista (TST. Súmula nº 27. Res. nº 121/2003).

No caso de trabalho em jornada extraordinária, o empregado que recebe por produção já tem remunerada a sua prestação de serviço extra. Desse modo, o empregado, sujeito a controle de horário, remunerado à base de comissões, tem direito **somente** ao adicional de, no mínimo, 50% pelo trabalho em horas extras, calculado sobre o valor-hora das comissões recebidas no mês, considerando-se como divisor o número de horas efetivamente trabalhadas (TST. Súmula nº 340. Res. nº 121/2003).

O empregado que **recebe remuneração mista**, ou seja, uma parte fixa e outra variável, tem direito a horas extras pelo trabalho em sobrejornada. Em relação à parte fixa, são devidas as horas simples acrescidas do adicional de horas extras. Em relação à parte variável, é devido somente o adicional de horas extras, aplicando-se à hipótese o disposto na Súmula nº 340 do TST (TST. SDI-1. OJ nº 397. DEJT 04.08.2010).

O valor das comissões deve ser corrigido monetariamente para em seguida obter-se a média para efeito de cálculo de férias, 13º salário e verbas rescisórias (TST. SDI-1. OJ nº 181. DJ 08.11.2000).

6. PRAZO, FORMA E PROVA DO PAGAMENTO

6.1. Prazo

O pagamento do salário, qualquer que seja a modalidade do trabalho, não deve ser estipulado **por período superior a um mês**, salvo no que concerne a comissões, percentagens e gratificações. Quando o pagamento houver sido estipulado por mês, deverá ser efetuado, o mais tardar, até o **quinto dia útil do mês subsequente ao vencido** (CLT. Art. 459, § 1º).

O pagamento dos salários será efetuado (CLT. Art. 465):

- em dia útil;
- no local do trabalho;
- dentro do horário do serviço ou imediatamente após o encerramento deste, salvo quando efetuado por depósito em conta bancária.

Já o pagamento de comissões e percentagens só é exigível depois de ultimada a transação a que se referem (CLT. Art. 466).

Caso as transações forem realizadas por prestações sucessivas, é exigível o pagamento das percentagens e comissões que lhes disserem respeito proporcionalmente à respectiva liquidação.

6.2. Forma

O pagamento de salário pode ser feita em espécie ou *in natura*. A prestação em espécie do salário deve ser paga em moeda corrente do país (CLT. art. 463).

O salário mínimo pago em dinheiro não será inferior a 30% do salário mínimo (CLT. Art. 82, parágrafo único).

6.3. Prova

O pagamento do salário deverá ser efetuado **contra recibo**, assinado pelo empregado; em se tratando de analfabeto, mediante sua impressão digital, ou, não sendo esta possível, a seu rogo (CLT. Art. 464).

Terá força de recibo o comprovante de **depósito em conta bancária**, aberta para esse fim em nome de cada empregado, com o consentimento deste, em estabelecimento de crédito próximo ao local de trabalho.

7. MODALIDADES DE SALÁRIO

O salário, *lato sensu*, não representa, apenas, a quantia fixa paga pelo empregador ao empregado por conta dos seus serviços prestados ou pelo simples fato de estar a sua disposição.

Integram o salário a importância fixa estipulada, as gratificações legais e as comissões pagas pelo empregador. (CLT. Art. 457, § 1º).

Dessa forma, possuem, igualmente, a natureza salarial os adicionais, as gratificações e quaisquer outras que incidam sobre o salário *stricto sensu*, denominados de **complementos salariais** que, em conjunto, formam o **complexo salarial**.

7.1. Adicionais

Os adicionais são parcelas salariais que tem como objetivo **compensar ou retribuir o serviço executado em condições anormais de trabalho.**

A. Adicional de horas extras

Para compensar o labor em jornada extraordinária e desestimular o empregador a exigir que o empregado trabalhe em regime de horas extras, foi instituído o adicional de jornada extraordinária, **no percentual legal mínimo de 50%** sobre a hora normal de trabalho.

B. Adicional de insalubridade

Consideram-se atividades ou operações insalubres, assim definidas pelo órgão competente de fiscalização do trabalho (Súmula nºs 194 e 460 do STF), aquelas que, por sua natureza, condições ou métodos de trabalho, exponham os empregados a agentes nocivos à saúde, acima dos limites de tolerância fixados em razão da natureza e da intensidade do agente e do tempo de exposição aos seus efeitos (CLT. Art. 189).

Não basta a constatação da insalubridade por meio de laudo pericial para que o empregado tenha direito ao respectivo adicional, **sendo necessária a classificação da atividade insalubre** na relação oficial elaborada pelo órgão competente.

Desse modo, a higienização de instalações sanitárias de uso público ou coletivo de grande circulação, e a respectiva coleta de lixo, por não se equiparar à limpeza em residências e escritórios, enseja o pagamento de adicional de insalubridade em grau máximo, incidindo o disposto no Anexo 14 da NR-15 da Portaria do extinto MTE nº 3.214/78 quanto à coleta e industrialização de lixo urbano (TST. Súmula nº 448. Res. nº 194/2014).

O exercício de trabalho em condições insalubres, acima dos limites de tolerância estabelecidos pelo órgão competente, assegura a percepção de adicional, respectivamente, de **40%, 20% e 10%,** segundo se classifiquem nos graus **máximo, médio e mínimo**, na forma prevista pelo art. 192 da CLT.

Sobre a base de cálculo do mencionado adicional o STF editou a **Súmula vinculante nº 4**, publicada em 04.05.2008, com o seguinte teor:

> "salvo nos casos previstos na Constituição, o salário mínimo não pode ser usado como indexador de base de cálculo de vantagem de servidor público ou de empregado, nem ser substituído por decisão judicial".

A adoção dessa Súmula retira toda e qualquer eficácia processual das Súmulas do TST que tratavam da matéria, visto que fundamentadas em entendimento contrário, notadamente as de **números 17 e 228, bem como as OJ's nº 02 e 47, da SDI-1. Inclusive o TST suspendeu, expressamente, a eficácia da referida Súmula nº 228, por meio da Resolução nº 185/2012.**

Sobre o adicional de insalubridade, a jurisprudência do TST fixou as seguintes regras:

- Para a percepção do adicional de insalubridade, não é necessário que o empregado preste serviços durante toda a sua jornada de trabalho exposto ao agente insalubre. O trabalho executado em condições insalubres, **em caráter intermitente**, não afasta, só por essa circunstância, o direito à percepção do respectivo adicional (TST. Súmula nº 47. Res. nº 121/2003);
- A eliminação da insalubridade mediante fornecimento de aparelhos protetores aprovados pelo órgão competente do Poder Executivo **exclui a percepção do respectivo adicional** (TST. Súmula nº 80. Res. nº 121/2003);
- Enquanto percebido, o adicional de **insalubridade integra a remuneração para todos os efeitos legais** (TST. Súmula nº 139. Res. nº 129/2005). Entretanto, o adicional de insalubridade já remunera os dias de repouso semanal e feriados (TST. SDI-1. OJ nº 103. DJ 20.04.2005);
- O simples fornecimento do aparelho de proteção pelo empregador **não o exime do pagamento do adicional de insalubridade**. Cabe-lhe tomar as medidas que conduzam à diminuição ou eliminação da nocividade, entre as quais as relativas ao uso efetivo do equipamento pelo empregado (TST. Súmula nº 289. Res. nº 121/2003);
- Para efeito de concessão de adicional de insalubridade não há distinção entre fabricação e manuseio de óleos minerais – Portaria nº 3.214 do extinto Ministério do Trabalho, NR 15, Anexo XIII (TST. SDI-1. OJ nº 171. DJ 08.11.2000);

- Em face da ausência de previsão legal, indevido o adicional de insalubridade ao trabalhador **em atividade a céu aberto** (TST. SDI-1. OJ nº 173, I. Res. nº 186/2012);
- Tem direito ao adicional de insalubridade o trabalhador que exerce atividade exposto ao calor acima dos limites de tolerância, inclusive em ambiente externo com carga solar, nas condições previstas no Anexo 3 da NR 15 da Portaria Nº 3214/78 do extinto MTE (TST. SDI-1. OJ nº 173, II. Res. nº 186/2012).

Em decisões do STF posteriores à edição da Súmula Vinculante nº 4, esse tribunal reconheceu a possibilidade do adicional de insalubridade ter como base de cálculo o salário mínimo **até que o Poder Legislativo promova a respectiva alteração.**

B. Adicional de periculosidade

O adicional de periculosidade é **invariável e corresponde a 30% do salário-base** do empregado.

O referido adicional é devido quando o empregado exercer atividades ou operações perigosas, assim entendidas como aquelas que, por sua natureza ou métodos de trabalho, impliquem exposição permanente a:

a) inflamáveis, explosivos ou energia elétrica;

b) roubos ou outras espécies de violência física nas atividades profissionais de segurança pessoal ou patrimonial;

c) atividades de trabalhador em motocicleta.

A Portaria do extinto Ministério do Trabalho e Emprego nº 1.885, de 03.12.2013, regulamentou o art. 193 da CLT e listou as atividades e operações que oferecem risco de roubo ou de outras espécies de violência física relativamente aos profissionais de segurança pessoal ou patrimonial.

Assim, são considerados **profissionais de segurança**:

a) empregados das empresas prestadoras de serviço nas atividades de segurança privada ou que integrem serviço orgânico de segurança privada, devidamente registradas e autorizadas pelo Ministério da Justiça, conforme lei 7102/1983 e suas alterações posteriores.

b) empregados que exercem a atividade de segurança patrimonial ou pessoal em instalações metroviárias, ferroviárias, portuárias, rodoviárias, aeroportuárias e de bens públicos, contratados diretamente pela administração pública direta ou indireta.

Já as atividades ou operações perigosas a que podem estar submetidos os profissionais mencionados, são as seguintes:

Atividades ou operações	Descrição
Vigilância patrimonial	Segurança patrimonial e/ou pessoal na preservação do patrimônio em estabelecimentos públicos ou privados e da incolumidade física de pessoas.
Segurança de eventos	Segurança patrimonial e/ou pessoal em espaços públicos ou privados, de uso comum do povo.
Segurança nos transportes coletivos	Segurança patrimonial e/ou pessoal nos transportes coletivos e em suas respectivas instalações.
Segurança ambiental e florestal	Segurança patrimonial e/ou pessoal em áreas de conservação de fauna, flora natural e de reflorestamento.
Transporte de valores	Segurança na execução do serviço de transporte de valores.
Escolta armada	Segurança no acompanhamento de qualquer tipo de carga ou de valores.
Segurança pessoal	Acompanhamento e proteção da integridade física de pessoa ou de grupos.
Supervisão/fiscalização Operacional	Supervisão e/ou fiscalização direta dos locais de trabalho para acompanhamento e orientação dos vigilantes.
Telemonitoramento/ telecontrole	Execução de controle e/ou monitoramento de locais, através de sistemas eletrônicos de segurança.

Sobre o adicional de periculosidade, a jurisprudência do TST fixou as seguintes regras:

- Tem direito ao adicional de serviço perigoso (periculosidade) o **empregado de posto de revenda de combustível líquido** (STF. Súmula nº 212) **e os empregados que operam em bomba de gasolina** (TST. Súmula nº 39. Res. nº 121/2003);
- O adicional de periculosidade, pago em caráter permanente, integra o cálculo de indenização e de horas extras. Durante as horas de sobreaviso, o empregado não se encontra em condições de risco, razão pela qual é incabível a integração do adicional de periculosidade sobre as mencionadas horas (TST. Súmula nº 132. Res. nº 129/2005);
- Os tripulantes e demais empregados em serviços auxiliares de transporte aéreo que, no momento do abastecimento da aeronave, permanecem a bordo não têm direito ao adicional de periculosidade a que aludem o art.

193 da CLT e o Anexo 2, item 1, "c", da NR 16 do extinto MTE (TST. Súmula nº 447. Res. nº 193/2013);

- O pagamento de adicional de periculosidade efetuado por mera liberalidade da empresa, ainda que de forma proporcional ao tempo de exposição ao risco ou em percentual inferior ao máximo legalmente previsto, dispensa a realização da prova técnica exigida pelo art. 195 da CLT, pois torna incontroversa a existência do trabalho em condições perigosas (TST. Súmula nº 453. Res. nº 194/2014).
- **O adicional de periculosidade deve compor a base de cálculo do adicional noturno**, já que também neste horário o trabalhador permanece sob as condições de risco (TST. SDI-1. OJ nº 259. DJ 27.09.2002);
- Tem direito ao adicional de periculosidade o empregado exposto permanentemente ou que, de forma intermitente, sujeita-se a condições de risco. Indevido, apenas, quando o contato dá-se de forma eventual, assim considerado o fortuito, ou o que, sendo habitual, dá-se por tempo extremamente reduzido. E, não é válida a cláusula de acordo ou convenção coletiva de trabalho fixando o adicional de periculosidade em percentual inferior ao estabelecido em lei e proporcional ao tempo de exposição ao risco, pois tal parcela constitui medida de higiene, saúde e segurança do trabalho, garantida por norma de ordem pública (arts. 7º, XXII e XXIII, da CF e 193, §1º, da CLT). (TST. Súmula nº 364. Res. nº 209/2016);
- A exposição do empregado à radiação ionizante ou à substância radioativa enseja a percepção do adicional de periculosidade, pois a regulamentação ministerial (Portarias do extinto Ministério do Trabalho nºs 3.393, de 17.12.1987, e 518, de 07.04.2003), ao reputar perigosa a atividade, reveste-se de plena eficácia, porquanto expedida por força de delegação legislativa contida no art. 200, caput, e inciso VI, da CLT. No período de 12.12.2002 a 06.04.2003, enquanto vigeu a Portaria nº 496 do extinto Ministério do Trabalho, o empregado faz jus ao adicional de insalubridade (TST. SDI-1. OJ nº 345. DJ 22.06.2005);
- É devido o pagamento do adicional de periculosidade ao empregado que desenvolve suas atividades em edifício (construção vertical), seja em pavimento igual ou distinto daquele onde estão instalados tanques para armazenamento de líquido inflamável, em quantidade acima do limite legal, considerando-se como área de risco toda a área interna da construção vertical (TST. SDI-1. OJ nº 385. DEJT 11.06.2010);

▸ **Dica de prova:**

A temática relativa aos adicionais de insalubridade e de periculosidade tem sido constantemente cobrada na prova da OAB.

C. Adicional de periculosidade dos eletricitários

O empregado que **exercia atividade** no setor de energia elétrica, em condições de periculosidade, **tinha direito** a uma remuneração **adicional de 30% sobre o salário que recebesse,** conforme o art. 1° da Lei nº 7.369/85.

Todavia, **após a publicação da Lei nº 12.740**, em 10.12.2012, a base de cálculo do adicional de insalubridade do eletricitário passou a ser a mesma dos demais trabalhadores, qual seja, apenas o salário-base.

Sobre o adicional de periculosidade dos eletricitários, a jurisprudência do TST fixou as seguintes regras:

- O trabalho exercido em condições perigosas, **embora de forma intermitente,** dá direito ao empregado a receber o adicional de periculosidade de forma integral, porque a Lei nº 7.369, de 20.09.1985 não estabeleceu nenhuma proporcionalidade em relação ao seu pagamento (TST. Súmula nº 361. Res. nº 121/2003);
- O adicional de periculosidade incide apenas sobre o salário básico e não sobre este acrescido de outros adicionais. Já o adicional de periculosidade do empregado eletricitário, contratado sob a égide da Lei nº 7.369/1985, deve ser calculado sobre a totalidade das parcelas de natureza salarial. E, não é válida norma coletiva mediante a qual se determina a incidência do referido adicional sobre o salário básico. Por fim, a alteração da base de cálculo do adicional de periculosidade do eletricitário promovida pela Lei nº 12.740/2012 atinge somente contrato de trabalho firmado a partir de sua vigência, de modo que, nesse caso, o cálculo será realizado exclusivamente sobre o salário básico, conforme determina o § 1° do art. 193 da CLT. (TST. Súmula nº 191. Res. nº 214/2016);
- É assegurado o adicional de periculosidade apenas aos empregados que trabalham em **sistema elétrico de potência em condições de risco**, ou que o façam com equipamentos e instalações elétricas similares, que ofereçam risco equivalente, ainda que em unidade consumidora de energia elétrica (TST. SDI-1. OJ nº 324. DJ 09.12.2003);
- É devido o adicional de periculosidade aos empregados **cabistas, instaladores e reparadores de linhas e aparelhos de empresas de telefonia**, desde que, no exercício de suas funções, fiquem expostos a condições de risco equivalente ao do trabalho exercido em contato com sistema elétrico de potência (TST. SDI-1. OJ nº 347. DJ 25.04.2007).

D. Regras comuns ao adicional de periculosidade e insalubridade

O direito do empregado ao adicional de insalubridade ou de periculosidade **cessa com a eliminação do risco à sua saúde ou integridade física.**

A caracterização e a classificação da insalubridade e da periculosidade, segundo as normas do órgão competente, são feitas por meio de perícia a cargo de Médico do Trabalho ou Engenheiro do Trabalho (CLT. Art. 195).

Assim, a lei não faz qualquer distinção entre o médico e o engenheiro para efeito de caracterização e classificação da insalubridade e periculosidade, bastando para a elaboração do laudo seja o profissional devidamente qualificado (TST. SDI-1. OJ nº 165. DJ 26.03.1999).

A reclassificação ou a descaracterização da insalubridade, por ato da autoridade competente, repercute na satisfação do respectivo adicional, sem ofensa a direito adquirido ou ao princípio da irredutibilidade salarial (TST. Súmula nº 248. Res. nº 121/2003).

É facultado às empresas e aos sindicatos das categorias profissionais interessadas requererem ao órgão competente a realização de perícia em estabelecimento ou setor deste, com o objetivo de caracterizar e classificar ou delimitar as atividades insalubres ou perigosas.

Arguida em juízo insalubridade ou periculosidade, seja por empregado, seja por sindicato em favor de grupo de associados, o juiz designará perito habilitado e, onde não houver, requisitará perícia ao órgão competente.

Os efeitos pecuniários decorrentes do trabalho em condições de insalubridade ou periculosidade serão devidos a contar da data da inclusão da respectiva atividade nos quadros aprovados pelo órgão competente (CLT. Art. 196).

Condenada ao pagamento do adicional de insalubridade ou periculosidade, a empresa deverá inserir, mês a mês e enquanto o trabalho for executado sob essas condições, o valor correspondente em folha de pagamento. (TST. SDI-1. OJ nº 172. DJ 08.11.2000).

Quanto ao adicional pelo exercício de **atividade penosa,** a regra constitucional que impõe o seu pagamento ainda **não foi regulamentada**.

E. Adicional por tempo de serviço

Não há, na legislação trabalhista, previsão de adicional por tempo de serviço. Tal acréscimo salarial é instituído geralmente em regulamento de empresa, convenções ou acordo coletivos, sentenças normativas ou no próprio contrato individual de trabalho.

Apesar de comumente ser denominada de adicional por tempo de serviço, essa parcela salarial é, na verdade, **uma espécie de gratificação**, pois não decorre do trabalho executado em condições anormais, característica principal desse complemento salarial.

Existindo, ao mesmo tempo, gratificação por tempo de serviço outorgada pelo empregador e outra da mesma natureza prevista em acordo coletivo, convenção coletiva ou sentença normativa, o empregado tem direito a receber, exclusivamente, a que lhe seja mais benéfica (TST. Súmula nº 202. Res. nº 121/2003).

A gratificação por tempo de serviço integra o salário para todos os efeitos legais (TST. Súmula nº 203. Res. 121/2003), inclusive para o cálculo de horas extras (TST. Súmula nº 226. Res. 121/2003).

F. Adicional noturno

Considera-se noturno, para o **empregado urbano**, o trabalho executado entre as 22 horas de um dia e as 5 horas do dia seguinte.

O trabalho noturno **urbano** tem remuneração superior à do diurno e, para esse efeito, sua remuneração terá um **acréscimo de 20%**, pelo menos, sobre a hora diurna (CLT. Art. 73), considerando a hora do trabalho noturno como sendo de **52 minutos e 30 segundos.**

Para o trabalhador rural que presta serviços na atividade **pecuária,** o período noturno vai das **20 às 04 horas**, enquanto que na **agricultura** considera-se noturno o trabalho compreendido entre **21 às 05 horas** com **adicional de 25% e sem considerar a hora ficta noturna.**

É devido o adicional de serviço noturno, ainda que sujeito o empregado ao regime de revezamento (STF. Súmula nº 213). Provada a identidade entre o trabalho diurno e o noturno é devido o adicional, quanto a este, sem a limitação do art. 73, § 3º, da CLT, independentemente da natureza da atividade do empregado (STF. Súmula nº 313).

Também é assegurado ao vigia sujeito ao trabalho noturno o direito ao respectivo adicional (TST. Súmula nº 140. Res. nº 121/2003).

A transferência para o período diurno de trabalho implica a perda do direito ao adicional noturno (TST. Súmula nº 265. Res. nº 121/2003).

No que diz respeito ao cálculo do adicional noturno, deve-se observar:

- quando pago com habitualidade, integra o salário do empregado para todos os efeitos (TST. Súmula nº 60, I. Res. nº 129/2005);

- **cumprida integralmente a jornada no período noturno e prorrogada esta, devido é também o adicional quanto às horas prorrogadas** (TST. Súmula nº 60, II. Res. nº 129/2005);
- o adicional de periculosidade deve compor a base de cálculo do adicional noturno, já que também neste horário o trabalhador permanece sob as condições de risco (TST. SDI-1. OJ nº 259. DJ 27.09.2002).

7.2. Gratificações

As gratificações são acréscimos salariais pagos pelo empregador ao empregado sem que haja uma imposição legal nesse sentido, mas tendo como causa determinante as condições pessoais do obreiro, como o tempo de serviço, o exercício de determinadas funções etc.

As gratificações habituais, inclusive a de Natal, consideram-se tacitamente convencionadas, integrando o salário (STF. Súmula nº 207).

O fato de constar do recibo de pagamento de gratificação o caráter de liberalidade não basta, por si só, para excluir a existência de ajuste tácito (TST. Súmula nº 152. Res. nº 121/2003).

A. Gratificação natalina

A gratificação natalina foi instituída pela **Lei nº 4.090/62,** regulamentada pelo **Decreto nº 57.155/65**, consistindo no direito que todo empregado tem de receber uma quantia, no mês de dezembro de cada ano, independentemente da remuneração a que fizer jus.

A primeira parcela do 13º salário deve ser paga entre 01 de fevereiro e 30 de novembro de cada ano. Já a segunda parcela deverá ser quitada até o dia 20 de dezembro.

O empregado poderá requerer que o pagamento dessa primeira parcela seja feito por ocasião do gozo de suas férias, para isso, deverá fazer o requerimento nesse sentido no mês de janeiro do ano correspondente **(Lei nº 4.749/65. Art. 2º, § 2º).**

A gratificação corresponderá a 1/12 avos da remuneração devida em dezembro, por mês de serviço ou fração igual ou superior a quinze dias de trabalho, do ano correspondente.

A remuneração do serviço suplementar, habitualmente prestado, integra o cálculo da gratificação natalina (TST. Súmula nº 45. Res. nº 121/2003).

A gratificação será proporcional:

- Em decorrência da extinção do contrato por tempo indeterminado sem justa causa, rescisão indireta e por culpa, sendo nesse último caso equivalente a 50%;
- na extinção dos contratos a prazo, entre estes incluídos os de safra, ainda que a relação de emprego haja findado antes de dezembro;
- na cessação da relação de emprego resultante da aposentadoria do trabalhador, ainda que verificada antes de dezembro;
- na resilição contratual de iniciativa do empregado (TST. Súmula nº 157. Res. nº 121/2003), mesmo contando com menos de um ano de serviço.

Em resumo, só não tem direito ao 13º salário proporcional o empregado despedido por justa causa.

B. Gratificação semestral

A gratificação semestral não foi instituída por lei, mas sim por meio de convenção e acordo coletivo de trabalho, inicialmente no âmbito da categoria profissional dos bancários.

O valor dessa gratificação corresponde a um salário mensal paga ao empregado, paga nos meses de julho e janeiro de cada ano, independentemente da gratificação estabelecida pela Lei nº 4.090/62, devida na proporção de 1/6 do salário para cada mês trabalhado.

A gratificação semestral não repercute no cálculo das horas extras, das férias e do aviso prévio, ainda que indenizados. Repercute, contudo, pelo seu duodécimo na indenização por antiguidade e na gratificação natalina (TST. Súmula nº 253. Res. nº 121/2003).

7.3. Invenções e modelos de utilidade

A Lei nº 9.279/96 regula os direitos e as obrigações relativos à propriedade industrial, inclusive com tratamento específico sobre os inventos e modelos de utilidades, produzidos pelo empregado.

A invenção e o modelo de utilidade são de propriedade exclusiva do empregador, quando a sua atividade tenha por objeto a pesquisa e a invenção, ou quando o empregado tenha sido contrato para esse fim específico, salvo estipulação expressa em sentido contrário.

Em tais situações, o salário ajustado servirá para remunerar o resultado da atividade inventiva do obreiro, salvo estipulação expressa em sentido contrário.

Ainda que a titularidade da invenção pertença ao empregador, poderá ser ajustado o pagamento de uma participação financeira ao empregado, derivada do ganho econômico resultante da exploração de patente, sem incorporação ao salário, a qualquer título.

Se o empregado desenvolve uma atividade desvinculada do contrato de trabalho e sem a utilização de recursos financeiros ou materiais da empresa, a propriedade do invento ou do modelo de utilidade daí resultante lhe pertencerá.

8. PARCELAS INDENIZATÓRIAS

Verbas indenizatórias são aquelas percebidas pelo empregado que não implicam incremento em seu patrimônio, posto que destinadas a cobrir despesas indispensáveis para a execução do contrato de trabalho.

Portanto, independentemente da periodicidade que são pagas, **jamais integram à remuneração**, inclusive para efeito de incidência de imposto de renda e contribuição previdenciária.

Tal não ocorre, por exemplo, com a parcela paga aos bancários sob a denominação **"quebra de caixa"** que possui natureza salarial, integrando o salário do prestador de serviços, para todos os efeitos legais (TST. Súmula nº 247. Res. 121/2003). Além disso, integra a remuneração do bancário a vantagem pecuniária por ele auferida na colocação ou na venda de papéis ou valores mobiliários de empresas pertencentes ao mesmo grupo econômico, se exercida essa atividade no horário e no local de trabalho e com o consentimento, tácito ou expresso, do banco empregador (TST. Súmula nº 93. Res. nº 121/2003).

Desse modo, não integram a remuneração para qualquer efeito:

- as verbas indenizatórias, por sua própria natureza;
- quando a lei assim o determinar expressamente;
- quando uma obrigação trabalhista de fazer ou não fazer for convertida em indenização.

Note-se que **os juros de mora** decorrentes do inadimplemento de obrigação de pagamento em dinheiro não **integram a base de cálculo do imposto de renda**, independentemente da natureza jurídica da obrigação inadimplida, ante o cunho indenizatório conferido pelo art. 404 do Código Civil de 2002 aos juros de mora (TST. SDI-1. OJ nº 400. DEJT 04.08.2010).

8.1. Ajuda de custo

A ajuda de custo representa o valor pago pelo empregador ao empregado que realiza despesas indispensáveis à execução do contrato de trabalho, devidamente comprovadas.

A ajuda de custo mais conhecida é aquela destinada a ressarcir o empregado das despesas efetuadas em razão da transferência, como transporte, instalações, movimentação de móveis e utensílios domésticos etc. (art. 470 da Consolidação das Leis do Trabalho).

O Decreto nº 3.000/99, art. 39, I, destaca que a ajuda de custo destina-se a "atender às despesas com transporte, frete e locomoção do beneficiado e seus familiares, em caso de remoção de um município para outro, sujeita à comprovação posterior pelo contribuinte".

As importâncias, **ainda que habituais**, pagas a título de **ajuda de custo** não integram a remuneração do empregado, não se incorporam ao contrato de trabalho e não constituem base de incidência de encargo trabalhista e previdenciário (CLT. Art. 457, § 2º).

8.2. Diárias

As diárias constituem valores pagos pelo empregador ao obreiro que efetua despesas necessárias e indispensáveis (hospedagem, alimentação e transporte) à execução do contrato de trabalho, por cada dia que passe fora da sede do estabelecimento ao qual esteja vinculado.

As importâncias, **ainda que habituais**, pagas a título de **diárias** para viagem **não integram a remuneração do empregado, não se incorporam ao contrato de trabalho e não constituem base de incidência de encargo trabalhista e previdenciário** (CLT. Art. 457, § 2º).

8.3. Salário-família

O salário-família é devido ao empregado e ao segurado trabalhador avulso, na proporção do respectivo número de filhos.

O salário-família não constitui uma obrigação trabalhista, mas sim um benefício previdenciário, disciplinado pela **Lei nº 8.213/91 (art. 65)**, cujo valor é adiantado pelo empregador, mas compensado posteriormente no quantum de suas contribuições sociais. Por conta dessa característica e por expressa disposição legal, essa verba não integra a remuneração para qualquer efeito.

O termo inicial do direito ao salário-família coincide com a prova da filiação. Se feita em juízo, corresponde à data de ajuizamento do pedido **se a relação de emprego estiver em vigor**, salvo se comprovado que anteriormente o empregador se recusara a receber a respectiva certidão (TST. Súmula nº 254. Res. nº 121/2003).

8.4. Participação nos lucros e resultados – PLR

A participação nos lucros ou resultados da empresa é representada por uma quantia paga pelo empregador ao empregado na hipótese de obter lucro durante um determinado período previamente estipulado, desde que não seja inferior a um semestre civil, não podendo ser paga por mais de duas vezes no mesmo ano.

A PLR encontra-se prevista pelo **art. 7º, XI,** da Carta Política de 1988, devidamente regulamentada pela **Lei nº 10.101**/2000, que determina a sua não incorporação ao salário para qualquer efeito e a necessidade de ajuste por negociação coletiva.

Fere o princípio da isonomia instituir vantagem mediante acordo coletivo ou norma regulamentar que condiciona a percepção da parcela participação nos lucros e resultados ao fato de estar o contrato de trabalho em vigor na data prevista para a distribuição dos lucros. Assim, inclusive na rescisão contratual antecipada, é devido o pagamento da parcela de forma proporcional aos meses trabalhados, pois o ex-empregado concorreu para os resultados positivos da empresa (TST. Súmula nº 451. Res. nº 194/2014).

8.5. Transporte

O vale-transporte, disciplinado pela **Lei nº 7.418/85**, constitui uma obrigação devida pelo empregador a todo empregado que o solicitar, inclusive o doméstico e o **servidor público celetista (TST. SDI-1. OJ nº 216. DJ 20.04.2005)**, no sentido de prover o seu deslocamento da residência para o trabalho e vice-versa.

A contribuição do empregado para concessão do referido benefício é da ordem de **6%** do seu salário básico e **não se incorpora à remuneração para qualquer efeito**, inclusive como base de cálculo de contribuição previdenciária ou do Fundo de Garantia por Tempo de Serviço.

8.6. Vale-cultura

A Lei nº 12.761/12 instituiu o **Programa de Cultura do Trabalhador - PCT** com o objetivo facilitar o acesso aos produtos e serviços culturais e artísticos pelos empregados brasileiros, tais como eventos artísticos, shows, peças teatrais, livros, músicas etc.

Concomitantemente foi criado o **vale-cultura,** confeccionado e comercializado por *empresas operadoras* a ser distribuído para as *empresas beneficiárias* que aderirem ao mencionado PCT.

O empregado só terá direito ao vale-cultura caso preencha os seguintes requisitos:

a) seu empregador (empresa beneficiária seja uma pessoa jurídica e tenha aderido ao Programa de Cultura do Trabalhador;

b) ter salario de até 5 salários mínimos mensais.

O vale-cultura, no valor de R$50,00 **não tem caráter salarial**. Pode ser utilizado para adquirir bens e serviços artísticos ou culturais, desde que as empresas que desenvolvam essa atividade econômica específica sejam cadastradas junto ao Ministério da Cultura, passando a ser denominadas de *empresas recebedoras.*

8.7. Prêmios

Consideram-se prêmios as liberalidades concedidas pelo empregador em forma de bens, serviços ou valor em dinheiro a empregado ou a grupo de empregados, em razão de desempenho superior ao ordinariamente esperado no exercício de suas atividades (CLT. Art. 457, § 4º, com redação dada pela Lei nº 13.467/17).

Essa verba tem natureza condicional, sendo devida quando o empregado implementa certas condições previamente estabelecidas pelo empregador.

O salário-produção, como outras modalidades de **salário-prêmio**, é devido, desde que verificada a condição a que estiver subordinado, e não pode ser suprimido unilateralmente, pelo empregador, quando pago com habitualidade (STF. Súmula nº 209).

As importâncias, **ainda que habituais**, pagas a título de **prêmios** não integram a remuneração do empregado, não se incorporam ao contrato de trabalho e não constituem base de incidência de encargo trabalhista e previdenciário (CLT. Art. 457, § 2º).

8.8. Abonos

O abono geralmente decorrente de um ato de liberalidade do empregador, que faz o pagamento de um *plus* salarial para o trabalho do empregado, geralmente em parcela única, sem que exista um motivo determinante específico para tal acréscimo.

Após a vigência da Lei da Reforma Trabalhista as importâncias, **ainda que habituais**, pagas a título de **abonos** não integram a remuneração do empregado, não se incorporam ao contrato de trabalho e não constituem base de incidência de encargo trabalhista e previdenciário (CLT. Art. 457, § 2º).

8.9. Serviço médico ou odontológico e similares

O valor relativo à assistência prestada por serviço médico ou odontológico, próprio ou não, inclusive o reembolso de despesas com medicamentos, óculos, aparelhos ortopédicos, próteses, órteses, despesas médico-hospitalares e outras similares, mesmo quando concedido em diferentes modalidades de planos e coberturas, não integram o salário.

9. PARCELAS *IN NATURA*

Além do pagamento em dinheiro, compreendem-se no salário, para todos os efeitos legais, a **alimentação, habitação, vestuário** ou outras prestações *in natura* que a empresa, por força do **contrato ou do costume**, fornecer **habitualmente** ao empregado. Entretanto, em caso algum será permitido o pagamento com bebidas alcoólicas ou drogas nocivas (CLT. Art. 458).

Os valores atribuídos às prestações *in natura* deverão ser justos e razoáveis, não podendo exceder, em cada caso, os dos percentuais das parcelas componentes do salário mínimo, salvo aqueles expressamente previstos em lei.

Não serão consideradas como salário as seguintes utilidades concedidas pelo empregador:

- **vestuários, equipamentos e outros acessórios** fornecidos aos empregados e utilizados no local de trabalho, para a prestação do serviço;
- **educação**, em estabelecimento de ensino próprio ou de terceiros, compreendendo os valores relativos a matrícula, mensalidade, anuidade, livros e material didático;
- **transporte**, destinado ao deslocamento para o trabalho e retorno, em percurso servido ou não por transporte público;
- **assistência médica**, hospitalar e odontológica, prestada diretamente ou mediante seguro-saúde;
- **seguros** de vida e de acidentes pessoais;
- **previdência privada.**

A habitação e a alimentação fornecidas como **salário-utilidade** deverão atender aos fins a que se destinam e não poderão exceder, respectivamente, a **25% e 20%** do salário-contratual **para o trabalhador urbano**, segundo determina o art. 458, § 3º CLT.

Apesar dessa determinação legal, o TST editou a Súmula nº 258, com a seguinte redação:

> "Os percentuais fixados em lei relativos ao salário in natura **apenas se referem às hipóteses em que o empregado percebe salário mínimo**, apurando-se, nas demais, o real valor da utilidade". (Res. nº 121/2003)

9.1. Alimentação (salarial x não salarial)

O vale para refeição, fornecido por força do contrato de trabalho, **tem caráter salarial**, integrando a remuneração do empregado, para todos os efeitos legais (TST. Súmula nº 241. Res. nº 121/2003).

Já o auxílio-alimentação, vedado o seu pagamento em dinheiro, **não se incorporam ao contrato de trabalho e não constituem base de incidência de encargo trabalhista e previdenciário** (CLT. Art. 457, § 2º).

De igual forma a ajuda alimentação fornecida por empresa participante do programa de alimentação ao trabalhador – PAT, instituído pela **Lei nº 6.321/1976**, não tem caráter salarial. Portanto, não integra o salário para nenhum efeito legal (TST. SDI-1. OJ nº 133. DJ 27.11.1998).

9.2. Habitação

Tratando-se de **habitação coletiva**, o valor do salário-utilidade a ela correspondente será obtido mediante a divisão do justo valor da habitação pelo número de co-ocupantes, vedada, em qualquer hipótese, a utilização da mesma unidade residencial por mais de uma família.

A habitação, a energia elétrica e veículo fornecidos pelo empregador ao empregado, quando indispensáveis para a realização do trabalho, não têm natureza salarial, **ainda que, no caso de veículo, seja ele utilizado pelo empregado também em atividades particulares**. Já o cigarro não se considera salário utilidade em face de sua nocividade à saúde (TST. Súmula nº 367. - Res. nº 129/2005).

10. PROTEÇÃO AO SALÁRIO

Pelo princípio da **intangibilidade salarial**, ou seja, da impossibilidade de alterar-se ou extinguir-se o direito ao salário, decorrem os princípios da

impenhorabilidade, irredutibilidade e irrenunciabilidade do salário, que representam a proteção legal ao salário contra atos de terceiros, contra atos do empregador e contra atos do próprio empregado.

10.1. Contra atos do empregador

Veda-se ao empregador:

- **Vender**, ou exercer qualquer coação ou induzimento, mercadorias aos empregados ou serviços destinados a proporcionar-lhes prestações *in natura* quando mantiver armazém em seu estabelecimento (***truck system***). Sempre que não for possível o acesso dos empregados a armazém ou serviços não mantidos pela empresa, é lícito à autoridade competente determinar a adoção de medidas adequadas, visando a que as mercadorias sejam vendidas e os serviços prestados a preços razoáveis, sem intuito de lucro e sempre em benefício dos empregados.
- **limitar,** por qualquer forma, a liberdade dos empregados de dispor do seu salário, considerando-se **crime a sua retenção dolosa,** segundo determina o art. 7º, X, da CF/88.
- **reduzir o salário**, salvo previsão expressa em convenção ou acordo coletivo de trabalho, acompanhada da redução proporcional em até 30% na jornada de trabalho do empregado quando a empresa adere ao Programa de Proteção ao Emprego – PPE .
- efetuar qualquer **desconto** nos salários do empregado, salvo quando este resultar de **adiantamentos, de dispositivos de lei, acordou ou convenção coletiva de trabalho.**

Excepcionalmente, admite-se que o empregador efetue descontos na remuneração do empregado, desde que:

- com a autorização prévia e por escrito do empregado, para ser integrado em planos de **assistência odontológica, médico-hospitalar, de seguro, de previdência privada, ou de entidade cooperativa, cultural ou recreativo-associativa** de seus trabalhadores, em seu benefício e de seus dependentes, salvo se ficar demonstrada a existência de coação ou de outro defeito que vicie o ato jurídico. (TST. Súmula nº 342. Res. nº 121/2003);
- No caso de desconto para pagamento de empréstimo consignado, o percentual máximo permitido é de 35% (Lei nº 13.172/15), sendo que 5% desse percentual deve ser destinado exclusivamente para a amortização de despesas contraídas por meio de cartão de crédito; ou para a utilização com a finalidade de saque por meio do cartão de crédito;

- referente à **devolução de cheques sem fundos**, quando o frentista não observar as recomendações previstas em instrumento coletivo (TST. SDI-1. OJ nº 251. DJ 13.03.2002);
- Em caso de dano causado pelo empregado, desde que esta possibilidade tenha sido acordada ou na ocorrência de dolo do empregado (CLT. Art. 462, § 1º).

Cláusula star del credere: o pagamento de comissões e percentagens só é exigível depois de ultimada a transação a que se referem. Nas transações realizadas por prestações sucessivas, é exigível o pagamento das percentagens e comissões que lhes disserem respeito proporcionalmente à respectiva liquidação (CLT. Art. 466).

A cláusula *star del credere* permitiria ao empresário dividir ou transferir o prejuízo provocado pelo cliente inadimplente com aquela pessoa que intermediou a venda do seu produto ou serviço.

No que diz respeito ao exercício das funções de vendedores, viajantes ou pracistas, regulamentadas pela Lei nº 3.207/57, o estorno das comissões só é possível nos casos de insolvência do comprador (art. 7º), e não nas hipóteses de mero inadimplemento (art. 6º).

No contrato de representação comercial autônoma, regulado pela Lei nº 4.886/65, **há proibição** de estipulação da cláusula *star del credere* (art. 43).

> **▸ Dica de prova:**
> A temática relativa à proteção ao salário tem sido constantemente cobrada nas provas da OAB.

10.2. Contra atos de terceiros

Em regra, o salário é **impenhorável,** pois não pode sofrer constrição judicial, seja por meio de arresto ou de penhora. Excepcionam-se os casos de penhora para pagamento de pensão alimentícia, independente de sua origem, bem como às importâncias excedentes a 50 (cinquenta) salários-mínimos mensais (art. 833, IV, do novo CPC).

A impenhorabilidade não se aplica à hipótese de **penhora para pagamento de prestação alimentícia, independentemente de sua origem** (CPC. Art. 833, § 2º). O valor do débito pode ser descontado dos rendimentos ou rendas do devedor, **de forma parcelada**, contanto que, somado à parcela devida, não ultrapasse cinquenta por cento de seus ganhos líquidos (CPC. Art. 529, § 3º).

A vedação desse procedimento previsto na OJ nº 153 só se aplica às demandas regidas pelo CPC de 1973, como deixou clara a nova redação promovida pela. Res. nº 220/2017 do TST.

10.3. Contra atos do empregado

A regra da irrenunciabilidade do salário funciona de forma semelhante àquela relativa aos demais direitos conferidos aos trabalhadores. É uma **irrenunciabilidade relativa**, já que é aplicada quando ocorre na formação e durante a execução do contrato de trabalho.

Após a extinção do pacto laboral, os créditos trabalhistas se tornam disponíveis, pois desaparece a presunção de vício na manifestação de vontade do obreiro.

11. ISONOMIA SALARIAL

O ordenamento jurídico trabalhista veda distinções relativas à espécie de emprego e à condição de trabalhador e entre trabalho intelectual, técnico e manual, sendo que a todo trabalho de igual valor corresponderá salário igual, sem distinção de sexo, dentre outros critérios.

Na falta de estipulação do salário ou não havendo prova sobre a importância ajustada, o empregado terá direito a perceber salário igual ao daquele que, na mesma empresa, fizer serviço equivalente, ou do que for habitualmente pago para serviço semelhante (CLT. Art. 460).

Desde que atendidos os requisitos legais, **é possível a equiparação salarial de trabalho intelectual**, que pode ser avaliado por sua perfeição técnica, cuja aferição terá critérios objetivos (TST. Súmula nº 6, VII. Res. nº 198/2015).

Sendo idêntica a função, a todo trabalho de igual valor, **prestado ao mesmo empregador, no mesmo estabelecimento empresarial**, corresponderá igual salário, sem distinção de sexo, etnia, nacionalidade ou idade. (CLT. Art. 461, com reação dada pela Lei nº 13.467/17).

A equiparação salarial só é possível se o empregado e o paradigma exercerem a mesma função, desempenhando as mesmas tarefas, não importando se os cargos têm, ou não, a mesma denominação (TST. Súmula nº 6, III. Res. nº 198/2015).

No caso de **comprovada discriminação por motivo de sexo ou etnia**, o juízo determinará, além do pagamento das diferenças salariais devidas, multa, em favor do empregado discriminado, no valor de 50% (cinquenta por cento) do limite máximo dos benefícios do Regime Geral de Previdência Social (CLT. Art. 461, § 6º, incluído pela Lei nº 13.467/17).

11.1. Trabalho de igual valor

Trabalho de igual valor é aquele feito com **igual produtividade e com a mesma perfeição técnica**, entre pessoas cuja diferença de tempo de serviço para o mesmo empregador não seja superior a **quatro anos** e a diferença de tempo na função não seja superior a **dois anos** (CLT. Art. 461, § 1º, com reação dada pela Lei nº 13.467/17).

11.2. Paradigma

A equiparação salarial só será possível entre empregados contemporâneos no cargo ou na função, ficando vedada a indicação de paradigmas remotos, ainda que o paradigma contemporâneo tenha obtido a vantagem em ação judicial própria (CLT. Art. 461, § 5º, com reação dada pela Lei nº 13.467/17).

É desnecessário que, ao tempo da reclamação sobre equiparação salarial, reclamante e paradigma estejam a serviço do estabelecimento, desde que o pedido se relacione com situação pretérita (TST. Súmula nº 6, IV. Res. nº 198/2015).

Sendo regulamentada a profissão de auxiliar de enfermagem, cujo exercício pressupõe habilitação técnica, realizada pelo Conselho Regional de Enfermagem, impossível a equiparação salarial do simples atendente com o auxiliar de enfermagem (TST. SDI-1. OJ nº 296. DJ 11.08.2003).

11.3. Quadro de carreira

Não há que se falar em equiparação salarial quando o empregador tiver pessoal organizado em **quadro de carreira** ou adotar, por meio de norma interna da empresa ou de negociação coletiva, plano de cargos e salários, dispensada qualquer forma de homologação ou registro em órgão público (CLT. Art. 461, § 2º, com redação dada pela Lei nº 13.467/17). Nesse caso, as promoções poderão ser feitas por merecimento e por antiguidade, ou por apenas um destes critérios, dentro de cada categoria profissional.

O simples desvio funcional do empregado não gera direito a novo enquadramento, mas apenas às diferenças salariais respectivas, mesmo que o desvio de função haja iniciado antes da vigência da CF/1988 (TST. SDI-1. OJ nº 125. DJ 13.03.2002).

Saliente-se que o trabalhador readaptado em nova função, por motivo de deficiência física ou mental atestada pelo órgão competente da Previdência Social, **não servirá de paradigma para fins de equiparação salarial**.

No que diz respeito ao aspecto probatório, **é do empregador o ônus da prova do fato impeditivo, modificativo ou extintivo da equiparação salarial** (TST. Súmula nº 6, V).

11.4. Substituição

Enquanto perdurar a substituição que não tenha **caráter meramente eventual**, inclusive nas férias, o empregado substituto fará jus ao salário contratual do substituído. Vago o cargo em definitivo, o empregado que passa a ocupá-lo **não tem direito a salário igual ao do antecessor** (TST. Súmula nº 159. Res. nº 129/2005).

Como caráter meramente eventual pode-se citar, por exemplo, a hipótese em que o empregado substitui o seu superior hierárquico quando este se ausenta do estabelecimento por algumas horas.

11.5. Serviço público

O art. 37, inciso XIII, da CF/88 veda a equiparação de qualquer natureza para o efeito de remuneração do pessoal do serviço público, sendo juridicamente impossível a aplicação da norma infraconstitucional prevista no art. 461 da CLT quando se pleiteia equiparação salarial entre servidores públicos, independentemente de terem sido contratados pela CLT (TST. SDI-1. OJ nº 297. DJ 11.08.2003).

À sociedade de economia mista não se aplica a vedação à equiparação prevista no art. 37, XIII, da CF/1988, pois, ao admitir empregados sob o regime da CLT, equipara-se a empregador privado, conforme disposto no art. 173, § 1º, II, da CF/1988 (TST. Súmula nº 455. Res. nº 194/2014).

A cessão de empregados não exclui a equiparação salarial, embora exercida a função em órgão governamental estranho à cedente, se esta responde pelos salários do paradigma e do reclamante (TST. Súmula nº 6, V).

Jornada de trabalho

1. JORNADA NORMAL DE TRABALHO

A duração normal do trabalho não excederá de **8 diárias**, desde que não seja fixado expressamente outro limite (CLT. Art. 58), ou **44 horas semanais**, facultada a compensação de horários e a redução da jornada, mediante acordo ou convenção coletiva de trabalho (CF/88. Art. 7º, XIII).

Não serão descontadas nem computadas como jornada extraordinária as variações de horário no registro de ponto não excedentes de **cinco minutos, observado o limite máximo de dez minutos diários.** a partir da vigência da Lei nº 10.243/01, que acrescentou o § 1º ao art. 58 da CLT, não mais prevalece cláusula prevista em convenção ou acordo coletivo que elastece o limite de 5 minutos que antecedem e sucedem a jornada de trabalho para fins de apuração das horas extras (TST. Súmula nº 449. Res. nº 194/2014).

Considera-se tempo à disposição do empregador - o tempo necessário ao deslocamento do trabalhador entre a portaria da empresa e o local de trabalho, **desde que supere o limite de 10 minutos diários** (TST. Súmula nº 429. Res. nº 174/2011).

Não se considera tempo à disposição do empregador: não será computado como período extraordinário o que exceder a jornada normal, ainda que ultrapasse o limite de cinco minutos previsto no § 1º do art. 58 desta Consolidação, quando o empregado, por escolha própria, buscar proteção pessoal, em caso de insegurança nas vias públicas ou más condições climáticas, bem como adentrar ou permanecer nas dependências da empresa para exercer atividades particulares, entre outras (CLT. Art. 4º, § 2º introduzido pela Lei nº 13.467/17):

- práticas religiosas;
- descanso;
- lazer;
- estudo;

- alimentação;
- atividades de relacionamento social;
- higiene pessoal;
- troca de roupa ou uniforme, quando não houver obrigatoriedade de realizar a troca na empresa.

2. JORNADA EXTRAORDINÁRIA

Qualquer labor além dos limites acima mencionados, desde que não haja ajuste de compensação de jornada, será considerado como trabalho extraordinário.

A limitação legal da jornada suplementar em **2 horas diárias** não exime o empregador de pagar todas as horas trabalhadas. O valor das horas extras habitualmente prestadas integra o cálculo dos haveres trabalhistas, independentemente da limitação prevista no caput do art. 59 da CLT (TST. Súmula nº 376. Res. nº 129/2005).

A prestação de serviços em jornada extraordinária integra à remuneração para efeito de aviso prévio, férias acrescidas de 1/3, 13º salário, FGTS, repouso semanal remunerado etc.

A majoração do valor do repouso semanal remunerado, em razão da integração das horas extras habitualmente prestadas, não repercute no cálculo das férias, da gratificação natalina, do aviso prévio e do FGTS, sob pena de caracterização de "bis in idem" (TST. SDI-1. OJ nº 394. DEJT 11.06.2010).

A remuneração da hora extra será, pelo menos, **50% (cinquenta por cento)** superior à da hora normal. (CLT. Art. 59, §1º).

2.1. Acordo de prorrogação de jornada diária

A duração diária do trabalho poderá ser acrescida de horas extras, **em número não excedente de duas, por acordo individual, convenção coletiva ou acordo coletivo de trabalho.** (CLT. Art. 59).

2.2. Prorrogação da jornada por necessidade imperiosa

Ocorrendo **necessidade imperiosa**, poderá a duração do trabalho exceder do limite legal ou convencionado, seja (CLT. Art. 61):

- por **motivo de força maior**;
- para atender à **realização ou conclusão de serviços inadiáveis ou cuja inexecução possa acarretar prejuízo manifesto** (não podendo ultrapassar 12 horas diárias);
- Entende-se como força maior todo acontecimento inevitável, em relação à vontade do empregador, e para a realização do qual este não concorreu, direta ou indiretamente (CLT. Art. 501).

O excesso de labor poderá ser exigido **independentemente de acordo ou convenção coletiva** e sem necessidade de comunicar ao órgão competente.

Horas extras para recuperar interrupção de trabalho. Sempre que ocorrer interrupção do trabalho, resultante de causas acidentais, ou de força maior, que determinem a impossibilidade de sua realização, a duração do trabalho poderá ser prorrogada pelo tempo necessário até o máximo de **2 horas**, durante o número de dias indispensáveis à recuperação do tempo perdido, **desde que não exceda de 10 horas diárias**, em período não superior a **45 dias por ano**, sujeita essa recuperação à prévia autorização da autoridade competente.

Em qualquer das situações acima citadas, o empregado **tem direito ao adicional sobre as horas extraordinárias laboradas.**

2.3. Limitação e proibição de jornada extraordinária

Aprendiz: o aprendiz **não poderão prestar horas extras** (CLT. Art. 432).

Trabalhadora por tempo parcial: no regime de tempo parcial aquele cuja duração não exceda a trinta horas semanais, não é permitida a prestação de horas suplementares semanais. Entretanto, se a duração da jornada não exceder vinte e seis horas semanais, existe a possibilidade de acréscimo de até seis horas suplementares semanais.

Trabalho insalubre: nas atividades insalubres quaisquer prorrogações só poderão ser acordadas mediante **licença prévia das autoridades competentes** em matéria de medicina do trabalho, as quais, para esse efeito, procederão aos necessários exames locais e à verificação dos métodos e processos de trabalho, quer diretamente, quer por intermédio de autoridades sanitárias federais, estaduais e municipais, com quem entrarão em entendimento para tal fim (CLT. Art. 60). **Não se aplica esse procedimento no caso de jornada de 12 x 36.**

Adolescente: o menor de 18 anos só poderá estender sua jornada em mais duas horas, **mediante convenção ou acordo coletivo de trabalho** que estabeleça a compensação semanal, ou no caso de força maior por mais 4 horas, desde que o trabalho do menor seja imprescindível ao funcionamento do estabelecimento (CLT. art. 413).

2.4. Acordo para compensação de jornada

A compensação de jornada de trabalho deve ser ajustada por acordo individual, acordo coletivo ou convenção coletiva. Desse modo, **o acordo individual escrito para compensação de horas é válido, salvo se houver norma coletiva em sentido contrário** (TST. Súmula nº 85, I e II. Res. nº 209/2016).

Assim, É lícito o regime de compensação de jornada estabelecido por acordo individual, tácito ou escrito, **para a compensação no mesmo mês** (CLT. Art. 59, § 6º inserido pela Lei nº 13.467/17).

Frise-se, porém, que não atendimento das exigências legais para compensação de jornada, inclusive quando estabelecida mediante acordo tácito, não implica a repetição do pagamento das horas excedentes à jornada normal diária se não ultrapassada a **duração máxima semanal, sendo devido apenas o respectivo adicional** (CLT. Art. 59-B inserido pela Lei nº 13.467/17).

Por exemplo, se o empregado trabalha de segunda a quinta, 9 horas por dia, na sexta não excede a jornada de oito horas e não trabalha no sábado, perfazendo 44 horas semanais. Nesse caso, não havendo acordo escrito de compensação, o empregado terá direito, apenas, ao adicional de horas extras incidentes sobre uma hora de segunda a quinta (quatro horas por semana) e não o direito é à hora extra acrescida do respectivo adicional. Se houver acordo escrito, não terá direito nem às horas extras nem ao respectivo adicional.

Note-se, porém, que **a prestação de horas extras habituais não descaracteriza o acordo de compensação de jornada.**

Não é válido acordo de compensação de jornada em **atividade insalubre**, ainda que estipulado em norma coletiva, sem a necessária inspeção prévia e permissão da autoridade competente, na forma do art. 60 da CLT (TST. Súmula nº 85, VI).

É válido o sistema de compensação de horário quando a jornada adotada é a denominada "semana espanhola", que alterna a prestação de 48 horas em uma semana e 40 horas em outra, não violando os arts. 59, § 2º, da CLT e 7º, XIII, da CF/88 o seu ajuste mediante acordo ou convenção coletiva de trabalho (TST. SDI-1. OJ nº 323).

2.5. Banco de horas

Banco de horas ajustado coletivamente: pelo sistema denominado de "banco de horas", poderá ser dispensado o acréscimo de salário se, por força de **acordo**

ou convenção coletiva de trabalho, o excesso de horas em um dia for compensado pela correspondente diminuição em outro dia, de maneira que não exceda, **no período máximo de 1 ano**, à soma das jornadas semanais de trabalho previstas, nem seja ultrapassado o limite máximo de **10 horas diárias** (CLT. Art. 59. § 2º).

O banco de horas ajustado individualmente: pactuado por acordo individual escrito, desde que a compensação ocorra no período máximo de **seis meses** (CLT. Art. 59. § 5º, inserido pela Lei nº 13.467/17).

Na hipótese de rescisão do contrato de trabalho sem que tenha havido a compensação integral da jornada extraordinária o trabalhador terá direito ao **pagamento das horas extras não compensadas, calculadas sobre o valor da remuneração na data da rescisão** (CLT. Art. 59, § 3º com redação dada pela Lei nº 13.467/17).

Inclusive, quando as horas extras são reconhecidas em juízo, é possível deduzir aquelas comprovadamente pagas do total daquelas devidas, independentemente do mês da apuração, conforme entendimento do TST estampado na OJ nº 415:

> "A dedução das horas extras comprovadamente pagas daquelas reconhecidas em juízo não pode ser limitada ao mês de apuração, devendo ser integral e aferida pelo total das horas extraordinárias quitadas durante o período imprescrito do contrato de trabalho" (DEJT 16.02.2012).

Por fim, **a prestação de horas extras habituais não descaracteriza o banco de horas.**

2.6. Jornada 12 x 36

É facultado às partes, por meio de acordo individual escrito, **convenção coletiva ou acordo coletivo de trabalho**, estabelecer horário de trabalho de doze horas seguidas por trinta e seis horas ininterruptas de descanso, **observados ou indenizados os intervalos para repouso e alimentação** (CLT. Art. 59-A).

A remuneração mensal pactuada pela jornada de 12 x 36 **abrange os pagamentos devidos pelo**:

- descanso semanal remunerado;
- descanso em feriados; e
- serão considerados compensados os feriados e as prorrogações de trabalho noturno, quando houver, no caso de jornada de trabalho mista (períodos noturnos e diurnos que ultrapasse as 05:00 horas).

2.7. Horas *in itinere*

O tempo despendido pelo empregado desde a sua residência até a efetiva ocupação do posto de trabalho e para o seu retorno, caminhando ou por qualquer meio de transporte, inclusive o fornecido pelo empregador, **não será computado na jornada de trabalho, por não ser tempo à disposição do empregador** (CLT. Art. 58, § 2º, com redação dada pela Lei nº 13.467/17).

2.8. Horas de sobreaviso

Considera-se de sobreaviso o empregado que permanecer em sua própria casa, aguardando a qualquer momento o chamado para o serviço. As horas de "sobreaviso", para todos os efeitos, serão contadas à razão de **1/3 do salário normal** (CLT. Art. 244, § 2º).

A previsão legal do sobreaviso limita-se à categoria dos ferroviários. Entretanto, a doutrina e a jurisprudência utilizam-se das disposições legais para regular outras atividades profissionais, por meio da analogia.

Nesse sentido é a Súmula nº 229 do TST:

> "Por aplicação analógica do art. 244, § 2º, da CLT, as horas de sobreaviso dos eletricitários são remuneradas à base de 1/3 sobre a totalidade das parcelas de natureza salarial". (Res. nº 121/2003)

O uso de instrumentos telemáticos ou informatizados fornecidos pela empresa ao empregado, por si só, não caracteriza regime de sobreaviso. Considera-se em sobreaviso o empregado que, à distância e submetido a controle patronal por instrumentos telemáticos ou informatizados, permanecer em regime de plantão ou equivalente, aguardando a qualquer momento o chamado para o serviço durante o período de descanso (TST. Súmula nº 428. Res. nº 185/2012).

2.9. Horas de prontidão

As horas de prontidão assemelham-se às horas de sobreaviso. Contudo, no primeiro caso, o empregado, ao invés de ficar em sua residência, permanece nas dependências da empresa sem prestar serviços, mas aguardando, a qualquer momento, ser acionado para o trabalho, percebendo uma remuneração equivalente a **2/3 da hora normal** de labor.

2.10. Turnos de revezamento

Para o empregado ter direito à jornada reduzida de 6 horas de trabalho por dia, terá que prestar serviços com alternância de turnos, seja de forma diária, semanal, quinzenal ou mensal.

Dessa forma, faz jus à jornada especial prevista no art. 7º, XIV, da CF/1988 o trabalhador que exerce suas atividades em sistema de alternância de turnos, ainda que em dois turnos de trabalho, que compreendam, no todo ou em parte, o horário diurno e o noturno, pois submetido à alternância de horário prejudicial à saúde, sendo irrelevante que a atividade da empresa se desenvolva de forma ininterrupta (TST. SDI-1. OJ nº 360. DJ 14.03.2008).

Os intervalos fixados para descanso e alimentação durante a jornada de seis horas (ou o intervalo para repouso semanal) não descaracterizam o sistema de turnos ininterruptos de revezamento para o efeito do art. 7º, XIV, da Constituição (STF. Súmula 675. TST. Súmula nº 360. Res. nº 121/2003).

Observe-se que, no regime de revezamento, as horas trabalhadas em seguida ao repouso semanal de 24 horas, com prejuízo do intervalo mínimo de 11 horas consecutivas para descanso entre jornadas, **devem ser remuneradas como extraordinárias,** inclusive com o respectivo adicional (TST. Súmula nº 110. Res. nº 121/2003).

Estabelecida jornada superior a 6 horas e limitada a 8 horas por meio de regular negociação coletiva, os empregados submetidos a turnos ininterruptos de revezamento não têm direito ao pagamento da 7ª e 8ª horas como extras (TST. Súmula nº 423. Res. nº 139/2006).

Inexistindo instrumento coletivo fixando jornada diversa, o empregado horista submetido a turno ininterrupto de revezamento faz jus ao pagamento das horas extraordinárias laboradas além da 6ª, bem como ao respectivo adicional (TST. SDI-1. OJ nº 275. DJ 27.09.2002).

Em relação aos petroleiros, sempre que for imprescindível à continuidade operacional, o empregado será mantido em seu posto de trabalho, em regime de revezamento em turno de 8 horas ou de 12 horas nas seguintes situações especiais: a) atividades de exploração, perfuração, produção e transferência de petróleo no mar; b) atividades de exploração, perfuração e produção de petróleo em áreas terrestres distantes ou de difícil acesso (Lei nº 5.811/72, art. 2º).

A Súmula nº 391, I, do TST, acolheu a tese da constitucionalidade do regime de revezamento de 8 ou 12 horas dos petroleiros:

> "A Lei nº 5.811/72 foi recepcionada pela CF/88 no que se refere à duração da jornada de trabalho em regime de revezamento dos petroleiros". (Res. nº 129/2005)

Para o cálculo do salário hora do empregado horista, submetido a turnos ininterruptos de revezamento, considerando a alteração da jornada de 8 para 6 horas diárias, aplica-se o divisor 180, em observância ao disposto no art. 7º, VI, da

Constituição Federal, que assegura a irredutibilidade salarial (TST. SDI-1. OJ nº 396. DEJT 11.06.2010).

O trabalho em regime de turnos ininterruptos de revezamento **não retira o direito à hora noturna reduzida**, não havendo incompatibilidade entre as disposições contidas nos arts. 73, § 1º, da CLT e 7º, XIV, da Constituição Federal (TST. SDI-1. OJ nº 395. DEJT 11.06.2010).

2.11. Registro de horário de trabalho

Para os **estabelecimentos** com mais de **10 trabalhadores** será obrigatória a anotação da hora de entrada e de saída, em registro manual, mecânico ou eletrônico, devendo haver pré-assinalação do período de repouso. Assim, não há obrigatoriedade para o registro dos horários relativos ao intervalo intrajornada.

Em relação ao **doméstico**, é necessário que o empregador faça o controle da jornada na forma mencionada acima, independentemente do número de empregados.

Se o trabalho for executado fora do estabelecimento, o horário dos empregados constará, explicitamente, de ficha ou papeleta em seu poder.

O tacógrafo (instrumento utilizado nos veículos para registrar a velocidade e o tempo gasto em cada percurso) por si só, sem a existência de outros elementos, **não serve para controlar a jornada de trabalho de empregado que exerce atividade externa** (TST. SDI-1. OJ nº 332. DJ 09.12.2003).

Em relação à prova da jornada de trabalho do obreiro, prevalecem as seguintes regras:

- **é ônus do empregador** que conta com mais de dez empregados o registro da jornada de trabalho na forma do art. 74, § 2º, da CLT. A não-apresentação injustificada dos controles de frequência gera **presunção relativa de veracidade** da jornada de trabalho, a qual pode ser elidida por prova em contrário (TST. Súmula nº 338, I. Res. nº 129/2005);
- a presunção de veracidade da jornada de trabalho, ainda que prevista em instrumento normativo, pode ser elidida por prova em contrário (TST. Súmula nº 338, II. Res. nº 129/2005);
- os cartões de ponto que demonstram **horários de entrada e saída uniformes** são inválidos como meio de prova, invertendo-se o ônus da prova, relativo às horas extras, que passa a ser do empregador, prevalecendo a jornada da inicial se dele não se desincumbir (TST. Súmula nº 338, III. Res. nº 129/2005).

2.12. Trabalho em regime de tempo parcial

Considera-se trabalho em regime de tempo parcial aquele cuja duração não exceda a:

- **trinta horas semanais**, sem a possibilidade de horas suplementares semanais, **ou**, ainda, aquele cuja duração não exceda a
- **vinte e seis horas semanais**, com a possibilidade de acréscimo de até seis horas suplementares semanais.

Nesse caso, o salário a ser pago aos empregados sob o regime de tempo parcial será proporcional à sua jornada, em relação aos empregados que cumprem, nas mesmas funções, tempo integral (CLT. Art. 58-A, § 1º).

Na hipótese de o contrato de trabalho em regime de tempo parcial ser estabelecido em número **inferior a vinte e seis horas semanais**, as horas suplementares a este quantitativo serão consideradas horas extras (com acréscimo de 50%) estando também limitadas a seis horas suplementares semanais.

As horas suplementares da jornada de trabalho normal poderão **ser compensadas diretamente até a semana imediatamente posterior à da sua execução**, devendo ser feita a sua quitação na folha de pagamento do mês subsequente, caso não sejam compensadas.

3. EMPREGADOS EXCLUÍDOS DAS HORAS EXTRAS

Não estão sujeitos à regulamentação legal da jornada de trabalho:

- os empregados que exercem **atividade externa** incompatível com a fixação de horário de trabalho, devendo tal condição ser anotada na CTPS e no registro de empregados;
- **os gerentes**, assim considerados os exercentes de cargos de gestão, aos quais se equiparam os diretores e chefes de departamento ou filial;
- os empregados em regime de teletrabalho.

Quando o salário do cargo de confiança, compreendendo a gratificação de função, se houver, for inferior ao valor do respectivo salário efetivo acrescido de **40%**, o empregado ficará sujeito ao regime relativo à duração do trabalho.

4. BASE DE CÁLCULO DO VALOR DAS HORAS EXTRAS E SUA INTEGRAÇÃO AO SALÁRIO

Calcula-se o valor das horas extras, acrescendo-se, no mínimo, **50% ao valor** das horas normais de trabalho.

A base de cálculo para o cômputo das horas extras é formada por todas as verbas de natureza salarial. Assim, a remuneração do serviço suplementar é composta do valor da hora normal, integrado por parcelas de natureza salarial e acrescido do adicional previsto em lei, contrato, acordo, convenção coletiva ou sentença normativa (TST. Súmula nº 264. Res. nº 121/2003) e do adicional noturno, que integra a base de cálculo das horas extras prestadas no período noturno (TST. SDI. OJ nº 97. DJ 30.05.1997).

Quando o empregado trabalha, habitualmente, em jornada extraordinária, o valor referente às horas extras deve integrar a remuneração para todos os efeitos legais, repercutindo no cálculo das seguintes verbas:

- FGTS, inclusive sobre as horas extras eventuais (STF. Súmula nº 593. TST. Súmula nº 63. Res. nº 121/2003);
- indenização de antiguidade (TST. Súmula nº 24. Res. nº 121/2003);
- gratificação natalina (TST. Súmula nº 45. Res. nº 121/2003);
- gratificações semestrais (TST. Súmula nº 115. Res. nº 121/2003);
- repouso semanal remunerado (TST. Súmula nº 172. Res. nº 121/2003).

Observe-se, por fim, que o cálculo do valor das horas extras habituais, para efeito de reflexos em verbas trabalhistas, observará o número de horas efetivamente prestadas e a ele aplica-se o valor do salário-hora da época do pagamento daquelas verbas (TST. Súmula nº 347. Res. nº 121/2003).

Na hipótese de supressão total ou parcial, pelo empregador, de serviço suplementar prestado com habitualidade, durante pelo menos um ano, assegura ao empregado o direito à **indenização correspondente ao valor de um mês das horas suprimidas, total ou parcialmente, para cada ano ou fração igual ou superior a seis meses de prestação de serviço acima da jornada normal**. O cálculo observará a média das horas suplementares efetivamente trabalhadas nos últimos doze meses anteriores à mudança, multiplicada pelo valor da hora extra do dia da supressão (TST. Súmula nº 291. Res. nº 174/2011).

4.1. Divisor

O salário-hora normal, no caso do empregado mensalista, será obtido dividindo-se o salário mensal correspondente à duração do trabalho por 30 vezes o número de horas dessa duração (CLT. Art. 64). Sendo o número de dias inferior a 30, deve-se adotar para o cálculo, em lugar desse número, o de dias de trabalho por mês.

Cálculo do divisor. Como a CF/88 reduziu a jornada semanal de trabalho para 44 horas, sem diminuir a jornada diária, o divisor utilizado para obter o valor do salário-hora do empregado mensalista passou a ser 220 (duzentos e vinte) e não mais 240. Obtém-se o referido divisor, dividindo-se 44 por 6 (dias da semana excluindo-se o repouso) e multiplicando-se por 30: 44 ÷ 6 = 7:20 x 30 = 220.

No caso do empregado diarista, o salário-hora normal será obtido dividindo-se o salário diário correspondente à duração do trabalho pelo número de horas de efetivo trabalho.

O empregado sujeito à jornada de seis horas terá o seu salário-hora calculado com base no **divisor 180 (cento e oitenta).**

Aplica-se o divisor **200 (duzentos)** para o cálculo do valor do salário-hora do empregado sujeito a 40 (quarenta) horas semanais de trabalho (TST. Súmula nº 431. Res. Nº 185/2012). Isso porque se divide 40 horas por 6 (número de dias úteis na semana) e o resultado, 6 horas e 40 minutos, multiplica-se por 30 = 200.

4.2. Horas extras do comissionista

O empregado, sujeito a controle de horário, remunerado à base de comissões, tem direito **somente** ao adicional de, no mínimo, cinquenta por cento pelo trabalho em horas extras, calculado sobre o valor-hora das comissões recebidas no mês, considerando-se como divisor o número de horas efetivamente trabalhadas (TST. Súmula nº 340. Res. nº 121/2003).

Da mesma forma, o empregado que recebe salário por produção e trabalha em sobrejornada faz jus à percepção **apenas do adicional de horas extras** (TST. SDI-1. OJ nº 235. Res. nº 182/2012).

O empregado que recebe remuneração mista, ou seja, uma parte fixa e outra variável, tem direito a horas extras pelo trabalho em sobrejornada. Em relação à parte fixa, são devidas as horas simples acrescidas do adicional de horas extras. Em relação à parte variável, é devido somente o adicional de horas extras, aplicando-se à hipótese o disposto na Súmula nº 340 do TST (TST. SDI-1. OJ nº 397. DEJT 04.08.2010).

5. JORNADAS ESPECIAIS

5.1. Médico e engenheiro

Tendo em vista que as Leis nº **3.999/61 e 4.950/66** não estipulam a jornada reduzida, mas apenas estabelecem o salário mínimo da categoria para uma jornada de **4 horas para os médicos e de 6 horas para os engenheiros**, não há que se falar em horas extras, salvo as excedentes à oitava, desde que seja respeitado o salário mínimo/horário das categorias (TST. Súmula nº 370. Res. nº 129/2005).

5.2. Bancário

A duração normal do trabalho dos bancários (incluindo empregados de portaria e de limpeza, tais como porteiros, telefonistas de mesa, contínuos e serventes) é de **6 horas**, com intervalo intrajornada de **15 minutos**, com exceção dos sábados, perfazendo um total de **30 horas de trabalho por semana** (CLT. Art. 224).

Não se computa, na jornada do bancário sujeito a 6 horas diárias de trabalho, o intervalo de 15 minutos para lanche ou descanso (TST. SDI-1. OJ nº 178. DJ 20.04.2005).

O sábado do bancário é dia útil não trabalhado, não dia de repouso remunerado. Não cabe a repercussão do pagamento de horas extras habituais em sua remuneração (TST. Súmula nº 113. Res. nº 121/2003), salvo disposição em sentido contrário constante de contrato individual ou coletivo.

Consequentemente, para o cálculo do valor do salário-hora do bancário mensalista com jornada de seis horas por dia, o divisor a ser adotado é **180** (TST. Súmula nº 124. Res. nº 219/2017).

Excepcionam-se dessa jornada reduzida os empregados que exercem funções de direção, gerência, fiscalização, chefia e equivalentes, ou que desempenhem outros cargos de confiança, desde que o valor da gratificação não seja inferior a **1/3 do salário do cargo efetivo**. Em tais situações a jornada será de oito horas diárias ou quarenta horas semanais, utilizando-se o divisor **200** (TST. Súmula nº 431. Res. nº 185/2012). Isso porque se divide 40 horas por 6 (número de dias úteis na semana) e o resultado, 6 horas e 40 minutos, multiplica-se por 30 = 200.

A configuração, ou não, do exercício da mencionada função de confiança dependente da prova das reais atribuições do empregado, sendo insuscetível de exame mediante recurso de revista ou de embargos (TST. Súmula nº 102, I. Res. nº 174/2011), **em face do seu caráter fático.**

O bancário que exerce essa função de confiança recebe a gratificação não inferior a um terço de seu salário já tem remuneradas as 2 horas extraordinárias excedentes de 6 (TST. Súmula nº 102, II. Res. nº 174/2011). Caso contrário, são devidas as 7ª e 8ª horas, como extras, no período em que se verificar o pagamento a menor da gratificação de 1/3 (TST. Súmula nº 102, III. Res. nº 174/2011). Caso cumpra jornada de trabalho de 8 horas, são extraordinárias as trabalhadas além da oitava.

A duração normal de trabalho dos bancários poderá ser excepcionalmente prorrogada até 8 horas diárias, não excedendo de 40 horas semanais (CLT. Art. 225).

As empresas de crédito, financiamento ou investimento, também denominadas financeiras, equiparam-se aos estabelecimentos bancários para os efeitos do art. 224 da CLT (TST. Súmula nº 55. Res. nº 121/2003). O mesmo não acontece com os empregados de empresas distribuidoras e corretoras de títulos e valores mobiliários (TST. Súmula nº 119. Res. nº 121/2003) e de cooperativas de crédito, em razão da inexistência de expressa previsão legal, considerando, ainda, as diferenças estruturais e operacionais entre as instituições financeiras e as cooperativas de crédito (TST. SDI-1. OJ nº 379. DEJT 31.03.2017).

Não se considera cargo de confiança, não se enquadrando, portanto, na hipótese do § 2º do art. 224 da CLT: a) o advogado empregado de banco, pelo simples exercício da advocacia, b) o caixa bancário, ainda que caixa executivo (se perceber gratificação igual ou superior a 1/3 do salário do posto efetivo, essa remunera apenas a maior responsabilidade do cargo e não as 2 horas extraordinárias além da sexta).

O bancário exercente de função de confiança, que percebe a gratificação não inferior ao terço legal, ainda que norma coletiva contemple percentual superior, não tem direito às 7ª e 8ª horas como extras, mas tão-somente às diferenças de gratificação de função, se postuladas (TST. Súmula nº 102, VII. Res. nº 174/2011).

O bancário não enquadrado no § 2º do art. 224 da CLT, que receba gratificação de função, não pode ter o salário relativo a horas extraordinárias compensado com o valor daquela vantagem (TST. Súmula nº 109. Res. nº 121/2003).

Frise-se, entretanto, que a jornada de trabalho do empregado de banco gerente-geral de agência bancária, presume-se o exercício de encargo de gestão, aplicando-se-lhe o art. 62 da CLT (TST. Súmula nº 287. Res. nº 121/2003).

Pré-contratação de horas extras. A contratação do serviço suplementar, quando da admissão do trabalhador bancário, **é nula.** Os valores assim ajustados apenas remuneram a jornada normal, sendo devidas as horas extras com o adicional de, no mínimo, 50%, as quais não configuram pré-contratação, se pactuadas após a admissão do bancário. Em se tratando de horas extras pré-contratadas, opera-se a prescrição total se a ação não for ajuizada no prazo de cinco anos, a partir da data em que foram suprimidas (TST. Súmula nº 199. Res. nº 129/2005).

5.3. Telefonista

Nas empresas que explorem o serviço de telefonia, telegrafia submarina ou subfluvial, de radiotelegrafia ou de radiotelefonia, fica estabelecida para os respectivos operadores a duração máxima de **6 horas** contínuas de trabalho por dia ou **36 horas semanais** (CLT. Art. 227).

Por analogia, é aplicável à telefonista de mesa de empresa que não explora o serviço de telefonia o disposto no art. 227, e seus parágrafos, da CLT. (TST. Súmula nº 178. Res. nº 121/2003), bem como aos operadores de telemarketing.

5.4. Professor

O professor poderá lecionar em um mesmo estabelecimento por mais de um turno, desde que não ultrapasse a jornada de trabalho semanal estabelecida legalmente, assegurado e não computado o intervalo para refeição (CLT. Art. 318).

Ultrapassado o limite de 44 horas semanais, as respectivas horas extras devem ser pagas acrescidas de, no mínimo, 50%.

5.5. Advogado

O advogado empregado contratado para jornada de 40 horas semanais, antes da edição da Lei nº 8.906, de 04.07.1994, está sujeito ao regime de dedicação exclusiva disposto no art. 20 da referida lei, pelo que não tem direito à jornada de 20 horas semanais ou 4 diárias (TST. SDI-1. OJ nº 403. DEJT 20.09.2010).

5.6. Motorista

A jornada de trabalho do motorista é a mesma dos demais trabalhadores, ou seja, oito horas diárias e quarenta e quatro horas semanais, admitindo-se a prorrogação por mais duas horas diárias (art. 235-C, § 1º).

Permite-se o estabelecimento de jornada diversa de 12 x 36 (doze horas de trabalho com 36 horas de descanso), **desde que ajustada por meio de convenção ou acordo coletivo de trabalho** (CLT. Art. 235-F).

O intervalo intrajornada será no **mínimo de 1 (uma) hora para refeição**, podendo esse período coincidir com o tempo de parada obrigatória na condução do veículo estabelecido pela Lei nº 9.503, de 23 de setembro de 1997 - Código de Trânsito Brasileiro, exceto quando se tratar do motorista profissional enquadrado no § 5º do art. 71 da CLT.

Dentro do período de 24 (vinte e quatro) horas – intervalo interjornada, são asseguradas **11 (onze) horas de descanso**, sendo facultados o seu fracionamento e a coincidência com os períodos de parada obrigatória na condução do veículo estabelecida pela Lei no 9.503, de 23 de setembro de 1997 - Código de Trânsito

Brasileiro, garantidos o mínimo de 8 (oito) horas ininterruptas no primeiro período e o gozo do remanescente dentro das 16 (dezesseis) horas seguintes ao fim do primeiro período. (CLT. Art. 235-C, §3º)

Atente-se para os seguintes aspectos da jornada de trabalho do motorista:

- Jornada de trabalho ➧ Será considerado como trabalho efetivo o tempo em que o motorista empregado estiver à disposição do empregador, excluídos os intervalos para refeição, repouso e descanso e o tempo de espera. (CLT. art. 235-C, § 1º);
- Tempo de direção ➧ é aquele restrito ao período em que o motorista encontra-se efetivamente conduzindo o veículo em movimento, excluindo-se o intervalo de refeição, repouso, espera e descanso;
- Tempo de espera ➧ é aquele referente ao período no qual o motorista de carga aguarda, fora da direção do veículo, a conclusão de alguma atividade realizada por terceiros, como carregamento, descarregamento e fiscalização. Esse tempo não será considerado como jornada extraordinária, mas será devida uma indenização equivalente ao valor da hora de trabalho acrescida de 30%.

6. JORNADA NOTURNA

Considera-se noturno, o trabalho executado entre as **22 horas de um dia e às 5 horas** do dia seguinte, para o trabalho urbano (CLT. Art. 73. § 2º), computando-se a hora noturna como de **52 minutos e 30 segundos.**

Para o trabalhador rural que presta serviços na atividade **pecuária,** o período noturno vai das **20 às 04 horas**, enquanto que na **agricultura** considera-se noturno o trabalho compreendido entre **21 às 05 horas** com **adicional de 25% e sem considerar a hora ficta noturna**.

A duração legal da hora de serviço noturno (52 minutos e trinta segundos) constitui vantagem suplementar, que não dispensa o salário adicional (STF. Súmula nº 214), sendo que esse dispositivo da CLT foi recepcionado pela atual Carta Magna (TST. SDI-1. OJ nº 127. DJ 20.04.1998).

Vigia noturno tem direito a salário adicional noturno (STF. Súmula nº 402) e à jornada noturna reduzida (TST. Súmula nº 65. Res. nº 121/2003).

O adicional noturno, pago com habitualidade, integra o salário do empregado para todos os efeitos. Cumprida integralmente a jornada no período noturno e prorrogada esta, devido é também o adicional quanto às horas prorrogadas (TST. Súmula nº 60. Res. nº 129/2005).

O trabalho em regime de turnos ininterruptos de revezamento **não retira o direito à hora noturna reduzida**, não havendo incompatibilidade entre as disposições contidas nos arts. 73, § 1º, da CLT e 7º, XIV, da Constituição Federal (TST. SDI-1. OJ nº 395. DEJT 11.06.2010).

7. INTERVALO INTRAJORNADA

7.1. Ordinário

Para o trabalhador urbano: em qualquer trabalho contínuo, cuja duração exceda de 6 horas, é obrigatória a concessão de um intervalo para repouso ou alimentação, o qual será, no mínimo, de **1 hora** e, salvo acordo escrito ou convenção coletiva em contrário, não poderá exceder de **2 horas** (CLT. Art. 71).

Não excedendo de **6 horas** o trabalho, será, entretanto, obrigatório um intervalo de **15 minutos** quando a duração ultrapassar quatro horas.

Para o trabalhador rural: o intervalo intrajornada do trabalhador rural **é definido pelos costumes do lugar**, observando o mínimo de uma hora fixado pelo Decreto nº 73.626/74, que regulamentou a Lei nº 5.889/73.

A garantia ao intervalo intrajornada, prevista no art. 71 da CLT, por constituir-se em medida de higiene, saúde e segurança do empregado, é aplicável também ao ferroviário maquinista integrante da categoria "c" (equipagem de trem em geral), não havendo incompatibilidade entre as regras inscritas nos arts. 71, § 4º, e 238, § 5º, da CLT (TST. Súmula nº 446. Res. nº 193/2013).

Caso ultrapassada habitualmente a jornada de seis horas de trabalho, é devido o gozo do intervalo intrajornada mínimo de uma hora, obrigando o empregador a remunerar o período para descanso e alimentação não usufruído como extra, acrescido do respectivo adicional, na forma prevista no art. 71, "caput" e § 4, da CLT (TST. Súmula 437, IV).

Os intervalos de descanso ordinários **não são computados na duração do trabalho**. Já os intervalos concedidos pelo empregador na jornada de trabalho, não previstos em lei, representam tempo à disposição da empresa, remunerados como serviço extraordinário, se acrescidos ao final da jornada (TST. Súmula nº 118. Res. nº 121/2003).

A não concessão ou a concessão parcial do intervalo intrajornada mínimo, para repouso e alimentação, a empregados urbanos e rurais, implica o pagamento, **de natureza indenizatória, apenas do período suprimido, com acréscimo de 50%** (cinquenta por cento) sobre o valor da remuneração da hora normal de trabalho (CLT. Art. 71, § 4º, com redação dada pela Lei nº 13.467/17).

O limite mínimo de uma hora para repouso ou refeição poderá ser reduzido por ato do Ministro do Trabalho, se verificar que o estabelecimento atende integralmente às exigências concernentes à organização dos refeitórios, e quando os respectivos empregados não estiverem sob regime de trabalho prorrogado a horas suplementares.

Também é possível reduzir para até 30 minutos o intervalo intrajornada, para as jornadas superiores a seis horas, por meio de convenção ou acordo coletivo de trabalho (CLT. Art. 611-A, III, inserido pela Lei nº 13.467/17). Inclusive, para efeito de negociação coletiva, as regras sobre duração do trabalho e intervalos não são consideradas como normas de saúde, higiene e segurança do trabalho.

O intervalo intrajornada de uma a duas horas **poderá ser reduzido e/ou fracionado**, e o de 15 minutos **poderá ser fracionado**, quando compreendidos entre o término da primeira hora trabalhada e o início da última hora trabalhada, desde que previsto em convenção ou acordo coletivo de trabalho, ante a natureza do serviço e em virtude das condições especiais de trabalho a que são submetidos estritamente os **motoristas, cobradores, fiscalização de campo e afins nos serviços de operação de veículos rodoviários, empregados no setor de transporte coletivo de passageiros**, mantida a remuneração e concedidos intervalos para descanso menores ao final de cada viagem (CLT. Art. 71, § 5º. Lei nº 13.103/2015).

7.2. Especial

Nos serviços permanentes de mecanografia (digitação, datilografia, escrituração ou cálculo), a cada período de **90 minutos** de trabalho consecutivo corresponderá um repouso de **10 minutos** não deduzidos da duração normal do trabalho (CLT. Art. 72), aplicando-se analogicamente essa regra aos digitadores (TST. Súmula nº 346. Res. nº 121/2003).

Existem outros intervalos intrajornada especiais, a saber:

a) 20 minutos para o trabalhador que presta serviços em câmaras frigoríficas (CLT. Art. 253). Inclusive, estende-se esse direito ao empregado submetido a trabalho contínuo em ambiente artificialmente frio, ainda que não labore em câmara frigorífica (TST. Súmula 438. Res. nº 185/2012);

b) Para mulher amamentar seu filho, inclusive advindo de adoção, dois intervalos diários de meia hora cada um, cujos horários deverão ser definidos por meio de acordo com o empregador, até que complete seis meses de idade, podendo ser dilatado a critério da autoridade competente quando exigir a saúde do filho (CLT. Art. 396);

c) Dois intervalos de no mínimo uma hora para o ferroviário cabineiro (CLT. Art. 245).

8. INTERVALO INTERJORNADA

Entre duas jornadas de trabalho deve haver um período mínimo de **11 horas** consecutivas para descanso (CLT. Art. 66).

O desrespeito a esse intervalo implica o pagamento, de **natureza indenizatória**, do período suprimido, com acréscimo de 50% (cinquenta por cento) sobre o valor da remuneração da hora normal de trabalho.

9. REPOUSO SEMANAL REMUNERADO

Assegura-se a todo empregado um descanso semanal de **24 horas consecutivas**, o qual, salvo motivo de conveniência pública ou necessidade imperiosa do serviço, **deverá coincidir com o domingo**, no todo ou em parte (CLT. Art. 67). Esse repouso semanal remunerado estende-se aos feriados civis e religiosos, de acordo com a tradição local (**Lei nº 605/49**, art. 1º).

São 7 os feriados nacionais, segundo a **Lei nº 10.607**, de 19 de dezembro de 2002: 1º de janeiro, 21 de abril, 1º de maio, 7 de setembro, 2 de novembro, 15 de novembro e 25 de dezembro.

O Decreto nº 27.048, de 12.08.1949, limita em 4 o número de feriados religiosos por ano, incluindo a sexta-feira da Paixão, desde que declara dos por lei municipal.

O trabalho em domingo, seja total ou parcial, será sempre subordinado à permissão prévia da autoridade competente em matéria de trabalho, observando-se os limites das exigências técnicas das empresas, **salvo no que diz respeito ao setor do comércio em geral**, observando a legislação local, conforme determinação contida no art. 6º da **Lei nº 10.101/2000.**

No que diz respeito aos feriados, prevalece a regra contida no art. 6-A da mencionada Lei:

> "É permitido o trabalho em feriados nas atividades do comércio em geral, desde que autorizado em convenção coletiva de trabalho e observada a legislação municipal, nos termos do inciso I do caput do art. 30 da Constituição Federal".

Não será devida a remuneração do repouso semanal quando, sem motivo justificado, o empregado não tiver trabalhado durante toda a semana anterior, cumprindo integralmente o seu horário de trabalho.

São motivos que justificam a ausência ao serviço:

- aqueles previstos no artigo 473 e seu parágrafo único da CLT (casos de interrupção do contrato de trabalho);
- a ausência do empregado, devidamente justificada, a critério da administração do estabelecimento;
- a paralisação do serviço nos dias em que, por conveniência do empregador, não tenha havido trabalho;
- até 3 dias consecutivos, em virtude do seu casamento;
- a falta do serviço com fundamento na lei sobre acidente do trabalho;
- a doença do empregado, devidamente comprovada (Lei nº 605/49, art. 6º, § 1º, alíneas "a" a "f").

A justificação da ausência do empregado **motivada por doença**, para a percepção do salário-enfermidade e da remuneração do repouso semanal, deve observar a **ordem preferencial dos atestados médicos** estabelecida em lei (TST. Súmula nº 15. Res. nº 121/2003).

Para o empregado mensalista, o valor do repouso semanal já se encontra embutido em sua remuneração, o que não ocorre com os trabalhadores que percebem remuneração por produção/comissão.

Desse modo, é devida a remuneração do repouso semanal e dos dias feriados ao empregado comissionista, ainda que pracista (TST. Súmula nº 27. Res. nº 121/2003). Seguindo a mesma linha de raciocínio, o professor que recebe salário mensal à base de hora-aula tem direito ao acréscimo de **1/6 a título de repouso semanal remunerado,** considerando-se para esse fim o mês de 4,5 semanas (TST. Súmula nº 351. Res. nº 121/2003).

O trabalho prestado em domingos e feriados, não compensado, deve ser pago **em dobro** (e não em triplo – STF. Súmula nº 461), sem prejuízo da remuneração relativa ao repouso semanal (TST. Súmula nº 146. Res. nº 121/2003), inclusive para quem trabalha no regime de 12 x 36 (TST. Súmula nº 444. Res. nº 185/2012).

Viola o art. 7º, XV, da CF a concessão de repouso semanal remunerado após o sétimo dia consecutivo de trabalho, importando no seu pagamento em dobro (TST. SDI-1. OJ nº 410. DEJT 26.10.2010).

O valor do repouso semanal remunerado é calculado tendo em vista as horas extras habitualmente prestadas (TST. Súmula nº 172. Res. nº 121/2003), bem como as demais verbas salariais, salvo as gratificações por tempo de serviço e produtividade, pagas mensalmente (TST. Súmula nº 225. Res. nº 121/2003) e o adicional de insalubridade, que já remunera os dias de repouso (TST. SDI-1. OJ nº 103. DJ 20.04.2005).

A majoração do valor do repouso semanal remunerado, em razão da integração das horas extras habitualmente prestadas, não repercute no cálculo das férias, da gratificação natalina, do aviso prévio e do FGTS, sob pena de caracterização de "bis in idem" (TST. SDI-1. OJ nº 394. DEJT 11.06.2010).

10. FÉRIAS

Todo empregado tem direito anualmente ao gozo de um período de férias, sem prejuízo da sua remuneração (CLT. Art. 129), que deverá ser acrescida, pelo menos, de 1/3 a mais do que o salário normal (CF/88. Art. 7º, XVII).

A OIT aprovou a Convenção nº 132, que trata das férias anuais remuneradas, fixando o seu gozo em período não inferior a três semanas por cada ano de trabalho. O Brasil ratificou a referida convenção, por meio do Decreto nº 3.197, de 05 de outubro de 1999.

10.1. Período aquisitivo, concessivo e de gozo

A. Aquisitivo

O empregado adquire o direito ao gozo de férias anuais remuneradas após cada período de **12 meses de trabalho**. Esse espaço de tempo é denominado de **período aquisitivo**, ou seja, período por meio do qual o empregado adquire o direito de gozar um descanso anual remunerado.

Não será considerada falta ao serviço, para os efeitos do cômputo do período aquisitivo (CLT. Art. 131):

- nos casos referidos no artigo 473 da CLT (casos de interrupção do contrato de trabalho);
- durante o licenciamento compulsório da empregada por motivo de maternidade ou aborto, observados os requisitos para percepção do salário-maternidade custeado pela Previdência Social;
- por motivo de acidente do trabalho ou enfermidade atestada pelo Instituto Nacional do Seguro Social – INSS (STF. Súmula nº198);
- justificada pela empresa, entendendo-se como tal a que não tiver determinado o desconto do correspondente salário;
- durante a suspensão preventiva para responder a inquérito administrativo ou de prisão preventiva, quando for impronunciado ou absolvido;

- nos dias em que não tenha havido serviço, salvo se deixar de trabalhar, com percepção do salário, por mais de trinta dias em virtude de paralisação parcial ou total dos serviços da empresa.

O tempo de trabalho anterior à apresentação do empregado para serviço militar obrigatório será computado no período aquisitivo, desde que ele compareça ao estabelecimento dentro de **90 dias da data em que se verificar a respectiva baixa** (CLT. Art. 132).

B. Concessivo

O período concessivo é aquele durante o qual o empregador deverá conceder o gozo de férias ao empregado, iniciando-se após o término do período aquisitivo e findando-se depois de transcorridos 12 meses subsequentes.

Assim, a concessão das férias será participada, por escrito, ao empregado, com antecedência de, no mínimo, **30 dias**. Dessa participação o interessado dará recibo (CLT. Art. 135).

A época da concessão das férias será a que melhor consulte os interesses do empregador, observando o seguinte:

- os membros de uma família, que trabalharem no mesmo estabelecimento ou empresa, terão direito a gozar férias no mesmo período, se assim o desejarem e se disto não resultar prejuízo para o serviço;
- o empregado estudante menor de 18 anos terá direito a fazer coincidir suas férias com as férias escolares (CLT. Art. 136).

C. Gozo

Após cada período de **12 meses** de vigência do contrato de trabalho, **por tempo integral ou parcial**, o empregado adquire o direito ao gozo de férias, observando a quantidade de faltas injustificadas constatadas durante o período aquisitivo, conforme se observa da tabela a seguir:

Faltas (em dias)	Período de gozo (em dias)
Até 5	30
De 6 a 14	24
De 15 a 23	18
De 24 a 32	12

Em relação ao período de gozo de férias, devem-se observar as seguintes regras:

- é vedado descontar, do período de férias, as faltas do empregado ao serviço (CLT. Art. 130. § 1º);
- veda-se que o início do gozo ocorra dois dias antes de feriado ou do repouso semanal remunerado (CLT. Art. 134, § 3º).
- as faltas ou ausências decorrentes de acidente do trabalho não são consideradas para os efeitos de duração de férias (TST. Súmula nº 46. Res. nº 121/2003);
- se as faltas já são justificadas pela lei, consideram-se como ausências legais e não serão descontadas para o cálculo do período de férias (TST. Súmula nº 89. Res. nº 121/2003);
- o período das férias será computado, para todos os efeitos, como tempo de serviço;
- Desde que haja concordância do empregado, as férias poderão ser usufruídas em até **três períodos**, sendo que um deles não poderá ser inferior a **quatorze dias corridos** e os demais não poderão ser inferiores a cinco dias corridos, cada um (CLT. art. 134. § 1º);

10.2. Perda do direito de férias

Não terá direito a férias o empregado que, no curso do período aquisitivo, segundo o art. 133 da CLT:

- deixar o emprego e não for readmitido dentro dos 60 dias subsequentes à sua saída;
- permanecer em gozo de licença, com percepção de salários, por mais de 30 dias;
- deixar de trabalhar, com percepção do salário, por mais de 30 dias em virtude de paralisação parcial ou total dos serviços da empresa;
- tiver percebido da Previdência Social prestações de acidente de trabalho ou de auxílio-doença por mais de 6 meses, embora descontínuos (**CLT. Art. 133, IV**).

Convenção da OIT, promulgada pelo Decreto nº 3.197/99, veda a possibilidade de limitação ou perda gozo de férias por motivos de incapacidade laboral decorrente de doença ou acidente do trabalho. Em vista disso, encontra-se tacitamente revogado o inciso IV, art. 133 da CLT anteriormente transcrito.

10.3. Remuneração e abono de férias

A. Remuneração

O empregado perceberá, durante as férias, a remuneração que lhe for devida na data da sua concessão, observando as seguintes regras (CLT. Art. 142):

- quando o salário for pago **por hora**, com jornadas variáveis, apurar-se-á a **média do período aquisitivo**, aplicando-se o valor do salário na data da concessão das férias, não podendo ser inferior ao salário mínimo (STF. Súmula nº 199);
- quando o salário for pago **por tarefa**, tomar-se-á por base a **média da produção no período aquisitivo** do direito a férias, aplicando-se o valor da remuneração da tarefa na data da concessão das férias (TST. Súmula nº 149. Res. nº 121/2003);
- quando o salário for pago por **percentagem, comissão ou viagem**, apurar-se-á a **média percebida pelo empregado nos 12 meses que precederem a concessão das férias**;
- a parte do salário paga em utilidades será computada de acordo com a anotação na CTPS;
- os adicionais por trabalho extraordinário, noturno, insalubre ou perigoso serão computados no salário que servirá de base ao cálculo da remuneração das férias;
- se, no momento das férias, o empregado não estiver percebendo o mesmo adicional do período aquisitivo, ou quando o valor deste não tiver sido uniforme, será computada a média duodecimal recebida naquele período, após a atualização das importâncias pagas, mediante incidência dos percentuais dos reajustamentos salariais supervenientes;
- acréscimo do terço previsto no art. 7º, XVII, da CF/88, seja as férias integrais ou proporcionais, gozadas ou não (TST. Súmula nº 328. Res. nº 121/2003);
- os dias de férias gozados após o período legal de concessão deverão ser **remunerados em dobro** (TST. Súmula nº 81. Res. nº 121/2003).

B. Abono de férias

É facultado ao empregado **converter 1/3 do período de férias** a que tiver direito **em abono pecuniário**, no valor da remuneração que lhe seria devida nos dias correspondentes (CLT. Art. 143). Esse abono deverá ser requerido até **15 dias**

antes do término do período aquisitivo e **não integra a remuneração do empregado para efeitos da legislação do trabalho.**

Tratando-se de férias coletivas, a conversão deverá ser objeto de acordo coletivo entre o empregador e o sindicato representativo da respectiva categoria profissional, independendo de requerimento individual a concessão do abono.

C. Pagamento

O pagamento da remuneração das férias e, se for o caso, do respectivo abono, serão efetuados até **2 dias antes do início do respectivo período**, sendo que o empregado dará quitação do pagamento, com indicação do início e do término das férias (CLT. Art. 145).

Sempre que as férias forem concedidas após o prazo concessivo, o empregador **pagará em dobro** a respectiva remuneração.

Observe-se que é devido o pagamento em dobro da remuneração de férias, incluído o terço constitucional, com base no art. 137 da CLT, quando, ainda que gozadas na época própria, o empregador tenha descumprido o prazo previsto no art. 145 do mesmo diploma legal (TST. Súmula nº 450. Res. nº 194/2014). **Ou seja, o gozo foi na época própria, mas o pagamento não.**

Vencido o prazo sem que o empregador tenha concedido as férias, o empregado poderá ajuizar reclamação pedindo a fixação, por sentença, da época de gozo das mesmas. A sentença cominará pena diária de 5% do salário mínimo, devida ao empregado até que seja cumprida (CLT. Art. 137).

Nesse caso, a indenização pelo não deferimento das férias no tempo oportuno será calculada com base na remuneração devida ao empregado na época da reclamação ou, se for o caso, na da extinção do contrato (TST. Súmula nº 7).

10.4. Férias coletivas

Podem-se conceder férias coletivas a todos os empregados de uma empresa ou de determinados estabelecimentos ou setores da empresa, observando as seguintes prescrições (CLT. Art. 139):

- as férias poderão ser gozadas em dois períodos anuais, desde que nenhum deles seja inferior a 10 dias corridos;
- o empregador comunicará ao órgão competente, com a antecedência mínima de 15 dias, as datas de início e fim das férias, precisando quais os estabelecimentos ou setores abrangidos pela medida;

- em igual prazo o empregador enviará cópia da aludida comunicação aos sindicatos representativos da respectiva categoria profissional e providenciará a fixação de aviso nos locais de trabalho.

Os empregados contratados há menos de 12 meses gozarão, na oportunidade, férias proporcionais, iniciando-se, então, **novo período aquisitivo.**

10.5. Efeitos na rescisão contratual

Na cessação do contrato de trabalho, qualquer que seja a sua causa, é devida ao empregado a remuneração simples ou em dobro, conforme o caso, correspondente ao período de férias cujo direito tenha adquirido.

Na cessação do contrato de trabalho, ainda que incompleto o período aquisitivo de 12 meses (TST. Súmula nº 171. DJ 05.05.2004) e desde que não haja sido demitido por justa causa, o empregado terá direito à remuneração relativa ao período incompleto de férias, **na proporção de um doze avos por mês de serviço ou fração superior a quatorze dias.**

Alteração do contrato de trabalho

1. ALTERAÇÕES CONTRATUAIS LÍCITAS

Nos contratos individuais de trabalho só é lícita a alteração das respectivas condições **por mútuo consentimento**, e, ainda assim, **desde que não resultem, direta ou indiretamente, prejuízos ao empregado**, sob pena de nulidade da cláusula infringente desta garantia (CLT. Art. 468).

Especificamente, a CLT e a CF/88 só trata das alterações relativas à redução salarial, ao retorno ao cargo efetivo e a transferência, de forma que coube a jurisprudência interpretar o art. 468 do primeiro Diploma legal para fixar as casuísticas, conforme se observa abaixo:

- A previsão contida no art. 10 da Lei nº 5.811/1972, possibilitando a mudança do regime de revezamento para horário fixo, **constitui alteração lícita**, não violando os arts. 468 da CLT e 7º, VI, da CF/1988 (TST. Súmula nº 391, II. Res. nº 129/2005);
- Diante da inexistência de previsão expressa em contrato ou em instrumento normativo, a **alteração de data de pagamento** pelo empregador **não viola o art. 468**, desde que observado o parágrafo único, do art. 459, ambos da CLT (TST. SDI-1. OJ nº 159. DJ 26.03.1999);
- **A redução da carga horária do professor**, em virtude da diminuição do número de alunos, **não constitui alteração contratual**, uma vez que não implica redução do valor da hora-aula (TST. SDI-1. OJ nº 244. DJ 20.06.2001).

2. ALTERAÇÕES DO REGULAMENTO DA EMPRESA

O regulamento da empresa é um ato jurídico unilateral derivado do exercício do poder diretivo-regulamentar do empregador, utilizado para estabelecer determinadas regras de condutas e direitos dos seus empregados, observadas as prescrições mínimas legais.

Considerando que as regras mais favoráveis incorporam-se ao contrato de trabalho dos empregados, as cláusulas regulamentares, que revoguem ou alterem vantagens deferidas anteriormente, **só atingirão os trabalhadores admitidos após a revogação ou alteração do regulamento.** Havendo a coexistência de dois regulamentos da empresa, a opção do empregado por um deles tem efeito jurídico de renúncia às regras do sistema do outro (TST. Súmula nº 51. Res. nº 129/2005).

3. ALTERAÇÕES CONTRATUAIS E PRESCRIÇÃO

Tratando-se de pretensão que envolva pedido de prestações sucessivas decorrente de alteração ou **descumprimento** do pactuado, a prescrição é **total,** exceto quando o direito à parcela esteja também assegurado por preceito de lei (CLT. Art. 11, § 2º, inserido pela Lei nº 13.467/17).

No que diz respeito à incidência da prescrição sobre a pretensão do empregado, **a jurisprudência** vem reconhecendo determinados casos ora como de prescrição total, ora como de prescrição parcial, conforme se observa abaixo:

- Na ação que objetive corrigir desvio funcional, a prescrição só alcança as diferenças salariais vencidas no período de cinco anos que precedeu o ajuizamento – **prescrição parcial** (TST. Súmula nº 275, I. Res. nº 129/2005);
- Tratando-se de pedido de diferença de gratificação semestral que teve seu valor congelado, **a prescrição aplicável é a parcial** (TST. Súmula nº 373. Res. nº 129/2005);
- Em se tratando de pedido de reenquadramento, **a prescrição é total**, contada da data do enquadramento do empregado (TST. Súmula nº 275, II. Res. nº 129/2005. Res. nº 129/2005);
- Tratando-se de ação que envolva pedido de prestações sucessivas decorrente de alteração do pactuado, a **prescrição é total**, exceto quando o direito à parcela esteja também assegurado por preceito de lei (TST. Súmula nº 294. Res. nº 121/2003);
- A alteração contratual consubstanciada na substituição dos avanços trienais por quinquênios decorre de ato único do empregador, momento em que começa a fluir o prazo fatal de prescrição – **prescrição total** (TST. SDI-1. OJ nº 76. DJ 20.04.2005);

- A supressão das comissões, ou a alteração quanto à forma ou ao percentual, em prejuízo do empregado, é suscetível de operar a **prescrição total da ação**, nos termos da Súmula nº 294 do TST, em virtude de cuidar-se de parcela não assegurada por preceito de lei (TST. SDI-1. OJ nº 175. DJ 22.11.2005);
- Embora haja previsão legal para o direito à hora extra, inexiste previsão para a incorporação ao salário do respectivo adicional, razão pela qual deve incidir a **prescrição total** (TST. SDI-1. OJ nº 242. DJ 20.06.2001);
- Aplicável a prescrição total sobre o direito de reclamar diferenças salariais resultantes de planos econômicos (TST. SDI-1. OJ nº 243. DJ 20.06.2001);
- Tratando-se de pedido de pagamento de diferenças salariais decorrentes da inobservância dos critérios de promoção estabelecidos em Plano de Cargos e Salários criado pela empresa, **a prescrição aplicável é a parcial**, pois a lesão é sucessiva e se renova mês a mês (TST. Súmula nº 452. Res. nº 194/2014).

4. CARGO DE CONFIANÇA/REVERSÃO

Ao empregado chamado a ocupar, em comissão, interinamente, ou em substituição eventual ou temporária cargo diverso do que exercer na empresa, serão garantidas a contagem do tempo naquele serviço, bem como a volta ao cargo anterior (CLT. Art. 450).

Não se considera alteração unilateral a determinação do empregador para que o respectivo empregado **reverta ao cargo efetivo**, anteriormente ocupado, deixando o exercício de função de confiança.

Nesse caso, não se assegura ao empregado o direito à manutenção do pagamento da gratificação correspondente, que não será incorporada, independentemente do tempo de exercício da respectiva função (CLT. Art. 468, § 2º, inserido pela Lei nº 13.467/17).

5. TRANSFERÊNCIA DO LOCAL DE TRABALHO

Ao empregador é vedado **transferir o empregado**, sem a sua anuência, para localidade diversa da que resultar do contrato, não se considerando transferência a que não acarretar necessariamente a mudança de seu domicílio (CLT. Art. 469), que deve ser aqui considerado como o sentido de residência.

Não estão compreendidos nessa proibição os empregados que exerçam cargos de confiança e aqueles cujos contratos tenham como condição implícita ou explícita, a transferência, quando esta decorra de real necessidade de serviço (CLT. Art. 469, § 1º), presumindo-se abusiva quando não há comprovação da necessidade do serviço (TST. Súmula nº 43. Res. nº 121/2003).

Mesmo que não haja mudança de domicílio, o empregado transferido, por ato unilateral do empregador, para local mais distante de sua residência, **tem direito a suplemento salarial correspondente ao acréscimo da despesa de transporte** (TST. Súmula nº 29. Res. nº 121/2003).

É lícita a transferência quando ocorrer extinção do estabelecimento em que trabalhar o empregado.

Adicional de transferência x transferência provisória – Em caso de **necessidade de serviço** o empregador poderá transferir o empregado para localidade diversa da que resultar do contrato, mas, nesse caso, ficará obrigado a **um pagamento suplementar, nunca inferior a 25%**, dos salários que o empregado percebia naquela localidade, **enquanto durar essa situação (transferência provisória).**

Desse modo, o fato de o empregado exercer cargo de confiança ou a existência de previsão de transferência no contrato de trabalho não exclui o direito ao adicional. **O pressuposto legal apto a legitimar a percepção do mencionado adicional é a transferência provisória** (TST. SDI-1. OJ nº 113. DJ 20.11.1997).

As despesas resultantes da transferência correrão por conta do empregador (CLT. Art. 470).

▸ Dica de prova

A temática relativa às alterações contratuais tem sido constantemente cobrada nas provas da OAB.

CAPÍTULO VIII

Suspensão e interrupção do contrato de trabalho

1. DISTINÇÃO ENTRE SUSPENSÃO E INTERRUPÇÃO DO CONTRATO DE TRABALHO

A paralisação da prestação de serviços acompanhada da cessação temporária da obrigação do pagamento de salário por parte do empregado denomina-se de **suspensão do contrato de trabalho**, não havendo falar-se em contagem do tempo de serviço e, consequentemente, sem a obrigação do empregador de recolher o FGTS.

Já quando o empregado deixa de trabalhar temporariamente, mas ainda assim, percebe remuneração, a hipótese será de **interrupção do contrato de trabalho**, com contagem do tempo de serviço e, consequentemente, recolhimento do FGTS

Suspensão x interrupção: Na suspensão não há pagamento de salário nem contagem do tempo de serviço, salvo as exceções legalmente previstas. Já na interrupção, há pagamento de salário e contagem do tempo de serviço.

Saliente-se que ao empregado afastado do emprego são asseguradas, por ocasião de sua volta, todas as vantagens que, em sua ausência, tenham sido atribuídas à categoria a que pertencia na empresa (CLT. Art. 471). Além disso, o contrato de trabalho não pode ser extinto durante o período da suspensão ou da interrupção.

2. CASOS DE SUSPENSÃO DO CONTRATO DE TRABALHO

Constituem causas de suspensão do contrato de trabalho:

- suspensão disciplinar do empregado por até trinta dias;
- aposentadoria por invalidez;

- incapacidade para o trabalho por prazo superior a quinze dias;
- eleição do empregado para o cargo de diretor;
- mulher em situação de violência doméstica ou familiar;
- Desempenho de encargo público (art. 472 da CLT) no qual não há obrigatoriedade de pagamento de salário;
- Retorno de empregado público ao serviço por conta de concessão de anistia concedida pela Lei nº 8.878/94.

A suspensão do empregado por mais de 30 dias consecutivos **importa na rescisão injusta do contrato de trabalho** (CLT. Art. 474).

O empregado eleito para ocupar cargo de **diretor** tem o respectivo contrato de trabalho **suspenso**, não se computando o tempo de serviço desse período, salvo se permanecer a subordinação jurídica inerente à relação de emprego (TST. Súmula nº 269. Res. nº 121/2003).

Cancelada a aposentadoria por invalidez, mesmo após 5 anos, o trabalhador terá direito de retornar ao emprego, facultado, porém, ao empregador, indenizá-lo na forma da lei. (TST. Súmula nº 160. Res. nº 121/2003).

3. CASOS DE INTERRUPÇÃO DO CONTRATO DE TRABALHO

Constituem casos de interrupção do contrato de trabalho o respectivo período de:

- *lockout*;
- incapacidade para o trabalho por até 15 dias;
- tempo de serviço prestado à comissão de conciliação previa;
- férias;
- repouso semanal remunerado;
- intervalos intrajornada especiais (digitador, câmara frigorífica etc.);
- redução da jornada no período do aviso prévio;
- ausências decorrentes da participação do empregado no conselho curador do FGTS (art. 3º, § 7º da Lei nº 8.036/90);
- licenças remuneradas concedidas pelo empregador;
- afastamento de empregado estável para apuração de falta grave com sentença de improcedência;

- tempo gasto nas consultas médicas e exames complementares da gestante (art. 392, § 4º, II da CLT);
- licença para candidatura eleitoral do servidor público celetista (Resolução nº 18.019/ 92 do TSE).

Além dessas hipóteses, o empregado poderá deixar de comparecer ao serviço, sem prejuízo do salário:

Período	Motivo
Até 2 dias consecutivos	Falecimento do cônjuge, ascendente, descendente, irmão ou pessoa que, declarada em sua CTPS, viva sob sua dependência econômica.
Até 3 dias consecutivos	Casamento.
5 dias	Nascimento de filho, no decorrer da primeira semana.
1 dia a cada 12 meses	Doação voluntária de sangue devidamente comprovada. Para acompanhar filho de até 6 (seis) anos em consulta médica.
Até 2 dias, consecutivos ou não	Alistar-se eleitor, nos termos da lei respectiva. Para acompanhar consultas médicas e exames complementares durante o período de gravidez de sua esposa ou companheira.
Tempo necessário	Cumprir as exigências do Serviço Militar referidas na letra "c" do artigo 65 da Lei nº 4.375.
Período comprovado	Realização de provas de exame vestibular para ingresso em estabelecimento de ensino superior.
Tempo necessário	Quando tiver que comparecer a juízo (TST. Súmula nº 155).
	Quando, na qualidade de representante de entidade sindical, estiver participando de reunião oficial de organismo internacional do qual o Brasil seja membro.
Até 15 dias	Incapacidade para o trabalho em decorrência de doença ou acidente do trabalho.
3 dias a cada 12 meses	Em caso de realização de exames preventivos de câncer devidamente comprovada
Tempo necessário	Para atuar como conciliador nas comissões de conciliação prévia

Ao serviço médico da empresa ou ao mantido por esta última mediante convênio compete abonar os primeiros 15 dias de ausência ao trabalho (TST. Súmula nº 282. Res. nº 121/2003).

4. SITUAÇÕES ESPECIAIS

Em determinados casos de suspensão do contrato de trabalho, a lei determina que se **conte o tempo de serviço** e seja recolhido o FGTS, a exemplo do que acontece com os períodos em que o empregado estiver afastado do trabalho, **prestando serviço militar, por motivo de acidente do trabalho** (CLT. Art. 4º. § 1º. STF. Súmula nº 462) e durante o período da licença maternidade.

O empregado que for aposentado por invalidez terá suspenso o seu contrato de trabalho durante o prazo fixado pelas leis de Previdência Social para a efetivação do benefício (CLT. Art. 475). Nos contratos por prazo determinado, o tempo de afastamento, se assim acordarem as partes interessadas, não será computado na contagem do prazo para a respectiva terminação (CLT. Art. 472. § 2º).

O contrato de trabalho também poderá ser suspenso, por um período de dois a **5 meses**, para participação do empregado em **curso ou programa de qualificação profissional oferecido pelo empregador**, com duração equivalente à suspensão contratual, mediante previsão em convenção ou acordo coletivo de trabalho e aquiescência formal do empregado (CLT. Art. 476-A).

O empregador poderá conceder ao empregado ajuda compensatória mensal, sem natureza salarial, durante o período de suspensão contratual com valor a ser definido em convenção ou acordo coletivo.

Durante o período de suspensão contratual para participação em curso ou programa de qualificação profissional, o empregado fará jus aos benefícios voluntariamente concedidos pelo empregador.

É importante salientar que fica assegurado o direito à manutenção de plano de saúde ou de assistência médica oferecido pela empresa ao empregado, não obstante suspenso o contrato de trabalho em virtude de auxílio-doença acidentário ou de aposentadoria por invalidez (TST. Súmula nº 440. Res. nº 185/2012).

Extinção do contrato de trabalho

1. DESPEDIDA SEM JUSTA – DEMISSÃO – AVISO PRÉVIO

O contrato de trabalho por prazo indeterminado pode ser extinto por iniciativa do empregador sem qualquer justificativa, desde que o empregado não possua qualquer tipo de estabilidade, ato denominado de **despedida sem justa causa, dispensa sem justa causa ou demissão sem justa causa.**

Assim, é inválida a concessão do aviso prévio na fluência da garantia de emprego, ante a incompatibilidade dos dois institutos (TST. Súmula nº 348. Res. nº 121/2003).

O direito ao aviso prévio é irrenunciável pelo empregado hipossuficiente. O pedido de dispensa de cumprimento não exime o empregador de pagar o respectivo valor, salvo comprovação de haver o prestador dos serviços obtido novo emprego (TST. Súmula nº 276. Res. nº 121/2003).

Havendo despedida sem justa causa, é necessário que o empregador ou empregado avise **com uma antecedência mínima de 30**, sobre a intenção de por fim ao vínculo empregatício (CLT. Art. 487. CF/88. Art. 7º, XXI). Serão acrescidos **três dias por ano de serviço** prestado na mesma empresa, até o máximo de sessenta dias, perfazendo um total de até **noventa dias**. Ressalte-se, contudo, que o direito ao aviso prévio proporcional ao tempo de serviço somente é assegurado nas rescisões de contrato de trabalho ocorridas a partir da publicação da Lei nº 12.506, em 13 de outubro de 2011 (TST. Súmula nº 441. Res. nº 185/2012).

Antes de completar o primeiro ano no serviço, o empregado tem direito ao aviso prévio de 30 dias. Com um ano completo, 33 dias, dois anos completos, 36 dias e assim por diante.

Aplica-se a regra prevista no caput do art. 132 do Código Civil de 2002 à contagem do prazo do aviso prévio, **excluindo-se o dia do começo e incluindo o do vencimento** (TST. Súmula nº 380. Res. nº 129/2005).

No que diz respeito ao cálculo e valor do aviso prévio deve-se observar as seguintes regras:

- em se tratando de salário pago na base de tarefa, o cálculo, será feito de acordo com a média dos últimos 12 meses de serviço;
- o valor das horas extraordinárias habituais integra o aviso prévio indenizado;
- O reajustamento salarial coletivo, determinado no curso do aviso prévio, beneficia o empregado pré-avisado da despedida, mesmo que tenha recebido antecipadamente os salários correspondentes ao período do aviso, que integra seu tempo de serviço para todos os efeitos legais.

O aviso prévio ainda é devido nas seguintes situações:

- na despedida indireta (CLT. Art. 487. § 4º);
- na cessação da atividade da empresa, com o pagamento da indenização, simples ou em dobro (TST. Súmula nº 44. Res. nº 121/2003).

O período do aviso prévio integra o tempo de serviço do empregado para todos os efeitos. Assim, A falta do aviso prévio por parte do empregador dá ao empregado o direito aos salários correspondentes ao prazo do aviso, garantida sempre a integração desse período no seu tempo de serviço.

A integração do período do aviso prévio, mesmo que indenizado, se efetiva para efeito de:

- indenização adicional prevista no art. 9º da Lei nº 6.708/79 (TST. Súmula nº 182. Res. nº 121/2003);
- anotação da data de saída na CTPS (TST. SDI-1. OJ nº 82. DJ 28.04.1997);
- incidência da prescrição, começando a fluir no final da data do término do aviso prévio (TST. SDI-1. OJ nº 83. DJ 28.04.1997).

A projeção do contrato de trabalho para o futuro, pela concessão do aviso prévio indenizado, tem efeitos limitados às vantagens econômicas obtidas no período de pré-aviso, ou seja, salários, reflexos e verbas rescisórias. No caso de concessão de auxílio-doença no curso do aviso prévio, todavia, só se concretizam os efeitos da dispensa depois de expirado o benefício previdenciário (TST. Súmula nº 371. Res. nº 129/2005).

Aviso prévio e norma coletiva: o prazo de aviso prévio de 60 dias, concedido por meio de norma coletiva que silencia sobre alcance de seus efeitos jurídicos, **computa-se integralmente como tempo de serviço**, nos termos do § 1º do art. 487 da CLT, repercutindo nas verbas rescisórias (TST. SDI-1. OJ nº 367. DEJT 05.12.2008).

1.1. Horário de trabalho no aviso prévio

O horário normal de trabalho do empregado **urbano**, durante o prazo do aviso prévio e se a rescisão tiver sido promovida pelo empregador, será reduzido de **2 horas diárias,** sem prejuízo do salário integral (CLT. Art. 488).

É facultado ao empregado trabalhar sem a redução das 2 horas diárias, caso em que poderá faltar ao serviço, sem prejuízo do salário integral, por **7 dias corridos**.

Para o trabalhador **rural**, o benefício é representado pela ausência ao trabalho durante **um dia por semana.**

Aviso prévio cumprido em casa – Em caso de aviso prévio cumprido em casa, o prazo para pagamento das verbas rescisórias é até o **10º dia da notificação de despedida** (TST. SDI-1. OJ nº 14. - DJ 20.04.2005).

Por fim, é ilegal substituir o período que se reduz da jornada de trabalho, no aviso prévio, pelo pagamento das horas correspondentes (TST. Súmula nº 230. Res. nº 121/2003).

1.2. Reconsideração do aviso prévio

Dado o aviso prévio, a rescisão torna-se efetiva depois de expirado o respectivo prazo, mas, se a parte notificante reconsiderar o ato, antes do seu termo, à outra parte **é facultado** aceitar ou não a reconsideração.

Caso seja aceita a reconsideração ou continuando a prestação depois de expirado o prazo, o contrato continuará a vigorar, como se o aviso prévio não tivesse sido dado (CLT. Art. 489).

1.3. Justa causa durante o aviso prévio

O empregador que, durante o prazo do aviso prévio dado ao empregado, praticar ato que justifique a rescisão imediata do contrato, **sujeita-se ao pagamento da remuneração correspondente ao prazo do referido aviso**, sem prejuízo da indenização que for devida (CLT. Art. 490).

O empregado que, durante o prazo do aviso prévio, cometer qualquer das faltas consideradas pela lei como justas para a rescisão, **perde o direito ao restante do respectivo prazo** (CLT. Art. 491).

A ocorrência de justa causa, salvo a de abandono de emprego, no decurso do prazo do aviso prévio dado pelo empregador, **retira do empregado qualquer direito às verbas rescisórias de natureza indenizatória** (TST. Súmula nº 73. Res. nº 121/2003).

2. DEMISSÃO

Ocorre a demissão, quando o empregado manifesta a sua vontade no sentido de não mais continuar prestando serviços para a empresa.

Nesse caso, deverá conceder aviso prévio ao empregador, **de no mínimo 30 dias**, sob pena de ser descontado do seu salário o valor correspondente ao prazo respectivo.

3. DESPEDIDA POR JUSTA CAUSA

A justa causa constitui a penalidade máxima que o empregador, no exercício do seu poder disciplinar, pode aplicar ao empregado faltoso. Ao lado da suspensão do contrato de trabalho, representam as únicas sanções expressamente previstas pela CLT. Todavia, a doutrina admite ainda as penas de advertência verbal e escrita.

Constituem justa causa praticada pelo empregado que autorizam a resolução do contrato de trabalho (CLT. Art. 482):

- ato de improbidade;
- incontinência de conduta ou mau procedimento;
- negociação habitual por conta própria ou alheia sem permissão do empregador, e quando constituir ato de concorrência à empresa para a qual trabalha o empregado, ou for prejudicial ao serviço;
- condenação criminal do empregado, passada em julgado, caso não tenha havido suspensão da execução da pena;
- desídia no desempenho das respectivas funções;
- embriaguez habitual ou em serviço (a doutrina já considera a embriaguez habitual como doença, que provocaria a suspensão e não extinção do contrato de trabalho);
- violação de segredo da empresa;
- ato de indisciplina ou de insubordinação;
- abandono de emprego;
- ato lesivo da honra ou da boa fama praticado no serviço contra qualquer pessoa, ou ofensas físicas, nas mesmas condições, salvo em caso de legítima defesa, própria ou de outrem;
- ato lesivo da honra e boa fama ou ofensas físicas praticadas contra o empregador e superiores hierárquicos, salvo em caso de legítima defesa, própria ou de outrem;

- prática constante de jogos de azar;
- perda da habilitação ou dos requisitos estabelecidos em lei para o exercício da profissão, em decorrência de conduta dolosa do empregado.

Presume-se o abandono de emprego se o trabalhador não retornar ao serviço no prazo de **30 dias** após a cessação do benefício previdenciário nem justificar o motivo de não o fazer (TST. Súmula nº 32. Res. nº 121/2003).

O prazo de decadência do direito do empregador de ajuizar inquérito em face do empregado que incorre em abandono de emprego é contado a partir do momento em que o empregado pretendeu seu retorno ao serviço (TST. Súmula nº 62. Res. nº 121/2003).

Nula é a punição de empregado se não precedida de inquérito ou sindicância internos a que se obrigou a empresa por norma regulamentar (TST. Súmula nº 77. Res. nº 121/2003).

4. RESCISÃO INDIRETA DO CONTRATO DE TRABALHO

Autoriza-se a resolução do contrato de trabalho pelo empregado **(rescisão indireta)** sempre que o empregador deixar de cumprir com as obrigações resultantes do pacto laboral ou previstas em lei, sendo-lhe devidas todas as verbas rescisórias como se fosse despedido injustamente.

Desse modo, o empregado poderá considerar rescindido o contrato e pleitear a devida indenização quando (CLT. Art. 483):

- forem exigidos serviços superiores às suas forças, defesos por lei, contrários aos bons costumes, ou alheios ao contrato;
- for tratado pelo empregador ou por seus superiores hierárquicos com rigor excessivo;
- correr perigo manifesto de mal considerável;
- não cumprir o empregador as obrigações do contrato;
- praticar o empregador ou seus prepostos, contra ele ou pessoas de sua família, ato lesivo da honra e boa fama;
- o empregador ou seus prepostos ofenderem-no fisicamente, salvo em caso de legítima defesa, própria ou de outrem;
- o empregador reduzir o seu trabalho, sendo este por peça ou tarefa, de forma a afetar sensivelmente a importância dos salários.

O empregado poderá **suspender a prestação dos serviços** ou rescindir o contrato, quando tiver de desempenhar obrigações legais, incompatíveis com a continuação do serviço.

Nas hipóteses de inadimplemento contratual ou redução de trabalho para quem receber por produção, poderá o empregado pleitear a rescisão de seu contrato de trabalho e pagamento das respectivas indenizações, **permanecendo ou não no serviço até final decisão do processo.**

Registre-se, por fim, que o só pagamento dos salários atrasados em audiência não ilide a mora capaz de determinar a rescisão do contrato de trabalho (TST. Súmula nº 13. Res. nº 121/2003).

5. OUTRAS CAUSAS EXTINTIVAS DO CONTRATO DE TRABALHO

5.1. Fim do contrato por prazo determinado

O contrato, de uma forma geral, nasce para ser cumprido. Desse modo, a extinção normal de um contrato de trabalho efetiva-se com o seu cumprimento, quando celebrado por prazo determinado.

Nos contratos que tenham termo estipulado, o empregador que, sem justa causa, despedir o empregado, **será obrigado a pagar-lhe, a título de indenização, e por metade, a remuneração a que teria direito até o termo do contrato** (CLT. Art. 479), e ainda a liberação dos depósitos do **FGTS** do período trabalhado (TST. Súmula nº 125. Res. nº 121/2003).

Inclusive, cabe aviso prévio nas rescisões antecipadas dos contratos de experiência, na forma do art. 481 da CLT (TST. Súmula nº 163. Res. nº 121/2003).

5.2. Morte dos contratantes

Como o contrato de trabalho é personalíssimo em relação ao sujeito/empregado, o falecimento deste último implica a extinção automática desse pacto.

Quando cessar a atividade da empresa por morte do empregador, os empregados terão direito, conforme o caso, às verbas rescisórias, como se fossem despedido sem justa causa (CLT. Art. 485).

5.3. Aposentadoria

A aposentadoria já não é mais considerada causa de extinção do contrato de trabalho.

O STF, por intermédio da ADI de nº **1.721-3** suspendeu a eficácia do **§ 2º, art. 453 da CLT**, introduzido pela Lei nº **9.528/97**, que dispõe:

> "O ato de concessão de benefício de aposentadoria a empregado que não tiver completado 35 anos de serviço, se homem, ou trinta, se mulher, importa em extinção do vínculo empregatício".

Apesar disso, a Lei nº 8.036/90, relaciona a aposentadoria como causa da liberação dos depósitos fundiários (art. 20, III).

A indenização devida a empregado estável, que não é readmitido, ao cessar sua aposentadoria, deve ser paga em dobro (STF. Súmula nº 220).

5.4. Força maior

Entende-se como força maior **todo acontecimento inevitável**, em relação à vontade do empregador, e para a realização do qual este não concorreu direta ou indiretamente (CLT. Art. 501).

Desconsideram-se os efeitos da força maior quando o motivo não afetar substancialmente, nem for suscetível de afetar, em tais condições, a situação econômica e financeira da empresa, salientando que a imprevidência do empregador exclui a razão de força maior.

Ocorrendo motivo de força maior que determine a extinção da empresa, ou de um dos estabelecimentos em que trabalhe o empregado, é assegurada a este, quando despedido, uma indenização na forma seguinte (CLT. Art. 502):

- sendo estável, todas as verbas rescisórias como se tivesse sido despedido sem justa causa;
- não tendo direito à estabilidade, metade das verbas rescisórias que seriam devidas em caso de rescisão sem justa causa;
- havendo contrato por prazo determinado, aquela a que se refere o artigo 479 da CLT, reduzida igualmente à metade.

Comprovada a falsa alegação do motivo de força maior, é garantida a reintegração aos empregados estáveis e aos não estáveis o complemento da indenização já percebida, assegurado a ambos o pagamento da remuneração atrasada (CLT. Art. 504).

5.5. Falência e recuperação judicial

A falência, apesar de provocar o fim do pacto laboral, quando há encerramento da atividade da empresa, não pode ser considerada como caso fortuito ou de força maior, uma vez que a sua ocorrência encontra-se prevista pelo empresário, já que faz parte do risco do negócio. Já na recuperação judicial, como não há paralisação das atividades empresariais, não há falar-se em extinção dos contratos de trabalho dos empregados.

Ainda assim, os direitos oriundos da existência do contrato de trabalho subsistirão em caso de falência, recuperação judicial, extrajudicial ou dissolução da empresa.

Na falência, os créditos derivados da legislação do trabalho são concursais privilegiados, desde que limitados a **150 salários-mínimos** por credor. Acima desse valor, os créditos trabalhistas são considerados como concursais quirografários (**Lei nº 11.101/05. Art. 83, I e VI, "c"**).

5.6. Culpa recíproca

A extinção do contrato de trabalho pode decorrer do fato de empregado e empregador praticar, simultaneamente, justa causa, denominando-se de culpa recíproca.

Ocorrendo essa situação, o tribunal de trabalho reduzirá a indenização à que seria devida em caso de culpa exclusiva do empregador, **por metade** (CLT. Art. 484). Em outras palavras, reconhecida a culpa recíproca na rescisão do contrato de trabalho, o empregado tem direito a **50% do valor do aviso prévio, do décimo terceiro salário e das férias proporcionais** (TST. Súmula nº 14. Res. nº 121/2003), além da liberação do **FGTS acrescido de uma multa de 20%** paga pelo empregador.

5.7. Alteração de regime jurídico do servidor público

A transferência do regime jurídico de celetista para estatutário implica **extinção do contrato de trabalho**, fluindo o prazo da prescrição bienal a partir da mudança de regime (TST. Súmula nº 382. Res. nº 129/2005).

Desse modo, se o empregado ingressa no serviço público **por concurso público**, mas pelo regime da CLT e a administração pública, posteriormente, adota o regime jurídico único estatutário, extingue-se, automaticamente o contrato de trabalho.

5.8. *Factum principis*

No caso de paralisação temporária ou definitiva do trabalho, motivada por ato de autoridade municipal, estadual ou federal, ou pela promulgação de lei ou resolução que impossibilite a continuação da atividade (*factum principis*), prevalecerá o pagamento da indenização, que ficará **a cargo do governo responsável** (CLT. Art. 486).

Sempre que o empregador invocar em sua defesa o *factum principis*, o juízo competente notificará a pessoa de direito público apontada como responsável pela paralisação do trabalho, para que, no prazo de 30 dias, alegue o que entender devido, passando a figurar no processo como chamada à autoria.

Verificada qual a autoridade responsável, o juiz dar-se-á por incompetente, remetendo os autos ao Juiz da Justiça Federal ou Estadual, perante o qual correrá o feito nos termos previstos no processo comum.

6. PRESCRIÇÃO E DECADÊNCIA

A pretensão quanto a créditos resultantes das relações de trabalho prescreve em **cinco anos** para os trabalhadores urbanos e rurais, até o limite de **dois anos** após a extinção do contrato de trabalho (CLT. Art. 11, com redação dada pela Lei nº 13.467/17).

Tratando-se de pretensão que envolva pedido de **prestações sucessivas** decorrente de **alteração** ou **descumprimento** do pactuado, a prescrição é total, exceto quando o direito à parcela esteja também assegurado por preceito de lei.

Respeitado o biênio subsequente à cessação contratual, a prescrição da ação trabalhista concerne às pretensões imediatamente anteriores a 5 anos, **contados da data do ajuizamento da reclamação** e, não, às anteriores ao quinquênio da data da extinção do contrato (TST. Súmula nº 308, I. Res. nº 129/2005).

Os mencionados prazos **não se aplicam:**

- às ações que tenham por objeto **anotações** para fins de prova junto à Previdência Social;
- **em face dos menores de 18 anos.**

Saliente-se que é da extinção do último contrato começa a fluir o prazo prescricional do direito de ação em que se objetiva a soma de períodos descontínuos de trabalho (TST. Súmula nº 156. Res. nº 121/2003).

Quanto à prescrição do FGTS, aplicam-se as seguintes regras:

- Para os casos em que a ciência da lesão ocorreu a partir de 13.11.2014, é quinquenal a prescrição do direito de reclamar contra o não recolhimento de contribuição para o FGTS, observado o prazo de dois anos após o término do contrato (TST. Súmula nº 362, I. Res. nº 198/2015);

- Para os casos em que o prazo prescricional já estava em curso em 13.11.2014, aplica-se o prazo prescricional que se consumar primeiro: trinta anos, contados do termo inicial, ou cinco anos, a partir de 13.11.2014 (TST. Súmula nº 362, II. Res. nº 198/2015. STF-ARE-709212/DF).

Quando o pedido do FGTS for acessório, a prescrição da pretensão relativa às parcelas remuneratórias alcança o respectivo recolhimento da contribuição para o FGTS (TST. Súmula nº 206. Res. nº 121/2003).

Ainda sobre a prescrição, o TST manifesta-se por meio das seguintes Súmulas e OJ's:

Número	Conteúdo
Súmula nº 6, IX. Res. 198/2015	Na ação de equiparação salarial, a **prescrição é parcial** e só alcança as diferenças salariais vencidas no período de 5 anos que precedeu o ajuizamento.
Súmula nº 153. Res. 121/2003	Não se conhece de prescrição não arguida na instância ordinária. (Essa Súmula contraria o quanto disposto no art. 193 do Código Civil de 2002: "Art. 193. A prescrição pode ser alegada **em qualquer grau de jurisdição**, pela parte a quem aproveita").
Súmula nº 199, II. Res. 129/2005	Em se tratando de horas extras pré-contratadas, opera-se a **prescrição total** se a ação não for ajuizada no prazo de **5 anos**, a partir da data em que foram suprimidas.
Súmula nº 275. Res. 129/2005	I – Na ação que objetive corrigir desvio funcional, a prescrição só alcança as diferenças salariais vencidas no período de **5 anos** que precedeu o ajuizamento; II – Em se tratando de pedido de reenquadramento, a **prescrição é total**, contada da data do enquadramento do empregado.
Súmula nº 294. Res. 121/2003	Tratando-se de ação que envolva pedido de prestações sucessivas decorrente de alteração do pactuado, a **prescrição é total**, exceto quando o direito à parcela esteja também assegurado por preceito de lei.
Súmula nº 326. Res. 174/2011	Tratando-se de pedido de complementação de aposentadoria oriunda de norma regulamentar e jamais paga ao ex-empregado, a **prescrição aplicável é a total**, começando a fluir o biênio a partir da aposentadoria.
Súmula nº 327. Res. 174/2011	A pretensão a diferenças de complementação de aposentadoria **sujeita-se à prescrição parcial e quinquenal**, salvo se o pretenso direito decorrer de verbas não recebidas no curso da relação de emprego e já alcançadas pela prescrição, à época da propositura da ação.

Número	Conteúdo
Súmula nº 350. Res. 121/2003	O prazo de prescrição com relação à ação de cumprimento de decisão normativa flui apenas da data de seu trânsito em julgado.
Súmula nº 373. Res. 129/2005	Tratando-se de pedido de diferença de gratificação semestral que teve seu valor congelado, a **prescrição aplicável é a parcial.**
Súmula nº 382. Res. 129/2005	A transferência do regime jurídico de celetista para estatutário implica extinção do contrato de trabalho, fluindo o prazo da prescrição bienal a partir da mudança de regime.
Súmula nº 452. Res. 194/2014	Tratando-se de pedido de pagamento de diferenças salariais decorrentes da inobservância dos critérios de promoção estabelecidos em Plano de Cargos e Salários criado pela empresa, **a prescrição aplicável é a parcial**, pois a lesão é sucessiva e se renova mês a mês.
OJ nº 417. SDI-1. DEJT 16.02.2012	Não há prescrição total ou parcial da pretensão do trabalhador rural que reclama direitos relativos a contrato de trabalho que se encontrava em curso à época da promulgação da EC 28/00, **desde que ajuizada a demanda no prazo de cinco anos de sua publicação, observada a prescrição bienal**.
OJ nº 401. SDI-1. DEJT 04.08.2010	**O marco inicial da contagem do prazo prescricional** para o ajuizamento de ação condenatória, quando advém a dispensa do empregado no curso de ação declaratória que possua a mesma causa de pedir remota, **é o trânsito em julgado da decisão proferida na ação declaratória e não a data da extinção do contrato de trabalho**.
OJ nº 399. SDI-1. DEJT 04.08.2010	O ajuizamento de ação trabalhista após decorrido o período de garantia de emprego não configura abuso do exercício do direito de ação, **pois este está submetido apenas ao prazo prescricional inscrito no art. 7º, XXIX, da CF/1988**, sendo devida a indenização desde a dispensa até a data do término do período estabilitário.
OJ nº 392. SDI-1. Res. 209/2016	O protesto judicial é medida aplicável no processo do trabalho, por força do art. 769 da CLT e do art. 15 do CPC de 2015. O ajuizamento da ação, por si só, **interrompe o prazo prescricional**, em razão da inaplicabilidade do § 2º do art. 240 do CPC de 2015 (§ 2º do art. 219 do CPC de 1973), incompatível com o disposto no art. 841 da CLT.
OJ nº 271. SDI-1. DJ 22.11.2005	O prazo prescricional da pretensão do rurícola, cujo contrato de emprego já se extinguira ao sobrevir a Emenda Constitucional nº 28, de 26.05.2000, tenha sido ou não ajuizada a ação trabalhista, prossegue regido pela lei vigente ao tempo da extinção do contrato de emprego.

Prescrição e dano moral – Em relação ao dano moral trabalhista a jurisprudência é vacilante, ora inclinando-se pela utilização do prazo prescricional previsto no art. 7º, XXIX, da CF/88 (cinco anos durante a relação de emprego e dois anos após a sua extinção), comum a qualquer crédito trabalhista, ora pelo uso do prazo previsto no art. 206, § 3º, "V", do Código Civil (três anos), **com predominância do primeiro no âmbito do TST.**

Deve ser observado ainda que:

- a interrupção da prescrição poderá ocorrer **apenas uma vez** (Código Civil. Art. 202);
- o juiz pode, **de ofício**, declarar a incidência da prescrição (CPC de 2015. Art. 332, § 1º).

6.1. Suspensão da prescrição

O prazo prescricional será **suspenso** a partir da provocação da Comissão de Conciliação Prévia, recomeçando a fluir, pelo que lhe resta, a partir da tentativa frustrada de conciliação ou do esgotamento do prazo de dez dias (CLT. Art. 625-G).

Note-se que **a suspensão do contrato de trabalho, em virtude da percepção do auxílio-doença ou da aposentadoria por invalidez, não impede a fluência da prescrição quinquenal**, ressalvada a hipótese de absoluta impossibilidade de acesso ao Judiciário (TST. SDI-1. OJ nº 375. DEJT 22.04.2010).

6.2. Interrupção da prescrição

A interrupção da prescrição **somente ocorrerá** pelo ajuizamento de **reclamação trabalhista,** mesmo que em juízo incompetente, ainda que venha a ser extinta sem resolução do mérito, produzindo efeitos apenas em relação aos pedidos idênticos (CLT. Art. 11, § 3º, inserido pela Lei nº 13.467/17).

7. EFEITOS FINANCEIROS DA EXTINÇÃO DO CONTRATO DE TRABALHO

Na extinção do contrato de trabalho, o empregador deverá (CLT. Art. 477, *caput*, com redação dada pela Lei nº 13.467/17):

- proceder à anotação na Carteira de Trabalho e Previdência Social;
- comunicar a dispensa aos órgãos competentes; e
- realizar o pagamento das verbas rescisórias no prazo de 10 dias.

7.1. Quitação das verbas trabalhistas anuais e rescisórias

O instrumento de rescisão ou recibo de quitação, qualquer que seja a causa ou forma de dissolução do contrato, deve ter especificada **a natureza de cada parcela** paga ao empregado e discriminado o seu valor, sendo válida a quitação, apenas, relativamente às mesmas parcelas (CLT. Art. 477. § 2º).

A jurisprudência estabeleceu os seguintes limites em relação à referida quitação:

- a quitação **não abrange parcelas não consignadas no recibo de quitação** e, consequentemente, seus reflexos em outras parcelas, ainda que estas constem desse recibo (TST. Súmula nº 330, I. Res. nº 121/2003);
- quanto a direitos que deveriam ter sido satisfeitos durante a vigência do contrato de trabalho, a quitação é válida em relação ao período expressamente consignado no recibo de quitação (TST. Súmula nº 330, II. Res. nº 121/2003);.

O pagamento a que fizer jus o empregado será efetuado em dinheiro, depósito bancário ou cheque visado, conforme acordem as partes, **salvo se o empregado for analfabeto, quando o pagamento somente poderá ser feito em dinheiro ou depósito bancário.**

Qualquer **compensação** no pagamento da rescisão contratual não poderá exceder o equivalente a um mês de remuneração do empregado.

Quitação anual de verbas trabalhistas: é facultado a empregados e empregadores, na vigência ou não do contrato de emprego, firmar o termo de quitação anual de obrigações trabalhistas, perante o sindicato dos empregados da categoria. O termo respectivo discriminará as obrigações de dar e fazer cumpridas mensalmente e dele constará a quitação anual dada pelo empregado, com eficácia liberatória das parcelas nele especificadas (CLT. Art. 507-B, introduzido pela Lei nº 13.467/17).

7.2. Indenização no contrato por prazo determinado

Nos contratos que tenham termo estipulado, o empregador que, sem justa causa, despedir o empregado, será obrigado a pagar-lhe, a título de indenização, e **por metade, a remuneração a que teria direito até o termo do contrato** (CLT. Art. 479).

Da mesma forma, o empregado não se poderá desligar do contrato, sem justa causa, sob pena de ser obrigado a indenizar o empregador dos prejuízos que desse fato lhe resultarem, **não podendo exceder àquela a que teria direito o empregado em idênticas condições.**

Cláusula assecuratória do direito recíproco de rescisão: aos contratos por prazo determinado, que contiverem cláusula assecuratória do direito recíproco de rescisão antes de expirado o termo ajustado, aplicam-se, caso seja exercido tal direito por qualquer das partes, os princípios que regem a rescisão dos contratos por prazo indeterminado (CLT. Art. 481).

No caso de contrato a termo, a rescisão antecipada, sem justa causa ou com culpa recíproca, equipara-se às hipóteses de despedida sem justa causa ou despedida indireta. Isso significa que, sem prejuízo do disposto no art. 479 da CLT, o empregador depositará na conta vinculada do trabalhador no FGTS, importância igual a quarenta por cento do montante de todos os depósitos realizados na conta vinculada durante a vigência do contrato de trabalho atualizados monetariamente e acrescidos dos respectivos juros, não sendo permitida, para este fim a dedução dos saques ocorridos (Decreto n° 99.684/90. Art. 9° e 14).

7.3. Prazo para pagamento das verbas rescisórias e multas

A entrega ao empregado de documentos que comprovem a comunicação da extinção contratual aos órgãos competentes bem como o pagamento dos valores constantes do instrumento de rescisão ou recibo de quitação deverão ser efetuados até **dez dias contados a partir do término** do contrato (CLT. Art. 477, § 6º, com redação dada pela Lei nº 13.467/17).

A contagem do referido prazo **exclui** necessariamente **o dia da notificação** da demissão e **inclui o dia do vencimento**, em obediência ao disposto no artigo 132 do Código Civil de 2002 (TST. SDI-1. OJ nº 162. DJ 20.04.2005).

A inobservância do prazo acima sujeitará o infrator ao pagamento da **multa a favor do empregado**, mesmo em se tratando de Pessoa Jurídica de Direito Público (TST. SDI-1. OJ nº 238. DJ 20.04.2005) **em valor equivalente ao seu salário**, salvo quando, comprovadamente, o trabalhador der causa à mora (CLT. Art. 477, § 8º) ou no caso de **falência do empregador** (TST. Súmula nº 388. Res. nº 129/2005).

A circunstância de a relação de emprego ter sido reconhecida apenas em juízo não tem o condão de afastar a incidência da multa prevista no art. 477, § 8º da CLT. A referida multa não será devida apenas quando, comprovadamente, o empregado der causa à mora no pagamento das verbas rescisórias (TST. Súmula nº 462. Res. nº 209/2016).

Em caso de rescisão de contrato de trabalho, havendo controvérsia sobre o montante das verbas rescisórias, o empregador é obrigado a pagar ao trabalhador, à data do comparecimento à Justiça do Trabalho, **a parte incontroversa dessas verbas**, sob pena de pagá-las **acrescidas de 50%** (CLT. Art. 467. TST. Súmula nº 69. Res. nº 121/2003), salvo se o empregador for a massa falida (TST. Súmula nº

388. Res. nº 129/2005) a União, os Estados, o Distrito Federal, os Municípios, ou suas autarquias e fundações públicas.

7.4. Férias

Salvo na hipótese de dispensa do empregado por justa causa, a extinção do contrato de trabalho sujeita o empregador ao pagamento da remuneração das **férias proporcionais**, ainda que incompleto o período aquisitivo de doze meses (TST. Súmula nº 171. DJ 05.05.2004).

7.5. Indenização adicional

O empregado dispensado, sem justa causa, no período de **30 dias que antecede a data de sua correção salarial (data-base)**, terá direito à **indenização adicional equivalente a um salário mensal**, seja ele, ou não, optante pelo FGTS (Lei nº 6.708/79. Art. 9º. Lei nº 7.238/84. Art. 9º).

Inclusive, o tempo do aviso prévio, mesmo indenizado, conta-se para efeito da referida indenização adicional (TST. Súmula nº 182. Res. nº 121/2003).

A indenização adicional corresponde ao salário mensal, no valor devido na data da comunicação do despedimento, integrado pelos adicionais legais ou convencionados, ligados à unidade de tempo mês, não sendo computável a gratificação natalina (TST. Súmula nº 242. Res. nº 121/2003).

Se ocorrer a rescisão contratual no período de 30 dias que antecede à data-base, o pagamento das verbas rescisórias com o salário já corrigido não afasta o direito à indenização adicional (TST. Súmula nº 314. Res. nº 121/2003).

Somente após o término do período estabilitário é que se inicia a contagem do prazo do aviso prévio para efeito da indenização adicional (TST. SDI-1. OJ nº 268. DJ 27.09.2002).

7.6. Seguro desemprego

O Programa de Seguro-Desemprego tem por finalidade prover assistência financeira temporária ao trabalhador desempregado em virtude de dispensa **sem justa causa, inclusive a indireta, e ao trabalhador comprovadamente resgatado de regime de trabalho forçado ou da condição análoga à de escravo**.

A atual Constituição Federal (art. 7º, II) garante esse benefício ao trabalhador em caso de desemprego involuntário e foi regulamentado pela Lei nº 7998/90, nesse particular.

- Segundo preceito contido Lei nº 13.134/15, que alterou a Lei nº 7.998/90, o benefício do seguro desemprego será concedido ao empregado despedido sem justa causa e que comprove ter recebido salário:

- Em pelo menos doze meses nos últimos dezoito meses imediatamente anteriores à data da dispensa, quando da primeira solicitação;
- Em pelo menos nove meses nos últimos doze meses imediatamente anteriores à data da dispensa, quando da segunda solicitação; e
- Em cada um dos seis meses imediatamente anteriores à data da dispensa quando das demais solicitações

• O quadro a seguir resume os requisitos citados para percepção do referido benefício:

Ordem	Tempo de serviço	Período de referência
Primeira	12 meses	18 meses
Segunda	9 meses	12 meses
Demais	6 meses	6 meses

• Para o empregado doméstico, a Resolução do CODEFAT nº 754/15 estabelece os seguintes requisitos para a concessão do seguro-desemprego:

- ter sido empregado doméstico, por pelo menos quinze meses nos últimos vinte e quatro meses que antecedem à data da dispensa que deu origem ao requerimento do Seguro-Desemprego;
- não estar em gozo de qualquer benefício previdenciário de prestação continuada da previdência social, exceto auxílio-acidente e pensão por morte;
- não possuir renda própria de qualquer natureza, suficiente à sua manutenção e de sua família.

A anotação da extinção do contrato na Carteira de Trabalho e Previdência Social **é documento hábil** para requerer o benefício do seguro-desemprego e a movimentação da conta vinculada no Fundo de Garantia do Tempo de Serviço, nas hipóteses legais, desde que a comunicação aos órgãos competentes tenha sido realizada pelo empregador (CLT. Art. 477, § 10, inserido pela Lei nº 13.467/17).

A extinção do contrato por acordo **não autoriza o ingresso no Programa de Seguro-Desemprego** (CLT. Art. 484-A, § 2º, inserido pela Lei nº 13.467/17).

7.7. PDV

O PDV – Programa de Demissão Voluntária, assim denominado pelas próprias empresas, representa uma espécie de cessação de contrato de trabalho **por mútuo consentimento**.

Na realidade, não haveria necessidade de se estimular a demissão, que é sempre voluntária, pois o empregador detém o direito potestativo de, a qualquer tempo, por fim ao contrato de trabalho por tempo indeterminado. O oferecimento de uma determinada quantia ao empregado, para estimulá-lo a pedir demissão, constituiria mera liberdade do empregador.

O Plano de Demissão Voluntária ou Incentivada, para dispensa individual, plúrima ou coletiva, previsto em convenção coletiva ou acordo coletivo de trabalho, **enseja quitação plena e irrevogável dos direitos decorrentes da relação empregatícia**, salvo disposição em contrário estipulada entre as partes (CLT. Art. 477-B, inserido pela Lei nº 13.467/17).

Sobre o plano de demissão voluntária a jurisprudência pátria fixou as seguintes regras:

- a indenização paga em virtude de adesão a programa de incentivo à demissão voluntária não está sujeita à incidência do imposto de renda (TST. SDI-1. OJ. nº 207. DJ 20.04.2005).
- Segundo decisão do STF, com repercussão geral declarada, é válida a cláusula que dá quitação ampla e irrestrita de todas as parcelas decorrentes do contrato de emprego, desde que conste de acordo coletivo de trabalho e dos demais instrumentos assinados pelo empregado (RE 590415).

7.8. Dispensa coletiva

As dispensas imotivadas individuais, plúrimas ou coletivas equiparam-se para todos os fins, não havendo necessidade de autorização prévia de entidade sindical ou de celebração de convenção coletiva ou acordo coletivo de trabalho para sua efetivação (CLT. Art. 477-A, inserido pela Lei nº 13.467/17).

7.9. Distrato

O contrato de trabalho poderá ser extinto **por acordo entre empregado e empregador**, caso em que serão devidas as seguintes verbas trabalhistas:

I – por metade:

- o aviso prévio, se indenizado; e
- a indenização sobre o saldo do FGTS;

II – na integralidade, as demais verbas trabalhistas.

A extinção do contrato por acordo permite a movimentação da conta vinculada do trabalhador no FGTS, limitada até 80% (oitenta por cento) do valor dos depósitos, mas não autoriza o ingresso no Programa de Seguro-Desemprego.

8. QUADRO SINÓPTICO

O quadro abaixo discrimina as parcelas devidas aos empregados, a depender da forma de extinção do contrato de trabalho:

	Aviso prévio	13º salario proporcional	Férias proporcionais	Liberação do FGTS	Multa de 40% sobre o FGTS	Indenização adicional	Seguro-desemprego
Sem justa causa	Sim, pelo empregador	Sim	Sim	Sim	Sim	Sim	Sim
Demissão	Sim, pelo empregado	Sim	Sim	Não	Não	Não	Não
Com justa causa	Não	Não	Não	Não	Não	Não	Não
Fim do contrato a prazo	Não	Sim	Sim	Sim	Não	Não	Não
Rescisão indireta	Sim	Sim	Sim	Sim	Sim	Sim	Sim
Morte do empregado	Não	Sim	Sim	Sim	Não	Não	Não
Culpa recíproca	50%	50%	50%	Sim	20%	50%	Não
Extinção da empresa	Sim	Sim	Sim	Sim	Sim	Sim	Sim
Força maior e caso fortuito	Sim	Sim	Sim	Sim	20%	Sim	Sim
Distrato	50%	Sim	Sim	Até 80%	20%	Não	Não

CAPÍTULO X

FGTS e estabilidade

1. CONCEITO DE FGTS

O FGTS é um fundo formado por depósitos mensais em uma conta vinculada aberta em nome do empregado e tem como objetivo principal propiciar auxílio financeiro ao trabalhador, principalmente durante o período em que estiver desempregado.

Foi instituído inicialmente pela Lei nº 5.107/66, substituída posteriormente pela Lei nº 7.839/89 e, finalmente pela Lei nº 8.036/90, atualmente em vigor.

Durante a vigência da mencionada Lei nº 5.107/66 até a promulgação da atual Carta Magna em 05.10.1988, o empregado optava entre o regime de indenização previsto pelo art. 477 e seguintes da CLT e o sistema do FGTS. Com o advento da CF/88 o regime do FGTS tornou-se obrigatório.

Assim, a equivalência entre os regimes do FGTS e da estabilidade prevista na CLT é meramente jurídica e não econômica, sendo indevidos valores a título de reposição de diferenças (TST. Súmula nº 98, I. Res. nº 129/2005).

Registre-se que a estabilidade contratual ou a derivada de regulamento de empresa são compatíveis com o regime do FGTS. Diversamente do que ocorria com a estabilidade legal (decenal, art. 492 da CLT), que era renunciada com a opção pelo FGTS (TST. Súmula nº 98, II. Res. nº 129/2005).

2. VALOR E BASE DE CÁLCULO DO FGTS

Todos os empregadores são obrigados a depositar, até o dia 7 de cada mês, em conta bancária vinculada (na CEF), a importância correspondente a 8% da remuneração paga ou devida, no mês anterior, a cada trabalhador, incluídas na remuneração as parcelas de natureza salarial, inclusive a gratificação de natal (Lei nº 8.036/90. Art. 15), horas extras, adicionais eventuais (TST. Súmula nº 63. Res. nº 121/2003) e aviso prévio (TST. Súmula nº 305. Res. nº 121/2003).

Não formam a base de cálculo do FGTS as verbas indenizatórias tais como as férias indenizadas (TST. SDI-1. OJ nº 195. DJ 20.04.2005).

Os depósitos efetuados nas contas vinculadas são corrigidos monetariamente com base nos parâmetros fixados para atualização dos saldos dos depósitos de poupança e capitalizarão juros de 3% ao ano (Lei nº 8.036/90. Art. 13). Entretanto, os créditos referentes ao FGTS, decorrentes de condenação judicial, serão corrigidos pelos mesmos índices aplicáveis aos débitos trabalhistas (TST. SDI-1. OJ nº 302. DJ 11.08.2003).

3. HIPÓTESES PARA MOVIMENTAÇÃO DO FGTS

A conta vinculada do trabalhador no FGTS poderá ser movimentada nas seguintes situações:

- despedida sem justa causa, inclusive a indireta, de culpa recíproca e de força maior;
- extinção total da empresa, fechamento de quaisquer de seus estabelecimentos, filiais ou agências, supressão de parte de suas atividades, declaração de nulidade do contrato de trabalho ou ainda falecimento do empregador individual sempre que qualquer dessas ocorrências implique rescisão de contrato de trabalho, comprovada por declaração escrita da empresa, suprida, quando for o caso, por decisão judicial transitada em julgado;
- aposentadoria concedida pela Previdência Social;
- falecimento do trabalhador;
- pagamento de parte das prestações decorrentes de financiamento habitacional concedido no âmbito do Sistema Financeiro da Habitação – SFH;
- liquidação ou amortização extraordinária do saldo devedor de financiamento imobiliário;
- pagamento total ou parcial do preço da aquisição de moradia própria;
- quando o trabalhador permanecer três anos ininterruptos;
- extinção normal do contrato a termo, inclusive o dos trabalhadores temporários;
- suspensão total do trabalho avulso por período igual ou superior a noventa dias;

- quando o trabalhador ou qualquer de seus dependentes for acometido de neoplasia maligna;
- aplicação em quotas de Fundos Mútuos de Privatização, regidos pela Lei nº 6.385, de 07 de dezembro de 1976, permitida a utilização máxima de 50%;
- quando o trabalhador ou qualquer de seus dependentes for portador do vírus HIV;
- quando o trabalhador ou qualquer de seus dependentes estiver em estágio terminal, em razão de doença grave;
- quando o trabalhador tiver idade igual ou superior a setenta anos;
- necessidade pessoal, cuja urgência e gravidade decorra de desastre natural, conforme disposto em regulamento;
- integralização de cotas do FI-FGTS; e
- Aquisição de órtese ou prótese pelo trabalhador com deficiência;
- Pagamento total ou parcial do preço de aquisição de imóveis da União inscritos em regime de ocupação ou aforamento, a que se referem o art. 4º da Lei nº 13.240, de 30 de dezembro de 2015, e o art. 16-A da Lei nº 9.636, de 15 de maio de 1998.

Note-se que a extinção do contrato por acordo entre empregado e empregador permite a movimentação da conta vinculada do trabalhador no FGTS, limitada até 80% (oitenta por cento) do valor dos depósitos (CLT. Art. 484-A § 2º, inserido pela Lei nº 13.467/17).

4. MULTA DE 40% SOBRE O FGTS

Na hipótese de despedida pelo empregador sem justa causa, deve depositar na conta vinculada do trabalhador no FGTS, importância igual a 40% do montante de todos os depósitos realizados na conta vinculada durante a vigência do contrato de trabalho, atualizados monetariamente e acrescidos dos respectivos juros (Lei nº 8.036. Art. 18, § 1º). Inclusive, essa multa é calculada, também, sobre os saques corrigidos monetariamente ocorridos na vigência do contrato de trabalho (TST. SDI-1. OJ nº 42, I. DJ 20.04.2005).

Além da multa de 40%, que é devida ao empregado, **o empregado deve acrescer mais 10%, que será revertido em favor do próprio Fundo**, o que eleva a multa **para 50%.**

O cálculo da multa do FGTS deverá ser feito com base no saldo da conta vinculada na data do efetivo pagamento das verbas rescisórias, desconsiderada a projeção do aviso prévio indenizado, por ausência de previsão legal (TST. SDI-1. OJ nº 42, II. DJ 20.04.2005).

É de responsabilidade do empregador o pagamento da diferença da multa de 40% sobre os depósitos do FGTS, decorrente da atualização monetária em face dos expurgos inflacionários (TST. SDI-1 OJ nº 341. DJ 22.06.2004).

O termo inicial do prazo prescricional para o empregado pleitear em juízo diferenças da multa do FGTS, decorrentes dos expurgos inflacionários, deu-se com a vigência da Lei Complementar nº 110, em 30.06.01, salvo comprovado trânsito em julgado de decisão proferida em ação proposta anteriormente na Justiça Federal, que reconheça o direito à atualização do saldo da conta vinculada (TST. SDI-1. OJ nº 344. Res. nº 175/2011).

5. ESTABILIDADE DEFINITIVA

A estabilidade no emprego consiste em uma limitação ao direito potestativo do empregador e, ao mesmo tempo, um direito do trabalhador de permanecer no emprego, mesmo contra a vontade do empregador (ressalvando a prática de falta grave ou motivo de força maior), geralmente por razões biológicas (estabilidade gestante e estabilidade do empregado acidentado) ou no caso do operário desenvolver uma atividade contrária aos interesses do empregador (dirigente sindical, membro de CIPA etc.).

Os casos de estabilidade definitiva no Brasil resumem-se as hipóteses de: a) servidor público celetista, b) empregados que já haviam adquirido o direito à estabilidade prevista pela CLT, quando da promulgação da CF/88, e c) por cláusula de regulamento empresarial dispondo nesse sentido.

5.1. Estabilidade decenal

Até 05.10.88, data da promulgação da atual Carta Magna, o empregado que contasse com mais de 10 anos de serviço na mesma empresa não poderia ser despedido senão por motivo de falta grave ou circunstância de força maior, devidamente comprovadas (CLT. Art. 492).

Não havia estabilidade para quem exercesse cargos de diretoria, gerência ou outros de confiança imediata do empregador, ressalvado o cômputo do tempo de serviço para todos os efeitos legais (CLT. Art. 499).

A. Indenização

Extinguindo-se a empresa, sem a ocorrência de motivo de força maior, ao empregado estável despedido era garantida a indenização por rescisão do contrato por prazo indeterminado, paga em dobro (CLT. Art. 497).

Em caso de fechamento do estabelecimento, filial ou agência, ou supressão necessária de atividade, sem ocorrência de motivo de força maior, era assegurado aos empregados estáveis, que ali exerçam suas funções, o direito à indenização, também em dobro.

B. Despedida obstativa

Era denominada de despedida obstativa aquela que se verificava com o objetivo de impedir que o empregado adquirisse a estabilidade por tempo de serviço, sujeitando o empregador a pagamento em dobro da indenização de antiguidade (CLT. Art. 499. § 3º).

C. Pedido de demissão

O pedido de demissão do empregado estável só será válido quando feito com a assistência do respectivo sindicato e, se não o houver, perante autoridade local competente ou da Justiça do Trabalho (CLT. Art. 500).

5.2. Servidor público celetista

O servidor público celetista da administração direta, autárquica ou fundacional é beneficiário da estabilidade prevista no art. 41 da CF/1988. Ao empregado de empresa pública ou de sociedade de economia mista, ainda que admitido mediante aprovação em concurso público, não é garantida a estabilidade prevista no mencionado dispositivo constitucional (TST. Súmula nº 390. Res. nº 129/2005). Todavia, para validade do ato de dispensa, exige-se a motivação do ato respectivo. Inclusive, **o TST, em decisões recentes, alterou o posicionamento** constante da OJ nº 247, I, da SDI, após decisão do STF no sentido de exigir a referida formalidade.

6. ESTABILIDADE PROVISÓRIA

Os casos de estabilidade provisória também são denominados pela doutrina laboral de **garantias de emprego**. Os mais importantes são: dirigente sindical, membros da CIPA, gestante e empregado acidentado.

Porém, deve ser observado que o ajuizamento de ação trabalhista após decorrido o período de garantia de emprego não configura abuso do exercício do direito de ação, pois este está submetido apenas ao prazo prescricional inscrito no art. 7º, XXIX, da CF/1988, sendo devida a indenização desde a dispensa até a data do término do período estabilitário (TST. SDI-1. OJ nº 399. DEJT 04.08.2010).

6.1. Dirigente sindical

A administração do sindicato será exercida por uma diretoria constituída no máximo de **7 e no mínimo de 3 membros** e de um conselho fiscal composto de três membros, eleitos esses órgãos pela assembleia geral (CLT. Art. 522).

Veda-se a dispensa do empregado sindicalizado, **a partir do momento do registro de sua candidatura** a cargo de direção ou representação de entidade sindical, **até um ano após o final do seu mandato**, caso seja eleito, inclusive como suplente salvo se:

- cometer falta grave devidamente apurada por meio de inquérito judicial (CLT. Art. 543, § 3º. STF. Súmula nº 197. TST. Súmula nº 379. Res. nº 129/2005);
- houver extinção da atividade empresarial no âmbito da base territorial do sindicato (TST. Súmula nº 369, IV. Res. nº 185/2012);
- o registro da candidatura for feito durante o período de aviso prévio, ainda que indenizado (TST. Súmula nº 369, IV. Res. nº 185/2012).

A entidade sindical comunicará por escrito à empresa, dentro de 24 horas, o dia e a hora do registro da candidatura do seu empregado e, em igual prazo, sua eleição e posse, fornecendo, outrossim, a este comprovante no mesmo sentido. Contudo, ainda que a comunicação à empresa seja feita fora do mencionado prazo, garante-se a estabilidade ao empregado candidato (TST. Súmula nº 369, I. Res. nº 185/2012).

O empregado de categoria diferenciada eleito dirigente sindical só goza de estabilidade se exercer na empresa atividade pertinente à categoria profissional do sindicato para o qual foi eleito dirigente (TST. Súmula nº 369, III. Res. nº 185/2012).

Para a extinção do contrato de trabalho do dirigente sindical é indispensável o ajuizamento do inquérito judicial.

A estabilidade fica limitada a sete dirigentes sindicais e igual número de suplentes, uma vez que o art. 522 da CLT foi recepcionado pela Constituição Federal de 1988 (TST. Súmula nº 369, III. Res. nº 185/2012).

Para a apuração da falta grave cometida pelo empregado estável, o empregador poderá suspender as suas atividades. Assim, constitui direito líquido e certo do empregador a suspensão do empregado, ainda que detentor de estabilidade sindical, até a decisão final do inquérito em que se apure a falta grave a ele imputada (SDI-2. OJ n° 137. DJ 04.05.2004).

Delegado sindical e estabilidade: o delegado sindical não é beneficiário da estabilidade provisória prevista no art. 8º, VIII, da CF/1988, a qual é dirigida, exclusivamente, àqueles que exerçam ou ocupem cargos de direção nos sindicatos, submetidos a processo eletivo (TST. SDI-1. OJ nº 369. DEJT 05.12.2008).

O aviso-prévio concedido pelo empregador delimita o termo final do contrato de trabalho. Assim, não seria possível para o trabalhador adquirir a estabilidade durante o período respectivo, **salvo em relação à empregada gestante**, diante de previsão legal expressa em sentido contrário.

A projeção do contrato de trabalho para o futuro, pela concessão do aviso prévio indenizado, tem efeitos limitados às vantagens econômicas obtidas no período de pré-aviso, ou seja, salários, reflexos e verbas rescisórias. No caso de concessão de auxílio-doença no curso do aviso prévio, todavia, só se concretizam os efeitos da dispensa depois de expirado o benefício previdenciário (TST. Súmula nº 371. Res. nº 129/2005).

6.2. Membro da CIPA

Cada CIPA será composta de representantes da empresa e dos empregados, sendo que os representantes dos empregadores, titulares e suplentes, serão por eles designados (CLT. Art. 164), inclusive para ocupar o cargo de presidente.

Já os representantes dos empregados, titulares e suplentes, serão eleitos em escrutínio secreto, do qual participem, independentemente de filiação sindical, exclusivamente os empregados interessados, para um mandato de um ano, permitida uma reeleição, elegendo, inclusive, o vice-presidente.

Os titulares da **representação dos empregados** nas CIPA's e os seus respectivos suplentes (STF. Súmula nº 676. TST. Súmula nº 339, I. Res. nº 129/2005) **não poderão sofrer despedida arbitrária,** entendendo-se como tal a que não se fundar em motivo disciplinar, técnico, econômico ou financeiro (CF/88. ADCT. Art. 10, II, "a". CLT. Art. 165), salvo se extinto o estabelecimento, pois nesse caso não se verifica a despedida arbitrária (TST. Súmula nº 339, II. Res. nº 129/2005).

Ocorrendo a despedida, caberá ao empregador, em caso de reclamação à Justiça do Trabalho, comprovar a existência de qualquer dos motivos acima mencionados, sob pena de ser condenado a reintegrar o empregado.

Portanto, nesse caso, o ajuizamento do inquérito para apuração de falta grave **não constitui condição indispensável** para o rompimento do vínculo empregatício.

6.3. Gestante e adotante

É vedada a despedida da empregada gestante, desde a confirmação da gravidez até 5 meses após o parto (CF/88. ADCT. Art. 10, II, "b"), inclusive quando a contratação for por prazo determinado (TST. Súmula nº 244, III. Res. nº 185/2012) ou quando o rompimento ocorrer **durante o cumprimento do aviso prévio trabalhado ou indenizado** (CLT. Art. 391-A).

O desconhecimento do estado gravídico pelo empregador não afasta o direito ao pagamento da indenização decorrente da estabilidade.

A garantia de emprego à gestante só autoriza a reintegração se esta se der durante o período de estabilidade. Do contrário, a garantia restringe-se aos salários e demais direitos correspondentes ao período de estabilidade.

Aplica-se ao **empregado adotante** ao qual tenha sido concedida guarda provisória para fins de adoção a mesma regra relativa à **estabilidade gestante** (CLT. Art. 391-A, parágrafo único inserido pela Lei nº 13.509/17).

Inclusive, a empregada gestante tem direito à estabilidade provisória **mesmo na hipótese de admissão mediante contrato por tempo determinado.**

Por fim, essa espécie de estabilidade estende-se à pessoa que passa a deter a guarda do filho no caso de **morte da trabalhadora**, de acordo com a determinação contida na Lei Complementar nº 146/14.

Assim, no caso de uma família que é constituída por um homem e uma mulher, a morte desta última implica conferir automaticamente ao cônjuge sobrevivente, se for empregado, a estabilidade no serviço até cinco meses após o parto, uma vez que já detém a guarda legal.

Nos casos de família monoparental, a estabilidade será estendida a quem requerer e for conferida a guarda por decisão judicial da criança, seja homem ou mulher.

> ▸ **Dica de prova:**
>
> A temática relativa à estabilidade no empregado tem sido constantemente cobrada nas provas da OAB.

6.4. Empregado acidentado

Acidente do trabalho é o que ocorre pelo exercício do trabalho a serviço da empresa ou pelo exercício do trabalho provocando lesão corporal ou perturbação funcional que cause a morte ou a perda ou redução, permanente ou temporária, da capacidade para o trabalho (Lei n° 8.213/91. Art. 19).

Equipara-se ao acidente do trabalho (Lei n° 8.213/91. Art. 20):

- doença profissional, assim entendida a produzida ou desencadeada pelo exercício do trabalho peculiar a determinada atividade e constante da respectiva relação elaborada pelo órgão competente;
- doença do trabalho, assim entendida a adquirida ou desencadeada em função de condições especiais em que o trabalho é realizado e com ele se relacione diretamente;
- o acidente ligado ao trabalho que, embora não tenha sido a causa única, haja contribuído diretamente para a morte do segurado, para redução ou perda da sua capacidade para o trabalho, ou produzido lesão que exija atenção médica para a sua recuperação (concausalidade);
- o acidente sofrido pelo segurado ainda que fora do local e horário de trabalho, no percurso da residência para o local de trabalho ou deste para aquela, qualquer que seja o meio de locomoção, inclusive veículo de propriedade do segurado (*in itinere*).

Não se considera doença do trabalho:

- a doença degenerativa;
- a inerente a grupo etário;
- a que não produza incapacidade laborativa;
- a doença endêmica adquirida por segurado habitante de região em que ela se desenvolva, salvo comprovação de que é resultante de exposição ou contato direto determinado pela natureza do trabalho.

Garante-se ao segurado que sofreu acidente do trabalho a manutenção do seu contrato de trabalho na empresa pelo prazo mínimo de **12 meses**, após a cessação do auxílio-doença acidentário, independentemente de percepção de auxílio-acidente (Lei nº 8.213/91. Art. 118), ainda que tenha sido contratado por prazo determinado (TST. Súmula nº 378, III. Res. nº 185/2012).

São pressupostos para a concessão da estabilidade o afastamento superior a 15 dias e a consequente percepção do auxílio doença acidentário, salvo se constatada, após a despedida, doença profissional que guarde relação de causalidade com a execução do contrato de emprego (TST. Súmula nº 378, II. Res. nº 185/2012).

6.5. Outras

Existem outras espécies de estabilidade provisória previstas no ordenamento jurídico nacional, quais sejam, dos:

- representantes dos empregados membros da Comissão de Conciliação Prévia – CCP, titulares e suplentes, até um ano após o final do mandato, salvo se cometeram falta grave (CLT. Art. 625-B, § 1º);
- empregados de empresas que sejam eleitos diretores de sociedades cooperativas pelos mesmos (Lei nº 5.764/71), não abrangendo os membros suplentes (TST. SDI-1. OJ nº 253. DJ 13.03.2002);
- representantes dos empregados, titulares e suplentes, no Conselho Nacional de Previdência Social – CNPS (Lei nº 8.213/91, art. 3º, § 7º);
- representantes dos trabalhadores no Conselho Curador do FGTS, efetivos e suplentes (Lei nº 8.036/90, art. 3º, § 9).

7. READMISSÃO, REINTEGRAÇÃO E CONVERSÃO EM INDENIZAÇÃO

Reconhecida a inexistência de falta grave praticada pelo empregado, fica o empregador obrigado a readmiti-lo no serviço e a pagar-lhe os salários a que teria direito no período da suspensão (CLT. Art. 495).

Por conta disso, conta-se a favor de empregado readmitido o tempo de serviço anterior, salvo se houver sido despedido por falta grave ou tiver recebido a indenização legal (STF. Súmula nº 215).

Apesar de não possuir estabilidade, presume-se discriminatória a despedida de empregado portador do vírus HIV ou de outra doença grave que suscite estigma ou preconceito. Inválido o ato, o empregado tem direito à reintegração no emprego (TST. Súmula nº 443. Res. nº 185/2012).

Quando a reintegração do empregado estável for desaconselhável, dado o grau de incompatibilidade resultante do dissídio, especialmente quando for o empregador pessoa física, o tribunal do trabalho **poderá converter aquela obrigação em indenização** (CLT. Art. 496) **paga em dobro** (CLT. Art. 497), sendo que o direito aos salários é assegurado até a data da primeira decisão que determinou essa conversão (TST. Súmula nº 28. Res. nº 121/2003).

Nesse caso, não há nulidade por julgamento extra petita da decisão que deferir salário quando o pedido for de reintegração, dados os termos do art. 496 da CLT (TST. Súmula nº 396, II. Res. nº 129/2005).

De igual forma, uma vez exaurido o período de estabilidade, são devidos ao empregado apenas os salários do período compreendido entre a data da despedida e o final do período de estabilidade, não lhe sendo assegurada a reintegração no emprego (TST. Súmula nº 396, I. Res. nº 129/2005. e SDI-2. OJ nº 24. DJ 20.09.2000).

O pedido de reintegração de empregado protegido por estabilidade provisória decorrente de lei ou norma coletiva pode ser deferido por meio de tutela antecipada (TST. SDI-2. OJ nº 64. DJ 20.09.2000) ou por liminar (TST. SDI-2. OJ nº 65. DJ 20.09.2000), hipóteses que não fere direito líquido e certo. Entretanto, comporta a impetração de mandado de segurança o deferimento de reintegração no emprego em ação cautelar (TST. SDI-2. OJ nº 63. DJ 20.09.2000).

Na mesma esteira de pensamento, inexiste direito líquido e certo a ser oposto contra ato de Juiz que, antecipando a tutela jurisdicional, determina a reintegração do empregado até a decisão final do processo, quando demonstrada a razoabilidade do direito subjetivo material, como nos casos de anistiado pela da Lei nº 8.878/94, aposentado, integrante de comissão de fábrica, dirigente sindical, portador de doença profissional, portador de vírus HIV ou detentor de estabilidade provisória prevista em norma coletiva (TST. SDI-2. OJ nº 142. DJ 04.05.2004).

Saúde, medicina e higiene do trabalho

1. MEIO AMBIENTE DO TRABALHO

O meio ambiente global é formado por uma série de ambientes de natureza mais restrita. Dentre esses micros ambientes encontra-se **o meio ambiente do trabalho, ou seja, o local onde o trabalhador, de fato, presta o seu serviço**, geralmente onde a empresa encontra-se estabelecida.

Todos têm direito ao meio ambiente ecologicamente equilibrado, bem de uso comum do povo e essencial à sadia qualidade de vida, impondo-se ao Poder Público e à coletividade o dever de defendê-lo e preservá-lo para as presentes e futuras gerações (art. 225 da CF/88).

2. PROTEÇÃO LEGAL AO MEIO AMBIENTE DO TRABALHO

A proteção começa antes mesmo de o estabelecimento empresarial iniciar o seu funcionamento, com a instituição de regras sobre edificações, a exemplo daquelas contidas no arts. 170 a 174 da CLT e na NR-8:

> **Art. 170.** As edificações deverão obedecer aos requisitos técnicos que garantam perfeita segurança aos que nelas trabalhem.
>
> **Art. 171.** Os locais de trabalho deverão ter, no mínimo, 3 (três) metros de pé-direito, assim considerada a altura livre do piso ao teto.
>
> Parágrafo único - Poderá ser reduzido esse mínimo desde que atendidas as condições de iluminação e conforto térmico compatíveis com a natureza do trabalho, sujeitando-se tal redução ao controle do órgão competente em matéria de segurança e medicina do trabalho.
>
> **Art. 172.** Os pisos dos locais de trabalho não deverão apresentar saliências nem depressões que prejudiquem a circulação de pessoas ou a movimentação de materiais.

> **Art. 173.** As aberturas nos pisos e paredes serão protegidas de forma que impeçam a queda de pessoas ou de objetos.
>
> **Art. 174.** As paredes, escadas, rampas de acesso, passarelas, pisos, corredores, coberturas e passagens dos locais de trabalho deverão obedecer às condições de segurança e de higiene do trabalho estabelecidas pelo Ministério do Trabalho e manter-se em perfeito estado de conservação e limpeza.

Já o empregador, por sua vez, além de cumprir as normas que lhes são direcionadas, deve exigir e fiscalizar o cumprimento das normas de segurança e medicina do trabalho por parte dos empregados, **sob pena de ser responsabilizado civilmente.**

> CLT. **Art. 157.** Cabe às empresas:
>
> I - cumprir e fazer cumprir as normas de segurança e medicina do trabalho;
>
> II - instruir os empregados, através de ordens de serviço, quanto às precauções a tomar no sentido de evitar acidentes do trabalho ou doenças ocupacionais;
>
> III - adotar as medidas que lhes sejam determinadas pelo órgão regional competente;
>
> IV - facilitar o exercício da fiscalização pela autoridade competente.

Por fim, os trabalhadores também são destinatários de determinadas regras que objetivam proteger a sua própria saúde. Inclusive, constitui **falta grave a recusa injustificada do empregado em cumprir as referidas ordens de serviço do empregador e a não utilização dos equipamentos de proteção individual**, na forma prevista pelo art. 158 da CLT:

> **Art. 158.** Cabe aos empregados: I – observar as normas de segurança e medicina do trabalho, inclusive as instruções de que trata o item II do artigo anterior; II – colaborar com a empresa na aplicação dos dispositivos deste Capítulo. Parágrafo único. Constitui ato faltoso do empregado a recusa injustificada: a) à observância das instruções expedidas pelo empregador na forma do item II do artigo anterior; b) ao uso dos equipamentos de proteção individual fornecidos pela empresa.

3. ATESTADO DE SAÚDE OCUPACIONAL

O ASO – Atestado de Saúde Ocupacional, será obrigatório e por conta do empregador (art. 168 da CLT):

a) na admissão;

b) na demissão;

c) periodicamente.

Outros exames complementares poderão ser exigidos, a critério médico, para apuração da capacidade ou aptidão física e mental do empregado para a função que deva exercer.

A periodicidade da realização dos exames de saúde ocupacional é definido pelo órgão competente de fiscalização do trabalho de acordo com o risco da atividade e o tempo de exposição.

Serão exigidos exames toxicológicos, previamente à admissão e por ocasião do desligamento, quando se tratar de motorista profissional, assegurados o direito à contraprova em caso de resultado positivo e a confidencialidade dos resultados dos respectivos exames (Lei nº 13.103/2015). Também será obrigatório exame toxicológico com janela de detecção mínima de 90 (noventa) dias, específico para substâncias psicoativas que causem dependência ou, comprovadamente, comprometam a capacidade de direção.

CAPÍTULO XII

Direito coletivo do trabalho

1. CONCEITO

Direito Coletivo do Trabalho, também denominado de Direito Sindical, institui regras e princípios para regulamentar a atividade das entidades representativas de patrões e empregados, objetivando evitar o surgimento de conflitos grupais, bem como para traçar diretrizes da função criadora de normas profissionais pelos próprios interessados. Mas, não é somente isso. As normas diretivas das relações travadas entre os sindicatos e seus representados ou filiados também fazem parte do objeto do Direito Coletivo do Trabalho.

2. PRINCÍPIOS DO DIREITO COLETIVO DO TRABALHO

2.1. Liberdade sindical

A liberdade sindical significa a inexistência de óbices legais para que patrões e empregados possam associar-se para a defesa dos seus interesses, sem qualquer intervenção do Estado.

O princípio da liberdade sindical comporta três níveis distintos, a saber:

1. Não pode haver, por parte do Estado, restrições para a criação funcionamento, desmembramento ou extinção de uma organização sindical (liberdade de constituição);
2. A lei não poderá obstar a filiação, permanência ou desligamento do associado a qualquer sindicato (liberdade de filiação);
3. Não se pode criar embaraço, de qualquer espécie, para o seu funcionamento, ou seja, para a sua organização e administração (liberdade de organização).

2.2. Interveniência sindical

Por esse princípio, os ajustes celebrados entre os grupos de empregados e empregadores (contrato coletivo, convênio coletivo, acordo coletivo, convenção coletiva etc.), serão válidos somente se forem firmados pelas organizações sindicais, que detêm essa prerrogativa.

2.3. Autonomia coletiva

Situando-se os sindicatos da categoria econômica e profissional, em uma situação de igualdade no plano fático, podem celebrar ajustes observando o princípio da autonomia da vontade, que nada mais é do que a capacidade que desfruta a entidade sindical de ser sujeito de direitos e obrigações, por meio da manifestação da sua vontade, autorregulando-se.

Dessa forma, pode-se concluir que o princípio protetivo não se aplica no âmbito do Direito Coletivo do Trabalho.

2.4. Intervenção mínima do Estado

Por conta da prevalência do princípio da autonomia coletiva das entidades sindicais, a intervenção do Estado, principalmente do Poder Judiciário, deve ser mínima, como preconiza o § 3º, art. 8º da CLT, com redação dada pela Lei nº 13.467/17:

> "**Art. 8º**. § 3º No exame de convenção coletiva ou acordo coletivo de trabalho, a Justiça do Trabalho analisará exclusivamente a conformidade dos elementos essenciais do negócio jurídico, respeitado o disposto no art. 104 da Lei nº 10.406, de 10 de janeiro de 2002 (Código Civil), e balizará sua atuação pelo princípio da intervenção mínima na autonomia da vontade coletiva".

A aplicação desse princípio é reforçada pelo § 1º, art. 611-A da CLT: "No exame da convenção coletiva ou do acordo coletivo de trabalho, a Justiça do Trabalho observará o disposto no § 3º do art. 8º desta Consolidação".

Sendo assim, não caberia ao Judiciário, por exemplo, anular uma cláusula de um instrumento normativo negociado por entender que ela é injusta, ilegal ou porque inexista cláusula de contrapartida (§ 2º, art. 611-A da CLT), salvo quando se tratar de direitos que não possam ser suprimidos ou reduzidos por meio de negociação coletiva, cujo rol taxativo encontra-se no art. 611-B da CLT.

Caso decida pela anulação, o juiz deverá anular também a respectiva cláusula compensatória, se houver, conforme previsão contida no § 4º, art. 611-A da CLT:

> "**Art. 611-A.** § 4º Na hipótese de procedência de ação anulatória de cláusula de convenção coletiva ou de acordo coletivo de trabalho, quando houver a cláusula compensatória, esta deverá ser igualmente anulada, sem repetição do indébito".

2.5. Força normativa

Por esse princípio, os ajustes celebrados pelas entidades representativas dos empregados e empregadores adquirem força normativa. Isso quer dizer que os pactos coletivos, independente da denominação estabelecida pelo ordenamento jurídico (no Brasil, convenções ou acordos coletivos de trabalho), adquirem natureza jurídica de norma geral e abstrata, ou seja, criando regras de condutas para os representados.

3. PODER NORMATIVO

É o poder exercido pela Justiça do Trabalho no julgamento dos dissídios coletivos de natureza econômica com vistas a obter uma sentença normativa, fixando novas condições de trabalho para os empregados representados pelo sindicato respectivo.

Esse poder foi enfraquecido após a promulgação da EC nº 45/2004, que alterou a redação original do art. 114, § 2º, da Constituição Federal de 1988, exigindo que a referida ação seja proposta de comum acordo pelos interessados, transformando a jurisdição normativa em arbitragem pública.

Limitações da sentença normativa: Deve-se observar que, ao julgar ou homologar ação coletiva ou acordo nela havido, o TST exerce o poder normativo constitucional, não podendo criar ou homologar condições de trabalho que o STF julgue iterativamente inconstitucionais (TST. Súmula nº 190. Res. nº 121/2003).

4. SINDICATO

4.1. Conceito

Sindicato é uma associação permanente e organizada de trabalhadores com o objetivo de defender, manter e promover os seus interesses com vistas à obtenção de melhores condições de vida e trabalho. Excepcionalmente, como acontece no Brasil, o ordenamento jurídico admite a instituição de sindicato de empregadores.

Assim, sindicato consiste em uma associação para fins de estudo, defesa e coordenação dos seus interesses econômicos ou profissionais de todos os que, como empregadores, empregados, agentes ou trabalhadores autônomos, ou profissionais liberais, exerçam, respectivamente, a mesma atividade ou profissão ou atividades ou profissões similares ou conexas (CLT. Art. 511).

4.2. Enquadramento sindical

O enquadramento sindical nacional é feito baseado, primeiramente, pelo critério de organização empresarial, considerando a atividade econômica preponderante desenvolvida pelas empresas, agrupadas pela identidade, semelhança ou conexão, representando, desse modo, um sindicato vertical.

A. Categoria econômica

Categoria econômica é o vínculo social básico que representa a solidariedade de interesses econômicos dos que empreendem atividades idênticas, similares ou conexas.

B. Categoria profissional

A similitude de condições de vida oriunda da profissão ou trabalho em comum, em situação de emprego na mesma atividade econômica ou em atividades econômicas similares ou conexas, compõe a expressão social elementar compreendida como categoria profissional (CLT. Art. 511. § 2º).

C. Categoria diferenciada

Categoria profissional diferenciada é a que se forma dos empregados que exerçam profissões ou funções diferenciadas por força de estatuto profissional especial ou em consequência de condições de vida singulares (CLT. Art. 511. § 3º).

Empregado integrante de categoria profissional diferenciada não tem o direito de haver de seu empregador vantagens previstas em instrumento coletivo no qual a empresa não foi representada por órgão de classe de sua categoria. (TST. Súmula nº 374. Res. nº 129/2005).

A título de exemplo, o vigilante, contratado diretamente por banco ou por intermédio de empresas especializadas, não é bancário (TST. Súmula nº 257. Res. nº 121/2003). Também, não se beneficiam do regime legal relativo aos bancários os empregados de estabelecimento de crédito pertencentes a categorias profissionais diferenciadas (TST. Súmula nº 117. Res. nº 121/2003).

No mesmo sentido, o jornalista que exerce funções típicas de sua profissão, independentemente do ramo de atividade do empregador, tem direito à jornada reduzida prevista no artigo 303 da CLT (TST. SDI-1. OJ nº 407. DEJT 26.10.2010).

D. Categorias similares ou conexas

Quando os exercentes de quaisquer atividades ou profissões se constituírem, seja pelo número reduzido, seja pela natureza mesma dessas atividades ou profissões, seja pelas afinidades existentes entre elas, em condições tais que não se possam sindicalizar eficientemente pelo critério de especificidade de categoria, é-lhes permitido sindicalizar-se pelo critério de categorias similares ou conexas, entendendo-se como tais as que se acham compreendidas nos limites de cada grupo constante do quadro de atividades e profissões (CLT. Art. 570. Parágrafo único).

Ocorrendo a formação do sindicato com base nas condições acima mencionadas, poderá dissociar-se do sindicato principal, formando um sindicato específico (CLT. Art. 571), adotando denominação em que fiquem, tanto quanto possível, explicitamente mencionadas as atividades ou profissões concentradas, alterando-se a denominação do sindicato principal, eliminando a designação relativa à atividade ou profissão dissociada.

4.3. Constituição e registro do sindicato

É vedada a criação de mais de uma organização sindical, em qualquer grau, representativa de categoria profissional ou econômica, na mesma base territorial, que será definida pelos trabalhadores ou empregadores interessados, não podendo ser inferior à área de um Município (CF/88. Art. 8º, II).

Até que lei venha a dispor a respeito, incumbe ao órgão competente de fiscalização do trabalho proceder ao registro das entidades sindicais e zelar pela observância do princípio da unicidade (STF. Súmula nº 677).

4.4. Administração dos sindicatos

A administração do sindicato será exercida por uma diretoria constituída no máximo de 7 e no mínimo de 3 membros e de um Conselho Fiscal composto de 3 membros, eleitos esses órgãos pela Assembleia Geral (CLT. Art. 522).

A diretoria elegerá, dentre os seus membros, o presidente do sindicato e a competência do conselho fiscal é limitada à fiscalização da gestão financeira do sindicato.

Os delegados sindicais destinados à direção das delegacias ou seções serão designados pela diretoria dentre os associados radicados no território da correspondente delegacia (CLT. Art. 523).

4.5. Federação, confederação e central sindical

As federações e confederações constituem associações sindicais de grau superior e podem ser estaduais, interestaduais ou nacionais.

As federações são organizadas por decisão de sindicatos em número não inferior a 5, desde que representem a maioria absoluta de um grupo de atividades ou de profissões idênticas, similares ou conexas (CLT. Art. 534).

Já as confederações são organizadas com o mínimo de 3 federações e têm sede na Capital da República.

A administração das federações e confederações será exercida pela diretoria, pelo conselho de representantes e pelo conselho fiscal.

Para o exercício das atribuições e prerrogativas sindicais, a central sindical deverá cumprir os seguintes requisitos:

- filiação de, no mínimo, 100 sindicatos distribuídos nas 5 regiões do País;
- filiação em pelo menos 3 regiões do País de, no mínimo, 20 sindicatos em cada uma;
- filiação de sindicatos em, no mínimo, 5 setores de atividade econômica; e
- filiação de sindicatos que representem, no mínimo, 7% do total de empregados sindicalizados em âmbito nacional (Lei nº 11.648/08. Art. 2º).

4.6. Sindicalização no serviço público

É garantido ao servidor público civil o direito à livre associação sindical (CF/88. Art. 37, VI).

Desse modo, a sindicalização no serviço público garante aos servidores os seguintes direitos, dentre outros (Lei nº 8.112/90. Art. 240):

- de ser representado pelo sindicato, inclusive como substituto processual;
- de inamovibilidade do dirigente sindical, até um ano após o final do mandato, exceto se a pedido;

- de descontar em folha, sem ônus para a entidade sindical a que for filiado, o valor das mensalidades e contribuições definidas em assembleia geral da categoria.

4.7. Prerrogativas das entidades sindicais

São prerrogativas dos sindicatos (CLT. Art. 513):

- celebrar convenções coletivas de trabalho;
- eleger ou designar os representantes da respectiva categoria ou profissão liberal;
- colaborar com o Estado, como órgãos técnicos e consultivos, no estudo e solução dos problemas que se relacionam com a respectiva categoria ou profissão liberal;
- defender os direitos e interesses coletivos ou individuais da categoria, inclusive em questões judiciais ou administrativas (CF/88. Art. 8º, III);
- instaurar a instância em dissídio coletivo (CLT. Art. 857), de comum acordo, desde que haja recusa à negociação coletiva ou à arbitragem, podendo a Justiça do Trabalho decidir o conflito, respeitadas as disposições mínimas legais de proteção ao trabalho, bem como as convencionadas anteriormente (CF/88. Art. 114, § 2º).

Assegura-se, ainda, a participação dos trabalhadores e empregadores nos colegiados dos órgãos públicos em que seus interesses profissionais ou previdenciários sejam objeto de discussão e deliberação (CF/88. Art. 10).

4.8. Sustentação financeira

A. Contribuição sindical

A contribuição sindical **está condicionada à autorização prévia e expressa dos que participarem de uma determinada categoria econômica ou profissional**, ou de uma profissão liberal, em favor do sindicato representativo da mesma categoria ou profissão ou, inexistindo este, (CLT. Art. 579, com redação dada pela Lei nº 13.467/17), à federação correspondente à mesma categoria econômica ou profissional.

Essa contribuição sindical, de caráter facultativo, corresponde:

- **Para os empregados:** à remuneração de um dia de trabalho, para os empregados, qualquer que seja a forma da referida remuneração.

- **Para os agentes ou trabalhadores autônomos e para os profissionais liberais:** numa importância correspondente a 30% do valor-de-referência fixado pelo Poder Executivo, vigente à época em que é devida a contribuição sindical.
- **Para os empregadores**: numa importância proporcional ao capital social da firma ou empresa, registrado nas respectivas Juntas Comerciais ou órgãos equivalentes, mediante a aplicação de alíquotas progressivas.

A divisão da arrecadação dessa contribuição é feita na forma das seguintes tabelas:

I. Para os empregadores:

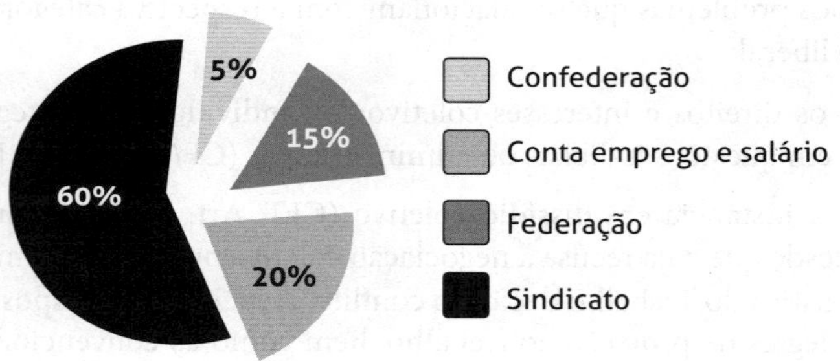

II. Para os trabalhadores:

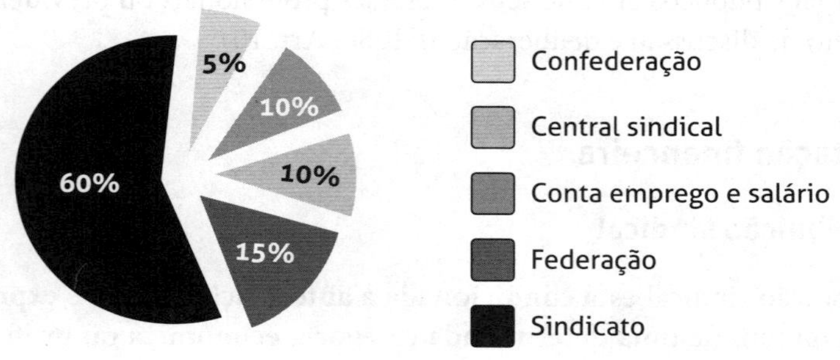

Inexistindo confederação, o percentual que seria devido a essa entidade caberá à federação representativa do grupo e em não havendo sindicato, nem entidade sindical de grau superior ou central sindical, a contribuição sindical será creditada, integralmente, à "Conta Especial Emprego e Salário".

De igual forma, não havendo indicação de central sindical, os percentuais que lhe caberiam serão destinados à "Conta Especial Emprego e Salário".

Inexistindo sindicato, serão creditados à federação correspondente à mesma categoria econômica ou profissional.

Por fim, é importante destacar as nuances da contribuição sindical rural. Isso porque o seu recolhimento a destempo não acarreta a aplicação da multa progressiva prevista no art. 600 da CLT, em decorrência da sua revogação tácita pela Lei nº 8.022, de 12 de abril de 1990 (TST. Súmula nº 432. Res. nº 177/2012).

B. Contribuição confederativa

A assembleia geral da entidade sindical fixará a contribuição que, em se tratando de categoria profissional, será descontada em folha, **para custeio do sistema confederativo da representação sindical respectiva**, independentemente da contribuição prevista em lei (CF/88. Art. 8º, IV).

Contudo, **essa contribuição só é exigível dos filiados ao sindicato respectivo** (STF. Súmula vinculante nº 40).

C. Taxa assistencial

A taxa assistencial é descontada obrigatoriamente, pelos empregadores, em folha de pagamento dos seus empregados, **desde que por eles devidamente autorizados,** sendo destinada ao custeio dos serviços assistenciais prestados pelos sindicatos aos seus associados.

Assim, ofende o direito de livre associação e sindicalização previsto na CF/88 a cláusula constante de acordo, convenção coletiva ou sentença normativa estabelecendo contribuição em favor de entidade sindical a título de taxa para custeio do sistema confederativo, assistencial, revigoramento ou fortalecimento sindical e outras da mesma espécie, obrigando trabalhadores não sindicalizados. Sendo nulas as estipulações que inobservem tal restrição, tornam-se passíveis de devolução os valores irregularmente descontados (TST. SDC. Precedente normativo nº 119. DEJT 25.08.2014).

4.9. Garantias sindicais

O empregado eleito para o cargo de administração sindical ou representação profissional, inclusive junto a órgão de deliberação coletiva, não poderá ser impedido do exercício de suas funções, nem transferido para lugar ou mister que lhe dificulte ou torne impossível o desempenho das suas atribuições sindicais (CLT. Art. 543).

A transferência de estabelecimento, ou a sua extinção parcial, por motivo que não seja de força maior, não justifica a transferência de empregado estável (STF. Súmula nº 221).

É vedada a dispensa do empregado sindicalizado ou associado, **a partir do momento do registro de sua candidatura** a cargo de direção ou representação de entidade sindical ou de associação profissional, **até 1 ano após o final do seu mandato,** caso seja eleito, inclusive como suplente, salvo se cometer falta grave devidamente apurada por meio de inquérito judicial.

Contudo, a entidade sindical deve comunicar por escrito à empresa, **dentro de 24 horas,** o dia e a hora do registro da candidatura do seu empregado e, em igual prazo, sua eleição e posse, fornecendo, outrossim, a este comprovante no mesmo sentido.

Delegado sindical e estabilidade: o delegado sindical **não é beneficiário da estabilidade provisória** prevista no art. 8º, VIII, da CF/1988, a qual é dirigida, exclusivamente, àqueles que exerçam ou ocupem cargos de direção nos sindicatos, submetidos a processo eletivo (TST. SDI-1. OJ nº 369).

4.10. Representação dos empregados na empresa

A Constituição Federal, em seu art. 11, assegura a eleição do representante dos trabalhadores no local de trabalho, nas empresa com mais de 200 empregados: "Nas empresas de mais de duzentos empregados, é assegurada a eleição de um representante destes com a finalidade exclusiva de promover-lhes o entendimento direto com os empregadores".

Nas empresas com mais de duzentos empregados, **é assegurada a eleição de uma comissão para representá-los**, com a finalidade de promover-lhes o entendimento direto com os empregadores (CLT. Art. 510-A, inserido pela Lei nº 13.467/17).

A comissão será composta:

- nas empresas com mais de duzentos e até três mil empregados, por três membros;
- nas empresas com mais de três mil e até cinco mil empregados, por cinco membros;
- nas empresas com mais de cinco mil empregados, por sete membros.

No caso de a empresa possuir empregados em vários Estados da Federação e no Distrito Federal, será assegurada a eleição de uma comissão de representantes dos empregados por Estado ou no Distrito Federal.

A comissão de representantes dos empregados terá as seguintes atribuições, sendo suas decisões sempre colegiadas, observada a maioria simples.

- representar os empregados perante a administração da empresa;
- aprimorar o relacionamento entre a empresa e seus empregados com base nos princípios da boa-fé e do respeito mútuo;
- promover o diálogo e o entendimento no ambiente de trabalho com o fim de prevenir conflitos;
- buscar soluções para os conflitos decorrentes da relação de trabalho, de forma rápida e eficaz, visando à efetiva aplicação das normas legais e contratuais;
- assegurar tratamento justo e imparcial aos empregados, impedindo qualquer forma de discriminação por motivo de sexo, idade, religião, opinião política ou atuação sindical;
- encaminhar reivindicações específicas dos empregados de seu âmbito de representação;
- acompanhar o cumprimento das leis trabalhistas, previdenciárias e das convenções coletivas e acordos coletivos de trabalho.

Eleições: a eleição será convocada, com antecedência mínima de **trinta dias,** contados do término do mandato anterior, por meio de edital que deverá ser fixado na empresa, com ampla publicidade, para inscrição de candidatura, devendo ser observadas as seguintes regras:

- Será formada comissão eleitoral, integrada por cinco empregados, não candidatos, para a organização e o acompanhamento do processo eleitoral, vedada a interferência da empresa e do sindicato da categoria;
- Os empregados da empresa poderão candidatar-se, exceto aqueles com contrato de trabalho por prazo determinado, com contrato suspenso ou que estejam em período de aviso prévio, ainda que indenizado;
- Serão eleitos membros da comissão de representantes dos empregados os candidatos mais votados, em votação secreta, vedado o voto por representação;
- A comissão tomará posse no primeiro dia útil seguinte à eleição ou ao término do mandato anterior;
- Se não houver candidatos suficientes, a comissão de representantes dos empregados poderá ser formada com número de membros inferior ao previsto no art. 510-A desta Consolidação;

- Se não houver registro de candidatura, será lavrada ata e convocada nova eleição no prazo de um ano.

Em relação aos **membros das comissões**, deve ser observado o seguinte:

- o mandato dos membros da comissão de representantes dos empregados será de um ano;
- o membro que houver exercido a função de representante dos empregados na comissão não poderá ser candidato nos dois períodos subsequentes;
- o mandato de membro de comissão de representantes dos empregados não implica suspensão ou interrupção do contrato de trabalho, devendo o empregado permanecer no exercício de suas funções;
- desde o registro da candidatura até um ano após o fim do mandato, o membro da comissão de representantes dos empregados não poderá sofrer despedida arbitrária, entendendo-se como tal a que não se fundar em motivo disciplinar, técnico, econômico ou financeiro;
- os documentos referentes ao processo eleitoral devem ser emitidos em duas vias, as quais permanecerão sob a guarda dos empregados e da empresa pelo prazo de cinco anos, à disposição para consulta de qualquer trabalhador interessado, do Ministério Público do Trabalho e do órgão competente de fiscalização do Trabalho.

5. LIBERDADE SINDICAL

A liberdade sindical geral é representada pela:

- liberdade de constituição de uma entidade sindical qualquer (liberdade sindical coletiva, ou seja, do grupo em reação ao Estado);
- liberdade de associação, permanência e de desfiliação (liberdade sindical individual, representada pela liberdade dos indivíduos em face do grupo);
- liberdade de organização e administração da entidade sindical (autonomia sindical).

5.1. Liberdade de constituição sindical

Os trabalhadores e os empregadores, sem distinção alguma e sem autorização prévia, têm o direito de constituir as organizações que entendam convenientes, assim como o de afiliar-se a estas organizações, com a única condição de observar os seus estatutos.

No Brasil, a unicidade sindical impede que se crie mais de uma entidade sindical representativa da categoria profissional ou econômica no âmbito de uma mesma base territorial, que não pode ser inferior a área de um município (CF/88. Art. 8, II).

Assim, a lei não poderá exigir autorização do Estado para a fundação de sindicato, ressalvado o registro no órgão competente, vedadas ao Poder Público a interferência e a intervenção na organização sindical.

Até que lei venha a dispor a respeito, incumbe ao órgão competente de fiscalização do trabalho proceder ao registro das entidades sindicais e zelar pela observância do princípio da unicidade (STF. Súmula nº 677).

5.2. Liberdade de organização e de administração sindical

As organizações de trabalhadores e de empregadores têm o direito de redigir seus estatutos e regulamentos administrativos, o de eleger livremente seus representantes, o de organizar sua administração e suas atividades e o de formular seu programa de ação (OIT. Convenção nº 87. Art. 3.1).

5.3. Liberdade de associação, permanência e desfiliação

Ninguém será obrigado a filiar-se ou a manter-se filiado a sindicato (CF/88 Art. 8º, V).

Dita proteção deverá exercer-se especialmente contra todo ato que tenha por objeto (OIT. Convenção nº 98. Art. 1.2):

- sujeitar o emprego de um trabalhador a condição de que não filie a um sindicato ou a de deixar de ser membro de um sindicato;
- despedir um trabalhador ou prejudicá-lo em qualquer outra forma por causa de sua filiação sindical ou de sua participação em atividades sindicais fora das horas de trabalho ou com o consentimento do empregador, durante as horas de trabalho.

Inclusive, viola o art. 8º, V, da CF/1988 cláusula de instrumento normativo que estabelece a preferência, na contratação de mão de obra, do trabalhador sindicalizado sobre os demais (TST. SDC. OJ nº 20).

6. CONVENÇÃO E ACORDO COLETIVO DE TRABALHO

6.1. Conceito e diferenças

Convenção coletiva de trabalho: é o ajuste de caráter normativo, pelo qual dois ou mais sindicatos representativos de categorias econômicas e profissionais estipulam condições de trabalho aplicáveis, no âmbito das respectivas representações, às relações individuais de trabalho (CLT. Art. 611).

Acordo coletivo de trabalho: é ajuste é celebrado pelo sindicato representativo de categoria profissional e uma ou mais empresas da correspondente categoria econômica, que estipulem condições de trabalho, aplicáveis no âmbito da empresa ou das empresas acordantes às respectivas relações de trabalho.

As **federações** e, na falta destas, as **confederações** representativas de categorias econômicas ou profissionais poderão celebrar convenções coletivas de trabalho para reger as relações das categorias a elas vinculadas, **inorganizadas em sindicatos,** no âmbito de suas representações.

Os sindicatos convenentes ou as empresas acordantes promoverão, conjunta ou separadamente, dentro de 8 dias da assinatura da convenção ou acordo, o **depósito de uma via do mesmo, para fins de registro e arquivo**, no Departamento Nacional do Salário, em se tratando de instrumento de caráter nacional ou interestadual, ou nos órgãos regionais do órgão competente de fiscalização do Trabalho, nos demais casos (CLT. Art. 614).

6.2. Natureza jurídica

Os instrumentos normativos negociados (acordo e convenção coletiva de trabalho) assemelham-se a um contrato em sua formação, pois nasce de um encontro de vontades. Mas, na sua essência, a convenção e o acordo coletivo **têm natureza jurídica de norma**, pois estabelecem condições de trabalho gerais e abstratas, que devem ser seguidas por todos aqueles representados pelos sindicatos que firmaram o ajuste coletivo.

6.3. Requisitos de validade

Os sindicatos só poderão celebrar convenções ou acordos coletivos de trabalho, por deliberação de **assembleia geral especialmente convocada para esse fim**, consoante o disposto nos respectivos estatutos (CLT. Art. 612).

As convenções e os acordos serão celebrados por escrito, sem emendas nem rasuras, em tantas vias quantos forem os Sindicatos convenentes ou as empresas acordantes, além de uma destinada a registro, não sendo permitido estipular duração de convenção ou acordo superior a 2 anos.

Assim sendo, é inválida, naquilo que ultrapassa o prazo total de 2 anos, a cláusula de termo aditivo que prorroga a vigência do instrumento coletivo originário por prazo indeterminado (TST. SDI-1. OJ nº 322. DJ 09.12.2003).

O instrumento normativo em cópia não autenticada possui valor probante, desde que não haja impugnação ao seu conteúdo, eis que se trata de documento comum às partes (TST. SDI-1. OJ nº 36. DJ 20.04.2005).

6.4. Conteúdo

As convenções e os acordos deverão conter obrigatoriamente (CLT. Art. 613):

- designação dos sindicatos convenentes ou dos sindicatos e empresas acordantes;
- prazo de vigência;
- categorias ou classes de trabalhadores abrangidas pelos respectivos dispositivos;
- condições ajustadas para reger as relações individuais de trabalho durante sua vigência;
- normas para a conciliação das divergências surgidas entre os convenentes por motivo da aplicação de seus dispositivos;
- disposições sobre o processo de sua prorrogação e de revisão total ou parcial de seus dispositivos;
- direitos e deveres dos empregados e das empresas;
- penalidades para os sindicatos convenentes, os empregados e as empresas em caso de violação de seus dispositivos.

O descumprimento de qualquer cláusula constante de instrumentos normativos diversos não submete o empregado a ajuizar várias ações, pleiteando em cada uma o pagamento da multa referente ao descumprimento de obrigações previstas nas cláusulas respectivas (TST. Súmula nº 384, I. Res. nº 129/2005).

É aplicável multa prevista em instrumento normativo (sentença normativa, convenção ou acordo coletivo) em caso de descumprimento de obrigação prevista em lei, mesmo que a norma coletiva seja mera repetição de texto legal (TST. Súmula nº 384, II. Res. nº 129/2005).

6.5. Limites

Antes da vigência da Lei nº 13.467/17, a jurisprudência vinha fixado os **limites da negociação coletiva**, conforme se observa das Súmulas e OJ's abaixo transcritas:

- A fixação de vencimentos dos servidores públicos não pode ser objeto de convenção coletiva (STF. Súmula nº 679);
- A partir da vigência da Lei nº 10.243, de 27.06.2001, que acrescentou o § 1º ao art. 58 da CLT, não mais prevalece cláusula prevista em convenção ou acordo coletivo que elastece o limite de 5 minutos que antecedem e sucedem a jornada de trabalho para fins de apuração das horas extras (TST. Súmula nº 449. Res. nº 194/2014);
- Os reajustes salariais previstos em norma coletiva de trabalho não prevalecem frente à legislação superveniente de política salarial (TST. Súmula nº 375. Res. nº 129/2005);
- Estabelecida jornada superior a 6 horas e limitada a 8 horas por meio de regular negociação coletiva, os empregados submetidos a turnos ininterruptos de revezamento não têm direito ao pagamento da 7ª e 8ª horas como extras (TST. Súmula nº 423. Res. nº 139/2006);
- É inválido o instrumento normativo que, regularizando situações pretéritas, estabelece jornada de oito horas para o trabalho em turnos ininterruptos de revezamento (TST. SDI-1. OJ nº 420. DEJT 29.06.2012 e 02.07.2012);
- O aumento real, concedido pela empresa a todos os seus empregados, somente pode ser reduzido mediante a participação efetiva do sindicato profissional no ajuste, nos termos do art. 7º, VI, da CF/88 (TST. SDI-1. OJ nº 325. DJ 09.12.2003);

Direitos que podem ser negociados: a convenção coletiva e o acordo coletivo de trabalho têm prevalência sobre a lei quando, entre outros, dispuserem sobre: (CLT. Art. 611-A):

- pacto quanto à jornada de trabalho, observados os limites constitucionais;
- banco de horas anual;
- intervalo intrajornada, respeitado o **limite mínimo de trinta minutos** para jornadas superiores a seis horas;
- adesão ao Programa Seguro-Emprego (PSE);

- plano de cargos, salários e funções compatíveis com a condição pessoal do empregado, bem como identificação dos cargos que se enquadram como funções de confiança;
- regulamento empresarial;
- representante dos trabalhadores no local de trabalho;
- teletrabalho, regime de sobreaviso, e trabalho intermitente;
- remuneração por produtividade, incluídas as gorjetas percebidas pelo empregado, e remuneração por desempenho individual;
- modalidade de registro de jornada de trabalho;
- troca do dia de feriado;
- enquadramento do grau de insalubridade;
- prorrogação de jornada em ambientes insalubres, sem licença prévia das autoridades competentes;
- prêmios de incentivo em bens ou serviços, eventualmente concedidos em programas de incentivo;
- participação nos lucros ou resultados da empresa.

No exame de convenção coletiva ou acordo coletivo de trabalho, a Justiça do Trabalho analisará exclusivamente a conformidade dos elementos essenciais do negócio jurídico, respeitado o disposto no art. 104 da Lei nº 10.406, de 10 de janeiro de 2002 (Código Civil), e balizará sua atuação pelo princípio da intervenção mínima na autonomia da vontade coletiva (CLT. Art. 8º, § 3º, introduzido pela Lei nº 13.467/17).

Cláusula compensatória: A inexistência de expressa indicação de contrapartidas recíprocas em convenção coletiva ou acordo coletivo de trabalho não ensejará sua nulidade por não caracterizar um vício do negócio jurídico. Contudo, se for pactuada cláusula que **reduza o salário ou a jornada**, a convenção coletiva ou o acordo coletivo de trabalho deverão prever a proteção dos empregados contra **dispensa imotivada durante o prazo de vigência do instrumento coletivo**.

Ação anulatória de convenção ou acordo coletivo: Na hipótese de procedência de ação anulatória de cláusula de convenção coletiva ou de acordo coletivo de trabalho, quando houver a **cláusula compensatória, esta deverá ser igualmente anulada**, sem repetição do indébito. Nesses casos, os sindicatos subscritores de convenção coletiva ou de acordo coletivo de trabalho participarão, **como litisconsortes necessários**, em ação coletiva que tenha como objeto a anulação de cláusulas desses instrumentos, vedada a apreciação por ação individual.

Direitos que não podem ser negociados: constituem objeto ilícito de convenção coletiva ou de acordo coletivo de trabalho, exclusivamente, a supressão ou a redução dos seguintes direitos (CLT. Art. 611-B, inserido pela Lei nº 13.467/17):

- normas de identificação profissional, inclusive as anotações na Carteira de Trabalho e Previdência Social;
- seguro-desemprego, em caso de desemprego involuntário;
- valor dos depósitos mensais e da indenização rescisória do Fundo de Garantia do Tempo de Serviço (FGTS);
- salário mínimo;
- valor nominal do décimo terceiro salário;
- remuneração do trabalho noturno superior à do diurno;
- proteção do salário na forma da lei, constituindo crime sua retenção dolosa;
- salário-família;
- repouso semanal remunerado;
- remuneração do serviço extraordinário superior, no mínimo, em 50% (cinquenta por cento) à do normal;
- número de dias de férias devidas ao empregado;
- gozo de férias anuais remuneradas com, pelo menos, um terço a mais do que o salário normal;
- licença-maternidade com a duração mínima de cento e vinte dias;
- licença-paternidade nos termos fixados em lei;
- proteção do mercado de trabalho da mulher, mediante incentivos específicos, nos termos da lei;
- aviso prévio proporcional ao tempo de serviço, sendo no mínimo de trinta dias, nos termos da lei;
- normas de saúde, higiene e segurança do trabalho previstas em lei ou em normas regulamentadoras do órgão competente de fiscalização do trabalho;
- adicional de remuneração para as atividades penosas, insalubres ou perigosas;
- aposentadoria;
- seguro contra acidentes de trabalho, a cargo do empregador;

- ação, quanto aos créditos resultantes das relações de trabalho, com prazo prescricional de cinco anos para os trabalhadores urbanos e rurais, até o limite de dois anos após a extinção do contrato de trabalho;
- proibição de qualquer discriminação no tocante a salário e critérios de admissão do trabalhador com deficiência;
- proibição de trabalho noturno, perigoso ou insalubre a menores de dezoito anos e de qualquer trabalho a menores de dezesseis anos, salvo na condição de aprendiz, a partir de quatorze anos;
- medidas de proteção legal de crianças e adolescentes;
- igualdade de direitos entre o trabalhador com vínculo empregatício permanente e o trabalhador avulso;
- liberdade de associação profissional ou sindical do trabalhador, inclusive o direito de não sofrer, sem sua expressa e prévia anuência, qualquer cobrança ou desconto salarial estabelecidos em convenção coletiva ou acordo coletivo de trabalho;
- direito de greve, competindo aos trabalhadores decidir sobre a oportunidade de exercê-lo e sobre os interesses que devam por meio dele defender;
- definição legal sobre os serviços ou atividades essenciais e disposições legais sobre o atendimento das necessidades inadiáveis da comunidade em caso de greve;
- tributos e outros créditos de terceiros;
- as disposições previstas nos arts. 373-A, 390, 392, 392-A, 394, 394-A, 395, 396 e 400 da CLT.

Note-se que as regras sobre duração do trabalho e intervalos não são consideradas como normas de saúde, higiene e segurança do trabalho para os fins de negociação coletiva.

6.6. Ultratividade

A ultratividade diz respeito à possibilidade de incorporar-se ao contrato de trabalho o conteúdo das cláusulas das convenções ou do acordo coletivo de trabalho, de forma que o instrumento normativo posterior não prevaleça, salvo para os empregados admitidos durante a sua vigência.

Não será permitido estipular duração de convenção coletiva ou acordo coletivo de trabalho superior a dois anos, sendo vedada a ultratividade (CLT. Art. 614, § 3º, inserido pela Lei nº 13.467/17).

6.7. Prorrogação, revisão, denúncia e revogação

O processo de prorrogação, revisão, denúncia ou revogação total ou parcial de convenção ou acordo ficará subordinado, em qualquer caso, à aprovação de assembleia geral dos sindicatos convenentes ou partes acordantes (CLT. Art. 615).

O instrumento de prorrogação, revisão, denúncia ou revogação de convenção ou acordo será depositado, para fins de registro e arquivamento, na repartição em que o mesmo originariamente foi depositado,

7. GREVE

A greve é uma forma de autotutela admitida como exceção pelo ordenamento jurídico e é representada pela paralisação coletiva, pacífica e temporária da prestação de serviço por parte dos trabalhadores, decidida por manifestação de vontade da organização sindical, com a consequente interrupção da atividade empresarial, total ou parcialmente, com objetivo de defender os interesses de um determinado grupo de trabalhadores em seus mais diversos aspectos, mas, principalmente, para obter melhores condições de trabalho.

O direito de greve tem previsão constitucional, mais precisamente no art. 9º da CF/88:

> "É assegurado o direito de greve, competindo aos trabalhadores decidir sobre a oportunidade de exercê-lo e sobre os interesses que devam por meio dele defender". Encontra-se devidamente regulamentado pela Lei nº 7.783/89.

7.1. Requisitos

A greve representa um direito dos trabalhadores e é exercido pelas entidades sindicais. Contudo, para o exercício desse direito a lei impõe alguns requisitos, que adiante serão analisados, consistentes em atos preparatórios como:

- a necessidade de prévia negociação coletiva, ou seja, da tentativa de concretizar-se uma autocomposição;
- autorização expressa da assembleia sindical convocada especialmente para esse fim;
- a comunicação às empresas da data do início da paralisação.

7.2. Direitos e deveres dos grevistas

Veda-se a rescisão de contrato de trabalho durante a greve, bem como a contratação de trabalhadores substitutos, salvo no caso de contratação para assegurar os serviços cuja paralisação resultem em prejuízo irreparável, pela deterioração irreversível de bens, máquinas e equipamentos, bem como a manutenção daqueles essenciais à retomada das atividades da empresa quando da cessação do movimento.

São assegurados aos grevistas, dentre outros direitos:

- o emprego de meios pacíficos tendentes a persuadir ou aliciar os trabalhadores a aderirem à greve;
- a arrecadação de fundos e a livre divulgação do movimento;
- a vedação, às empresas, de adotar meios para constranger o empregado ao comparecimento ao trabalho, bem como capazes de frustrar a divulgação do movimento.

Os grevistas deverão observar o seguinte:

- os meios adotados não poderão violar ou constranger os direitos e garantias fundamentais de outrem;
- as manifestações e atos de persuasão utilizados não poderão impedir o acesso ao trabalho nem causar ameaça ou dano à propriedade ou pessoa.

7.3. Abuso do direito de greve

Constitui abuso do direito de greve a inobservância das normas contidas na Lei nº 7.783/89, bem como a manutenção da paralisação após a celebração de acordo, convenção ou decisão da Justiça do Trabalho.

É incompatível com a declaração de abusividade de movimento grevista o estabelecimento de quaisquer vantagens ou garantias a seus partícipes, que assumiram os riscos inerentes à utilização do instrumento de pressão máximo (TST. SDC. OJ nº 10. DJ 27.03.1998).

7.4. Efeitos da greve sobre o contrato de trabalho

A participação do empregado na greve suspende o contrato de trabalho, devendo as relações obrigacionais durante o período ser regidas pelo acordo, convenção, laudo arbitral ou decisão da Justiça do Trabalho.

Se não houver desconto no salário dos trabalhadores durante a paralisação, o período respectivo vai ser considerado como de interrupção, caso contrário, a hipótese será de suspensão do contrato de trabalho.

Ressalte-se que a simples adesão a greve não constitui falta grave (STF. Súmula nº 316).

7.5. Greve no serviço público

A atual Carta Magna garante o direito de greve aos servidores públicos civis, mas remete a sua regulamentação para lei específica, conforme preleciona o art. 37, VII.

No julgamento dos Mandados de Injunção de nºs 712 e 670, os Ministros do STF, por maioria, reconheceram que a lei de greve dos empregados da iniciativa privada pode ser utilizada pelos servidores públicos, até que o Congresso Nacional regulamente o dispositivo constitucional específico.

7.6. *Lock out*

Em correspondência com o direito de greve dos trabalhadores, existe o fato social denominado de paralisação empresarial, mais conhecido como *lock out*, com a consequente cessação no pagamento dos salários devidos aos trabalhadores, tendo como objetivo pressioná-los a celebrar um convênio coletivo de trabalho que contemple seus interesses.

O ordenamento jurídico nacional veda a paralisação das atividades, por iniciativa do empregador, com o objetivo de frustrar negociação ou dificultar o atendimento de reivindicações dos respectivos empregadores – *lock out* (Lei nº 7.783/89. Art. 17).

Processo do Trabalho

1. DIREITO PROCESSUAL DO TRABALHO

1.1. Conceito

Direito Processual é o ramo do Direito Público, formado pelo conjunto de regras de natureza processual, somadas aos princípios que lhe são peculiares, destinados a regular as relações que se formam entre o juiz e as partes, bem como em relação àqueles que, de qualquer forma, intervêm no processo, no sentido de criá-las, modificá-las ou extingui-las, para possibilitar a prestação da tutela jurisdicional.

1.2. Princípios e peculiaridades do processo laboral

A. Conciliação

O processo do trabalho é norteado pelo princípio da conciliação, ou seja, **a qualquer momento e em qualquer grau de jurisdição deve ser incentivada a solução dos conflitos mediada pelo magistrado.**

Por conta disso, os dissídios individuais ou coletivos submetidos à apreciação da Justiça do Trabalho serão sempre sujeitos à conciliação (CLT. Art. 764). De igual forma, é lícito às partes celebrar acordo que ponha termo ao processo, ainda mesmo depois de encerrado o juízo conciliatório.

Observe-se que a conciliação, no processo do trabalho, **não alcança as regras procedimentais**. Em outras palavras, não se aplica ao processo laboral o negócio jurídico processual previsto no art. 190 e respectivo parágrafo único do CPC (art. 2º, II, da Instrução Normativa nº 39/16 do TST).

Contudo, essa vedação não alcança as demandas nas quais sejam parte **o empregado hipersuficiente**, diante da maior autonomia da vontade conferida a essa categoria pela Lei nº 13.467/17.

B. *Ius postulandi*

Os empregados e os empregadores possuem capacidade postulatória (*ius postulandi*). Assim, poderão **reclamar pessoalmente** perante a Justiça do Trabalho e acompanhar as suas reclamações até o final.

Segundo o TST, o ***ius postulandi*** não alcança a ação rescisória, a ação cautelar, o mandado de segurança e os recursos de sua competência (Súmula nº 425. Res. nº 165/2010).

Ressalte-se que apesar da Lei nº 13.467/17 ter instituído os honorários de sucumbência, inclusive recíproca, foi mantido a capacidade processual das partes no processo laboral.

C. Imediatidade

Por esse princípio, o juiz deve aproximar-se das partes e dos meios de provas por elas produzidos, a fim de que consiga extrair, pela sua percepção imediata, a verdade dos fatos alegados e, consequentemente, tornar o julgamento mais justo.

D. Oralidade

A oralidade é a tônica do processo do trabalho. Está presente em várias fases e atos processuais, mormente no que diz respeito à possibilidade de: apresentação da reclamação trabalhista de forma verbal; defesa oral em vinte minutos; razões finais orais em dez minutos etc.

E. Publicidade

A publicidade constitui princípio da administração pública em geral. No âmbito do Poder Judiciário e, mais precisamente, da Justiça do Trabalho, os atos processuais são públicos, salvo quando o contrário determinar o interesse social, e realizar-se-ão nos dias úteis das 6 às 20 horas (CLT. Art. 770).

F. Concentração

Na medida do possível, os atos processuais devem concentrar-se em um único momento ou ato-complexo, representado pela audiência. E a previsão da legislação trabalhista é nesse sentido, quando estabelece, por exemplo, a possibilidade das três fases do processo (postulatória, instrutória e decisória) acontecer sucessivamente e sem solução de continuidade durante a sessão de audiência.

G. Identidade física do juiz

Pela regra processual anterior, representado pelo art. 132 do CPC de 1973, uma vez distribuída a demanda e o juiz tivesse tomado conhecimento do seu conteúdo, ficava automaticamente vinculado, salvo algumas exceções previstas em lei. **O CPC de 2015 não contém qualquer dispositivo que estabeleça a vinculação do juiz que conduziu a instrução processual ao julgamento da demanda respectiva e a CLT é totalmente omissa nesse particular.**

Nada impede, todavia, que os Tribunais editem normas internas instituindo a vinculação do juiz ao processo no qual tenha atuado.

H. Duração razoável do processo ou celeridade

O princípio da duração razoável do processo ou princípio da celeridade permeia não só o processo do trabalho, como também o processo civil, com mais intensidade no primeiro caso, pois o trabalhador tem, na maioria das vezes, o salário como fonte única do seu sustento e de sua família.

A celeridade, na Justiça do Trabalho, é constatada não só pela existência de **prazos mais exíguos** nos seus procedimentos, mas também pela sua própria dimensão e a existência de recursos humanos e materiais suficientes para conferir efetividade ao comando sentencial. Acrescente-se a isso, ainda, a atuação constante das Corregedorias na cobrança do cumprimento dos prazos impróprios.

I. Jurisdição normativa

A peculiaridade que mais se destaca no processo do trabalho reside na possibilidade de um órgão jurisdicional criar uma **norma genérica e abstrata**, por meio de uma sentença normativa proferida nos processos de dissídio coletivo de natureza econômica, que se incorpora, automaticamente, aos contratos de trabalho dos integrantes da categoria econômica e profissional em litígio.

A jurisdição normativa foi mitigada com a promulgação da EC nº 45/04, passando a exigir o **mútuo consentimento** para o ajuizamento dos mencionados dissídios coletivos de natureza econômica.

J. Informalidade ou instrumentalidade das formas

O significado do princípio do informalismo, também denominado de instrumentalidade das formas, diz respeito à existência de uma carga menor de requisitos de validade de um ato processual ou mesmo da possibilidade de convalidação de um ato defeituoso, desde que não prejudique as partes e que sejam atingidos os objetivos fixados na lei.

A existência do *ius postulandi* das partes, no processo laboral, também justifica a sua informalidade. Com efeito, não se pode exigir do empregador e, muito menos, do empregado, que litiga em juízo sem o acompanhamento de um advogado, o conhecimento das regras necessárias à prática de um ato judicial, como ocorre no processo civil.

K. Cooperação

Também conhecido como princípio da colaboração. Com a sua incidência, determinada pelo CPC de 2015, o processo passa a ser considerado como o resultado da atuação do juiz, do autor e do réu, com a participação ativa das partes. Essa atuação conjunta seria no sentido de **conferir maior efetividade e celeridade à prestação jurisdicional adequada** e pode ser entendido também não como um objetivo, mas sim como um meio de desenvolvimento do processo com o estimulo à ação cooperativa triangular.

2. COMISSÃO DE CONCILIAÇÃO PRÉVIA

As CCP´s são organismos paritários, formados por representantes de empregados e empregadores, destinados a promover a transação extrajudicial entre esses atores sociais.

As empresas e os sindicatos podem instituir Comissões de Conciliação Prévia, de composição paritária, com representantes dos empregados e dos empregadores, com a atribuição de tentar conciliar os conflitos individuais do trabalho (CLT. Art. 625-A). Essas Comissões poderão ser constituídas **por grupos de empresas ou ter caráter intersindical.**

2.1. Composição e funcionamento

A Comissão instituída no âmbito da empresa será composta de, no mínimo, **2 e, no máximo, 10 membros**, e observará o seguinte (CLT. Art. 625-B):

- a metade de seus membros será indicada pelo empregador e a outra metade eleita pelos empregados, em escrutínio secreto, fiscalizado pelo sindicato da categoria profissional;
- haverá na Comissão tantos suplentes quantos forem os representantes titulares;

- o mandato dos seus membros, titulares e suplentes, é de **1 ano**, permitida uma recondução.

Regras para constituição da CCP - A Comissão instituída no âmbito do sindicato terá sua constituição e normas de funcionamento definidas em **convenção ou acordo coletivo** (CLT. Art. 625-C), enquanto que a CCP empresarial tem suas regras de constituição **definidas pela CLT**.

2.2. Obrigatoriedade

De acordo com a redação do art. 625-D da CLT, a demanda de natureza trabalhista será submetida à Comissão de Conciliação Prévia se, na localidade da prestação de serviços, houver sido instituída a Comissão no âmbito da empresa ou do sindicato da categoria.

O STF, por meio da decisão proferida nos autos da ADI nº 2139-7 MC/DF interpretou o citado art. 625-D da CLT conforme a Constituição Federal de 1988 **para declarar o seu caráter facultativo.** Nesse caso, deve-se substituir a expressão "deverá" por "poderá"

No mesmo sentido, a submissão prévia de demanda a comissão paritária, constituída nos termos do art. 23 da Lei nº 8.630, de 25.02.1993 (Lei dos Portos), não é pressuposto de constituição e desenvolvimento válido e regular do processo, ante a ausência de previsão em lei (TST. SDI-1. OJ nº 391. DEJT 11.06.2010).

2.3. Procedimento

A demanda será formulada por escrito ou reduzida a termo por qualquer dos membros da Comissão, sendo entregue cópia datada e assinada pelo membro aos interessados (CLT. Art. 625-D. § 1º).

Não prosperando a conciliação, será fornecida ao empregado e ao empregador **declaração da tentativa conciliatória frustrada** com a descrição de seu objeto, firmada pelos membros da Comissão, que deverá ser juntada à eventual reclamação trabalhista.

Em caso de motivo relevante, será a circunstância declarada na petição inicial da ação intentada perante a Justiça do Trabalho.

Caso exista, na mesma localidade e para a mesma categoria, Comissão de empresa e Comissão sindical, o interessado optará por uma delas para submeter a sua demanda, sendo competente aquela que primeiro conhecer do pedido.

Aceita a conciliação, será lavrado termo assinado pelo empregado, pelo empregador ou seu preposto e pelos membros da Comissão, fornecendo-se cópia às partes.

O termo de conciliação **é título executivo extrajudicial e terá eficácia liberatória geral, exceto quanto às parcelas expressamente ressalvadas.**

3. JUSTIÇA DO TRABALHO

3.1. Órgãos da Justiça do Trabalho

São órgãos da Justiça do Trabalho: o Tribunal Superior do Trabalho; os Tribunais Regionais do Trabalho; e os Juízes do Trabalho.

Nas comarcas não abrangidas por jurisdição das Varas do Trabalho, a lei poderá atribuí-la aos juízes de direito, com recurso para o respectivo Tribunal Regional do Trabalho.

A. TST

O Tribunal Superior do Trabalho, com sede na Capital da República e jurisdição em todo o território nacional, é a instância suprema da Justiça do Trabalho (CLT. Art. 690) e órgão integrante do Poder Judiciário (EC nº 92/2016).

O TST é composto de 27 Ministros, escolhidos dentre brasileiros com mais de 35 e menos de 65, de notável saber jurídico e reputação ilibada, nomeados pelo Presidente da República após aprovação pela maioria absoluta do Senado Federal, sendo:

- 1/5 dentre **advogados** com mais de **10 anos** de efetiva atividade profissional e membros do **Ministério Público do Trabalho** com mais de **10 anos** de efetivo exercício, indicados em lista sêxtupla pelos órgãos de representação das respectivas classes;
- 4/5 dentre juízes dos Tribunais Regionais do Trabalho, oriundos da magistratura da carreira, indicados pelo próprio TST (CF/88. Art. 111-A).

Funcionam junto ao Tribunal Superior do Trabalho:

- a **Escola Nacional de Formação e Aperfeiçoamento de Magistrados do Trabalho – ENAMAT**, cabendo-lhe, dentre outras funções, regulamentar os cursos oficiais para o ingresso e promoção na carreira (A ENAMAT foi instituída no âmbito do TST, por meio da Resolução Administrativa nº 1.140/2006 do Tribunal Pleno);

- o **Conselho Superior da Justiça do Trabalho – CSJT**, cabendo-lhe exercer, a supervisão administrativa, orçamentária, financeira e patrimonial da Justiça do Trabalho de primeiro e segundo graus, como órgão central do sistema, cujas decisões terão efeito vinculante (A Resolução Administrativa nº 1.064, de 12.05.2005, do TST, aprovou o regimento interno CSJT).

O TST é composto pelo Tribunal Pleno, Órgão especial, Seção Especializada em Dissídio Coletivo – SDC, Seção Especializada em Dissídios Individuais (subseção I e II) e, ainda, por **oito Turmas**.

B. TRT

Os Tribunais Regionais do Trabalho compõem a segunda instância da Justiça do Trabalho, gozando de autonomia financeira e administrativa, assim como os demais Tribunais da Justiça Comum.

Atualmente, o Brasil conta com **24 Tribunais Regionais do Trabalho**. O número de juízes, também denominados de Desembargadores Federais do Trabalho, integrantes dos mencionados Tribunais, varia de acordo com cada Região e foi definido, inicialmente, por meio do art. 670 da Consolidação das Leis do Trabalho.

Os Tribunais Regionais do Trabalho compõem-se de, no mínimo, **7 juízes**, recrutados, quando possível, na respectiva região, e nomeados pelo Presidente da República dentre brasileiros **com mais de 30 e menos de 65 anos,** sendo:

- 1/5 dentre **advogados** com mais de **10 anos** de efetiva atividade profissional e membros do **Ministério Público do Trabalho** com mais de **10 anos** de efetivo exercício indicados em lista sêxtupla pelos órgãos de representação das respectivas classes;
- 4/5 mediante promoção de juízes do trabalho por **antiguidade e merecimento, alternadamente**.

Os Tribunais Regionais do Trabalho poderão funcionar descentralizadamente, constituindo **Câmaras regionais**, a fim de assegurar o pleno acesso do jurisdicionado à justiça em todas as fases do processo, podendo instalar a **justiça itinerante**, com a realização de audiências e demais funções de atividade jurisdicional, nos limites territoriais da respectiva jurisdição, servindo-se de equipamentos públicos e comunitários.

C. Varas do Trabalho

As Varas do Trabalho são os órgãos de primeira instância da Justiça do Trabalho e atendem a todos os municípios brasileiros. Isso significa que a Justiça

Comum não mais detém a competência trabalhista residual, naquelas hipóteses em que a localidade não era incluída na jurisdição de alguma Vara do Trabalho.

3.2. Competência em razão da matéria

A competência em razão da matéria da Justiça do Trabalho é definida pelo art. 114 da CF/88 e envolve:

- as ações oriundas da **relação de trabalho**, abrangidos os entes de direito público externo e da administração pública direta e indireta da União, dos Estados, do Distrito Federal e dos Municípios;
- as ações que envolvam exercício do direito de **greve**;
- as ações sobre **representação sindical**, entre sindicatos, entre sindicatos e trabalhadores, e entre sindicatos e empregadores;
- os mandados de segurança, habeas corpus e habeas data, quando o ato questionado envolver matéria sujeita à sua jurisdição;
- os conflitos de competência entre órgãos com jurisdição trabalhista, ressalvado o disposto no art. 102, I, "o" da Constituição Federal de 1988;
- as ações de **indenização por dano moral** ou patrimonial, decorrentes da relação de trabalho;
- as ações relativas às **penalidades administrativas** impostas aos empregadores pelos órgãos de fiscalização das relações de trabalho;
- a **execução, de ofício, das contribuições sociais previstas** no art. 195, I, a, e II da Constituição Federal de 1988, e seus acréscimos legais, decorrentes das sentenças que proferir. Inclusive a Súmula vinculante nº 53 do STF trata dessa matéria: "A competência da Justiça do Trabalho prevista no artigo 114, inciso VIII, da Constituição Federal alcança a execução de ofício das contribuições previdenciárias relativas ao objeto da condenação constante das sentenças que proferir e acordos por ela homologados";
- outras controvérsias decorrentes da relação de trabalho, na forma da lei.

De forma específica, de acordo com a jurisprudência do STF, STJ e TST, insere-se na competência da Justiça do Trabalho apreciar e julgar:

- as ações que tenham como causa de pedir o descumprimento de normas trabalhistas relativas à segurança, higiene e saúde dos trabalhadores (STF. Súmula nº 736);

- reclamação de servidor público relativamente a vantagens trabalhistas anteriores à instituição do regime jurídico único (STJ. Súmula nº 97);
- reclamação de empregado que tenha por objeto direito fundado em quadro de carreira (TST. Súmula nº 19. Res. nº 121/2003);
- declarar a abusividade, ou não, da greve (TST. Súmula nº 189. Res. nº 121/2003);
- ações ajuizadas por empregados em face de empregadores relativas ao cadastramento no Programa de Integração Social – PIS (TST. Súmula nº 300. Res. nº 121/2003);
- Recolhimento das contribuições fiscais. A competência da Justiça do Trabalho, quanto à execução das contribuições previdenciárias, limita-se às sentenças condenatórias em pecúnia que proferir e aos valores, objeto de acordo homologado, que integrem o salário de contribuição (TST. Súmula nº 368, I. Res. nº 219/2017);
- lide entre empregado e empregador tendo por objeto indenização pelo não-fornecimento das guias do seguro-desemprego (TST. Súmula nº 389, I. Res. nº 129/2005);
- ações de indenização por dano moral e material, decorrentes da relação de trabalho, inclusive as oriundas de acidente de trabalho e doenças a ele equiparadas, **ainda que propostas pelos dependentes ou sucessores do trabalhador falecido**. (TST. Súmula nº 392. Res. nº 200/2015);
- pedido de complementação de pensão postulada por viúva de ex-empregado, por se tratar de pedido que deriva do contrato de trabalho (TST. SDI-1. OJ nº 26. DJ 20.04.2005);
- pedidos de direitos e vantagens previstos na legislação trabalhista referente a período anterior à Lei nº 8.112/1990, mesmo que a ação tenha sido ajuizada após a edição da referida lei. A superveniência de regime estatutário em substituição ao celetista, mesmo após a sentença, limita a execução ao período celetista. (TST. SDI-1. OJ nº 138. DJ 20.04.2005);

Trata-se de competência absoluta, que pode ser arguida por qualquer interessado, inclusive de ofício pelo juiz.

Servidores públicos temporários ➧ Segundo jurisprudência do STF, notadamente em sede de reclamação constitucional, fundadas no precedente da ADI nº 3395, **a Justiça do Trabalho não tem competência para apreciar litígios envolvendo servidores contratados para exercer funções temporárias**, na forma prevista pelo art. 37, IX, da CF/88.

Além disso, **não compete à Justiça do Trabalho**, segundo a jurisprudência do STJ:

- ação de servidor público municipal, pleiteando direitos relativos ao vínculo estatutário (STJ. Súmula nº 137);
- as ações relativas à contribuição sindical prevista no art. 578 da CLT (STJ. Súmula nº 222);
- ação de cobrança ajuizada por profissional liberal contra cliente (STJ. Súmula nº 363).

Imunidade de jurisdição de Organização ou organismo internacional ➧ As organizações ou organismos internacionais **gozam de imunidade absoluta de jurisdição** quando amparados por norma internacional incorporada ao ordenamento jurídico brasileiro, não se lhes aplicando a regra do Direito Consuetudinário relativa à natureza dos atos praticados. Excepcionalmente, prevalecerá a jurisdição brasileira na hipótese de renúncia expressa à cláusula de imunidade jurisdicional (TST. SDI-1. OJ nº 416).

Falência e recuperação judicial ➧ A jurisprudência dominante posiciona-se no sentido de reconhecer a necessidade da **habilitação do crédito trabalhista no juízo falimentar ou no da recuperação judicial,** mesmo no caso de crédito privilegiado. Dessa forma, tornada líquida a sentença, se não foi proferida com essa qualidade no processo de conhecimento, deve o empregado providenciar a habilitação do seu crédito perante o juízo universal da falência na Justiça Comum.

Por fim, a Justiça do Trabalho **não detém competência** em razão da matéria para apreciar e julgar:

- Demandas criminais, ainda que decorrentes da relação de trabalho;
- Ações acidentárias propostas contra a autarquia previdenciária ou União;
- Demandas de servidor público estatutário, inclusive relativas ao exercício do direito de greve.
- Demandas envolvendo pedido de complementação de aposentadoria em face de institutos de previdência privada, ainda que do mesmo grupo econômico do empregador.

3.3. Competência funcional

A competência funcional, de caráter absoluto, também denominada de hierárquica, é aquela inerente aos diversos órgãos que compõem a estrutura organizacional do Poder Judiciário. Assim, na Justiça do Trabalho há uma distribuição de competência dentro dos seus diversos órgãos hierarquicamente sobrepostos.

3.4. Competência em razão do lugar

A regra geral é da fixação da competência em razão do lugar das varas do trabalho pela **localidade onde o empregado**, reclamante ou reclamado, **prestar serviços ao empregador**, ainda que tenha sido contratado noutro local ou no estrangeiro (CLT. Art. 651).

As exceções são as seguintes:

- Quando for parte no dissídio **agente ou viajante comercial**, a competência será da vara do trabalho da localidade em que a empresa tenha agência ou filial e a esta o empregado esteja subordinado e, na falta, será competente a vara do trabalho da localização em que o empregado tenha domicílio ou a localidade mais próxima;
- Em se tratando de **empregador que promova realização de atividades fora do lugar do contrato de trabalho**, é assegurado ao empregado apresentar reclamação no foro da celebração do contrato ou no da prestação dos respectivos serviços.

A competência das varas do trabalho em razão do lugar estende-se aos dissídios ocorridos em agência ou filial no estrangeiro, desde que o empregado seja brasileiro e não haja convenção internacional dispondo em contrário (CLT. Art. 651. § 2º).

A incompetência em razão do lugar é relativa ➧ Não cabe declaração de ofício de incompetência territorial no caso do uso, pelo trabalhador, da faculdade prevista no art. 651, § 3º, da CLT. Nessa hipótese, resolve-se o conflito pelo reconhecimento da competência do juízo do local onde a ação foi proposta (TST. SDI-2. OJ nº 149).

Competência em ACP ➧ Para a fixação da competência territorial em sede de ação civil pública, cumpre tomar em conta a extensão do dano causado ou a ser reparado, pautando-se pela incidência analógica do art. 93 do Código de Defesa do Consumidor. Assim, se a extensão do dano a ser reparado limitar-se ao âmbito regional, a competência é de uma das Varas do Trabalho da Capital do Estado; se for de âmbito suprarregional ou nacional, o foro é o do Distrito Federal (TST. SDI-2. OJ nº 130).

Por fim, não se aplica ao Processo do Trabalho, em razão de inexistência de omissão ou por incompatibilidade, o art. 63 do CPC de 2015 (modificação da competência territorial e eleição de foro), conforme dispõe o art. 2º, I, da IN nº 39/16.

3.5. Conflito de competência

Os conflitos de competência podem ocorrer entre:

- Varas do Trabalho e Juízos de Direito investidos na administração da Justiça do Trabalho;
- Tribunais Regionais do Trabalho;
- Juízos e Tribunais do Trabalho e órgãos da Justiça Ordinária.

A legitimidade para suscitar tais conflitos é atribuída aos juízes e Tribunais do Trabalho; ao procurador geral e procuradores regionais do MPT; à parte interessada, ou o seu representante.

Veda-se à parte interessada suscitar conflitos de jurisdição quando já houver oposto na causa exceção de incompetência (CLT. Art. 806).

Os conflitos de jurisdição serão resolvidos:

- **pelos Tribunais Regionais**, os suscitados entre Varas do Trabalho e entre Juízos de Direito investidos na administração da Justiça do Trabalho, ou entre umas e outros, nas respectivas regiões;
- **pelo TST**, os suscitados entre Tribunais Regionais, ou entre Varas do Trabalho e Juízos de Direito sujeitos à jurisdição de Tribunais Regionais diferentes;
- **pelo STJ**, os suscitados entre as autoridades da Justiça do Trabalho e as da Justiça Ordinária.

Frise-se, por fim que não se configura conflito de competência entre Tribunal Regional do Trabalho e Vara do Trabalho a ele vinculada (TST. Súmula nº 420).

4. MINISTÉRIO PÚBLICO DO TRABALHO

O Ministério Público é instituição permanente, essencial à função jurisdicional do Estado, incumbindo-lhe a defesa da ordem jurídica, do regime democrático e dos interesses sociais e individuais indisponíveis (CF/88. Art. 127).

O Ministério Público da União compreende: a) o Ministério Público Federal; b) o Ministério Público do Trabalho; c) o Ministério Público Militar; e d) o Ministério Público do Distrito Federal e Territórios.

Cabe ao MPT, principalmente, a **prerrogativa de defesa dos interesses dos trabalhadores**, menores e incapazes, derivados da relação de trabalho, nos limites da competência absoluta da Justiça do Trabalho, estabelecido pelo art. 114 da atual Constituição Federal.

O Ministério Público do Trabalho é composto de uma Procuradoria-Geral, que atua perante o TST, e de 24 Procuradorias Regionais, atuando perante os Tribunais Regionais do Trabalho.

O Ministério Público, na Justiça do Trabalho, só atua, como órgão interveniente (*custos legis*), na fiscalização dos processos da competência originária ou derivada dos Tribunais do Trabalho, observando, também, o quanto disposto no art. 178 do CPC, sob pena de nulidade processual.

5. DESPESAS PROCESSUAIS

As despesas processuais constituem o gênero, do qual são espécies as taxas judiciárias, os honorários periciais, indenização de viagem, diária de testemunhas, despesas com publicação de atos processuais e os emolumentos.

5.1. Custas

A. Processo de conhecimento

As custas relativas ao processo de conhecimento incidirão **à base de 2%**, observado o mínimo de R$10,64 e o máximo de **quatro vezes** o limite máximo dos benefícios do Regime Geral de Previdência Social (CLT. Art. 789, com redação dada pela Lei nº 13.467).

Essa despesa processual é calculada observando os critérios constantes da tabela a seguir:

Atos	Valores das custas calculado sobre
Acordo ou condenação	O respectivo valor.
Extinção do processo, sem julgamento do mérito, ou julgado totalmente improcedente o pedido	O valor da causa.
Procedência do pedido formulado em ação declaratória e em ação constitutiva	O valor da causa.
Valor for indeterminado	O que o juiz fixar.
Nas ações plúrimas	O respectivo valor global (TST. Súmula nº 36. Res. nº 121/2003).

Deve-se ainda observar as seguintes regras:

- Não sendo líquida a condenação, o juízo **deve arbitrar o valor respectivo**, fixando o montante das custas processuais;
- Sempre que houver acordo, se de outra forma não for convencionado, o pagamento das custas **caberá em partes iguais** aos litigantes;
- Nos dissídios coletivos, as partes vencidas responderão solidariamente pelo pagamento das custas, calculadas sobre o valor arbitrado na decisão, ou pelo Presidente do Tribunal.

B. Processo de execução

No processo de execução são devidas custas, **sempre de responsabilidade do executado e pagas ao final**, de conformidade com os valores/percentuais constantes da seguinte tabela:

Atos	Valores	
Autos de arrematação, de adjudicação e de remição	5% sobre o respectivo valor, até o máximo de R$ 1.915,38.	
Atos dos oficiais de justiça, por diligência certificada	Em zona urbana:	R$ 11,06.
	Em zona rural:	R$ 22,13.
Agravo de instrumento	R$ 44,26.	
Agravo de petição	R$ 44,26.	
Embargos à execução, embargos de terceiro e embargos à arrematação	R$ 44,26.	
Recurso de revista	R$ 55,35.	
Impugnação à sentença de liquidação	R$ 55,35.	
Despesa de armazenagem em depósito judicial	Por dia: 0,1% do valor da avaliação.	
Cálculos de liquidação realizados pelo contador do juízo	Sobre o valor liquidado: 0,5% até o limite de R$ 638,46.	

C. Justiça gratuita e isenção de custas

É facultado aos juízes, órgãos julgadores e presidentes dos tribunais do trabalho de qualquer instância conceder, **a requerimento ou de ofício**, o benefício da justiça gratuita, inclusive quanto a traslados e instrumentos, àqueles que perceberem salário **igual ou inferior a 40% (quarenta por cento)** do limite máximo dos benefícios do Regime Geral de Previdência Social.

Esse benefício também será concedido à parte, empregado ou empregador, **que comprovar** insuficiência de recursos para o pagamento das custas do processo (CLT. Art. 790, §§ 3º e 4º, com redação conferida pela Lei nº 13.467/17).

O benefício da justiça gratuita pode ser requerido **em qualquer tempo ou grau de jurisdição**, desde que, na fase recursal, seja o requerimento formulado no prazo alusivo ao recurso (TST. SDI-1. OJ nº 269, I. Res. nº 219/2017).

A concessão da assistência judiciária gratuita à pessoa natural, basta a declaração de hipossuficiência econômica firmada pela parte ou **por seu advogado, desde que munido de procuração com poderes específicos para esse fim**, observado o disposto no citados §§ 3º e 4º, art. 790 da CLT (art. 105 do CPC de 2015. TST. Súmula nº 463, I. Res. nº 219/2017).

Isenção ➜ São isentos do pagamento de custas, além dos beneficiários de justiça gratuita: a União, os Estados, o Distrito Federal, os Municípios e respectivas autarquias e fundações públicas federais, estaduais ou municipais que não explorem atividade econômica; e o MPT (CLT. Art. 790-A).

Os privilégios e isenções no foro da Justiça do Trabalho **não abrangem as sociedades de economia mista**, ainda que gozassem desses benefícios anteriormente ao Decreto-Lei nº 779, de 21.08.1969 (TST. Súmula nº 170. Res. nº 121/2003).

Concedida isenção de custas ao empregado, por elas não responde o sindicato que o representa em juízo (STF. Súmula nº 223).

Não ocorre deserção de recurso da **massa falida** por falta de pagamento de custas ou de depósito do valor da condenação. Esse privilégio, todavia, **não se aplica à empresa em liquidação extrajudicial** (TST. Súmula nº 86. Res. nº 129/2005).

D. Recolhimento e deserção

As custas são pagas pelo vencido, **somente após o trânsito em julgado da decisão**. No caso de recurso, as custas serão pagas e comprovado o recolhimento **dentro do prazo recursal**, qual seja, de 8 dias.

Em relação às custas, devem ser observadas as seguintes regras:

- A parte vencedora na primeira instância, se vencida na segunda, **está obrigada**, independentemente de intimação, **a pagar as custas fixadas**

na sentença originária, das quais ficara isenta a parte então vencida (TST. Súmula nº 25, I. Resolução nº 197/2015).

- Não caracteriza **deserção** a hipótese em que, acrescido o valor da condenação, não houve fixação ou cálculo do valor devido a título de custas e tampouco intimação da parte para o preparo do recurso, devendo ser as custas pagas ao final (TST. Súmula nº 25, III. Resolução nº 197/2015).
- No caso de inversão do ônus da sucumbência em segundo grau, sem acréscimo ou atualização do valor das custas e se estas já foram devidamente recolhidas, **descabe um novo pagamento pela parte vencida**, ao recorrer. Deverá ao final, se sucumbente, reembolsar a quantia (TST. Súmula nº 25, II. Resolução nº 197/2015).
- O reembolso das custas à parte vencedora faz-se necessário mesmo na hipótese em que a parte vencida for pessoa isenta do seu pagamento, nos termos do art. 790-A, parágrafo único, da CLT (TST. Súmula nº 25, II. Resolução nº 197/2015).
- Em caso de **recolhimento insuficiente** das custas processuais ou do depósito recursal, somente haverá deserção do recurso se, **concedido o prazo de 5 (cinco)** dias previsto no § 2º do art. 1.007 do CPC de 2015, o **recorrente não complementar e comprovar o valor devido** (TST. SDI-1. OJ nº 140. Res. nº 217/2017).
- O carimbo do banco recebedor na guia de comprovação do recolhimento das custas supre a ausência de autenticação mecânica (TST. SDI-1. OJ nº 33. DJ 25.11.1996).
- Da mesma forma, o denominado DARF eletrônico é válido para comprovar o recolhimento de custas por entidades da administração pública federal, emitido conforme a IN-SRF nº 162/88 (TST. SDI-1. OJ nº 158. DJ 26.03.1999).

5.2. Emolumentos

Emolumento constitui uma espécie de retribuição paga pelos serviços prestados pelo Poder Judiciário. Não se confunde com a taxa ou custas processuais, pois **não tem relação direta com a prática de um ato processual específico** e são devidos, inclusive, pelas pessoas jurídicas de direito público.

Os emolumentos serão suportados pelo requerente, observando os valores constantes da tabela abaixo (CLT. Art. 789-B):

Ato	Valores por folha
Autenticação de traslado de peças mediante cópia reprográfica apresentada pelas partes	R$ 0,55
Fotocópia de peças	R$ 0,28
Autenticação de peças	R$ 0,55
Cartas de sentença, de adjudicação, de remição e de arrematação	R$ 0,55
Certidões	R$ 5,53

5.3. Honorários advocatícios

Antes da vigência da Lei nº 13.467/17 a condenação em honorários, no processo do trabalho, **não decorria da mera sucumbência** em face da existência da capacidade postulatória das partes, entendimento adotado pelo TST na Súmula nº 219.

Apesar de ter sido mantido o *ius postulandi* das partes, a Lei da Reforma Trabalhista introduziu o art. 791-A à CLT que **impõe a condenação de honorários de sucumbência** ao vencido, ainda que o advogado atue **em causa própria.**

Também são devidos honorários de sucumbência **em sede de reconvenção, contra a Fazenda Pública, assistência sindical ou substituição processual.**

A. Percentual

Enquanto o CPC limita os honorários de sucumbência entre o mínimo de 10% e o máximo de 20%, no processo do trabalho esses limites situam-se entre **5% e 15%** incidente sobre

- o valor que resultar da liquidação da sentença;
- o proveito econômico obtido; ou
- sobre o valor atualizado da causa, não sendo possível mensurar o proveito econômico.

B. Justiça Gratuita

Vencido o beneficiário da justiça gratuita, desde que não tenha obtido em juízo, ainda que em outro processo, créditos capazes de suportar a despesa, as obrigações decorrentes de sua sucumbência ficarão sob condição suspensiva de exigibilidade e somente poderão ser executadas se, **nos dois anos subsequentes ao trânsito em julgado da decisão que as certificou**, o credor demonstrar que deixou de existir a situação de insuficiência de recursos que justificou a concessão de gratuidade, extinguindo-se, passado esse prazo, tais obrigações do beneficiário (CLT. Art. 791-A, § 4º, com redação dada pela Lei nº 13.467/17).

C. Critérios para fixação dos honorários

Ao fixar os honorários, o juízo observará (CLT. Art. 791-A, § 2º, com redação dada pela Lei nº 13.467/17):

- o grau de zelo do profissional;
- o lugar de prestação do serviço;
- a natureza e a importância da causa;
- o trabalho realizado pelo advogado e o tempo exigido para o seu serviço.

D. Sucumbência parcial

Na hipótese de procedência parcial, o juízo arbitrará **honorários de sucumbência recíproca, vedada a compensação entre os honorários.**

A vedação de compensação entre honorários de sucumbência recíproca decorre do fato dessa verba pertencer ao advogado e não a parte.

Inclusive esse óbice também está previsto no CPC, mais precisamente no art. 85, § 14:

> Art. 85. § 14. Os honorários constituem direito do advogado e têm natureza alimentar, com os mesmos privilégios dos créditos oriundos da legislação do trabalho, sendo vedada a compensação em caso de sucumbência parcial.

Atualmente essa regra se aplica, aos honorários de sucumbência assistenciais, ou seja, quando o trabalhador estiver assistido pelo sindicato de sua categoria profissional, uma vez que o art. 16 da Lei nº 5.584/70 foi revogado pela Lei nº 13.725/18, que tinha a seguinte redação: "Art. 16. Os honorários do advogado pagos pelo vencido reverterão em favor do Sindicato assistente".

5.4. Honorários periciais e de assistente técnico

A responsabilidade pelo pagamento dos honorários periciais **é da parte sucumbente na pretensão objeto da perícia**, ainda que beneficiária de justiça gratuita (CLT. Art. 790-B, com redação conferida pela Lei nº 13.467/17).

A Lei nº 13.467/17 ainda estabeleceu as seguintes regras relativas ao honorários periciais:

- o valor dos honorários periciais deverá respeitar o **limite máximo estabelecido pelo CSJT;**
- o pagamento poderá ser **parcelado**;
- **não poderá ser exigido adiantamento de valores** para realização de perícias.

- Somente no caso em que o beneficiário da justiça gratuita não tenha obtido em juízo créditos capazes de suportar a despesa, ainda que em outro processo, a União responderá pelo encargo.

Assistente técnico ➧ A indicação do perito assistente é faculdade da parte, **a qual deve responder pelos respectivos honorários**, ainda que vencedora no objeto da perícia (TST. Súmula nº 341. Res. nº 121/2003).

6. PARTES

O autor é aquele que propõe a ação, ocupando o polo ativo da relação processual, e o réu, aquele contra quem é proposta a ação, ocupando o polo passivo da aludida relação.

Por meio do ***ius postulandi*** das partes, os empregados e os empregadores poderão reclamar pessoalmente perante a Justiça do Trabalho e acompanhar as suas reclamações até o final.

A assistência na JT ➧ A intervenção assistencial, simples ou adesiva, só é admissível se demonstrado o **interesse jurídico e não o meramente econômico** (TST. Súmula nº 82. Res. nº 121/2003).

Litisconsórcio ➧ Quando duas ou mais pessoas colocam-se na posição de titulares do direito não observado, ou daqueles que são autores da referida violação, assumem, na ação judicial, a posição de litisconsorte ativo ou passivo.

Prazo em dobro ➧Inaplicável ao processo do trabalho a norma contida no art. 229, *caput* e §§ 1º e 2º, do CPC de 2015, em razão de incompatibilidade com a celeridade que lhe é inerente (TST. SDI-1. OJ nº 310. Res. nº 208/2016).

Litisconsórcio necessário ➧ Os sindicatos subscritores de convenção coletiva ou de acordo coletivo de trabalho deverão participar, como litisconsortes necessários, em ação individual ou coletiva, que tenha como objeto a anulação de cláusulas desses instrumentos. (CLT. Art. 611-A, § 5º, com redação dada pela Lei 13.467/2017).

Irregularidade da representação ➧Caso o juiz verifique a ausência de capacidade ou defeito na sua representação em juízo, ele deve suspender o processo e **fixar prazo para que a irregularidade seja sanada**, conforme determina o art. 76 do CPC de 2015, aplicado subsidiariamente ao processo laboral por força do preceito contido no art. 3º, I, da Instrução Normativa nº 39/2016 do TST.

6.1. Fazenda Pública

A Fazenda Pública, assim considerada a União, os Estados, o Distrito Federal, os Municípios e as autarquias ou fundações de direito público federais, estaduais ou municipais **que não explorem atividades econômicas**, gozam de alguns privilégios processuais, dentre eles, o **duplo grau de jurisdição necessário**, salvo quando a sentença estiver fundada em súmula de tribunal superior; acórdão proferido pelo Supremo Tribunal Federal ou pelo Superior Tribunal de Justiça em julgamento de recursos repetitivos; entendimento firmado em incidente de resolução de demandas repetitivas ou de assunção de competência; entendimento coincidente com orientação vinculante firmada no âmbito administrativo do próprio ente público, consolidada em manifestação, parecer ou súmula administrativa; ou quando o valor da condenação não ultrapassar (art. 496, § 3º do CPC):

- **1.000** salários-mínimos para a União e as respectivas autarquias e fundações de direito público;
- **500** salários-mínimos para os Estados, o Distrito Federal, as respectivas autarquias e fundações de direito público e os Municípios que constituam capitais dos Estados;
- **100** (cem) salários-mínimos para todos os demais Municípios e respectivas autarquias e fundações de direito público.

Dessa forma, em dissídio individual, está sujeita ao **duplo grau de jurisdição**, a decisão proferida pelo Tribunal Regional do Trabalho, mesmo na vigência da CF/1988, decisão desfavorável ao ente público ainda que em sede de ação rescisória (TST. Súmula nº 303, III. Res. nº 211/2016).

Em **mandado de segurança**, somente cabe remessa *ex officio* se, na relação processual, figurar pessoa jurídica de direito público como **parte prejudicada pela concessão da ordem**. Tal situação não ocorre na hipótese de figurar no feito como impetrante e terceiro interessado pessoa de direito privado, ressalvada a hipótese de matéria administrativa (TST. Súmula nº 303, IV. Res. nº 211/2016).

É importante salientar ser incabível recurso de revista de ente público **que não interpôs recurso ordinário voluntário** da decisão de primeira instância, ressalvada a hipótese de ter sido agravada, na segunda instância, a condenação imposta (TST. SDI-1. OJ nº 334. DJ 09.12.2003).

O Decreto-lei nº 779/69 lista os demais privilégios da Fazenda Pública:

- **presunção relativa de validade dos recibos de quitação** ou pedidos de demissão de seus empregados ainda que não homologados nem submetidos à assistência mencionada nos parágrafos 1º, 2º e 3º do artigo 477 da Consolidação das Leis do Trabalho [§§ 1º e 3º revogados pela Lei 13.467];
- o **quádruplo do prazo para realização da audiência** (20 dias);

- o prazo **em dobro para recurso**, inclusive em relação aos embargos declaratórios (TST. SDI-1. OJ nº 192. DJ 08.11.2000), bem como dos demais atos processuais (art. 183 do CPC);
- a **dispensa custas e de depósito** para interposição de recurso;

Entretanto, submete-se à multa do artigo 477 da CLT a pessoa jurídica de direito público que não observa o prazo para pagamento das verbas rescisórias, pois nivela-se a qualquer particular, em direitos e obrigações, **despojando-se do** *ius imperii* ao celebrar um contrato de emprego (TST. SDI-1. OJ nº 238. DJ 20.04.2005).

6.2. Substituição processual

Ao sindicato cabe a defesa dos direitos e interesses coletivos ou individuais da categoria, inclusive em questões judiciais ou administrativas (CF/88. Art. 8º, III).

O STF já proclamou, em vários acórdãos, que o art. 8º, inciso III, da atual Carta Magna/88, trata da **legitimação extraordinária do sindicato**, posicionamento que levou o TST a cancelar a Súmula nº 310, por meio da Resolução nº 119, de 01.10.2003, que impunha uma série de limitações ao reconhecimento da substituição processual plena pelo sindicato.

Quanto à legitimação do sindicato, na Justiça do Trabalho, devem ser observadas as seguintes regras:

- a legitimidade do sindicato para propor ação de cumprimento estende-se também à observância de **acordo ou de convenção coletivos** (TST. Súmula nº 286. Res. nº 121/2003);
- o sindicato tem legitimidade para atuar na qualidade de substituto processual para pleitear **diferença de adicional de insalubridade** (TST. SDI-1. OJ nº 121. DJ 20.04.2005);
- a ação movida por sindicato, na qualidade de substituto processual, **interrompe a prescrição**, ainda que tenha sido considerado parte ilegítima ad causam (TST. SDI-1. OJ nº 359. DJ 14.03.2008).

6.3. Ministério Público do Trabalho

O MPT tem legitimidade para ajuizar ações trabalhistas em defesa dos direitos difusos e coletivos dos trabalhadores e, de forma específica (LC nº 75/93, art. 83):

- promover as ações que lhe sejam atribuídas pela Constituição Federal e pelas leis trabalhistas;

- promover a ação civil pública no âmbito da Justiça do Trabalho, para **defesa de interesses coletivos**, quando desrespeitados os direitos sociais constitucionalmente garantidos;
- propor as ações cabíveis para declaração de **nulidade de cláusula de contrato, acordo coletivo ou convenção coletiva** que viole as liberdades individuais ou coletivas ou os direitos individuais indisponíveis dos trabalhadores;
- **recorrer das decisões da Justiça do Trabalho**, quando entender necessário, tanto nos processos em que for parte, como naqueles em que oficiar como fiscal da lei, bem como **pedir revisão dos Enunciados da Súmula** de Jurisprudência do Tribunal Superior do Trabalho;
- propor as ações necessárias à defesa dos direitos e **interesses dos menores, incapazes e índios,** decorrentes das relações de trabalho;
- **instaurar instância em caso de greve**, quando a defesa da ordem jurídica ou o interesse público assim o exigir;
- promover **mandado de injunção**, quando a competência for da Justiça do Trabalho;

Há legitimidade do Ministério Público do Trabalho para recorrer de decisão que declara a existência de vínculo empregatício com sociedade de economia mista ou empresa pública, após a Constituição Federal de 1988, sem a prévia aprovação em concurso público, pois é **matéria de ordem pública** (TST. SDI-1. OJ nº 237, II. Res. nº 210/2016). Inclusive, o Ministério Público do Trabalho **pode arguir,** em parecer, na primeira vez que tenha de se manifestar no processo, a **nulidade do contrato de trabalho** em favor de ente público, ainda que a parte não a tenha suscitado, a qual será apreciada, sendo vedada, no entanto, qualquer dilação probatória (TST. SDI-1. OJ nº 350. Res. nº 162/2009).

O Ministério Público do Trabalho não tem legitimidade para **recorrer na defesa de interesse patrimonial privado**, ainda que de empresas públicas e sociedades de economia mista. (TST. SDI-1. OJ nº 237, I. Res. nº 210/2016).

Ao exarar o parecer na remessa de ofício, na qualidade de "custos legis", o Ministério Público **não tem legitimidade** para arguir a prescrição em favor de entidade de direito público, em matéria de direito patrimonial.

6.4. Representação de incapazes

A reclamação trabalhista do **menor de 18 anos** será feita por seus representantes legais e, **na falta destes**, pela Procuradoria da Justiça do Trabalho, pelo sindicato, pelo Ministério Público estadual ou curador nomeado em juízo (CLT. Art. 793).

6.5. Intervenção de terceiros

Verifica-se a intervenção de terceiros quando uma pessoa ingressa em um processo que, originariamente, não é parte, por iniciativa própria ou por provocação do reclamante ou do reclamado.

A CLT é completamente omissa em relação às várias hipóteses de intervenção de terceiros no processo laboral.

Por conta dessa circunstância e diante de outros fatores há resistência por parte da doutrina e jurisprudência no que diz respeito à aplicabilidade do instituto da intervenção de terceiros no processo do trabalho, salvo em relação à assistência (Súmula nº 82 do TST. Res. nº 121/2003) e ao *amicus curiae* (art. 3º, II, do IN nº 39/2016 do TST).

6.6. Incidente de desconsideração da personalidade jurídica

Permite-se, em determinadas situações, que se possa penhorar os bens particulares dos sócios da pessoa jurídica, quando esta não possui patrimônio suficiente para satisfazer o credor, por meio de um procedimento denominado incidente de desconsideração da personalidade jurídica aplicado ao processo do trabalho por força do art. 855-A da CLT, introduzido pela Lei nº 13.467/17.

Esse incidente será instaurado a pedido da parte ou do Ministério Público, quando lhe couber intervir no processo e é cabível em todas as fases do processo de conhecimento, no cumprimento de sentença e na execução fundada em título executivo extrajudicial.

Da decisão interlocutória que acolher ou rejeitar o incidente:

- na fase de cognição, não cabe recurso de imediato;
- na fase de execução, cabe agravo de petição, independentemente de garantia do juízo;
- cabe agravo interno se proferida pelo relator em incidente instaurado originariamente no tribunal.

A instauração do incidente suspenderá o processo, sem prejuízo de concessão da tutela de urgência de natureza cautelar.

6.7. Deveres das partes e litigância de má-fé

São **deveres** das partes, de seus procuradores e de todos aqueles que de qualquer forma participem do processo (CPC. Art. 77):

- expor os fatos em juízo conforme a **verdade**;
- não formular pretensão ou de apresentar defesa quando cientes de que são **destituídas de fundamento**;
- não produzir provas e não praticar **atos inúteis ou desnecessários** à declaração ou à defesa do direito;
- **cumprir** com exatidão as decisões jurisdicionais, de natureza provisória ou final, e não criar embaraços à sua efetivação;
- declinar, no primeiro momento que lhes couber falar nos autos, **o endereço residencial ou profissional** onde receberão intimações, atualizando essa informação sempre que ocorrer qualquer modificação temporária ou definitiva;
- não praticar **inovação ilegal** no estado de fato de bem ou direito litigioso.

Considera-se **litigante de má-fé** aquele que (CLT. Art. 793-B, introduzido pela Lei nº 13.467/17):

- deduzir pretensão ou defesa contra **texto expresso de lei ou fato incontroverso**;
- **alterar a verdade dos fatos**;
- usar do processo para conseguir **objetivo ilegal**;
- opuser **resistência injustificada** ao andamento do processo;
- proceder de **modo temerário** em qualquer incidente ou ato do processo;
- provocar incidente **manifestamente infundado**;
- interpuser recurso com intuito **manifestamente protelatório.**

Multa e indenização

De ofício ou a requerimento, o juízo condenará o litigante de má-fé a pagar **multa**, que deverá ser **superior a 1% (um por cento) e inferior a 10% (dez por cento)** do valor **corrigido da causa**, a **indenizar a parte contrária** pelos prejuízos que esta sofreu e a arcar com os **honorários advocatícios e com todas as despesas**

que efetuou (CLT. Art. 793-C, introduzido pela Lei nº 13.467/17), observando as seguintes regras:

- quando forem dois ou mais os litigantes de má-fé, **o juízo condenará cada um na proporção** de seu respectivo interesse na causa ou **solidariamente** aqueles que se coligaram para lesar a parte contrária;
- quando o valor da causa for irrisório ou inestimável, a multa poderá ser fixada em até **duas vezes o limite máximo dos benefícios do Regime Geral de Previdência Social;**
- o valor da indenização será fixado pelo juízo ou, caso não seja possível mensurá-lo, liquidado por arbitramento ou pelo procedimento comum, nos próprios autos.

7. ADVOGADO

Diante do ***ius postulandi*** das partes, a presença do advogado no processo do trabalho é facultativa, salvo nas hipóteses expressamente mencionadas na Súmula nº 425 do TST. Entretanto, uma vez assumida a qualidade de causídico da parte, é necessário observar as regras contidas no CPC e no Estatuto da OAB.

A despeito da norma então prevista no artigo 56, § 2º, da Lei nº 4.215/1963, a falta de comunicação do advogado à OAB para o exercício profissional em seção diversa daquela na qual tem inscrição **não importa nulidade dos atos praticados**, constituindo apenas infração disciplinar, que cabe àquela instituição analisar (TST. SDI-1. OJ nº 07. DJ 20.04.2005). Observe-se que a atualmente o Estatuto da Advocacia e da OAB é regido pela Lei nº 8.906 de 1994, que revogou expressamente a Lei nº 4.215/1963.

Os honorários advocatícios devem incidir sobre o **valor líquido da condenação**, apurado na fase de liquidação de sentença, **sem a dedução dos descontos fiscais e previdenciários** (TST. SDI-1. OJ nº 348. DJ 25.04.2007).

7.1. Procuração e substabelecimento

Para atuar em juízo, o advogado necessita do **instrumento de mandato** (procuração), que pode ser escrito ou verbal, expresso ou tácito. Os poderes outorgados também podem ser transferidos para outro advogado por intermédio do substabelecimento.

Sobre a validade ou não da procuração e do substabelecimento, a jurisprudência consagrou os seguintes entendimentos:

- Válido é o instrumento de mandato **com prazo determinado** que contém cláusula estabelecendo a prevalência dos poderes para atuar até o final da demanda (§ 4º do art. 105 do CPC). (ex -OJ nº 312 da SBDI-1 - DJ 11.08.2003) (TST. Súmula nº 395, I. Res. nº 211/2016);
- Se há previsão, no instrumento de mandato, de **prazo para sua juntada**, o mandato só tem validade se anexado ao processo o respectivo instrumento no aludido prazo (TST. Súmula nº 395, II. Res. nº 211/2016);
- São válidos os atos praticados pelo substabelecido, **ainda que não haja**, no mandato, **poderes expressos para substabelecer** (TST. Súmula nº 395, III. Res. nº 211/2016);
- Configura-se a irregularidade de representação se o substabelecimento **é anterior à outorga passada ao substabelecente** (TST. Súmula nº 395, IV. Res. nº 211/2016);
- Verificada a irregularidade de representação deve o juiz suspender o processo e designar **prazo razoável para que seja sanado o vício**, ainda que em instância recursal (TST. Súmula nº 395, V. Res. nº 211/2016);
- É inválido **o substabelecimento de advogado investido de mandato tácito** (TST. SDI-1. OJ nº 200. DJ 20.04.2005);
- Não caracteriza a irregularidade de representação **a ausência da data da outorga de poderes**, pois, no mandato judicial, ao contrário do mandato civil, não é condição de validade do negócio jurídico. Assim, a data a ser considerada **é aquela em que o instrumento for juntado aos autos**, conforme preceitua o art. 409, IV, do CPC (art. 370, IV, do CPC de 1973). Inaplicável o art. 654, § 1º, do Código Civil (TST. SDI-1. OJ nº 371. Res. nº 208/2016);
- É inválido o instrumento de mandato firmado em nome de pessoa jurídica que não contenha, pelo menos, **o nome do outorgante e do signatário da procuração**, pois estes dados constituem elementos que os individualizam (TST. Súmula nº 456, I. Res. nº 211/2016);
- Verificada a irregularidade de representação da parte na instância originária, o juiz designará prazo de 5 (cinco) dias **para que seja sanado o vício**. Descumprida a determinação, extinguirá o processo, sem resolução de mérito, se a providência couber ao reclamante, ou considerará revel o reclamado, se a providência lhe couber (art. 76, § 1º, do CPC de 2015) (TST. Súmula nº 456, II. Res. nº 211/2016);
- Caso a irregularidade de representação da parte seja constatada em fase recursal, o relator designará prazo de **5 (cinco) dias para que seja sanado o vício**. Descumprida a determinação, o relator não conhecerá

do recurso, se a providência couber ao recorrente, ou determinará o desentranhamento das contrarrazões, se a providência couber ao recorrido (art. 76, § 2º, do CPC de 2015) (TST. Súmula nº 456, III. Res. nº 211/2016);

- É regular a representação processual do subscritor do agravo de instrumento ou do recurso de revista que detém mandato com poderes de representação limitados ao âmbito do Tribunal Regional do Trabalho, pois, embora a apreciação desse recurso seja realizada pelo Tribunal Superior do Trabalho, a **sua interposição é ato praticado perante o Tribunal Regional do Trabalho**, circunstância que legitima a atuação do advogado no feito (TST. SDI-1. OJ nº 374. DEJT 22.04.2010);
- A procuração outorgada com poderes específicos para ajuizamento de reclamação trabalhista **não autoriza a propositura de ação rescisória e mandado de segurança.** Constatado, todavia, o defeito de representação processual na fase recursal, cumpre ao relator ou ao tribunal conceder prazo de **5 (cinco) dias para a regularização**, nos termos da Súmula nº 383, item II, do TST (TST. SDI-2. OJ nº 151. Res. nº 211/2016).

A União, Estados, Municípios e Distrito Federal, suas autarquias e fundações públicas, quando representadas em juízo, ativa e passivamente, por seus procuradores, **estão dispensadas da juntada de instrumento de mandato e da comprovação do ato de nomeação.** É essencial, entretanto, que o signatário ao menos declare-se exercente do cargo de procurador, não bastando a indicação do número de inscrição na Ordem dos Advogados do Brasil (TST. Súmula 436. Res. nº 185/2012 e STF. Súmula nº 644).

O art. 75, inciso VIII, do CPC não determina a exibição dos estatutos da empresa em juízo como condição de validade do instrumento de mandato outorgado ao seu procurador, salvo se houver impugnação da parte contrária. (TST. SDI-1. OJ nº 255. Res. nº 208/2016).

A juntada de nova procuração aos autos, sem ressalva de poderes conferidos ao antigo patrono, implica **revogação tácita do mandato anterior** (TST. SDI-1. OJ nº 349. DJ 25.04.2007).

Válidos são os atos praticados por estagiário se, entre o substabelecimento e a interposição do recurso, **sobreveio a habilitação**, do então estagiário, para atuar como advogado (TST. SDI-1. OJ nº 319. DJ 11.08.2003).

Na fase recursal, prevalecem as seguintes regras:

- É inadmissível recurso firmado por advogado sem procuração juntada aos autos até o momento da sua interposição, **salvo mandato tácito.** Em caráter excepcional (art. 104 do CPC), admite-se que o advogado, independentemente de intimação, **exiba a procuração no prazo de 5** (cinco) dias após a interposição do recurso, prorrogável por igual período mediante despacho do juiz. Caso não a exiba, considera-se ineficaz o ato praticado e não se conhece do recurso (TST. Súmula nº 383, I. Res. nº 210/2016);

- Verificada a irregularidade de representação da parte em fase recursal, em procuração ou substabelecimento já constante dos autos, o relator ou o órgão competente para julgamento do recurso designará prazo de **5 (cinco) dias para que seja sanado o vício**. Descumprida a determinação, o relator não conhecerá do recurso, se a providência couber ao recorrente, ou determinará o desentranhamento das contrarrazões, se a providência couber ao recorrido (art. 76, § 2º, do CPC)(TST. Súmula nº 383, II. Res. nº 210/2016);
- A juntada da ata de audiência, em que está consignada a presença do advogado, desde que não estivesse atuando com mandato expresso, **torna dispensável a procuração deste**, porque demonstrada a existência de mandato tácito. Configurada a existência de mandato tácito fica suprida a irregularidade detectada no mandato expresso (TST. SDI-1. OJ nº 286. Res. nº 167/2010).

8. ATOS, TERMOS E PRAZOS PROCESSUAIS

Atos processuais são aqueles atos, simples ou complexos, praticados pelas pessoas que fazem parte ou intervêm no processo e que, em conjunto, formam o próprio processo e os autos respectivos, com o objetivo de solucionar a lide, criando, modificando ou extinguindo direitos processuais.

Os atos processuais **são públicos**, salvo quando o contrário determinar o interesse social, e realizar-se-ão nos dias úteis das 6 às 20 horas (CLT. Art. 770). Apesar disso, **a penhora poderá realizar-se em domingo ou dia feriado**, mediante autorização expressa do juiz ou presidente.

As audiências dos órgãos da Justiça do Trabalho **são públicas** e são realizadas na sede do Juízo ou Tribunal em dias úteis previamente fixados, entre 8 e 18 horas, não podendo ultrapassar 5 horas seguidas, salvo quando houver matéria urgente (CLT. Art. 813).

8.1. Contagem do prazo

Termo inicial ➜ Salvo disposições em contrário, os prazos contam-se a partir da data (CLT. Art. 774):

- em que for feita pessoalmente, ou recebida a notificação;
- em que for publicado o edital no jornal oficial ou no que publicar o expediente da Justiça do Trabalho;
- em que for afixado o edital, na sede da Vara do Trabalho, Juízo ou Tribunal;
- Depois de decorridos dez dias sem que o advogado acesse sua conta de intimação no sistema PJe.

Tratando-se de notificação postal, no caso de não ser encontrado o destinatário ou no de recusa de recebimento, o Correio ficará obrigado, sob pena de responsabilidade do servidor, a devolvê-la no prazo de 48 horas, ao Tribunal de origem.

8.2. Início da contagem do prazo

Contagem em dias úteis ➔ Os prazos no processo do trabalho serão contados **em dias úteis**, com exclusão do dia do começo e inclusão do dia do vencimento (CLT. Art. 775, com redação dada pela Lei nº 13.467/17).

Prorrogação do prazo ➔ Os prazos podem ser prorrogados, **pelo tempo estritamente necessário** quando o juízo assim entender necessário ou em virtude de **força maior, devidamente comprovada** (CLT. Art. 775, § 1º, com redação dada pela Lei nº 13.467/17).

Dilatação do prazo ➔ Ao juízo incumbe **dilatar os prazos processuais** e **alterar a ordem de produção dos meios de prova**, adequando-os às necessidades do conflito de modo a conferir maior efetividade à tutela do direito (CLT. Art. 775, § 2º, com redação conferida pela Lei nº 13.467/17).

Intimação na sexta-feira ➔ Quando a intimação tiver lugar na sexta-feira, ou a publicação com efeito de intimação for feita nesse dia, o prazo judicial será contado **da segunda-feira imediata, inclusive, salvo se não houver expediente**, caso em que fluirá no dia útil que se seguir (TST. Súmula nº 1. Res. nº 121/2003).

Intimação no sábado ➔ Intimada ou notificada a parte no sábado, o início do prazo se dará no **primeiro dia útil imediato e a contagem, no subsequente** (TST. Súmula nº 262, I. Res. nº 194/2014).

Recesso forense ➔ O recesso forense e as férias coletivas dos Ministros do Tribunal Superior do Trabalho suspendem os prazos recursais (TST. Súmula nº 262, II. Res. nº 194/2014).

Suspensão dos prazos processuais ➔ **Suspende-se** o curso do prazo processual nos dias compreendidos entre **20 de dezembro e 20 de janeiro**, inclusive.

Durante a suspensão do prazo, não se realizarão audiências nem sessões de julgamento (CLT. Art. 775-A, instituído pela Lei nº 13.545/17).

Publicação eletrônica ➔ Quando o ato processual for publicado no diário oficial eletrônico considera-se como data da publicação **o primeiro dia útil seguinte ao da disponibilização da informação.** Já os prazos processuais terão início no primeiro dia útil que seguir ao considerado como data da publicação (Lei nº 11.419, art. 4º, §§ 3º e 4º).

Seguem os principais prazos no processo do trabalho:

Ato processual	Prazo
Razões finais	10 minutos
Defesa	20 minutos
Prazo máximo que pode durar a audiência, salvo quando houver matéria urgente	5 horas
Pedido de revisão do valor da causa	48 horas
Prazo para designação da audiência para o julgamento da exceção de suspeição	48 horas
Presunção de recebimento da notificação inicial	48 horas
Para o devedor pagar a dívida ou nomear bens à penhora	48 horas
Embargos declaratórios	5 dias
Embargos à execução, salvo para Fazenda Pública	5 dias
Exceção de incompetência em razão do lugar e respectiva manifestação da parte contrária	5 dias
Apresentação dos originais quando for juntada cópia em fax	5 dias
Manifestação das partes sobre o laudo pericial no rito sumaríssimo	5 dias
Prazo mínimo para que seja designada a audiência inicial	5 dias
Impugnação à sentença de liquidação	8 dias
Recursos trabalhistas em geral	8 dias
Impugnação dos cálculos de liquidação pelas partes e pela União	10 dias
Recurso extraordinário	15 dias
Apreciação da reclamação no rito sumaríssimo	15 dias
Embargos à execução pela Fazenda Pública	30 dias
Penalidade aplicada ao reclamante que der causa a dois arquivamentos seguidos	6 meses

Vale a pena relembrar os principais prazos do Direito material do trabalho:

- 30 dias: decadência para o ajuizamento do inquérito;
- 120 dias: prescrição do mandado de segurança;
- 2 anos: prescrição após a extinção do contrato de trabalho;
- 5 anos: prescrição durante o contrato de trabalho;

8.3. Intimação

Salvo nos casos previstos na CLT, a publicação das decisões e sua notificação aos litigantes, ou seus patronos, consideram-se realizadas **nas próprias audiências em que forem as mesmas proferidas** (CLT. Art. 834).

Da decisão serão os litigantes notificados, pessoalmente, ou por seu representante na própria audiência. No caso de revelia, **a notificação será feita em registro postal com franquia**. Se o reclamado criar embaraços ao seu recebimento, ou não for encontrado, far-se-á a notificação **por edital** (CLT. Art. 852).

Havendo **pedido expresso** de que as intimações e publicações sejam realizadas exclusivamente em nome de determinado advogado, a comunicação em nome de outro profissional constituído nos autos **é nula, salvo se constatada a inexistência de prejuízo** (TST. Súmula nº 427. Res. nº 174/2011).

Não é causa de nulidade processual a intimação realizada na pessoa de advogado regularmente habilitado nos autos, ainda que conste pedido expresso para que as comunicações dos atos processuais sejam feitas em nome de outro advogado, **se o profissional indicado não se encontra previamente cadastrado no Sistema de Processo Judicial Eletrônico**, impedindo a serventia judicial de atender ao requerimento de envio da intimação direcionada. A decretação de nulidade não pode ser acolhida em favor da parte que lhe deu causa (CPC. Art. 276).

9. NULIDADES

No processo laboral, as nulidades estão sujeitas à incidência dos princípios da transcendência ou prejuízo e da convalidação.

Pelo **princípio da transcendência ou do prejuízo**, nos processos sujeitos à apreciação da Justiça do Trabalho só haverá nulidade quando resultar dos atos inquinados manifesto prejuízo às partes litigantes (CLT. Art. 794).

Já o **princípio da convalidação**, a nulidade não será pronunciada quando for possível suprir-se a falta ou repetir-se o ato (CLT. Art. 796, "a").

Além desses princípios, devem ser observadas as seguintes regras no que diz respeito às nulidades no processo laboral:

- A sua declaração depende da provocação das partes, as quais deverão argui-las **a primeira vez em que tiverem de falar em audiência ou nos autos** (CLT. art. 795), salvo aquela fundada em incompetência de foro (leia-se, em razão da matéria);
- Não poderá ser declarada quando arguida **por quem lhe tiver dado causa;**
- Ao ser declarada, **deverá indicar os atos a que ela se estende** (CLT. Art. 797);
- A nulidade do ato **não prejudicará senão os posteriores** que dele dependam ou sejam consequência (CLT. Art. 798);
- Quando o recurso tempestivo contiver defeito formal que não se repute grave, o Tribunal Superior do Trabalho **poderá desconsiderar o vício ou mandar saná-lo, julgando o mérito.**

10. AÇÕES TRABALHISTAS

10.1. Reclamação trabalhista

Nas localidades em que houver apenas uma Vara do Trabalho, ou um escrivão do cível, a reclamação será apresentada **diretamente à secretaria da Vara**, ou ao cartório do Juízo (CLT. Art. 837). Havendo mais de uma Vara ou mais de um Juízo, ou escrivão do cível, a reclamação será, preliminarmente, sujeita a **distribuição.**

A reclamação poderá ser apresentada: pelos empregados e empregadores, **pessoalmente** (*ius postulandi*), ou por seus representantes e pelos sindicatos de classe; ou por intermédio das Procuradorias Regionais da Justiça do Trabalho.

Reclamação plúrima ➔ Sendo várias as reclamações e havendo identidade de matéria, poderão ser acumuladas num só processo, se se tratar de empregados da mesma empresa ou estabelecimento (CLT. Art. 842).

A. Rito ordinário, sumaríssimo, de alçada exclusiva da Vara do Trabalho e homologação de acordo extrajudicial

Reclamações trabalhistas cujo valor da causa não supere **dois salários mínimos** são da alçada exclusiva de julgamento da Vara do Trabalho, **salvo se versarem sobre matéria constitucional**, de acordo com o disposto no art. 2º, § 4º, da Lei nº

5.584/70, dispositivo recepcionado pela CF/1988, sendo lícita a fixação do valor da alçada com base no salário mínimo (TST. Súmula nº 356. Res. nº 121/2003).

Nesses processos **dispensa-se**, a critério do juiz, **o resumo dos depoimentos**, devendo constar da ata a conclusão do Tribunal quanto à matéria de fato (CLT. Art. 851. § 1º).

A alçada é fixada pelo valor dado à causa **na data de seu ajuizamento**, desde que não impugnado, sendo inalterável no curso do processo (TST. Súmula nº 71 Res. nº 121/2003).

No quadro a seguir encontram-se descritas as principais características das reclamações enquadradas no **procedimento sumaríssimo**:

<table>
<tr><th>Instituto</th><th colspan="2">Características</th></tr>
<tr><td>Reclamação Trabalhista</td><td colspan="2">Ações cujo valor da causa não ultrapasse 40 salários mínimos, salvo nas demandas em que é parte a Administração Pública direta, autárquica e fundacional.</td></tr>
<tr><td>Pedido</td><td colspan="2">Deve ser certo ou determinado e indicará o valor correspondente, sob pena de arquivamento.</td></tr>
<tr><td>Citação/ Notificação</td><td colspan="2">Não se faz citação/notificação por edital, incumbindo ao autor a correta indicação do nome e endereço do reclamado, sob pena de arquivamento.</td></tr>
<tr><td>Audiência</td><td colspan="2">– A apreciação, instrução e julgamento da reclamação deve ocorrer no prazo máximo de 15 dias do seu ajuizamento em audiência única, podendo constar de pauta especial, se necessário, de acordo com o movimento judiciário da Vara do Trabalho;
– Na ata da audiência serão registrados resumidamente os atos essenciais, as afirmações fundamentais das partes e as informações úteis à solução da causa trazidas pela prova testemunhal;
– Interrompida a audiência, o seu prosseguimento e a solução do processo dar-se-ão no prazo máximo de 30 dias, salvo motivo relevante justificado nos autos pelo juiz da causa.</td></tr>
<tr><td rowspan="3">Provas</td><td>Condução da instrução</td><td>O juiz dirige o processo com liberdade para determinar as provas a serem produzidas, considerado o ônus probatório de cada litigante, podendo limitar ou excluir as que considerar excessivas, impertinentes ou protelatórias, bem como para apreciá-las e dar especial valor às regras de experiência comum ou técnica.</td></tr>
<tr><td>Momento para produção</td><td>Todas as provas serão produzidas na audiência de instrução e julgamento, ainda que não requeridas previamente.</td></tr>
<tr><td>Documentos</td><td>Sobre os documentos apresentados por uma das partes manifesta-se imediatamente a parte contrária, sem interrupção da audiência, salvo absoluta impossibilidade, a critério do juiz.</td></tr>
</table>

<table>
<tr><th>Instituto</th><th colspan="2">Características</th></tr>
<tr><td rowspan="2">Provas</td><td>Testemunhas</td><td>– As testemunhas, até o máximo de 2 para cada parte, comparecerão à audiência de instrução e julgamento independentemente de intimação;
– Só será deferida intimação de testemunha que, comprovadamente convidada, deixar de comparecer. Não comparecendo a testemunha intimada, o juiz pode determinar sua imediata condução coercitiva.</td></tr>
<tr><td>Perícia</td><td>Somente quando a prova do fato o exigir, ou for legalmente imposta, será deferida prova técnica, incumbindo ao juiz, desde logo, fixar o prazo, o objeto da perícia e nomear perito. As partes serão intimadas a manifestar-se sobre o laudo, no prazo comum de 5 dias.</td></tr>
<tr><td>Decisões</td><td colspan="2">– Serão decididos, de plano, todos os incidentes e exceções que possam interferir no prosseguimento da audiência e do processo. As demais questões serão decididas na sentença;
– A sentença mencionará os elementos de convicção do juízo, com resumo dos fatos relevantes ocorridos em audiência, dispensado o relatório;
– O juízo adotará em cada caso a decisão que reputar mais justa e equânime, atendendo aos fins sociais da lei e as exigências do bem comum;
– As partes serão intimadas da sentença na própria audiência em que prolatada.</td></tr>
<tr><td rowspan="2">Recursos</td><td>Recurso ordinário</td><td>– É imediatamente distribuído, uma vez recebido no Tribunal, devendo o relator liberá-lo no prazo máximo de 10 dias, e a Secretaria do Tribunal ou Turma colocá-lo imediatamente em pauta para julgamento, sem revisor;
– Tem parecer oral do representante do Ministério Público presente à sessão de julgamento, se este entender necessário o parecer, com registro na certidão;
– O acórdão consiste unicamente na certidão de julgamento, com a indicação suficiente do processo e parte dispositiva, e das razões de decidir do voto prevalente. Se a sentença for confirmada pelos próprios fundamentos, a certidão de julgamento, registrando tal circunstância, servirá de acórdão.</td></tr>
<tr><td>Recurso de revista</td><td>– Somente será admitido recurso de revista por contrariedade a súmula de jurisprudência uniforme do TST e violação direta da Constituição da República;
– Não se admite recurso de revista por contrariedade à Orientação Jurisprudencial do TST (TST. Súmula nº 442).</td></tr>
</table>

> ▸ **Dica de prova:**
> A temática relativa ao rito sumaríssimo no processo do trabalho é uma das mais recorrentemente cobrada nas provas da OAB.

B. Petição inicial trabalhista

A reclamação trabalhista pode ser escrita ou verbal. Sendo escrita, a reclamação deverá conter, segundo a CLT:

1. a designação do juízo a que for dirigida;
2. a qualificação do reclamante e do reclamado;
3. uma breve exposição dos fatos de que resulte o dissídio;
4. o pedido, que deverá ser certo, determinado e **com indicação de seu valor** (Lei nº 13.467/17);
5. a data e a assinatura do reclamante ou de seu representante.

Requisitos da petição inicial trabalhista ➔ A quantidade de requisitos da petição inicial trabalhista, atendendo ao princípio da informalidade, é bem inferior aquela prevista pelo art. 319 do CPC. Não se exige, da inicial trabalhista segundo a CLT: o fundamento do pedido, o valor da causa, as provas que serão produzidas e a opção do autor pela realização ou não de audiência de conciliação ou de mediação.

Se verbal, a reclamação será reduzida a termo, em duas vias datadas e assinadas pelo escrivão ou secretário em se tratando de processo físico.

Alteração de ofício do valor da causa pelo juiz ➔ o juiz **pode alterar de ofício o valor atribuído à causa** quando verificar que **não corresponde ao conteúdo patrimonial em discussão ou ao proveito econômico perseguido pelo autor**, caso em que se procederá ao recolhimento das custas correspondentes (art. 292, § 3º do CPC, aplicável ao processo do trabalho, conforme art. 3º, V, da IN nº 39/16 do TST).

Indeferimento da petição inicial ➔ Salvo nas hipóteses do art. 330 do CPC, o indeferimento da petição inicial, por encontrar-se desacompanhada de documento indispensável à propositura da ação ou não preencher outro requisito legal, **somente é cabível se, após intimada para suprir a irregularidade em 15 (quinze) dias,** mediante indicação precisa do que deve ser corrigido ou completado, a parte não o fizer (art. 321 do CPC) (TST. Súmula nº 263. Res. nº 208/2016).

De igual forma, se a petição inicial não contiver pedidos certos, determinados e com **indicação do seu valor** serão julgados **extintos sem resolução do mérito** (CLT. Art. 840, § 3º, introduzido pela Lei nº 13.467/17).

C. Notificação inicial

A notificação é o ato praticado pelos auxiliares do juiz, por meio do qual o servidor **cientifica o reclamado de que contra ele tramita uma pretensão,** bem como para comparecer à audiência, oferecer defesa, querendo, e prestar depoimento pessoal.

O reclamante será notificado pessoalmente no ato da apresentação da reclamação.

No processo de autos físicos, recebida e protocolada a reclamação, o escrivão ou chefe de secretaria, **dentro de 48 horas**, remeterá a segunda via da petição, ou do termo, ao reclamado, notificando-o, ao mesmo tempo, para comparecer à audiência de julgamento, que será a primeira desimpedida, depois de cinco dias (CLT. Art. 841).

A notificação será feita em registro postal com franquia.

Notificação por edital ➔ Se o reclamado criar embaraços ao recebimento da notificação, ou não for encontrado, a notificação será feita por edital, inserto no jornal oficial ou no que publicar o expediente forense, ou, na falta, afixado na sede da Junta ou Juízo.

Presume-se recebida a notificação **48 horas depois de sua postagem**. O seu não recebimento ou a entrega após o decurso desse prazo constitui ônus de prova do destinatário (TST. Súmula nº 16. Res. nº 121/2003).

Notificação por hora certa ➔ Apesar de **não haver previsão expressa de notificação por hora certa na CLT** é pacifico o entendimento na doutrina e jurisprudência no sentido de ser cabível essa espécie de comunicação no processo laboral.

10.2. Inquérito para apuração de falta grave

O inquérito para apuração de falta grave representa uma ação específica de cognição, de rito especial, cuja decisão possui **carga predominantemente constitutiva**, em caso de procedência, destinando-se a promover o rompimento do contrato de trabalho do empregado portador de estabilidade, desde que assim a lei o determine expressamente.

Determinados empregados estáveis, inclusive o dirigente sindical (TST. Súmula nº 379. Res. nº 129/2005), acusado de falta grave **poderá ser suspenso de suas funções**, mas a sua despedida só se tornará efetiva após o inquérito em que se verifique a procedência da acusação (CLT. Art. 494). A suspensão, se houver, perdurará até a decisão final do processo.

Nem todo empregado estável necessita do inquérito para extinguir o vínculo empregatício. Esse procedimento **só é exigível quando a lei, expressamente, o estabelecer**.

O empregador apresentará reclamação por escrito à Vara do Trabalho ou Juízo de Direito, **dentro de 30 dias, contados da data da suspensão do empregado**, sendo esse prazo considerando como de decadência (STF. Súmula nº 403).

Se a hipótese é de abandono de emprego, o prazo de decadência é contado **a partir do momento em que o empregado pretendeu seu retorno ao serviço** (TST. Súmula nº 62. Res. nº 121/2003).

Em relação a prova, admite-se que cada parte apresente até **seis testemunhas** (CLT. Art. 821).

Caso tenha havido prévio reconhecimento da estabilidade do empregado, o julgamento do inquérito pelo juízo não prejudicará a execução para pagamento dos salários devidos ao empregado, até a data da instauração do mesmo inquérito (CLT. Art. 855).

Reconhecida a inexistência de falta grave praticada pelo empregado, fica o empregador obrigado a **readmiti-lo** no serviço e a **pagar-lhe os salários a que teria direito no período da suspensão.**

Conversão do pedido de reintegração em indenização ➜ Se a reintegração for **desaconselhável**, dado o grau de incompatibilidade resultante do dissídio, especialmente quando for o empregador pessoa física, o tribunal do trabalho **poderá converter aquela obrigação em indenização.**

10.3. Homologação de acordo extrajudicial

A Lei nº 13.467/17 introduziu um procedimento de **jurisdição voluntária** no âmbito do processo do trabalho para permitir que trabalhador e empresa submetam o acordo extrajudicial relativo às verbas decorrentes da **execução e extinção** do contrato de emprego à homologação do juiz do trabalho.

Inclusive o art. 652, "f", da CLT confere competência às Varas do Trabalho para conduzir esse procedimento: "Compete às Varas do Trabalho: [...] f) decidir quanto à homologação de acordo extrajudicial em matéria de competência da Justiça do Trabalho".

Esse procedimento conta com as seguintes características:

- inicia-se por petição conjunta, sendo obrigatória a representação das partes **por advogado distinto**, facultando-se ao trabalhador ser assistido pelo advogado do sindicato de sua categoria (CLT. Art. 855-B *caput* , §§ 1º e 2º);
- não **suspende ou interrompe** o prazo estabelecido no § 6º do art. 477 da CLT e não afasta a aplicação da multa pelo atraso no pagamento das verbas rescisórias;
- o pleito de homologação do acordo deverá ser analisado no prazo de **15 dias**, podendo designar audiência se entender necessário.

11. AUDIÊNCIA

A audiência é o ato processual de **natureza complexa** por meio do qual o magistrado do trabalho toma conhecimento dos termos da pretensão do autor, instrui e decide o feito, o que representa, em última análise, por em prática o princípio da concentração, oralidade e imediatidade física do juiz.

As audiências dos órgãos da Justiça do Trabalho serão públicas e realizadas na sede do Juízo ou Tribunal em dias úteis previamente fixados, entre 8 e 18 horas, **não podendo ultrapassar cinco horas seguidas**, salvo quando houver matéria urgente (CLT. Art. 813).

Em casos especiais, poderá ser designado outro local para a realização das audiências, mediante edital afixado na sede do Juízo ou Tribunal, **com a antecedência mínima de 24 horas.**

Na audiência de julgamento deverão estar presentes o reclamante e o reclamado, independentemente do comparecimento de seus representantes, salvo nos casos de reclamatórias plúrimas ou ações de cumprimento, quando os empregados poderão fazer-se representar pelo sindicato de sua categoria (CLT. Art. 843).

À hora marcada, o juiz declarará aberta a audiência, sendo feita pelo secretário ou escrivão a chamada das partes, testemunhas e demais pessoas que devam comparecer. Se, até **quinze minutos** após a hora marcada, o juiz ou presidente não houver comparecido, **os presentes poderão retirar-se**, devendo o ocorrido constar do livro de registro das audiências.

Como a CLT **não é omissa** (art. 815) não se aplica ao processo do trabalho, segundo a regra contida no art. 2º, VI, da Instrução Normativa nº 39/16 do TST, o motivo de adiamento descrito no art. 362, inciso III, do CPC, qual seja "atraso injustificado de seu início em tempo superior a 30 (trinta) minutos do horário marcado".

11.1. Preposto

É facultado ao empregador fazer-se substituir pelo gerente, ou qualquer outro preposto que tenha conhecimento do fato, e cujas declarações obrigarão o proponente, **não sendo necessário ser empregado da parte reclamada** (CLT. Art. 843. §§ 1º e 3º, este último introduzido pela Lei nº 13.467/17).

11.2. Representação do empregado: arquivamento

Se por **doença ou qualquer outro motivo poderoso**, devidamente comprovado, não for possível ao empregado comparecer pessoalmente, poderá fazer-se representar **por outro empregado que pertença à mesma profissão, ou pelo seu sindicato** (CLT. Art. 843. § 2º).

Arquivamento ➨ O não comparecimento injustificado do reclamante à audiência **importa o arquivamento da reclamação.**

A interrupção da prescrição ➨ Somente ocorrerá pelo ajuizamento de **reclamação trabalhista,** mesmo que em juízo incompetente, ainda que venha a ser extinta sem resolução do mérito, inclusive por arquivamento, produzindo efeitos apenas em relação aos pedidos idênticos (TST. Súmula nº 268, Res. nº 121/2003, combinada com o § 3º, art. 11 da CLT, introduzido pela Lei nº 13.467/17).

Custas em arquivamento ➨ Na hipótese de ausência do reclamante, este será condenado ao pagamento das custas, **ainda que beneficiário da justiça gratuita**, salvo se comprovar, no prazo de **quinze dias**, que a ausência ocorreu por **motivo legalmente justificável** (CLT. Art. 844, § 2º, com redação dada pela Lei nº 13.467/17). Inclusive, o pagamento dessas custas é condição para a propositura de nova demanda.

Confissão ➨ A ausência do reclamante, quando adiada a instrução após contestada a ação em audiência, não importa arquivamento do processo (TST. Súmula nº 9. Res. nº 121/2003), **mas sim em confissão ficta** quanto a matéria fática constante da defesa.

Penalidade pelo duplo arquivamento ➨ Se o reclamante der ensejo a um duplo arquivamento seguido, fica impossibilitado de ingressar com outra reclamação trabalhista **durante o prazo de 6 meses** (CLT. Art. 732).

11.3. Revelia e confissão

O não comparecimento injustificado do reclamado à audiência importa **revelia, além de confissão, quanto à matéria de fato**, mesmo sendo pessoa jurídica de direito público (TST. SDI-1. OJ nº 152. DJ 20.04.2005).

Entretanto, ocorrendo **motivo relevante,** poderá o presidente suspender o julgamento, designando nova audiência, salientando que **inexiste previsão legal tolerando atraso no horário de comparecimento** da parte na audiência (TST. SDI-1. OJ nº 245. DJ 20.06.2001).

Aplicam-se os **efeitos da confissão** à parte que, expressamente intimada com aquela cominação, não comparecer à audiência em prosseguimento, na qual deveria depor (TST. Súmula nº 74, I. Res. nº 208/2016).

A **prova pré-constituída** nos autos pode ser levada em conta para confronto com a confissão ficta (arts. 442 e 443, do CPC), não implicando cerceamento de defesa **o indeferimento de provas posteriores.** (TST. Súmula nº 74, II. Res. nº 208/2016).

A vedação à produção de prova posterior pela parte confessa **somente a ela se aplica**, não afetando o exercício, pelo magistrado, do poder/dever de conduzir o processo (TST. Súmula nº 74, III. Res. nº 208/2016).

A revelia **não produz** os seus efeitos se:

- havendo pluralidade de reclamados, algum deles contestar a ação;
- o litígio versar sobre **direitos indisponíveis**;
- a petição inicial não estiver acompanhada de instrumento que a lei considere indispensável à prova do ato;
- as alegações de fato formuladas pelo reclamante forem **inverossímeis** ou estiverem em contradição com prova constante dos autos.

Ainda que ausente o reclamado, presente o advogado na audiência, **serão aceitos a contestação e os documentos eventualmente apresentados**. (CLT. Art. 844, § 5º introduzido pela Lei nº 13.467/17).

11.4. Acordo

Se houver acordo em audiência será lavrado o termo respectivo consignando-se o prazo e demais condições para seu cumprimento.

Note-se que, na reclamação trabalhista a audiência é de conciliação, instrução e julgamento, o que torna inaplicável o art. 334 do CPC ao processo laboral (audiência exclusiva de mediação ou conciliação), conforme consta do art. 2º, IV, da Instrução Normativa nº 39/16 do TST.

Entre as condições, poderá ser estabelecida a de ficar a parte que não cumprir o acordo **obrigada a satisfazer integralmente o pedido ou pagar uma indenização convencionada, sem prejuízo do cumprimento do acordo**, que não poderá ultrapassar o valor principal do débito (TST. SDI-1. OJ nº 54. DJ 20.04.2005).

Só por ação rescisória é impugnável o termo de conciliação previsto no parágrafo único do art. 831 da CLT (TST. Súmula nº 259. Res. nº 121/2003).

O acordo homologado judicialmente no qual o empregado dá plena e ampla quitação, sem qualquer ressalva, alcança não só o objeto da inicial como também todas as demais parcelas referentes ao extinto contrato de trabalho, **violando a coisa julgada a propositura de nova reclamação trabalhista** (TST. SDI-2. OJ nº 132. DJ 04.05.2004).

O ato de homologação de acordo **constitui faculdade do juiz**, inexistindo direito líquido e certo tutelável pela via do mandado de segurança (TST. Súmula nº 418. Res. nº 217/2017).

12. DEFESA

Não havendo acordo, o reclamado terá **20 minutos** para aduzir sua defesa durante a audiência. Entretanto, a parte poderá apresentar defesa escrita pelo sistema de processo judicial eletrônico **até a audiência** (CLT. Art. 847, parágrafo único introduzido pela Lei nº 13.467/17).

Portanto, não se aplica ao processo do trabalho o prazo para contestação fixado pelo art. 335 do CPC, que é de 15 dias, entendimento confirmado pelo art. 2º, V, da Instrução Normativa nº 39/16 do TST.

12.1. Contestação

A contestação é a peça processual por meio da qual o réu, denominado de reclamado no processo do trabalho, pode refutar as pretensões contidas na inicial e no eventual aditamento, utilizando-se de alegações de fato e de direito.

Oferecida a contestação, **ainda que eletronicamente**, o reclamante não poderá, sem o consentimento do reclamado, **desistir da ação** (CLT. Art. 841, § 3º introduzido pela Lei nº 13.467).

A **compensação**, restrita a dívidas de natureza trabalhista (TST. Súmula nº 18. Res. nº 121/2003) ou **retenção** só poderá ser arguida como **matéria de defesa** (CLT. Art. 767. TST. Súmula nº 48. Res. nº 121/2003).

12.2. Exceção de suspeição e de incompetência

A. Exceção de incompetência em razão do lugar

Nas causas da jurisdição da Justiça do Trabalho, somente podem ser opostas, com suspensão do feito, as exceções de suspeição ou incompetência (em razão do lugar). As demais exceções serão alegadas como matéria de defesa, inclusive a incompetência absoluta.

Essa exceção deverá observar o seguinte procedimento (CLT. Art. 800, *caput* e parágrafos com redação dada pela Lei nº 13.467/17):

- deve ser apresentada no prazo de **cinco dias** a contar da notificação, antes da audiência e em peça que sinalize a existência desta exceção;
- protocolada a petição, será **suspenso o processo** e não se realizará a audiência até que se decida a exceção;
- os autos serão imediatamente conclusos ao juiz, que intimará o reclamante e, se existentes, os litisconsortes, para manifestação no prazo comum de **cinco dias**;
- se entender necessária a produção de prova oral, o juízo designará audiência, garantindo o direito de o excipiente e de suas testemunhas **serem ouvidos, por carta precatória, no juízo que este houver indicado como competente**;
- decidida a exceção de incompetência territorial, o processo retomará seu curso, com a designação de audiência, a **apresentação de defesa** e a instrução processual perante o juízo competente.

Como se trata de **exceção à regra da apresentação da defesa em audiência**, não há como se aplicar o art. 337, II do CPC, no sentido de ser apresentar a objeção de incompetência relativa por meio de preliminar da contestação.

Das decisões sobre exceções de suspeição e incompetência, salvo, quanto a estas, **se terminativas do feito, não caberá recurso**, podendo, no entanto, as partes alegá-las novamente no recurso que couber da decisão final.

Isso porque, na Justiça do Trabalho, nos termos do art. 893, § 1º, da CLT, as decisões interlocutórias não ensejam recurso imediato, salvo em hipóteses excepcionais, inclusive de **decisão que acolhe exceção de incompetência territorial, com a remessa dos autos para Tribunal Regional distinto daquele a que se vincula o juízo excepcionado**, consoante o disposto no art. 799, § 2º, da CLT (TST. Súmula 214 "c". Res. nº 127/2005).

B. Exceção de suspeição

O juiz é obrigado a se declarar suspeito, e pode ser recusado, por alguns dos seguintes motivos, em relação à pessoa dos litigantes (CLT. Art. 801):

- inimizade pessoal;
- amizade íntima;
- parentesco por consanguinidade ou afinidade até o terceiro grau civil;
- interesse particular na causa.

Se o recusante houver praticado algum ato pelo qual haja consentido na pessoa do juiz, **não mais poderá alegar exceção de suspeição**, salvo sobrevindo novo motivo. A suspeição também não será admitida se do processo constar que o recusante deixou de alegá-la anteriormente, quando já a conhecia, ou que, depois de conhecida, aceitou o juiz recusado ou, finalmente, **se procurou de propósito o motivo de que ela se originou.**

Nas varas do trabalho e nos Tribunais Regionais, julgada procedente a exceção de suspeição, será logo convocado, para a mesma audiência ou sessão, ou para a seguinte, o suplente do membro suspeito, o qual continuará a funcionar no feito até decisão final. Proceder-se-á da mesma maneira quando algum dos membros se declarar suspeito.

Apresentada a exceção de suspeição, o juiz ou Tribunal designará audiência, dentro de 48 horas, para instrução e julgamento da exceção. Se se tratar de suspeição de juiz de Direito, será este substituído na forma da organização judiciária local.

Como a CLT não é omissa, a exceção de suspeição ou de impedimento continua sendo considerada como matéria de defesa, apesar do CPC de 2015 ter retirada essa matéria desse rol.

12.3. Reconvenção

A reconvenção constitui uma **ação do réu contra o autor**, tendo por base os mesmos fatos ou fundamentos jurídicos constantes da inicial ou quando existir conexão com os fundamentos da defesa. Nesse caso, o réu deduz uma pretensão derivada ou relacionada com os referidos fatos que lhe atribuem a titularidade do direito violado pelo autor.

Como a CLT não disciplina o procedimento da reconvenção, utilizam-se os dispositivos constantes do CPC para regular o manejo desse ato processual, inclusive a sua arguição na mesma peça da contestação, ressaltando seu caráter de **independência com a demanda principal.**

Assim, devem ser observadas as seguintes regras (CPC. Art. 343):

- Proposta a reconvenção, o autor será intimado, na pessoa de seu advogado, para apresentar resposta no prazo de 15 (quinze) dias;
- A desistência da ação ou a ocorrência de causa extintiva que impeça o exame de seu mérito **não obsta ao prosseguimento do processo quanto à reconvenção**;
- A reconvenção pode ser proposta **contra o autor e terceiro**;
- A reconvenção pode ser proposta pelo réu em litisconsórcio com terceiro;
- Se o autor for substituto processual, o reconvinte deverá afirmar ser titular de direito em face do substituído, e a reconvenção deverá ser proposta em face do autor, também na qualidade de substituto processual;
- O réu pode propor reconvenção independentemente de oferecer contestação.

13. PROVAS, PRINCÍPIOS E PECULIARIDADES

Quando há **controvérsia** acerca da veracidade das versões dos fatos alegados pelo reclamante, pelo reclamado ou quando a confissão não produz os seus efeitos ordinários, recorre-se aos meios de provas para comprová-los e formar o convencimento do juiz.

O reclamante e o reclamado comparecerão à audiência acompanhados das suas testemunhas, apresentando, nessa ocasião, as demais provas. Terminada a defesa, segue-se a instrução do processo, onde serão colhidas as provas, caso seja necessário.

Findo o interrogatório, **poderá qualquer dos litigantes retirar-se**, prosseguindo a instrução com o seu representante. Em seguida, são ouvidas as testemunhas, os peritos e os técnicos, se houver (CLT. Art. 848, §§ 1º e 2º).

A fase probatória do processo encontra-se submetida a princípios próprios como o princípio da necessidade da prova, o princípio da persuasão racional do juiz, o princípio da concentração processual, o princípio da indivisibilidade da prova e o princípio da busca da verdade real.

Pelo **princípio da necessidade da prova**, deve haver prova nos autos sobre os fatos controversos, ainda que o juiz tenha conhecimento pessoal sobre a veracidade do quanto ocorrido e alegado pelas partes.

Já o **princípio da persuasão racional** do juiz implica não reconhecer uma hierarquia entre os diversos meios de provas em direito admitidos. Entretanto, **a sentença deve reportar-se, expressamente, ao meio de prova que serviu para formar o convencimento** do juiz, guardando uma coerência lógica entre ambos, circunstância essa que difere esse sistema do princípio do livre convencimento do juiz.

O entendimento constante na OJ nº 233, da SDI-1, do TST, confirma a adoção desse princípio:

> "A decisão que defere horas extras com base em prova oral ou documental não ficará limitada ao tempo por ela abrangido, desde que o julgador fique convencido de que o procedimento questionado superou aquele período". (DJ 20.04.2005)

Pelo **princípio da concentração processual**, as provas devem ser produzidas em audiência e, de preferência, em uma única sessão.

O **princípio da indivisibilidade da prova** reconhece que a determinada espécie de prova produzida nos autos é una e não admite cisão, de forma que não há como declarar que uma parte dela tem credibilidade e o restante não, para atender aos interesses da parte que a produziu.

A **busca da verdade real**, mesmo admitindo-se como ideal inatingível, deve ser a meta do processo, norteando toda a atividade do julgador na entrega do provimento jurisdicional.

As provas, no processo do trabalho, ainda têm duas peculiaridades principais. A primeira, que diz respeito a faculdade, e não obrigatoriedade, do interrogatório das partes (CLT. Art. 848. Há divergência doutrinária e jurisprudência quanto a essa interpretação.). A segunda, em relação à prova testemunhal, pois enquanto o CPC remete à norma de direito material a tarefa de verificar a possibilidade da prova testemunhal, nos casos em que a lei exigir prova escrita da obrigação (CPC. Art. 444), no processo do trabalho, não existe limitação semelhante. E nem poderia existir, pois o contrato de trabalho é consensual, ou seja, para sua validade exige-se apenas o consentimento das partes.

13.1. Documento

Para o reclamante, a oportunidade para juntada de documentos **coincide com a propositura da demanda** e, em relação ao reclamado, **com a da apresentação da defesa**, salvo na hipótese de fato superveniente ou para contrapor aqueles que foram contestados pela parte contrária.

Momento da produção da prova documental ➔ A doutrina e a jurisprudência vêm admitindo a juntada de documentos enquanto não for encerrada a instrução do feito. Em relação **à prova do contrato de trabalho**, devem-se observar as seguintes regras:

- a prova do contrato individual do trabalho será feita pelas anotações constantes da CTPS, ou por instrumento escrito e **suprida por todos os meios permitidos em direito** (CLT. Art. 456);
- à falta de prova ou inexistindo cláusula expressa a tal respeito, entender-se-á que o empregado se obrigou a **todo e qualquer serviço compatível com a sua condição pessoal** (CLT. Art. 456, Parágrafo único);
- na falta de acordo ou prova sobre condição essencial ao contrato verbal, esta se presume existente, como se a tivessem estatuído os interessados, **na conformidade dos preceitos jurídicos adequados à sua legitimidade** (CLT. Art. 447).

Outras regras relativas à prova documental:

- o documento em cópia oferecido para prova **poderá ser declarado autêntico pelo próprio advogado,** sob sua responsabilidade pessoal (CLT. Art. 830).
- são válidos os documentos apresentados, por pessoa jurídica de direito público, **em fotocópia não autenticada**, posteriormente à edição da Medida Provisória nº 1.360/1996 e suas reedições (TST. SDI-1. OJ nº 134. DJ 27.11.1998).
- na fase recursal, a juntada de documentos só se justifica quando **provado o justo impedimento** para sua oportuna apresentação ou se referir a **fato posterior** à sentença (TST. Súmula nº 8. Res. nº 121/2003).

13.2. Depoimento

Depoimento pessoal é o ato processual por meio do qual a parte manifesta-se sobre **os fatos da causa**, que constam da petição inicial ou descritos pela defesa, destinando-se, também, à obtenção da confissão.

As partes e testemunhas serão inquiridas pelo juiz ou presidente, podendo ser reinquiridas, por seu intermédio, a requerimento das partes, seus representantes ou advogados (CLT. Art. 820).

13.3. Perícia

Sempre que, para comprovação de determinado fato, for necessário o recurso a **conhecimentos técnicos ou científicos**, o juiz, de ofício ou a requerimento da parte, determinará a produção de prova pericial, com a designação de um profissional qualificado que passa a ser considerado como um auxiliar da justiça.

Os exames periciais serão realizados por perito único designado pelo juiz, que fixará o prazo para entrega do laudo (Lei nº 5.584/70. Art. 3º).

Permite-se a cada parte a indicação de um **assistente técnico**, cujo laudo terá que ser apresentado **no mesmo prazo assinado para o perito**, sob pena de ser desentranhado dos autos.

O juiz **poderá** (é uma faculdade) arguir os peritos ou os técnicos (CLT. Art. 827).

O pedido mais comum, no processo do trabalho, que enseja a prova pericial, de caráter obrigatório, é o relativo ao **adicional de insalubridade ou periculosidade**.

Isso porque o art. 195, § 2º, da CLT determina que:

> "arguida em juízo insalubridade ou periculosidade, seja por empregado, seja por Sindicato em favor de grupo de associados, o juiz designará perito habilitado na forma deste artigo, e, onde não houver, requisitará perícia ao órgão competente do Ministério do Trabalho".

O juiz poderá admitir a utilização de prova produzida em outro processo (**prova emprestada**), atribuindo-lhe o valor que considerar adequado, **observado o contraditório** (CPC. Art. 372).

Mais especificamente, quando não for possível a realização da perícia, como em caso de fechamento da empresa, poderá o julgador utilizar-se de outros meios de prova (TST. SDI-1. OJ nº 278. DJ 11.08.2003). Isso ocorre com frequência quando o estabelecimento ou o setor onde o empregado trabalhava não mais existe. Nesse caso, admite-se o uso de **prova emprestada**, representada por uma perícia feita em outro processo à época em que o setor ou a empresa ainda existia.

Apesar da CLT ser omissa, **não há necessidade** de perícia nos casos em que o adicional de periculosidade é devido em razão de:

- roubos ou outras espécies de violência física nas atividades profissionais de segurança pessoal ou patrimonial;
- atividades de trabalhador em motocicleta.

O art. 195 da CLT não faz qualquer distinção entre o médico e o engenheiro para efeito de caracterização e classificação da insalubridade e periculosidade, bastando para a elaboração do laudo seja o profissional devidamente qualificado (TST. SDI-1. OJ nº 165. DJ 26.03.1999).

A verificação mediante perícia de prestação de serviços em condições nocivas, considerado agente insalubre diverso do apontado na inicial, **não prejudica o pedido de adicional de insalubridade** (TST. Súmula nº 293. Res. nº 121/2003), entendimento este que vai de encontro ao **princípio da congruência.**

Por fim, é ilegal a exigência de **depósito prévio** para custeio dos honorários periciais, dada a incompatibilidade com o processo do trabalho, sendo cabível o mandado de segurança visando à realização da perícia, independentemente do depósito (TST. SDI-2. OJ nº 98. DJ 22.08.2005), entendimento que foi transformado em determinação legal pela Lei nº 13.467/17 ao introduzir o § 3º ao art. 790-B da CLT, com a seguinte redação: "O juízo não poderá exigir adiantamento de valores para realização de perícias."

13.4. Testemunha

A testemunha é a pessoa que presenciou determinado acontecimento, registrando-os em sua memória por meio da percepção obtida pelos sentidos (visão, audição, tato, olfato e paladar), não se confundindo com as pessoas que intervêm no processo.

Cada uma das partes poderá indicar até **três testemunhas**, salvo quando se tratar de inquérito, caso em que esse número poderá ser elevado a **seis** (CLT. Art. 821) ou nos processos submetidos ao rito sumaríssimo, reduzindo-se para **duas testemunhas**, por parte.

As testemunhas comparecerão à audiência **independentemente de notificação ou intimação**. Se for servidor público civil ou militar, e tiver de depor em hora de serviço, será **requisitado** ao chefe da repartição para comparecer à audiência marcada.

As que não comparecerem serão intimadas **de ofício ou a requerimento da parte**, ficando sujeitas à **condução coercitiva**, além das penalidades pecuniárias caso, sem motivo justificado, não atendam à intimação.

Antes de prestar o compromisso legal, a testemunha será qualificada, indicando o nome, nacionalidade, profissão, idade, residência, e, quando empregada, o tempo de serviço prestado ao empregador, ficando sujeita, em caso de falsidade, **às leis penais, e ao pagamento de multa** (CLT. Art. 793-D, introduzido pela Lei nº 13.467/17). Seus depoimentos serão resumidos, por ocasião da audiência, pelo servidor para esse fim designado, devendo a súmula ser assinada pelo juiz e pelos depoentes.

As partes e testemunhas serão inquiridas pelo juiz ou presidente, podendo ser reinquiridas, por seu intermédio, a requerimento dos juízes classistas, das partes, seus representantes ou advogados (art. 820 da CLT). Assim, não se aplica ao

Processo do Trabalho a norma do art. 459 do CPC no que permite a **inquirição direta das testemunhas pela parte** (art. 11, da IN nº 39/2016 do TST).

O juiz providenciará para que o depoimento de uma testemunha **não seja ouvido pelas demais que tenham de depor no processo**.

A testemunha que for parente até o terceiro grau civil, amigo íntimo ou inimigo de qualquer das partes, não prestará compromisso, e seu depoimento valerá como **simples informação** (CLT. Art. 829).

A doutrina e jurisprudência também admitem a **utilização supletiva** dos motivos de suspeição e impedimento da testemunha que constam do art. 447, §§ 2º e 3º do CPC.

Não torna suspeita a testemunha o simples fato de estar litigando ou de ter litigado contra o mesmo empregador (TST. Súmula nº 357. Res. nº 121/2003).

Contradita ➧ É o procedimento por meio do qual a parte ou o seu advogado impugna a oitiva de uma testemunha por ser incapaz, suspeita ou impedida.

As testemunhas **não poderão sofrer qualquer desconto pelas faltas ao serviço**, ocasionadas pelo seu comparecimento para depor, quando devidamente arroladas ou convocadas (CLT. Art. 822).

13.5. Presunção

Presunção **é a alegação que se admite como verdadeira**, levando em consideração um grau razoável de probabilidade, decorrente das observações do que normalmente acontece – *presunção hominis*, ou por conta de uma imposição da lei – presunção legal. Nesse último caso, a presunção ainda se divide em *iuris et de iure e iuris tantum*.

É uma técnica jurídicò-processual que tem como objetivo facilitar a prova dos fatos controversos alegados pelas partes.

No processo do trabalho, a jurisprudência tem se posicionado em diversos aspectos sobre a presunção:

- As anotações apostas pelo empregador na carteira profissional do empregado não geram presunção ***iuris et de iure***, mas apenas *iuris tantum* (TST. Súmula nº 12. Res. nº 121/2003);
- Presume-se recebida a notificação **48 horas depois de sua postagem**. O seu não-recebimento ou a entrega após o decurso desse prazo constitui ônus de prova do destinatário (TST. Súmula nº 16. Res. nº 121/2003);

- Presume-se o abandono de emprego se o trabalhador não retornar ao serviço no prazo de **30 dias após a cessação do benefício previdenciário** nem justificar o motivo de não o fazer (TST. Súmula nº 32. Res. nº 121/2003);

- Presume-se abusiva a transferência de que trata o § 1º do art. 469 da CLT, sem comprovação da necessidade do serviço (TST. Súmula nº 43. Res. nº 121/2003);

- A permanência do tripulante a bordo do navio, no período de repouso, além da jornada, não importa presunção de que esteja à disposição do empregador ou em regime de prorrogação de horário, circunstâncias que devem resultar provadas, dada a natureza do serviço (TST. Súmula nº 96. Res. nº 121/2003);

- O ônus de provar o término do contrato de trabalho, quando negados a prestação de serviço e o despedimento, **é do empregador**, pois o princípio da continuidade da relação de emprego constitui presunção favorável ao empregado (TST. Súmula nº 212. Res. nº 121/2003);

- A jornada de trabalho do empregado de banco gerente de agência é regida pelo art. 224, § 2º, da CLT. Quanto ao gerente-geral de agência bancária, **presume-se o exercício de encargo de gestão**, aplicando-se-lhe o art. 62 da CLT (TST. Súmula nº 287. Res. nº 121/2003);

- A não apresentação injustificada dos controles de frequência gera **presunção relativa de veracidade da jornada de trabalho**, a qual pode ser elidida por prova em contrário (TST. Súmula nº 338, I. Res. nº 129/2005);

- A presunção de veracidade da jornada de trabalho, ainda que prevista em instrumento normativo, **pode ser elidida por prova em contrário** (TST. Súmula nº 338, II. Res. nº 129/2005).

13.6. Ônus da prova

O ônus da prova incumbe (CLT. Art. 818, com redação dada pela Lei nº 13.467/17):

- ao reclamante, quanto ao fato constitutivo de seu direito;

- ao reclamado, quanto à existência de fato impeditivo, modificativo ou extintivo do direito do reclamante.

Sobre o ônus da prova, manifesta-se a jurisprudência:

Fato	Ônus da prova
Despedimento	O ônus de provar o término do contrato de trabalho, quando negados a prestação de serviço e o despedimento, **é do empregador**, pois o princípio da continuidade da relação de emprego constitui presunção favorável ao empregado (TST. Súmula nº 212. Res. nº 121/2003).
Registro de jornada	– É ônus do **empregador** que conta com mais de 10 (dez) empregados o registro da jornada de trabalho na forma do art. 74, § 2º, da CLT (TST. Súmula nº 338, I. Res. nº 129/2005); – Os cartões de ponto que demonstram horários de entrada e saída uniformes são inválidos como meio de prova, invertendo-se o ônus da prova, relativo às horas extras, que passa a ser do empregador, prevalecendo a jornada da inicial se dele não se desincumbir CLT (TST. Súmula nº 338, III. Res. nº 129/2005).
Equiparação salarial	**É do empregador** o ônus da prova do fato impeditivo, modificativo ou extintivo da equiparação salarial (TST. Súmula nº 6, VIII. Res. nº 198/2015).
Vale-transporte	**É do empregador** o ônus de comprovar que o empregado não satisfaz os requisitos indispensáveis para a concessão do vale-transporte ou não pretenda fazer uso do benefício (TST. Súmula nº 460. Res. nº 209/16).
FGTS	**É do empregador** o ônus da prova em relação à regularidade dos depósitos do FGTS, pois o pagamento é fato extintivo do direito do autor (TST. Súmula nº 461. Res. nº 209/16).

Apesar de ainda não ter sido sumulado pelo TST, é pacífico o entendimento que atribui ao empregador o ônus da prova da inexistência da relação de emprego, **quando admitida apenas a prestação de serviços na defesa.**

Convenção sobre o ônus da prova ➧ posiciona-se o TST no sentido de **não se admitir**, em hipótese alguma, a sua aplicação no processo do trabalho, de acordo com o que determina o art. 2º, VII, da Instrução Normativa nº 39/16. Entende-se, todavia, que com a vigência da Lei nº 13.467/17 tal convenção pode ser estabelecida sem qualquer contestação **quando se tratar de empregado hipersuficiente.**

Distribuição dinâmica do ônus da prova ➧ Nos casos previstos em lei ou diante de peculiaridades da causa relacionadas à impossibilidade ou à excessiva dificuldade de cumprir o encargo probatório ou à maior facilidade de obtenção da prova do fato contrário, poderá o juízo atribuir o ônus da prova de modo diverso, desde que o faça por **decisão fundamentada**, caso em que deverá dar à parte a oportunidade de se desincumbir do ônus que lhe foi atribuído (CLT. Art. 818, § 1º).

A respectiva decisão de distribuição dinâmica do ônus da prova:

- deverá ser proferida **antes da abertura da instrução** e, a requerimento da parte, implicará o **adiamento da audiência** e possibilitará provar os fatos por qualquer meio em direito admitido.
- não pode gerar situação em que a desincumbência do encargo pela parte seja **impossível ou excessivamente difícil**.

> ▸ Dica de prova:
>
> A temática relativa ao ônus da prova tem sido constantemente cobrada nas provas da OAB.

14. DECISÕES INTERLOCUTÓRIAS, TUTELAS PROVISÓRIAS E SENTENÇA

14.1. Decisões interlocutórias

Os incidentes do processo são resolvidos pelo próprio juízo ou tribunal, admitindo-se a apreciação do merecimento das decisões interlocutórias **somente em recurso da decisão definitiva** (CLT. Art. 893. § 1º). Trata-se do **princípio da irrecorribilidade em separado das decisões interlocutórias** (art. 1º, § 1º da IN nº 39/16 do TST).

As exceções quanto à irrecorribilidade das interlocutórias, dizem respeito às seguintes decisões (TST. Súmula nº 214. Res. nº 127/2005):

- de TRT contrária à Súmula ou Orientação Jurisprudencial do TST;
- suscetível de impugnação mediante recurso para o mesmo Tribunal;
- que acolhe exceção de incompetência territorial, com a remessa dos autos para Tribunal Regional distinto daquele a que se vincula o juízo excepcionado, consoante o disposto no art. 799, § 2º, da CLT.

14.2. Tutelas provisórias

No que diz respeito às tutelas provisórias, aplicam-se as seguintes regras (TST. Súmula nº 414. Res. nº 217/17):

- a tutela provisória concedida na sentença **não comporta impugnação pela via do mandado de segurança**, por ser impugnável mediante recurso ordinário. É admissível a obtenção de **efeito suspensivo** ao recurso ordinário mediante requerimento dirigido ao tribunal, ao relator ou ao presidente ou ao vice-presidente do tribunal recorrido, por aplicação subsidiária ao processo do trabalho do artigo 1.029, § 5º, do CPC de 2015;

- no caso de a tutela provisória haver sido **concedida ou indeferida** antes da sentença, **cabe mandado de segurança**, em face da inexistência de recurso próprio;
- a superveniência da sentença, nos autos originários, **faz perder o objeto do mandado de segurança** que impugnava a concessão ou o indeferimento da tutela provisória.

Inclusive todos os institutos relacionados com a tutela provisória são compatíveis com o processo laboral e devem ser aplicados por conta da omissão da CLT e diante do mandamento contido no art. 3º, VI, da Instrução Normativa nº 39/2016 do TST.

14.3. Sentença

Terminada a instrução, poderão as partes aduzir **razões finais**, em prazo não excedente de **10 minutos** para cada uma. Em seguida, o juiz renovará a proposta de conciliação, e não se realizando esta, será proferida a decisão (CLT. Art. 850).

O art. 493 do CPC, que admite a invocação de fato constitutivo, modificativo ou extintivo do direito, superveniente à propositura da ação, é aplicável de ofício aos processos em curso em qualquer instância trabalhista. Cumpre ao juiz ou tribunal ouvir as partes sobre o fato novo antes de decidir (TST. Súmula nº 394. Res. nº 208/2016).

Da decisão deverão constar (CLT. Art. 832):

- o nome das partes;
- o resumo do pedido e da defesa;
- a apreciação das provas;
- os fundamentos da decisão;
- a conclusão;
- fixação das custas que devam ser pagas pela parte vencida.

Note-se que nos processos submetidos ao rito sumaríssimo, **dispensa-se o relatório.**

No caso de **colisão entre normas**, o juiz deve justificar o **objeto e os critérios gerais da ponderação efetuada**, enunciando as razões que autorizam a interferência na norma afastada e as premissas fáticas que fundamentam a conclusão (art.

489, § 2º do CPC aplicado ao processo do trabalho de acordo com o art. 3º, IX, da IN nº 39/16).

Quando a decisão concluir pela procedência do pedido, determinará o prazo e as condições para o seu cumprimento.

Da decisão serão os litigantes notificados, pessoalmente, ou por seu representante na própria audiência. No caso de revelia, **a notificação será feita pelo correio ou pelas demais formas prevista pela CLT.**

Erro material ➜ Existindo na decisão evidentes erros ou enganos de escrita, de datilografia ou de cálculo, poderão os mesmos, antes da execução, ser corrigidos de ofício ou a requerimento dos interessados ou da Procuradoria da Justiça do Trabalho.

Coisa julgada ➜ É vedado aos órgãos da Justiça do Trabalho conhecer de questões já decididas (coisa julgada), excetuados o erro material e as hipóteses onde é cabível a ação rescisória, que será admitida na forma do CPC, sujeita ao **depósito prévio de 20%** do valor da causa, salvo prova de miserabilidade jurídica do autor.

Não se considera fundamentada qualquer decisão judicial, seja ela interlocutória, sentença ou acórdão, que (art. 489, § 1º, do CPC, aplicado ao processo do trabalho diante do preceito contido no art. 15 da IN nº 39/16 do TST):

a) se limitar à indicação, à reprodução ou à paráfrase de **ato normativo**, sem explicar sua relação com a causa ou a questão decidida;

b) **empregar conceitos jurídicos indeterminados**, sem explicar o motivo concreto de sua incidência no caso;

c) invocar motivos que se prestariam a justificar qualquer outra decisão;

d) não enfrentar **todos os argumentos** deduzidos no processo capazes de, em tese, infirmar a conclusão adotada pelo julgador;

e) se limitar a invocar precedente ou enunciado de súmula, sem identificar seus fundamentos determinantes nem demonstrar que o caso sob julgamento se ajusta àqueles fundamentos;

f) deixar de seguir enunciado de súmula, jurisprudência ou precedente invocado pela parte, sem demonstrar a existência de distinção no caso em julgamento ou a superação do entendimento.

Considera-se **"precedente" apenas:**

a) acórdão proferido pelo Supremo Tribunal Federal ou pelo Tribunal Superior do Trabalho em julgamento de **recursos repetitivos** (CLT. Art. 896-B; CPC. art. 1.046, § 4º);

b) entendimento firmado em incidente de resolução de demandas repetitivas - IRDR ou de assunção de competência - IAC;

c) decisão do Supremo Tribunal Federal em **controle concentrado de constitucionalidade**;

d) decisão do plenário, do órgão especial ou de seção especializada competente para **uniformizar a jurisprudência do tribunal** a que o juiz estiver vinculado ou do Tribunal Superior do Trabalho.

14.4. Vedação da decisão surpresa

Aplicam-se ao Processo do Trabalho as normas do CPC que regulam o princípio do contraditório, em especial os artigos 9º e 10, **que vedam a decisão surpresa** (IN nº 39/16 do TST. Art. 4º)

Conceito ➧ Decisão surpresa é aquela que, no julgamento final do mérito da causa, em qualquer grau de jurisdição, aplicar fundamento jurídico ou embasar-se em fato **não submetido à audiência prévia de uma ou de ambas as partes**.

Não se considera "decisão surpresa" ➧ aquela que, à luz do ordenamento jurídico nacional e dos princípios que informam o Direito Processual do Trabalho, **as partes tinham obrigação de prever**, concernente aos pressupostos de admissibilidade de recurso e aos pressupostos processuais, salvo disposição legal expressa em contrário.

14.5. Julgamento liminar do pedido

Nas causas que dispensem a **fase instrutória**, o juiz, independentemente da citação do réu, **julgará liminarmente improcedente o pedido que contrariar** (art. 332 do CPC aplicado com adaptações ao processo do trabalho de acordo com o art. 7º, da IN nº 39/16):

- enunciado de **súmula** do Supremo Tribunal Federal ou do Tribunal Superior do Trabalho;
- acórdão proferido pelo Supremo Tribunal Federal ou pelo Tribunal Superior do Trabalho em **julgamento de recursos repetitivos**;
- entendimento firmado em **incidente de resolução de demandas repetitivas - IRDR ou de assunção de competência - IAC**;
- enunciado de **súmula de Tribunal Regional do Trabalho** sobre direito local, convenção coletiva de trabalho, acordo coletivo de trabalho,

sentença normativa ou regulamento empresarial de observância obrigatória em área territorial que não exceda à jurisdição do respectivo Tribunal.

O juiz também poderá julgar liminarmente improcedente o pedido se verificar, desde logo, a ocorrência de **decadência**.

14.6. Julgamento antecipado parcial do mérito

A sentença definitiva pode ser total ou parcial. No primeiro caso, a decisão analisa toda a pretensão do autor, enquanto que na sentença parcial antecipada o juiz **aprecia apenas parte dos pedidos**.

Esse procedimento foi introduzido no ordenamento jurídico pátrio pelo CPC de 2015 (aplicado ao processo do trabalho por força do preceito contido no art. 5º, da Instrução Normativa nº 39/2016 do TST) mais precisamente pelo seu art. 356 e pode ser adotada quando um ou mais pedidos se **mostrar incontroverso ou estiver em condições de imediato julgamento.**

14.7. Efeitos acessórios da sentença

A. Hipoteca judicial

A hipoteca constitui forma de garantia real de cumprimento de obrigação. O art. 495 do CPC, aplicado ao processo laboral (art. 17 da IN nº 39/16 do TST), estabelece expressamente que a sentença vale como **título constitutivo de hipoteca**, nesse caso denominada de hipoteca judicial, já que não depende da vontade das partes (hipoteca convencional) ou se origina por determinação legal (hipoteca legal).

B. Protesto

O protesto é o ato formal e solene pelo qual se prova a inadimplência e o descumprimento de obrigação originada em títulos e outros documentos de dívida (art. 1º, caput, da Lei nº 9.492/97).

Ao contrário do que ocorre com a hipoteca judicial, a sentença **só pode ser protestada em cartório de protesto de títulos depois de transcorrido o prazo de quarenta e cinco dias** a contar da citação do executado, se não houver garantia do juízo (CLT. Art. 883-A, introduzido pela Lei nº 13.467/17).

C. Cadastro de inadimplentes

Além da inserção do nome do devedor no Banco Nacional de Devedores Trabalhistas – BNDT, que possibilita o fornecimento de certidão negativa de débitos trabalhistas - CNDT (art. 642-A da CLT), o CPC prevê a hipótese do devedor judicial ter seu nome incluído em outros bancos de dados de inadimplentes.

Esse mandamento está contido nos parágrafos 3º a 5º, do art. 782 do CPC, aplicado subsidiariamente ao processo laboral de acordo com o art. 17 da Instrução Normativa nº 39/2016 do TST.

Entretanto, essa inclusão só pode ser feita depois de transcorrido o prazo de **quarenta e cinco dias** a contar da citação do executado, se não houver garantia do juízo (CLT. Art. 883-A, introduzido por meio da Lei nº 13.467/17).

15. A SENTENÇA E AS CONTRIBUIÇÕES SOCIAIS

Compete à Justiça do Trabalho processar e julgar a execução, de ofício, das **contribuições sociais previstas no art. 195, I, a, e II,** e seus acréscimos legais, decorrentes das sentenças que proferir, inclusive aquela referente ao Seguro de Acidente de Trabalho (SAT), que tem natureza de contribuição para a seguridade social (CF/88. Arts. 114, VIII, e 195, I, "a". CLT. Art. 876, parágrafo único, com redação dada pela Lei nº 13.467/17), pois se destina ao financiamento de benefícios relativos à incapacidade do empregado decorrente de infortúnio no trabalho (TST. Súmula nº 454. Res. nº 194/2014).

Desse modo, as decisões cognitivas ou homologatórias deverão sempre **indicar a natureza jurídica das parcelas constantes da condenação ou do acordo homologado**, inclusive o limite de responsabilidade de cada parte pelo recolhimento da contribuição previdenciária, se for o caso.

A União será intimada **das decisões homologatórias de acordos que contenham parcela indenizatória**, facultada a interposição de recurso relativo aos tributos que lhe forem devidos.

Intimada da sentença, a União poderá interpor recurso relativo à discriminação das parcelas objeto do acordo homologado.

Intangibilidade dos créditos da União ➔ O acordo celebrado **após** o trânsito em julgado da sentença ou após a elaboração dos cálculos de liquidação de sentença não prejudicará os créditos da União.

Assim, é devida a contribuição previdenciária sobre o valor do acordo celebrado e homologado após o trânsito em julgado de decisão judicial, **respeitada a proporcionalidade** de valores entre as parcelas de natureza salarial e indenizatória deferidas na decisão condenatória e as parcelas objeto do acordo (TST. SDI-1. OJ nº 376. DEJT 22.04.2010).

O Ministro de Estado da Fazenda poderá, mediante ato fundamentado, **dispensar a manifestação da União** nas decisões homologatórias de acordos em que o montante da parcela indenizatória envolvida ocasionar perda de escala decorrente da atuação do órgão jurídico.

Nos acordos homologados em juízo em que não haja o reconhecimento de vínculo empregatício, é devido o recolhimento da contribuição previdenciária, mediante a alíquota de **20% a cargo do tomador de serviços** e de **11% por parte do prestador de serviços**, na qualidade de **contribuinte individual**, sobre o valor total do acordo, respeitado o teto de contribuição. Inteligência do § 4º do art. 30 e do inciso III do art. 22, todos da Lei nº 8.212, de 24.07.1991 (TST. SDI-1. OJ nº 398. DEJT 04.08.2010).

16. RECURSOS

Na Justiça do Trabalho os recursos serão interpostos por simples petição e **terão efeito meramente devolutivo**, salvo as exceções previstas na CLT, permitida a execução provisória até a penhora (CLT. Art. 899).

Nos Tribunais, **compete ao relator** decidir sobre o pedido de antecipação de tutela, submetendo sua decisão ao Colegiado respectivo, independentemente de pauta, na sessão imediatamente subsequente (TST. SDI-2. OJ nº 68. DJ 22.08.2005).

Ainda cabe ao relator, segundo o art. 932 do CPC, aplicado ao processo do trabalho de acordo com a Súmula nº 435 do TST (Res. nº 208/2016):

> I - dirigir e ordenar o processo no tribunal, inclusive em relação à produção de prova, bem como, quando for o caso, homologar autocomposição das partes;
>
> II - apreciar o pedido de tutela provisória nos recursos e nos processos de competência originária do tribunal;
>
> III - não conhecer de recurso inadmissível, prejudicado ou que não tenha impugnado especificamente os fundamentos da decisão recorrida;
>
> IV - negar provimento a recurso que for contrário a:
>
> a) súmula do Supremo Tribunal Federal, do Superior Tribunal de Justiça ou do próprio tribunal;
>
> b) acórdão proferido pelo Supremo Tribunal Federal ou pelo Superior Tribunal de Justiça em julgamento de recursos repetitivos;

c) entendimento firmado em incidente de resolução de demandas repetitivas ou de assunção de competência;

V - depois de facultada a apresentação de contrarrazões, dar provimento ao recurso se a decisão recorrida for contrária a:

a) súmula do Supremo Tribunal Federal, do Superior Tribunal de Justiça ou do próprio tribunal;

b) acórdão proferido pelo Supremo Tribunal Federal ou pelo Superior Tribunal de Justiça em julgamento de recursos repetitivos;

c) entendimento firmado em incidente de resolução de demandas repetitivas ou de assunção de competência;

VI - decidir o incidente de desconsideração da personalidade jurídica, quando este for instaurado originariamente perante o tribunal;

VII - determinar a intimação do Ministério Público, quando for o caso;

VIII - exercer outras atribuições estabelecidas no regimento interno do tribunal.

A tabela a seguir contém os principais recursos admitidos no processo do trabalho:

Recurso	Previsão legal	Cabimento
Recurso ordinário	Art. 895, CLT	– Das decisões definitivas proferidas nas Varas do Trabalho; – Das decisões definitivas dos TRT's, em processos de sua competência originária.
Recurso de revista	Art. 896, CLT	Das decisões proferidas em grau de recurso ordinário, em dissídio individual, pelos Tribunais Regionais do Trabalho: a) Derem ao mesmo dispositivo de lei federal interpretação diversa da que lhe houver dado outro Tribunal Regional do Trabalho, no seu Pleno ou Turma, ou a Seção de Dissídios Individuais do Tribunal Superior do Trabalho, ou contrariarem súmula de jurisprudência uniforme dessa Corte ou súmula vinculante do Supremo Tribunal Federal; b) Derem ao mesmo dispositivo de lei estadual, Convenção Coletiva de Trabalho, Acordo Coletivo, sentença normativa ou regulamento empresarial de observância obrigatória em área territorial que exceda a jurisdição do Tribunal Regional prolator da decisão recorrida, interpretação divergente, na forma do item anterior; c) Proferidas com violação literal de disposição de lei federal ou afronta direta e literal à Constituição Federal.

Recurso	Previsão legal	Cabimento
Agravo de instrumento	Art. 897, "b", CLT	Dos despachos que denegarem a interposição de recursos.
Agravo de petição	Art. 897, "a", CLT	Das decisões do juiz nas execuções.
Embargos de declaração	Art. 897-A, CLT e 1.022 do CPC	• esclarecer obscuridade ou eliminar contradição; • suprir omissão de ponto ou questão sobre o qual devia se pronunciar o juiz de ofício ou a requerimento; • corrigir erro material.
Embargos de divergência	Art. 894, II, CLT	Das decisões das Turmas que divergirem entre si ou das decisões proferidas pela Seção de Dissídios Individuais, ou contrárias a súmula ou orientação jurisprudencial do Tribunal Superior do Trabalho ou súmula vinculante do Supremo Tribunal Federal.
Embargos infringentes	Art. 894, I, "a", CLT	Das decisões não unânimes de julgamento que conciliar, julgar ou homologar conciliação em dissídios coletivos que excedam a competência territorial dos Tribunais Regionais do Trabalho e estender ou rever as sentenças normativas do Tribunal Superior do Trabalho, nos casos previstos em lei.
Recurso adesivo	Súmula nº 283 do TST. Res. nº 121/2003 e art. 997, §§ 1º e 2º, CPC	O recurso adesivo é compatível com o processo do trabalho e cabe, no prazo de oito dias, nas hipóteses de interposição de recurso ordinário, de agravo de petição, de revista e de embargos, sendo desnecessário que a matéria nele veiculada esteja relacionada com a do recurso interposto pela parte contrária.
Pedido de revisão	Art. 2º, § 1º, Lei nº 5.584/70	Das decisões do juiz que rejeita o pedido de impugnação ao valor por ele atribuído à causa.
Agravo interno (agravo regimental)	Art.1.021 e seguintes do CPC	Contra decisão proferida pelo relator caberá agravo interno para o respectivo órgão colegiado, observadas, quanto ao processamento, as regras do regimento interno do tribunal.
Recurso extraordinário	Art. 102, CF/88.	Das decisões de última ou única instância que: a) contrariar dispositivo da Constituição; b) declarar a inconstitucionalidade de tratado ou lei federal; c) julgar válida lei ou ato de governo local contestado em face da Constituição; d) julgar válida lei local contestada em face de lei federal.

Recurso	Previsão legal	Cabimento
Reclamação correicional	Regimento interno	Para corrigir erros, abusos e atos contrários à boa ordem processual e que importem em atentado a fórmulas legais de processo, quando para o caso não haja recurso ou outro meio processual específico.

16.1. Requisitos de admissibilidade e princípios dos recursos

Os requisitos de um recurso dizem respeito à legitimidade, capacidade, interesse (intrínsecos e subjetivos) adequação, tempestividade e ao preparo (extrínsecos e objetivos). Determinados recursos ainda exigem que a decisão impugnada esteja em desacordo com a jurisprudência ou súmula dos tribunais superiores.

Sobre a admissibilidade dos recursos, devem ser observadas as seguintes regras:

- Não se conhece de recurso para o Tribunal Superior do Trabalho se as razões do recorrente **não impugnam os fundamentos da decisão recorrida**, nos termos em que proferida (TST. Súmula nº 422, I. Res. nº 199/2015), salvo em relação à motivação secundária e impertinente, consubstanciada em despacho de admissibilidade de recurso ou em decisão monocrática (TST. Súmula nº 422, II. Res. nº 199/2015);
- Inaplicável a exigência anterior relativamente ao recurso ordinário da competência de Tribunal Regional do Trabalho, exceto em caso de recurso cuja motivação é inteiramente dissociada dos fundamentos da sentença (TST. Súmula nº 422, III. Res. nº 199/2015).

Assim, em regra, o juízo que proferiu a sentença examina se estão presentes os requisitos de admissibilidade do recurso, inclusive em relação ao recurso ordinário. Portanto, **não se aplica o art. 1.010, § 3º do CPC ao processo do trabalho**, conforme previsão contida no art. 2º, XI, da Instrução Normativa nº 39/16 do TST.

A. Princípio da fungibilidade

Por esse princípio **o juiz deve receber determinado recurso**, mesmo que tenha sido denominado com outra expressão, desde que estejam presentes os seus requisitos de admissibilidade extrínsecos e intrínsecos e que não constitua um erro grosseiro.

É o caso do recurso ordinário interposto contra despacho monocrático indeferitório da petição inicial de ação rescisória ou de mandado de segurança que pode, pelo princípio de fungibilidade recursal, **ser recebido como agravo**

regimental (agravo interno). Hipótese de não conhecimento do recurso pelo TST e devolução dos autos ao TRT, para que aprecie o apelo como agravo regimental (TST. SDI-2. OJ nº 69. DJ 20.09.2000).

Erro grosseiro ➔ A interposição de recurso de revista de decisão definitiva de TRT em ação rescisória ou em mandado de segurança, com fundamento em violação legal e divergência jurisprudencial e remissão expressa ao art. 896 da CLT, configura erro grosseiro, **insuscetível de autorizar o seu recebimento como recurso ordinário**, em face do disposto no art. 895, "b", da CLT (TST. SDI-2. OJ nº 152. DEJT 05.12.2008).

B. Tempestividade

Os recursos, no processo do trabalho, devem ser interpostos no prazo genérico de **oito dias** (art. 1º, § 2º da IN nº 39/16 do TST) A exceção fica por conta dos **embargos declaratórios**, que seguem o prazo de **cinco dias.**

Em relação à tempestividade, devem-se observar as seguintes diretrizes:

- o prazo para recurso da parte que, intimada, não comparecer à audiência em prosseguimento para a prolação da sentença **conta-se de sua publicação** (TST. Súmula nº 197. Res. nº 121/2003);.
- incumbe à parte o ônus de provar, quando da interposição do recurso, **a existência de feriado local** que autorize a prorrogação do prazo recursal (art. 1.003, § 6º, do CPC de 2015). No caso de o recorrente alegar a existência de feriado local e não o comprovar no momento da interposição do recurso, **cumpre ao relator conceder o prazo de 5 (cinco) dias** para que seja sanado o vício (art. 932, parágrafo único, do CPC de 2015), sob pena de não conhecimento se da comprovação depender a tempestividade recursal (TST. Súmula nº 385. Res. nº 220/2017);
- quando não juntada a ata ao processo em 48 horas, contadas da audiência de julgamento (art. 851, § 2º, da CLT), **o prazo para recurso será contado da data em que a parte receber a intimação da sentença** (TST. Súmula nº 30. Res. nº 121/2003);
- a contagem do quinquídio para apresentação dos originais de recurso interposto por intermédio de fac-símile **começa a fluir do dia subsequente ao término do prazo recursal**, nos termos do art. 2º da Lei 9.800/1999, e não do dia seguinte à interposição do recurso, se esta se deu antes do termo final do prazo (TST. Súmula nº 387, II. Res. nº 208/2016);
- Não se tratando a juntada dos originais de ato que dependa de notificação, pois a parte, ao interpor o recurso, **já tem ciência de seu ônus processual**, não se aplica a regra do art. 224 do CPC de 2015 quanto ao

"dies a quo", podendo coincidir com sábado, domingo ou feriado (TST. Súmula nº 387, III. Res. nº 208/2016);

- A autorização para utilização do fac-símile, constante do art. 1º da Lei n.º 9.800/1999, **somente alcança as hipóteses em que o documento é dirigido diretamente ao órgão jurisdicional**, não se aplicando à transmissão ocorrida entre particulares (TST. Súmula nº 387, IV. Res. nº 208/2016).

C. Preparo

Sendo a condenação de até determinado valor, anualmente definido e corrigido por ato do TST, pela variação acumulada do INPC do IBGE, nos dissídios individuais, **só será admitido o recurso inclusive o extraordinário, mediante prévio depósito da respectiva importância.**

Transitada em julgado a decisão recorrida, ordenar-se-á o levantamento imediato da importância de depósito, em favor da parte vencedora, por simples despacho do juiz (CLT. Art. 899. § 1º).

Devem ser observadas as seguintes regras quanto ao depósito recursal:

- será feito em **conta vinculada ao juízo** e corrigido com os mesmos índices da poupança (CLT. Art. 899. § 4º, com redação dada pela Lei nº 13.467/17);
- será reduzido **pela metade para entidades** sem fins lucrativos, empregadores domésticos, microempreendedores individuais, microempresas e empresas de pequeno porte (CLT. Art. 899. § 9º, inserido pela Lei nº 13.467/17);
- são **isentos** do depósito recursal os beneficiários da justiça gratuita, as entidades filantrópicas e as empresas em recuperação judicial (CLT. Art. 899. § 10, inserido pela Lei nº 13.467/17);
- poderá ser substituído por **fiança bancária ou seguro garantia judicial** (CLT. Art. 899. § 11, inserido pela Lei nº 13.467/17);
- deve ser feito e comprovado no prazo alusivo ao recurso. A interposição antecipada deste não prejudica a dilação legal (TST. Súmula nº 245. Res. nº 121/2003).

Garantido o juízo, na fase executória, **a exigência de depósito para recorrer de qualquer decisão viola os incisos II e LV do art. 5º da CF/1988**.

Havendo, porém, elevação do valor do débito, exige-se a **complementação da garantia do juízo** (TST. Súmula nº 128, II. Res. nº 121/2003).

Se não há condenação a pagamento em pecúnia, descabe o depósito recursal (TST. Súmula nº 161. Res. nº 121/2003).

Tratando-se de condenação de valor indeterminado, **o depósito corresponderá ao que for arbitrado**, para efeito de custas, pelo juiz, até o limite estabelecido pelo TST. Quando o valor da condenação, ou o arbitrado para fins de custas, exceder esse limite, o depósito para fins de recursos será limitado a este valor.

É ônus da parte recorrente efetuar o depósito legal, integralmente, **em relação a cada novo recurso interposto**, sob pena de deserção. Atingido o valor da condenação, nenhum depósito mais é exigido para qualquer recurso (TST. Súmula nº 128, I. Res. nº 121/2003).

Havendo condenação solidária de duas ou mais empresas, o depósito recursal efetuado por uma delas **aproveita as demais**, quando a empresa que efetuou o depósito não pleiteia sua exclusão da lide (TST. Súmula nº 128, III. Res. nº 121/2003).

Em caso de recolhimento insuficiente, somente haverá deserção do recurso se, **concedido o prazo de 5 (cinco)** dias previsto o recorrente não complementar e comprovar o valor devido. (TST. SDI-1. OJ nº 140. Res. nº 220/2017).

Constitui ônus da parte recorrente, sob pena de deserção, **depositar previamente a multa aplicada** pela interposição de agravo interno manifestamente inadmissível ou improcedente em votação unânime, à exceção da Fazenda Pública e do beneficiário de justiça gratuita, que farão o pagamento ao final. (TST. SDI-1. OJ nº 389. Res. nº 209/2016).

O recolhimento do valor da multa imposta como sanção por litigância de má-fé (art. 81 do CPC) não é pressuposto objetivo para interposição dos recursos de natureza trabalhista (TST. SDI-1. OJ nº 409. Res. nº 209/2016).

Antes de considerar inadmissível o recurso, o relator concederá o prazo de cinco dias ao recorrente para que seja sanado vício ou complementada a documentação exigível, na forma prevista pelo parágrafo único do art. 932 do CPC, aplicado ao processo do trabalho conforme previsão contida no art. 10 da IN nº 39/16 do TST. O parágrafo único desse mesmo preceito regulamentar prescreve que: "A insuficiência no valor do preparo do recurso, no Processo do Trabalho, para os efeitos do § 2º do art. 1007 do CPC, concerne unicamente às custas processuais, não ao depósito recursal".

D. Legitimidade

A legitimidade para recorrer é de quem sucumbiu no processo, o juridicamente interessado e o Ministério Público, nos casos em que a lei prevê.

O Ministério Público do Trabalho **não tem legitimidade para recorrer na defesa de interesse patrimonial privado, ainda que de empresas públicas e sociedades de economia mista** Contudo, há legitimidade do Ministério Público do Trabalho para recorrer de decisão que declara a existência de vínculo empregatício com sociedade de economia mista ou empresa pública, após a Constituição Federal de 1988, sem a prévia aprovação em concurso público, pois é matéria de ordem pública (TST. SDI-1. OJ nº 237. Res. nº 210/2016).

Verificada a total ausência de assinatura no recurso, o juiz ou o relator concederá prazo de 5 (cinco) dias para que seja sanado o vício. Descumprida a determinação, o recurso será reputado inadmissível (art. 932, parágrafo único, do CPC de 2015). Contudo, é válido o recurso assinado, ao menos, na petição de apresentação ou nas razões recursais (TST. SDI-1. OJ nº 120. Res. nº 212/2016).

16.2. Embargos declaratórios

Cabe embargos de declaração da sentença ou acórdão, no prazo de cinco dias, devendo seu julgamento ocorrer na primeira audiência ou sessão subsequente a sua apresentação, registrado na certidão, admitido efeito modificativo da decisão nos casos de omissão e contradição no julgado e manifesto equívoco no exame dos pressupostos extrínsecos do recurso (CLT. Art. 897-A).

É **em dobro** o prazo para a interposição de embargos declaratórios por pessoa jurídica de direito público (TST. SDI-1. OJ nº 192. DJ 08.11.2000).

A natureza da omissão suprida pelo julgamento de embargos declaratórios pode ocasionar efeito modificativo no julgado (TST. Súmula nº 278. Res. 121/2003). É passível de nulidade decisão que acolhe embargos de declaração com efeito modificativo sem que seja concedida oportunidade de manifestação prévia à parte contrária (TST. SDI-1. OJ nº142. Res. nº 214/2016).

Cabem embargos de declaração da decisão monocrática do relator prevista no art. 932 do CPC se a parte pretende tão somente juízo integrativo retificador da decisão e, não, modificação do julgado (TST. Súmula nº 421, I. Res. nº 208/2016).

Se a parte postular a revisão no mérito da decisão monocrática, cumpre ao relator **converter os embargos de declaração em agravo**, em face dos princípios da fungibilidade e celeridade processual, submetendo-o ao pronunciamento do Colegiado, após a intimação do recorrente para, no prazo de 5 (cinco) dias, complementar as razões recursais, de modo a ajustá-las às exigências do art. 1.021, § 1º, do CPC de 2015 (TST. Súmula nº 421, II. Res. nº 208/2016).

Ocorre preclusão se não forem opostos embargos declaratórios para suprir omissão apontada em recurso de revista ou de embargos (TST. Súmula nº 184. Res. nº 121/2003).

Diz-se **prequestionada** a matéria ou questão quando na decisão impugnada haja sido adotada, explicitamente, tese a respeito. Incumbe à parte interessada, desde que a matéria haja sido invocada no recurso principal, opor embargos declaratórios objetivando o pronunciamento sobre o tema, sob pena de preclusão (TST. Súmula nº 297. Res. nº 121/2003).

Se mesmo após a interposição de embargos declaratórios, não há pronunciamento judicial, **considera-se a matéria prequestionada**, nos termos do preceito contido no art. 1.025 do CPC, aplicado ao processo do trabalho nos termos do art. 9º, parágrafo único, IN nº 39/16, mas com a seguinte adaptação: "A omissão para fins do prequestionamento ficto a que alude o art. 1025 do CPC dá-se no caso de o Tribunal Regional do Trabalho, mesmo instado mediante embargos de declaração, recusar-se a emitir tese sobre questão jurídica pertinente, na forma da Súmula nº 297, item III, do Tribunal Superior do Trabalho".

16.3. Recurso ordinário

Cabe recurso ordinário para a instância superior, **no prazo de oito dias**:

- das decisões definitivas ou terminativas das Varas e Juízos;
- das decisões definitivas ou terminativas dos Tribunais Regionais, em processos de sua competência originária, quer nos dissídios individuais, quer nos dissídios coletivos.

Interposto o recurso ordinário, o juiz terá 5 (cinco) dias para se retratar, quando a sentença for de extinção do processo sem a resolução do mérito. Esse preceito está contido no art. 485, § 7º do CPC, aplicado ao processo laboral conforme art. 3º, VIII, da IN nº 39/16 do TST.

O efeito devolutivo em profundidade do recurso ordinário, que se extrai do § 1º do art. 1.013 do CPC, transfere ao Tribunal a apreciação dos fundamentos da inicial ou da defesa, **não examinados pela sentença**, ainda que não renovados em contrarrazões, desde que relativos ao capítulo impugnado. Se o processo estiver em condições, o tribunal, ao julgar o recurso ordinário, **deverá decidir desde logo o mérito da causa**, nos termos do § 3º do art. 1.013 do CPC, inclusive quando constatar a omissão da sentença no exame de um dos pedidos (TST. Súmula nº 393. Res. nº 208/2016).

Da decisão de TRT em mandado de segurança cabe **recurso ordinário**, no prazo de 8 dias, para o TST, e igual dilação para o recorrido e interessados apresentarem razões de contrariedade (TST. Súmula nº 201. Res. nº 121/2003).

16.4. Agravo de petição

Cabe agravo de petição, no prazo de **oito dias**, das decisões do Juiz **nas execuções.**

O agravo de petição só será recebido quando o agravante **delimitar**, justificadamente, **as matérias e os valores impugnados**, permitida a execução imediata da parte remanescente até o final, nos próprios autos ou por carta de sentença.

O agravo será julgado pelo próprio tribunal, presidido pela autoridade recorrida, salvo se se tratar de decisão de Juiz do Trabalho de 1ª Instância ou de Juiz de Direito, quando o julgamento competirá a **uma das Turmas do Tribunal Regional** a que estiver subordinado o prolator da sentença, a quem este remeterá as peças necessárias para o exame da matéria controvertida, em autos apartados, ou nos próprios autos, se tiver sido determinada a extração de carta de sentença.

Quando o agravo de petição versar apenas sobre as **contribuições sociais**, o juiz da execução determinará a extração de cópias das peças necessárias, que serão autuadas em apartado e remetidas à instância superior para apreciação, após contraminuta.

Devendo o agravo de petição delimitar justificadamente a matéria e os valores objeto de discordância, **não fere direito líquido e certo o prosseguimento da execução quanto aos tópicos e valores não especificados no agravo** (TST. Súmula nº 416. Res. nº 137/2005).

16.5. Recurso de revista

Cabe recurso de revista para Turma do TST **das decisões proferidas em grau de recurso ordinário**, em dissídio individual, pelos Tribunais Regionais do Trabalho, quando (CLT. Art. 896):

- Derem ao mesmo dispositivo **de lei federal interpretação diversa** da que lhe houver dado outro Tribunal Regional do Trabalho, no seu Pleno ou Turma, ou a Seção de Dissídios Individuais do Tribunal Superior do Trabalho, ou contrariarem súmula de jurisprudência uniforme dessa Corte ou súmula vinculante do Supremo Tribunal Federal;
- Derem ao mesmo **dispositivo de lei estadual**, **Convenção Coletiva de Trabalho, Acordo Coletivo, sentença normativa ou regulamento empresarial** de observância obrigatória em área territorial que exceda a jurisdição do Tribunal Regional prolator da decisão recorrida, interpretação divergente, na forma do item anterior;
- Proferidas com violação literal de **disposição de lei federal** ou **afronta direta e literal à Constituição Federal**.
- Nas causas sujeitas ao procedimento sumaríssimo, somente será admitido recurso de revista por **contrariedade a súmula** de jurisprudência uniforme do **Tribunal Superior do Trabalho** ou a **súmula vinculante**

do Supremo Tribunal Federal e por **violação direta da Constituição Federal.**

- por violação a lei federal, por divergência jurisprudencial e por ofensa à Constituição Federal nas execuções fiscais e nas controvérsias da fase de execução que envolvam a Certidão Negativa de Débitos Trabalhistas (CNDT).

Requisitos intrínsecos do recurso de revista (CLT. Art. 896. § 1º-A):

- indicar o trecho da decisão recorrida que consubstancia o prequestionamento da controvérsia objeto do recurso de revista;
- indicar, de forma explícita e fundamentada, contrariedade a dispositivo de lei, súmula ou orientação jurisprudencial do Tribunal Superior do Trabalho que conflite com a decisão regional;
- expor as razões do pedido de reforma, impugnando todos os fundamentos jurídicos da decisão recorrida, inclusive mediante demonstração analítica de cada dispositivo de lei, da Constituição Federal, de súmula ou orientação jurisprudencial cuja contrariedade aponte;
- transcrever na peça recursal, no caso de suscitar preliminar de nulidade de julgado por negativa de prestação jurisdicional, **o trecho dos embargos declaratórios** em que foi pedido o pronunciamento do tribunal sobre questão veiculada no recurso ordinário e o trecho da decisão regional que rejeitou os embargos quanto ao pedido, para cotejo e verificação, de plano, da ocorrência da omissão (requisito introduzido pela Lei nº 13.467/17).

Não cabe Recurso de Revista:

- das decisões proferidas em execução de sentença, inclusive em processo incidente de embargos de terceiro, salvo na hipótese de ofensa direta e literal de norma da Constituição Federal (CLT. Art. 896, § 2º);
- quando houver jurisprudência firme do TST no mesmo sentido da decisão impugnada, salvo se houver colisão com a jurisprudência do STF (STF. Súmula nº 401);
- se a decisão recorrida resolver determinado item do pedido por diversos fundamentos e a jurisprudência transcrita não abranger a todos (TST. Súmula nº 23. Res. nº 121/2003);
- das decisões superadas por iterativa, notória e atual jurisprudência do TST (TST. Súmula nº 333. Res. nº 155/2009);

- nas causas sujeitas ao procedimento sumaríssimo, a admissibilidade de recurso de revista **está limitada à demonstração de violação direta a dispositivo da Constituição Federal ou contrariedade a Súmula do Tribunal Superior do Trabalho**, não se admitindo o recurso **por contrariedade a Orientação Jurisprudencial** deste Tribunal ante a ausência de previsão no art. 896, § 6º, da CLT (TST. Súmula nº 442. Res. nº 185/2012);
- fundado tão somente em divergência jurisprudencial, se a parte não comprovar que a lei estadual, a norma coletiva ou o regulamento da empresa extrapolam o âmbito do TRT prolator da decisão recorrida (TST. SDI-1. OJ nº 147, I. DJ 20.04.2005);
- para reexame de fatos e provas (TST. Súmula nº 126).

A. Divergência jurisprudencial

A divergência jurisprudencial, como pressuposto intrínseco de admissibilidade do recurso de revista, deve observar algumas regras, tais como:

- A divergência apta a ensejar o recurso de revista **deve ser atual**, não se considerando como tal a ultrapassada por súmula do Tribunal Superior do Trabalho ou do Supremo Tribunal Federal, ou superada por iterativa e notória jurisprudência do Tribunal Superior do Trabalho (CLT. Art. 896, § 7º);
- há de ser **específica,** revelando a existência de **teses diversas na interpretação de um mesmo dispositivo legal**, embora idênticos os fatos que as ensejaram (TST. Súmula nº 296, I. Res. nº 129/2005);
- Não é servível ao conhecimento de recurso de revista aresto **oriundo de mesmo TRT**, salvo se o recurso houver sido interposto anteriormente à vigência da Lei nº 9.756/1998 (TST. SDI-1. OJ nº 111. DJ 20.04.2005);
- É válida a invocação de Orientação Jurisprudencial do TST, desde que, das razões recursais, conste o seu número ou conteúdo (TST. SDI-1. OJ nº 219. DJ 02.04.2001);
- deve-se juntar a certidão ou cópia autenticada do acórdão paradigma ou citar a fonte oficial ou o repositório autorizado em que foi publicado (TST. SDI-1. OJ nº 337, I, "a". Res. nº 220/2017);
- a existência do código de autenticidade na cópia, em formato pdf, do inteiro teor do aresto paradigma, juntada aos autos, torna-a equivalente ao documento original e também supre a ausência de indicação da fonte oficial de publicação (TST. SDI-1. OJ nº 337, V. Res. nº 220/2017);

- É necessário transcrever, nas razões recursais, as ementas e/ou trechos dos acórdãos trazidos à configuração do dissídio, demonstrando o conflito de teses que justifique o conhecimento do recurso, ainda que os acórdãos já se encontrem nos autos ou venham a ser juntados com o recurso (TST. SDI-1. OJ nº 337, I, "b". Res. nº 220/2017);
- É válida para a comprovação da divergência jurisprudencial justificadora do recurso a indicação de aresto extraído de repositório oficial na *internet*, sendo necessário que o recorrente transcreva o trecho divergente e aponte o sítio de onde foi extraído com a devida indicação do endereço do respectivo conteúdo na rede (*URL – Universal Resource Locator*). (TST. SDI-1. OJ nº 337, IV. Res. nº 220/2017).
- A mera indicação da data de publicação, em fonte oficial, de aresto paradigma é inválida para comprovação de divergência jurisprudencial (TST. SDI-1. OJ nº 337, III. Res. nº 220/2017).
- Quando o recurso fundar-se em dissenso de julgados, incumbe ao recorrente o ônus de produzir prova da divergência jurisprudencial, mediante certidão, cópia ou citação do repositório de jurisprudência, oficial ou credenciado, inclusive em mídia eletrônica, em que houver sido publicada a decisão divergente, ou ainda pela reprodução de julgado disponível na internet, com indicação da respectiva fonte, mencionando, em qualquer caso, as circunstâncias que identifiquem ou assemelhem os casos confrontados (CLT. Art. 896, § 8º).

B. Violação a dispositivo de lei federal

Sobre a violação de dispositivo de lei federal entendido como requisito para interposição do recurso de revista, incidem as seguintes regras:

- A admissibilidade do recurso de revista e de embargos por violação tem como pressuposto a indicação expressa do dispositivo de lei ou da Constituição tido como violado (TST. Súmula nº 221, I. Res. nº 185/2012);
- A admissibilidade do recurso de revista interposto de acórdão proferido em agravo de petição, na liquidação de sentença ou em processo incidente na execução, inclusive os embargos de terceiro, depende de demonstração inequívoca de violência direta à Constituição Federal (TST. Súmula nº 266. Res. nº 121/2003);
- A invocação expressa dos preceitos legais ou constitucionais tidos como violados não significa exigir da parte a utilização das expressões "contrariar", "ferir", "violar", etc (TST. Súmula nº 459. Res. nº 197/2015).

C. Prequestionamento

Diz-se prequestionada a matéria ou questão quando na decisão impugnada haja sido adotada, explicitamente, tese a respeito (TST. Súmula nº 297, I. Res. nº 121/2003).

Assim, é necessário observar o seguinte:

- incumbe à parte interessada, desde que a matéria haja sido invocada no recurso principal, opor embargos declaratórios objetivando o pronunciamento sobre o tema, sob pena de preclusão (TST. Súmula nº 297, II. Res. nº 121/2003);
- considera-se prequestionada a questão jurídica invocada no recurso principal sobre a qual se omite o Tribunal de pronunciar tese, não obstante opostos embargos de declaração (TST. Súmula nº 297, III. Res. nº 121/2003);
- é necessário o prequestionamento como pressuposto de admissibilidade em recurso de natureza extraordinária, ainda que se trate de incompetência absoluta (TST. SDI-1. OJ nº 62. DEJT 25.11.2010);
- havendo tese explícita sobre a matéria, na decisão recorrida, desnecessário contenha nela referência expressa do dispositivo legal para ter-se como prequestionado este (TST. SDI-1. OJ nº 118. DJ 20.11.1997);

  É inexigível o prequestionamento quando a violação indicada houver nascido na própria decisão recorrida. Inaplicável a Súmula n.º 297 do TST (TST. SDI-1. OJ nº 119. DEJT 18.11.2010);
- Decisão regional que simplesmente adota os fundamentos da decisão de primeiro grau não preenche a exigência do prequestionamento, tal como previsto na Súmula nº 297 (TST. SDI-1. OJ nº 151. DJ 27.11.1998);
- há necessidade de que haja, no acórdão, de maneira clara, elementos que levem à conclusão de que o Regional adotou uma tese contrária à lei ou a enunciado (TST. SDI-1. OJ nº 256. DJ 13.03.2002).

D. Transcendência

O TST, no recurso de revista, examinará previamente se a causa oferece transcendência com relação aos reflexos gerais de natureza econômica, política, social ou jurídica (CLT. Art. 896-A).

O juízo de admissibilidade do recurso de revista exercido pela **Presidência dos Tribunais Regionais do Trabalho** limita-se à análise dos pressupostos intrínsecos e extrínsecos do apelo, **não abrangendo o critério da transcendência**

das questões nele veiculadas (CLT. Art. 896-A, § 6º, introduzido pela Lei nº 13.467/17).

São indicadores de transcendência, entre outros (CLT. Art. 896-A, § 1º, introduzida pela Lei nº 13.467/17):

- **econômica**, o elevado valor da causa;
- **política**, o desrespeito da instância recorrida à jurisprudência sumulada do Tribunal Superior do Trabalho ou do Supremo Tribunal Federal;
- **social**, a postulação, por reclamante-recorrente, de direito social constitucionalmente assegurado;
- **jurídica**, a existência de questão nova em torno da interpretação da legislação trabalhista.

Poderá o relator, monocraticamente, denegar seguimento ao recurso de revista que não demonstrar transcendência, **cabendo agravo** (interno) desta decisão para o colegiado. Nesse caso, o recorrente poderá realizar sustentação oral sobre a questão da transcendência, durante cinco minutos em sessão. Mantido o voto do relator quanto à não transcendência do recurso, será lavrado acórdão com fundamentação sucinta, que constituirá **decisão irrecorrível no âmbito do tribunal.**

Além disso, **é irrecorrível** a decisão monocrática do relator que, **em agravo de instrumento em recurso de revista**, considerar ausente a transcendência da matéria.

E. Procedimento

O recurso de revista, **dotado de efeito apenas devolutivo,** será interposto perante o Presidente do Tribunal Regional do Trabalho, que, por decisão fundamentada, poderá recebê-lo ou denegá-lo (CLT Art. 896. § 1º).

Estando a decisão recorrida em consonância com enunciado da Súmula da jurisprudência do TST, poderá (é uma faculdade) o Ministro relator, indicando-o, negar seguimento ao recurso de revista, aos embargos ou ao agravo de instrumento. Será denegado seguimento ao recurso (obrigatoriedade) nas hipóteses de intempestividade, deserção, falta de alçada e ilegitimidade de representação, cabendo a interposição de agravo.

O relator do recurso de revista **poderá denegar-lhe seguimento**, em decisão monocrática, nas hipóteses de **intempestividade, deserção, irregularidade de representação ou de ausência de qualquer outro pressuposto extrínseco ou intrínseco de admissibilidade** (CLT. Art. 896. § 14 introduzido pela Lei nº 13.467/17).

Admitido o recurso de revista apenas em parte, constitui ônus da parte impugnar, mediante agravo de instrumento, **o capítulo denegatório da decisão**, sob pena de preclusão. Se houver omissão no juízo de admissibilidade do recurso de revista quanto a um ou mais temas, é ônus da parte interpor **embargos de declaração** para o órgão prolator da decisão embargada supri-la, sob pena de preclusão. Nesse caso, a recusa do Presidente do Tribunal Regional do Trabalho a emitir juízo de admissibilidade sobre qualquer tema **equivale à decisão denegatória**. É ônus da parte, assim, após a intimação da decisão dos embargos de declaração, impugná-la mediante agravo de instrumento sob pena de preclusão (Instrução Normativa do TST de nº 40/2016).

Admitido o recurso de revista por um fundamento, devolve-se ao Tribunal Superior do Trabalho **o conhecimento dos demais fundamentos** para a solução apenas do capítulo impugnado (art. 12 da IN nº 39/16 do TST).

16.6. Embargos de divergência

O recurso de embargos é o remédio processual adequado para atacar as **decisões divergentes proferidas pelas Turmas do TST.**

Os requisitos de admissibilidade dos embargos são semelhantes aos do recurso de revista, com o diferencial que se exige a divergência entre decisões de Turmas do TST ou entre Turmas e a SDI, **não sendo cabível na hipótese de decisão contrária à letra de lei federal.**

Como a CLT regulamenta a interposição desse recurso, não se aplica o procedimento estabelecido no arts. 1.043 e 1.044 do CPC **que trata dos embargos de divergência**, como deixa claro o art. 2º, XII, da Instrução Normativa nº 39/2016 do TST.

Assim, cabem embargos no TST, no prazo de oito dias (CLT. Art. 894):

- das decisões das Turmas que divergirem entre si ou das decisões proferidas pela Seção de Dissídios Individuais, ou contrárias a súmula ou orientação jurisprudencial do Tribunal Superior do Trabalho ou súmula vinculante do Supremo Tribunal Federal (embargos de divergência);

- em causas sujeitas ao procedimento sumaríssimo, em que pese a limitação imposta no art. 896, § 6º, da CLT à interposição de recurso de revista, admitem-se os embargos interpostos na vigência da Lei nº 11.496, de 22.06.2007, que conferiu nova redação ao art. 894 da CLT, quando demonstrada a divergência jurisprudencial entre Turmas do TST, fundada em interpretações diversas acerca da aplicação de mesmo dispositivo constitucional ou de matéria sumulada (TST. Súmula nº 458. Res. nº 194/2014).

Não cabem embargos para a SDI de decisão de Turma proferida em agravo, salvo (TST. Súmula nº 353. Res. nº 208/2016):

- da decisão que não conhece de agravo de instrumento ou de agravo pela ausência de pressupostos extrínsecos;
- da decisão que nega provimento a agravo contra decisão monocrática do Relator, em que se proclamou a ausência de pressupostos extrínsecos de agravo de instrumento;
- para revisão dos pressupostos extrínsecos de admissibilidade do recurso de revista, cuja ausência haja sido declarada originariamente pela Turma no julgamento do agravo;
- para impugnar o conhecimento de agravo de instrumento;
- para impugnar a imposição de multas previstas nos arts. 1.021, § 4º, do CPC de 2015 ou 1.026, § 2º, do CPC de 2015;
- contra decisão de Turma proferida em agravo em recurso de revista, nos termos do art. 894, II, da CLT.

Devem-se observar as seguintes regras, no que diz respeito ao recurso de embargos, além daquelas aplicáveis ao recurso de revista, principalmente no que diz respeito à divergência jurisprudencial, no que lhe for compatível:

- não cabem embargos quando houver divergência entre a mesma turma (TST. SDI-1. OJ nº 95. DJ 30.05.1997);
- Para a admissibilidade e conhecimento de embargos, interpostos antes da vigência da Lei nº 11.496/2007, contra decisão mediante a qual não foi conhecido o recurso de revista pela análise dos pressupostos intrínsecos, necessário que a parte embargante aponte expressamente a violação ao art. 896 da CLT (TST. SDI-1. OJ Transitória nº 78. Res. nº 194/2014);
- A SDI, ao conhecer dos embargos, interpostos antes da vigência da Lei nº 11.496/2007, por violação do art. 896 - por má aplicação de súmula ou de orientação jurisprudencial pela Turma -, julgará desde logo o mérito, caso conclua que a revista merecia conhecimento e que a matéria de fundo se encontra pacificada neste Tribunal (TST. SDI-1. OJ Transitória nº 79. Res. nº 194/2014);
- estando a decisão recorrida em conformidade com orientação jurisprudencial, desnecessário o exame das divergências e das violações legais e constitucionais alegadas, salvo nas hipóteses em que a orientação jurisprudencial não fizer qualquer citação do dispositivo constitucional (SDI-1. OJ nº 336. Res. nº 178/2012).

Não encontra amparo no art. 894 da CLT, quer na redação anterior quer na redação posterior à Lei n.º 11.496, de 22.06.2007, recurso de embargos interposto à decisão monocrática exarada nos moldes do art. 932 do CPC de 2015, pois o comando legal restringe seu cabimento à pretensão de reforma de decisão colegiada proferida por Turma do Tribunal Superior do Trabalho (TST. SDI-1. OJ nº 378. Res. nº 208/2016).

16.7. Agravo de instrumento

Cabe agravo de instrumento, **dos despachos que denegarem a interposição de recursos**, salientando que o agravo de instrumento interposto contra o despacho que não receber agravo de petição não suspende a execução da sentença.

O agravo de instrumento será julgado pelo Tribunal que seria competente para conhecer o recurso cuja interposição foi denegada, condicionando-se a sua apreciação ao **depósito recursal correspondente a 50%** do valor do depósito do recurso ao qual se pretende destrancar (CLT. Art. 899, § 7º).

Sob pena de não conhecimento, as partes promoverão a formação do instrumento do agravo de modo a possibilitar, caso provido, o imediato julgamento do recurso denegado, instruindo a petição de interposição:

- obrigatoriamente, com cópias da decisão agravada, da certidão da respectiva intimação, das procurações outorgadas aos advogados do agravante e do agravado, da petição inicial, da contestação, da decisão originária, do depósito recursal referente ao recurso que se pretende destrancar, da comprovação do recolhimento das custas e do depósito recursal do próprio agravo de instrumento;
- facultativamente, com outras peças que o agravante reputar úteis ao deslinde da matéria de mérito controvertida.

Para a formação do agravo de instrumento, não é necessária a juntada de comprovantes de recolhimento de custas e de depósito recursal relativamente ao recurso ordinário, desde que não seja objeto de controvérsia no recurso de revista a validade daqueles recolhimentos (TST. SDI-1. OJ nº 217. DJ 02.04.2001).

No julgamento de agravo de instrumento ao afastar o óbice apontado pelo TRT para o processamento do recurso de revista, pode o juízo *ad quem* prosseguir no exame dos demais pressupostos extrínsecos e intrínsecos do recurso de revista, mesmo que não apreciados pelo TRT (TST. SDI-1. OJ nº 282. DJ 11.08.2003).

O agravado será intimado para oferecer resposta ao agravo e ao recurso principal, instruindo-a com as peças que considerar necessárias ao julgamento de ambos os recursos.

Provido o agravo, **a Turma deliberará sobre o julgamento do recurso principal**, observando-se, se for o caso, daí em diante, o procedimento relativo a este recurso.

Em relação ao traslado é necessário observar as seguintes regras:

- É válido o traslado de peças essenciais efetuado pelo agravado, pois sua regular formação incumbe às partes e não somente ao agravante (TST. SDI-1. OJ nº 283. DJ 11.08.2003);
- A juntada da ata de audiência, em que está consignada a presença do advogado do agravado, desde que não estivesse atuando com mandato expresso, torna dispensável a procuração deste, porque demonstrada a existência de mandato tácito (TST. SDI-1. OJ nº 286, I. Res. 167/2010).

16.8. Agravo interno

O agravo interno, também denominado de agravo regimental no processo do trabalho, tem como objetivo principal atacar as decisões monocráticas dos juízes relatores ou dos juízes presidentes dos Tribunais, por meio do envio da matéria para o reexame do órgão colegiado do qual faz parte o referido magistrado.

É regulamentado pelo art. 1.021, *caput* e respectivos parágrafos do CPC, aplicado ao processo laboral de acordo com o preceito contido no art. 3º, XXIX, da Instrução Normativa nº 39/16 do TST, **salvo em relação ao seu prazo**.

Inclusive, é incabível agravo interno (art. 1.021 do CPC de 2015) contra decisão proferida por Órgão colegiado. Tais recursos destinam-se, exclusivamente, a impugnar decisão monocrática nas hipóteses previstas. Inaplicável, no caso, o **princípio da fungibilidade ante a configuração de erro grosseiro**. (TST. SDI1. OJ nº 412. Res. nº 209/2016).

16.9. Embargos infringentes

É o recurso cabível, **no prazo de oito dias**, das decisões não unânimes proferidas pela seção especializada em dissídios coletivos – SDC, limitados aos processos de dissídio coletivo de competência originária do TST.

O CPC de 2015 extinguiu o recurso denominado de **embargos infringentes**, mas introduziu, em substituição, **uma nova técnica de julgamento de recurso prevista no seu art. 942.**

Contudo, como a CLT não é omissa sobre esse tema, ao prever uma única hipótese de embargos infringentes no processo de dissídio coletivo, **não há que se**

falar em aplicação subsidiária do referido art. 942, entendimento que foi confirmado pelo art. 2º, IX, da Instrução Normativa nº 39/2016 do TST.

16.10. Uniformização da jurisprudência

Consiste na necessidade, decorrente de politica judiciaria, no sentido de firmar a orientação jurisprudencial de cada tribunal, principalmente daqueles divididos em Turmas.

Assim, os tribunais devem uniformizar sua jurisprudência e mantê-la estável, íntegra e coerente, principalmente por meio de enunciados de súmula correspondentes a sua jurisprudência dominante (art. 926 do CPC aplicado ao processo do trabalho de acordo com o preceito contido no art. 3º, XXIII, da Instrução Normativa nº 39/2016 do TST).

Note-se que o CPC de 2015 extinguiu o incidente de uniformização de jurisprudência – IUJ e a Lei nº 13.467/17 revogou os §§ 3º a 6º do art. 896 da CLT que disciplinavam esse procedimento no âmbito do processo do trabalho.

Súmulas e OJ's ➧ A Lei nº 13.467/17 introduziu dispositivos ao art. 702 da CLT para disciplinar a aprovação ou alteração de Súmulas e outros enunciados de jurisprudência no âmbito dos Tribunais Trabalhistas (Orientação Jurisprudencial e Tese Prevalecente), nos seguintes termos:

- é necessário o voto de pelo menos **2/3 dos integrantes** (18 ministros) (CLT. Art. 702, I, "f");
- a matéria objeto da Súmula tem que ter sido decidida de forma idêntica por unanimidade em, no mínimo **2/3 das Turmas** (seriam 6 das atuais 8 turmas) e em pelo menos dez sessões diferentes em cada uma delas. É possível ainda decidir pela restrição dos efeitos da Súmula ou decidir que ela só tenha eficácia a partir de sua publicação no Diário Oficial;
- as sessões deverão ser públicas e a divulgação deve ser feita com pelo menos **30 dias de antecedência**, com possibilidade de sustentação pelo Procurador-Geral do Trabalho, pelo Conselho Federal da Ordem dos Advogados do Brasil, pelo Advogado-Geral da União e por confederações sindicais ou entidades de classe de âmbito nacional.

16.11. Incidente de Resolução de Demandas Repetitivas - IRDR

Procedimento para julgamento dos recursos de revista repetitivos no TST ➧ Constatada a existência de diversos recursos de revista tratando da mesma matéria de direito, o julgamento da demanda repetitiva poderá ser transferida para a SDI ou ao Tribunal Pleno do TST:

- O Presidente da Turma ou da Seção Especializada que afetar processo para julgamento sob o rito dos recursos repetitivos **deverá expedir comunicação** aos demais Presidentes de Turma ou de Seção Especializada, que poderão afetar outros processos sobre a questão para julgamento conjunto, a fim de conferir ao órgão julgador visão global da questão;
- O Presidente do TST oficiará os Presidentes dos Tribunais Regionais do Trabalho para que **suspendam os recursos** interpostos em casos idênticos aos afetados como recursos repetitivos, até o pronunciamento definitivo do Tribunal Superior do Trabalho;
- Caberá ao Presidente do Tribunal de origem admitir um ou mais recursos representativos da controvérsia, os quais serão encaminhados ao Tribunal Superior do Trabalho, **ficando suspensos os demais recursos de revista** até o pronunciamento definitivo do TST;
- O relator no Tribunal Superior do Trabalho poderá determinar a **suspensão dos recursos de revista ou de embargos** que tenham como objeto controvérsia idêntica à do recurso afetado como repetitivo;
- O recurso repetitivo será distribuído a um dos Ministros membros da Seção Especializada ou do Tribunal Pleno e a um Ministro revisor;
- O relator poderá solicitar, aos Tribunais Regionais do Trabalho, informações a respeito da controvérsia, a serem prestadas no prazo de 15 (quinze) dias;
- O relator poderá admitir manifestação de pessoa, órgão ou entidade com interesse na controvérsia, inclusive como assistente simples;
- Recebidas as informações terá vista o Ministério Público pelo prazo de 15 (quinze) dias;
- Transcorrido o prazo para o Ministério Público e remetida cópia do relatório aos demais Ministros, o processo será incluído em pauta na Seção Especializada ou no Tribunal Pleno, devendo ser julgado com preferência sobre os demais feitos;
- Publicado o acórdão do Tribunal Superior do Trabalho, os recursos de revista sobrestados na origem: I - terão seguimento denegado na hipótese de o acórdão recorrido coincidir com a orientação a respeito da matéria no Tribunal Superior do Trabalho; ou II - serão novamente examinados pelo Tribunal de origem na hipótese de o acórdão recorrido divergir da orientação do Tribunal Superior do Trabalho a respeito da matéria;

- Na hipótese prevista no inciso II do item anterior, mantida a decisão divergente pelo Tribunal de origem, far-se-á o exame de admissibilidade do recurso de revista;
- Caso a questão afetada e julgada sob o rito dos recursos repetitivos também contenha questão constitucional, a decisão proferida pelo Tribunal Pleno não obstará o conhecimento de eventuais recursos extraordinários sobre a questão constitucional.

Procedimento nos Tribunais Regionais do Trabalho ➧ Cada Tribunal Regional do Trabalho pode inserir no seu regimento interno regras especificas para disciplinar o incidente de resolução de demandas repetitivas – IRDR, na forma prevista pelos arts. 976 a 987 do CPC, aplicado subsidiariamente ao processo laboral, observando as regras contidas na Instrução Normativa nº 39/16 do TST:

- quanto a suspensão do processos, é possível **instruir a demanda e até praticar atos decisórios**, como a sentença definitiva parcial do mérito (§ 1º, art. 8º da IN nº 39/16);
- da decisão de mérito proferida no IRDR analisado pelo TRT cabe recurso de revista para o Tribunal Superior do Trabalho, dotado de efeito meramente devolutivo, nos termos dos arts. 896 e 899 da CLT (Instrução Normativa nº 39/2016 do TST. Art. 8º, § 2º);
- Apreciado o mérito do recurso, a tese jurídica adotada pelo Tribunal Superior do Trabalho será aplicada no território nacional a todos os processos, individuais ou coletivos, que versem sobre idêntica questão de direito (Instrução Normativa nº 39/2016 do TST. Art. 8º, § 3º).

Procedimento para julgamento dos recursos extraordinários repetitivos ➧ Aos recursos extraordinários interpostos perante o Tribunal Superior do Trabalho será aplicado o procedimento previsto no art. 1.036 do CPC:

- Cabe ao Presidente do Tribunal Superior do Trabalho selecionar um ou mais recursos representativos da controvérsia e encaminhá-los ao Supremo Tribunal Federal, **sobrestando os demais** até o pronunciamento definitivo da Corte;
- O Presidente do TST poderá oficiar os Tribunais Regionais do Trabalho e os Presidentes das Turmas e da Seção Especializada do Tribunal para que **suspendam os processos idênticos** aos selecionados como recursos representativos da controvérsia e encaminhados ao Supremo Tribunal Federal, até o seu pronunciamento definitivo.

▶ **Efeitos do julgamento de recursos repetitivos:**

- A decisão firmada em recurso repetitivo não será aplicada aos casos em que se demonstrar que a situação de fato ou de direito é distinta das presentes no processo julgado sob o rito dos recursos repetitivos;
- Caberá revisão da decisão firmada em julgamento de recursos repetitivos quando se alterar a situação econômica, social ou jurídica, caso em que será respeitada a segurança jurídica das relações firmadas sob a égide da decisão anterior, podendo o Tribunal Superior do Trabalho modular os efeitos da decisão que a tenha alterado.

16.12. Incidente de assunção de competência – IAC

Pode ocorrer a hipótese de uma determinada demanda, apesar de não considerada repetitiva, ser classificada como de **grande repercussão social**. Em tais situações, é possível **alterar a competência de julgamento da Turma** para um Órgão do Tribunal definido pelo seu respectivo regimento interno.

Esse procedimento está previsto no art. 947 do CPC, aplicado subsidiariamente ao processo laboral por conta do preceito contido no art. 3º, XXV, da Instrução Normativa nº 39/2016 do TST.

16.13. Reclamação

A Reclamação é uma demanda destinada a **preservar a competência ou garantir a autoridade das decisões de determinado Tribunal**, sem que seja necessário percorrer todas as instâncias inferiores.

A Reclamação está prevista no art. 102, I, "L", da Constituição Federal de 1988, mas somente em relação ao Supremo Tribunal Federal. Porém, o CPC, por meio do art. 988 e seguintes, estendeu essa possibilidade para qualquer Tribunal (art. 3º, XXVII, da Instrução Normativa nº 39/2016 do TST).

17. AÇÃO RESCISÓRIA

A ação rescisória constitui o meio processual adequado para **rescindir sentenças ou acórdãos qualificados pela coisa julgada material** e proferidos sem observância de determinados requisitos expressamente previstos em lei, no prazo decadencial de dois anos.

Toda a tramitação dessa medida processual no processo do trabalho segue a disciplina prevista no CPC, conforme disposição expressa contida no art. 836 da CLT e art. 3º, XXVI, da Instrução Normativa nº 39/2016 do TST.

A Lei nº 11.495/07 estabeleceu a exigência do **depósito prévio** em quantia equivalente a **20% do valor da causa** (procedimento regulamentado pela IN nº 31/2007 do TST).

17.1. Competência funcional

A **competência originária** para processamento e julgamento da ação rescisória **é dos Tribunais**, ou seja, do órgão judicial imediatamente superior àquele que proferiu a sentença ou que a modificou em grau de recurso, com o trânsito em julgado respectivo.

Os arts. 2º e 3º da Lei nº 7.701/88 tratam da competência para apreciar e julgar a ação rescisória **no âmbito do TST**:

> **Art. 2º** Compete à seção especializada em dissídios coletivos, ou seção normativa: c) julgar as ações rescisórias propostas contra suas sentenças normativas;
>
> **Art. 3º** Compete à Seção de Dissídios Individuais julgar: I – originariamente: a) as ações rescisórias propostas contra decisões das Turmas do Tribunal Superior do Trabalho e suas próprias, inclusive as anteriores à especialização em seções.

Nos TRT's aplica-se a regra contida no art. 678 da CLT: "Aos Tribunais Regionais, quando divididos em Turmas, compete: c) processar e julgar em última instância: 2) as ações rescisórias das decisões das Juntas de Conciliação e Julgamento, dos juízes de direito investidos na jurisdição trabalhista, das Turmas e de seus próprios acórdãos".

17.2. Legitimidade ativa

Legitimidade para propor a ação rescisória (art. 967 do CPC):

- quem foi parte no processo ou o seu sucessor a título universal ou singular;
- o terceiro juridicamente interessado;
- o Ministério Público, se não foi ouvido no processo em que lhe era obrigatória a intervenção; quando a decisão rescindenda é o efeito de

simulação ou de colusão das partes, a fim de fraudar a lei; ou em outros casos em que se imponha sua atuação;

- aquele que não foi ouvido no processo em que lhe era obrigatória a intervenção.

17.3. Cabimento

Cabimento em caso de sentença de mérito ➔ a sentença de mérito, transitada em julgado, pode ser rescindida quando (art. 966 do CPC):

- se verificar que foi proferida por força de prevaricação, concussão ou corrupção do juiz;
- for proferida por juiz impedido ou por juízo absolutamente incompetente;
- resultar de dolo ou coação da parte vencedora em detrimento da parte vencida ou, ainda, de simulação ou colusão entre as partes, a fim de fraudar a lei;
- ofender a coisa julgada;
- violar manifestamente norma jurídica;
- for fundada em prova cuja falsidade tenha sido apurada em processo criminal ou venha a ser demonstrada na própria ação rescisória;
- obtiver o autor, posteriormente ao trânsito em julgado, prova nova cuja existência ignorava ou de que não pôde fazer uso, capaz, por si só, de lhe assegurar pronunciamento favorável;
- for fundada em erro de fato verificável do exame dos autos.

Cabimento em caso de sentença que não aprecia o mérito ➔ a sentença sem análise de mérito, transitada em julgado, pode ser rescindida quando impeça:

- nova propositura da demanda; ou
- admissibilidade do recurso correspondente.

17.4. Súmulas e OJ's do TST tratando da ação rescisória

O TST já editou dezenas de Orientações Jurisprudenciais (SDI-2) e Súmulas apresentando o seu posicionamento sobre diversos temas polêmicos envolvendo a questão relativa à ação rescisória:

- **Súmula nº 83.** I – Não procede pedido formulado na ação rescisória por violação literal de lei se a decisão rescindenda estiver baseada em texto legal infraconstitucional de interpretação controvertida nos Tribunais. II – O marco divisor quanto a ser, ou não, controvertida, nos Tribunais, a interpretação dos dispositivos legais citados na ação rescisória é a data da inclusão, na Orientação Jurisprudencial do TST, da matéria discutida. (Res. nº 137/2005)

- **Súmula nº 99.** Havendo recurso ordinário em sede de rescisória, o depósito recursal só é exigível quando for julgado procedente o pedido e imposta condenação em pecúnia, devendo este ser efetuado no prazo recursal, no limite e nos termos da legislação vigente, sob pena de deserção. (Res. nº 137/2005)

- **Súmula nº 100.** I – O prazo de decadência, na ação rescisória, conta-se do dia imediatamente subsequente ao trânsito em julgado da última decisão proferida na causa, seja de mérito ou não. II – Havendo recurso parcial no processo principal, o trânsito em julgado dá-se em momentos e em tribunais diferentes, contando-se o prazo decadencial para a ação rescisória do trânsito em julgado de cada decisão, salvo se o recurso tratar de preliminar ou prejudicial que possa tornar insubsistente a decisão recorrida, hipótese em que flui a decadência a partir do trânsito em julgado da decisão que julgar o recurso parcial. III – Salvo se houver dúvida razoável, a interposição de recurso intempestivo ou a interposição de recurso incabível não protrai o termo inicial do prazo decadencial. IV – O juízo rescindente não está adstrito à certidão de trânsito em julgado juntada com a ação rescisória, podendo formar sua convicção através de outros elementos dos autos quanto à antecipação ou postergação do "dies a quo" do prazo decadencial. V – O acordo homologado judicialmente tem força de decisão irrecorrível, na forma do art. 831 da CLT. Assim sendo, o termo conciliatório transita em julgado na data da sua homologação judicial. VI – Na hipótese de colusão das partes, o prazo decadencial da ação rescisória somente começa a fluir para o Ministério Público, que não interveio no processo principal, a partir do momento em que tem ciência da fraude. VII – Não ofende o princípio do duplo grau de jurisdição a decisão do TST que, após afastar a decadência em sede de recurso ordinário, aprecia desde logo a lide, se a causa versar questão exclusivamente de direito e estiver em condições de imediato julgamento. VIII – A exceção de incompetência, ainda que oposta no prazo recursal, sem ter sido aviado o recurso próprio, não tem o condão de afastar a consumação da coisa julgada e, assim, postergar o termo inicial do prazo decadencial para a ação rescisória. IX – Prorroga-se até o primeiro dia útil, imediatamente subseqüente, o prazo decadencial para ajuizamento de ação rescisória quando expira em férias forenses, feriados, finais de semana ou em dia em que não houver expediente forense. Aplicação do art. 775 da CLT. X – Conta-se o prazo decadencial da ação rescisória, após o decurso do prazo legal previsto para a interposição do recurso extraordinário, apenas quando esgotadas todas as vias recursais ordinárias. (Res. nº 137/2005)

- **Súmula nº 158.** Da decisão de Tribunal Regional do Trabalho, em ação rescisória, é cabível recurso ordinário para o Tribunal Superior do Trabalho, em face da organização judiciária trabalhista. (Res. nº 121/2003)

- **Súmula nº 192.** I - Se não houver o conhecimento de recurso de revista ou de embargos, a competência para julgar ação que vise a rescindir a decisão de mérito é do Tribunal Regional do Trabalho, ressalvado o disposto no item II. II - Acórdão rescindendo do Tribunal Superior do Trabalho que não conhece de recurso de embargos ou de revista, analisando arguição de violação de dispositivo de lei material ou decidindo em consonância com súmula de direito material ou com iterativa, notória e atual jurisprudência de direito material da Seção de Dissídios Individuais (Súmula nº 333), examina o mérito da causa, cabendo ação rescisória da competência do Tribunal Superior do Trabalho. (ex-Súmula nº 192 – alterada pela Res. 121/2003, DJ 21.11.2003) III – Sob a égide do art. 512 do CPC de 1973, é juridicamente impossível o pedido explícito de desconstituição de sentença quando substituída por acórdão do Tribunal Regional ou superveniente sentença homologatória de acordo que puser fim ao litígio. IV – Na vigência do CPC de 1973, é manifesta a impossibilidade jurídica do pedido de rescisão de julgado proferido em agravo de instrumento que, limitando-se a aferir o eventual desacerto do juízo negativo de admissibilidade do recurso de revista, não substitui o acórdão regional, na forma do art. 512 do CPC. (ex-OJ nº 105 da SBDI-2 - DJ 29.04.2003) V- A decisão proferida pela SBDI, em agravo regimental, calcada na Súmula nº 333, substitui acórdão de Turma do TST, porque emite juízo de mérito, comportando, em tese, o corte rescisório. (ex-OJ nº 133 da SBDI-2 - DJ 04.05.2004). (Res. nº 212/2016)

- **Súmula nº 219.** IV. Na ação rescisória e nas lides que não derivem de relação de emprego, a responsabilidade pelo pagamento dos honorários advocatícios da sucumbência submete-se à disciplina do Código de Processo Civil (arts. 85, 86, 87 e 90). (Res. nº 204/2016)

- **Súmula nº 259.** Só por ação rescisória é impugnável o termo de conciliação previsto no parágrafo único do art. 831 da CLT. (Res. nº 121/2003)

- **Súmula nº 298.** I – A conclusão acerca da ocorrência de violação literal de lei pressupõe pronunciamento explícito, na sentença rescindenda, sobre a matéria veiculada. II – O prequestionamento exigido em ação rescisória diz respeito à matéria e ao enfoque específico da tese debatida na ação e não, necessariamente, ao dispositivo legal tido por violado. Basta que o conteúdo da norma, reputada como violada, tenha sido abordado na decisão rescindenda para que se considere preenchido o pressuposto do prequestionamento. III – Para efeito de ação rescisória, considera-se prequestionada a matéria tratada na sentença quando, examinando remessa de ofício, o Tribunal simplesmente a confirma. IV – A sentença meramente homologatória, que silencia sobre os motivos de convencimento do juiz, não se mostra rescindível, por ausência de prequestionamento. V – Não é absoluta a exigência de prequestionamento na ação rescisória.

Ainda que a ação rescisória tenha por fundamento violação de dispositivo legal, é prescindível o prequestionamento quando o vício nasce no próprio julgamento, como se dá com a sentença "extra, citra e ultra petita". (Res. nº 177/2012)

- **Súmula nº 299**. I - É indispensável ao processamento da ação rescisória a prova do trânsito em julgado da decisão rescindenda. (ex-Súmula nº 299 – Res. 8/1989, DJ 14, 18 e 19.04.1989) II - Verificando o relator que a parte interessada não juntou à inicial o documento comprobatório, abrirá prazo de 15 (quinze) dias para que o faça (art. 321 do CPC de 2015), sob pena de indeferimento.(ex-Súmula nº 299 - Res 8/1989, DJ 14, 18 e 19.04.1989) III - A comprovação do trânsito em julgado da decisão rescindenda é pressuposto processual indispensável ao tempo do ajuizamento da ação rescisória. Eventual trânsito em julgado posterior ao ajuizamento da ação rescisória não reabilita a ação proposta, na medida em que o ordenamento jurídico não contempla a ação rescisória preventiva. (ex-OJ nº 106 da SBDI-2 - DJ 29.04.2003) IV - O pretenso vício de intimação, posterior à decisão que se pretende rescindir, se efetivamente ocorrido, não permite a formação da coisa julgada material. Assim, a ação rescisória deve ser julgada extinta, sem julgamento do mérito, por carência de ação, por inexistir decisão transitada em julgado a ser rescindida. (ex-OJ nº 96 da SBDI-2 - inserida em 27.09.2002) (Res. nº 211/2016)

- **Súmula nº 303.** I - Em dissídio individual, está sujeita ao reexame necessário, mesmo na vigência da Constituição Federal de 1988, decisão contrária à Fazenda Pública, salvo quando a condenação não ultrapassar o valor correspondente a: a) 1.000 (mil) salários mínimos para a União e as respectivas autarquias e fundações de direito público; b) 500 (quinhentos) salários mínimos para os Estados, o Distrito Federal, as respectivas autarquias e fundações de direito público e os Municípios que constituam capitais dos Estados; c) 100 (cem) salários mínimos para todos os demais Municípios e respectivas autarquias e fundações de direito público. II – Também não se sujeita ao duplo grau de jurisdição a decisão fundada em: a) súmula ou orientação jurisprudencial do Tribunal Superior do Trabalho; b) acórdão proferido pelo Supremo Tribunal Federal ou pelo Tribunal Superior do Trabalho em julgamento de recursos repetitivos; c) entendimento firmado em incidente de resolução de demandas repetitivas ou de assunção de competência; d) entendimento coincidente com orientação vinculante firmada no âmbito administrativo do próprio ente público, consolidada em manifestação, parecer ou súmula administrativa. III - Em ação rescisória, a decisão proferida pelo Tribunal Regional do Trabalho está sujeita ao duplo grau de jurisdição obrigatório quando desfavorável ao ente público, exceto nas hipóteses dos incisos anteriores. (ex-OJ nº 71 da SBDI-1 - inserida em 03.06.1996) IV - Em mandado de segurança, somente cabe reexame necessário se, na relação processual, figurar pessoa jurídica de direito público como parte prejudicada pela concessão da ordem. Tal situação não ocorre na hipótese de figurar no feito como impetrante e terceiro interessado pessoa de direito privado, ressalvada a hipótese de matéria administrativa. (ex-OJs nºs 72 e 73 da SBDI-1 – inseridas, respectivamente, em 25.11.1996 e 03.06.1996). (Res. nº 211/2016)

- **Súmula nº 365.** Não se aplica a alçada em ação rescisória e em mandado de segurança. (Res. nº 129/2005)
- **Súmula nº 397.** Não procede ação rescisória calcada em ofensa à coisa julgada perpetrada por decisão proferida em ação de cumprimento, em face de a sentença normativa, na qual se louvava, ter sido modificada em grau de recurso, porque em dissídio coletivo somente se consubstancia coisa julgada formal. Assim, os meios processuais aptos a atacarem a execução da cláusula reformada são a exceção de pré-executividade e o mandado de segurança, no caso de descumprimento do art. 514 do CPC de 2015 (art. 572 do CPC de 1973). (Res. 208/2016)
- **Súmula nº 398.** Na ação rescisória, o que se ataca é a decisão, ato oficial do Estado, acobertado pelo manto da coisa julgada. Assim, e considerando que a coisa julgada envolve questão de ordem pública, a revelia não produz confissão na ação rescisória. (ex-OJ nº 126 da SBDI-2 - DJ 09.12.2003). (Res. nº 219/2017)
- **Súmula nº 399.** I – É incabível ação rescisória para impugnar decisão homologatória de adjudicação ou arrematação. II – A decisão homologatória de cálculos apenas comporta rescisão quando enfrentar as questões envolvidas na elaboração da conta de liquidação, quer solvendo a controvérsia das partes quer explicitando, de ofício, os motivos pelos quais acolheu os cálculos oferecidos por uma das partes ou pelo setor de cálculos, e não contestados pela outra. (Res. nº 137/2005)
- **Súmula nº 400.** Em se tratando de rescisória de rescisória, o vício apontado deve nascer na decisão rescindenda, não se admitindo a rediscussão do acerto do julgamento da rescisória anterior. Assim, não procede rescisória calcada no inciso V do art. 966 do CPC de 2015 (art. 485, V, do CPC de 1973) para discussão, por má aplicação da mesma norma jurídica, tida por violada na rescisória anterior, bem como para arguição de questões inerentes à ação rescisória primitiva. (Res. nº 208/2016)
- **Súmula nº 401.** Os descontos previdenciários e fiscais devem ser efetuados pelo juízo executório, ainda que a sentença exequenda tenha sido omissa sobre a questão, dado o caráter de ordem pública ostentado pela norma que os disciplina. A ofensa à coisa julgada somente poderá ser caracterizada na hipótese de o título exequendo, expressamente, afastar a dedução dos valores a título de imposto de renda e de contribuição previdenciária. (Res. nº 137/2005)
- **Súmula nº 402.** I - Sob a vigência do CPC de 2015 (art. 966, inciso VII), para efeito de ação rescisória, considera-se prova nova a cronologicamente velha, já existente ao tempo do trânsito em julgado da decisão rescindenda, mas ignorada pelo interessado ou de impossível utilização, à época,

no processo. II - Não é prova nova apta a viabilizar a desconstituição de julgado: a) sentença normativa proferida ou transitada em julgado posteriormente à sentença rescindenda; b) sentença normativa preexistente à sentença rescindenda, mas não exibida no processo principal, em virtude de negligência da parte, quando podia e deveria louvar-se de documento já existente e não ignorado quando emitida a decisão rescindenda. (ex-OJ nº 20 da SBDI-2 - inserida em 20.09.2000). (Res. nº 217/2017)

- **Súmula nº 403.** I – Não caracteriza dolo processual, previsto no art. 485, III, do CPC, o simples fato de a parte vencedora haver silenciado a respeito de fatos contrários a ela, porque o procedimento, por si só, não constitui ardil do qual resulte cerceamento de defesa e, em consequência, desvie o juiz de uma sentença não-condizente com a verdade. II – Se a decisão rescindenda é homologatória de acordo, não há parte vencedora ou vencida, razão pela qual não é possível a sua desconstituição calcada no inciso III do art. 485 do CPC (dolo da parte vencedora em detrimento da vencida), pois constitui fundamento de rescindibilidade que supõe solução jurisdicional para a lide. (Res. nº 137/2005)
- **Súmula nº 404.** O art. 485, VIII, do CPC de 1973, ao tratar do fundamento para invalidar a confissão como hipótese de rescindibilidade da decisão judicial, referia-se à confissão real, fruto de erro, dolo ou coação, e não à confissão ficta resultante de revelia. (Res. nº 209/2016)
- **Súmula nº 405.** Em face do que dispõem a MP 1.984-22/2000 e o art. 969 do CPC de 2015, é cabível o pedido de tutela provisória formulado na petição inicial de ação rescisória ou na fase recursal, visando a suspender a execução da decisão rescindenda. (Res. nº 208/2016)
- **Súmula nº 406.** I – O litisconsórcio, na ação rescisória, é necessário em relação ao polo passivo da demanda, porque supõe uma comunidade de direitos ou de obrigações que não admite solução díspar para os litisconsortes, em face da indivisibilidade do objeto. Já em relação ao pólo ativo, o litisconsórcio é facultativo, uma vez que a aglutinação de autores se faz por conveniência e não pela necessidade decorrente da natureza do litígio, pois não se pode condicionar o exercício do direito individual de um dos litigantes no processo originário à anuência dos demais para retomar a lide. II – O Sindicato, substituto processual e autor da reclamação trabalhista, em cujos autos fora proferida a decisão rescindenda, possui legitimidade para figurar como réu na ação rescisória, sendo descabida a exigência de citação de todos os empregados substituídos, porquanto inexistente litisconsórcio passivo necessário. (Res. nº 137/2005)
- **Súmula nº 407.** A legitimidade "ad causam" do Ministério Público para propor ação rescisória, ainda que não tenha sido parte no processo que deu origem à decisão rescindenda, não está limitada às alíneas "a", "b" e "c" do inciso III do art. 967 do CPC de 2015 (art. 487, III, "a" e "b", do CPC de 1973), uma vez que traduzem hipóteses meramente exemplificativas. (Res. nº 208/2016)

- **Súmula nº 408.** Não padece de inépcia a petição inicial de ação rescisória apenas porque omite a subsunção do fundamento de rescindibilidade no art. 966 do CPC de 2015 (art. 485 do CPC de 1973) ou o capitula erroneamente em um de seus incisos. Contanto que não se afaste dos fatos e fundamentos invocados como causa de pedir, ao Tribunal é lícito emprestar-lhes a adequada qualificação jurídica ("iura novit curia"). No entanto, fundando-se a ação rescisória no art. 966, inciso V, do CPC de 2015 (art. 485, inciso V, do CPC de 1973), é indispensável expressa indicação, na petição inicial da ação rescisória, da norma jurídica manifestamente violada (dispositivo legal violado sob o CPC de 1973), por se tratar de causa de pedir da rescisória, não se aplicando, no caso, o princípio "iura novit curia". (Res. nº 208/2016)
- **Súmula nº 409.** Não procede ação rescisória calcada em violação do art. 7º, XXIX, da CF/1988 quando a questão envolve discussão sobre a espécie de prazo prescricional aplicável aos créditos trabalhistas, se total ou parcial, porque a matéria tem índole infraconstitucional, construída, na Justiça do Trabalho, no plano jurisprudencial. (Res. nº 137/2005)
- **Súmula nº 410.** A ação rescisória calcada em violação de lei não admite reexame de fatos e provas do processo que originou a decisão rescindenda. (Res. nº 137/2005)
- **Súmula nº 411.** Se a decisão recorrida, em agravo regimental, aprecia a matéria na fundamentação, sob o enfoque das Súmulas nºs 83 do TST e 343 do STF, constitui sentença de mérito, ainda que haja resultado no indeferimento da petição inicial e na extinção do processo sem julgamento do mérito. Sujeita-se, assim, à reforma pelo TST, a decisão do Tribunal que, invocando controvérsia na interpretação da lei, indefere a petição inicial de ação rescisória. (Res. nº 137/2005)
- **Súmula nº 412.** Sob a égide do CPC de 1973, pode uma questão processual ser objeto de rescisão desde que consista em pressuposto de validade de uma sentença de mérito. (ex-OJ nº 46 da SBDI-2 - inserida em 20.09.2000). (Res. nº 217/2017)
- **Súmula nº 413.** É incabível ação rescisória, por violação do art. 896, "a", da CLT, contra decisão que não conhece de recurso de revista, com base em divergência jurisprudencial, pois não se cuida de sentença de mérito (art. 485 do CPC). (Res. nº 209/2016)
- **Súmula nº 425.** O *jus postulandi* das partes, estabelecido no art. 791 da CLT, limita-se às Varas do Trabalho e aos Tribunais Regionais do Trabalho, não alcançando a ação rescisória, a ação cautelar, o mandado de segurança e os recursos de competência do Tribunal Superior do Trabalho. (Res. nº 165/2010)
- **OJ nº 2.** Viola o art. 192 da CLT decisão que acolhe pedido de adicional de insalubridade com base na remuneração do empregado. (Res. nº 148/2008)

- **OJ nº 4.** Procede, por ofensa ao art. 5º, inciso XXXVI, da CF/1988, o pedido de rescisão de julgado que acolheu Adicional de Caráter Pessoal em favor de empregado do Banco do Brasil S.A. (DJ 20.09.2000)
- **OJ nº 5.** Não se acolhe pedido de rescisão de julgado que deferiu a empregado do Banco do Brasil S.A. horas extras após a sexta, não obstante o pagamento dos adicionais AP e ADI, ou AFR quando a decisão rescindenda for anterior à Orientação Jurisprudencial nº 17, da Seção de Dissídios Individuais do TST (07.11.94). Incidência das Súmulas nºs 83 do TST e 343 do STF. (DJ 20.09.2000)
- **OJ nº 6.** Rescinde-se o julgado que nega estabilidade a membro suplente de CIPA, representante de empregado, por ofensa ao art. 10, II, "a", do ADCT da CF/88, ainda que se cuide de decisão anterior à Súmula nº 339 do TST. Incidência da Súmula nº 83 do TST. (DJ 22.08.2005)
- **OJ nº 7.** A Lei nº 7.872/89 que criou o Tribunal Regional do Trabalho da 17ª Região não fixou a sua competência para apreciar as ações rescisórias de decisões oriundas da 1ª Região, o que decorreu do art. 678, I, "c", item 2, da CLT. (DJ 22.08.2005)
- **OJ nº 8.** Não se rescinde julgado que acolheu pedido de complementação de aposentadoria integral em favor de empregado do BANESPA, antes da Súmula nº 313 do TST, em virtude da notória controvérsia jurisprudencial então reinante. Incidência da Súmula nº 83 do TST. (DJ 22.08.2005)
- **OJ nº 9.** Não se rescinde julgado que reconheceu garantia de emprego com base no Aviso DIREH 02/84 da CONAB, antes da Súmula nº 355 do TST, em virtude da notória controvérsia jurisprudencial então reinante. Incidência da Súmula nº 83 do TST. (DJ 20.09.2000)
- **OJ nº 10.** Somente por ofensa ao art. 37, II e § 2º, da CF/1988, procede o pedido de rescisão de julgado para considerar nula a contratação, sem concurso público, de servidor, após a CF/1988. (DJ 20.09.2000)
- **OJ nº 11.** Não se rescinde julgado que acolhe pedido de correção monetária decorrente da implantação tardia do Plano de Classificação de Cargos de Universidade Federal previsto na Lei nº 7.596/87, à época em que era controvertida tal matéria na jurisprudência. Incidência da Súmula nº 83 do TST. (DJ 20.09.2000)
- **OJ nº 12.** I - A vigência da Medida Provisória nº 1.577/97 e de suas reedições implicou o elastecimento do prazo decadencial para o ajuizamento da ação rescisória a favor dos entes de direito público, autarquias e fundações públicas. Se o biênio decadencial do art. 495 do CPC de 1973 findou após a entrada em vigor da referida medida provisória e até sua suspensão pelo STF em sede liminar de ação direta de inconstitucionalidade (ADIn 1753-2), tem-se como aplicável o prazo decadencial elastecido à rescisória. (ex-OJ nº 17 da SDI-2 - inserida em 20.09.00) II - A regra ampliativa do prazo decadencial para a propositura de ação rescisória em favor de pessoa jurídica de direito público não se aplica se, ao tempo em que sobreveio a

Medida Provisória nº 1.577/97, já se exaurira o biênio do art. 495 do CPC. Preservação do direito adquirido da parte à decadência já consumada sob a égide da lei velha. (Res. nº 208/2016)

- **OJ nº 18.** O art. 67 da Lei Complementar nº 73/93 interrompeu todos os prazos, inclusive o de decadência, em favor da União no período compreendido entre 14.02.93 e 14.08.93. (DJ 20.09.2000)
- **OJ nº 19.** Havendo notória controvérsia jurisprudencial acerca da incidência de imposto de renda sobre parcela paga pelo empregador ("abono pecuniário") a título de "desligamento incentivado", improcede pedido de rescisão do julgado. Incidência da Súmula nº 83 do TST. (DJ 20.09.2000)
- **OJ nº 21.** É incabível ação rescisória para a desconstituição de sentença não transitada em julgado porque ainda não submetida ao necessário duplo grau de jurisdição, na forma do Decreto-Lei nº 779/69. Determina-se que se oficie ao Presidente do TRT para que proceda à avocatória do processo principal para o reexame da sentença rescindenda. (DJ 22.08.2005)
- **OJ nº 23.** Não procede pedido de rescisão de sentença de mérito que assegura ou nega estabilidade pré-eleitoral, quando a decisão rescindenda for anterior à Orientação Jurisprudencial nº 51, da Seção de Dissídios Individuais do TST (25.11.96). Incidência da Súmula nº 83 do TST. (DJ 20.09.2000)
- **OJ nº 24.** Rescinde-se o julgado que reconhece estabilidade provisória e determina a reintegração de empregado, quando já exaurido o respectivo período de estabilidade. Em juízo rescisório, restringe-se a condenação quanto aos salários e consectários até o termo final da estabilidade. (DJ 20.09.2000)
- **OJ nº 25.** Não procede pedido de rescisão fundado no art. 485, V, do CPC de 1973 quando se aponta contrariedade à norma de convenção coletiva de trabalho, acordo coletivo de trabalho, portaria do Poder Executivo, regulamento de empresa e súmula ou orientação jurisprudencial de tribunal. (ex-OJ 25 da SDI-2, inserida em 20.09.2000 e ex-OJ 118 da SDI-2, DJ 11.08.2003) (Res. nº 212/2016)
- **OJ nº 26.** A extensão da gratificação instituída pela SUFRAMA aos servidores celetistas exercentes de atividade de nível superior não ofende as disposições contidas nos arts. 37, XIII e 39, § 1º, da CF/1988. (DJ 20.09.2000)
- **OJ nº 30.** Não se acolhe, por violação do art. 920 do Código Civil de 1916 (art. 412 do Código Civil de 2002), pedido de rescisão de julgado que: a) em processo de conhecimento, impôs condenação ao pagamento de multa, quando a decisão rescindenda for anterior à Orientação Jurisprudencial nº 54 da Subseção I Especializada em Dissídios Individuais do TST (30.05.94), incidindo o óbice da Súmula nº 83 do TST; b) em execução, rejeita-se limitação da condenação ao pagamento de multa, por inexistência de violação literal. (DJ 22.08.2005)

- **OJ nº 34.** I - O acolhimento de pedido em ação rescisória de plano econômico, fundada no art. 485, inciso V, do CPC de 1973, pressupõe, necessariamente, expressa invocação na petição inicial de afronta ao art. 5º, inciso XXXVI, da Constituição Federal de 1988. A indicação de ofensa literal a preceito de lei ordinária atrai a incidência da Súmula nº 83 do TST e Súmula nº 343 do STF. II - Se a decisão rescindenda é posterior à Súmula nº 315 do TST (Res. 07, DJ 22.09.93), inaplicável a Súmula nº 83 do TST. (Res. nº 208/2016)

- **OJ nº 35.** Não ofende a coisa julgada a limitação à data-base da categoria, na fase executória, da condenação ao pagamento de diferenças salariais decorrentes de planos econômicos, quando a decisão exequenda silenciar sobre a limitação, uma vez que a limitação decorre de norma cogente. Apenas quando a sentença exequenda houver expressamente afastado a limitação à data-base é que poderá ocorrer ofensa à coisa julgada. (DJ 20.09.2000)

- **OJ nº 38.** A assunção do professor-adjunto ao cargo de professor titular de universidade pública, sem prévia aprovação em concurso público, viola o art. 206, inciso V, da Constituição Federal. Procedência do pedido de rescisão do julgado. (DJ 20.09.2000)

- **OJ nº 39.** Havendo controvérsia jurisprudencial à época, não se rescinde decisão que aprecia a possibilidade de cumulação das antecipações bimestrais e reajustes quadrimestrais de salário previstos na Lei nº 8.222/91. Incidência da Súmula nº 83 do TST. (DJ 20.09.2000)

- **OJ nº 41.** Revelando-se a sentença "citra petita", o vício processual vulnera os arts. 141 e 492 do CPC de 2015 (arts. 128 e 460 do CPC de 1973), tornando-a passível de desconstituição, ainda que não interpostos embargos de declaração. (Res. nº 208/2016)

- **OJ nº 70.** Sob a égide do CPC de 1973, o manifesto equívoco da parte em ajuizar ação rescisória no TST para desconstituir julgado proferido pelo TRT, ou vice-versa, implica a extinção do processo sem julgamento do mérito por inépcia da inicial. (Res. nº 220/2017)

- **OJ nº 71.** A estipulação do salário profissional em múltiplos do salário mínimo não afronta o art. 7º, inciso IV, da Constituição Federal de 1988, só incorrendo em vulneração do referido preceito constitucional a fixação de correção automática do salário pelo reajuste do salário mínimo. (DJ 22.11.2004)

- **OJ nº 76.** É indispensável a instrução da ação cautelar proposta sob a vigência do CPC de 1973 com as provas documentais necessárias à aferição da plausibilidade de êxito na rescisão do julgado. Assim sendo, devem vir junto com a inicial da cautelar as cópias da petição inicial da ação rescisória principal, da decisão rescindenda, da certidão do trânsito em julgado da decisão rescindenda e informação do andamento atualizado da execução. (Res. nº 220/2017)

- **OJ nº 78.** É admissível o ajuizamento de uma única ação rescisória contendo mais de um pedido, em ordem sucessiva, de rescisão da sentença e do acórdão. Sendo inviável a tutela jurisdicional de um deles, o julgador está obrigado a apreciar os demais, sob pena de negativa de prestação jurisdicional. (Res. nº 208/2016)

- **OJ nº 80.** O não-conhecimento do recurso por deserção não antecipa o "dies a quo" do prazo decadencial para o ajuizamento da ação rescisória, atraindo, na contagem do prazo, a aplicação da Súmula nº 100 do TST. (DJ 13.03.2002)

- **OJ nº 84.** São peças essenciais para o julgamento da ação rescisória a decisão rescindenda e/ou a certidão do seu trânsito em julgado, devidamente autenticadas, à exceção de cópias reprográficas apresentadas por pessoa jurídica de direito público, a teor do art. 24 da Lei nº 10.522/2002, ou declaradas autênticas pelo advogado na forma do artigo 830 da CLT com a redação dada pela Lei nº 11.925/2009. Em fase recursal, verificada a ausência de qualquer delas, cumpre ao Relator do recurso ordinário conceder o prazo de 5 (cinco) dias ao recorrente para que seja complementada a documentação exigível, nos termos do art. 932, parágrafo único, do CPC de 2015. (Res. nº 220/2017)

- **OJ nº 97.** Os princípios da legalidade, do devido processo legal, do contraditório e da ampla defesa não servem de fundamento para a desconstituição de decisão judicial transitada em julgado, quando se apresentam sob a forma de pedido genérico e desfundamentado, acompanhando dispositivos legais que tratam especificamente da matéria debatida, estes sim, passíveis de fundamentarem a análise do pleito rescisório. (DJ 22.08.2005)

- **OJ nº 101.** Para viabilizar a desconstituição do julgado pela causa de rescindibilidade do inciso IV, do art. 966 do CPC de 2015 (inciso IV do art. 485 do CPC de 1973), é necessário que a decisão rescindenda tenha enfrentado as questões ventiladas na ação rescisória, sob pena de inviabilizar o cotejo com o título executivo judicial tido por desrespeitado, de modo a se poder concluir pela ofensa à coisa julgada. (Res. nº 208/2016)

- **OJ nº 103.** É cabível a rescisória para corrigir contradição entre a parte dispositiva do acórdão rescindendo e a sua fundamentação, por erro de fato na retratação do que foi decidido. (DJ 29.04.2003)

- **OJ nº 107.** Embora não haja atividade cognitiva, a decisão que declara extinta a execução, nos termos do art. 924, incisos I a IV c/c art. 925 do CPC de 2015 (art. 794 c/c 795 do CPC de 1973), extingue a relação processual e a obrigacional, sendo passível de corte rescisório. (Res. nº 208/2016)

- **OJ nº 112.** Para que a violação da lei dê causa à rescisão de decisão de mérito alicerçada em duplo fundamento, é necessário que o Autor da ação rescisória invoque causas de rescindibilidade que, em tese, possam infirmar a motivação dúplice da decisão rescindenda. (DJ 29.04.2003)

- **OJ nº 123.** O acolhimento da ação rescisória calcada em ofensa à coisa julgada supõe dissonância patente entre as decisões exequenda e rescindenda, o que não se verifica quando se faz necessária a interpretação do título executivo judicial para se concluir pela lesão à coisa julgada. (DJ 22.08.2005)

- **OJ nº 124.** Na hipótese em que a ação rescisória tem como causa de rescindibilidade o inciso II do art. 966 do CPC de 2015 (inciso II do art. 485 do CPC de 1973), a arguição de incompetência absoluta prescinde de prequestionamento. (Res. nº 208/2016)

- **OJ nº 128.** O certame público posteriormente anulado equivale à contratação realizada sem a observância da exigência contida no art. 37, II, da Constituição Federal de 1988. Assim sendo, aplicam-se à hipótese os efeitos previstos na Súmula nº 363 do TST. (DJ 09.12.2003)

- **OJ nº 131.** A ação cautelar não perde o objeto enquanto ainda estiver pendente o trânsito em julgado da ação rescisória principal, devendo o pedido cautelar ser julgado procedente, mantendo-se os efeitos da liminar eventualmente deferida, no caso de procedência do pedido rescisório ou, por outro lado, improcedente, se o pedido da ação rescisória principal tiver sido julgado improcedente. (DJ 04.05.2004)

- **OJ nº 132.** Acordo celebrado - homologado judicialmente - em que o empregado dá plena e ampla quitação, sem qualquer ressalva, alcança não só o objeto da inicial, como também todas as demais parcelas referentes ao extinto contrato de trabalho, violando a coisa julgada, a propositura de nova reclamação trabalhista. (DJ 04.05.2004)

- **OJ nº 134.** A decisão proferida em embargos à execução ou em agravo de petição que apenas declara preclusa a oportunidade de impugnação da sentença de liquidação não é rescindível, em virtude de produzir tão somente coisa julgada formal. (Res. nº 220/2017)

- **OJ nº 135.** A ação rescisória calcada em violação do artigo 37, "caput", da Constituição Federal, por desrespeito ao princípio da legalidade administrativa exige que ao menos o princípio constitucional tenha sido prequestionado na decisão. (DJ 04.05.2004)

- **OJ nº 136.** A caracterização do erro de fato como causa de rescindibilidade de decisão judicial transitada em julgado supõe a afirmação categórica e indiscutida de um fato, na decisão rescindenda, que não corresponde à realidade dos autos. O fato afirmado pelo julgador, que pode ensejar ação rescisória calcada no inciso VIII do art. 966 do CPC de 2015 (inciso IX do art. 485 do CPC de 1973), é apenas aquele que se coloca como premissa fática indiscutida de um silogismo argumentativo, não aquele que se apresenta ao final desse mesmo silogismo, como conclusão decorrente das premissas que especificaram as provas oferecidas, para se concluir pela existência do fato. Esta última hipótese é afastada pelo § 1º do art. 966 do CPC de 2015 (§ 2º do art. 485 do CPC de 1973), ao exigir que não tenha havido controvérsia sobre o fato e pronunciamento judicial esmiuçando as provas. (Res. nº 208/2016)

- **OJ nº 146.** A contestação apresentada em ação rescisória obedece à regra relativa à contagem de prazo constante do art. 774 da CLT, sendo inaplicável o art. 231 do CPC de 2015 (art. 241 do CPC de 1973). (Res. nº 208/2016)
- **OJ nº 150.** Reputa-se juridicamente impossível o pedido de corte rescisório de decisão que, reconhecendo a existência de coisa julgada, nos termos do art. 267, V, do CPC de 1973, extingue o processo sem resolução de mérito, o que, ante o seu conteúdo meramente processual, a torna insuscetível de produzir a coisa julgada material. (Res. nº 212/2016)
- **OJ nº 151.** A procuração outorgada com poderes específicos para ajuizamento de reclamação trabalhista não autoriza a propositura de ação rescisória e mandado de segurança. Constatado, todavia, o defeito de representação processual na fase recursal, cumpre ao relator ou ao tribunal conceder prazo de 5 (cinco) dias para a regularização, nos termos da Súmula nº 383, item II, do TST. (Res. nº 211/2016)
- **OJ nº 152.** A interposição de recurso de revista de decisão definitiva de Tribunal Regional do Trabalho em ação rescisória ou em mandado de segurança, com fundamento em violação legal e divergência jurisprudencial e remissão expressa ao art. 896 da CLT, configura erro grosseiro, insuscetível de autorizar o seu recebimento como recurso ordinário, em face do disposto no art. 895, "b", da CLT. (DEJT 05.12.2008)
- **OJ nº 154.** A sentença homologatória de acordo prévio ao ajuizamento de reclamação trabalhista, no qual foi conferida quitação geral do extinto contrato, sujeita-se ao corte rescisório tão somente se verificada a existência de fraude ou vício de consentimento. (DEJT 11.06.2010)
- **OJ nº 157.** A ofensa à coisa julgada de que trata o inciso IV do art. 966 do CPC de 2015 (inciso IV do art. 485 do CPC de 1973) refere-se apenas a relações processuais distintas. A invocação de desrespeito à coisa julgada formada no processo de conhecimento, na correspondente fase de execução, somente é possível com base na violação do art. 5º, XXXVI, da Constituição da República. (Res. nº 208/2016)
- **OJ nº 158.** A declaração de nulidade de decisão homologatória de acordo, em razão da colusão entre as partes (art. 485, III, do CPC), é sanção suficiente em relação ao procedimento adotado, não havendo que ser aplicada a multa por litigância de má-fé. (DEJT 16.04.2012)

18. LIQUIDAÇÃO DE SENTENÇA

Sendo ilíquida a sentença exequenda, ordenar-se-á, previamente, a sua liquidação, que poderá ser feita por cálculo, por arbitramento ou por artigos (CLT. Art. 879).

Na liquidação, **não se poderá modificar, ou inovar, a sentença liquidanda, nem discutir matéria pertinente à causa principal**, devendo abranger, também, o cálculo das contribuições previdenciárias devidas.

As partes deverão ser previamente intimadas para a apresentação do cálculo de liquidação, inclusive da contribuição previdenciária incidente.

Elaborada a conta e tornada líquida, o juízo **deverá** (é uma obrigação) abrir às partes prazo comum de **oito dias** para impugnação fundamentada com a indicação dos itens e valores objeto da discordância, sob pena de preclusão (CLT. Art. 879, § 2º, com redação dada pela Lei nº 13.467/17).

Elaborada a conta pela parte ou pelos órgãos auxiliares da Justiça do Trabalho, o juiz procederá à **intimação da União** para manifestação, no prazo de **10 dias**, sob pena de preclusão.

Correção monetária dos créditos previdenciários – A atualização do crédito devido à Previdência Social observará os critérios estabelecidos na legislação previdenciária, ou seja, **pela SELIC**.

18.1. Juros de mora

Os juros de mora incidem sobre a importância da condenação já corrigida monetariamente (TST. Súmula nº 200. Res. nº 121/2003) são contados desde **o ajuizamento da reclamação** trabalhista e incluem-se na liquidação, ainda que omisso o pedido inicial ou a condenação (TST. Súmula nº 211. Res. nº 121/2003).

Nas condenações impostas à Fazenda Pública, incidem juros de mora segundo os seguintes critérios:

- 1% (um por cento) ao mês, até setembro de 2001, nos termos do § 1º do art. 39 da Lei n.º 8.177, de 1.03.1991, e
- 0,5% (meio por cento) ao mês, de setembro de 2001 a junho de 2009, conforme determina o art. 1º – F da Lei nº 9.494, de 10.09.1997, introduzido pela Medida Provisória nº 2.180-35, de 24.08.2001.
- A partir de julho de 2009, atualizam-se os débitos trabalhistas da Fazenda Pública, mediante a incidência dos índices oficiais de remuneração básica e juros aplicados à caderneta de poupança, por força do art. 5º da Lei n. 11.960, de 29.6.2009 (TST. Tribunal Pleno. OJ nº 7, II. Res. nº 175/2011).

- A adequação do montante da condenação deve observar essa limitação legal, ainda que em sede de precatório (TST. Tribunal Pleno. OJ nº 7, III. Res. nº 175/2011).

Ressalte-se que **não há incidência de juros de mora** sobre as empresas em liquidação (TST. Súmula nº 304. Res. nº 121/2003).

É devida a incidência de juros de mora em relação aos débitos trabalhistas de empresa em liquidação extrajudicial sucedida nos moldes dos arts. 10 e 448 da CLT. O sucessor responde pela obrigação do sucedido, não se beneficiando de qualquer privilégio a este destinado (TST. SDI-1. OJ nº 408. DEJT 26.10.2010).

Note-se que os juros de mora decorrentes do inadimplemento de obrigação de pagamento em dinheiro não integram a base de cálculo do imposto de renda, independentemente da natureza jurídica da obrigação inadimplida, ante o cunho indenizatório conferido pelo art. 404 do Código Civil de 2002 aos juros de mora (TST. SDI-1. OJ nº 400. DEJT 04.08.2010).

Nas condenações por dano moral os juros **incidem desde o ajuizamento da ação**, nos termos do art. 883 da CLT (TST. Súmula nº 439. Res. nº 185/2012).

18.2. Correção monetária

Os valores devidos em decorrência de decisão judicial trabalhista, inclusive os créditos relativos ao FGTS (SDI-1. OJ nº 302. DJ 11.08.2003) devem ser corrigidos monetariamente a partir do momento em que cada parcela se tornar exigível, durante a execução ou extinção do contrato de trabalho, até o momento do efetivo pagamento, não incidindo sobre o débito do trabalhador reclamante, na forma prevista pela Súmula nº 187 do TST.

Assim, o pagamento dos salários até o **5º dia útil** do mês subsequente ao vencido **não está sujeito à correção monetária**. Se essa data limite for ultrapassada, incidirá o índice da correção monetária do mês subsequente ao da prestação dos serviços, a partir do dia 1º (TST. Súmula nº 381. Res. nº 129/2005).

Estão sujeitos à correção monetária desde o vencimento, até seu efetivo pagamento, sem interrupção ou suspensão, os créditos junto a entidades submetidas aos regimes de **intervenção ou liquidação extrajudicial**, mesmo quando esses regimes sejam convertidos em falência (CF. ADCT. Art. 46).

Mesmo com a implantação do plano real, pela Lei nº 10.192/2001, permaneceram em vigor as disposições legais relativas a correção monetária de débitos trabalhistas, de débitos resultantes de decisão judicial, de débitos relativos a ressarcimento em virtude de inadimplemento de obrigações contratuais e do passivo de empresas e instituições sob os regimes de concordata, falência, intervenção e liquidação extrajudicial.

Assim, não viola norma constitucional (art. 5°, II e XXXVI) a determinação de aplicação da **TRD como fator de correção monetária dos débitos trabalhistas**, cumulada com juros de mora previstos no artigo 39 da Lei nº 8.177/1991 e convalidado pelo artigo 15 da Lei nº 10.192/2001 (TST. SDI-1. OJ nº 300. DJ 20.04.2005).

Diferentemente da correção aplicada aos débitos trabalhistas, que têm caráter alimentar, a atualização monetária dos honorários periciais é fixada pelo art. 1º da Lei nº 6.899/81, aplicável a débitos resultantes de decisões judiciais. (TST. SDI-1. OJ nº 198. DJ 08.11.2000).

Nas condenações por dano moral, a atualização monetária **é devida a partir da data da decisão de arbitramento ou de alteração do valor** (TST. Súmula nº 439. Res. nº 185/2012).

No julgamento do RE nº 870947 (21.09.2017), com repercussão geral declarada, o STF decidiu que o **IPCA-E** deve ser utilizado para corrigir os débitos da Fazenda Pública antes da expedição do precatório. Entretanto, essa decisão não analisou a constitucionalidade do art. 39, da Lei nº 8.177/91, que serve de amparo legal para atualização de créditos trabalhistas:

> "Art. 39. Os débitos trabalhistas de qualquer natureza, quando não satisfeitos pelo empregador nas épocas próprias assim definidas em lei, acordo ou convenção coletiva, sentença normativa ou cláusula contratual sofrerão juros de mora equivalentes à TRD acumulada no período compreendido entre a data de vencimento da obrigação e o seu efetivo pagamento. § 1º. Aos débitos trabalhistas constantes de condenação pela Justiça do Trabalho ou decorrentes dos acordos feitos em reclamatória trabalhista, quando não cumpridos nas condições homologadas ou constantes do termo de conciliação, serão acrescidos, nos juros de mora previstos no caput, juros de um por cento ao mês, contados do ajuizamento da reclamatória e aplicados pro rata die, ainda que não explicitados na sentença ou no termo de conciliação".

Acrescente-se ainda que a Lei nº 13.467/17 introduziu o § 7º ao art. 879 da CLT para deixar claro que a correção monetária dos débitos trabalhistas **deve ser feita observando a aplicação da Taxa Referencial – TR.**

19. EXECUÇÃO

A execução será promovida pelas partes, permitida a execução de ofício pelo juiz ou pelo Presidente do Tribunal apenas nos casos em que as partes não estiverem representadas por advogado (CLT. Art. 878, com redação dada pela Lei nº 13.467/17).

Aos trâmites e incidentes do processo da execução trabalhistas são aplicáveis, naquilo em que não contravierem aos princípios do processo laboral, os preceitos que regem o **processo dos executivos fiscais** para a cobrança judicial da dívida ativa da Fazenda Pública Federal, ou seja, da Lei nº 6.830/80.

A execução trabalhista deve prosseguir diretamente na Justiça do Trabalho **mesmo após a decretação da liquidação extrajudicial** (TST. SDI-1. OJ nº 143. DJ 27.11.1998).

Não só o devedor responde com todos os seus bens presentes e futuros para o cumprimento de suas obrigações, mas também seus **sucessores e o sócio**, este último por meio de um procedimento denominado de incidente de desconsideração da personalidade jurídica previsto no art. 133 do CPC, aplicado ao processo do trabalho por força do art. 855-A da CLT, introduzido pela Lei nº 13.467/17.

19.1. Títulos executivos trabalhistas

São títulos executivos judiciais as **decisões** passadas em julgado ou das quais não tenha havido recurso com efeito suspensivo e os **acordos**, quando não cumpridos (CLT. Art. 876).

Considera-se **inexigível** o título judicial fundado em lei ou ato normativo **declarados inconstitucionais pelo STF** ou em aplicação ou interpretação tidas por incompatíveis com a Constituição Federal (CLT. Art. 884. § 5º).

O termo de ajuste de conduta – TAC firmado perante o Ministério Público do Trabalho e o termo de conciliação firmado perante as Comissões de Conciliação Prévia, **constituem títulos executivos extrajudiciais trabalhistas**, além da **sentença arbitral** proveniente da designação do MPT como árbitro.

O **termo de conciliação homologado** pela da Comissão de Conciliação Prévia é título executivo extrajudicial e terá **eficácia liberatória geral**, exceto quanto às parcelas expressamente ressalvadas (CLT. Art. 625-E. Parágrafo único).

Por aplicação supletiva do art. 784, I, do CPC, o **cheque e a nota promissória** emitidos em reconhecimento de dívida inequivocamente de natureza trabalhista também são títulos extrajudiciais para efeito de execução perante a Justiça do Trabalho, na forma do art. 876 e segs. da CLT (art. 13, IN nº 39/16 do TST).

19.2. Prescrição intercorrente

Prescrição intercorrente é aquela derivada da inércia do autor e implica a perda da sua pretensão executiva.

Havia divergência de entendimentos entre o STF e o TST em relação a aplicação da prescrição intercorrente no processo laboral.

Para o STF, segundo a Súmula nº 327, o direito trabalhista admite a prescrição intercorrente. Já o TST, em sua Súmula nº 114 bem como no art. 2º, VIII, da Instrução Normativa nº 39/16 diz que é **inaplicável** na Justiça do Trabalho a prescrição intercorrente.

A Lei nº 13.467/17 pôs fim a controvérsia sobre a incidência ou não da prescrição intercorrente no processo laboral, com a introdução do art. 11-A à CLT, com a seguinte redação: "Ocorre a prescrição intercorrente no processo do trabalho no prazo de dois anos".

19.3. Citação e penhora

Requerida a execução, o juiz ou presidente do tribunal mandará expedir mandado de citação do executado, a fim de que cumpra a decisão ou o acordo no prazo, pelo modo e sob as cominações estabelecidas ou, quando se tratar de pagamento em dinheiro, inclusive de contribuições sociais devidas à União, para que o faça **em 48 horas ou garanta a execução, sob pena de penhora** (CLT. Art. 880).

A citação será feita pelos oficiais de justiça, cujo mandado deverá conter a decisão exequenda ou o termo de acordo não cumprido.

Se o executado, procurado **por duas vezes, no espaço de 48 horas**, não for encontrado, far-se-á a citação **por edital,** publicado no jornal oficial ou, na falta deste, afixado na sede na Vara do Juízo, durante **cinco dias.**

Não pagando o executado, nem garantindo a execução, seguir-se-á penhora dos bens, tantos quantos bastem ao pagamento da importância da condenação, acrescida de custas e juros de mora, sendo estes, em qualquer caso, devidos **a partir da data em que for ajuizada a reclamação inicial** (CLT. Art. 883).

Caso o executado não esteja presente ao ato de constrição judicial, será intimado por intermédio do seu advogado. Nesse sentido os §§ 1º e 2º, do art. 841 do CPC, aplicado ao processo laboral de acordo com o art. 3º, XVIII, da IN nº 39/16 do TST.

A. Garantia da execução

O executado que não pagar a importância reclamada poderá **garantir a execução** mediante **depósito da quantia correspondente**, atualizada e acrescida das despesas processuais, apresentação de **seguro-garantia judicial** ou nomeação de **bens à penhora**, observada a ordem preferencial estabelecida pelo CPC (CLT. Art. 882, com redação dada pela Lei nº 13.467/17).

B. Ordem de preferência da penhora

A ordem de preferência dos bens a serem penhoradas é aquela prevista no **art. 835 do CPC e não na Lei de Execução Fiscal:**

- dinheiro, em espécie ou em depósito ou aplicação em instituição financeira;
- títulos da dívida pública da União, dos Estados e do Distrito Federal com cotação em mercado;
- títulos e valores mobiliários com cotação em mercado;
- veículos de via terrestre;
- bens imóveis;
- bens móveis em geral;
- semoventes;
- navios e aeronaves;
- ações e quotas de sociedades simples e empresárias;
- percentual do faturamento de empresa devedora;
- pedras e metais preciosos;
- direitos aquisitivos derivados de promessa de compra e venda e de alienação fiduciária em garantia;
- outros direitos.

Não fere direito líquido e certo do impetrante o ato judicial que determina **penhora em dinheiro do executado** para garantir crédito exequendo, pois é prioritária e obedece à gradação prevista no art. 835 do CPC (TST. Súmula nº 417, I. Res. nº 212/2016).

Sobre a penhora, é necessário observar as seguintes regras para a sua validade:

- É válida a penhora em bens de pessoa jurídica de direito privado, realizada anteriormente à sucessão pela União ou por Estado-membro, não podendo a execução prosseguir mediante precatório. A decisão que a mantém não viola o art. 100 da CF/88 (TST. SDI-1. OJ nº 343. DJ 22.06.2004);
- A carta de fiança bancária e o seguro garantia judicial, desde que em valor não inferior ao do débito em execução, acrescido de **trinta por cento**, equivalem a dinheiro para efeito da gradação dos bens penhoráveis,

estabelecida no art. 835 do CPC de 2015 (art. 655 do CPC de 1973).(TST. SDI-2. OJ nº 59. Res. nº 209/2016);

- Nos termos do art. 866 do CPC de 2015, **é admissível a penhora sobre a renda mensal ou faturamento de empresa**, limitada a percentual, que não comprometa o desenvolvimento regular de suas atividades, desde que não haja outros bens penhoráveis ou, havendo outros bens, eles sejam de difícil alienação ou insuficientes para satisfazer o crédito executado. (TST. SDI-2. OJ nº 93. Res. nº 220/2017);
- Diferentemente da cédula de crédito industrial garantida por alienação fiduciária, na cédula rural pignoratícia ou hipotecária o bem permanece sob o domínio do devedor (executado), **não constituindo óbice à penhora na esfera trabalhista** (TST. SDI-1. OJ nº 226. DJ 20.04.2005).

C. Impenhorabilidade

São absolutamente impenhoráveis (art. 833 do CPC, aplicado ao processo do Trabalho conforme preceito contido no art. 3º, XV, da Instrução Normativa nº 39/2016 do TST):

- os bens inalienáveis e os declarados, por ato voluntário, não sujeitos à execução;
- os móveis, os pertences e as utilidades domésticas que guarnecem a residência do executado, salvo os de elevado valor ou os que ultrapassem as necessidades comuns correspondentes a um médio padrão de vida;
- os vestuários, bem como os pertences de uso pessoal do executado, salvo se de elevado valor;
- os vencimentos, os subsídios, os soldos, os salários, as remunerações, os proventos de aposentadoria, as pensões, os pecúlios e os montepios, bem como as quantias recebidas por liberalidade de terceiro e destinadas ao sustento do devedor e de sua família, os ganhos de trabalhador autônomo e os honorários de profissional liberal, ressalvado o § 2º;
- os livros, as máquinas, as ferramentas, os utensílios, os instrumentos ou outros bens móveis necessários ou úteis ao exercício da profissão do executado;
- o seguro de vida;
- os materiais necessários para obras em andamento, salvo se essas forem penhoradas;

- a pequena propriedade rural, assim definida em lei, desde que trabalhada pela família;
- os recursos públicos recebidos por instituições privadas para aplicação compulsória em educação, saúde ou assistência social;
- a quantia depositada em caderneta de poupança, até o limite de 40 (quarenta) salários-mínimos;
- os recursos públicos do fundo partidário recebidos por partido político, nos termos da lei;
- os créditos oriundos de alienação de unidades imobiliárias, sob regime de incorporação imobiliária, vinculados à execução da obra.

Conta salário ➧ Não ofende direito líquido e certo decisão que determina o **bloqueio de numerário existente em conta salário**, para satisfação de crédito trabalhista, desde que limitado a determinado percentual dos valores recebidos ou a valor revertido para fundo de aplicação ou poupança (CPC. Art. 833, § 2º).

19.4. Depósito

Ao apreender os bens, o oficial de justiça procede também ao seu **depósito**, na pessoa que ficará encarregada de zelar pela sua guarda, integralidade e existência, completando-se, assim, o procedimento da penhora.

Note-se, que a investidura no encargo de depositário **depende da aceitação do nomeado** que deve assinar termo de compromisso no auto de penhora, sem o que, é inadmissível a restrição de seu direito de liberdade (TST. SDI-2. OJ nº 89. DJ 27.05.2002).

Não se caracteriza a condição de depositário infiel quando a penhora recair sobre coisa futura, circunstância que, por si só, inviabiliza a materialização do depósito no momento da constituição do paciente em depositário, autorizando-se a concessão de *habeas corpus* diante da prisão ou ameaça de prisão que sofra (TST. SDI-2. OJ nº 143. Res. nº 151/2008).

Prisão do depositário infiel – Recentes decisões do STF, a exemplo daquela proferida nos autos do HC nº 96234, sinalizam para o reconhecimento da **impossibilidade de prisão do depositário infiel**, em face da adesão do Brasil ao Pacto de San José da Costa Rica.

19.5. Contra Fazenda Pública

A execução promovida contra a Fazenda Pública, assim considerada a União, os Estados, o Distrito Federal, os Municípios, suas Autarquias e Fundações, por razões históricas e de ordem pública, obedece a regras especiais, necessárias para atender às prerrogativas processuais que lhes são conferidas, observando, principalmente, a **impenhorabilidade dos bens públicos e a necessidade de previsão orçamentária dos gastos públicos.**

As mencionadas prerrogativas são as seguintes:

- **citação pessoal**;
- prazo para apresentação de embargos à execução de **trinta dias**;
- execução pelo procedimento do **precatório**, geral ou especial.

Na execução contra a Fazenda Pública, **os juros de mora são de 0,5% ao mês**. Entretanto, se a Fazenda Pública é condenada subsidiariamente pelas obrigações trabalhistas devidas pela empregadora principal, não se beneficia da limitação dos juros, prevista no art. 1º-F da Lei n.º 9.494, de 10.09.1997 (TST. SDI-1. OJ nº 382. DEJT 22.04.2010).

A EC nº 62/2009 bem como a Lei nº 9.494/97, **foram declaradas inconstitucionais**, por decisão do STF proferida nos autos das ADI'S Nº 4357 e 4425, publicada no Diário Oficial de 26.09.2014, na parte em que estabelecem o privilégio acima mencionado para Fazenda Pública.

A. Regime geral de pagamento de precatório

Quanto aos precatórios submetidos ao regime geral, devem-se observar as seguintes regras:

- A exceção prevista no art. 100, *caput*, da Constituição, em favor dos créditos de natureza alimentícia, **não dispensa a expedição de precatório**, limitando-se a isentá-los da observância da ordem cronológica dos precatórios decorrentes de condenações de outra natureza (STF. Súmula nº 655);
- Há dispensa da expedição de precatório, na forma do art. 100, § 3º, da CF/88, quando a execução contra a Fazenda Pública não exceder os valores definidos, provisoriamente, pela Emenda Constitucional nº 37/02, como **obrigações de pequeno valor**, inexistindo ilegalidade, sob esse prisma, na determinação de sequestro da quantia devida pelo ente público (TST. Tribunal Pleno. OJ nº 1. DJ 09.12.2003);
- Tratando-se de reclamações trabalhistas plúrimas, a aferição do que vem a ser obrigação de pequeno valor, para efeito de dispensa de formação de precatório e aplicação do disposto no § 3º do art. 100 da CF/88, deve ser

realizada considerando-se os créditos de cada reclamante (TST. Tribunal Pleno. OJ nº 9. DJ 25.04.2007).

B. Regime especial de pagamento de precatórios

Paralelo ao regime ordinário de precatório foi instituído, em caráter transitório, o **regime especial de pagamento dos débitos judiciais da Fazenda Pública** por meio da EC nº 62/2009, que acrescentou o art. 97 ao ADCT da CF/88.

A utilização desse regime permite a liquidação parcelada dos precatórios pendentes de pagamento na data de promulgação da referida Emenda Constitucional (bem como em relação àqueles constituídos até a regulamentação da matéria por Lei Complementar) dos Estados, o Distrito Federal e os Municípios (administração pública direta e indireta), excluindo-se a União.

O STF **declarou a inconstitucionalidade** do dispositivo que instituiu esse procedimento. Em 25.03.2015 o STF modulou os efeitos de sua decisão dando sobrevida ao regime especial de pagamento de precatórios, instituído pela EC 62/09, por 5 exercícios financeiros a contar de primeiro de janeiro de 2016.

A Emenda Constitucional nº 99/2017 alterou a redação do art. 101 do ADCT da CF/88 para fixar regras de transição para o pagamento dos precatórios vencidos:

> "**Art. 101.** Os Estados, o Distrito Federal e os Municípios que, em 25 de março de 2015, se encontravam em mora no pagamento de seus precatórios quitarão, até 31 de dezembro de 2024, seus débitos vencidos e os que vencerão dentro desse período, atualizados pelo Índice Nacional de Preços ao Consumidor Amplo Especial (IPCA-E), ou por outro índice que venha a substituí-lo, depositando mensalmente em conta especial do Tribunal de Justiça local, sob única e exclusiva administração deste, 1/12 (um doze avos) do valor calculado percentualmente sobre suas receitas correntes líquidas apuradas no segundo mês anterior ao mês de pagamento, em percentual suficiente para a quitação de seus débitos e, ainda que variável, nunca inferior, em cada exercício, ao percentual praticado na data da entrada em vigor do regime especial a que se refere este artigo, em conformidade com plano de pagamento a ser anualmente apresentado ao Tribunal de Justiça local"

19. 6. Execução provisória – Cumprimento provisório da sentença

Execução provisória é aquela que se processa com base em um título executivo judicial **que ainda não adquiriu a qualidade da coisa julgada.**

O **cumprimento provisório da sentença** impugnada por recurso desprovido de efeito suspensivo será realizado da mesma forma que o cumprimento definitivo (art. 520 do CPC), inclusive com possibilidade de penhora em dinheiro.

19.7. Execução por carta

Quando os bens do devedor estiverem localizados em território diverso daquele coberto pela jurisdição da Vara do Trabalho onde a execução trabalhista fora iniciada, a penhora e a consequente expropriação serão efetivadas pela expedição de **carta precatória executória.**

Na execução por carta, os embargos do devedor serão oferecidos no juízo deprecante ou no juízo deprecado, mas **a competência para julgá-los é do juízo deprecante, salvo se versarem unicamente sobre vícios ou defeitos da penhora, da avaliação ou da alienação dos bens efetuadas no juízo deprecado** (art. 914, § 2º do CPC).

Já os embargos de terceiro serão oferecidos no **juízo deprecado**, salvo se indicado pelo juízo deprecante o bem constrito ou se já devolvida a carta (art. 676, parágrafo único, do CPC).(TST. Súmula nº 419. Res. nº 212/2016).

19. 8. Contribuições previdenciárias

Nem todas essas contribuições sociais podem ser cobradas de ofício pela Justiça do Trabalho, mas somente aquelas contidas no art. 114, VIII, da atual Carta Magna (art. 195, I, a, e II da CF/88), excluindo-se, portanto, as contribuições sociais do empregador decorrente da receita, faturamento ou lucro (PIS/PASEP, CONFINS, FINSOCIAL); sobre a receita de concursos e prognósticos; e do importador de serviços ou bens do exterior.

Sendo assim, a Justiça do Trabalho executará, **de ofício**, as contribuições sociais previstas na alínea a do inciso I e no inciso II do caput do art. 195 da Constituição Federal, e seus acréscimos legais, relativas ao objeto da condenação constante das sentenças que proferir e dos acordos que homologar. (CLT. Art. 876. Parágrafo único, com redação dada pela Lei nº 13.467/17).

Faculta-se ao devedor o **pagamento imediato da parte que entender devida** à Previdência Social, sem prejuízo da cobrança de eventuais diferenças encontradas na execução *ex officio* (CLT. Art. 878-A).

É do empregador a **responsabilidade pelo recolhimento das contribuições previdenciárias e fiscais,** resultantes de crédito do empregado oriundo de condenação judicial. A culpa do empregador pelo inadimplemento das verbas remuneratórias, contudo, **não exime a responsabilidade do empregado** pelos pagamentos do imposto de renda devido e da contribuição previdenciária que recaia sobre sua quota-parte. (TST. Súmula nº 368, II. Res. nº 219/2017).

Os descontos previdenciários relativos à contribuição do empregado, no caso de ações trabalhistas, devem ser calculados mês a mês, de conformidade com o art. 276, § 4º, do Decreto n º 3.048/1999 que regulamentou a Lei nº 8.212/1991, aplicando-se as alíquotas previstas no art. 198, observado o limite máximo do salário de contribuição (TST. Súmula nº 368, III. Res. nº 219/2017).

Acordo e contribuições previdenciárias ➧ É devida a incidência das contribuições para a Previdência Social sobre o valor total do acordo homologado em juízo, independentemente do reconhecimento de vínculo de emprego, desde que não haja discriminação das parcelas sujeitas à incidência da contribuição previdenciária, conforme parágrafo único do art. 43 da Lei nº 8.212, de 24.07.1991, e do art. 195, I, "a", da CF/1988 (TST. SDI-1. OJ nº 368. DEJT 05.12.2008)

19.9. Embargos à execução

Os embargos à execução constituem medida judicial autônoma, incidental ao processo de execução, destinada a **desconstituir o título executivo judicial ou extrajudicial**, no que diz respeito à sua existência, liquidez ou exigibilidade.

Assim, garantida a execução ou penhorados os bens, terá o executado **cinco dias para apresentar embargos**, cabendo igual prazo ao exequente para impugnação (CLT. Art. 884).

A exigência da garantia ou penhora **não se aplica às entidades filantrópicas** e/ou àqueles que compõem ou compuseram a diretoria dessas instituições (CLT. Art. 884. § 6º introduzido pela Lei nº 13.467/17).

O juiz pode, liminarmente, rejeitar os embargos do devedor quando forem intempestivos; nos casos de indeferimento da petição inicial e de improcedência liminar do pedido; ou quando considerados manifestamente protelatórios (art. 918 do CPC, aplicado ao processo laboral de acordo com o preceito contido no art. 3º, XXII, da Instrução Normativa nº 39/16 do TST).

A matéria de defesa será restrita às alegações de **cumprimento da decisão ou do acordo, quitação ou prescrição da dívida**.

Se na defesa tiverem sido arroladas testemunhas, poderá o juiz ou o presidente do Tribunal, caso julgue necessários seus depoimentos, **marcar audiência para a produção das provas,** a qual deverá realizar-se dentro de cinco dias.

Não tendo sido arroladas testemunhas na defesa, o juiz, ou presidente, conclusos os autos, proferirá sua decisão, dentro de cinco dias, julgando subsistente ou insubsistente a penhora (CLT. Art. 885).

Se tiverem sido arroladas testemunhas, finda a sua inquirição em audiência, o escrivão ou secretário fará, dentro de 48 horas, conclusos os autos ao juiz ou presidente, que proferirá sua decisão, na forma prevista no artigo anterior (CLT. Art. 886).

Proferida a decisão, serão da mesma notificadas as partes interessadas, em registro postal com franquia.

Somente nos embargos à penhora poderá o executado impugnar a sentença de liquidação, cabendo ao exequente igual direito e no mesmo prazo.

Julga-se na mesma sentença os embargos e as impugnações à liquidação apresentadas pelos credores trabalhista e previdenciário.

Suspendem-se os atos executórios quando, no prazo dos embargos à execução, o executado **reconhecer o seu débito, depositar trinta por cento do seu respectivo valor e solicitar que o restante seja pago em até seis parcelas mensais**, acrescidas de correção monetária e juros de 1% ao mês (art. 916 do CPC aplicado ao processo laboral de acordo com o preceito contido no art. 3º, XXI, da Instrução Normativa nº 39/16 do TST).

> ▸ **Dica de prova:**
>
> A temática relativa ao precatório no processo do trabalho é uma das mais recorrentemente cobrada nas provas da OAB.

19.10. Arrematação

A arrematação será anunciada por edital afixado na sede do juízo ou tribunal e publicado no jornal local, se houver, **com a antecedência de 20 dias** (CLT. Art. 888).

A arrematação será feita em dia, hora e lugar anunciados e os bens serão vendidos pelo maior lance, tendo o exequente preferência para a adjudicação.

O arrematante deverá garantir o lance com o sinal correspondente a **20% do seu valor**. Se o arrematante, ou seu fiador, não pagar dentro de 24 horas, o preço da arrematação, **perderá, em benefício da execução, esse sinal**, voltando à praça os bens executados.

Não havendo licitante, e não requerendo o exequente a adjudicação dos bens penhorados, poderão os mesmos serem vendidos **por leiloeiro nomeado pelo juiz.**

O ordenamento jurídico permite que o interessado faça uma **proposta de pagamento parcelado do total do preço** do bem penhorado. Essa forma alternativa de arrematação, prevista pelo art. 895 do CPC, pode ser utilizada no processo do trabalho, conforme preceito contido no art. 3º, XXI, da IN nº 39/16 do TST.

19.11. Execução por prestações sucessivas

Nas prestações sucessivas por tempo determinado, a execução pelo não pagamento de uma prestação compreenderá as que lhe sucederem (CLT. Art. 891).

Tratando-se de prestações sucessivas por tempo indeterminado, a execução compreenderá inicialmente as prestações devidas até a data do ingresso na execução (CLT. Art. 892).

20. MANDADO DE SEGURANÇA

O mandado de segurança é utilizado para proteger direito líquido e certo, não amparado por *habeas corpus* ou *habeas data*, sempre que, ilegalmente ou com abuso de poder, qualquer pessoa física ou jurídica sofrer violação ou houver justo receio de sofrê-la por parte de autoridade, seja de que categoria for e sejam quais forem as funções que exerça. (Lei nº 12.016/09. Art. 1º).

De uma forma geral, no âmbito trabalhista, cabe mandado de segurança para impugnar atos judiciais, quando a autoridade coatora for o juiz ou integrante do Tribunal do Trabalho.

Após a vigência da EC nº 45/04, ampliou-se a competência da Justiça do Trabalho para apreciar mandado de segurança impetrado contra atos das autoridades administrativas, representados, principalmente, pelos fiscais, auditores e delegados do Ministério do Trabalho, e mesmo pelos membros do Ministério Público do Trabalho.

Sobre o mandado de segurança, na Justiça do Trabalho, é necessário observar as seguintes regras:

- É competente o TRT para julgar mandado de segurança contra ato de seu presidente em execução de sentença trabalhista (STF. Súmula nº 433);
- Não cabe mandado de segurança de decisão judicial transitada em julgado (TST. Súmula nº 33. Res. nº 121/2003);
- Da decisão de TRT em mandado de segurança cabe recurso ordinário, no prazo de 8 dias, para o TST, e igual dilação para o recorrido e interessados apresentarem razões de contrariedade (TST. Súmula nº 201. Res. nº 121/2003);
- Não se aplica a alçada em ação rescisória e em mandado de segurança (TST. Súmula nº 365. Res. nº 129/2005);

- A tutela provisória concedida na sentença não comporta impugnação pela via do mandado de segurança, por ser impugnável mediante recurso ordinário. É admissível a obtenção de efeito suspensivo ao recurso ordinário mediante requerimento dirigido ao tribunal, ao relator ou ao presidente ou ao vice-presidente do tribunal recorrido, por aplicação subsidiária ao processo do trabalho do artigo 1.029, § 5º, do CPC de 2015 (TST. Súmula nº 414, I. Res. nº 217/2017);
- No caso de a tutela provisória haver sido concedida ou indeferida antes da sentença, cabe mandado de segurança, em face da inexistência de recurso próprio (TST. Súmula nº 414, II. Res. nº 217/2017);
- A superveniência da sentença, nos autos originários, faz perder o objeto do mandado de segurança que impugnava a concessão ou o indeferimento da tutela provisória (TST. Súmula nº 414, III. Res. nº 217/2017);
- Exigindo o mandado de segurança prova documental pré-constituída, inaplicável o art. 321 do CPC de 2015 quando verificada, na petição inicial do "mandamus", a ausência de documento indispensável ou de sua autenticação. (TST. Súmula nº 415. Res. nº 208/2016);
- Incabível o mandado de segurança contra sentença homologatória de adjudicação, uma vez que o ato judicial pode ser impugnado por simples petição, na forma do artigo 877, caput, do CPC de 2015. (TST. SDI-2. OJ nº 66. Res. nº 212/2016);
- Ajuizados embargos de terceiro (art. 674 do CPC de 2015) para pleitear a desconstituição da penhora, é incabível mandado de segurança com a mesma finalidade (TST. SDI-2. OJ nº 54. Res. nº 208/2016);
- Não fere direito líquido e certo a concessão de liminar obstativa de transferência de empregado, em face da previsão do inciso IX do art. 659 da CLT. (TST. SDI-2. OJ nº 67. DJ 20.09.2000);
- Não cabe mandado de segurança contra decisão judicial passível de reforma mediante recurso próprio, ainda que com efeito diferido (TST. SDI-2. OJ nº 92. DJ 27.05.2002);
- Esgotadas as vias recursais existentes, não cabe mandado de segurança (TST. SDI-2. OJ nº 99. DJ 27.09.2002).

21. DISSÍDIO COLETIVO

Os sindicatos representativos de categorias econômicas ou profissionais e as empresas, inclusive as que não tenham representação sindical, quando provocados, não podem recusar-se à negociação coletiva (CLT. Art. 616).

Pressuposto da ação de dissídio coletivo ➔ Nenhum processo de dissídio coletivo de natureza econômica será admitido sem antes se esgotarem as medidas relativas à formalização da convenção ou acordo correspondente.

Frustradas as tentativas extrajudiciais de solução do conflito coletivo, pode, o interessado, ajuizar perante a Justiça do Trabalho uma ação coletiva própria denominada de **dissídio coletivo de trabalho** com vistas a obter uma **sentença normativa**, fixando novas condições de trabalho para os empregados representados pelo sindicato respectivo.

Entretanto, o **poder normativo** da Justiça do Trabalho foi enfraquecido após a promulgação da EC nº 45/2004, ao alterar a redação original do art. 114, § 2º, da Constituição Federal de 1988, exigindo que a referida ação **seja proposta de comum acordo pelos interessados.**

O típico dissídio coletivo é aquele de natureza econômica, ou seja, quando não há consenso entre os interessados sobre as novas condições de trabalho a serem implantadas no âmbito das relações individuais de labor.

No caso de persistir a recusa à negociação coletiva, ou se malograr a negociação entabulada, faculta-se aos sindicatos ou empresas interessadas a instauração de dissídio coletivo, observando o requisito acima mencionado.

Em caso de **greve em atividade essencial,** com possibilidade de lesão do interesse público, **o Ministério Público do Trabalho poderá ajuizar dissídio coletivo,** competindo à Justiça do Trabalho decidir o conflito (CF/88. Art. 114, § 3º).

O dissídio coletivo de natureza jurídica assemelha-se a uma ação judicial clássica, pois, por seu intermédio, pretende-se adequar os fatos a uma norma jurídica profissional pré-existente. Nessa hipótese, existem dúvidas quanto à aplicação e ao alcance de um acordo coletivo, convenção coletiva ou mesmo de uma sentença normativa.

Havendo convenção, acordo ou sentença normativa em vigor, o dissídio coletivo deverá ser instaurado dentro dos **60 dias anteriores ao respectivo termo final,** para que o novo instrumento possa ter vigência no dia imediato a esse termo.

Segundo dispõe o art. 857 da CLT, a legitimidade para propor o dissídio coletivo **é do sindicato e, na sua ausência, da federação ou confederação,** desde que tenha sido **esgotada a via da negociação coletiva e haja autorização prévia em assembleia dos integrantes da categoria respectiva** (CLT. Art. 859).

A competência para processamento e julgamento do dissídio coletivo **será sempre do Tribunal Regional do Trabalho**, salvo se a base territorial da entidade suscitante for superior à jurisdição do TRT, transferindo-se a competência, nesse caso, **para o TST** por meio da Seção de Dissídios Coletivos.

Contudo, a legitimidade da entidade sindical para a instauração da instância contra determinada empresa está condicionada à prévia autorização dos trabalhadores da suscitada diretamente envolvidos no conflito (TST. SDC. OJ nº 19. DEJT 18.11.2010).

Recebida e protocolada a representação, e estando na devida forma, o presidente do Tribunal designará a audiência de conciliação dentro do prazo de 10 dias determinando a notificação dos dissidentes (CLT. Art. 860).

Havendo acordo, o presidente o submeterá à homologação do Tribunal na primeira sessão. Caso contrário, ou não comparecendo ambas as partes ou uma delas, o presidente submeterá o processo a julgamento, depois de realizadas as diligências que entender necessárias e ouvida a Procuradoria.

Quando o dissídio ocorrer fora da sede do Tribunal, poderá o presidente, se julgar conveniente, delegar à autoridade local as atribuições de tentativa de conciliação. Nesse caso, não havendo conciliação, a autoridade delegada encaminhará o processo ao Tribunal, fazendo exposição circunstanciada dos fatos e indicando a solução que lhe parecer conveniente.

Da decisão do Tribunal serão notificadas as partes, ou seus representantes, em registrado postal com franquia, fazendo-se, outrossim, a sua publicação no jornal oficial, para ciência dos demais interessados.

22. AÇÃO DE CUMPRIMENTO

Celebrado o acordo, ou proferida a decisão em sede de dissídio coletivo, seguir-se-á o seu cumprimento. Quando os empregadores deixarem de satisfazer o pagamento de salários, na conformidade da decisão proferida, poderão os empregados ou seus sindicatos, **independentes de outorga de poderes de seus associados**, juntando certidão de tal decisão, apresentar reclamação ao Juízo competente, sendo vedado, porém, questionar sobre a matéria de fato e de direito já apreciada na decisão.

É dispensável o trânsito em julgado da sentença normativa para a propositura da ação de cumprimento (TST. Súmula nº 246. Res. nº 121/2003).

A coisa julgada produzida na ação de cumprimento é atípica, pois dependente de **condição resolutiva,** ou seja, da não modificação da decisão normativa por eventual recurso. Assim, modificada a sentença normativa pelo TST, com a consequente extinção do processo, sem julgamento do mérito, **deve-se extinguir a execução em andamento,** uma vez que a norma sobre a qual se apoiava o título exequendo deixou de existir no mundo jurídico (TST. SDI-1. OJ nº 277. DJ 11.08.2003).

Falta interesse de agir para a ação individual, singular ou plúrima, quando o direito já foi reconhecido por decisão normativa, cabendo, no caso, ação de cumprimento. (TST. SDI-1. OJ nº 188. DJ 08.11.2000).

A cassação de efeito suspensivo concedido a recurso interposto de sentença normativa retroage à data do despacho que o deferiu (TST. Súmula nº 279. Res. nº 121/2003).

23. AÇÃO MONITÓRIA

Caso o credor possua prova documental da dívida, mas sem a qualidade de título executivo, poderá ajuizar uma ação monitória para cobrar a dívida.

Como se trata de ação de natureza cognitiva, nada impede que seja utilizada no processo do trabalho as regras do processo civil de forma supletiva. Isso porque, ao contrário do que ocorre com a execução trabalhista, na qual o rol de títulos com eficácia executiva é bastante limitado, na ação monitória pode-se utilizar qualquer documento que revele a existência de dívida.

A ação monitória pode ser proposta por aquele que afirmar, com base em prova escrita sem eficácia de título executivo, ter direito de exigir do devedor capaz (CPC. Art. 700:

- o pagamento de quantia em dinheiro;
- a entrega de coisa fungível ou infungível ou de bem móvel ou imóvel;
- o adimplemento de obrigação de fazer ou de não fazer.

A prova escrita pode consistir em prova oral documentada, produzida antecipadamente.

Parte 2

Direitos Difusos

DIREITO AMBIENTAL

Romeu Thomé

CAPÍTULO I

Princípios de Direito Ambiental

1. PRINCÍPIO DO DESENVOLVIMENTO SUSTENTÁVEL

O princípio do desenvolvimento sustentável tem como pilar a harmonização das seguintes vertentes: **crescimento econômico / preservação ambiental / equidade social**.

A ideia de desenvolvimento socioeconômico em harmonia com a preservação ambiental emergiu da **Conferência de Estocolmo, em 1972**, marco histórico na discussão dos problemas ambientais. Trata-se de

> "**um desenvolvimento que faz face às necessidades das gerações presentes sem comprometer a capacidade das gerações futuras na satisfação de suas próprias necessidades**".

O desenvolvimento sustentável está previsto na Constituição de 1988, podendo-se destacar o **artigo 170, II, III e VI e o artigo 225, *caput*.**

O **art. 170**, da CF 88, prevê a necessidade do equilíbrio entre "crescimento econômico", "preservação ambiental" e "equidade social" de forma expressa. Ele enumera os fundamentos e os princípios da ordem econômica:

> "**Art. 170 da CF:** A ordem econômica, fundada na valorização do trabalho humano e na livre iniciativa, tem por fim assegurar a todos existência digna, conforme os ditames da justiça social, observados os seguintes princípios: **II - propriedade privada; III - função social da propriedade; VI - defesa do meio ambiente, inclusive mediante tratamento diferenciado conforme o impacto ambiental dos produtos e serviços e de seus processos de elaboração e prestação**".

Relevante destacar a **defesa do meio ambiente** (inciso VI) como **princípio da ordem econômica**, clara indicação constitucional da necessidade de harmonização entre atividade econômica e preservação ambiental.

Já o ***caput* do artigo 225 da CF 88** determina que

> "todos têm direito ao **meio ambiente ecologicamente equilibrado**, bem de uso comum do povo e **essencial à sadia qualidade de vida**, impondo-se ao Poder Público e à coletividade o dever de defendê-lo e **preservá-lo para as presentes e futuras gerações.**"

Vale destacar que a Constituição impõe ao Poder Público e à coletividade o dever de preservação dos recursos naturais em benefício não apenas das gerações presentes, mas, inclusive, **das gerações futuras**, o que para alguns autores configura o **princípio da equidade intergeracional**.

Resta claro que a Constituição de 1988, que prevê o modo de produção capitalista e incentiva o crescimento econômico, também determina seja observada, simultaneamente, a função social da propriedade e a preservação dos recursos naturais, para que haja condições dignas de vida também para as próximas gerações (STF: ADI 3.540-MC).

2. PRINCÍPIO DO AMBIENTE ECOLOGICAMENTE EQUILIBRADO COMO DIREITO FUNDAMENTAL DA PESSOA HUMANA

Embora não previsto nos direitos e deveres individuais e coletivos constantes do art. 5º da Constituição Federal, um novo direito fundamental do homem foi assegurado pelo legislador constituinte. Trata-se do disposto no caput do art. 225 que concebe à pessoa humana o direito a um meio ambiente "ecologicamente equilibrado", fundamental para uma sadia qualidade de vida.

O direito a um meio ambiente equilibrado está **intimamente ligado ao direito fundamental à vida e à proteção da dignidade da vida humana**, garantindo, sobretudo, condições adequadas de qualidade de vida, protegendo a todos contra os abusos ambientais de qualquer natureza.

O reconhecimento do meio ambiente saudável como direito fundamental da pessoa humana está diretamente ligado ao princípio do mínimo existencial ecológico, que apregoa condições mínimas de preservação dos recursos naturais para a sobrevivência de todas as espécies vivas do planeta. Segundo e texto constitucional (art. 225, *caput*), a sadia qualidade de vida depende do meio ambiente ecologicamente equilibrado. A dignidade da pessoa humana está diretamente vinculada, portanto, à qualidade do meio ambiente. Resta claro que a existência humana depende de condições ambientais mínimas, ou seja,

> "não existe patamar mínimo de bem-estar sem respeito ao direito fundamental do meio ambiente sadio".

Não pode ser admitido retrocesso em relação às garantias ambientais já conquistadas nas esferas legislativa, administrativa e judicial preservando-se assim o núcleo duro de garantias fundamentais já protegidas.

3. PRINCÍPIO DA PREVENÇÃO E DA PRECAUÇÃO

Evitar a incidência de danos ambientais é melhor que remediá-los. Essa é a ideia chave dos princípios da prevenção e da precaução, já que as sequelas de um dano ao meio ambiente muitas vezes são graves e irreversíveis. Atualmente a **tendência** do direito internacional do meio ambiente é de instituir mecanismos para **evitar a concretização dos danos ambientais.**

O **princípio da prevenção** se apoia na **certeza científica do impacto ambiental** de determinada atividade. Caso não haja certeza científica, o princípio a ser aplicado será o da precaução.

De acordo com o princípio da prevenção, deve-se tomar as medidas necessárias para evitar o dano ambiental porque as consequências de se iniciar determinado ato, prosseguir com ele ou suprimi-lo são conhecidas. O nexo causal é cientificamente comprovado.

Já o **princípio da precaução** é utilizado como garantia contra os riscos potenciais que, de acordo com o estado atual do conhecimento, não podem ser ainda identificados. Este princípio afirma que no caso de ausência da certeza científica formal, a existência do risco de um dano sério ou irreversível requer a implementação de medidas que possam prever este dano.

De acordo com o **Princípio 15 da Declaração do Rio 92,**

> "com o fim de proteger o meio ambiente, os Estados deverão aplicar amplamente o critério da **precaução** de acordo com suas capacidades. Quando haja **perigo de dano grave e irreversível**, a **falta de certeza científica absoluta não deverá ser utilizada como razão para postergar a adoção de medidas eficazes para impedir a degradação do meio ambiente**."

Nesse sentido, a **ausência de certeza científica absoluta não deve servir de pretexto para postergar a adoção de medidas efetivas de modo a evitar a degradação ambiental**. Vale dizer, a incerteza científica milita em favor do ambiente, carregando-se ao interessado o ônus de provar que as intervenções pretendidas não são perigosas e/ou poluentes (*in dubio pro salute ou in dubio pro natura*).

3.1. Princípio da Precaução e inversão do ônus da prova

Paulo Affonso Leme Machado afirma que

> "em certos casos, em face da incerteza científica, a relação de causalidade é presumida com o objetivo de evitar a ocorrência de dano. Então, uma aplicação estrita do princípio da precaução **inverte o ônus normal da prova e impõe ao autor potencial provar, com anterioridade, que sua ação não causará danos ao meio ambiente**"[1].

Esse também é o entendimento do **STJ**. Para o referido tribunal,

> "aquele que cria ou assume o risco de danos ambientais tem o dever de reparar os danos causados e, em tal contexto, transfere-se a ele todo o encargo de provar que sua conduta não foi lesiva. Cabível, na hipótese, a inversão do ônus da prova que, em verdade, se dá em prol da sociedade, que detém o direito de ver reparada ou compensada a eventual prática lesiva ao meio ambiente – artigo 6º, VIII, do CDC c/c o artigo 18, da lei nº 7.347/85." (REsp 1049822/RS).

Ainda segundo o **STJ,** "o princípio da precaução pressupõe a inversão do ônus probatório, competindo a quem supostamente promoveu o dano ambiental comprovar que não o causou ou que a substância lançada ao meio ambiente não lhe é potencialmente lesiva".[2]

3.2. Comparação entre prevenção e precaução

É possível delinear uma diferença entre o princípio da prevenção e o princípio da precaução. O princípio da prevenção é aplicado quando se conhece os males provocados ao meio ambiente decorrentes de atividades potencialmente predadoras ou poluidoras (atividades sabidamente perigosas). Como exemplo, temos as atividades de mineração, onde já se conhece os impactos sobre o meio ambiente. Por outro lado, quando não se conhece o impacto de atividades potencialmente causadoras de degradação ambiental, deve se aplicar o princípio da precaução, ou seja, como não se tem certeza quanto aos possíveis efeitos negativos, por precaução, impõem-se restrições ou impede-se a intervenção no meio ambiente até que se comprove que a atividade não acarreta efeitos adversos ao meio ambiente. Podemos citar como exemplo as discussões sobre os impactos, ainda desconhecidos, dos alimentos transgênicos (OGM) e da radiofrequência das antenas de telefonia celular ao meio ambiente e à saúde humana.

---

1. KISS, Alexandre *apud* MACHADO, 2004. p. 69.
2. Jurisprudência em teses. STJ, março de 2015, n. 30.

3.3. Quadro comparativo

	PREVENÇÃO	PRECAUÇÃO
Objetivo	– evitar a concretização do dano	– evitar a concretização do dano
Quando é aplicado	– certeza científica sobre o impacto ambiental da atividade;	– falta de certeza científica absoluta sobre o risco da ocorrência de danos ao meio ambiente; – casos de riscos graves e irreversíveis ao meio ambiente.
Reconhecimento no Direito Internacional	– Declaração de Estocolmo 1972 (princípios 6 e 21); – Declaração do Rio de 1992 (princípio 2);	– Declaração do Rio de 1992 (princípio 15);
Exemplos	– Estudos de Impacto Ambiental das atividades de extração mineral.	– Transgênicos (OGM); – Radiofrequência das antenas de base de telefonia celular.

4. PRINCÍPIO DO POLUIDOR-PAGADOR

O princípio do poluidor-pagador, considerado como fundamental na política ambiental, pode ser entendido como um instrumento econômico que exige do poluidor, uma vez identificado, suportar as despesas de **prevenção, reparação e repressão** dos danos ambientais.

Importante destacar que há duas interpretações para o princípio do poluidor-pagador: a) **reparação** dos danos ambientais; b) "**prevenção**" dos danos ambientais.

Aquele que polui deve pagar, recuperar o dano causado ao meio ambiente. Resta clara a ideia de **reparação** inerente ao princípio do poluidor pagador.

O princípio do poluidor-pagador não se reduz, todavia, à finalidade de somente compensar o dano ao meio ambiente, mas deve também englobar os custos necessários para a precaução e prevenção dos danos, assim como sua adequada repressão. Surge aí a expressão "**internalização das externalidades negativas**": para a aplicação do poluidor-pagador no sentido de "**prevenção**", os custos sociais externos que acompanham o processo de produção (*v.g.* valor econômico decorrentes de danos ambientais) devem ser internalizados, ou seja, o custo resultante da poluição deve ser assumido pelos empreendedores de atividades potencialmente poluidoras, nos custos da produção. Assim, o causador da poluição arcará com os custos necessários à diminuição, eliminação ou neutralização do dano ambiental. Nesse sentido, doutrina Cristiane Derani[3] que:

> "durante o processo produtivo, além do produto a ser comercializado, são produzidas '**externalidades negativas**'. São chamadas externalidades porque, embora resultantes da produção, são recebidas pela coletividade, ao contrário do lucro, que é percebido pelo produtor privado. Daí a expressão 'privatização de lucros e socialização de perdas', quando identificadas as externalidades negativas. Com a aplicação deste princípio procura-se corrigir este custo adicionado à sociedade, impondo-se sua "internalização" e a consequente "**prevenção**" contra os danos ambientais.

O princípio do poluidor-pagador, sobretudo no sentido de "reparação" dos danos ambientais, está inserido na Constituição Federal, que obriga o explorador de recursos minerais a recuperar o meio ambiente degradado (art. 225, § 2º) e estabelece sanções penais e administrativas aos infratores, independentemente da obrigação de reparar os danos causados (art. 225, § 3º).

O princípio já havia sido incluído na Política Nacional de Meio Ambiente (Lei n.º 6.938, de 31 de agosto de 1981), em seu art. 4º, VII, visando

> "à imposição, ao poluidor e ao predador, da obrigação de recuperar e/ou indenizar os danos causados...".

Completa ainda a mesma lei no art. 14, § 1º que

> "é o poluidor obrigado independente da existência de culpa, a indenizar ou reparar os danos causados ao meio ambiente e a terceiros, afetados por sua atividade."

5. PRINCÍPIO DO USUÁRIO-PAGADOR

Este princípio estabelece que o **usuário de recursos naturais deve pagar por sua utilização.**

Os recursos naturais devem estar sujeitos à aplicação de instrumentos econômicos para que o seu uso e aproveitamento se processem em benefício da coletividade[4]. A ideia é de definição de valor econômico ao bem natural com intuito de racionalizar o seu uso e evitar seu desperdício. A apropriação desses recursos por parte de um ou de vários indivíduos, públicos ou privados, devem proporcionar

---

3. DERANI, 2008. p. 142-143.
4. BRAGA, Edson Tavares. *Poluidor-pagador, uma necessidade ambiental.* <www.advogados.adv.br/artigos >

à coletividade o direito a uma compensação financeira pela utilização de recursos naturais, bens de uso comum.

Aqui, o indivíduo estará pagando pela utilização de recursos naturais escassos, e não necessariamente pelo dano causado ao meio ambiente (reparação).

A Política Nacional do Meio Ambiente (Lei 6.938/81) em seu art. 4, VII, impôs ao usuário "contribuição pela utilização de recursos ambientais com fins econômicos." Exemplo: a cobrança pelo uso da água, recurso natural escasso, em indústrias que trabalham com este recurso natural no processo produtivo.

6. PRINCÍPIO DA OBRIGATORIEDADE DE ATUAÇÃO (INTERVENÇÃO) ESTATAL / PRINCÍPIO DA NATUREZA PÚBLICA DA PROTEÇÃO AMBIENTAL

De acordo com o **artigo 225 da Constituição de 1988 cabe ao Poder Público** e à coletividade **o dever de defender e preservar o meio ambiente** ecologicamente equilibrado para as presentes e futuras gerações. Um dos sujeitos ativos responsáveis pela defesa do meio ambiente está definido, de forma inquestionável, pela Carta Magna: **o Estado.**

A atuação obrigatória do Estado decorre da natureza **indisponível do meio ambiente**, cuja proteção é reconhecida hoje como indispensável à dignidade e à vida de toda pessoa – núcleo essencial dos direitos fundamentais (art. 225, caput e § 1.º, da CF, e art. 2.º, I, da Lei n.º 6.938/81).

Podemos citar como exemplos da atuação estatal a **fiscalização** das atividades econômicas potencialmente degradadoras; a aplicação de **multas** ambientais e a utilização de **incentivos fiscais** para as empresas ambientalmente responsáveis.

7. PRINCÍPIO DA PARTICIPAÇÃO COMUNITÁRIA (POPULAR) / PRINCÍPIO DEMOCRÁTICO

O princípio da participação comunitária decorre do direito de todos ao meio ambiente ecologicamente equilibrado e do regime jurídico do ambiente como bem de uso comum do povo, **impondo a toda a sociedade o dever de atuar na sua defesa**.

O princípio foi inserido no art. 225, *caput*, da CF 88, quando ali se prescreve ao Poder Público e ***à coletividade*** o dever de defender e preservar o meio ambiente para as presentes e futuras gerações.

Desta forma, a sociedade, como titular do direito ao meio ambiente ecologicamente equilibrado, passou a dispor de alguns mecanismos de participação direta na proteção da qualidade de vida e na preservação do meio ambiente para as presentes e futuras gerações.

A participação se dá em três esferas: legislativa, administrativa e processual.[5]

Medidas legislativas	Plebiscito (art. 14, I, CF)
	Referendo (art. 14, II, CF)
	Iniciativa popular (art. 14, III, CF)
Medidas administrativas	Direito de informação (art. 5º, XXXIII, CF)
	Direito de petição (art. 5º, XXXIV, CF)
	Audiências públicas ambientais
	Estudo prévio de impacto ambiental (EIA) (art. 225, IV, CF)
Medidas processuais	Ação Popular (art. 5º, LXXIII, CF)
	Ação Civil Pública (art. 129, III, CF)

8. PRINCÍPIO DA INFORMAÇÃO

O direito à participação pressupõe o direito de informação. Há uma interdependência lógica entre eles: só haverá participação popular caso haja acesso às informações ambientais.

De acordo com a **Constituição da República (art. 5, XXXIII)**,

> "todos têm direito a receber dos órgãos públicos informações de seu interesse particular, ou de interesse coletivo ou geral, que serão prestadas no prazo da lei, sob pena de responsabilidade, ressalvadas aquelas cujo sigilo seja imprescindível à segurança da sociedade e do Estado."

Não há dúvida sobre o interesse coletivo ou geral das informações sobre o meio ambiente, motivo pelo qual tais informações devem ser amplamente divulgadas e publicadas pelo Poder Público.

9. PRINCÍPIO DA EDUCAÇÃO AMBIENTAL

Tal princípio está positivado no art. **225, § 1º, inc. VI, da CF**, segundo o qual incumbe ao Poder Público

---

5. ANTUNES, 2000. p. 26-28.

> "promover a educação ambiental em todos os níveis de ensino e a conscientização pública para a preservação do meio ambiente."

A **Lei nº 6.938/81 (PNMA), no art. 2º, inc. X**, estabelece, como **princípio da Política Nacional do Meio Ambiente**,

> "a educação ambiental a todos os níveis de ensino, inclusive a educação da comunidade, objetivando capacitá-la para participação ativa na defesa do meio ambiente".

A educação ambiental também é fundamental à efetiva participação dos cidadãos no controle do Estado e da iniciativa privada com vistas à preservação do meio ambiente, permitindo o pleno exercício da cidadania ambiental. Caso não haja educação ambiental, impossível exigir da sociedade uma efetiva participação na preservação dos recursos naturais. Tanto é assim que um dos objetivos fundamentais da educação ambiental é

> "o incentivo à participação individual e coletiva, permanente e responsável, na preservação do equilíbrio do meio ambiente, entendendo-se a defesa da qualidade ambiental como valor inseparável do exercício da cidadania" (Lei n º 9.795/99, art. 5º, inc. IV).

10. PRINCÍPIO DA FUNÇÃO SOCIOAMBIENTAL DA PROPRIEDADE

A Constituição de 1988 condicionou o direito de propriedade à sua função social, de sorte que, não cumprida a função social ambiental, o proprietário se vê impedido do livre exercício de sua propriedade. Está bem claro no art. 5º, XXII e XXIII da Constituição Federal que:

> "é garantido o direito de propriedade" e esta "atenderá a sua função social".

Ademais, dentre os princípios que regem as atividades econômicas, art. 170 da Constituição, encontra-se prevista, em seu inciso III, a função social da propriedade. Em relação à propriedade rural o art. 186 da CF dispõe restar cumprida sua função social quando atendidos simultaneamente os seguintes requisitos: a) aproveitamento racional e adequado; b) **utilização adequada dos recursos naturais disponíveis e preservação do meio ambiente**; c) observação das disposições que regulam as relações de trabalho; d) exploração que favoreça o bem-estar dos proprietários e trabalhadores.

O direito à propriedade, principalmente a partir da CF/88, perdeu o caráter absoluto, ilimitado e inatingível, qualificados pela concepção individualista do Código Civil de 1916, ganhando, hodiernamente, uma roupagem social como fator de progresso e bem-estar de todos.

Eros Roberto Grau[6] doutrina a respeito, esclarecendo que

> "a admissão do princípio da função social (e ambiental) da propriedade tem como conseqüência básica **fazer** com que a propriedade seja efetivamente exercida para beneficiar a coletividade e o meio ambiente (**aspecto positivo**), não bastando apenas que **não seja exercida** em prejuízo de terceiros ou da qualidade ambiental (**aspecto negativo**). Por outras palavras, a função social e ambiental não constitui um simples limite ao exercício do direito de propriedade, como aquela restrição tradicional, por meio da qual se permite ao proprietário, no exercício do seu direito, fazer tudo o que não prejudique a coletividade e o meio ambiente. Diversamente, a função social e ambiental vai mais longe e autoriza até que se imponha ao proprietário comportamentos positivos, no exercício do seu direito, para que a sua propriedade concretamente se adeque à preservação do meio ambiente."

A título de exemplo, é através desse princípio que se impõe ao proprietário rural o dever de manutenção, preservação, recuperação e recomposição da vegetação em áreas de preservação permanente (APP) e reserva legal, ainda quando não tenha sido ele o responsável pelo desmatamento. Trata-se, pois, de uma obrigação *propter rem*, isto é, a obrigação se prende ao titular do direito real (seja proprietário ou possuidor). Confirma o **STJ** que "a obrigação de recuperar a degradação ambiental é do titular da propriedade do imóvel, mesmo que não tenha contribuído para a deflagração do dano, tendo em conta sua natureza *propter rem*".[7]

11. PRINCÍPIO DA COOPERAÇÃO ENTRE OS POVOS

A Constituição da República, em seu art. 4º, IX, estabelece como princípio da República Federativa do Brasil nas relações internacionais a "cooperação entre os povos para o progresso da humanidade". Este princípio é de vital importância, uma vez que **fenômenos poluidores geralmente ultrapassam a fronteira de uma nação**, atingindo outro território (v.g. emissão de gases causadores do efeito estufa).

A Lei 9.605/98 (dispõe sobre sanções penais e administrativas derivadas de condutas e atividades lesivas ao meio ambiente) dedicou o Capítulo VII integralmente à "cooperação internacional para a preservação do meio ambiente" visando o intercâmbio com outros países, no que concerne ao meio ambiente, quanto à produção de provas, exame de objetos e lugares, informações sobre pessoas e coisas, presença temporária de pessoas presas, cujas declarações tenham relevância

6. Princípios Fundamentais de Direito Ambiental. *Revista de Direito Ambiental*, Ed. Revista dos Tribunais, nº 02, p. 50 1997.
7. Jurisprudência em teses. STJ, março de 2015, n. 30.

para a decisão de uma causa e outras formas de assistência permitidas pela legislação em vigor ou pelos tratados de que o Brasil seja parte.

De acordo com o princípio 24 da Declaração de Estocolmo/72 a verificação do aludido princípio não importa em renúncia à soberania do Estado.

12. PRINCÍPIO DO CONTROLE DO POLUIDOR PELO PODER PÚBLICO / PRINCÍPIO DO LIMITE

Édis Milaré[8] ensina que o referido princípio

> "resulta de intervenções necessárias à manutenção, preservação e restauração dos recursos ambientais com vista à sua utilização racional e disponibilidade permanente."

Cabe ao Estado, através do exercício do seu poder de polícia, fiscalizar e orientar os particulares quanto aos limites em usufruir o meio ambiente, conscientizando-os sobre a importância de observar sempre o bem estar da coletividade, como também promover termos de ajustamento de conduta, visando pôr termo às atividades nocivas.

8. MILARÉ, 2006. p.160.

O meio ambiente na Constituição de 1988

1. DIREITO DIFUSO E DE 3ª GERAÇÃO

O meio ambiente saudável é normalmente classificado pela doutrina como **interesse difuso** e de **3ª geração**. Para a compreensão dessas classificações é importante a análise do *caput* do art. 225, da Constituição:

> "**Todos têm direito ao meio ambiente ecologicamente equilibrado**, bem de uso comum do povo e essencial à sadia qualidade de vida, impondo-se ao Poder Público e à coletividade o dever de defendê-lo e preservá-lo para as presentes e futuras gerações."

O meio ambiente ecologicamente equilibrado é direito de "**todos**". Fica claro, a partir do primeiro contato com o Capítulo sobre o meio ambiente, tratar-se de um interesse de caráter transindividual, que extrapola o âmbito particular, individual. Todos nós, de forma indistinta, somos interessados na preservação do meio ambiente saudável, direito fundamental ligado intrinsecamente ao direito à vida. O direito à integridade do meio ambiente constitui, portanto, prerrogativa jurídica de titularidade coletiva, e não individual.

Importante lembrar, mais uma vez, que os direitos fundamentais não são apenas aqueles previstos no artigo 5º da Carta Magna.

1.1. Interesse difuso

A principal distinção entre os "interesses coletivos" e os "interesses difusos" se encontra na determinabilidade dos titulares. Enquanto no "interesse coletivo" é possível identificá-los (ex: membros de um sindicato), no "difuso" os interessados são indeterminados ou indetermináveis (ex: interessados no meio ambiente saudável). Ambos são **interesses transindividuais**, pois num dos polos da relação jurídica há mais de um indivíduo. Entretanto, nos "interesses coletivos" pode-se identificar quais são os interessados, que estão ligados entre si ou com a parte contrária por uma relação jurídica base (essa relação jurídica base pode dar-se entre os membros do grupo – membros de um sindicato – ou pela sua ligação com a "parte contrária" – ex: contribuintes de determinado imposto). Já nos "interesses difusos" sujeitos indetermináveis estão ligados por circunstâncias de fato (ex: dano ao meio ambiente, bem de todos, indistintamente).

O interesse no **meio ambiente saudável**, em regra, é classificado como **difuso** em decorrência de sua natureza indivisível, bem como por envolver segmentos indeterminados da sociedade.

1.2. Direito de terceira geração

A **primeira geração de direitos** protege valores como o individualismo, a propriedade privada, a proteção do indivíduo, enfim, as **liberdades clássicas**.[9]

A **segunda geração** (ou dimensão) de direitos constitucionais sedimenta conteúdos **sociais** no bojo das constituições. As primeiras constituições denominadas sociais foram a do México de 1917 e a da Alemanha (Weimar) de 1919, que influenciaram grande parte das constituições em todo o mundo a partir desse período. Estavam garantidos, então, os **direitos de igualdade**, como os sociais, culturais e econômicos.

Os **direitos de fraternidade** ou solidariedade são os denominados **direitos de terceira geração**, dotados de enorme carga de humanismo e universalidade e que não se destinam especificamente à proteção dos interesses de um indivíduo ou de determinado estado.[10] O grande destinatário desse direito é o gênero humano.[11] Bonavides, em precisa síntese, preleciona que os direitos de terceira geração emergiram da reflexão sobre temas referentes ao desenvolvimento, à paz, ao **meio ambiente**, à comunicação e ao patrimônio comum da humanidade.[12]

2. PRINCIPAIS AÇÕES CONSTITUCIONAIS: AÇÃO CIVIL PÚBLICA E AÇÃO POPULAR AMBIENTAL

A **AÇÃO CIVIL PÚBLICA** é um dos principais instrumentos processuais para a defesa do meio ambiente (artigo 129, III, da Constituição de 1988). Os **legitimados ativos** estão elencados no artigo 5º, da Lei 7.347/85 (Lei de Ação Civil Pública).

9. LENZA, 2008. pág. 6.
10. Nesse sentido: VARELLA e LEUZINGER, 2008. pág. 398.
11. BONAVIDES, 2008. pág. 569.
12. Paulo Bonavides aponta ainda o que seriam os direitos de quarta geração: direito à democracia, o direito à informação e o direito ao pluralismo (pag. 571).

Cabe observar que **o cidadão não é legitimado** para a propositura de uma Ação Civil Pública.

Já a **AÇÃO POPULAR** está prevista no art. 5º, LXXIII, CF 88:

> "qualquer cidadão é parte legítima para propor **ação popular que vise a anular ato lesivo** ao patrimônio público ou de entidade de que o Estado participe, à moralidade administrativa, ao **meio ambiente** e ao patrimônio histórico e cultural, ficando o autor, salvo comprovada má-fé, isento de custas judiciais e do ônus da sucumbência;"

Vale observar que a pessoa jurídica não é legitimada ativa para a propositura de Ação Popular Ambiental, tendo em vista tal prerrogativa ser exclusiva do cidadão, pessoa física em dia com seus direitos políticos.

3. COMPETÊNCIAS CONSTITUCIONAIS EM MATÉRIA AMBIENTAL

A doutrina perfaz uma bipartição da competência em **competência legislativa** e **competência material (ou administrativa)**. A **competência legislativa** se expressa no poder outorgado a cada ente federado para a elaboração das leis e atos normativos. A **competência material**, por sua vez, cuida da atuação concreta do ente, através do exercício do poder de polícia.

3.1. Competência legislativa em matéria de proteção ambiental

A competência para legislar sobre proteção do meio ambiente é **CONCORRENTE**, ou seja, compete à **União, aos Estados e ao Distrito Federal** (art. 24, VI e VII, da CF 88), sendo que a União estabelecerá normas gerais (art. 24, § 1º da CF 88).

A competência legislativa dos **municípios** não está prevista no artigo 24, mas sim no artigo **30, I e II da CF 88**:

> "legislar sobre assuntos de interesse local" e "suplementar a legislação federal e a estadual no que couber".

3.2. Competência material (ou administrativa) em matéria ambiental

A competência material não confere poder para legislar sobre matérias por ela abrangidas, mas somente atribui o poder de execução (ex: fiscalização, multa).

A competência material para proteção do meio ambiente é **COMUM**, ou seja, é atribuída conjuntamente à **União, Estados, Distrito Federal e Municípios, (art. 23, VI e VII, da CF 88)**.

4. O ARTIGO 225 DA CONSTITUIÇÃO DE 1988

4.1. A preservação e restauração dos processos ecológicos essenciais e o manejo ecológico das espécies e ecossistemas (art. 225, § 1º, I)

Importante destacar dois conceitos legais fundamentais para a compreensão das normas ambientais: preservação e restauração.

a) **Preservação**: conjunto de métodos, procedimentos e políticas que visem a proteção a longo prazo das espécies, habitats e ecossistemas, além da manutenção dos processos ecológicos, prevenindo a simplificação dos sistemas naturais.

b) **Restauração** dos processos ecológicos essenciais: significa a restituição de um ecossistema ou de uma população silvestre degradada o mais próximo possível da sua condição original.

Exemplo de **regulamentação do art. 225, § 1º, I, da CF 88** é a Lei 9.985/2000 (Lei do Sistema Nacional de Unidades de Conservação da Natureza), que trata sobre a proteção de processos ecológicos essenciais e prevê o manejo sustentável de espécies e ecossistemas em unidades de conservação da natureza.

4.2. A preservação da diversidade e da integridade do patrimônio genético do país (art. 225, § 1º, II)

A CF 88 tutela

> "tanto a tutela jurídica do patrimônio genético humano como a tutela jurídica do patrimônio genético de outros seres vivos (espécime vegetal, animal, fúngico e microbiano), sempre no sentido de estabelecer tutela jurídica vinculada a bens ambientais, na forma do que indica o *caput* do art. 225 de nossa Carta Magna." [13]

Um dos exemplos de **regulamentação do art. 225, § 1º, II da CF 88** é a Lei 11.105/2005, que estabelece normas de segurança e mecanismos de fiscalização de atividades que envolvam organismos geneticamente modificados (OGM) e seus

13. FIORILLO, 2009. pág. 285.

derivados, cria o Conselho Nacional de Biossegurança (CNBS), reestrutura a Comissão Técnica Nacional de Biossegurança (CTNBio) e dispõe sobre a Política Nacional de Biossegurança (PNB).

4.3. Definição de espaços especialmente protegidos, sendo a alteração e a supressão permitidas somente através de lei (art. 225, § 1º, III)

Segundo a CF 88, a **criação** de uma área ambientalmente protegida pode ser feita tanto por **decreto** quanto por **lei.** Entretanto, a **alteração e a supressão** de uma área ambientalmente protegida pode ser feita apenas por **lei.** O intuito do Constituinte é de dificultar o procedimento legal de alteração ou supressão de uma área ambientalmente protegida, e de facilitar a criação das mesmas, em respeito ao preceito constitucional de proteção do meio ambiente ecologicamente equilibrado.

Podemos citar como **exemplos** de áreas ambientalmente protegidas a Área de Preservação Permanente (art. 4º, da Lei 12.651/2012 – Código Florestal) e as Unidades de Conservação da Natureza (Lei 9.985/00).

4.4. Estudo prévio de impacto ambiental (art. 225, § 1º, IV)

Inicialmente lembramos que o E.P.I.A. é uma modalidade de Avaliação de Impacto Ambiental (AIA). Ele deve ser realizado para subsidiar o procedimento de licenciamento ambiental de atividades consideradas efetiva ou potencialmente causadoras de significativa degradação do meio ambiente. Além disso, e em respeito aos princípios da informação e da participação em matéria ambiental, ao E.P.I.A. deve ser dado publicidade.

4.5. Gestão dos riscos (art. 225, § 1º, V)

Compete ao Poder Público controlar a produção, a comercialização e o emprego de técnicas, métodos e substâncias que comportem risco para a vida, a qualidade de vida e o meio ambiente. Trata-se da aplicação do "princípio do controle do poluidor pelo poder público", ou "**princípio do limite**".

4.6. Educação ambiental em todos os níveis de ensino (art. 225, § 1º, VI)

Trata-se da previsão constitucional do princípio da educação ambiental, importante instrumento para esclarecer e envolver a comunidade no processo de responsabilidade com o meio ambiente, com a finalidade de desenvolver a percepção da necessidade de defender e proteger o meio ambiente.

Está também previsto expressamente na Lei nº 6.938/81 (PNMA), no art. 2º, inc. X:

> "a educação ambiental a todos os níveis de ensino, inclusive a educação da comunidade, objetivando capacitá-la para participação ativa na defesa do meio ambiente".

4.7. Proteção da fauna e da flora (art. 225, § 1º, VII)

Incumbe ao Poder Público proteger a fauna e a flora, vedadas, na forma da lei, as práticas que coloquem em risco sua função ecológica, provoquem a extinção de espécies ou submetam os animais a crueldade.

Há uma série de normas infraconstitucionais que regulamentam o inciso VII, do § 1º, do artigo 225 da CF 88. Podemos citar como exemplos a Lei 12.651/2012 (Código Florestal), a Lei 9.985/00 (SNUC) e a Lei 9.605/98 (Lei de crimes ambientais).

4.8. Tríplice responsabilização (art. 225, § 3º)

A CF 88 prevê a possibilidade de responsabilização do poluidor, em decorrência do mesmo dano ambiental, nas esferas **penal, administrativa e civil.** Desta forma, de acordo com o § 3º do artigo 225, as condutas e atividades consideradas lesivas ao meio ambiente podem sujeitar os infratores, pessoas físicas ou jurídicas, simultaneamente, a sanções penais e administrativas, independentemente da obrigação de reparar os danos causados.

4.9. A floresta amazônica, a mata atlântica, a serra do mar, o pantanal mato-grossense e a zona costeira são patrimônio nacional (art. 225, § 4º)

Inicialmente é importante destacar os **cinco ecossistemas** tratados pela CF 88 como patrimônio nacional: Floresta Amazônica, Mata Atlântica, Serra do Mar, Pantanal Mato-Grossense e Zona Costeira.

Tais biomas **não constituem**, por si só, **bens da União** (STJ: CC 99.294-RO). A Carta Magna estabelece uma proteção genérica a essas áreas, mas não as transforma em bens da União. Consequentemente, não há que se falar, por exemplo, em competência da Justiça Federal para processar e julgar crimes ambientais ocorridos nesses ecossistemas.

4.10. Terras devolutas necessárias à proteção dos ecossistemas naturais (art. 225, § 5º)

As terras devolutas indispensáveis à preservação ambiental são bens da União (art. 20, II, CF 88), e podem ser classificadas como bens públicos de **uso especial**, por possuírem destinação pública específica.

Segundo a melhor doutrina administrativista, os bens públicos afetados, como os de uso especial, são **indisponíveis.** Portanto, pode-se concluir que as terras devolutas com função de proteção ambiental, bens de uso especial, são bens indisponíveis, de acordo com o parágrafo 5º do artigo 225 da CF 88.

4.11. As usinas que operem com reator nuclear deverão ter sua localização definida em lei federal (art. 225, § 6º)

Os **minerais nucleares** são **bens da União** e sua exploração é **monopólio** desse ente estatal (art. 20, c/c art. 177, da CF 88). Assim, naturalmente, as usinas que operem com reator nuclear deverão ter sua **localização definida em lei federal**, sem o que não poderão ser instaladas.

4.12. Não se consideram cruéis as práticas desportivas que utilizem animais, desde que sejam manifestações culturais (art. 225, § 7º)

No dia 6 de junho de 2017 foi promulgada a **Emenda Constitucional 96/2017, que acrescentou o § 7º ao artigo 225 da Constituição Federal** para determinar que **práticas desportivas** que **utilizam animais não são consideradas cruéis**, desde que respeitadas premissas balizadoras. O Poder Legislativo proclamou que nem sempre as práticas desportivas caracterizadas como manifestações culturais e que utilizam animais consideram-se cruéis, admitindo que lei específica regulamente a atividade de modo a assegurar o bem-estar dos animais.

Política Nacional do Meio Ambiente

1. INTRODUÇÃO

A Política Nacional do Meio Ambiente, instituída pela **Lei 6.938/81**, recepcionada pela Constituição da República, configura-se como norma geral sobre proteção ambiental, pois estabelece princípios, objetivos e instrumentos para a implementação da preservação dos recursos naturais no País, além de instituir o Sistema Nacional do Meio Ambiente - SISNAMA.

2. CONCEITOS RELEVANTES

2.1. Meio ambiente

É o conjunto de condições, leis, influências e interações de ordem física, química e biológica, que permite, abriga e rege a vida em todas as suas formas (art. 3, I, da Lei 6.938/81).

O "meio ambiente" deve ser compreendido, após a Constituição de 1988, de forma ampla, aglutinadora, envolvendo e interconectando os aspectos biológicos, físicos, econômicos, sociais, culturais, enfim, os aspectos que conjuntamente formam o "ambiente".

Segundo o Supremo Tribunal Federal (ADI 3.540-MC) o meio ambiente **classifica-se em**:

a) **meio ambiente natural**: ou também chamado de *físico*, constituído pelo solo, água, ar, flora, fauna;

b) **meio ambiente cultural (arts. 215 e 216 da CF):** integrado pelo patrimônio histórico, artístico, arqueológico, paisagístico e turístico;

c) **meio ambiente artificial (arts. 182; 183 da CF):** consubstanciado no conjunto de edificações (espaço urbano) e equipamentos públicos (ruas, praças, áreas verdes, etc)

d) **meio ambiente do trabalho (arts. 7º, XXII; 200, VIII da CF):** integra a proteção do homem em seu local de trabalho, com observância às normas de segurança. Envolve saúde, prevenção de acidentes, dignidade da pessoa humana, salubridade e condições de exercício saudável do trabalho.

2.2. Degradação da qualidade ambiental

É a alteração adversa das características do meio ambiente (art. 3º, II, da Lei 6.938/81).

2.3. Poluição

É a degradação da qualidade ambiental resultante de atividades que direta ou indiretamente:

a) prejudiquem a saúde, a segurança e o bem-estar da população;

b) criem condições adversas às atividades sociais e econômicas;

c) afetem desfavoravelmente a biota;

d) afetem as condições estéticas ou sanitárias do meio ambiente;

e) lancem matérias ou energia em desacordo com os padrões ambientais estabelecidos;

2.4. Poluidor

É a pessoa física ou jurídica, de direito público ou privado, responsável, direta ou indiretamente, por atividade causadora de degradação ambiental.

O conceito de "poluidor" e amplo, abrangendo pessoas **físicas**, pessoas **jurídicas** de **direito privado** (ex: empresas), pessoas jurídicas de **direito público** (ex: entes federados). Importante ressaltar ainda que poluidor é aquele responsável **direta ou indiretamente** pela degradação ambiental, o que amplia ainda mais o conceito e, consequentemente, o rol de responsáveis pelos danos ambientais.

2.5. Recursos ambientais

São considerado recursos ambientais pela Lei de Política Nacional do meio ambiente a atmosfera, as águas interiores, superficiais e subterrâneas, os estuários, o mar territorial, o solo, o subsolo, os elementos da biosfera, a fauna e a flora (art. 3º, V).

3. OBJETIVOS ESPECÍFICOS DA POLÍTICA NACIONAL DO MEIO AMBIENTE

Estão relacionados no artigo 4º, da Lei 6.938/81. São eles:

I – **à compatibilização do desenvolvimento econômico-social com a preservação da qualidade do meio ambiente e do equilíbrio ecológico;**

Os três pilares do conceito de desenvolvimento sustentável despontam de forma clara no inciso I: o desenvolvimento econômico, a equidade social e a preservação do meio ambiente (*vide* Cap. I, item II).

II – **à definição de áreas prioritárias de ação governamental relativa à qualidade e ao equilíbrio ecológico, atendendo aos interesses da União, dos Estados, do Distrito Federal, dos Territórios e dos Municípios;**

Trata-se do "planejamento sustentável", que deve ocorrer através da elaboração pelo Estado de políticas públicas de preservação ambiental e da definição de áreas prioritárias de ação governamental em matéria ambiental.

III – **ao estabelecimento de critérios e padrões de qualidade ambiental e de normas relativas ao uso e manejo de recursos ambientais;**

O estabelecimento de padrões de qualidade ambiental seria, grosso modo, a definição da linha divisória entre o impacto ambiental tolerável pela coletividade e o dano ambiental.

IV – **ao desenvolvimento de pesquisas e de tecnologias nacionais orientadas para o uso racional de recursos ambientais;**

Mais uma vez destaca-se a importância da atuação do Estado como agente normativo e regulador, exercendo as funções de incentivo e planejamento (art. 174, *caput*, CF 88).

V – **à difusão de tecnologias de manejo do meio ambiente, à divulgação de dados e informações ambientais e à formação de uma consciência**

pública sobre a necessidade de preservação da qualidade ambiental e do equilíbrio ecológico;

Três importantes princípios de Direito Ambiental estruturam o inciso V do art. 4º, da LPNMA: os princípios da informação, da educação ambiental e da participação.

VI – à preservação e restauração dos recursos ambientais com vistas à sua utilização racional e disponibilidade permanente, concorrendo para a manutenção do equilíbrio ecológico propício à vida;

A Lei de Política Nacional do Meio Ambiente, seguindo a tendência do Direito Ambiental Internacional, insere como um de seus objetivos a preservação dos recursos ambientais.

Já nos casos de impacto ao meio ambiente, de acordo com a PNMA, buscar-se-á a **restauração** dos recursos, ou seja, deve-se tentar recompor, restituir o ecossistema degradado o mais próximo possível da sua condição original.

VII – à imposição, ao poluidor e ao predador, da obrigação de recuperar e/ou indenizar os danos causados e, ao usuário, da contribuição pela utilização de recursos ambientais com fins econômicos.

Caso não seja possível restaurar os recursos ambientais degradados, ao poluidor será imposta a obrigação de **recuperar** os danos causados, na maior medida possível, ou seja, de restituir o ecossistema a uma condição não degradada, que pode até mesmo ser diferente de sua condição original.

Caso o dano seja irrecuperável, caberá ao poluidor **indenizar** os danos causados por meio do pagamento de um montante em dinheiro, que deverá ser revertido à preservação do meio ambiente. Trata-se da responsabilização civil do poluidor pelo dano ambiental causado e da aplicação do princípio do poluidor-pagador.

Já o usuário de recursos naturais deverá contribuir pela utilização dos mesmos (princípio do usuário-pagador). A ideia é de definição de valor econômico ao bem natural com intuito de racionalizar o seu uso e evitar seu desperdício.

4. SISNAMA – SISTEMA NACIONAL DE MEIO AMBIENTE

A **finalidade** do SISNAMA é estabelecer uma rede de agências governamentais, nos diversos níveis da federação, visando a assegurar mecanismos capazes de, eficientemente, implementar a política nacional do meio ambiente.

A LPNMA inclui como integrantes do SISNAMA também os órgãos estaduais (seccionais) e municipais (locais), e não apenas órgãos da União.

4.1. Estrutura (art. 6º)[14]

Estrutura do Sistema Nacional do Meio Ambiente (SISNAMA)		
Órgão(s) do SISNAMA	**Composição**	**Função e/ou finalidade**
Órgão Superior	Conselho de Governo	Assessorar o Presidente da República na formulação da política nacional e nas diretrizes governamentais para o meio ambiente e os recursos ambientais.
Órgão Consultivo e Deliberativo	Conselho Nacional do Meio Ambiente (CONAMA)	Assessorar, estudar e propor ao Conselho de Governo, diretrizes de políticas governamentais para o meio ambiente e os recursos naturais e deliberar, no âmbito de sua competência, sobre normas e padrões compatíveis com o meio ambiente ecologicamente equilibrado e essencial à sadia qualidade de vida.
Órgão Central	Secretaria do Meio Ambiente da Presidência da República[1]	Planejar, coordenar, supervisionar e controlar, como órgão federal, a política nacional e as diretrizes governamentais fixadas para o meio ambiente.
Órgão(s) do SISNAMA	Composição	Função e/ou finalidade
Órgãos Executores	Instituto Brasileiro do Meio Ambiente e dos Recursos Naturais Renováveis (IBAMA) e o Instituto Chico Mendes de Conservação da Biodiversidade - Instituto Chico Mendes (ICMBio)	Executar e fazer executar a política e as diretrizes governamentais fixadas para o meio ambiente, de acordo com as respectivas competências.
Órgãos Seccionais	Órgãos ou entidades estaduais	Responsáveis pela execução de programas, projetos e pelo controle e fiscalização de atividades capazes de provocar a degradação ambiental.
Órgãos Locais	Órgãos ou entidades municipais	Responsáveis pelo controle e fiscalização dessas atividades, nas suas respectivas jurisdições.

14. A Secretaria do Meio Ambiente da Presidência da República (SEMA) foi transformada em Ministério do Meio Ambiente por força do artigo 21 da Lei n. 8.490/92.

4.2. Órgão consultivo e deliberativo: o Conselho Nacional do Meio Ambiente (CONAMA)

Uma das principais características do CONAMA é possuir competência normativa (art. 6º, II; art. 8º).

Tal competência decorre do poder regulamentar da Administração Pública e, portanto, não pode ser confundido com poder legislativo. O CONAMA tem poder regulamentar (e não poder legislativo). Assim, edita normas ambientais complementares à lei, visando à sua fiel execução, não podendo contrariá-la.

Estruturalmente o CONAMA compõe-se de:

I. Plenário;

II. Câmara Especial Recursal;

III. Comitê de Integração de Políticas Ambientais;

IV. Câmaras Técnicas;

V. Grupos de Trabalho; e

VI. Grupos Assessores.

4.3. Órgãos executores: o Instituto Brasileiro do Meio Ambiente e dos Recursos Naturais Renováveis – IBAMA e o Instituto Chico Mendes de Conservação da Biodiversidade – ICMBio

O Instituto Brasileiro do Meio Ambiente e dos Recursos Naturais Renováveis (IBAMA) é uma **autarquia federal** de regime especial **vinculada ao Ministério do Meio Ambiente**, criada pela Lei nº 7.735, de 22 de fevereiro de 1989. O órgão tem **autonomia administrativa e financeira**, sede em Brasília e jurisdição em todo o território nacional, e é administrado por um presidente e por cinco diretores.

Podemos apontar como principais **atribuições do IBAMA**:

a) exercer o poder de polícia ambiental;

b) executar ações das políticas nacionais de meio ambiente, referentes às atribuições federais, relativas ao licenciamento ambiental, ao controle da qualidade ambiental, à autorização de uso dos recursos naturais e à fiscalização, monitoramento e controle ambiental;

c) executar as ações supletivas de competência da União.

Importa destacar que execução das ações referentes à **política nacional de unidades de conservação** da natureza (Lei 9.985/00) passou a ser **atribuição do**

Instituto Chico Mendes de Conservação da Biodiversidade - ICMBio, autarquia federal vinculada ao Ministério do Meio Ambiente, a partir da edição da Lei 11.516/07.

4.4. Órgãos Seccionais: os órgãos ou entidades estaduais

Os órgãos ambientais estaduais de meio ambiente, legalmente constituídos, são altamente relevantes para a implementação da política nacional do meio ambiente tendo em vista a extensão territorial do país. A eles compete a maior parte das atividades de controle ambiental.

A LPNMA não apenas órgãos da União, mas inclui como integrantes do SISNAMA também os órgãos estaduais.

4.5. Órgãos Locais: os órgãos ou entidades municipais

O Município estará inserido na estrutura do SISNAMA a partir do momento em que criar, através de Lei, seu Conselho de Meio Ambiente. Além disso, deverá dispor de profissionais legalmente habilitados.

5. INSTRUMENTOS DA POLÍTICA NACIONAL DO MEIO AMBIENTE

Os instrumentos da PNMA estão elencados no **artigo 9º da Lei 6.938/81.** Vejamos:

5.1. O estabelecimento de padrões de qualidade ambiental (inciso I)

Estabelecer padrões de qualidade ambiental significa definir os parâmetros socialmente toleráveis para a utilização dos bens naturais.

As normas (Resoluções do CONAMA) estabelecem os padrões de qualidade ambiental. Os níveis de impacto acima do padrão serão considerados nocivos (poluição), de acordo com o art. 3º, III, "e", da Lei 6.938/81;

5.2. O zoneamento ambiental (inciso II)

Zoneamento ambiental, também conhecido por "Zoneamento Ecológico-Econômico-ZEE" é definido por Milaré (2007, pág. 342) como "o resultado de estudos conduzidos para o conhecimento sistematizado de características, fragilidades e potencialidades do meio, a partir de aspectos ambientais escolhidos em espaço geográfico delimitado."

O objetivo é conhecer a vocação ambiental e econômica de cada área, de cada região, através de levantamento geológico e estudos técnicos, para que se possa organizar as decisões dos agentes públicos e privados quanto a planos, programas, projetos e atividades que, direta ou indiretamente, utilizem recursos naturais.

5.3. A avaliação de impactos ambientais – AIA (inciso III)

A implantação de qualquer atividade que de alguma forma cause impacto (modifique) ao meio ambiente é condicionada a uma avaliação prévia (AIA) para que se possa, primeiramente, autorizar ou não o empreendimento e, em um segundo momento, exigir do empreendedor as medidas necessárias para corrigir, mitigar e/ou compensar os efeitos negativos que elas poderão acarretar ao ecossistema. Tais estudos subsidiarão os órgãos ambientais competentes para a análise dos requerimentos de licença ambiental.

Avaliação de impactos ambientas – A.I.A. (art. 9º, III) é gênero, de que são espécies todos os estudos relativos aos aspectos ambientais apresentados como subsídio para a análise de Licença Ambiental, como: relatório ambiental, plano e projeto de controle ambiental, Estudo de Impacto Ambiental – E.I.A., plano de manejo, plano de recuperação da área degradada – P.R.A.D. Portanto, não confundir a AIA (gênero) com o EIA (espécie).

AIA (Avaliação de Impacto Ambiental)	EIA (art. 225, parágrafo 1º, IV, CF 88);
	EIV – Estudo de Impacto de Vizinhança;
	Plano de manejo;
	Relatório ambiental;
	Plano e projeto de controle ambiental;
	Plano de recuperação da área degradada – PRAD; (outros)

5.3.1. Estudo Prévio de Impacto Ambiental (EIA ou EPIA)

O Estudo Prévio de Impacto Ambiental (EIA) é uma modalidade de Avaliação de Impacto Ambiental (AIA) e deve ser realizado para subsidiar o procedimento de licenciamento ambiental de atividades consideradas efetiva ou potencialmente causadoras de **significativa degradação** do meio ambiente (vide artigo 225, § 1º, IV, da CF 88).

Sobre EIA/RIMA indicamos a leitura atenta da Resolução **CONAMA 01/86,** que dispõe sobre critérios básicos e diretrizes gerais para a avaliação de impacto ambiental. A Resolução CONAMA 01/86, no seu artigo 2º, apresenta uma lista (**exemplificativa**) de atividades com tais características, como: estradas de rodagem com duas ou mais faixas de rolamento; ferrovias; portos e terminais de minério, petróleo e produtos químicos; oleodutos, gasodutos e minerodutos, dentre outras. Tratando-se de um rol exemplificativo, nada obsta que o órgão ambiental competente exija o EIA de atividades potencialmente impactantes que não figurem na listagem do artigo supracitado.

Cabe lembrar ainda que, para a realização do EIA, o empreendedor poderá contratar empresa de consultoria cujos membros deverão possuir, conforme exige o inciso I do art. 17 da Lei 6.938/81, inscrição no Cadastro Técnico Federal de Atividades, administrado pelo IBAMA.

A referida norma ambiental dispõe, ainda, sobre o **RIMA (Relatório de Impacto Ambiental)**. Trata-se de um documento que reflete as conclusões do estudo de impacto ambiental (EIA) de forma clara e acessível aos interessados. A ideia é traduzir as informações do EIA (que normalmente é complexo, redigido em linguagem técnica) através da utilização de linguagem simples, mapas, quadros e gráficos, com o intuito de explicitar as vantagens e desvantagens do projeto, bem como todas as consequências ambientais de sua implementação.

Finalmente destacamos que tanto ao **EIA** quanto ao **RIMA** deverá ser dada **publicidade**, ou seja, todos os interessados deverão ter acesso a estes documentos, respeitado o sigilo industrial (*vide* art. 225, §1º, IV, CF 88; e art. 3º, Resolução CONAMA 237/97).

5.4. O licenciamento e a revisão de atividades efetiva ou potencialmente poluidoras (inciso IV)

O consentimento estatal para a utilização de recursos naturais é dado através do procedimento de licenciamento ambiental, importante instrumento de gestão ambiental, na medida em que, por meio dele, o Poder Público exerce o controle prévio sobre as atividades que possam de alguma forma impactar o meio ambiente, buscando com isso a implementação dos princípios do desenvolvimento sustentável, da prevenção e da precaução.

O licenciamento ambiental das atividades que utilizam recursos naturais decorre do poder de polícia da Administração Pública (STF: ADI n. 1.505-ES).

Saiba mais sobre o licenciamento ambiental no próximo Capítulo.

5.5. A criação de espaços territoriais especialmente protegidos pelo Poder Público federal, estadual e municipal (inciso VI)

Há uma série de espaços ambientalmente relevantes protegidos pelas normas ambientais nacionais e podemos destacar, dentre eles:

- Áreas de Preservação Permanente – APP (artigos 3º, II e 4º do Código Florestal);
- Áreas de Reserva Legal (artigos 3º, III e 12 do Código Florestal);
- Unidades de Conservação da Natureza (Lei 9.985/2000);

5.6. Instrumentos econômicos, como concessão florestal, servidão ambiental, seguro ambiental e outros (inciso XIII)

Um dos mecanismos mais estudados atualmente é a utilização de instrumentos econômicos de proteção ambiental com o objetivo de incitar a adoção de gestões "ecológicas". Tais instrumentos podem ser utilizados como forma de:

a) incentivar a preservação ambiental, como nos casos de concessão de benefícios econômicos àqueles que preservam o meio ambiente (ex: servidão ambiental);

b) desestimular atividades poluidoras, por exemplo através do aumento de tributos (extrafiscalidade), ou redução de subsídios Governamentais;

c) assegurar a reparação de danos ambientais através da exigência de garantias (ex: seguro ambiental).

6. RESPONSABILIDADE CIVIL POR DANO AO MEIO AMBIENTE

A responsabilidade civil por dano ao meio ambiente está prevista no **artigo 14, parágrafo 1º da Lei 6.938/81.**

A palavra *responsabilidade* deriva etimologicamente de *responsável*, que se origina do latim *responsus*, do verbo *respondere* (responder, pagar), que transmite a ideia de reparar, recuperar, compensar, ou pagar pelo que fez.

No caso dos danos ambientais haverá a "imposição ao poluidor da obrigação de **RECUPERAR e/ou INDENIZAR** os danos causados" (art.4, VII, da Lei LPNMA).

Importante observar a ordem das obrigações a serem impostas ao poluidor: inicialmente deve ser imposta a obrigação de **recuperar** os danos causados, na maior medida possível. Caso o dano seja irrecuperável, caberá então ao poluidor **indenizar** os danos causados por meio do pagamento de um montante em dinheiro, que deverá ser revertido à preservação do meio ambiente.

Admite-se a condenação simultânea e cumulativa das obrigações de fazer, de não fazer e de indenizar na reparação integral do meio ambiente.[15]

A **responsabilidade civil em matéria ambiental é objetiva**. É baseada na ideia de risco da atividade. De acordo com a teoria objetiva **não há que se analisar a existência de ato ilícito (dolo/culpa)**.

Os pressupostos da teoria objetiva são (art. 927, § único, CC): a) **dano**; b) **nexo causal.**

Art. 14, parágrafo. 1º, da Lei 6938/81, "é o poluidor obrigado, **independentemente da existência de culpa**, a indenizar e reparar os danos causados ao meio ambiente e a terceiros, efetuados por sua atividade."

6.1. Teoria objetiva solidária e calcada no risco integral

Para a doutrina e jurisprudência majoritária no Brasil, a responsabilidade civil ambiental, além de objetiva, está fundada na teoria do risco integral. Trata-se de uma responsabilidade objetiva agravada, extremada, que não admite a existência de excludentes do nexo causal. Esta teoria funda-se na ideia de que o poluidor deve assumir todos os riscos inerentes à atividade que pratica. Segundo o **STJ,**

> "A responsabilidade por dano ambiental é objetiva (art. 14, § 1º da Lei 6.938/1981), informada pela teoria do risco integral, sendo o nexo de causalidade o fator aglutinante que permite que o risco se integre na unidade do ato, sendo descabida a invocação, pela empresa responsável pelo dano ambiental, de excludentes de responsabilidade civil para afastar sua obrigação de indenizar.[16]

Os responsáveis pela degradação ambiental são **coobrigados solidários,** formando-se, em regra, nas ações civis públicas ou coletivas **litisconsórcio facultativo.** [17]

Haverá **responsabilidade solidária objetiva do Estado** nos atos comissivos (**ação**) e/ou quando, devendo agir para evitar o dano ambiental, mantém-se inerte ou atua de forma deficiente (**omissão**), contribuindo para o dano, ainda que indiretamente (**STJ:** REsp 1.071.741-SP).

15. Jurisprudência em teses. STJ, março de 2015, n. 30.
16. Jurisprudência em teses. STJ, março de 2015, n. 30.
17. Jurisprudência em teses. STJ, março de 2015, n. 30.

Assim, quando a omissão de cumprimento adequado do seu dever de fiscalizar for determinante para a concretização ou o agravamento do dano causado, há responsabilidade civil do Estado em matéria de proteção ambiental.[18]

7. TCFA – TAXA DE CONTROLE E FISCALIZAÇÃO AMBIENTAL

Trata-se de tributo previsto no artigo 17-B da Lei 6.938/81.

Tem por fato gerador o serviço de controle das atividades potencialmente poluidoras e a fiscalização da utilização de recursos naturais, a taxa é calculada em função da potencialidade poluidora da atividade exercida pelo contribuinte.

O STF considera **constitucional e legal** a exação, afirmando que se encontra em harmonia com os artigos 145, inciso II, da Constituição e 78 do Código Tributário Nacional (RE 416.601).

18. Jurisprudência em teses. STJ, março de 2015, n. 30.

Licenciamento ambiental

1. CONCEITO

O consentimento estatal para a utilização de recursos naturais é dado através do procedimento de licenciamento ambiental, importante instrumento de gestão ambiental, na medida em que, por meio dele, o Poder Público exerce o controle prévio sobre as atividades que possam de alguma forma impactar o meio ambiente, buscando com isso a implementação dos princípios do desenvolvimento sustentável, da prevenção e da precaução.

O licenciamento ambiental das atividades que utilizam recursos naturais **decorre do poder de polícia** da Administração Pública (STF: ADI n. 1.505-ES).

Licenciamento ambiental é definido no artigo 2º, I, da Lei Complementar 140, de 08.12.2011, como um

> "procedimento administrativo destinado a licenciar atividades ou empreendimentos utilizadores de recursos ambientais, efetiva ou potencialmente poluidores ou capazes, sob qualquer forma, de causar degradação ambiental".

Indica-se a leitura atenta da **Resolução CONAMA 237/97** (que dispõe sobre a revisão e complementação dos procedimentos e critérios utilizados para o licenciamento ambiental) e da **Lei Complementar 140, de 08.12.2011** (que fixa normas, nos termos dos incisos III, VI e VII do *caput* e do parágrafo único do art. 23 da Constituição Federal, para a cooperação entre os entes federados para as ações administrativas de proteção do meio ambiente).

Vale observar que após a conclusão de todas as etapas do licenciamento ambiental (procedimento administrativo), **a Administração Pública** expedirá a **Licença Ambiental**, ato administrativo pelo qual o órgão ambiental competente estabelece as condições, restrições e medidas de controle ambiental que deverão ser obedecidas pelo empreendedor. Portanto, importante **não confundir "licenciamento ambiental"** (procedimento administrativo) **com "licença ambiental"** (ato administrativo e uma das etapas do licenciamento ambiental).

2. TIPOS DE LICENÇA AMBIENTAL

Os tipos de licenças ambientais estão previstos no artigo 8º, da Resolução CONAMA 237/97.

As etapas do procedimento de licenciamento ambiental compreendem a concessão de duas licenças preliminares (Licença Prévia e Licença de Instalação) e a licença final (Licença de Operação). A Licença de Operação somente será concedida após a verificação do cumprimento das exigências previstas nas licenças preliminares.

2.1. Licença Prévia (LP)

Na fase preliminar do planejamento do empreendimento ou atividade aprovando sua localização e concepção, atestando a viabilidade ambiental e estabelecendo os requisitos básicos e condicionantes a serem atendidos nas próximas fases de sua implementação;

2.2. Licença de Instalação (LI)

Autoriza a instalação do empreendimento ou atividade de acordo com as especificações constantes dos planos, programas e projetos aprovados, incluindo as medidas de controle ambiental e demais condicionantes, da qual constituem motivo determinante;

2.3. Licença de Operação (LO)

Autoriza a operação da atividade ou empreendimento, após a verificação do efetivo cumprimento do que consta das licenças anteriores, com as medidas de controle ambiental e condicionantes determinados para a operação.

3. COMPETÊNCIA PARA LICENCIAR

Como analisamos no capítulo sobre o meio ambiente na Constituição de 1988, a competência administrativa ambiental é comum, ou seja, todos os entes federados são competentes para atuar administrativamente para a efetiva proteção do meio ambiente. Desta forma, todos os entes federados são, a princípio, competentes para licenciar atividades impactantes ao meio ambiente.

A competência específica para o licenciamento ambiental deve recair, no caso concreto, apenas ao ente federado competente, tendo em vista não haver possibilidade de licenciamento ambiental simultâneo. Segundo o artigo 13 da Lei Complementar 140, de 08 de dezembro de 2011,

> "os empreendimentos e atividades são licenciados ou autorizados, ambientalmente, por um único ente federativo (...)".

A definição do ente federativo competente para o licenciamento deve ser fixada em cada caso concreto, e para tanto se faz necessária a utilização de critérios definidores de competência.

Importante destacar que a Lei Complementar 140/2011 apresenta algumas alterações em relação aos critérios de definição de competência até então adotados pela Resolução CONAMA 237/97. Certo é que a supracitada Lei Complementar adota uma série de critérios semelhantes àqueles previstos da Resolução CONAMA 237/97 para a definição da competência licenciatória dos entes federados, além de criar alguns novos.

A Lei Complementar 140/2011 apresenta, nos seus artigos 7º, inciso XIV, 8º, inciso XIV e 9º, inciso XIV, os critérios para a definição de competência para o licenciamento ambiental pela União, pelos Estados, pelo Distrito Federal e pelos Municípios. Para propiciar uma análise comparativa, distribuímos as atribuições dos entes federativos no quadro a seguir.

LICENCIAMENTO AMBIENTAL (arts. 7º, XIV, 8º, XIV e 9º, XIV da LC 140/2011)		
UNIÃO (Art. 7º)	**ESTADOS (Art. 8º)**	**MUNICÍPIOS (Art. 9º)**
XIV – promover o licenciamento ambiental de empreendimentos e atividades: a) localizados ou desenvolvidos conjuntamente no **Brasil e em país limítrofe**; b) localizados ou desenvolvidos **no mar territorial, na plataforma continental ou na zona econômica exclusiva;** c) localizados ou desenvolvidos em **terras indígenas**; e) localizados ou desenvolvidos em **2 (dois) ou mais Estados**; f) **de caráter militar**, excetuando-se do licenciamento ambiental, nos termos de ato do Poder Executivo, aqueles previstos no preparo e emprego das Forças Armadas, conforme	XIV – promover o licenciamento ambiental de atividades ou empreendimentos **utilizadores de recursos ambientais, efetiva ou potencialmente poluidores ou capazes, sob qualquer forma, de causar degradação ambiental, ressalvado o disposto nos arts. 7º e 9º;**	XIV – observadas as atribuições dos demais entes federativos previstas nesta Lei Complementar, promover o licenciamento ambiental das atividades ou empreendimentos:

LICENCIAMENTO AMBIENTAL (arts. 7º, XIV, 8º, XIV e 9º, XIV da LC 140/2011)		
UNIÃO (Art. 7º)	**ESTADOS (Art. 8º)**	**MUNICÍPIOS (Art. 9º)**
disposto na Lei Complementar 97, de 9 de junho de 1999; g) destinados a pesquisar, lavrar, produzir, beneficiar, transportar, armazenar e dispor **material radioativo**, em qualquer estágio, ou que utilizem energia nuclear em qualquer de suas formas e aplicações, mediante parecer da Comissão Nacional de Energia Nuclear (CNEN); ou		
d) localizados ou desenvolvidos **em unidades de conservação instituídas pela União, exceto em Áreas de Proteção Ambiental (APAs).**	XV – promover o licenciamento ambiental de atividades ou empreendimentos localizados ou desenvolvidos **em unidades de conservação instituídas pelo Estado, exceto em Áreas de Proteção Ambiental (APAs).**	b) localizados **em unidades de conservação instituídas pelo Município, exceto em Áreas de Proteção Ambiental (APAs);**
h) que **atendam tipologia estabelecida por ato do Poder Executivo, a partir de proposição da Comissão Tripartite** Nacional, assegurada a participação de um membro do Conselho Nacional do Meio Ambiente (Conama), e considerados os **critérios de porte, potencial poluidor e natureza da atividade ou empreendimento.**(*)		a) que causem ou possam causar **impacto ambiental de âmbito local**, conforme **tipologia definida pelos respectivos Conselhos Estaduais de Meio Ambiente**, considerados os critérios de porte, potencial poluidor e natureza da atividade.

Importante observar que a competência licenciatória dos **órgãos ambientais estaduais** tem caráter **residual**, ou seja, todos os empreendimentos que não sejam de competência da União (critérios do art. 7º) e nem dos Municípios (critérios do art. 9º) deverão ser licenciados pelo órgão ambiental dos Estados-membros.

4. PRAZOS DE ANÁLISE PARA A CONCESSÃO DE LICENÇAS AMBIENTAIS

O prazo para que o órgão ambiental analise a solicitação de licenciamento ambiental será de até **6 meses** a contar do protocolo de requerimento do empreendedor. Importante observar que, nos casos em que houver EIA/RIMA e/ou audiência pública, ou seja, nos casos de licenciamento de atividades potencialmente causadoras de significativa degradação ambiental (normalmente mais complexos), o órgão ambiental competente poderá estabelecer prazo de até **12 meses** (Artigo 14, da Resolução CONAMA 237/97).

5. AUDIÊNCIA PÚBLICA AMBIENTAL

Uma das etapas do procedimento de licenciamento ambiental pode ser a da realização de audiência pública, nos termos do art. 10, V da Resolução CONAMA 237/1997.

Nos casos de empreendimentos com **potencial de significativo impacto ambiental**, a avaliação de impacto ambiental é denominada pela sigla **EIA/ RIMA (Estudo de Impacto Ambiental e Relatório de Impacto Ambiental)**. Ao determinar a execução dessa avaliação, o órgão ambiental competente, sempre que julgar necessário, ou quando for solicitado por entidade civil, pelo Ministério Público, ou por cinquenta ou mais cidadãos, promoverá a realização de audiência pública[19] para informação sobre o projeto e seus impactos ambientais. O objetivo dessa audiência pública é expor aos interessados o conteúdo do projeto em análise, dirimir dúvidas e recolher críticas e sugestões dos presentes, em observância ao princípio da participação comunitária. Não sendo realizada a audiência pública solicitada, a licença ambiental concedida não terá validade.[20] (THOMÉ, Romeu. Manual de Direito Ambiental. Salvador: Ed. Juspodivm).

6. PRAZOS DE VALIDADE DAS LICENÇAS AMBIENTAIS

As licenças ambientais não são perenes, ou seja, elas têm prazos de validade e precisam ser renovadas (artigo 18 da Resolução CONAMA 237/97):

> I – O prazo de validade da **Licença Prévia (LP)** deverá ser, no mínimo, o estabelecido pelo cronograma de elaboração dos planos, programas e projetos relativos ao empreendimento ou atividade, **não podendo ser superior a 5 (cinco) anos.**
>
> II – O prazo de validade da **Licença de Instalação (LI)** deverá ser, no mínimo, o estabelecido pelo cronograma de instalação do empreendimento ou atividade, **não podendo ser superior a 6 (seis) anos.**

19. A Resolução CONAMA 09/1987 regulamenta as audiências públicas ambientais.
20. Resolução CONAMA 09/87, art. 2º, parágrafo 2º.

III – O prazo de validade da **Licença de Operação (LO)** deverá considerar os planos de controle ambiental e será de, **no mínimo, 4 (quatro) anos e, no máximo, 10 (dez) anos.**

7. MODIFICAÇÃO, SUSPENSÃO E CANCELAMENTO DA LICENÇA AMBIENTAL

Todavia, seja em respeito ao interesse da coletividade na manutenção do meio ambiente ecologicamente equilibrado, seja em decorrência da má-fé do empreendedor, seja pela superveniência de irregularidades de atividades já licenciadas, pode uma licença ambiental ser modificada, suspensa ou cancelada antes de findo o seu prazo de validade. O artigo 19 da Resolução CONAMA 237/97 apresenta três hipóteses:

I – violação ou inadequação de quaisquer condicionantes ou normas legais;

II – omissão ou falsa descrição de informações relevantes que subsidiaram a expedição da licença;

III – superveniência de graves riscos ambientais e de saúde.

CAPÍTULO V

Código Florestal

1. INTRODUÇÃO

O Código Florestal (Lei 12.651, de 25 de maio de 2012) revoga expressamente a Lei 4.771/65 (antigo Código Florestal).

O Código Florestal em vigor (Lei 12.651/2012) não se restringe à proteção das florestas. Ele tem por objetivo a proteção das **florestas e demais formas de vegetação nativa** (art. 2º).

O Código Florestal também impõe **limitações ao exercício do direito de propriedade**, seja através da previsão da instituição de áreas de preservação permanente (APP) ou de áreas de reserva legal, que deverão ser protegidas pelo proprietário devido à relevância ambiental da vegetação ali situada. Tais limitações ao exercício da propriedade estão fundadas no princípio constitucional da função socioambiental da propriedade.

Observa Paulo Affonso Leme Machado que as florestas vêm sendo consideradas "bens comuns de todos os habitantes do país" desde o Código Florestal de 1934 (art. 1º), passando pelo Código de 1965 (art. 1º), até a previsão do artigo 2º do Código Florestal de 2012. Para o ilustre professor, o conceito de "bem comum" sempre foi levado em conta, no sentido de determinar o exercício dos direitos de propriedade com as limitações que a legislação em geral estabelece.[21]

2. CONCEITOS RELEVANTES

2.1. Área de preservação permanente

Área protegida, coberta ou não por vegetação nativa com a função ambiental de preservar os recursos hídricos, a paisagem, a estabilidade geológica e a biodiversidade, facilitar o fluxo gênico de fauna e flora, proteger o solo e assegurar o bem-estar das populações humanas (art. 3º, II, Lei 12.651/2012).

---

21. MACHADO, Paulo Affonso Leme. Inovações na legislação brasileira: a proteção das florestas. In: **Veredas do Direito**, Belo Horizonte, v.10, n.19, p.11-21. Janeiro/Junho de 2013, p. 14.

2.2. Reserva Legal

Área localizada no interior de uma propriedade ou posse rural, delimitada nos termos do art. 12, com a função de assegurar o uso econômico de modo sustentável dos recursos naturais do imóvel rural, auxiliar a conservação e a reabilitação dos processos ecológicos e promover a conservação da biodiversidade, bem como o abrigo e a proteção de fauna silvestre e da flora nativa (art. 3º, III, Lei 12.651/2012).

3. ÁREA DE PRESERVAÇÃO PERMANENTE – APP

São áreas destinadas exclusivamente à proteção de suas funções ecológicas[22] **caracterizadas, como regra geral, pela intocabilidade** e vedação de uso econômico direto.

A ausência de vegetação não descaracteriza a área como sendo uma APP. A área com característica e função de APP, **coberta ou não por vegetação,** será considerada como tal e merecerá proteção. Caso a APP não esteja coberta por vegetação, caberá ao proprietário do imóvel a recuperação da área degradada.

As APPs estão inseridas no *status* de *espaço territorial especialmente protegido* previsto no art. 225, parágrafo 1º, III, da CR 88.

As APPs podem ser instituídas **por lei** (art. 4º do Código Florestal) ou quando **declaradas** de interesse social **por ato do Chefe do Poder Executivo** (art. 6º do Código Florestal).

3.1. Supressão da vegetação em Área de Preservação Permanente

A supressão de vegetação em APP deve ser, por óbvio, uma **exceção**. Nesses casos, devem ser observados os seguintes **requisitos:**

a) **autorização do órgão ambiental** estadual competente (art. 8);

b) casos de **utilidade pública** (exs: proteção sanitária; as obras essenciais de infra-estrutura destinadas aos serviços públicos de transporte, saneamento, energia e extração de substâncias minerais) ou de **interesse social** (exs: prevenção, combate e controle do fogo, controle da erosão, erradicação de invasoras) ou em **situações eventuais e de baixo impacto ambiental** (ex: a abertura de pequenas vias de acesso interno) (art. 8º, *caput*, c/c art. 3º, VIII, IX e X).

22. FERREIRA, 2007. p. 240.

4. ÁREA DE RESERVA LEGAL – RL

Trata-se da área mínima, em cada propriedade ou posse rural, que deve permanecer com cobertura florestal no percentual estabelecido em lei.

A área de Reserva Legal, assim como a APP (arts. 4º e 6º), pode ser caracterizada como limitação ao direito de propriedade, calcada na função socioambiental prevista constitucionalmente. Toda **propriedade rural** deverá preservar um determinado percentual de vegetação necessária à conservação da biodiversidade e à proteção de fauna e flora nativas.

Vale ressaltar que o Código Florestal permite ao proprietário/possuidor do imóvel rural **computar as Áreas de Preservação Permanente-APP** existentes em sua propriedade **no cálculo da Reserva Legal**, para que possa, com isso, alcançar o percentual mínimo exigido no artigo 12. Assim, no cálculo dos percentuais estabelecidos no caput do artigo 12 podem ser computadas as áreas já destinadas como APP (art. 15).

Apenas as propriedades rurais estão obrigadas a preservar a área de reserva legal. Não há tal obrigatoriedade para as propriedades urbanas (art. 12, *caput*). Diferentemente, as APPs devem ser mantidas tanto pelas propriedades urbanas quanto pelas propriedades rurais.

O percentual de Reserva Legal em cada propriedade rural é **variável em função da localização regional e da natureza da vegetação**. A título de exemplo, as propriedades rurais situada em área de floresta localizada na Amazônia Legal deverão manter 80% (oitenta por cento) de sua área preservada a título de Reserva Legal, enquanto nos imóveis localizados nas demais regiões do País as propriedades rurais deverão manter 20% (vinte por cento) de área de Reserva Legal (art. 12).

Segundo a Lei 12.651/2012, diferentemente da APP, onde a regra geral é a intocabilidade e vedação de uso econômico direto, **na Reserva Legal permite-se o manejo florestal sustentável**, ou seja, a utilização da área sem descaracterizar ecologicamente os recursos florestais e os ecossistemas (artigo 20). Nos termos do artigo 3º, VII, do Código Florestal, **manejo sustentável**

> "é a administração da vegetação natural para a obtenção de benefícios econômicos, sociais e ambientais, respeitando-se os mecanismos de sustentação do ecossistema objeto do manejo e considerando-se, cumulativa ou alternativamente, a utilização de múltiplas espécies madeireiras ou não, de múltiplos produtos e subprodutos da flora, bem como a utilização de outros bens e serviços".

A pequena propriedade ou posse rural familiar, assim definidas no artigo 3º, V, do Código Florestal, também deverá manter a área de Reserva Legal.

Nestes casos poderão ser computados os plantios de árvores frutíferas, ornamentais ou industriais, compostos por espécies exóticas, cultivadas em sistema intercalar ou em consórcio com espécies nativas da região em sistemas agroflorestais (art. 54).

A localização da área de Reserva Legal dentro da propriedade deve ser **aprovada pelo órgão ambiental competente** após a inclusão do imóvel no Cadastro Ambiental Rural-CAR (art. 14, parágrafo 1º).

De acordo com o Código Florestal, a área de Reserva Legal deverá ser registrada no órgão ambiental competente por meio de inscrição no Cadastro Ambiental Rural-CAR (art. 29). **O registro da Reserva Legal no CAR desobriga a averbação** no Cartório de Registro de Imóveis.

O Código Florestal apresenta, ainda, às propriedades rurais, instrumentos compensatórios em caso de áreas de Reserva Legal com percentual inferior ao mínimo exigido em lei. Um deles, nos casos de propriedade rurais contíguas, é a denominada **Reserva Legal condominial (ou coletiva)**, prevista no artigo 16. Os **requisitos para a constituição de Reserva Legal condominial são:**

a) que as **propriedades sejam contínuas**[23];

b) que o **percentual legal em relação a cada imóvel seja respeitado** (significa que a totalidade de Reserva Legal do condomínio terá que corresponder à soma do percentual de todas as propriedades que dele fazem parte);

c) que haja a **aprovação do órgão ambiental** competente.

5. CADASTRO AMBIENTAL RURAL – CAR

O Código Florestal institui o **Cadastro Ambiental Rural - CAR** com o intuito de conhecer as informações e integrar os dados ambientais das propriedades e posses rurais em todo o País.

O CAR caracteriza-se como um registro público eletrônico de âmbito nacional, **obrigatório para todas as propriedades e posses rurais**, compondo uma base de dados para controle, monitoramento, planejamento ambiental e econômico e combate ao desmatamento.

23. SILVA, 2003. p. 184.

Para a **inscrição no CAR** deverá o proprietário/possuidor apresentar os documentos relacionados no parágrafo 1º do artigo 29.

Importante frisar que o **cadastramento não será considerado título** para fins de reconhecimento do direito de propriedade ou posse.

6. SERVIDÃO FLORESTAL

Pela **servidão ambiental** (arts. 78, 78-A e 79 do Código Florestal) o proprietário rural voluntariamente renuncia a exploração ou supressão (de parte) dos recursos naturais localizados em sua propriedade. Por óbvio, trata-se da vegetação localizada fora da Reserva Legal e das Áreas de Preservação Permanente – APP, cuja preservação já decorre da lei. Assim, a propriedade cujo percentual de área ambientalmente protegida seja inferior ao estipulado pelas normas ambientais poderá compensar seu déficit naquelas propriedades em que há proteção ambiental além dos limites legais. Portanto, sobre o excedente de áreas protegidas institui-se a servidão, que poderá ser negociada com os proprietários das terras deficitárias.

7. COTA DE RESERVA AMBIENTAL – CRA

A Lei 12.651/2012 instituiu a **Cota de Reserva Ambiental - CRA**, título nominativo representativo de área com vegetação nativa, existente ou em processo de recuperação, sob regime de **servidão ambiental**, de **Reserva Particular do Patrimônio Natural**, de **Reserva Legal instituída voluntariamente sobre a vegetação que exceder** os percentuais estabelecidos em lei, ou existentes em propriedade rural localizada no interior de **unidade de conservação** de domínio público que ainda não tenha sido desapropriada.

Tais cotas poderão ser negociadas com proprietários cujas terras apresentem percentual de vegetação nativa inferior ao mínimo exigido em lei, nos casos autorizados pelo Código Florestal.

8. ÁREAS CONSOLIDADAS ATÉ 22.07.2008

O Código Florestal apresenta regras específicas para as denominadas "áreas consolidadas" até 22 de julho de 2008, implementando regras mais benéficas aos produtores rurais que impactaram negativamente o meio ambiente até aquela data. Além da suspensão das sanções administrativas e da punibilidade dos crimes ambientais relacionados à supressão de vegetação protegida, a propriedade ou posse rural inscrita no Programa de Regularização Ambiental-PRA passa a observar regramentos diferenciados também para a recomposição da vegetação de áreas especialmente protegidas, como as Áreas de Preservação Permanente (*vide* arts. 61-A ao art. 68).

A data limite de 22 de julho de 2008 é a data do Decreto 6.514/2008, que regulamenta a Lei de Crimes Ambientais e Infrações Administrativas Ambientais.

Sistema Nacional de Unidades de Conservação da Natureza – SNUC

1. INTRODUÇÃO

A Lei **9.985/00** regulamenta o art. 225, § 1º, incisos I, II, III e VII da Constituição Federal de 1988, que dispõe:

> "Art. 225. (...)
>
> § 1º – Para assegurar a efetividade desse direito, incumbe ao Poder Público:
>
> I- preservar e restaurar os processos ecológicos essenciais e prover o manejo ecológico das espécies e ecossistemas;
>
> II – preservar a diversidade e a integridade do patrimônio genético do País e fiscalizar as entidades dedicadas à pesquisa e manipulação de material genético;
>
> III – definir, em todas as unidades da Federação, espaços territoriais e seus componentes a serem especialmente protegidos, sendo a alteração e a supressão permitidas somente através de lei, vedada qualquer utilização que comprometa a integridade dos atributos que justifiquem sua proteção;
>
> (...)
>
> VII – proteger a fauna e a flora, vedadas, na forma da lei, as práticas que coloquem em risco sua função ecológica, provoquem a extinção de espécies ou submetam os animais a crueldade."

Inicialmente podemos destacar o inciso III, acima transcrito, no qual o constituinte determina que incumbe ao poder público o dever de **definir, em todas as unidades da federação, espaços territoriais e seus componentes a serem especialmente protegidos**. Um dos tipos desses espaços ambientalmente protegidos são as **Unidades de Conservação da Natureza,** regulamentadas pela Lei 9.985/2000.

2. CONCEITOS RELEVANTES

2.1. Unidade de conservação

Espaço territorial e seus recursos ambientais, incluindo as águas jurisdicionais, com características naturais relevantes, legalmente instituído pelo Poder Público, com objetivos de conservação e limites definidos, sob regime especial de administração, ao qual se aplicam garantias adequadas de proteção.

Pode-se destacar como **características das UCs**:

- Espécie de espaço territorial protegido (*inseridas no art. 225, parágrafo 1º, III, da CF 88*);
- Características naturais relevantes (*motivo de proteção pelas normas ambientais*);
- Legalmente instituídos (*por decreto do Chefe do Executivo ou por lei formal. Vide comentários ao artigo 22)*;
- Objetivos de conservação (e *por isso são áreas ambientalmente protegidas*);
- Limites (físicos) definidos;
- Regime especial de proteção e administração (*vide comentários aos artigos 27 a 30*);

2.2. Diversidade biológica

A variabilidade de organismos vivos de todas as origens, compreendendo, dentre outros, os ecossistemas terrestres, marinhos e outros ecossistemas aquáticos e os complexos ecológicos de que fazem parte; compreendendo ainda a diversidade dentro de espécies, entre espécies e de ecossistemas.

2.3. Proteção integral

Manutenção dos ecossistemas livres de alterações causadas por interferência humana, admitido apenas o uso indireto dos seus atributos naturais.

2.4. Uso indireto

Aquele que não envolve consumo, coleta, dano ou destruição dos recursos naturais.

2.5. Uso direto

Aquele que envolve coleta e uso, comercial ou não, dos recursos naturais.

2.6. Zoneamento

Definição de setores ou zonas em uma unidade de conservação com objetivos de manejo e normas específicos, com o propósito de proporcionar os meios e as condições para que todos os objetivos da unidade possam ser alcançados de forma harmônica e eficaz.

3. INSTITUTO CHICO MENDES

A execução das ações referentes à **política nacional de unidades de conservação** da natureza (Lei 9.985/00), que antes era atribuição exclusiva do IBAMA, passou a ser **atribuição do Instituto Chico Mendes de Conservação da Biodiversidade - ICMBio** (art. 6, III), autarquia federal vinculada ao Ministério do Meio Ambiente, a partir da edição da **Lei 11.516/07**. Portanto, as ações ambientais de âmbito federal relacionadas às unidades de conservação passaram a ser competência do Instituto Chico Mendes, permanecendo o IBAMA com a possibilidade de exercício supletivo do poder de polícia ambiental nos casos de omissão do referido Instituto.

4. CLASSIFICAÇÃO DAS UNIDADES DE CONSERVAÇÃO

A lei do SNUC divide as unidades de conservação em **dois grandes grupos**, utilizando-se como critério a **intensidade de proteção**:

4.1. Unidades de proteção integral

No grupo de **Proteção Integral** a **proteção é intensa,** buscando-se a manutenção dos ecossistemas livres de alterações causadas por interferência humana, **admitido apenas o uso indireto dos seus atributos naturais**, ou seja, aquele que não envolve consumo, coleta, dano ou destruição dos recursos naturais. O Grupo de **Unidades de Proteção Integral** compõe-se das seguintes categorias (ART. 8º):

- Estação Ecológica;
- Reserva Biológica;

- Parque Nacional;
- Monumento Natural;
- Refúgio de Vida Silvestre.

4.2. Unidades de uso sustentável

No grupo de UCs de **Uso Sustentável** a intensidade de proteção é menor em relação às de Proteção Integral. O objetivo básico das unidades de Uso Sustentável é **compatibilizar a conservação da natureza com o uso sustentável** de parcela dos seus recursos naturais (art. 7º, parágrafo 2º). Assim, a lei 9.985/00 **admite a utilização (exploração) de parcela dos recursos naturais** em regime de manejo sustentável desde que observado o zoneamento da área, as limitações legais e o Plano de Manejo da respectiva UC. O grupo de **unidades de Uso Sustentável** compõe-se de (art. 14):

- Área de Proteção Ambiental;
- Área de Relevante Interesse Ecológico;
- Floresta Nacional;
- Reserva Extrativista;
- Reserva de Fauna;
- Reserva de Desenvolvimento Sustentável;
- Reserva Particular do Patrimônio Natural.

4.3. Quadro comparativo

Unidades de Proteção Integral (Art. 8º)	Unidades de Uso Sustentável (Art. 14)
Estação Ecológica	Área de Proteção Ambiental (APA)
Reserva Biológica	Área de Relevante Interesse Ecológico
Parque Nacional	Floresta Nacional
Monumento Natural	Reserva Extrativista
Refúgio de Vida Silvestre	Reserva de Fauna
–	Reserva de Desenvolvimento Sustentável
–	Reserva Particular do Patrimônio Natural (RPPN)

5. UNIDADES DE CONSERVAÇÃO DE PROTEÇÃO INTEGRAL

Nas UCs de **Proteção Integral** a **proteção é intensa. Admite-se apenas o uso indireto dos seus atributos naturais**, ou seja, aquele uso que não envolve consumo, coleta, dano ou destruição dos recursos naturais.

Do artigo 9º ao 13, a Lei do SNUC apresenta os objetivos e características de cada um dos cinco tipos de unidades de conservação de Proteção Integral.

Tamanha a importância ambiental de algumas áreas que a Lei 9.985/00 determina, em certos casos, seja a unidade de conservação de **posse e domínio públicos** e, para tanto, as áreas incluídas em seus limites **deverão ser desapropriadas** (exs: art. 9º, I; art. 10, parágrafo 1º).

Já em outras situações, a lei do SNUC permite que as unidades de conservação sejam constituídas por **áreas particulares**, não exigindo a desapropriação, desde que seja possível compatibilizar os objetivos da unidade com a utilização da terra e dos recursos naturais do local pelos proprietários. Caso contrário, quando as atividades privadas estejam indo de encontro aos objetivos de preservação ambiental da UC, ou não havendo aquiescência do proprietário às condições propostas pelo órgão responsável pela administração da unidade, a área deverá ser desapropriada (exs.: art. 12, parágrafos 1º e 2º; e artigo 13, parágrafos 1º e 2º).

5.1. Quadro comparativo

Unidades de Proteção Integral				
Estação Ecológica (Art. 9º)	**Reserva Biológica** (Art. 10)	**Parque Nacional** (Art. 11)	**Monumento Natural** (Art. 12)	**Refúgio da Vida Silvestre** (Art. 13)
Preservar a natureza e realizar pesquisas científicas	Preservar integralmente a biota e demais atributos naturais existentes	Preservar ecossistemas naturais de grande relevância ecológica e beleza cênica	Preservar sítios naturais raros, singulares ou de grande beleza cênica	Proteger ambientes naturais para a existência ou reprodução de espécies ou comunidades de flora local e da fauna residente ou migratória
Posse e domínio públicos	Posse e domínio públicos	Posse e domínio públicos	–	–

Unidades de Proteção Integral				
Estação Ecológica (Art. 9º)	**Reserva Biológica** (Art. 10)	**Parque Nacional** (Art. 11)	**Monumento Natural** (Art. 12)	**Refúgio da Vida Silvestre** (Art. 13)
Áreas particulares serão desapropriadas	Áreas particulares serão desapropriadas	Áreas particulares serão desapropriadas	Pode ser constituído por áreas particulares, desde que haja compatibilidade entre os objetivos da unidade com a utilização pelo proprietário. Caso contrário, haverá a desapropriação	Pode ser constituído por áreas particulares, desde que haja compatibilidade entre os objetivos da unidade com a utilização pelo proprietário. Caso contrário, haverá a desapropriação
Proibida a visitação pública, exceto quando com objetivo educacional.	Proibida a visitação pública, exceto quando com objetivo educacional.	Visitação está sujeita a normas e restrições do Plano de Manejo.	Visitação está sujeita a normas e restrições do Plano de Manejo	Visitação está sujeita a normas e restrições do Plano de Manejo
Pesquisa científica depende de autorização prévia do órgão responsável	Pesquisa depende de autorização prévia do órgão responsável	Pesquisa depende de autorização prévia do órgão responsável	Pesquisa depende de aprovação prévia do órgão responsável (art. 32, § 2º)	Pesquisa depende de autorização prévia do órgão responsável
Conselho Consultivo (art. 29)	Conselho Consultivo (art. 29)	Conselho Consultivo (art. 29)	Conselho Consultivo (art. 29)	Conselho Consultivo (art. 29)
Ex: Estação Ecológica do Guaraguaçu-PR	Ex: Reserva Biológica Serra Azul -MG	Ex: Parque Nacional da Chapada Diamantina	Ex: Monumento Natural dos Costões Rochosos – Rio das Ostras/RJ	Ex: Refúgio da Vida Silvestre Sauim-Castanheiras – AM

6. UNIDADES DE CONSERVAÇÃO DE USO SUSTENTÁVEL

Nas UC's de **Uso Sustentável** a intensidade de proteção é menor em relação às de Proteção Integral. O objetivo básico das unidades de Uso Sustentável é **compatibilizar a conservação da natureza com o uso sustentável** de parcela dos seus recursos naturais. Assim, a lei 9.985/00 **admite a utilização**

(exploração) de parcela dos recursos naturais em regime de manejo sustentável desde que observado o zoneamento da área, as limitações legais e o Plano de Manejo da respectiva UC.

Do artigo 15 ao 21, a lei do SNUC apresenta os objetivos e características de cada um dos sete tipos de unidades de conservação de Uso Sustentável.

7. CRIAÇÃO, ALTERAÇÃO E SUPRESSÃO DE UNIDADES DE CONSERVAÇÃO

A lei 9.985/00 não definiu a natureza do ato de **criação** das UCs, estabelecendo apenas que serão **criadas por ato do poder público** (art. 22, caput). Assim, pode-se concluir que elas podem ser **criadas tanto por lei** quanto por **decreto do Chefe do Poder Executivo** federal, estadual ou municipal.

A criação de qualquer tipo de unidade de conservação deve ser **precedida de estudos técnicos** (art. 22, § 2º) e, na maioria dos casos, de **consulta pública** (exceção apenas nos casos de criação de Estação Ecológica ou Reserva Biológica, de acordo com o § 4º do art. 22).

Uma vez instituída uma unidade de conservação da natureza, seja por decreto do Executivo ou por lei formal, a redução dos seus limites (**alteração) ou a sua supressão** total **somente serão permitidas através de lei específica**. Esta é a determinação do **artigo 225, § 1º, III, da CF 88**. Neste mesmo sentido o parágrafo **7º do artigo 22 da lei do SNUC** determina que a desafetação ou redução dos limites de uma unidade de conservação só pode ser feita mediante lei específica.

O intuito do constituinte e do legislador é de dificultar o procedimento legal de alteração ou supressão de uma área ambientalmente protegida, e de facilitar a criação das mesmas, em respeito ao preceito constitucional de proteção do meio ambiente ecologicamente equilibrado.

7.1. Quadro comparativo

Criação ou ampliação de Unidade de Conservação (art. 22, *caput*; e § 6, da Lei 9.985/00)	**Alteração (redução dos limites) ou supressão de Unidade de Conservação** (artigo 225, § 1º, III, da CF 88; e art. 22, § 7º, da Lei 9.985/00)
• Decreto do Chefe do Executivo (União, Estados, DF e Municípios); • Lei formal (União, Estados, DF e Municípios);	• Lei formal (União, Estados, DF e Municípios);

8. ZONA DE AMORTECIMENTO

Zona de amortecimento é o entorno de uma unidade de conservação, **onde as atividades humanas estão sujeitas a normas e restrições** específicas, com o propósito de minimizar os impactos negativos sobre a unidade (art. 2º, XVIII).

Deve haver uma ruptura gradativa entre o meio ambiente natural, protegido nas unidades de conservação, e o ambiente externo. Essa é a principal função da zona de amortecimento, área que circunda as unidades e que, devido ao seu relevante papel, também é protegida. Desta forma, a zona de amortecimento **não faz parte da unidade de conservação, mas fica sujeita a normas e restrições específicas** a serem estipuladas pelo órgão responsável pela administração da unidade.

Vale lembrar que todas as unidades de conservação devem possuir zona de amortecimento, exceto as Áreas de Proteção Ambiental (APA) e Reserva Particular do Patrimônio Natural (RPPN).

9. CORREDORES ECOLÓGICOS

Corredores ecológicos são **porções de ecossistemas** naturais ou seminaturais, **ligando unidades de conservação**, que possibilitam entre elas o fluxo de genes e o movimento da biota, facilitando a dispersão de espécies e a recolonização de áreas degradadas, bem como a manutenção de populações que demandam para sua sobrevivência áreas com extensão maior do que aquela das unidades individuais (artigo 2º, XIX).

10. PLANO DE MANEJO

Plano de manejo é o

> "documento técnico mediante o qual, com fundamento nos objetivos gerais de uma unidade de conservação, se estabelece o seu zoneamento e as normas que devem presidir o uso da área e o manejo dos recursos naturais, inclusive a implantação das estruturas físicas necessárias à gestão da unidade" (art. 2º, XVII).

O Plano de Manejo é a "lei interna" da UC[24]. **Cada unidade de conservação deve dispor de um Plano de Manejo**, que deve ser elaborado no prazo de cinco anos a partir da data de sua criação (art. 27, §3º). São proibidas, nas UCs, quaisquer

24. MACHADO, 2004. p. 774.

alterações, atividades ou modalidades de utilização em desacordo com o seu Plano de Manejo.

O Plano de Manejo deve abranger não apenas a área da unidade de conservação, mas deve ainda estabelecer as normas e restrições para a utilização da zona de amortecimento e dos corredores ecológicos.

11. COMPENSAÇÃO AMBIENTAL

Está prevista no **artigo 36** da Lei 9.985/00. O empreendedor de atividades de significativo impacto ambiental deverá **destinar recursos financeiros para a implantação e manutenção de unidade de conservação** do grupo de Proteção Integral (*caput*) ou de Uso Sustentável (§ 3º). Trata-se da aplicação do princípio do usuário-pagador que estabelece que o usuário de recursos naturais deve pagar por sua utilização.

Trata-se de um instrumento econômico de compensação dos impactos ambientais causados por determinadas atividades, onde o empreendedor deverá compartilhar com o Poder Público e com a sociedade os custos advindos da utilização dos recursos naturais e da implementação de instrumentos de prevenção, controle e reparação dos impactos negativos ao meio ambiente.

Na **ADI 3378-DF** discutiu-se a constitucionalidade do instrumento da compensação ambiental prevista no artigo 36 e parágrafos, da Lei 9.985/00. O Tribunal, por maioria, julgou **parcialmente procedente** pedido formulado em ação direta para **declarar a inconstitucionalidade, com redução de texto, das expressões**

> ***"não pode ser inferior a meio por cento dos custos totais previstos para a implantação do empreendimento"* e *"o percentual"*, *constantes do § 1º do art. 36, da Lei 9.985/2000.***

Desta forma, o STF entendeu **constitucional o instrumento da compensação ambiental** previsto no artigo 36 da Lei 9.985/00, mas considerou **inconstitucional, com redução de texto, as expressões que fixavam o percentual mínimo** do montante de recursos a ser destinado pelo empreendedor para a implantação do empreendimento, constantes do parágrafo 1º do art. 36, em razão da possibilidade de haver empreendimentos que não causem impacto ambiental. **Fica a cargo do órgão ambiental competente fixar o valor do montante** referente à compensação ambiental, de acordo com o grau específico de impacto ambiental do empreendimento.

12. RESERVA DA BIOSFERA

Reserva da biosfera é um tipo de **unidade de conservação de caráter internacional**, cuja criação decorre do reconhecimento da UNESCO, Organização das Nações Unidas para a Educação, Ciência e Cultura, de que o Brasil é membro (artigo 41). A reserva da biosfera pode ser constituída por áreas de domínio público ou privado e é gerida por um Conselho Deliberativo.

13. DECRETO REGULAMENTADOR

O Decreto que regulamenta a Lei 9.985/00 é o **Decreto 4.340, de 22 de agosto de 2002**, que dispõe sobre o Sistema Nacional de Unidades de Conservação da Natureza – SNUC.

Lei de Crimes Ambientais

1. INTRODUÇÃO

A **Lei 9.605, de 12 fevereiro de 1998**, é denominada pela doutrina como Lei de Crimes Ambientais, e dispõe sobre as sanções penais e administrativas derivadas de condutas e atividades lesivas ao meio ambiente. Ela regulamenta o artigo **art. 225, § 3º da CF 88** que dispõe:

> "as condutas e atividades consideradas lesivas ao meio ambiente sujeitarão os infratores, pessoas físicas ou jurídicas, a sanções penais e administrativas, independentemente da obrigação de reparar os danos causados."

A Constituição de 1988 determina que as condutas lesivas ao meio ambiente sejam punidas também no âmbito penal. Há um "**mandato expresso de criminalização**", ou seja, a Carta Magna estabelece imposição de medidas coercitivas aos transgressores do mandamento constitucional de proteção do meio ambiente.[25]

Importante ressaltar que a lei ambiental não deve ser aplicada para punir as chamadas "*ações insignificantes*" (sem potencial ofensivo ao meio ambiente). Aplica-se nesses casos o **princípio da insignificância** (STJ: HC 35203/SP; STF: AP 439/SP).

A Lei 9605/98 utiliza a técnica legislativa denominada **norma penal em branco, ou seja,** verifica-se a necessidade de complementação através de outras normas jurídicas. Pode-se citar como exemplo o art. 35, I e II, que não define o que vem a ser "*explosivos*" e "*substâncias tóxicas*".

O direito (penal) ambiental visa, sobretudo, prevenir os danos, e não remediá-los. Desta forma, se preocupa com os *riscos* e não somente com os danos*;* ou seja, em alguns momentos a Lei 9.065/98 estipulou como infração a mera probabilidade de dano (chamados de **crimes de perigo**). A título de exemplo temos o crime de poluição (art. 54):

---

25. PRADO, 2005. pág. 80.

"Causar poluição de qualquer natureza em níveis tais que resultem **ou possam resultar em danos à saúde humana**, ou que provoquem a mortandade de animais ou a destruição significativa da flora (...)"

1.1. Visão topográfica da lei

A Lei 9.605 contém 82 artigos distribuídos em oito capítulos		
Capítulo I	*Disposições gerais* (sujeito ativo, pessoa jurídica, autoria e coautoria)	Arts. 1º ao 5º
Capítulo II	*Da aplicação da pena* (tipos de penas, consequências do crime, culpabilidade, circunstâncias atenuantes e agravantes)	Arts. 6º ao 24
Capítulo III	*Da apreensão do produto e do instrumento de infração administrativa ou de crime* (instrumentos e produtos do crime)	Art. 25
Capítulo IV	*Da ação e do processo penal* (todos os crimes da lei são de ação penal pública incondicionada e permitem a aplicação da Lei 9099/95)	Arts. 26 ao 28
Capítulo V	*Dos crimes contra o meio ambiente* (crimes contra a fauna, flora, poluição, ordenamento urbano e patrimônio cultural e administração ambiental)	Arts. 29 ao 69-A
Capítulo VI	*Infração administrativa* (autoridade competente, processo administrativo, sanções)	Arts. 70 ao 76
Capítulo VII	Da cooperação internacional para a preservação do meio ambiente	Arts. 77 ao 78
Capítulo VIII	Disposições finais	Arts. 79 ao 82

2. RESPONSABILIDADE PENAL DAS PESSOAS FÍSICAS NOS CRIMES AMBIENTAIS

O sujeito ativo das infrações penais ambientais pode ser qualquer pessoa, física ou jurídica. Há casos, todavia, que somente poderão ser cometidas por determinadas pessoas (crimes próprios), como, por exemplo, alguns crimes contra a administração ambiental (arts. 66 e 67, da Lei 9.605/98), que se referem expressamente ao funcionário público.

É possível haver **concurso de pessoas** em crimes ambientais, tendo a lei ambiental adotado a teoria monista (ou unitária) sobre concurso de pessoas. Por essa teoria, todos os agentes respondem pelo mesmo crime, na medida de sua

culpabilidade. Assim, todos responderão pelo mesmo crime, mas não sofrerão necessariamente a mesma pena, que é individualizada de acordo com a culpabilidade de cada um dos agentes.

Importante observar que **não vigora, no direito penal, a responsabilidade objetiva**, aplicável na responsabilidade civil por dano ao meio ambiente. Penalmente torna-se imprescindível a comprovação do elemento subjetivo da conduta - dolo ou culpa - do agente.[26]

A lei 9.605/98 (**art. 2º, parte final**) exige **dois requisitos** para que o diretor, o administrador, o membro de conselho e de órgão técnico, o auditor, o gerente, o preposto ou mandatário de pessoa jurídica respondam por crime ambiental. Esses requisitos impedem a chamada responsabilidade penal objetiva dos representantes da pessoa jurídica: a) que a pessoa tenha ciência da existência da conduta criminosa de outrem; b) que a pessoa possa agir para impedir o resultado (omissão penalmente relevante).

Há, portanto, necessidade de se estabelecer a conduta do sujeito para imputação do crime (STJ, HC 86259/MG).

3. RESPONSABILIDADE PENAL DAS PESSOAS JURÍDICAS NOS CRIMES AMBIENTAIS

Segundo o Supremo Tribunal Federal (RE 548181/PR, julgado em agosto de 2013) e o Superior Tribunal de Justiça (Resp 610114/RN) há possibilidade de penalização criminal das pessoas jurídicas por danos ao meio ambiente. Para o STF, é admissível a condenação de pessoa jurídica pela prática de crime ambiental, ainda que absolvidas as pessoas físicas ocupantes de cargo de presidência ou de direção do órgão responsável pela prática criminosa. As decisões dos Tribunais Superiores estão fundamentadas na teoria da realidade, da personalidade real ou orgânica, de Otto Gierke. Essa teoria é oposta à teoria da ficção jurídica de Savigny, ou seja, preconiza que as pessoas jurídicas são entes reais com capacidade e vontade próprias, distintas das pessoas físicas que as compõem.[27] Lembra Luiz Régis Prado que, para essa teoria, "as pessoas jurídicas aparecem, pois, como seres coletivos, dotados de vontade real, que podem exercitar em diversos sentidos; e nada impede, em princípio, que seja ela dirigida a fins proibidos, especialmente pela lei penal." Os principais argumentos da teoria da realidade são[28]:

26. GRANZIERA, 2009. pág. 630.
27. PRADO, 2005. pág. 145.
28. Nesse sentido: MILARÉ, 2009. pág. 983. MACHADO, 2004. pág. 671.

I) As pessoas jurídicas são entes reais com capacidade e vontade próprias. Portanto, não há que se falar em responsabilidade penal objetiva ao puni-la.

II) A pessoa jurídica tem capacidade de culpabilidade e de sanção penal: essas pessoas sofrem de culpabilidade social, também chamada de culpa coletiva (*vide* decisão do STJ: Resp 610114/RN, DJ 19/12/2005).

III) Pessoa jurídica tem capacidade de pena. Não há violação ao princípio da personalidade da pena, pois a responsabilidade penal recai sobre o autor do crime, pessoa jurídica, que efetivamente comete crimes. A responsabilização penal da pessoa jurídica não ofende, portanto, os princípios da personalidade e individualização da pena. Sobre a inadequabilidade de algumas sanções penais às pessoas jurídicas (ex: pena privativa de liberdade), a teoria da realidade rebate argumentando que o ordenamento penal brasileiro prevê outras sanções para as pessoas jurídicas.

IV) Há previsão constitucional da responsabilidade penal da pessoa jurídica: art. 225, §3º, da Constituição. Além disso, o art. 3º, da Lei de Crimes Ambientais também a prevê expressamente.

3.1. Condicionantes para a responsabilização da pessoa jurídica

a) a infração tenha sido cometida em seu interesse ou benefício;

b) seja cometida por decisão de seu representante legal ou contratual, ou de seu órgão colegiado.

4. APLICAÇÃO DA PENA

Para a fixação e a individualização da pena, o **art. 6º** prevê critérios próprios a serem observados pelo juiz:

a) *Gravidade do fato*. Importante observar que, diferentemente do art. 59 do Código Penal (que trata das consequências para a vítima), o inciso I determina que seja analisada a gravidade do fato para o meio ambiente e para a saúde pública.

b) *Antecedentes ambientais do infrator*: o juiz analisará se o réu tem bons ou maus antecedentes ambientais no que se refere ao *cumprimento da legislação ambiental*. A lei 9.605/98 não se refere apenas à prática de crimes ambientais para que se configure os maus antecedentes.

c) *Situação econômica do infrator*, nos casos de pena de multa.

Vale lembrar que os critérios estabelecidos no art. 6º devem ser observados juntamente com as regras previstas nos artigos 59 e 60 do Código Penal (FREITAS, 2006. pág. 291).

Uma vez fixada a pena-base, deve o juiz analisar as circunstâncias *atenuantes e agravantes* dos artigos 14 e 15 da lei de crimes ambientais.

5. PENAS APLICÁVEIS

5.1. Quadro comparativo

Penas aplicáveis às pessoas físicas	Penas aplicáveis às pessoas jurídicas (art. 21)
a) pena privativa de liberdade, b) pena restritiva de direitos c) multa.	a) multa, b) restritivas de direitos c) prestação de serviços à comunidade.

5.2. Pena privativa de liberdade (ilícitos penais praticados pelas pessoas físicas)

a) Crimes → reclusão e detenção

b) Contravenções → prisão simples

5.3. Penas restritivas de direitos

Se a condenação for por crime culposo **ou**, se for por crime doloso, cuja pena aplicada seja **inferior a 4 anos**, as penas restritivas de direitos substituirão as privativas de liberdade **(art. 7º, I).**

Vale frisar que se a condenação for **igual** a 4 anos, não terá o condenado direito à substituição por restritiva de direitos. A lei de crimes ambientais traz regra diversa da prevista no Código Penal (art. 44, I), que prevê a substituição de pena privativa de liberdade por restritiva de direitos quando a condenação é **igual** ou inferior a 4 anos.

As **penas restritivas de direito** são **(art. 8º)**:

I – prestação de serviços à comunidade;

II – interdição temporária de direitos;

III – suspensão parcial ou total de atividades;

IV – prestação pecuniária;

V – recolhimento domiciliar.

Penas restritivas de direitos relacionadas no art. 8º	Verificar
Prestação de serviços à comunidade – inciso I	art. 9º
Interdição temporária de direitos – inciso II	art. 10
Suspensão parcial ou total de atividades – inciso III	art. 11
Prestação pecuniária – inciso IV	art. 12
Recolhimento domiciliar – inciso V	art. 13

5.4. Penas aplicáveis às pessoas jurídicas

Penas aplicáveis às pessoas jurídicas (art. 21)	Verificar
Multa – inciso I	Não ganhou tratamento específico – aplicação do art. 18
Restritivas de direitos – inciso II	art. 22
Prestação de serviços à comunidade – inciso III	art. 23

Penas restritivas de direitos relacionadas no art. 22	Verificar
Suspensão parcial ou total de atividades – inciso I	art. 22, § 1º
Interdição temporária de estabelecimento, obra ou atividade – inciso II	art. 22, § 2º
Proibição de contratar com o Poder Público, bem como dele obter subsídios, subvenções ou doações – inciso III	art. 22, § 3º

As penas **restritivas de direitos da pessoa jurídica** (art. 21, II; art. 22), por óbvio, não são substitutivas da pena de prisão, pois não há pena de prisão para pessoa jurídica. São, portanto, penas principais. Desta forma, as penas restritivas de direito das pessoas jurídicas não têm a mesma duração da pena de prisão, como acontece no caso das penas para as pessoas físicas (vide art. 7º, parágrafo único) pelo simples fato delas não substituírem pena de prisão.

Cabe frisar que a pena de proibição de contratar com o poder público ou receber subsídios, subvenções ou doações (art. 22, III e §3º) tem a duração de até 10 anos, seja o crime doloso ou culposo. A regra é diversa para as pessoas físicas (até 5 anos para crime doloso e 3 anos para crime culposo), de acordo com o art. 10.

6. ATENUANTES E AGRAVANTES

São circunstâncias que **atenuam** a pena **(art. 14)**:

I – baixo grau de instrução ou escolaridade do agente;

II – arrependimento do infrator, manifestado pela espontânea reparação do dano, ou limitação significativa da degradação ambiental causada;

III – comunicação prévia pelo agente do perigo iminente de degradação ambiental;

IV – colaboração com os agentes encarregados da vigilância e do controle ambiental.

São circunstâncias que **agravam** a pena, quando não constituem ou qualificam o crime **(art. 15)**:

I – reincidência nos crimes de natureza ambiental;

II – ter o agente cometido a infração:

a) para obter vantagem pecuniária;

b) coagindo outrem para a execução material da infração;

c) afetando ou expondo a perigo, de maneira grave, a saúde pública ou o meio ambiente;

d) concorrendo para danos à propriedade alheia;

e) atingindo áreas de unidades de conservação ou áreas sujeitas, por ato do Poder Público, a regime especial de uso;

f) atingindo áreas urbanas ou quaisquer assentamentos humanos;

g) em período de defeso à fauna;

h) em domingos ou feriados;

i) à noite;

j) em épocas de seca ou inundações;

l) no interior do espaço territorial especialmente protegido;

m) com o emprego de métodos cruéis para abate ou captura de animais;

n) mediante fraude ou abuso de confiança;

o) mediante abuso do direito de licença, permissão ou autorização ambiental;

p) no interesse de pessoa jurídica mantida, total ou parcialmente, por verbas públicas ou beneficiada por incentivos fiscais;

q) atingindo espécies ameaçadas, listadas em relatórios oficiais das autoridades competentes;

r) facilitada por funcionário público no exercício de suas funções

7. SUSPENSÃO CONDICIONAL DA PENA

Há possibilidade de aplicação da **suspensão condicional da pena** nos casos de pena privativa de liberdade **não superior a três anos** (art. 16).

Observa-se que o requisito objetivo da quantidade de pena tornou-se mais elástico em relação à regra do Código Penal, que prevê o instituto para os casos de pena privativa não superior a dois anos (art. 77, *caput,* CP).

8. PROVA EMPRESTADA

É possível o **aproveitamento das provas** produzidas no inquérito cível ou no juízo cível (art. 19). Permite a lei ambiental que a perícia produzida no inquérito civil instaurado pelo Ministério Público ou na ação civil proposta por outro legitimado seja trasladada no processo penal como prova emprestada, instaurando-se o *contraditório*. Esse contraditório (denominado *diferido* ou *posterior*) não é feito no momento da produção da prova na ação civil, mas apenas no momento em que essa prova é juntada no processo penal.

9. LIQUIDAÇÃO FORÇADA

A pessoa jurídica constituída ou utilizada, preponderantemente, com o fim de permitir, facilitar ou ocultar a prática de crime definido nesta Lei terá decretada sua **liquidação forçada**, seu patrimônio será considerado instrumento do crime e como tal perdido em favor do Fundo Penitenciário Nacional (**art. 24).**

10. APREENSÃO DO PRODUTO

De acordo com a regra geral do artigo 91 do Código Penal, a apreensão dos instrumentos e dos produtos do crime é efeito da condenação. Todavia, no caso de crimes relacionados ao meio ambiente, não se espera a condenação do infrator para a realização da apreensão dos produtos e instrumentos da infração ou crime ambiental, tendo em vista muitas vezes tratar-se de animais ou de produtos perecíveis. Assim, de acordo com o **artigo 25** da Lei de Crimes Ambientais, os produtos e instrumentos serão apreendidos logo que verificada a infração, dando-se a eles destinação estabelecida nos parágrafos 1º a 5º do artigo 25.

11. DA AÇÃO E DO PROCESSO PENAL

Nas infrações penais previstas nesta Lei, a **ação penal é pública incondicionada (art. 26),** de competência exclusiva do Ministério Público.

Cabe observar que, além da aplicação imediata da pena restritiva de direitos (art. 27), o Ministério Público poderá oferecer a denúncia e propor a **suspensão condicional do processo** nos casos de crimes ambientais de menor potencial ofensivo, desde que respeitados os seguintes requisitos (art. 28):

a) A pena mínima cominada seja igual ou inferior a um ano (art. 89, da Lei 9.099/95);

b) O acusado não esteja sendo processado ou não tenha sido condenado por outro crime;

c) O acusado não seja reincidente em crime doloso (art. 77, I, do Decreto-lei 2.848/40);

d) A culpabilidade, os antecedentes, a conduta social e personalidade do agente, bem como os motivos e as circunstâncias, autorizem a concessão do benefício;

e) Não seja indicada ou cabível a substituição prevista no art. 44 do Código Penal.

A declaração de extinção de punibilidade dependerá de laudo de constatação de reparação do dano ambiental (exceto nos casos de impossibilidade de reparação do dano), conforme preconiza o art. 28, I.

12. DOS CRIMES CONTRA O MEIO AMBIENTE

O Capítulo V da Lei 9.605/98 elenca os crimes ambientais. Indicamos a leitura atenta de todos os tipos penais ali relacionados.

12.1. Quadro sinóptico

Crimes contra o Meio Ambiente tratados na Lei 9605/98	crimes contra a fauna (arts. 29 a 37)
	crimes contra a flora (arts. 38 a 53)
	crime de poluição (art. 54)
	atividades mineradoras sem a competente autorização (art. 55)
	a produção, o processamento (e outras práticas) de substâncias tóxicas, perigosas ou nocivas à saúde humana ou ao meio ambiente (art. 56)
Crimes contra o Meio Ambiente tratados na Lei 9605/98	a construção, reforma (e outras práticas) de obras ou serviços potencialmente poluidores sem as devidas licenças ou autorizações dos órgãos ambientais (art. 60)
	a disseminação de doença ou praga ou espécies que possam causar dano à agricultura, à pecuária, à fauna, à flora ou aos ecossistemas (art. 61)
	crimes contra o ordenamento urbano e o patrimônio cultural (arts. 62 a 65)
	crimes contra a administração ambiental (arts. 66 a 69)

12.2. Dos crimes contra a fauna

A Lei 9.605/98, em seus artigos 29 a 37, regulamenta o artigo 225, § 1º, da CF 88 que determina:

> "Para assegurar a efetividade desse direito, incumbe ao Poder Público: (...) VII - proteger a fauna e a flora, vedadas, na forma da lei, as práticas que coloquem em risco sua função ecológica, provoquem a extinção de espécies ou submetam os animais a crueldade."

O Supremo Tribunal Federal já teve a oportunidade de declarar, por exemplo, a inconstitucionalidade de leis estaduais que autorizam as brigas de galo (STF: ADI 2514/SC).

Todas as infrações ambientais contra a fauna encontram-se compiladas (concentradas) na Lei 9.605/98, que revogou tacitamente os demais crimes contra a fauna previstos em outras leis, exceto o crime previsto na Lei 7.643/87 (que proíbe a pesca de cetáceos – ex: baleias e golfinhos - nas águas jurisdicionais brasileiras).

Dentre os crimes contra a fauna destaca-se aquele previsto no artigo 32, que tipifica como crime ambiental com pena de detenção, de três meses a um ano, e multa

"praticar ato de abuso, maus-tratos, ferir ou mutilar animais silvestres, domésticos ou domesticados, nativos ou exóticos".

Ainda segundo os parágrafos 1º e 2º, "incorre nas mesmas penas quem realiza experiência dolorosa ou cruel em animal vivo, ainda que para fins didáticos ou científicos, quando existirem recursos alternativos" e "a pena é aumentada de um sexto a um terço, se ocorre morte do animal".

Nesse exemplo, o objeto material do crime previsto no art. 32 são os animais silvestres, domésticos e domesticados, ou seja, os que vivem normalmente na companhia do homem (v.g., cachorro) ou os que vivem em estado selvagem, mas vêm a adaptar-se à vida em companhia dos seres humanos (v.g., arara). Podem ser nativos ou exóticos, o que significa oriundos do Brasil ou do exterior.[29] As condutas ali descritas são:

a) *Praticar ato de abuso*: usar mal ou inconvenientemente, como exigir trabalho excessivo do animal, ou lançar galo em rinha sabendo que, mesmo vencedor, ele sairá ferido, apenas para satisfazer o desejo dos apostadores.[30]

b) *Maus-tratos*: significa causar dano; ultraje; insulto. Exemplo: manter cachorro permanentemente fechado em local pequeno, sem ventilação e limpeza.[31]

c) *Ferir*: é lesar o animal, como no caso da ação que exagera ao açoitar um burro, causando-lhe ferimentos.

d) *Mutilar*: trata-se de conduta que implica em retirar dolosamente parte do corpo do animal, geralmente um membro.[32]

De acordo com o parágrafo § 1º do artigo 32 incorre nas mesmas penas quem realiza **experiência dolorosa ou cruel em animal vivo (vivissecação)**, ainda que para fins didáticos ou científicos, **quando existirem recursos alternativos**.

A Lei de Crimes Ambientais prevê ainda **hipóteses de exclusão da antijuridicidade.** Há ações que são contrárias ao Direito, mas a própria lei apresenta causa justificativa da conduta que, consequentemente, exclui os crimes. Se matar um animal da fauna silvestre é um crime, o fato de o agente fazê-lo para, por exemplo, proteger seus rebanhos (desde que autorizado pela autoridade competente) exclui o caráter ilícito da conduta. As hipóteses estão prevista no **artigo 37** da Lei 9.605/98:

29. FREITAS, 2006. Pág. 110.
30. Nesse sentido: PRADO, 2005. pág. 249; e FREITAS, 2006. pág. 110.
31. FREITAS, 2006. pág. 110.
32. FREITAS, 2006. pág. 110.

"Não é crime o abate de animal, quando realizado: I – em estado de necessidade, para saciar a fome do agente ou de sua família; II – para proteger lavouras, pomares e rebanhos da ação predatória ou destruidora de animais, desde que legal e expressamente autorizado pela autoridade competente; III – (VETADO); IV – por ser nocivo o animal, desde que assim caracterizado pelo órgão competente."

12.3. Dos crimes contra a flora

O legislador transformou a maioria das contravenções florestais da Lei 4.771/65 (antigo Código Florestal) em crimes, impondo aos infratores reprimendas mais intimidativas.[33] Só permaneciam em vigor as contravenções ambientais florestais das letras *e*, *j*, *l* e *m* do artigo 26 do antigo Código Florestal.[34] Todavia, com o advento da Lei 12.651/2012, que revoga expressamente a Lei 4.771/65 (antigo Código Florestal), foram todas elas revogadas. Desta forma, os crimes ambientais contra a flora estão previstos na Lei 9.605/98 (Lei de Crimes Ambientais).

A Lei de Crimes Ambientais considera crime, por exemplo, "causar dano direto ou indireto às Unidades de Conservação" (art. 40). Lembramos que as Unidades de Conservação da Natureza estão previstas na Lei 9.985/00 (SNUC) analisadas no Capítulo 6 desta.

12.4. Da poluição

A Lei 9.605/98 considera crime ambiental

> "causar poluição de qualquer natureza em níveis tais que resultem ou possam resultar em danos à saúde humana, ou que provoquem a mortandade de animais ou a destruição significativa da flora" **(art. 54).**

Verifica-se claramente o crime de dano e o crime de perigo: causar poluição de qualquer natureza em níveis tais que resultem (crime de dano) ou possam resultar (crime de perigo) em danos à saúde humana, ou que provoquem a mortandade de animais ou a destruição significativa da flora (crime de dano).

12.5. Dos crimes contra a administração ambiental

Estão previstos nos artigos 66 e 67 (**crimes funcionais**): modalidade de crimes próprios, exigindo uma especial condição do sujeito ativo: ser funcionário público. Para FREITAS (2006. pág. 251), o tipo penal do artigo 66

33. MILARÉ, 2007. p. 244.
34. FREITAS, 2006. pág. 133.

> "guarda certa semelhança com os crimes de falsidade ideológica e prevaricação, previstos nos arts. 299 e 319 do Código Penal. Todavia, ele é específico e protege de forma mais conveniente a administração ambiental."[35]

De acordo com o artigo 327 do Código Penal, considera-se **funcionário público**, para os efeitos penais, quem, embora transitoriamente ou sem remuneração, exerce cargo, emprego ou função pública. Equipara-se a funcionário público quem exerce cargo, emprego ou função em entidade paraestatal, e quem trabalha para empresa prestadora de serviço contratada ou conveniada para a execução de atividade típica da Administração Pública.

13. PRINCÍPIO DA ESPECIALIDADE

As regras da lei 9.605/98 são específicas e prevalecem sobre as regras gerais do Código Penal e do Código de Processo Penal, por força do princípio da especialidade (norma especial prevalece sobre norma geral). Todavia, em caso de omissão da lei penal ambiental, aplicar-se-ão, subsidiariamente, as disposições do Código Penal e do Código de Processo Penal e da Lei 9.099/95.

35. FREITAS, 2006. pág. 251.

Referências

ANTUNES, Paulo de Bessa. **Direito Ambiental**. 3ª ed. Rio de Janeiro: Lúmen Júris, 1999.

AYALA, Patryck de Araújo. **A exploração de atividade econômica em espaços submetidos a regimes de apropriação diferenciados**. *In:* CANOTILHO, José Joaquim Gomes; LEITE, José Rubens. Direito constitucional ambiental brasileiro. São Paulo: Saraiva, 2007.

BITENCOURT, Cezar Roberto. **Tratado de direito penal**. 8ª ed. São Paulo: Saraiva. 2003.

BONAVIDES, Paulo. **Curso de Direito Constitucional**. São Paulo: Malheiros, 2008.

BRAGA, Edson Tavares. **Poluidor-pagador, uma necessidade ambiental**. <www.advogados.adv.br/artigos >

DERANI, Cristiane. **Direito Ambiental Econômico**. São Paulo: Saraiva. 2008.

FERREIRA, Heline Sivini. **Política Ambiental Constitucional.** *In*: CANOTILHO, José Joaquim Gomes; LEITE, José Rubens. **Direito constitucional ambiental brasileiro**. São Paulo: Saraiva, 2007. p. 240.

FIORILLO, Celso Antonio Pacheco. **Curso de Direito Ambiental Brasileiro**. São Paulo: Saraiva, 7ª edição, 2006.

FIORILLO, Celso Antonio Pacheco. **Curso de Direito Ambiental Brasileiro**. São Paulo: Saraiva, 8ª edição, 2007.

FREITAS, Vladimir Passos de; FREITAS, Gilberto Passos de. **Crimes contra a natureza.** São Paulo: Revista dos Tribunais, 2006.

GALVÃO, Fernando. **Responsabilidade penal da pessoa jurídica.** Belo Horizonte: Del Rey. 2003.

GARCIA, Leonardo de Medeiros; THOMÉ, Romeu. **Direito Ambiental.** 2ª ed. Salvador: Juspodivm, 2010.

GOMES, Luiz Flávio. **Crime ambiental e responsabilidade penal de pessoa jurídica de direito público.** Jus Navigandi, Teresina, ano 12, n. 1746, 12 abr. 2008. Disponível em: doutrina 19 jan. 2009.

GRANZIERA, Maria Luíza Machado. **Direito Ambiental**. São Paulo: Atlas, 2009.

GRAU, Eros Roberto. **Princípios Fundamentais de Direito Ambiental**. Revista de Direito Ambiental, Ed. Revista dos Tribunais, nº 02.

LENZA, Pedro. **Direito constitucional esquematizado**. São Paulo: Saraiva, 2008.

MACHADO, Paulo Affonso Leme. **Direito Ambiental Brasileiro**. 12ª ed. São Paulo: Malheiros, 2004.

MACHADO, Paulo Affonso Leme. Inovações na legislação brasileira: a proteção das florestas. In: **Veredas do Direito**, Belo Horizonte, v.10, n.19, p.11-21. Janeiro/Junho de 2013, p. 14.

MILARÉ, Édis. **Direito do Ambiente**. 4ª. São Paulo: Editora Revista dos Tribunais, 2006.

MILARÉ, Édis. **Direito do Ambiente**. 5ª ed. São Paulo: Editora Revista dos Tribunais, 2007.

PRADO, Luiz Regis. **Direito Penal do Ambiente**. São Paulo: Editora Revista dos Tribunais, 2005.

ROSENVALD, Nelson; FARIAS, Cristiano Chaves de. **Direitos Reais**. Rio de Janeiro: Ed. Lumen Juris. 2006.

SAMPAIO, José Adércio Leite. **Princípios de Direito Ambiental**. Belo Horizonte: Del Rey, 2003.

SILVA, José Afonso da. **Direito Ambiental Constitucional**. São Paulo: Editora Malheiros, 2003.

THOMÉ, Romeu. **Instrumentos "econômicos" públicos e privados de preservação ambiental.** In: Revista Brasileira de Direito Ambiental. Vol. 10. p. 45 a 62. São Paulo: Editora Fiúza. 2007.

THOMÉ, Romeu. **Manual de Direito Ambiental**. Salvador: Juspodivm. 5ª ed, 2015.

VARELLA, Marcelo Dias; LEUZINGER, Márcia Dieguez. **O meio ambiente na Constituição de 1988. Sobrevôo por alguns temas vinte anos depois**. Brasília: Revista de Informação Legislativa, 2008.

ECA

Guilherme Freire de Melo Barros

Lições preliminares

1. INTRODUÇÃO

O estudo sobre qualquer tema jurídico deve ter início pela observação de seu regramento a partir da Constituição da República. Em relação ao direito da criança e do adolescente, não é diferente. O artigo 227 da nossa Lei Maior estabelece como *"dever da família, da sociedade e do Estado assegurar à criança, ao adolescente e ao jovem, com absoluta prioridade, o direito à vida, à saúde, à alimentação, à educação, ao lazer, à profissionalização, à cultura, à dignidade, ao respeito, à liberdade e à convivência familiar e comunitária, além de colocá-los a salvo de toda forma de negligência, discriminação, exploração, violência, crueldade e opressão"*.

A expressão-chave da previsão constitucional é a **absoluta prioridade** que deve ser dada à criança e ao adolescente – e também ao jovem. Forte nesse princípio, foi promulgada a Lei nº 8.069/90, que tutela a criança e o adolescente de forma ampla e plena. O Estatuto substituiu o antigo Código de Menores, Lei nº 6.698/79, cuja incidência era voltada precipuamente ao *menor em situação de irregular*. Bem ao contrário, com visão mais humana, o Estatuto da Criança e do Adolescente se ampara sobre o **pilar da proteção integral** dos nossos jovens.

2. PROTEÇÃO INTEGRAL E ABSOLUTA PRIORIDADE

O Estatuto da Criança e do Adolescente é formado por um conjunto de princípios e regras que regem diversos aspectos da vida, desde o nascimento até a maioridade. Toda sua sistemática se ampara no princípio da proteção integral (art. 1º).

A Lei tem o objetivo de tutelar a criança e o adolescente de forma ampla, não se limitando apenas a tratar de medidas repressivas contra seus atos infracionais. Pelo contrário, o Estatuto dispõe sobre direitos dos jovens, formas de auxiliar sua família, tipificação crimes praticados contra o menor, infrações administrativas, tutela coletiva etc. Enfim, por **proteção integral** deve-se compreender o conjunto amplo de **mecanismos jurídicos voltados à tutela da criança e do adolescente**.

Por isso, o Estatuto deve ser interpretado e aplicado com os olhos voltados para os **fins sociais** a que se dirige, com observância de que crianças e adolescente são **pessoas em desenvolvimento**, a quem deve ser dado tratamento especial (art. 6º).

A doutrina da proteção integral guarda ligação com o princípio do melhor interesse do menor. Esse postulado traduz a ideia de que, na análise do caso concreto, os aplicadores do direito – advogado, defensor público, promotor de justiça e juiz – devem buscar a solução que proporcione o maior benefício possível para a criança ou adolescente. No estudo da colocação em família substituta, o princípio do melhor interesse se faz presente de forma marcante.

Proteção integral	➡	conjunto de mecanismos jurídicos voltados à tutela da criança e do adolescente

O caput do art. 4º é cópia da primeira parte do art. 227, da Constituição da República, em sua redação original, antes das alterações implementadas pela EC nº 65/2010. Tanto lá, como aqui, são enumerados alguns dos direitos que cabem a crianças e adolescentes. A expressão-chave desse dispositivo é a **absoluta prioridade**. Trata-se de dever que recai sobre a família e o Poder Público de **priorizar o atendimento dos direitos de crianças e adolescentes**.

Inclusive, o parágrafo único do artigo 4º destrincha o conceito de prioridade no âmbito do Estatuto. De acordo com esse dispositivo, a garantia de prioridade compreende (i) primazia de receber socorro; (ii) precedência de atendimento nos serviços públicos ou de relevância pública; (iii) preferência na formulação e execução de políticas públicas; e (iv) destinação privilegiada de recursos públicos.

Constituição da República	+	Estatuto da Criança e do Adolescente	=	**Absoluta prioridade e proteção integral**

3. CRIANÇAS E ADOLESCENTES SÃO SUJEITOS DE DIREITO

A proteção de direitos infanto-juvenis é uma marca importante do Estatuto, cujo artigo 3º indica que crianças e adolescentes gozam de todos os direitos fundamentais inerentes à pessoa humana. Esse dispositivo reflete o amadurecimento do sistema jurídico em relação a crianças e adolescentes. Se à luz do ordenamento anterior havia a percepção de que elas eram objeto de tutela, agora desponta o tratamento jurídico de sujeitos de direito. A Lei n. 13.257/2016 reafirma essa diretriz ao estabelecer, no parágrafo único do artigo 3º, que os direitos previstos no Estatuto são aplicáveis a crianças e adolescentes independentemente de discriminação de qualquer natureza – nascimento, situação familiar, idade, sexo etc.

O artigo 5º do Estatuto estabelece que: "Nenhuma criança ou adolescente será objeto de qualquer forma de negligência, discriminação, exploração, violência, crueldade e opressão, punido na forma da lei qualquer atentado, por ação ou omissão, aos seus direitos fundamentais".

O dispositivo guarda relação com a parte final do art. 227 da Constituição da República. Tais comportamentos proibidos não se referem apenas aos pais, mas a quaisquer pessoas que tenham contato com a criança ou o adolescente. A conduta negligente, por exemplo, pode ser praticada por um guardião ou alguém que tenha a criança ou adolescente sob seus cuidados em determinada situação. A discriminação pode ter por alvo motivos de cor, religião, origem etc. O artigo 5º busca enumerar de forma ampla qualquer conduta que possa violar os direitos da criança e do adolescente, sendo certo que o Estatuto prevê sanções de natureza civil (ex: suspensão e perda do poder familiar), penal e administrativa – o Título VII, do Livro II dispõe sobre crimes e infrações administrativas relacionadas a crianças e adolescentes.

Além disso, de forma a conscientizar a sociedade acerca dos direitos infanto-juvenis, o Estatuto estabelece o dever de o Poder Público promover periodicamente a divulgação desses direitos nos meios de comunicação social, inclusive em linguagem acessível a crianças com idade inferior a 6 anos (art. 265-A).

O Código de Menores tratava crianças e adolescentes como objeto de proteção. A doutrina moderna dá outra conotação para a questão e passa a se referir à criança e ao adolescente como sujeitos de direito. O objetivo é realmente deixar claro que há direitos a respeitar e que toda a sociedade – pais, responsáveis e Poder Público – deve zelar por eles.

Código de Menores X Estatuto da Criança e do Adolescente	
Tutelava apenas o menor em situação irregular	Dá ampla proteção à criança e ao adolescente
O menor era visto como objeto de tutela	Criança e adolescente são sujeitos de direitos

4. CONCEITO DE CRIANÇA E DE ADOLESCENTE

O Estatuto estabelece no art. 2º uma importante divisão conceitual, com implicações práticas relevantes. Considera-se **criança** a pessoa com **até 12 (doze) anos *incompletos***, ou seja, aquele que ainda não completou seus doze anos. Por sua vez, **adolescente** é aquele que conta **12 (doze) anos completos e 18 anos *incompletos***. Ao completar 18 anos, a pessoa deixa de ser considerada adolescente e alcança a maioridade civil (art. 5º do Código Civil). O critério adotado pelo legislador é puramente cronológico, sem adentrar em distinções biológicas ou psicológicas acerca do atingimento da puberdade ou do amadurecimento da pessoa.

A distinção entre criança e adolescente tem importância, por exemplo, no que tange às medidas aplicáveis à prática de ato infracional. À criança somente pode ser aplicada medida de proteção (art. 105), e não medida socioeducativa – estas aplicáveis aos adolescentes.

Idade	*Nomen Iuris*
De 0 a 12 anos incompletos	Criança
De 12 completos e 18 anos incompletos	Adolescente
A partir de 18 anos completos	Maior

Além da ampla proteção concedida pelo Estatuto a crianças e adolescentes, a Lei n. 13.257/2016 dá ênfase especial às políticas públicas da primeira infância, que é o período dos primeiros 6 anos de vida.

5. APLICAÇÃO DO ESTATUTO A QUEM JÁ COMPLETOU A MAIORIDADE

Dispõe o parágrafo único do art. 2º que o Estatuto é aplicável **excepcionalmente** às pessoas entre 18 e 21 anos de idade. Isso verifica tanto no campo infracional, quanto na área cível.

Na apuração de **ato infracional**, por exemplo, ainda que o adolescente tenha alcançado a maioridade, o processo judicial se desenvolve no âmbito da Justiça da Infância e Juventude. Vale dizer, aquele que já completou 18 anos ainda está sujeito à imposição de medidas socioeducativas e de proteção. A aplicação do Estatuto somente cessa quando o jovem completa 21 anos (art. 121, § 5º). No âmbito cível, verifica-se que a **adoção** pode ser pleiteada no âmbito da Justiça da Infância e Juventude, mesmo que o adotando já tenha completado 18 anos, nos casos em que já se encontre sob a guarda ou a tutela dos adotantes (art. 40).

Portanto, deve ficar claro que o Estatuto fixa os conceitos de criança e adolescente e tem por objetivo tutelá-los, mas é possível sua aplicação em situações na quais o adolescente já tenha atingido a maioridade civil.

6. INTERPRETAÇÃO DO ESTATUTO

O artigo 6º estabelece que: *"Na interpretação desta Lei levar-se-ão em conta os fins sociais a que ela se dirige, as exigências do bem comum, os direitos e deveres individuais e coletivos, e a condição peculiar da criança e do adolescente como pessoas em desenvolvimento."* A previsão de que a interpretação do Estatuto deve levar em conta os fins sociais está em perfeita harmonia com o artigo 5º da Lei de Introdução ao Código Civil. De fato, o aplicador do direito deve sempre se pautar pelo objetivo maior de tutela da norma jurídica. No caso do Estatuto da Criança e do Adolescente, por óbvio, quer-se tutelar dos direitos infanto-juvenis, de modo que o juiz, o promotor de justiça, o defensor público, o advogado etc., enfim, todos devem extrair da norma o maior conteúdo protetivo possível para a criança e o adolescente. A parte final do dispositivo traz uma expressão-chave que é a de que a criança ou o adolescente é **pessoa em desenvolvimento**, o que significa dizer que a aplicação de seu conteúdo deve ser diferente daquela ordinária prevista para adultos. É que a infância e a adolescência são os períodos de maiores transformações do ser humano, é o momento em que se forma seu caráter, se dá a educação básica, a alfabetização; é o período em que a saúde é mais frágil (notadamente a criança). É dizer, esse período inicial da vida é o que permitirá a formação de um adulto saudável, educado e ético, a permitir a estruturação de uma sociedade mais justa e humana.

Em suma, a diretriz a ser seguida na interpretação do Estatuto deve levar em conta os fins sociais ligados à proteção integral de crianças e adolescente, que são seres humanos com características especiais, são pessoas em desenvolvimento.

7. COMPETÊNCIA LEGISLATIVA

Em relação à proteção à infância e juventude, a **competência legislativa é concorrente** e recai sobre a União, os Estados e o Distrito Federal, conforme determina o art. 24, inciso XV, da Constituição da República.

Direitos fundamentais

1. DIGNIDADE DA PESSOA HUMANA

A Constituição da República estabelece como um dos dogmas de nossa sociedade a **dignidade da pessoa humana** (art. 1º, inc. III). Trata-se de um norte, um objetivo a ser perseguido por toda a sociedade. Cada cidadão deve ter respeitada a sua dignidade, ou seja, seus direitos devem ser observados e atendidos pelos demais membros da sociedade e pelo Poder Público. Com a criança e o adolescente, a questão é ainda mais sensível. Sua especial condição de **pessoa em desenvolvimento** indica a necessidade de maior atenção para a tutela de seus direitos fundamentais, a fim de se alcançar a dignidade da pessoa humana de forma mais plena possível. Bem por isso, a Constituição da República determina que seus direitos sejam atendidos com **prioridade absoluta** (art. 227).

O Estatuto da Criança e do Adolescente, com base forte nessa diretriz e na doutrina da proteção integral, elenca de forma minuciosa os direitos fundamentais entre os artigos 7º e 69.

Dignidade da pessoa humana	– Condição especial de pessoa em desenvolvimento – Proteção integral – Atendimento com prioridade absoluta	ECA: previsão de direitos fundamentais (arts. 7º a 69)

O rol dos direitos fundamentais da criança e do adolescente no Estatuto vai desde os direitos à vida e à saúde, até a disciplina do direito à convivência familiar, seja na família natural ou em família substituta (guarda, tutela e adoção). Conforme será estudado ao longo desta obra, os direitos fundamentais contidos no Estatuto são, em sua maioria, de caráter prestacional, ou seja, contêm deveres de fazer ou de dar impostos ao Poder Público e aos pais e responsáveis. São tipicamente direitos de segunda geração, cuja tutela é oponível a quem quer que não os respeite.

Confira-se o quadro esquemático de direitos fundamentais previstos no Estatuto:

Direitos Fundamentais no ECA	Direito à vida e à saúde	(arts. 7º a 14)
	Direito à liberdade, ao respeito e à dignidade	(arts. 15 a 18)
	Direito à convivência familiar e comunitária	(arts. 19 a 52-D)
	Direito à educação, à cultura, ao esporte e ao lazer	(arts. 53 a 59)
	Direito à profissionalização e à proteção no trabalho	(arts. 60 a 69)

2. DIREITO À VIDA E À SAÚDE

Não há a menor dúvida em afirmar que o direito à vida é o de maior valor para toda a estruturação do ordenamento jurídico. Não é possível se falar em qualquer outro tipo de tutela de direitos ou em princípios e regras ou em sistema jurídico, sem que haja vida humana. Assim, o direito à vida somente poderia estar mesmo elencado como o primeiro do rol dos direitos fundamentais do Estatuto (art. 7º), o que está em consonância com a previsão constitucional de inviolabilidade do direito à vida na Constituição (art. 5º e art. 227, este relacionado à criança, ao adolescente e ao jovem).

Ao lado do direito à vida, desponta o direito à saúde, que é justamente a qualificação daquele primeiro direito. É dizer, não basta garantir o direito à vida, mas sim o direito à vida com saúde. Nesse contexto, o artigo 7º prevê a necessidade de "efetivação de políticas sociais públicas que permitam o nascimento e desenvolvimento sadio e harmonioso, em condições dignas de existência".

O meio para garantir o direito à vida e à saúde daquele que ainda vem ao mundo perpassa, necessariamente, por cuidados com a gestante, que é o veículo da vida. Por isso, o capítulo do Estatuto que trata do direito à vida e à saúde de crianças e adolescentes traz previsões relativas à gestante e ao seu atendimento hospitalar.

O artigo 8º garante o acesso aos programas e às políticas de saúde da mulher e de planejamento reprodutivo. Além disso, a gestante tem o direito a uma nutrição adequada e atenção humanizada à sua gravidez, ao parto de forma a englobar o atendimento pré-natal, e perinatal e pós-natal à gestante, através do Sistema Único de Saúde (CR, art. 198), bem como o apoio à amamentação (art. 8º, § 3º).

Uma gestação adequada previne doenças e permite o desenvolvimento sadio do feto, de maneira que o recém-nascido terá condições de vida melhores.

O Estatuto prevê garantias para que a gestante tenha uma gestação saudável e um parto que respeite a dignidade desse momento especial e importante no ciclo da vida. O § 4º ado artigo 8º prevê o dever de prestar assistência psicológica durante a gestação e após o parto, com os olhos voltados à prevenção do estado puerperal. O objetivo, logicamente, é preservar a vida e a saúde do recém-nascido.

Após dispor sobre aspectos pertinentes ao nascimento com vida e dar atenção especial à gestação e ao parto, o Estatuto impõe ao Poder Público e aos empregadores da iniciativa privada o dever de proporcionar condições adequadas para o aleitamento materno: "Art. 9º O poder público, as instituições e os empregadores propiciarão condições adequadas ao aleitamento materno, inclusive aos filhos de mães submetidas a medida privativa de liberdade". É dever dos profissionais das unidades primárias de saúde desenvolver ações para promoção e apoio ao aleitamento materno e à alimentação saudável (§ 1º). Por fim, os serviços de unidade de terapia intensiva neonatal devem dispor de banco de leite ou unidade de coleta (§ 2º).

3. IDENTIFICAÇÃO ADEQUADA

Através do artigo 10, busca-se garantir a **adequada identificação** dos recém-nascidos e de suas genitoras, a fim de evitar a troca de identidades. Inclusive, os artigos 228 e 229 do Estatuto preveem como **delito** as condutas omissivas daqueles **deixam de cumprir** esse dispositivo. Os **prontuários** das atividades desenvolvidas devem ser **individuais**, bem como **mantidos pelo prazo de 18 anos** (art. 10, I).

Dentre os documentos referentes à identificação do recém-nascido, destaca-se a declaração de nascido vivo, *DNV* (art. 10, inc. IV), pois possibilita à genitora registrar o recém-nascido no registro civil de pessoas naturais. Além disso, é documento de que sempre se vale o Judiciário no procedimento de regularização de registro civil (art. 102).

4. MAUS-TRATOS, CASTIGO FÍSICO E TRATAMENTO CRUEL OU DEGRADANTE – COMUNICAÇÃO AO CONSELHO TUTELAR

As diversas formas de violência mais comumente surgem no âmbito familiar, praticados lamentavelmente por aqueles que exercem o poder familiar – pai, mãe, padrasto e madrasta. Podem ocorrer também em locais frequentados pela criança ou adolescente, como creche, escola, projeto beneficente, paróquia religiosa, local de trabalho etc. Qualquer que seja o local ou o agressor, é necessária a comunicação ao **Conselho Tutelar** para **adoção de providências** (art. 13). Inclusive, o Estatuto define como infração administrativa a não comunicação de suspeita ou confirmação de maus-tratos, violência física e tratamento cruel ou degradante contra criança ou adolescente por parte de médico, professor ou responsável por estabelecimento de atenção à saúde e de ensino (art. 245).

5. PREOCUPAÇÃO COM ENTREGA DA CRIANÇA À ADOÇÃO

É comum verificarmos casos de mães que, já durante o período de gestação, estão dispostas a entregar seus filhos à adoção. A diretriz principiológica do Estatuto é a da preservação da família natural. Dentro desse contexto, o parágrafo 5º do artigo 8º estabeleceu a necessidade do **acompanhamento psicológico** à mãe que externa seu desejo de entregar seu filho à adoção.

De igual modo, o parágrafo 1º do artigo 13 estabelece que a mulher que demonstrar interesse em entregar seu filho para adoção deve ser encaminhada à Justiça da Infância e da Juventude, sem constrangimento, para que seja devidamente orientada e auxiliada. O objetivo é buscar a preservação da família natural. O não encaminhamento da mulher à autoridade judiciária pelo médico, enfermeiro ou dirigente de estabelecimento de saúde caracteriza infração administrativa, prevista no art. 258-B.

6. DIREITO À LIBERDADE, AO RESPEITO E À DIGNIDADE

O segundo rol de direitos fundamentais contém previsões acerca da liberdade, do respeito e da dignidade, e estão previstos nos artigos 15 a 18 do Estatuto da Criança e do Adolescente. Há nítida relação entre o rol do Estatuto e as garantias fundamentais previstas na Constituição da República (art. 1º, inc. III, art. 5º, *caput*). Os artigos 16, 17 e 18 abordam separadamente cada um dos direitos enumerados no art. 15. Liberdade, respeito e dignidade da pessoa humana são valores sociais que permeiam todo o sistema jurídico, da Constituição a atos normativos de menor hierarquia.

O direito de liberdade é a faculdade de agir como melhor lhe aprouver, exceto pelas restrições referentes aos direitos dos demais membros da sociedade. A Constituição da República é clara a esse respeito, pois estabelece que *"ninguém será obrigado a fazer ou deixar de fazer alguma coisa senão em virtude de lei"* (art. 5º, inc. II).

O artigo 16, em **rol exemplificativo**, destrincha o conteúdo do direito à liberdade, que compreende os seguintes direitos:

Direito de liberdade	– direito de ir, vir e estar nos logradouros públicos e espaços comunitários, ressalvadas as restrições legais;
	– direito de opinião e expressão;
	– direito de crença e culto religioso;
	– direito de brincar, praticar esportes e divertir-se;
	– direito de participar da vida familiar e comunitária, sem discriminação;
	– direito de participar da vida política, na forma da lei;
	– direito de buscar refúgio, auxílio e orientação.

As previsões acerca do direito de liberdade não se esgotam no artigo 16 do Estatuto, pois há diversos outros dispositivos que tutelam e restringem aspectos referentes à liberdade, como o ingresso e permanência em shows e casas de espetáculo (arts. 74 a 76), a autorização para viajar (arts. 83 a 85) e, com maior destaque, a privação de liberdade em caso de prática de ato infracional (art. 106).

Por sua vez, o artigo 17 procura materializar o conteúdo do que vem a ser o **direito ao respeito**. Segundo o referido dispositivo, estão incluídas a garantia da integridade física, psíquica e moral, preservação da imagem, identidade etc. Diante desse rol, percebe-se que o direito ao respeito de que trata o Estatuto guarda relação com os direitos da personalidade. Quanto ao direito de imagem, a disciplina do Estatuto é bastante ampla, há dispositivos que tipificam como crime e infração administrativa condutas que violam esse direito infanto-juvenil, além de previsões acerca de aparições em shows, filmes, desfiles e eventos festivos.

Por fim, o artigo 18 toca à **dignidade da pessoa humana**. Mais do que um princípio – que pode ser objeto de ponderação e de redução ou ampliação de sua aplicação em confronto com outro princípio –, a dignidade da pessoa humana é um **postulado normativo** que deve ser respeitado em qualquer situação, um **valor** que deve ser **perseguido por toda a sociedade**, base de construção de uma sociedade mais justa e solidária. Por sua importância no ordenamento jurídico e na vida em sociedade, está mais uma vez expresso no Estatuto, que lhe buscou traçar o conteúdo ao dispor que se deve pôr a criança e o adolescente a salvo de tratamento desumano, violento, aterrorizante, vexatório ou constrangedor. Trata-se de dever imposto a todos os membros da sociedade e ao Poder Público. Crianças e adolescentes, por gozarem de proteção absoluta, hão de ser protegidos contra atos que violem seus direitos da personalidade e sua dignidade. A imposição desse dever a todos não advém somente do art. 18 do Estatuto, mas da própria Constituição da República, cujo art. 227 estabelece tal imposição.

7. DIREITO À EDUCAÇÃO SEM CASTIGO FÍSICO, TRATAMENTO CRUEL OU DEGRADANTE

O artigo 18-A estabelece que criança e o adolescente têm o direito de ser educados e cuidados sem o uso de castigo físico ou de tratamento cruel ou degradante, como formas de correção, disciplina, educação ou qualquer outro pretexto, pelos pais, pelos integrantes da família ampliada, pelos responsáveis, pelos agentes públicos executores de medidas socioeducativas ou por qualquer pessoa encarregada de cuidar deles, tratá-los, educá-los ou protegê-los.

O parágrafo único do artigo 18-A traz o conteúdo do que se deve entender por castigo físico e tratamento cruel ou degradante:

a) Castigo físico: ação de natureza disciplinar ou punitiva aplicada com o uso da força física sobre a criança ou o adolescente que resulte em sofrimento físico ou lesão

b) Tratamento cruel ou degradante: conduta ou forma cruel de tratamento em relação à criança ou ao adolescente que humilhe, ameace gravemente ou ridicularize.

Para evitar tais formas de violência, o artigo 18-B possibilita a aplicação das seguintes medidas pelo Conselho Tutelar: (i) encaminhamento a programa oficial ou comunitário de proteção à família; (ii) encaminhamento a tratamento psicológico ou psiquiátrico; (iii) encaminhamento a cursos ou programas de orientação; (iv) obrigação de encaminhar a criança a tratamento especializado; (v) advertência.

Além dessas providências tomadas pelo Conselho Tutelar, o castigo físico e o tratamento cruel ou degradante podem dar ensejo a outras providências com o agente responsável. No caso dos pais, por exemplo, a violência pode levar à perda do poder familiar no âmbito civil ou caracterizar crime no âmbito penal.

CAPÍTULO III

Direito à convivência familiar

1. INTRODUÇÃO

Dentro dos direitos fundamentais da criança e do adolescente, o que recebe tratamento mais minucioso é o do direito à convivência familiar e comunitária, disciplinado nos artigos 19 a 52-D. Esse tema abrange direitos e deveres relacionados à família natural e à família substituta, em suas três modalidades – guarda, tutela e adoção.

Em razão da extensão da matéria, o assunto foi divido em diferentes capítulos para se tratar primeiro da convivência familiar e da família natural, para depois tratarmos das formas de colocação em família substituta.

2. CONVIVÊNCIA FAMILIAR

A criança e o adolescente têm direito a ser criado por uma família, pois esta é o pilar de construção de todas as sociedades de que temos notícia na História humana. É através da família que o indivíduo nasce, cresce e se desenvolve, é a família que lhe presta assistência, que preserva a estrutura social que temos hoje. O direito à família é, pois, um direito natural, inato à própria existência humana.

Nesse contexto, o Estatuto estabelece, em seu artigo 19, que é *"direito da criança e do adolescente ser criado e educado no seio de sua família e, excepcionalmente, em família substituta, assegurada a convivência familiar e comunitária, em ambiente que garanta seu desenvolvimento integral"*. A diretriz do Estatuto é a de que se deve dar sempre preferência à família natural, ou seja, a criança ou adolescente deve ser criada por aqueles com quem tem laços de sangue. Entretanto, se essa convivência for perniciosa, prejudicial a ela, é possível sua colocação em família substituta, através de guarda, tutela ou adoção. O **critério** fundamental para verificação dessa questão é o do **melhor interesse da criança ou do adolescente,** ou seja, deve-se analisar no caso concreto qual família, a natural ou a substituta, tem condições de proporcionar um ambiente mais adequado para o desenvolvimento sadio e completo da criança ou adolescente. A **prioridade** legal é da **família natural**, pois a criança tem oportunidade de conviver com seus genitores, irmãos e avós. Por isso, **antes** de se optar por uma **família substituta**, é preciso **esgotar as possibilidades** de manutenção da criança em sua família natural. Daí se falar na prática forense na necessidade de ***trabalhar a família***, através de apoio psicológico, médico e profissional aos familiares naturais da criança ou do adolescente.

Por exemplo, a criança pode estar em ambiente familiar adequado, com boa convivência entre genitores, irmãos e avós, mas pontualmente um membro da família está começando a apresentar problemas de drogas ou álcool. Ao invés da solução drástica de colocação em família substituta, deve-se buscar o apoio àquele familiar. Nesse contexto, o artigo 130 do Estatuto prevê a possibilidade de afastamento cautelar do pai ou responsável por maus-tratos, opressão ou abuso sexual da moradia comum, com a preservação da convivência entre a criança e os demais membros da família. Assim, preserva-se o **vínculo natural** e a harmonia de familiar. Isso é concretizar o princípio vetor do Estatuto, que é o da **proteção integral**.

O Estatuto da Criança e do Adolescente – especialmente no instituto da adoção – reiteradamente demonstra sua preferência pela manutenção da criança ou do adolescente em sua família natural.

Direito à convivência familiar	
Preferência	Família natural
Exceção	Família substituta
Programa de acolhimento	Excepcional e pelo mínimo tempo necessário

A prioridade da família natural não cessa nem nas hipóteses em que os pais estejam privados de sua liberdade em razão de crime. Para explicitar tal questão, o § 4º do artigo 19 destaca que a criança ou o adolescente cujo genitor esteja privado de liberdade tem o direito de visitá-lo, independentemente de autorização judicial.

3. PERMANÊNCIA FORA DO CONVÍVIO FAMILIAR – LIMITES

Os parágrafos 1º e 2º do artigo 19 tratam da permanência da criança e do adolescente fora do convívio de sua família, em programa de acolhimento ou institucional. O objetivo dessa nova normativa é não prolongar indefinidamente o afastamento do menor de sua família.

A situação da criança ou adolescente **afastada do convívio familiar** deve ser **reavaliada**, no **máximo**, a cada **três meses** (§ 1º), sendo de **dezoito meses** o **prazo limite** para permanência de criança ou adolescente em programa de acolhimento – somente dilatável em caráter excepcional, no interesse exclusivo do menor (§ 2º).

Programa de acolhimento
– reavaliação a cada 3 meses, no máximo;
– prazo limite de 18 meses, dilatável excepcionalmente no interesse da criança ou adolescente.

4. ENTREGA DO FILHO PARA ADOÇÃO

O artigo 19-A foi introduzido para aprimorar a disciplina acerca da entrega do filho a adoção. O ponto de partida é a oitiva da gestante/mãe pela equipe interprofissional para traçar um diagnóstico sobre o caso. Essa análise, conforme prescreve a parte final do § 1º, deve levar em conta os efeitos decorrentes do estado gestacional e do estado puerperal. É dizer, a gestante/mãe pode estar em momento de fragilidade, abalada emocionalmente. A rejeição à criança pode decorrer de uma gestação difícil ou não programada ou de um parto longo e doloroso.

Conforme prevê o § 2º, o juízo recebe o relatório da equipe interprofissional e pode encaminhar a gestante/mãe à rede pública de saúde e assistência social. O atendimento de saúde é voluntário, não compulsório, ou seja, a gestante/mãe não é obrigada a se submeter ao atendimento especializado.

Sendo efetivamente o desejo da gestante ou mãe a entrega para adoção, segue-se o quanto previsto nos parágrafos 3º a 9º. A procura por família substituta começa pela família extensa. No prazo de até 180 dias (90 dias prorrogáveis por igual período), parentes próximos devem ser procurados para verificar a viabilidade de assumir a guarda da criança (§ 3º).

Segundo prevê o § 4º, se não houver indicação de genitor e nem de membros da família extensa, o juízo decreta a extinção do poder familiar e encaminha para guarda provisória de quem estiver na lista de habilitados à adoção; alternativamente, encaminha-se a entidade de acolhimento institucional ou familiar.

O dispositivo é de constitucionalidade duvidosa na parte que permite a decretação imediata de extinção do poder familiar. No afã de agilizar processos de adoção, a Lei n. 13.509/2017 estabelece a extinção do poder familiar sem a propositura de uma ação judicial por ente legitimado, como o Ministério Público ou o adotante, tampouco prevê contraditório, pois a prolação de decisão parte de atividade iniciada no próprio judiciário – o que parece violar também a inércia da Jurisdição.

Além disso, o § 4º é inconsistente com outros dispositivos do próprio artigo 19-A, como o § 5º, que prevê a necessidade de colher o consentimento dos genitores em audiência, na forma do artigo 166, § 1º. Além disso, em caso de não comparecimento do genitor ou de membro da família extensa à audiência, o juízo suspende o poder familiar da mãe para colocar a criança sob guarda provisória (§ 6º). De igual modo, o § 8º também prevê a possibilidade de desistência quanto à entrega da criança para adoção. De duas uma:

- se o poder familiar já foi extinto (§ 4º), não faz sentido colher consentimento posterior em audiência, tampouco suspender o poder familiar por falta em audiência (§ 6º);
- se há necessidade de colher consentimento em audiência, é por que o poder familiar ainda existe.

Como se vê, a previsão de extinção do poder familiar no § 4º não dialoga com o sistema do Estatuto. Assim, a melhor interpretação do artigo 19-A é a que afasta a decretação de extinção do poder familiar prevista no § 4º. Identificada a vontade de entregar a criança para adoção, faz-se o encaminhamento para guarda provisória de quem esteja na lista de habilitados à adoção para que este adotante proponha ação de adoção no prazo de 15 dias após o término do estágio de convivência (§ 7º). O pedido de adoção segue o procedimento da destituição do poder familiar, que é seu pressuposto lógico, conforme prevê o artigo 169.

O § 9º estabelece o **direito da mãe ao sigilo** sobre o nascimento, direito este que a ampara frente a terceiro, mas que **cede** diante do **direito à origem biológica do filho**, previsto no artigo 48.

Por fim, o § 10 do artigo 19-A prevê que recém-nascidos e crianças acolhidas serão inseridos no cadastro de adoção se a família não os procurar no prazo de 30 dias. A redação contém uma zona de incerteza muito grande com a expressão "não procuradas por suas famílias". Procurar é andar pelas ruas, visitar hospitais, informar à autoridade policial ou efetivamente ir à instituição de acolhimento? Haverá, muito provavelmente, casos em que a criança será encaminhada para adoção, a despeito dos esforços da família natural para encontrá-la.

5. APADRINHAMENTO

O artigo 19-B traz para dentro do Estatuto prática que ganhou corpo nos últimos anos no País, o apadrinhamento. Trata-se de criar laços de convivência entre crianças e adolescentes em programas de acolhimento institucional e pessoas da comunidade local. Diante das limitações das instituições de acolhimento, o apadrinhamento surge como uma ferramenta importante para engajar a sociedade nos cuidados com crianças e adolescentes. Os padrinhos têm a responsabilidade de auxiliar e contribuir para a promoção da criança ou adolescente. Isso se dá pelo convívio, pelo tempo que a criança ou adolescente convive com o padrinho, em finais de semana ou com visitas regulares à entidade de acolhimento. A criança ou adolescente apadrinhado recebe apoio moral, físico, cognitivo, educacional ou financeiro (§ 1º). Podem ser padrinhos quaisquer pessoas maiores de 18 anos, que não estejam inscritas no cadastro de postulantes à adoção (art. 19-B, § 2º). A restrição é negativa. De fato, a maioria das pessoas e casais que se inscrevem para adoção tem como foco adotar criança de pouca idade e bebês. O apadrinhamento é um vínculo muito mais tênue, de modo que a pessoa ou casal habilitado pode iniciar um engajamento que posteriormente se desenvolva em grande laço de afeto até culminar na adoção. Logo, permitir o apadrinhamento por habilitados a adoção parece trazer mais benefícios.

O § 3º autoriza que pessoas jurídicas também possam apadrinhar. Nesse ponto, o apadrinhamento mais se assemelha a um patrocínio, pois a pessoa jurídica não dá carinho, afeto ou apoio moral. Isso não diminui, porém, a importância dessa forma de auxílio. O apoio financeiro de uma pessoa jurídica pode proporcionar melhorias importantes nas condições de vida das crianças e adolescentes apadrinhados.

A prioridade do programa de apadrinhamento é a criança ou adolescente com menores chances de colocação em família substituta. Em geral, os adotantes têm preferência por criança mais novas, de modo que o programa de apadrinhamento deve-se voltar precipuamente para crianças mais velhas e adolescentes (§ 4º).

O programa de apadrinhamento pode ser realizado como política pública de Estado – via Executivo estadual, por exemplo – ou por meio da sociedade civil. Em rápida pesquisa na internet, encontram-se com facilidade organizações não governamentais que desenvolvem programas de apadrinhamento.

6. IGUALDADE DE DIREITOS ENTRE OS FILHOS

O artigo 20 tem sua razão de ser ligada ao regime jurídico anterior à Constituição de 1988. O Código Civil de 1916 e outros diplomas legais previam distinções entre filhos biológicos e adotivos ou frutos de relação de casamento ou de concubinato, notadamente em relação ao regime sucessório.

A atual **Constituição da República**, em seu art. 227, § 6º, **proíbe** qualquer tipo de distinção ou **tratamento discriminatório entre filhos**. A redação do art. 20 é reprodução do dispositivo constitucional. O Código Civil de 2002 também apresenta a mesma redação em seu art. 1.596.

7. PODER FAMILIAR

Desde seu advento, o Estatuto da Criança e do Adolescente, em seu artigo 21, continha o termo jurídico "pátrio poder" para se referir ao vínculo jurídico que une pais e filhos. O Código Civil de 2002 optou pelo *nomen iuris* "poder familiar" (arts. 1.630 a 1.638, CC/2002), para designar o complexo de direitos e deveres que compete aos pais frente a seus filhos menores. A expressão "**poder familiar**" deixa mais claro que a criação e a educação dos filhos competem ao **pai e à mãe em igualdade de condições** – assim determina a Constituição (art. 226, § 5º, e art. 229, primeira parte) –, ao passo em que *pátrio* se refere etimologicamente a pai. Ainda assim, o novo termo recebe crítica da doutrina de vanguarda, que tem preferido o termo autoridade parental, utilizado por legislações estrangeiras.

O artigo 3º da Lei nº 12.010/2009 extirpou, definitivamente, de nosso ordenamento jurídico, a expressão "pátrio poder" e a substituiu por "poder familiar".

Dentro do conteúdo de poder familiar, encontram-se diversos deveres, alguns deles elencados no artigo 22, como sustento, guarda e educação. O Código Civil apresenta rol mais extenso – e igualmente exemplificativo – de deveres dos pais no exercício do poder familiar, conforme art. 1.634: *"Compete aos pais, quanto à pessoa dos filhos menores: I - dirigir-lhes a criação e educação; II - tê-los em sua companhia e guarda; III - conceder-lhes ou negar-lhes consentimento para casarem; IV - nomear-lhes tutor por testamento ou documento autêntico, se o outro dos pais não lhe sobreviver, ou o sobrevivo não puder exercer o poder familiar; V - representá-los, até aos dezesseis anos, nos atos da vida civil, e assisti-los, após essa idade, nos atos em que forem partes, suprindo-lhes o consentimento; VI - reclamá-los de quem ilegalmente os detenha; VII - exigir que lhes prestem obediência, respeito e os serviços próprios de sua idade e condição"*.

Além dos deveres inerentes ao poder familiar, o parágrafo único do artigo 22 prevê um direito aos pais, o de transmitir a seus filhos suas crenças e culturas.

8. CARÊNCIA DE RECURSOS MATERIAIS

À luz do regramento anterior, Código de Menores, a falta de recursos materiais para prover as necessidades da criança ou do adolescente era motivo para caracterização da situação irregular, que poderia levar, inclusive, à destituição do poder familiar dos pais para sua colocação em família substituta. A regra era objeto de severas críticas, pois não se pode agravar mais a situação de penúria de uma família com a retirada de um filho. Nesse contexto, o Estatuto previu expressamente em seu artigo 23 que a *"falta ou a carência de recursos materiais não constitui motivo suficiente para a perda ou a suspensão do poder familiar"*.

E ainda, para deixar mais claro o rumo a ser seguido pelo aplicador da norma, o parágrafo 1º complementa: "*Não existindo outro motivo que por si só autorize a decretação da medida, a criança ou o adolescente será mantido em sua família de origem, a qual deverá obrigatoriamente ser incluída em programas oficiais de proteção, apoio e promoção*".

Disso resulta que a situação de carência de recursos não é motivo idôneo para perda ou suspensão do poder familiar. O legislador determina a manutenção da criança ou adolescente em sua família natural, sendo excepcional a hipótese de sua colocação em família substituta. Se o problema é meramente econômico, compete ao Poder Público tutelar toda a família, e não simplesmente retirar a criança de sua família natural.

Diversa é a situação em que, além de falta de recursos materiais, os pais demonstram um comportamento que viola deveres inerentes a seu poder familiar, como o abandono, o uso de drogas e a exploração da criança ou do adolescente. Diante desse quadro fático, somado à situação financeira de penúria, é possível a colocação em família substituta.

▸ **Importante:**

Carência de recursos materiais não é motivo suficiente para a perda ou suspensão do poder familiar.

9. CONDENAÇÃO CRIMINAL

Ao tratar da convivência familiar, frisou-se a importância do direito de visitação de filhos aos pais privados de sua liberdade independentemente de autorização judicial (art. 19, § 4º). Dentro desse contexto, o Estatuto também prevê que a perda do poder familiar não é decorrência automática da condenação criminal (art. 23, § 2º). Isso só ocorre se o agente praticar o crime contra o próprio filho e se se tratar de conduta dolosa sujeita à pena de reclusão ou praticado contra quem também seja titular do mesmo poder familiar (ex.: marido mata a mãe de seus filhos).

10. PROCESSO JUDICIAL CONTRADITÓRIO PARA PERDA OU SUSPENSÃO DO PODER FAMILIAR

O artigo 24 exige que a perda ou suspensão do poder familiar somente decorra de um processo judicial em contraditório, com as devidas garantias constitucionais do processo, como a ampla defesa e o contraditório (CR, art. 5º, incisos LIV e LV).

11. FAMÍLIA NATURAL

O conceito de família natural está previsto no artigo 25 do Estatuto: *"Entende-se por família natural a comunidade formada pelos pais ou qualquer deles e seus descendentes"*. Deve-se reparar que o dispositivo não faz qualquer menção expressa ao casamento, mas apenas à existência de uma comunidade formada por pais, ambos ou um só, e filhos. A previsão do Estatuto abarca também a família monoparental, formada por apenas um dos pais e seus descendentes.

Além disso, o parágrafo único ao artigo 25 fixa o conceito de família extensa ou família ampliada, que é aquela formada por **parentes próximos** que compõem o círculo de convivência da criança ou adolescente, cuja **afinidade e afetividade são marcantes** (ex.: crianças e adolescentes criados por irmãos mais velhos, tios ou avós ou primos). Essa congregação é considerada família, motivo por que tal vínculo deve ser mantido e preservado. Inclusive, esse círculo de afinidade e afetividade da família extensa **permite** que a criança seja **adotada por membro de sua família** (logicamente, excluídos os legalmente impedidos do art. 42, § 1º, ascendentes e irmãos) ainda que não cadastrado previamente dentre os postulantes à adoção (art. 50, § 13, inciso II).

Conceitos de famílias		
Família natural	➡	Comunidade formada pelos pais e seus descendentes
Família monoparental	➡	Comunidade formada por um dos pais e seus descendentes
Família extensa ou ampliada	➡	Comunidade formada por parentes próximos com os quais a criança ou o adolescente convive e mantém vínculos de afinidade e afetividade

12. RECONHECIMENTO DE FILHO E DE ESTADO DE FILIAÇÃO

De acordo com o artigo 26 do Estatuto, *"os filhos havidos fora do casamento poderão ser reconhecidos pelos pais, conjunta ou separadamente, no próprio termo de nascimento, por testamento, mediante escritura ou outro documento público, qualquer que seja a origem da filiação"* Quanto ao momento em que se dá o reconhecimento, o parágrafo único estabelece que este pode ser anterior ao nascimento do filho ou mesmo posterior, se houver descendentes.

A natureza jurídica do reconhecimento é de **ato jurídico em sentido estrito**, ou seja, quem efetua o reconhecimento não pode modular seus efeitos, como, por exemplo, reconhecer o filho, mas sem lhe outorgar o direito ao sobrenome ou direitos sucessórios (CC, art. 1.613). O ato jurídico de reconhecimento é irrevogável, ainda que feito em testamento (art. 1.610), cabendo ao filho reconhecido os mesmos direitos dos demais.

Ao lado do direito do pai de reconhecer seu filho, há também o direito do filho de conhecer sua filiação e de ver reconhecido seu vínculo familiar. O artigo 27 estabelece que o reconhecimento do estado de filiação é personalíssimo, indisponível e imprescritível.

Por ser **direito personalíssimo**, significa que a demanda somente pode ser intentada pelo próprio interessado, pelo titular do direito ao reconhecimento de seu estado de filiação. Não se trata de direito que possa ser postulado por um terceiro, pois o próprio interessado pode não ter interesse em descobrir sua filiação biológica. Há situações, por exemplo, em que a criança ou adolescente é criada desde recém-nascido somente por sua mãe biológica, que lhe proporcionou amor e afeto, não sendo de seu interesse ingressar com demanda judicial para investigação de paternidade. Trata-se de direito personalíssimo, a ser exercido exclusivamente por seu titular, que é a pessoa cuja filiação é ignorada. Naturalmente, se o autor falece no curso da demanda que investiga a paternidade, seus herdeiros podem sucedê-lo processualmente.

No polo passivo, deve figurar o suposto pai, aquele a quem se imputa a paternidade. Se já estiver falecido, a demanda deve ser movida em face de seus herdeiros – e não do espólio, pois a legitimidade deste ente despersonalizado se limita a demandas patrimoniais.

A referência a **direito indisponível** significa que o filho não pode dispor desse direito, ou seja, não pode, através de um ato jurídico válido e eficaz, renunciar a seu direito de filiação. Por exemplo, ainda que viesse o filho a declarar por escritura pública que não tem intenção de exercer seu direito de reconhecimento do estado de filiação e que a ele renuncia em caráter irrevogável e irretratável, tal declaração é absolutamente ineficaz. O suposto renunciante poderia perfeitamente ingressar no momento seguinte com uma demanda judicial para investigar sua paternidade (ou maternidade).

Por fim, quanto à imprescritibilidade, tem-se que a inércia do filho não afeta sua pretensão.

> ▸ **Súmula 149 do STF:**
>
> É imprescritível ação de investigação de paternidade, mas não o é a da petição de herança.

O STJ entendeu também ser imprescritível o direito do homem de discutir sua condição de pai, através de ação negatória de paternidade (REsp. nº 576.185-SP).

Família substituta

1. INTRODUÇÃO

Como temos reiterado ao longo da obra, o Estatuto determina que a criança ou adolescente deve ser criada preferencialmente por sua família natural. Caso a família esteja em dificuldade, é dever do Poder Público dar o suporte necessário à família, através de programas assistenciais, para que o vínculo entre pais e filhos possa ser mantido. Há casos, porém, em que é inevitável a separação da criança ou adolescente de sua família natural – por exemplo, pais drogados ou que abandonam o lar ou que falecem.

Assim, superada ou impossível a permanência da criança ou do adolescente com sua família natural, busca-se a colocação em família substituta. O Estatuto indica, em seu artigo 28, as três formas de colocação em família substituta: **guarda, tutela e adoção**. Cada uma dessas modalidades é disciplinada ao longo do Estatuto – a adoção, por sua importância social, é a que recebe regramento mais extenso.

Família substituta	- Guarda (arts. 33 a 35)
	- Tutela (arts. 36 a 38)
	- Adoção (arts. 39 a 52-D)

2. DIRETRIZES GERAIS SOBRE A COLOCAÇÃO EM FAMÍLIA SUBSTITUTA

Antes de disciplinar especificamente as três formas de colocação em família substituta, o Estatuto apresenta disposições gerais sobre o tema (arts. 28 a 32), com pontos importantes a tratar:

2.1. Oitiva da criança e do adolescente

O § 1º do art. 28 recomenda a oitiva da criança ou do adolescente por **equipe interprofissional** para que suas opiniões sejam levadas em consideração na decisão de colocação em família substituta, respeitado seu **grau de desenvolvimento** e **compreensão do assunto**. Em caso de colação de **adolescente** em família substituta, sua **oitiva** é **obrigatória** em audiência (§ 2º).

Criança ou adolescente	Será previamente ouvido por equipe interprofissional, sempre que possível.	Art. 28, § 1º
Adolescente	Ouvido obrigatoriamente em audiência, sendo determinante seu consentimento.	Art. 28, § 2º

2.2. Preferência por família substituta com relação de parentesco

O § 3º do art. 28 estabelece que se deve dar preferência a famílias substitutas que tenham alguma relação de **parentesco** ou **afinidade** ou **afetividade** com a criança ou adolescente. O objetivo é aumentar as chances de sua adaptação à nova família, bem como preservar, na medida do possível, laços da família natural.

2.3. Grupos de irmãos

O § 4º do art. 28 estabelece que os grupos de irmãos devem ser **mantidos juntos**, na mesma família substituta. Essa é a **regra geral**, os irmãos ficam **juntos**; **exceção** é a sua **separação**. Ainda quando não puderem ser mantidos juntos, deve-se estimular algum tipo de contato para evitar a perda do vínculo fraternal. Exemplificativamente, se um grupo de irmãos deve ser colocado em adoção e não há uma família em condições de adotar todos, devem-se buscar famílias que morem no mesmo bairro, na mesma cidade. Dessa forma, as crianças têm maiores chances de conviver.

2.4. Criança ou adolescente indígena ou de origem quilombola

A identidade social e cultural da criança ou adolescente deve ser analisada na escolha da família substituta, em razão das peculiaridades culturais de indígenas ou daqueles provenientes de comunidade remanescente de quilombo (art. 28, § 6º). A preferência legal é pela colocação em família substituta da mesma comunidade ou grupo étnico.

2.5. Incompatibilidade e ambiente inadequado

O artigo 29 estabelece que

> "não se deferirá colocação em família substituta a pessoa que revele, por qualquer modo, incompatibilidade com a natureza da medida ou não ofereça ambiente familiar adequado."

A incompatibilidade com a natureza da medida é a impossibilidade jurídica do pleito, como, por exemplo, o caso do avô que pretende adotar o neto. Por sua vez, o ambiente familiar inadequado é o lar em que seus habitantes façam uso de entorpecentes, pratiquem crimes, prostituição etc.

2.6. Impossibilidade de transferência para terceiros

O múnus assumido pela pessoa que recebe a criança ou adolescente é de enorme relevância e traz consigo um grande dever de responsabilidade. Por isso, não pode ser transferido a terceiros sem autorização judicial (art. 30).

2.7. Família substituta estrangeira

A criança ou o adolescente somente pode ser colocado em família substituta estrangeira de modo excepcional e somente na modalidade adoção (art. 31). O Estatuto proíbe a concessão de guarda ou tutela à família estrangeira.

DIRETRIZES GERAIS DA COLOCAÇÃO EM FAMÍLIA SUBSTITUTA		
Oitiva da criança e do adolescente	– sempre que possível por equipe interprofissional; – adolescente ouvido obrigatoriamente em audiência, sendo seu consentimento determinante.	Art. 28, §§ 1º e 2º
Preferência por família substituta com relação de parentesco	– objetiva aumentar as chances de adaptação da criança ou do adolescente; – leva em conta o grau de parentesco e a relação de afinidade e afetividade	Art. 28, § 3º
Grupos de irmãos	– devem ser mantidos juntos; – excepcionalmente, separados, mas se devem buscar meios para evitar o rompimento do vínculo entre eles.	Art. 28, § 4º
Criança ou adolescente indígena ou de origem quilombola	– as particularidades da criança e do adolescente devem ser levadas em consideração; – preferencialmente, colocação em família substituta de mesma identidade cultural ou étnica.	Art. 28, § 6º

DIRETRIZES GERAIS DA COLOCAÇÃO EM FAMÍLIA SUBSTITUTA		
Incompatibilidade e inadequação do ambiente	– incompatibilidade jurídica para o pleito (ex: adoção por avós); – ambiente pernicioso para o desenvolvimento sadio e adequado da criança ou adolescente.	Art. 29
Impossibilidade transferência	– o múnus assumido com a colocação em família substituta não pode ser transferido a terceiros sem autorização judicial.	Art. 30
Família substituta estrangeira	– medida excepcional; – somente possível na modalidade adoção.	Art. 31

3. GUARDA

A primeira modalidade de colocação da criança ou do adolescente em família substituta é através da guarda. Aquele que tem a criança ou o adolescente sob sua guarda tem o dever de lhe prestar **assistência material, moral e educacional**. Em decorrência de seu dever de atender ao melhor interesse da criança e do adolescente, o guardião pode-se opor a terceiros, inclusive, aos pais (art. 33).

A guarda possibilita a **regularização jurídica** de uma situação já consolidada, que é a **posse de fato** da criança ou do adolescente. Em outras palavras, a criança ou adolescente já vive sob os cuidados daquela pessoa, que lhe presta toda a assistência e lhe guia a criação, mas sem a chancela do Poder Judiciário. Através da guarda, qualifica-se juridicamente esse vínculo de responsabilidade. Os pais biológicos não perdem o poder familiar.

A concessão da guarda pode ser objeto de um processo autônomo ou pode surgir em decorrência de uma demanda com pedido de adoção ou de tutela (art. 33, §§ 1º e 2º). Nesses casos, a guarda é concedida no início da marcha processual – exceto na adoção por estrangeiro. No momento de concessão da guarda, podem ser conferidos ao responsável também os direitos de representação para a prática de atos determinados (art. 33, § 2º).

A guarda a que se refere o Estatuto não é a mesma do direito de família, que surge quando os pais se separam. Aqui a guarda é concedida a terceiro, como uma das modalidades de colocação em família substituta, que poderá inclusive opor-se à vontade dos pais.

Outro aspecto relevante acerca da guarda diz respeito à concessão de benefícios previdenciários. Conforme estabelece o § 3º do artigo 33, a guarda confere a condição de dependente à criança ou ao adolescente inclusive para fins previdenciários.

Por fim, o § 4º trata do direito de visitação dos pais à criança ou ao adolescente que foi colocado em família substituta: *"Salvo expressa e fundamentada determinação em contrário, da autoridade judiciária competente, ou quando a medida for aplicada em preparação para adoção, o deferimento da guarda de criança ou adolescente a terceiros não impede o exercício do direito de visitas pelos pais, assim como o dever de prestar alimentos, que serão objeto de regulamentação específica, a pedido do interessado ou do Ministério Público"*.

O que se extrai do dispositivo é que a regra é o direito de visitação, a exceção é que os pais não possam visitar seus filhos, nos casos de guarda voltada à adoção ou de vedação expressa da autoridade judiciária. Inclusive, a jurisprudência do STJ já consolidou o entendimento de que esse direito de visitação é garantido também aos avós.

Por se tratar de um vínculo tênue e transitório, a guarda pode ser revogada a qualquer tempo (art. 35).

Principais características da guarda
– regularização jurídica de posse de fato;
– não exige a destituição do poder familiar dos pais biológicos;
– implica o dever de assistência material, moral e educacional;
– o guardião pode opor-se à vontade de terceiros, inclusive dos pais;
– pode ser concedida em processo autônomo ou no bojo de processo de tutela ou adoção (exceto adoção estrangeira);
– pode incluir direitos de representação para determinados atos;
– concede benefícios previdenciários;
– permite a visitação dos pais à criança ou ao adolescente, exceto guarda para adoção e determinação expressa em contrário;
– é revogável a qualquer tempo.

4. TUTELA

A segunda modalidade de colocação da criança ou adolescente em família substituta é a tutela. Através da tutela, uma pessoa maior assume o dever de prestar assistência material, moral e educacional a criança ou adolescente que não esteja sob o poder familiar de seus pais, bem como de lhe administrar os bens. É cabível quando ambos os pais **falecem** ou são declarados **ausentes** ou, ainda, se forem **destituídos** do poder familiar. O Código Civil disciplina longamente o instituto da tutela em seus artigos 1.728 a 1.766.

Por se tratar de um substitutivo do poder familiar, a tutela contém os poderes de assistência e representação da criança ou do adolescente nos atos da vida civil.

Cessa a tutela quando o adolescente alcança a maioridade, aos 18 anos (art. 36), ou se é concedido o poder familiar, seja através de adoção ou do reconhecimento da filiação ou, ainda, da cessação da suspensão do poder familiar.

Diferentemente da guarda, é **pressuposto** para a concessão de tutela que seja decretada a **perda ou suspensão do poder familiar** (art. 36, p.ú.). Naturalmente, se os pais já são falecidos, não há necessidade de se cumular o pedido de decretação da perda do poder familiar na demanda em que se objetiva a concessão de tutela.

A indicação do tutor pode decorrer de declaração de vontade manifestada pelos pais, através de testamento ou outro documento idôneo (art. 37; CC, 1.729). No entanto, a nomeação do tutor será apreciada pela autoridade judiciária à luz do melhor interesse da criança ou adolescente. Se houver pessoa em melhores condições de cuidar dos interesses da criança ou adolescente do que aquela indicada pelos pais, fica afastada a disposição de última vontade (art. 37, p.ú.).

Embora o Estatuto não faça previsão expressa, através da tutela, a criança ou adolescente obtém direitos previdenciários ligados a seu tutor, conforme expressamente prevê o art. 16, § 2º, da Lei nº 8.213/91.

Principais características da tutela
– cabível quando o poder familiar dos pais esteja suspenso ou extinto;
– inclui os deveres decorrentes da guarda (assistência material, moral e educacional), bem como o de administrar os bens do tutelado;
– cessa com a maioridade ou com a formação de novo poder familiar, decorrente de adoção ou reconhecimento do estado de filiação, ou do restabelecimento do poder familiar suspenso;
– o tutor pode ser nomeado pelos pais, inclusive em testamento, mas deve atender ao princípio do melhor interesse da criança ou adolescente.

5. ADOÇÃO

A adoção é a mais nobre das formas de colocação em família substituta. Trata-se de instituto jurídico milenar, através do qual uma pessoa recebe outra como seu filho. É um ato de desprendimento, uma demonstração de carinho e solidariedade, com reflexos sociais monumentais. Aquele que abre seu lar para receber dentro de sua família pessoa com quem não tem laços familiares biológicos demonstra grande altruísmo e amor – ao menos, é assim que deve ser encarada a adoção, como um ato fundado em interesses legítimos do adotante que objetiva proporcionar tudo de melhor que esteja ao seu alcance para o adotado (art. 43).

5.1. Classificação

Toda adoção gera os mesmos efeitos, pois se trata de um ato jurídico em sentido estrito, cujas consequências estão previstas legalmente – como direito ao nome, à herança, à formação do vínculo irrevogável etc. Entretanto, é possível classificar a adoção, de acordo com as características dos adotantes.

5.1.1. Adoção conjunta

É a hipótese em que o casal se apresenta como postulante à adoção de uma criança ou adolescente com a qual nenhum deles possui qualquer vínculo. Para tanto, o Estatuto exige que ambos estejam casados ou mantenham união estável, com a devida comprovação da estabilidade da família (art. 42, § 2º). Excepcionalmente, é possível que o ex-casal, já divorciado ou que já não viva em união estável, realize a adoção conjunta, desde que (i) haja prévio acordo sobre a guarda (ou a fixação de guarda compartilhada) e o regime de visitação; que (ii) o estágio de convivência com o adotando tenha-se iniciado no período em que estavam juntos; e que (iii) fique comprovada a existência de vínculos de afinidade e afetividade com quem não detenha a guarda. Em suma, a adoção conjunta por ex-casal deve indicar que essa é a medida que atende plenamente ao melhor interesse do adotando.

5.1.2. Adoção unilateral

Ocorre quando um cônjuge ou companheiro **adota o filho do outro** (art. 41, § 1º). Exemplo: homem, após casar-se com mulher que já tinha filha, adota a criança. Nesse caso, **subsistem os vínculos de filiação** entre a adotada e a cônjuge ou companheira do adotante (no exemplo, o homem adota, mas a criança não perde o vínculo de filiação com sua mãe) e formam-se novos vínculos com o adotante.

5.1.3. Adoção póstuma

O Estatuto traz a possibilidade expressa de que a **adoção** seja levada a efeito **ainda que o adotante venha a falecer** no curso do procedimento (art. 42, § 6º). O requisito para o deferimento da adoção póstuma é que tenha havido a manifestação inequívoca da vontade de adotar.

5.1.4. Adoção internacional

É aquela em que os postulantes são domiciliados fora do Brasil, independentemente da nacionalidade brasileira ou estrangeira (art. 51). Será estudada mais à frente.

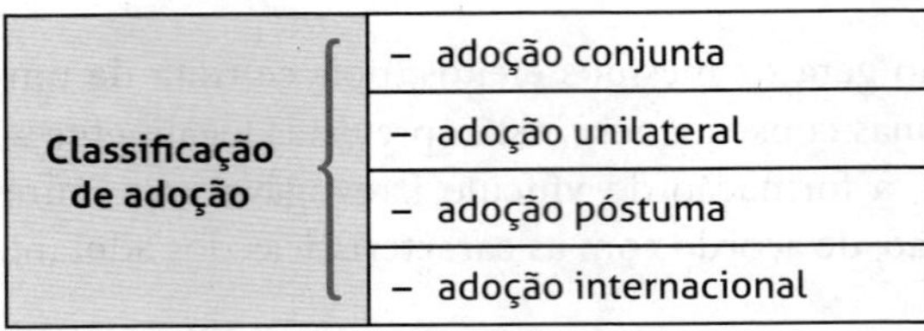

Classificação de adoção	
	– adoção conjunta
	– adoção unilateral
	– adoção póstuma
	– adoção internacional

5.2. Principais características

5.2.1. Excepcionalidade da medida

Forte da diretriz de que a criança ou adolescente deve ser criada preferencialmente por sua família natural, o Estatuto declara que a adoção é

> "medida excepcional e irrevogável, à qual se deve recorrer apenas quando esgotados os recursos de manutenção da criança ou adolescente na família natural ou extensa" (art. 39, § 1º).

Isso significa que primeiro devem ser envidados esforços para que a família natural ou extensa permaneça unida, para somente depois se cogitar a hipótese de colocação em família substituta.

5.2.2. Vínculos decorrentes da adoção

A adoção é irrevogável (art. 39, § 1º), de modo que o pai que adota não pode posteriormente voltar atrás e pretender encerrar o vínculo de filiação. Através da adoção, **extingue-se o vínculo** do adotando com sua **família biológica** e forma-se um novo com a família do adotante. O único resquício que **subsiste** do vínculo anterior é quanto aos **impedimentos matrimoniais**, por razões eugênicas (art. 41). Ainda que os pais adotivos faleçam e estejam vivos os biológicos, **o vínculo da adoção não se desfaz**, nem se restabelece o anterior (art. 49).

5.2.3. Natureza jurídica

É **ato jurídico em sentido estrito**. Tal como já afirmado acerca do reconhecimento de filho, a adoção é ato jurídico que não pode ter seus efeitos modulados – não é, pois, negócio jurídico. Aquele que adota não pode negar ao adotado direito ao sobrenome ou direitos sucessórios. À luz do Código Civil de 1916, havia distinção entre adoção simples e adoção plena. Com o advento da Constituição da

República, ficou proibida qualquer distinção entre filhos, sejam fruto de relação de casamento ou outra forma de relacionamento, sejam por adoção (art. 227, § 6º). Portanto, a adoção é sempre plena, com efeitos jurídicos expressamente previstos.

5.2.4. Idades do adotante e do adotando

A pessoa que pretende **adotar** deve contar **18 anos completos** (art. 42). Não importa se é casada, solteira ou vive em união estável. Além disso, é preciso que o adotante seja, pelo menos, 16 anos mais velho do que a criança ou adolescente a ser adotado (art. 42, § 2º).

Por sua vez, o adotando deve contar, no máximo, 18 anos para que a adoção seja feita nos termos do Estatuto, perante a Justiça da Infância e Juventude, salvo se já estiver sob guarda ou tutela dos adotantes (art. 40). Caso o adotando seja maior de idade e não esteja sob guarda ou tutela, a demanda será processada perante o juízo de família para que seja proferida sentença constitutiva do vínculo, com aplicação do Estatuto no que couber (CC, art. 1.619).

5.2.5. Judicialização da adoção

Pelo regramento do antigo Código Civil de 1916, a adoção de pessoas maiores poderia ser realizada extrajudicialmente, em cartório. O regramento do novo Código Civil judicializou todos os processos de adoção. Em outras palavras, todos os processos de adoção devem passar pelo crivo do Judiciário, mesmo os de maiores de 18 anos (art. 1.619).

Principais características da adoção
– medida excepcional, cabível apenas quando superadas as tentativas de permanência da criança ou do adolescente no seio de sua família natural ou extensa;
– a adoção é irrevogável;
– a adoção faz cessar os vínculos com os pais biológicos, exceto os impedimentos matrimoniais;
– ainda que ocorra o falecimento dos adotantes, os vínculos com os pais biológicos não se restabelecem;
– natureza jurídica de ato jurídico em sentido estrito;
– o adotante deve ter, no mínimo, 18 anos de idade e ser 16 anos mais velho do que o adotando;
– o adotando deve ter, no máximo, 18 anos de idade, salvo se já estiver sob guarda ou tutela;
– toda adoção deve passar pelo crivo do Judiciário, ainda que o adotando seja maior.

5.3. Vedações

O Estatuto prevê algumas objeções à realização da adoção.

5.3.1. Vedação à adoção por procuração

Em razão da importância do instituto da adoção, veda-se que o ato seja realizado por procuração (art. 39, § 2º); é preciso que o juiz receba as partes em audiência e perceba sua verdadeira intenção de adotar, ou seja, os motivos do adotante devem ser legítimos (art. 43), fundados em amor e dedicação, não em interesse econômicos ou escusos.

5.3.2. Vedação à adoção por ascendentes e irmãos

O § 1º do artigo 42 veda a adoção por ascendentes e irmãos.

5.3.3. Vedação à adoção decorrente de tutela ou curatela

O Estatuto determina que o curador ou o tutor não pode adotar enquanto não for dada conta de sua administração (art. 44).

Vedações à adoção
– é vedada a adoção por procuração;
– é vedada a adoção da criança ou adolescente por seus ascendentes e irmãos;
– é vedada a adoção do tutor ou curador enquanto não prestar contas de sua administração.

5.4. Requisitos

5.4.1. Consentimento dos pais e do adolescente

Para que seja realizada a adoção, é preciso que os pais biológicos deem seu consentimento (art. 45), pois o vínculo entre eles e a criança ou o adolescente será extinto. Naturalmente, fica dispensado o consentimento no caso de pais desconhecidos ou que já tenham sido destituídos do poder familiar (§ 1º).

Por sua vez, caso o adotando seja adolescente (12 anos completos), o seu consentimento também é exigido para a realização da adoção (§ 2º).

5.4.2. Estágio de convivência

Como forma de preparação para a formação do vínculo definitivo da adoção, o Estatuto prevê que as partes, adotante e adotando, devem passar por um período de convivência, cujo prazo máximo é de 90 dias (art. 46), que será acompanhado e relatado pela equipe interprofissional do Juizado da Infância e da Juventude (4º). O prazo de 90 dias pode ser prorrogado uma vez por decisão fundamentada (§ 2º-A).

Caso o adotando já esteja sob guarda (concedida pelo juiz, não guarda de fato) ou tutela dos adotantes por tempo suficiente para se proceder à avaliação da relação familiar, o período do estágio pode ser dispensado (§ 1º). Em caso de adoção internacional, o estágio de convivência é de, no mínimo, 30 dias, e no máximo 45 dias, prorrogável uma única vez, a ser cumprido em nosso país (§ 3º).

5.5. Cadastros

Para organizar e sistematizar quem são os postulantes à adoção e os jovens em condições de serem adotados, o Estatuto disciplina a criação de cadastros, ou seja, listagens de pessoas em âmbito local, estadual e nacional.

O primeiro passo é a elaboração de **cadastros** de **jovens em condições de serem adotados** e de **pessoas interessadas em adotar** no âmbito da comarca ou foro regional (art. 50). A partir desses cadastros locais, devem ser implementadas outras listagens em âmbito estadual e nacional, com o objetivo de aumentar as chances de adoção (§ 5º). Para isso, autoridades federais e estaduais que lidam com a matéria terão acesso a esses cadastros regionais, de modo a permitir a troca de informações e a cooperação mútua (§ 7º).

No momento de buscar um adotante, verifica-se inicialmente a adoção da criança ou adolescente na comarca de **origem**, através do cadastro local; caso **frustrada** essa primeira tentativa, a autoridade judiciária deverá inscrever a criança ou adolescente nos **cadastros estadual e nacional**. De igual modo, os postulantes que forem habilitados à adoção serão inscritos nos cadastros da comarca, do estado e nacional. O cadastro de postulantes domiciliados no exterior somente deve ser consultado após esgotadas as possibilidades de busca de postulantes residentes no país (§§ 6º e 10).

A correta manutenção e alimentação dos cadastros são de competência da Autoridade Central Estadual, com posterior comunicação à Autoridade Central Federal Brasileira (§ 9º). Compete ao Ministério Público fiscalizar a atuação desses órgãos, bem como fiscalizar a convocação dos postulantes à adoção (§ 12).

Antes de serem inseridos nos cadastros de postulantes à adoção, é necessário que os pretendentes passem por um período de preparação psicológica e jurídica, com as devidas orientações acerca da responsabilidade inerente à adoção, inclusive com o contato com crianças e adolescentes que estejam em programas de acolhimento familiar e institucional (§§ 3º e 4º). Após o período de preparação, os postulantes à adoção podem tomar uma decisão mais firme e segura para ingressar com o pedido de habilitação (arts. 197-A a 197-E).

Observe o pequeno resumo abaixo:

Disciplina sistemática dos cadastros	Base legal: art. 50
– cada comarca ou foro regional deve possuir um cadastro de crianças e adolescentes em condições de serem adotados e outro de pessoas interessadas na adoção;	*Caput*
– devem ser criados cadastros estaduais e nacionais dos adotandos e dos postulantes;	§ 5º
– o cadastro dos postulantes deve ser dividido entre residentes no Brasil e no estrangeiro;	§ 6º
– a adoção estrangeira somente será deferida depois de esgotadas as tentativas de adoção por postulantes residentes no Brasil;	§ 10
– os cadastros estaduais e nacionais são alimentados pela Autoridade Central Estadual, com posterior comunicação à Autoridade Central Federal Brasileira;	§ 9º
– o Ministério Público fiscaliza o trabalho de alimentação do cadastro feito pela Autoridade Central Estadual e a convocação dos postulantes à adoção.	§ 12

5.5.1. Hipóteses de adoção fora do cadastro de postulantes

Há situações em que a adoção pode ser deferida a pessoa ou casal que não estava já previamente habilitada e inserida nos cadastros de postulantes à adoção (art. 50, § 13). A condição fundamental é ser domiciliado no Brasil.

Hipóteses de adoção fora do cadastro	
Adoção unilateral	é a situação em que a pessoa adota a criança ou adolescente que já é filha de seu cônjuge ou companheiro (inciso I).
Parente	se a criança ou adolescente já convive com membros de sua família natural, que a criam e educam, a adoção também pode ser deferida fora do contexto dos cadastros de postulantes – ressalvadas, é claro, as vedações à adoção por ascendentes e irmãos (inciso II).
Guarda legal ou tutela deferida anteriormente	a terceira hipótese em que o cadastro de postulantes à adoção não é obedecido se refere à situação em que a criança maior de 3 anos ou o adolescente já está sob guarda legal ou tutela. O guardião ou o tutor pode pleitear a adoção imediata sem passar pelo cadastro de postulantes (inciso III).

É importante notar o seguinte: essas hipóteses se referem ao deferimento de adoção a postulantes não cadastrados, mas **não significa que a adoção será imediatamente deferida**. O processo de adoção será levado a efeito regularmente para aferir se o melhor interesse da criança está atendido. Deve haver atuação do corpo interprofissional da Justiça da Infância e Juventude. Estudo social, visitas, entrevistas, exames psicológicos das partes envolvidas são ferramentas importantes, que indicarão se a adoção é de fato a melhor solução para o caso concreto. Excepcionalmente, as circunstâncias podem demonstrar que, embora conviva no seio de sua família extensa e haja postulante à adoção, a criança ou adolescente deve ser retirada daquele ambiente.

Portanto, ainda que se esteja diante de situação em que não é preciso estar no cadastro de postulantes, os demais requisitos legais para adoção devem ser demonstrados (art. 50, § 14).

5.6. Adoção internacional

A adoção internacional é aquela promovida por adotante residente ou domiciliado fora do Brasil, independentemente da nacionalidade (art. 51). A adoção é a única forma de colocação de criança ou adolescente em família substituta domiciliada no exterior. Mesmo no curso do processo de adoção, não pode ser concedida a guarda aos adotantes (art. 33, § 1º).

Ainda no âmbito dos cadastrados para adoção internacional, o Estatuto estabelece a preferência pela adoção por casais brasileiros em detrimento de casais estrangeiros (art. 51, § 2º), o que se justifica não em razão dos futuros pais, mas sim pelo melhor interesse da criança ou adolescente. O Estatuto parte do pressuposto que a adaptação será mais fácil em família brasileira, ainda que domiciliada fora do país.

> ▸ **Importante:**
> A adoção se caracteriza como internacional quando o postulante é residente ou domiciliado fora do Brasil, independentemente da nacionalidade (art. 51).

5.6.1. Requisitos para concessão da adoção internacional (art. 51, § 1º)

O § 1º do artigo 51 do Estatuto estabelece pressupostos para a efetivação da adoção internacional. Observe o quadro:

Requisitos para adoção internacional	– demonstração de que é necessária a colocação em família substituta;
	– exame da adoção internacional somente após superada a possibilidade de adoção nacional;
	– consulta ao adolescente sobre a adoção e demonstração – dentro de seu grau de discernimento – de que está preparado para a medida.

5.6.2. Habilitação para adoção internacional

A adoção internacional é aquela promovida por adotante residente ou domiciliado fora do Brasil, **independentemente da nacionalidade** (art. 51). A adoção é a única forma de colocação de criança ou adolescente em família substituta domiciliada no exterior. Mesmo no curso do processo de adoção, não pode ser concedida a guarda aos adotantes (art. 33, § 1º).

Ainda no âmbito dos cadastrados para adoção internacional, o Estatuto estabelece a **preferência** pela adoção por **casais brasileiros** em detrimento de casais estrangeiros (art. 51, § 2º), o que se justifica não em razão dos futuros pais, mas sim pelo melhor interesse da criança ou adolescente. O Estatuto parte do pressuposto que a adaptação será mais fácil em família brasileira, ainda que domiciliada fora do país.

A habilitação do postulante à adoção internacional tem prazo de validade de um ano e pode ser renovada (§ 13).

5.6.3. Organismos internacionais de adoção

A adoção internacional pode ser intermediada por organismo credenciado, nacional ou estrangeiro, desde que a legislação do país de origem admita essas entidades e que haja o devido credenciamento junto à Autoridade Central Federal Brasileira (art. 52, §§ 1º e 2º) – conforme estabelecido no Decreto nº 3.174/1999, essa autoridade no Brasil é a Secretaria de Estado dos Direitos Humanos do Ministério da Justiça.

Os requisitos para credenciamento e as obrigações dos organismos no Brasil estão previstos nos parágrafos 3º, 4º, 12 e 14 do artigo 52 do Estatuto. A entidade pode ser descredenciada pelas razões previstas nos artigos 52, §§ 5º e 11, e 52-A.

O credenciamento tem validade de 2 anos e o pedido de renovação pode ser feito nos **60 dias** anteriores ao término da concessão anterior (§§ 6º e 7º).

Confiram-se os quadros explicativos abaixo:

Requisitos para credenciamento (art. 52, § 3º e § 4º, inc. I a III)
– o organismo deve ser originário de país que ratificou a Convenção de Haia e estar credenciado em seu país sede e no dos postulantes à adoção, local para onde a criança ou adolescente será levada;
– deve possuir integridade moral, competência profissional, padrões éticos e experiência na área;
– não possuir fins lucrativos;
– os diretores e administradores, com qualificação adequada e experiência na área, devem ser cadastrados pela Polícia Federal e aprovados pela Autoridade Central Federal Brasileira;
– deve haver supervisão de suas atividades, inclusive financeiras, pelas autoridades de sua sede e do país de acolhida.

Obrigações e deveres dos organismos credenciados (art. 52, § 4º, inc. IV a VI, §§ 12 e 14)
– apresentação de relatório anual de suas atividades à Autoridade Federal e de relatório com o acompanhamento específico das adoções internacionais efetivas no período, este encaminhado também à Polícia Federal;
– apresentação de relatórios semestrais às Autoridades Estadual e Federal durante o período pós-adotivo, pelo prazo mínimo de 2 anos e até a juntada de cópia do registro civil da criança ou adolescente com a fixação de sua cidadania no país de acolhida;
– providenciar junto aos adotantes o envio da certidão de registro de nascimento estrangeira e do certificado de nacionalidade à Autoridade Federal;
– o organismo credenciado não pode representar uma pessoa ou seu cônjuge que já estejam representados por outra entidade credenciada, ou seja, não pode haver duas entidades auxiliando uma mesma pessoa ou casal na obtenção da adoção;
– os representantes de organismos de adoção não podem manter contato direto com dirigentes de programas de acolhimento institucional ou familiar, nem tampouco com os jovens a serem adotados, ressalvada expressa autorização judicial em contrário.

Causas de descredenciamento do organismo (art. 52, §§ 5º e 11 e art. 52-A)
– não apresentação dos relatórios indicados acima;
– cobrança abusiva de valores para prestação dos serviços do organismo;
– repasse de recursos de organismos estrangeiros de intermediação a entidades nacionais com essa função ou a pessoas físicas.

5.7. Efeitos da adoção

A **sentença** que julga a adoção tem natureza **constitutiva**, ou seja, opera uma modificação no estado jurídico das pessoas envolvidas, criando para as partes um vínculo jurídico antes inexistente – e desfazendo o vínculo anterior da criança ou do adolescente. O adotante passa a possuir o status jurídico de pai; o adotado, o de filho. Seus **efeitos** operam ***ex nunc***, são produzidos a partir do trânsito em julgado (art. 47, § 6º). Excepcionalmente, no caso da **adoção póstuma**, os efeitos são também ***ex tunc***, pois alcançam a data do óbito.

No que toca ao nome, a adoção concede à criança ou ao adolescente o sobrenome dos adotantes e pode haver modificação do prenome, tanto a pedido do adotado, quanto a pedido dos adotantes, caso em que o filho será obrigatoriamente ouvido (§§ 5º e 6º).

O novo registro de nascimento pode ser lavrado diretamente no Cartório do Registro Civil do Município de residência dos adotantes (art. 47, § 3º). Para preservar os direitos da personalidade do adotado, **certidões** extraídas do registro **não** podem conter quaisquer **observações sobre a adoção** (§ 4º). Essa prescrição legal tem por objetivo evitar que o adotado sofra quaisquer preconceitos que poderiam advir de uma anotação acerca de seu estado de filiação.

No que se refere à adoção internacional, o que ganha importância são as providências tomadas após a prolação da sentença. A saída da criança ou do adolescente do território nacional somente é permitida após o trânsito em julgado da sentença (art. 52, § 8º), momento em que será determinada a expedição de alvará para autorização de viagem e obtenção de passaporte (§ 9º).

Por fim, o prazo máximo para conclusão da ação de adoção será de 120 dias, prorrogável uma única vez por igual período (art. 47, §10).

Efeitos da adoção
– sentença de natureza constitutiva, com efeitos *ex nunc*, em regra, e *ex tunc*, no caso de adoção póstuma;
– o adotado passa a ter o sobrenome dos adotantes; pode haver modificação do prenome, sendo que, se for a pedido dos adotantes, o filho deve ser ouvido a respeito;
– registro civil pode ser realizado no município dos adotantes, sendo que as certidões não podem fazer referência à adoção;
– na adoção internacional, somente após o trânsito em julgado da sentença é que pode ser expedido o alvará de autorização de viagem e obtenção de passaporte para saída do país.

5.8. Direito de conhecer a origem biológica

Embora a adoção forme vínculos irrevogáveis entre o adotado e os adotantes (art. 39, § 1º), o adolescente, ao alcançar a maioridade, tem direito de conhecer sua **origem**, de saber quem são seus **pais biológicos** (art. 48). De modo a permitir o exercício desse direito por parte do adotado, o Estatuto determina o armazenamento dos dados referentes aos processos (art. 47, § 8º).

Educação

1. INTRODUÇÃO

Em sequência ao estudo dos direitos fundamentais da criança e do adolescente, o capítulo IV do Estatuto (arts. 53 a 59) traz como título os direitos à educação, à cultura, ao esporte e ao lazer. Na Constituição da República, esses direitos estão disciplinados nos artigos 205 e 217. Os direitos à educação, à cultura, ao esporte e ao lazer não podem ser menosprezados, vistos como supérfluos ou como meramente programáticos.

Pelo contrário, esses direitos devem ser observados e realizados da melhor forma possível, pois estão ligados ao desenvolvimento sadio e pleno de nossas crianças e adolescentes. É através do acesso à educação e à cultura que formaremos adultos mais qualificados para o trabalho, mais conscientes de seus deveres cívicos, mais atentos à criação de seus próprios filhos. De igual modo, o acesso ao esporte e ao lazer afasta o adolescente das drogas, da marginalidade; é o esporte que o ensina a respeitar o adversário, a importância de perseverar em seus objetivos, a consciência de que a derrota serve de aprendizado, de superação, e que a vitória não é motivo para tripudiar sobre o concorrente.

Todos esses componentes hão de formar adultos melhores, éticos e honrados. É esse o salto qualitativo de que necessita nossa sociedade, ou seja, é através do investimento público levado a sério em educação, cultura, esporte e lazer que poderemos elevar o desenvolvimento de nossos cidadãos.

2. DIREITO À EDUCAÇÃO

A rigor, o que o Estatuto disciplina no capítulo é o direito à educação, objeto dos artigos 53 a 58, ao passo em que os demais direitos recebem menção apenas no artigo 59. Por isso, o tema a ser estudado mais a fundo na presente obra é, especificamente, o direito à educação.

O artigo 205 da Constituição não poderia ser mais claro ao prever que *"a educação, direito de todos e dever do Estado e da família, será promovida e incentivada com a colaboração da sociedade, visando ao pleno desenvolvimento da pessoa, seu preparo para o exercício da cidadania e sua qualificação para o trabalho"*.

No âmbito do Estatuto, o artigo 54 apresenta os deveres do Poder Público no que tange ao direito à educação de crianças e adolescentes, que encontra perfeita correspondência no artigo 208 da Constituição. Veja-se o quadro de deveres do Estado:

Deveres do Estado relativos à Educação (art. 54)	
	I – ensino fundamental, obrigatório e gratuito, inclusive para os que a ele não tiveram acesso na idade própria;
	II – progressiva extensão da obrigatoriedade e gratuidade ao ensino médio;
	III – atendimento educacional especializado aos portadores de deficiência, preferencialmente na rede regular de ensino;
	IV – atendimento em creche e pré-escola às crianças de zero a cinco anos de idade;
	V – acesso aos níveis mais elevados do ensino, da pesquisa e da criação artística, segundo a capacidade de cada um;
	VI – oferta de ensino noturno regular, adequado às condições do adolescente trabalhador;
	VII – atendimento no ensino fundamental, através de programas suplementares de material didático-escolar, transporte, alimentação e assistência à saúde.
	§ 1º O acesso ao ensino obrigatório e gratuito é direito público subjetivo.
	§ 2º O não oferecimento do ensino obrigatório pelo poder público ou sua oferta irregular importa responsabilidade da autoridade competente.
	§ 3º Compete ao poder público recensear os educandos no ensino fundamental, fazer-lhes a chamada e zelar, junto aos pais ou responsável, pela frequência à escola.

Conforme se extrai do artigo 54, o Estado é o grande artífice da educação de crianças e adolescentes, pois lhe compete oferecer o ensino público gratuito. Trata-se de um direito subjetivo a esse dever prestacional e é possível recorrer ao Judiciário em busca de sua implementação.

Além dos deveres estatais, os pais também precisam cumprir seu dever de matricular os filhos na escola (art. 55), sendo que a omissão pode caracterizar o crime de abandono intelectual (Código Penal, art. 246). Para sanar essa grave omissão, pode-se determinar a aplicação de medida proteção aos pais ou responsável (art. 129, inciso V). Nessa ordem de ideias, o Estatuto também prevê a punição da autoridade competente que deixar de oferecer o ensino público obrigatório (art. 54, § 2º).

3. COMUNICAÇÃO AO CONSELHO TUTELAR

O art. 56 destaca que é dever dos dirigentes de estabelecimento de ensino fundamental a comunicação ao Conselho Tutelar de situação de maus-tratos, reiteração de faltas injustificadas, evasão escolar e elevado nível de repetência. O objetivo final da norma é possibilitar a proteção de integral de crianças e adolescentes (art. 1º). Diante de situação de risco, o Conselho Tutelar é chamado a analisar o caso e poderá tomar as providências elencadas no Estatuto (art. 136, inciso III). A omissão da comunicação ao Conselho Tutelar em caso de maus-tratos caracteriza infração administrativa por parte do dirigente do estabelecimento educacional (art. 245).

Profissionalização e proteção ao trabalho

1. INTRODUÇÃO

O último capítulo referente aos direitos fundamentais no Estatuto da Criança e do Adolescente trata do direito à profissionalização e à proteção ao trabalho (arts. 60 a 69). Trata-se de tópico voltado aos adolescentes, pois a **criança** (aquela pessoa que ainda não completou 12 anos – art. 2º) **não pode trabalhar**. O adolescente, a partir dos **14 anos completos**, pode trabalhar **em determinadas condições**.

O trabalho realizado pelo adolescente não deve possuir meramente o viés de contraprestação pecuniária. As diretrizes que regem o tema são (i) o respeito à condição peculiar de pessoa em desenvolvimento, e (ii) a capacitação profissional adequada ao mercado de trabalho (art. 69).

> **Importante:**
>
> Criança não pode trabalhar; adolescente, a partir dos 14 anos completos, pode trabalhar em determinadas condições.

2. IDADE MÍNIMA PARA TRABALHO

A Constituição da República estabelece no art. 7º, inciso XXXIII, que é proibido o *"trabalho noturno, perigoso ou insalubre a menores de 18 (dezoito) e de qualquer trabalho a menores de 16 (dezesseis) anos, salvo na condição de aprendiz, a partir de 14 (quatorze) anos"*.

Na mesma linha, o inciso I do § 3º do artigo 227, ao tratar do direito à proteção especial, prevê a *"idade mínima de quatorze anos para admissão ao trabalho, observado o disposto no art. 7º, XXXIII"*.

A redação da Constituição é absolutamente clara, mas a do Estatuto, infelizmente, gera confusões interpretativas. O artigo 60 que dispõe que *"é proibido qualquer trabalho a menores de quatorze anos de idade, salvo na condição de aprendiz"*.

Pelo dispositivo do Estatuto, seria possível entender que o adolescente com menos de 14 anos de idade pode trabalhar, desde que na condição de aprendiz. Isso por causa da expressão dúbia "menores de quatorze anos", que pode significar "aquele com menos de 14 anos". Essa, porém, não é a interpretação que se adéqua à Constituição da República. Ao se referir a "menores de quatorze anos", o Estatuto se referiu àquele que já completou 14 anos de idade.

Por sua vez, na Consolidação das Leis do Trabalho (CLT), o trabalho do adolescente está disciplinado nos artigos 402 a 441. O artigo 402 não deixa dúvidas acerca de quem pode trabalhar:

> "Considera-se menor para os efeitos desta Consolidação o trabalhador de quatorze até dezoito anos."

Assim, tem-se que o trabalho é possível ao adolescente de 14 anos de idade na condição de aprendiz. A partir de 16 anos, o adolescente pode trabalhar como empregado regular, mas não pode executar trabalho noturno, perigoso ou insalubre. A partir de 18 anos, o adolescente atinge a maioridade e pode exercer qualquer tipo de trabalho.

Idade	Trabalho
Criança (até 12 anos incompletos)	Não pode exercer nenhum trabalho;
Adolescente de 12 anos completos a 14 anos incompletos	Não pode exercer nenhum trabalho;
Adolescente de 14 completos a 16 anos incompletos	Trabalho apenas na condição de aprendiz;
Adolescente de 16 completos a 18 incompletos	Pode trabalhar regularmente, exceto no período noturno ou função perigosa ou insalubre;
A partir de 18 anos	Atinge a maioridade e pode exercer qualquer tipo de trabalho.

3. PROTEÇÃO AO TRABALHO DO ADOLESCENTE

O artigo 61 do Estatuto remete a proteção ao trabalho do adolescente à legislação especial, ou seja, a Consolidação das Leis do Trabalho (arts. 402 a 441), mas destaca alguns aspectos protetivos em seus artigos 62 a 69. Dentre as previsões do Estatuto, encontram-se normas relacionadas a comandos constitucionais.

Veja-se o quadro abaixo:

Principais características da proteção ao trabalho do adolescente (arts. 62 a 69)
– garantia de acesso e frequência obrigatória ao ensino regular (art. 63, inc. I – CR, art. 227, § 3º, inc. III);
– atividade compatível com o desenvolvimento do adolescente (art. 63, inc. II);
– horário especial para o exercício das atividades (art. 63, III);
– garantia de direitos trabalhistas e previdenciários (art. 65 – CR, art. 227, § 3º, inc. II);
– trabalho protegido ao adolescente portador de deficiência (art. 66 - CR, art. 227, § 1º, inc. II);
– vedação ao trabalho noturno, perigoso, insalubre ou penoso (art. 67, inc. I e II- CR, art. 7º, inc. XXXIII);
– vedação ao trabalho realizado em locais prejudiciais à sua formação e desenvolvimento físico, psíquico, moral e social (art. 67, inc. III);
– vedação ao trabalho realizado em horários e locais que impeçam a frequência escolar (art. 67, inc. IV - CR, art. 227, § 3º, inc. III).

4. TRABALHO TÉCNICO-PROFISSIONAL PARA O APRENDIZ

O Estatuto estabelece que o adolescente de quatorze anos completos pode trabalhar como aprendiz. Essa possibilidade não significa porta aberta para o desempenho de qualquer trabalho, pois os artigos 62 e 63 descrevem o que se entende aprendizagem. De acordo com o artigo 62, aprendizagem é "formação técnico-profissional ministrada segundo as diretrizes e bases da legislação de educação em vigor". Além disso, o artigo 63 descreve princípios inerentes à formação técnico-profissional, a saber: "garantia de acesso e frequência obrigatória ao ensino regular; atividade compatível com o desenvolvimento do adolescente; e horário especial para o exercício das atividades".

CAPÍTULO VII

Prevenção

1. INTRODUÇÃO

O Título III (arts. 70 a 85) trata da prevenção à violação de direitos da criança e do adolescente (art. 70). Os dispositivos que tratam da prevenção estão fortemente ligados à doutrina da proteção integral. Afinal, o que se quer evitar é que a criança ou adolescente possa vir a ter problemas, possa se colocar em situação de risco. Conforme prescreve o artigo 70 do Estatuto,

> "é dever de todos prevenir a ocorrência de ameaça ou violação dos direitos da criança e do adolescente".

Além desse dever geral, o artigo 70-A trouxe ainda um dever específico de prevenção, focado na questão do uso de castigo físico ou de tratamento cruel ou degradante contra crianças e adolescentes.

Por fim, o artigo 70-B estabelece: "As entidades, públicas e privadas, que atuem nas áreas a que se refere o art. 71, dentre outras, devem contar, em seus quadros, com pessoas capacitadas a reconhecer e comunicar ao Conselho Tutelar suspeitas ou casos de maus-tratos praticados contra crianças e adolescentes".

A prevenção disciplinada pelo Estatuto se divide entre aquelas relativas ao direito a informação, cultura, lazer, esportes, diversões e espetáculos (arts. 74 a 80), a produtos e serviços (arts. 81 e 82), e à autorização para viajar (arts. 83 a 85).

A violação de normas referentes à prevenção acarreta a responsabilização de pessoas físicas e jurídicas. Em caso de violação com desdobramentos penais (prática de crimes e infrações administrativas), compete ao Ministério Público a persecução e apuração das responsabilidades. Por outro lado, no que tange aos aspectos cíveis, referentes à violação de direitos coletivos *lato sensu*, quaisquer de seus legitimados pode atuar, dentre os quais temos o próprio Ministério Público e a Defensoria Pública (Lei 7.347/85, art. 5º).

Prevenção à violação de direitos da criança e do adolescente	– informação, cultura, lazer, esportes, diversões e espetáculos (arts. 74 a 80)
	– a produtos e serviços (arts. 81 e 82)
	– autorização para viajar (arts. 83 a 85)

2. PREVENÇÃO REFERENTE À INFORMAÇÃO, CULTURA, LAZER, ESPORTES, DIVERSÕES E ESPETÁCULOS

Ao longo de seu desenvolvimento, crianças e adolescentes vão alcançando diferentes graus de maturidade. Como já destacado reiteradas vezes ao longo da obra, a doutrina da proteção integral está ligada à condição peculiar da criança e do adolescente como pessoa em desenvolvimento. Nessa ordem de ideias, o Poder Público, como um dos responsáveis pela proteção integral, deve regulamentar o acesso dos jovens a diversões e espetáculos (art. 74). Quer dizer, compete ao Poder Público balizar e qualificar a natureza dos eventos de entretenimento, bem como a faixa etária, os locais e horários de exibição.

Da mesma forma que o Poder Público tem deveres a cumprir na prevenção dos direitos das crianças e adolescentes, o particular responsável pelo evento assume o papel fundamental de prestar adequadamente seus serviços. Assim, o responsável por evento ou espetáculo deve exibir de forma clara na entrada do local a informação sobre sua natureza e a faixa etária indicada (art. 74, p.ú.). O mesmo vale para (i) programas de rádio e televisão, que devem indicar a faixa etária adequada do programa antes do início de sua apresentação (art. 76, p.ú.); (ii) para aqueles que trabalham com locação e venda de programas de vídeo (art. 77); e (iii) para revistas e publicações (art. 78). Por fim, o Estatuto não delega ao Poder Público a disciplina sobre a entrada e permanência de jovens em casas de bilhar e de jogos com apostas; a opção de política legislativa aqui foi de proibição taxativa do acesso (art. 80).

O descumprimento dessas previsões pelos particulares leva à caracterização das infrações administrativas previstas nos artigos 252 a 258.

3. PREVENÇÃO À VENDA DE PRODUTOS E SERVIÇOS

Os artigos 81 e 82 apresentam um rol de itens, produtos e serviços, que não podem ser vendidos a crianças e adolescentes. Veja-se o quadro:

Venda proibida a crianças e adolescentes (arts. 81)	I - armas, munições e explosivos;
	II - bebidas alcoólicas;
	III - produtos cujos componentes possam causar dependência física ou psíquica ainda que por utilização indevida;
	IV - fogos de estampido e de artifício, exceto aqueles que pelo seu reduzido potencial sejam incapazes de provocar qualquer dano físico em caso de utilização indevida;
	V - revistas e publicações a que alude o art. 78;
	VI - bilhetes lotéricos e equivalentes;
SERVIÇO PROIBIDO →	I - hospedagem em hotel, motel, pensão ou congênere, salvo se autorizado ou acompanhado de pais ou responsável (art. 82).

No elenco de itens vedados à venda, uns são por demais óbvios, como armas e bebidas alcoólicas (art. 81, inc. I e II); outros, nem tanto, como a proibição de venda de bilhetes lotéricos e equivalentes (art. 81, inc. VI), cujo objetivo é afastar o adolescente dos jogos de azar. Se já não é possível seu ingresso e permanência em locais como casas de bilhar e aposta (art. 80), com igual razão não se há de permitir a venda de tais bilhetes.

Dentre os produtos que podem causar **dependência física ou psíquica** (art. 81, inc. III), inclui-se a **cola de sapateiro** e o cigarro. Acerca dos **fogos** de artifício e estampido, o Estatuto **autoriza** a venda a crianças e adolescentes daqueles que não possuam **nenhuma potencialidade lesiva**, como é o caso dos *estalinhos*.

A venda desses produtos a crianças e adolescentes pode caracterizar crime ou infração administrativa, conforme o caso. Por exemplo, a venda de armas e munições caracteriza crime conforme art. 242 do Estatuto. Já a venda ou fornecimento de bebida alcoólica e produtos que causam dependência está prevista como crime no art. 243 do Estatuto. Em relação a fogos de artifício, o crime é o do artigo 244.

Por fim, a **proibição à hospedagem** de criança ou adolescente em hotel, motel ou congênere (art. 82) pretende combater a prostituição infantil e a exploração sexual, crimes previstos no art. 244-A do Estatuto. Ainda que não haja o fim sexual criminoso, o estabelecimento que permite a hospedagem da criança ou adolescente sem autorização ou desacompanhada incide em infração administrativa, prevista no art. 250.

4. AUTORIZAÇÃO PARA VIAJAR

Importante trabalho desempenhado pela Justiça da Infância e Juventude diz respeito às autorizações para viajar. O Estatuto dá tratamento à matéria nos artigos

83 a 85, com o objetivo de combater o tráfico de crianças e também o afastamento do adolescente da convivência com um dos pais ou responsáveis.

Há hipóteses em que a autorização judicial não é necessária, ainda que a viagem seja ao exterior. É o que ocorre quando a criança ou adolescente viaja com um dos pais, autorizado expressamente pelo outro através de documento com firma reconhecida (art. 84, II).

Confira-se o quadro abaixo:

Demanda autorização judicial
– Viagem de criança ou adolescente menor de 16 anos para fora da comarca onde reside, desacompanhada de pais ou responsáveis (art. 83).
– Viagem para o exterior de criança ou adolescente nascida em território nacional acompanhada de estrangeiro residente ou domiciliado fora (art. 85).
Dispensa autorização judicial
– Viagem da criança ou adolescente menor de 16 anos para comarca contígua à de sua residência, no mesmo estado ou região metropolitana (art. 83, § 1º, "a").
– Viagem de criança ou adolescente menor de 16 anos acompanhada de ascendente ou colateral maior, até o 3º grau, com prova documental do parentesco (art. 83, § 1º, "b", 1).
– Viagem de criança ou adolescente menor de 16 anos acompanhada de pessoa maior expressamente autorizada pelo pai, mãe ou responsável (art. 83, § 1º, "b", 2).
– Viagem ao exterior de criança ou adolescente acompanhado de ambos os pais ou responsável (art. 84, I).
– Viagem ao exterior de criança ou adolescente em companhia de um dos pais, autorizado expressamente pelo outro através de documento com firma reconhecida (art. 84, II).

Política de atendimento

1. INTRODUÇÃO

O Estatuto da Criança e do Adolescente está estruturado em dois livros, Livro I, Parte Geral (arts. 1º a 85), e Livro II, Parte Especial (arts. 86 a 267). Nesse Título I (arts. 86 a 97), o Estatuto trata da política de atendimento e suas linhas de ação e diretrizes, bem como das entidades de atendimento e sua fiscalização.

2. POLÍTICA DE ATENDIMENTO

Conforme estabelece o artigo 86,

> "A política de atendimento dos direitos da criança e do adolescente far-se-á através de um conjunto articulado de ações governamentais e não-governamentais, da União, dos estados, do Distrito Federal e dos municípios."

Como se vê, a consecução de políticas públicas compete primordialmente ao Poder Executivo, em suas esferas federal, estadual, distrital e municipal. Além disso, importante papel é desempenhado pelas entidades do terceiro setor (ONGs, fundações privadas etc.), com quem o Poder Público pode fazer parcerias para melhorar e ampliar a prestação de seus serviços – o dispositivo legal faz expressa referência a políticas "não governamentais". Por fim, ao Poder Legislativo, ao Ministério Público, à Defensoria Pública e à sociedade civil organizada toca a função de fiscalizar essas atividades, cobrar melhorias, propor soluções. É através da congregação de esforços de diversos setores que se torna possível construir uma estrutura de atendimento adequada para nossas crianças e adolescentes.

> **Importante:**
>
> Política de atendimento é o conjunto de medidas, ações e programas voltados ao atendimento de crianças e adolescentes, sejam públicas ou privadas.

2.1. Linhas de ação e diretrizes

Os artigos 87 e 88 do Estatuto prescrevem, respectivamente, as linhas de ação da política de atendimento e suas diretrizes – ambas não se confundem. Por linhas de ação, devem-se entender as atitudes concretas a serem realizadas pelo Poder Público, ao passo em que as diretrizes são o meio para alcançá-las.

Assim, temos como ações a serem realizadas pelo Poder Público ou por entidades ligadas à filantropia (terceiro setor) em trabalho de parceria:

Linhas de ação da Política de Atendimento (art. 87)	I - políticas sociais básicas; II - serviços, programas, projetos e benefícios de assistência social de garantia de proteção social e de prevenção e redução de violações de direitos, seus agravamentos ou reincidências; III - serviços especiais de prevenção e atendimento médico e psicossocial às vítimas de negligência, maus-tratos, exploração, abuso, crueldade e opressão; IV - serviço de identificação e localização de pais, responsável, crianças e adolescentes desaparecidos; V - proteção jurídico-social por entidades de defesa dos direitos da criança e do adolescente; VI - políticas e programas destinados a prevenir ou abreviar o período de afastamento do convívio familiar e a garantir o efetivo exercício do direito à convivência familiar de crianças e adolescentes; VII - campanhas de estímulo ao acolhimento sob forma de guarda de crianças e adolescentes afastados do convívio familiar e à adoção, especificamente inter-racial, de crianças maiores ou de adolescentes, com necessidades específicas de saúde ou com deficiências e de grupos de irmãos.

Com relação ao inciso IV do artigo 87, estabelece-se como política de atendimento a implantação de serviços de identificação e localização de pais, responsáveis, crianças e adolescentes desaparecidos. Nesse contexto, foi promulgada a Lei nº 12.127/2009, que criou o Cadastro Nacional de Crianças e Adolescentes Desaparecidos.

Por sua vez, as diretrizes são as seguintes:

Diretrizes da política de atendimento (art. 88)	I - municipalização do atendimento; II - criação de conselhos municipais, estaduais e nacional dos direitos da criança e do adolescente, órgãos deliberativos e controladores das ações em todos os níveis, assegurada a participação popular paritária por meio de organizações representativas, segundo leis federal, estaduais e municipais; III - criação e manutenção de programas específicos, observada a descentralização político-administrativa; IV - manutenção de fundos nacional, estaduais e municipais vinculados aos respectivos conselhos dos direitos da criança e do adolescente; V - integração operacional de órgãos do Judiciário, Ministério Público, Defensoria, Segurança Pública e Assistência Social, preferencialmente em um mesmo local, para efeito de agilização do atendimento inicial a adolescente a quem se atribua autoria de ato infracional; VI - mobilização da opinião pública no sentido da indispensável participação dos diversos segmentos da sociedade; VI - integração operacional de órgãos do Judiciário, Ministério Público, Defensoria, Conselho Tutelar e encarregados da execução das políticas sociais básicas e de assistência social, para efeito de agilização do atendimento de crianças e de adolescentes inseridos em programas de acolhimento familiar ou institucional, com vista na sua rápida reintegração à família de origem ou, se tal solução se mostrar comprovadamente inviável, sua colocação em família substituta, em quaisquer das modalidades previstas no art. 28 desta Lei; VII - mobilização da opinião pública para a indispensável participação dos diversos segmentos da sociedade. VIII - especialização e formação continuada dos profissionais que trabalham nas diferentes áreas da atenção à primeira infância, incluindo os conhecimentos sobre direitos da criança e sobre desenvolvimento infantil; IX - formação profissional com abrangência dos diversos direitos da criança e do adolescente que favoreça a intersetorialidade no atendimento da criança e do adolescente e seu desenvolvimento integral; X - realização e divulgação de pesquisas sobre desenvolvimento infantil e sobre prevenção da violência.

Especificamente em relação à municipalização do atendimento (art. 88, inc. I), o objetivo do Estatuto é permitir o contato mais direto do Poder Público com a população, em razão da maior proximidade entre os cidadãos e os órgãos municipais. Em outras palavras, as **entidades** prestadoras de serviços a crianças e adolescentes devem surgir no **âmbito municipal** – logicamente com o auxílio técnico e financeiro do estado-membro e da União.

Ainda dentre as diretrizes, o inciso II estabelece a necessidade de criação de Conselhos dos Direitos da Criança e do Adolescente em âmbito municipal, estadual e nacional, cuja função é atuar como órgão deliberativo e controlador das ações previstas no artigo 87. Os Conselhos Municipais devem cooperar e atuar lado a lado com o Conselho Tutelar e o Juizado da Infância e da Juventude.

3. ENTIDADES DE ATENDIMENTO

A execução das políticas de atendimento relacionadas a programas de proteção e socioeducativos deve ser realizada através de entidades governamentais ou não governamentais. Os programas de proteção estão relacionados aos jovens que estão em situação de risco (art. 98), com seus direitos ameaçados ou violados, enquanto os programas socioeducativos estão voltados ao adolescente que praticou ato infracional.

Observe o quadro baseado no artigo 90 do Estatuto:

Campo de atuação das entidades de atendimento (art. 90)	I - orientação e apoio sociofamiliar; II - apoio socioeducativo em meio aberto; III - colocação familiar; IV - acolhimento institucional; V – prestação de serviços à comunidade VI – liberdade assistida; VII - semiliberdade; VIII - internação.	Programas de proteção e socioeducativos

3.1. Registro das entidades junto ao Conselho Municipal

Os artigos 90 a 94 do Estatuto contêm uma série de regras sobre as entidades de atendimento, mas os dispositivos não estão dispostos com coerência lógica e sua análise deve ser cuidadosa.

As entidades governamentais, em virtude de sua origem pública, gozam da presunção de idoneidade para a prestação de atividades ligadas a crianças e adolescentes. Em relação às entidades não governamentais, antes do início de suas atividades, é preciso realizar seu registro junto ao Conselho Municipal de Direitos da Criança e do Adolescente. Na oportunidade, a entidade deve demonstrar que (i) mantém boas instalações físicas, (ii) possui plano de trabalho compatível com os princípios do Estatuto, (iii) está regularmente constituída, (iv) é composta por pessoas idôneas, (v) atende às orientações dos Conselhos de Direitos da Criança e do Adolescente (art. 91, § 2º). Preenchidos os requisitos, a entidade recebe autorização para funcionamento pelo prazo de 4 anos, que pode ser renovado, desde que a entidade demonstre que continua a preencher os requisitos legais para sua atuação (art. 91, § 2º).

Além do registro, é requisito essencial para o funcionamento de todas as entidades de atendimento, sejam governamentais ou não, a inscrição de seus programas no Conselho Municipal dos Direitos da Criança e do Adolescente (art. 90, § 1º).

Compete ao Conselho Municipal reavaliar os programas em execução a cada 2 anos, sendo requisitos para sua aprovação: (i) respeito às regras e princípios do Estatuto; (ii) qualidade e eficiência do trabalho desenvolvido; (iii) índice de sucesso na reintegração familiar ou de adaptação em família substituta para as entidades ligadas ao acolhimento familiar ou institucional (art. 90, § 3º).

3.2. Entidades voltadas ao acolhimento institucional e familiar

Essas entidades atuam nos casos em que a criança ou o adolescente está afastado da família natural, seja em virtude do falecimento ou desaparecimento dos pais, seja em decorrência de abusos ou violação a seus direitos no ambiente familiar.

O artigo 92 lista os princípios a serem seguidos por essas entidades em sua atuação:

Princípios das entidades de acolhimento (art. 92)	I - preservação dos vínculos familiares e promoção da reintegração familiar; II - integração em família substituta, quando esgotados os recursos de manutenção na família natural ou extensa; III - atendimento personalizado e em pequenos grupos; IV - desenvolvimento de atividades em regime de coeducação; V - não desmembramento de grupos de irmãos; VI - evitar, sempre que possível, a transferência para outras entidades de crianças e adolescentes abrigados; VII - participação na vida da comunidade local; VIII - preparação gradativa para o desligamento; IX - participação de pessoas da comunidade no processo educativo.

Os dois primeiros incisos do artigo 92 reafirmam a diretriz do Estatuto de forma mais enfática, que é a prioridade de preservação dos vínculos familiares naturais, através do trabalho junto a todos os membros da família, com o objetivo de reintegrar a criança ou o adolescente – somente quando esgotadas essas tentativas, é que se deve buscar a família substituta.

Através do § 2º do artigo 92, foi estabelecida a obrigação de envio de relatórios à autoridade judiciária sobre a situação de cada criança ou adolescente e de sua família, no máximo, a cada 6 meses, conforme consta também do artigo 19, § 1º.

O período de permanência da criança ou adolescente em programa de acolhimento institucional ou familiar não impede, por si só, o direito de visitação de pais e parentes. Pelo contrário, o contato entre o acolhido e sua família deve ser estimulado, pois o que se busca – sempre prioritariamente – é a reintegração à família natural (art. 92, § 4º).

O parágrafo primeiro do art. 92 estabelece uma modalidade peculiar de guarda, que decorre não da sentença judicial, mas do múnus público decorrente do cargo exercido pela pessoa. O Estatuto equipara o dirigente da entidade ao guardião, de modo que este pode se opor a terceiros, inclusive aos pais da criança ou do adolescente.

Excepcionalmente, as entidades de acolhimento institucional podem receber crianças ou adolescentes sem determinação judicial, mas a comunicação do ocorrido deve ser feita ao Juizado da Infância e da Juventude no prazo de 24 horas (art. 93). Fora desses casos, para que se faça o acolhimento institucional, há a necessidade de expedição de Guia de Acolhimento, cujos requisitos estão elencados nos incisos do § 3º do artigo 101.

Tão logo a criança ou adolescente seja encaminhada a programa de acolhimento institucional ou familiar, deve ser estabelecido um plano de atendimento à sua situação específica, a ser elaborado pela equipe técnica do programa. A opinião da criança ou adolescente, de acordo com sua capacidade de discernimento, e dos pais deve ser levada em consideração (art. 101, §§ 4º a 6º).

O acolhimento deve ser realizado em local próximo da residência dos pais ou responsável para permitir e estimular o contato da criança ou adolescente abrigado. Além disso, dentro da ideia de se *trabalhar a família*, pais, responsáveis e irmãos devem ser incluídos em programas oficias de orientação, apoio e promoção social. Tão logo a família esteja apta a ser reunida novamente, o programa de acolhimento deve comunicar ao Juízo da Infância e da Juventude.

Somente se forem frustradas as tentativas de melhoria de condições de toda a família através dos programas oficiais, ou seja, somente depois de esgotadas as possibilidades de reintegração familiar, o programa de acolhimento deve encaminhar relatório ao Ministério Público para que este tome providências referentes à destituição do poder familiar, da tutela ou da guarda (art. 101, §§ 7º a 9º).

O Estatuto determina a obrigação de a Justiça da Infância e da Juventude criar e manter um cadastro atualizado das crianças e adolescentes em programas de acolhimento institucional e familiar, ao qual terão acesso o Ministério Público, o Conselho Tutelar, o órgão gestor de Assistência Social e os Conselhos Municipais de Direitos da Criança e do Adolescente e da Assistência Social. Não se entende por que não consta a Defensoria Pública neste rol. Afinal, a imensa maioria das famílias e crianças e adolescentes envolvidos com programas de acolhimento é pobre, hipossuficiente. Se a missão constitucional da Defensoria Pública é prestar assistência jurídica ao hipossuficiente, é certo que deve atuar junto aos demais órgãos já citados na promoção e implementação desses programas (art. 101, §§ 11 e 12).

Por fim, no caso de acolhimento institucional de crianças de 0 a 3 anos, é preciso dar atenção especial e diferenciada, com educadores de referência estáveis e qualitativamente significativos, que atuem prioritariamente com afeto (art. 92, § 7º).

3.3. Entidades voltadas à internação

São aquelas que prestam serviços ligados ao adolescente que praticou ato infracional e recebeu a medida socioeducativa de internação. O artigo 94 elenca, em rol exemplificativo, as obrigações a que estão sujeitos tais programas:

Obrigações das entidades de internação (art. 94)
I - observar os direitos e garantias de que são titulares os adolescentes;
II - não restringir nenhum direito que não tenha sido objeto de restrição na decisão de internação;
III - oferecer atendimento personalizado, em pequenas unidades e grupos reduzidos;
IV - preservar a identidade e oferecer ambiente de respeito e dignidade ao adolescente;
V - diligenciar no sentido do restabelecimento e da preservação dos vínculos familiares;
VI - comunicar à autoridade judiciária, periodicamente, os casos em que se mostre inviável ou impossível o reatamento dos vínculos familiares;
VII - oferecer instalações físicas em condições adequadas de habitabilidade, higiene, salubridade e segurança e os objetos necessários à higiene pessoal;
VIII - oferecer vestuário e alimentação suficientes e adequados à faixa etária dos adolescentes atendidos;
IX - oferecer cuidados médicos, psicológicos, odontológicos e farmacêuticos;
X - propiciar escolarização e profissionalização;
XI - propiciar atividades culturais, esportivas e de lazer;
XII - propiciar assistência religiosa àqueles que desejarem, de acordo com suas crenças;
XIII - proceder a estudo social e pessoal de cada caso;
XIV - reavaliar periodicamente cada caso, com intervalo máximo de seis meses, dando ciência dos resultados à autoridade competente;
XV - informar, periodicamente, o adolescente internado sobre sua situação processual;
XVI - comunicar às autoridades competentes todos os casos de adolescentes portadores de moléstias infectocontagiosas;

XVII - fornecer comprovante de depósito dos pertences dos adolescentes;

XVIII - manter programas destinados ao apoio e acompanhamento de egressos;

XIX - providenciar os documentos necessários ao exercício da cidadania àqueles que não os tiverem;

XX - manter arquivo de anotações onde constem data e circunstâncias do atendimento, nome do adolescente, seus pais ou responsável, parentes, endereços, sexo, idade, acompanhamento da sua formação, relação de seus pertences e demais dados que possibilitem sua identificação e a individualização do atendimento.

4. FISCALIZAÇÃO DAS ENTIDADES

É feita pelo Judiciário, pelo Ministério Público e pelos Conselhos Tutelares (art. 95). Embora não prevista nesse rol, naturalmente a Defensoria Pública também tem legitimidade para fiscalização na medida em que tais entidades prestam serviços primordialmente a pessoas de baixo poder aquisitivo. Além disso, a Defensoria Pública é legitimada para buscar a tutela de direitos coletivos através da ação civil pública (art. 5º, II, Lei nº 7.347/85).

5. MEDIDAS APLICÁVEIS À ENTIDADE E A SEUS DIRIGENTES

O art. 97 apresenta um rol de medidas que podem ser aplicadas às entidades de atendimento que descumprem suas obrigações. Deve-se frisar que esse elenco é aplicável às entidades, e não aos dirigentes. A esses, são cabíveis as medidas previstas no art. 193, § 4º. Não se pode aplicar multa à entidade, pois tal sanção traria maiores prejuízos aos beneficiários do serviço.

Medidas de proteção

1. INTRODUÇÃO

O Título II do Livro II do Estatuto da Criança e do Adolescente (arts. 98 a 102) dispõe acerca das medidas de proteção aplicáveis a crianças e adolescentes em situação de risco. A verificação da existência dessa situação é importante por duas razões: (i) aplicação de medidas específicas de proteção e (ii) fixação da competência do Juízo da Infância e Juventude.

2. SITUAÇÃO DE RISCO

São hipóteses em que os **direitos** da criança ou adolescente estão **ameaçados** ou foram **violados**. Em outras palavras, quando se verificar que algum direito infanto-juvenil está ameaçado ou foi violado, tem-se a situação de risco que permite a aplicação de medidas de proteção. O **objetivo** das medidas de proteção, naturalmente, é **sanar a violação do direito** ou impedir que tal ocorra.

A referência do artigo 98 a direitos ameaçados ou violados tem relação com o princípio da inafastabilidade do controle judicial, previsto no art. 5º, inciso XXXV, da Constituição da República, segundo o qual "a lei não excluirá da apreciação do Poder Judiciário lesão ou ameaça a direito". Com a possibilidade de se buscar o Judiciário para sanar a mera ameaça ao direito, evita-se que a função desse Poder seja meramente reparatória, que atue sempre *post factum*, após a ocorrência da lesão. Conforme sempre frisado ao longo do livro, o Estatuto é voltado para a aplicação do postulado da **proteção integral**, de maneira que as medidas de proteção servem como mais um instrumento importante para tutelar de forma plena a criança e o adolescente. Por isso, é possível a aplicação de medidas de proteção quando se está diante, não só de uma violação, mas também de uma ameaça à violação do direito. É uma forma de **tutela** eminentemente **preventiva e protetiva**, extremamente importante no âmbito do Estatuto da Criança e do Adolescente.

3. AGENTES

O artigo 98 elenca os agentes responsáveis pelas lesões ou ameaças de lesões aos direitos da criança e do adolescente. São eles: a sociedade, o Estado, os pais, o responsável, a própria criança ou adolescente. Da leitura desse rol, é possível perceber como é ampla a proteção dada pelo Estatuto, pois o adolescente é protegido até contra si próprio. Quando suas atitudes lhe são nocivas, ainda que não afetem terceiros, o Estatuto o alcança para protegê-lo. Mais uma vez se vê a materialização do conceito basilar do Estatuto, a proteção integral da criança e do adolescente. A aplicação de medidas de proteção tem lugar, por exemplo, quando a criança pratica um ato infracional, pois as medidas socioeducativas são aplicáveis apenas a adolescentes (art. 105).

Em relação aos demais agentes, é possível relacioná-los com outros dispositivos do Estatuto. Por exemplo, para proteção dos direitos da criança e do adolescente contra atos da sociedade, são previstos crimes e infrações administrativas (arts. 225 a 258-C). Ao Estado, são impostos deveres para com crianças e adolescentes (art. 54) que, descumpridos, permitem a correção através de instrumentos de controle, como as ações individuais e coletivas, movidas pelo Ministério Público ou pela Defensoria Pública. Por sua vez, os pais e responsáveis têm o dever de sustento, guarda e educação dos filhos (art. 22), cuja desobediência pode desaguar na perda ou suspensão do poder familiar ou na destituição do encargo de guardião ou tutor.

Enfim, como bem pontua o artigo 18 do Estatuto, "é dever de todos velar pela dignidade da criança e do adolescente, pondo-os a salvo de qualquer tratamento desumano, violento, aterrorizante, vexatório ou constrangedor". Assim, diante de situação concreta de ameaça ou violação a direitos da criança e do adolescente, seja quem for o agente causador, é possível a adoção das medidas de proteção previstas no Estatuto.

4. ROL DE PRINCÍPIOS

O parágrafo único ao artigo 100 apresenta um rol de doze princípios pertinentes à aplicação das medidas de proteção. Embora inseridos no bojo do artigo 100, dentro do capítulo pertinente às medidas específicas de proteção, esse rol transmite valores, mandados de otimização, que devem permear todo o Estatuto, todo o sistema jurídico da criança e do adolescente.

Mais do que indicar o modo de aplicação das medidas de proteção, esse rol de princípios deve informar a atuação de todos os atores envolvidos com a tutela da criança e do adolescente – juiz, promotores de justiça, defensores públicos, advogados, membros do Conselho Tutelar e das equipes interdisciplinares, membros dos Poderes Públicos, do Executivo e do Legislativo.

O artigo 100 dispõe que:

> "Na aplicação das medidas levar-se-ão em conta as necessidades pedagógicas, preferindo-se aquelas que visem ao fortalecimento dos vínculos familiares e comunitários". Além disso, o parágrafo único lista os princípios e esclarece seu conteúdo.

Princípio	Descrição
I - condição da criança e do adolescente como sujeitos de direitos	crianças e adolescentes são os titulares dos direitos previstos nesta e em outras Leis, bem como na Constituição Federal;
II - proteção integral e prioritária	a interpretação e aplicação de toda e qualquer norma contida nesta Lei deve ser voltada à proteção integral e prioritária dos direitos de que crianças e adolescentes são titulares;
III - responsabilidade primária e solidária do poder público	a plena efetivação dos direitos assegurados a crianças e a adolescentes por esta Lei e pela Constituição Federal, salvo nos casos por esta expressamente ressalvados, é de responsabilidade primária e solidária das 3 (três) esferas de governo, sem prejuízo da municipalização do atendimento e da possibilidade da execução de programas por entidades não governamentais;
IV - interesse superior da criança e do adolescente	a intervenção deve atender prioritariamente aos interesses e direitos da criança e do adolescente, sem prejuízo da consideração que for devida a outros interesses legítimos no âmbito da pluralidade dos interesses presentes no caso concreto;
V - privacidade	a promoção dos direitos e proteção da criança e do adolescente deve ser efetuada no respeito pela intimidade, direito à imagem e reserva da sua vida privada;
VI - intervenção precoce	a intervenção das autoridades competentes deve ser efetuada logo que a situação de perigo seja conhecida;
VII - intervenção mínima	a intervenção deve ser exercida exclusivamente pelas autoridades e instituições cuja ação seja indispensável à efetiva promoção dos direitos e à proteção da criança e do adolescente;
VIII - proporcionalidade e atualidade	a intervenção deve ser a necessária e adequada à situação de perigo em que a criança ou o adolescente se encontram no momento em que a decisão é tomada;
IX - responsabilidade parental	a intervenção deve ser efetuada de modo que os pais assumam os seus deveres para com a criança e o adolescente;

Princípio	Descrição
X - prevalência da família	na promoção de direitos e na proteção da criança e do adolescente deve ser dada prevalência às medidas que os mantenham ou reintegrem na sua família natural ou extensa ou, se isto não for possível, que promovam a sua integração em família substituta;
XI - obrigatoriedade da informação	a criança e o adolescente, respeitado seu estágio de desenvolvimento e capacidade de compreensão, seus pais ou responsável devem ser informados dos seus direitos, dos motivos que determinaram a intervenção e da forma como esta se processa;
XII - oitiva obrigatória e participação	a criança e o adolescente, em separado ou na companhia dos pais, de responsável ou de pessoa por si indicada, bem como os seus pais ou responsável, têm direito a ser ouvidos e a participar nos atos e na definição da medida de promoção dos direitos e de proteção, sendo sua opinião devidamente considerada pela autoridade judiciária competente, observado o disposto nos §§ 1º e 2º do art. 28 desta Lei.

5. MEDIDAS ESPECÍFICAS DE PROTEÇÃO

O Estatuto traz a previsão de um rol de medidas específicas de proteção no artigo 101. Como deixa clara a redação do *caput* desse dispositivo, trata-se de **elenco** meramente **exemplificativo**, *numerus apertus*.

Medidas específicas de proteção (art. 101)	I - encaminhamento aos pais ou responsável, mediante termo de responsabilidade; II - orientação, apoio e acompanhamento temporários; III - matrícula e frequência obrigatórias em estabelecimento oficial de ensino fundamental; IV - inclusão em serviços e programas oficiais ou comunitários de proteção, apoio e promoção da família, da criança e do adolescente; V - requisição de tratamento médico, psicológico ou psiquiátrico, em regime hospitalar ou ambulatorial; VI - inclusão em programa oficial ou comunitário de auxílio, orientação e tratamento a alcoólatras e toxicômanos; VII - acolhimento institucional; VIII - inclusão em programa de acolhimento familiar; IX - colocação em família substituta.

As medidas de proteção podem ser aplicadas isolada ou cumulativamente, bem como substituídas a qualquer tempo (art. 99). Dentre as medidas previstas, destaca-se o **acolhimento institucional** (inciso VII). Trata-se de **medida extrema**, a ser tomada com grande parcimônia, pois afasta a criança da convivência de sua família. Quando não for possível o retorno da criança ou adolescente ao seio de sua família natural, o acolhimento institucional serve como primeiro passo para a colocação em família substituta (art. 101, § 1º). É possível haver o acolhimento da criança ou adolescente durante certo período para sanar os problemas familiares que ocasionaram a situação de risco, de modo que posteriormente ela possa ser reintegrada à família. Essa é a diretriz traçada pelo Estatuto para a aplicação da medida de proteção, conforme se verifica do art. 100, que dá preferência à medida que vise ao fortalecimento dos vínculos familiares.

O **cumprimento das medidas** de proteção é feito pelo **Conselho Tutelar** (art. 136, inciso I).

Quando se verifica violação ou ameaça de violação aos direitos infanto-juvenis, podem ser tomadas medidas de proteção em benefício da criança ou adolescente. A prática demonstrou que diversos vitimados – além dos problemas mais diretos relacionados aos seus direitos que o levaram a obter o auxílio da Justiça Infância e da Juventude – não possuíam registro civil regular, seja pela total ausência de certidão de nascimento, seja pela falta de identificação do pai. Nesse contexto, o artigo 102 do Estatuto determina que "as medidas de proteção de que trata este Capítulo serão acompanhadas da regularização do registro civil".

Incumbe ao Ministério Público o importante papel de buscar, através da ação de investigação de paternidade, a regularização do registro no que se refere à identificação do genitor (§ 3ª). Inclusive, as modificações nos assentos de nascimento para inclusão do nome do pai ou averbação do reconhecimento de paternidade são isentos de multas, custas ou emolumentos e gozam de prioridade (§§ 5º e 6º). Excepcionalmente, o MP pode deixar de ajuizar a ação quando a criança for encaminhada para adoção (§ 4º).

6. SITUAÇÃO DE RISCO E FIXAÇÃO DE COMPETÊNCIA

A ocorrência de situação de risco serve como **critério de fixação de competência da Justiça da Infância e Juventude**, conforme previsão do parágrafo único do art. 148. O objetivo do dispositivo é maximizar a prestação jurisdicional à criança e ao adolescente. Diante de uma **situação de risco**, podem ser necessárias diferentes medidas de proteção e outras providências que precisem ser adotadas de forma coordenada e, ao **concentrar a competência** em um só juízo, a solução é mais eficaz.

Ao criar esse parâmetro de fixação de competência (art. 148, p.ú.), o Estatuto delimita as hipóteses que serão analisadas pelo Juízo da Infância e Juventude, não obstante algumas serem tipicamente vistas como demandas cuja competência é da vara de família. É o caso, por exemplo, de ações de guarda (alínea "a"), suprimento de consentimento para casamento ("c") e alimentos ("g").

Em outras palavras, tais demandas em geral são de competência da vara de família; se, porém, estiver caracterizada situação de risco (art. 98), então a competência é da Justiça da Infância e Juventude.

7. MEDIDA DE PROTEÇÃO X MEDIDA SOCIOEDUCATIVA

Ambas não se confundem. A medida de proteção é aplicável a criança ou adolescente, sempre que verificada hipótese de lesão ou ameaça de lesão a seus direitos. Estão previstas no art. 101, em rol exemplificativo, *numerus apertus*.

Por sua vez, a medida de socioeducativa é aplicável ao adolescente que pratica ato infracional análogo a crime ou contravenção. Suas modalidades estão previstas nos incisos I a VI, do art. 112, cujo rol é taxativo, *numerus clausus*.

Confira-se o quadro abaixo:

	Medida de proteção	Medida socioeducativa
A quem é aplicável	Criança e adolescente	Adolescente
Hipóteses de aplicação	Ocorrência de violação ou ameaça de violação aos direitos da criança ou adolescente.	Prática de ato infracional análogo a crime ou contravenção pelo adolescente.
Elenco de medidas	Art. 101	Art. 112, I a VI.
Tipo de rol	Exemplificativo	Taxativo

Prática de ato infracional: direitos e garantias

1. INTRODUÇÃO

Após disciplinar as medidas de proteção aplicáveis a crianças e adolescentes em situação de risco, o Estatuto passa a tratar, no Título III, da prática do ato infracional pelo adolescente, onde são disciplinados seus direitos individuais, suas garantias processuais e as medidas socioeducativas que lhe são aplicáveis.

Crime é o fato típico, antijurídico e culpável. Um dos elementos que compõem a culpabilidade é a imputabilidade, ou seja, uma pessoa inimputável (que não possui imputabilidade) não comete crime. Nosso sistema jurídico estabelece que o menor de 18 anos é inimputável e está sujeito à legislação especial, precisamente o Estatuto da Criança e do Adolescente (CR, art. 228; CP, art. 27; Estatuto, art. 104).

É preciso destacar que a criança também pratica ato infracional, mas a ela não são aplicáveis medidas socioeducativas, apenas medidas de proteção, conforme determina o art. 105. Ao adolescente, podem ser aplicadas medidas socioeducativas ou medidas de proteção (art.112).

> **Importante:**
>
> A criança ou o adolescente não pratica delito ou crime, mas sim ato infracional análogo (ou equiparado) a crime ou contravenção (art. 103).

2. TEMPO DO ATO INFRACIONAL/CRIME

O Estatuto e o Código Penal adotam o mesmo princípio, o da atividade. Considera-se praticado o ato infracional/crime no **momento da ação ou da omissão**, ainda que outro seja o do resultado (Estatuto, art. 104, p.ú.; Cód. Penal, art. 4º). Dessa forma, se o adolescente, na véspera de completar 18 anos, atira na vítima, que fica agonizando no hospital e falece dias depois, quando o adolescente já completara a maioridade, ser-lhe-á aplicado o Estatuto, pois a conduta (atirar) foi praticada quando era inimputável.

Pessoa	Legislação aplicável	Ato praticado	Medida
Criança (até 12 anos incompletos)	Estatuto da Criança e do Adolescente	Ato infracional	Medida de proteção
Adolescente (12 anos completos a 18 incompletos)	Estatuto da Criança e do Adolescente	Ato infracional	Medida de proteção e medida socioeducativa
Maior (18 anos completos)	Código Penal, Código de Processo Penal e Leis penais extravagantes	Crime ou contravenção	Pena privativa de liberdade, restritiva de direitos e multa

3. DIREITOS INDIVIDUAIS

Estão tratados nos artigos 106 a 109. Através de sua análise, é possível perceber que o Estatuto trouxe garantias ao adolescente que já estavam previstas na Constituição da República para os presos. Como a situação de ambos, maior e adolescente, é semelhante – na medida em que estão privados de sua liberdade –, o Estatuto elencou as mesmas garantias já previstas na Constituição, a fim de que não restassem dúvidas sobre a preservação de direitos fundamentais ao adolescente.

O rol de direitos do adolescente não está limitado aos dispositivos deste Capítulo. Há outros espalhados pelo Estatuto, inclusive alguns que não encontram correspondência com os direitos dos presos. Como exemplos, temos o art. 178 do Estatuto, que garante ao adolescente o **direito** de **não** ser **conduzido ou transportado** em **compartimento fechado** de veículo policial, e o art. 185, que **veda** o **cumprimento** de internação em **estabelecimento prisional**.

3.1. Privação de liberdade

A liberdade é direito fundamental previsto na Constituição da República (art. 5º, *caput*). Como todo direito, não é absoluto e excepcionalmente pode ser suprimido. A exceção ao direito de liberdade do adolescente está prevista no art. 106 do Estatuto – que tem redação análoga ao inciso LXI, art. 5º, da Constituição, que determina que "ninguém será preso senão em flagrante delito ou por ordem escrita e fundamentada de autoridade judiciária competente, [...]". Assim, tem-se que há duas hipóteses legítimas de **privação de liberdade**: (i) o **flagrante** e (ii) a **ordem judiciária**.

3.2. Identificação dos responsáveis pela apreensão

O parágrafo único do art. 106 estabelece que o adolescente tem direito de saber quais foram as **pessoas responsáveis pela sua apreensão** e de ser **informado sobre seus direitos**. Novamente, tem-se no Estatuto um dispositivo que prevê direitos fundamentais existentes na Constituição da República. Este parágrafo único congrega as garantias do art. 5º, incisos LXIII e LXIV, respectivamente: "o preso será informado de seus direitos [...]" e "o preso tem direito à identificação dos responsáveis por sua prisão [...]".

3.3. Comunicação à família

O art. 107 garante ao adolescente o direito de que sua **apreensão** seja **comunicada** à autoridade judiciária competente e **à sua família ou a pessoa por ele indicada**. Trata-se de direito fundamental previsto na Constituição para o preso, no art. 5º, inciso LXII: "a prisão de qualquer pessoa e o local onde se encontre serão comunicados imediatamente ao juiz competente e à família do preso ou à pessoa por ele indicada".

3.4. Liberação imediata

O parágrafo único do art. 107 determina que se examine a possibilidade de liberação imediata do adolescente. Esse dispositivo guarda relação com os incisos LXV e LXVI, do art. 5º, da Constituição, que tratam, respectivamente, do relaxamento da prisão ilegal e da concessão de liberdade provisória. O adolescente pode ser liberado quando sua **apreensão** tiver sido **ilegal** (exemplo: ordem de autoridade incompetente), ou quando, apreendido em flagrante de ato infracional, possa ser **reintegrado** prontamente **à família** (art. 174). O adolescente não está submetido ao pagamento de fiança.

3.5. Prazo de internação provisória

O adolescente pode ser apreendido em flagrante de ato infracional ou por ordem da autoridade judiciária (art. 106). Uma vez apreendido em qualquer dessas situações, deve-se verificar a possibilidade sua liberação imediata (art. 107, p.ú. e art. 174). Não sendo liberado, o adolescente permanece internado durante o processo de apuração do ato infracional que lhe foi atribuído. O **prazo máximo de internação provisória** a que o adolescente está submetido é de **45 dias**, conforme determinam os artigos 108 e 183.

Decorrido esse prazo, sem que o processo tenha chegado ao fim, o adolescente deve ser posto imediatamente em liberdade. Sua não liberação nessa situação caracteriza constrangimento ilegal, sanável por *Habeas Corpus*.

3.6. Identificação compulsória

O art. 109 apresenta o direito de o **adolescente civilmente identificado não** ser submetido à **identificação compulsória** nos órgãos policiais, salvo em caso de fundada dúvida. Trata-se de direito também previsto na Constituição – art. 5º, inciso LVIII: "o civilmente identificado não será submetido a identificação criminal, salvo nas hipóteses previstas em lei." Há lei específica acerca da matéria, que disciplina a identificação criminal: Lei nº 12.037/2009.

4. GARANTIAS PROCESSUAIS

Os artigos 110 e 111 estabelecem as garantias processuais de que goza o adolescente no curso do processo de apuração do ato infracional que lhe foi atribuído.

O artigo 110 estabelece de forma expressa que:

> "Nenhum adolescente será privado de sua liberdade sem o devido processo legal."

A regra está afinada com a previsão constitucional do art. 5º, inciso LIV:

> "ninguém será privado da liberdade ou de seus bens sem o devido processo legal".

Todos os demais princípios processuais podem ser extraídos princípio do devido processo legal, verdadeiro postulado constitucional. Assim, tem-se que ao adolescente são também garantidos os princípios do contraditório e da ampla defesa (CRFB, art. 5º, inciso LV), como desdobramentos daquele princípio reitor.

O artigo 111 apresenta um rol exemplificativo de garantias processuais do adolescente.

Garantias processuais (art. 111)	I - pleno e formal conhecimento da atribuição de ato infracional, mediante citação ou meio equivalente; II - igualdade na relação processual, podendo confrontar-se com vítimas e testemunhas e produzir todas as provas necessárias à sua defesa; III - defesa técnica por advogado; IV - assistência judiciária gratuita e integral aos necessitados, na forma da lei; V - direito de ser ouvido pessoalmente pela autoridade competente; VI - direito de solicitar a presença de seus pais ou responsável em qualquer fase do procedimento.

Medidas socioeducativas

1. INTRODUÇÃO

As medidas socioeducativas que podem ser impostas aos adolescentes que praticam atos infracionais estão disciplinadas nos artigos 112 a 125, sendo que cada uma possui peculiaridades e hipóteses de aplicação que devem ser analisadas com atenção.

2. ROL DE MEDIDAS SOCIOEDUCATIVAS

Está previsto de forma taxativa no artigo 112:

Medidas socioeducativas (art. 112)	
	I - advertência;
	II - obrigação de reparar o dano;
	III - prestação de serviços à comunidade;
	IV - liberdade assistida;
	V - inserção em regime de semiliberdade;
	VI - internação em estabelecimento educacional;

3. PRINCIPAIS CARACTERÍSTICAS

Para aplicação de medidas socioeducativas, o magistrado deve observar uma série de características e requisitos constantes do Estatuto da Criança e do Adolescente.

3.1. Requisitos para escolha da medida socioeducativa

O magistrado, ao decidir pela imposição de medida socioeducativa, deve observar (i) a capacidade do adolescente de cumpri-la; (ii) as circunstâncias e (iii) a gravidade do ato praticado (art. 112, § 1º).

3.2. Vedação de trabalhos forçados

É terminantemente vedada a prestação de trabalhos forçados (art. 112, § 2º; CR, art. 5º, inc. XLVII, al. "c").

3.3. Tratamento diferenciado para os portadores de deficiência mental

Os portadores de doença ou deficiência mental não tem a mesma capacidade de compreensão dos demais adolescentes; por isso, a medida que se lhes deve destinar não pode ser a mesma dos demais. Para eles, deve-se dar tratamento individualizado e especializado em local adequado (art. 112, § 3º).

3.4. Cumulação e substituição de medidas

É perfeitamente **possível** a cumulação de medidas socioeducativas e de proteção impostas a um adolescente (art. 113 c/c art. 99). Por exemplo, verificada a prática de ato infracional pelo adolescente, podem-lhe ser impostas cumulativamente as medidas socioeducativas de prestação de serviços à comunidade e liberdade assistida (art. 112, III e IV) e a medida de proteção consistente na matrícula e frequência obrigatórias em estabelecimento oficial de ensino fundamental (art. 112, VII c/c art. 101, III). De igual modo, as medidas também podem ser substituídas a qualquer tempo (art. 113 c/c art. 99). Nesse caso, em atenção ao princípio do contraditório, deve-se dar a oportunidade de o adolescente e seu defensor público (ou advogado) se manifestarem acerca da pertinência e adequação da substituição da medida.

3.5. Comprovação de autoria e materialidade da infração

O artigo 114 estabelece que a aplicação de medidas socioeducativas demanda **comprovação** de **autoria** e **materialidade**. O dispositivo materializa o princípio do devido processo legal, na medida em que, para impor ao adolescente o cumprimento de medida socioeducativa, é necessário que se estabeleça um processo em contraditório, com garantia de ampla defesa, a fim de apurar a atribuição feita pelo Ministério Público de cometimento de ato infracional. Após a oitiva do adolescente, da produção de provas (testemunhas do MP e da defesa, perícias) e de alegações finais, enfim, após o desenvolvimento regular e válido de um processo, diante da "existência de provas suficientes da autoria e da materialidade da infração" (art. 114 *caput*), então poderá o juiz impor ao adolescente o cumprimento de medida socioeducativa. Há, porém, duas **exceções**, a **remissão** e a **advertência**.

3.6. Idade máxima para cumprimento de medidas socioeducativas

O adolescente deve ser liberado compulsoriamente do cumprimento de quaisquer medidas aos **21 anos** (art. 121, § 5º). Se estiver internado, deve ser colocado em liberdade.

3.7. Prescrição de medidas socioeducativas

As medidas socioeducativas do Estatuto da Criança e do Adolescente possuem caráter pedagógico e visam a formar seu caráter e sua cidadania; ainda assim, não se pode deixar de destacar que há também uma conotação punitiva, repressiva de sua conduta, cuja finalidade é demonstrar que aquele seu proceder não é adequado em nossa sociedade. Esse poder-dever do Estado de apurar e impor medidas ao adolescente deve ser exercido em determinado prazo e está sujeito à prescrição, conforme estabelece súmula do Superior Tribunal de Justiça.

▸ **Importante:**

Súmula 338. A prescrição penal é aplicável nas medidas socioeducativas.

Principais características na aplicação de medidas socioeducativas
– deve-se observar (i) a capacidade do adolescente de cumpri-la; (ii) as circunstâncias e (iii) a gravidade do ato praticado;
– é vedada a imposição de trabalhos forçados;
– portadores de deficiência ou doença mental devem receber tratamento diferenciado;
– é possível a cumulação e substituição de medidas;
– é necessária a comprovação de autoria e materialidade, exceto em caso de remissão e de advertência;
– a idade limite para cumprimento de medida socioeducativa é 21 anos;
– as medidas socioeducativas estão sujeitas à prescrição.

4. MEDIDAS SOCIOEDUCATIVAS EM ESPÉCIE

4.1. Advertência

O artigo 115 deixa claro que a advertência nada mais é do que uma admoestação verbal feita ao adolescente. Trata-se da medida socioeducativa mais branda prevista pelo Estatuto e pode ser aplicada independentemente de prova cabal acerca da autoria (art. 114, p.ú.).

4.2. Obrigação de reparar o dano

O artigo 116 estabelece a medida socioeducativa de reparação do dano causado pelo adolescente nos seguintes termos:

> "Em se tratando de ato infracional com reflexos patrimoniais, a autoridade poderá determinar, se for o caso, que o adolescente restitua a coisa, promova o ressarcimento do dano, ou, por outra forma, compense o prejuízo da vítima."

Sua aplicação é bastante reduzida na prática, porque poucos são os adolescentes que efetivamente trabalham ou têm renda própria para poder ressarcir a vítima dos prejuízos financeiros causados pelo ato infracional. Um adolescente de 13 anos, por exemplo, sequer pode trabalhar; um de 14, apenas como aprendiz. A medida socioeducativa é imposta ao adolescente; ele é o responsável por seu cumprimento, não seus pais ou responsáveis, de modo que o juiz deve analisar a capacidade econômica do adolescente para verificar a adequação da medida.

4.3. Prestação de serviços à comunidade

Essa modalidade de medida socioeducativa não se confunde com a prestação de trabalhos forçados, expressamente proibida pela Constituição da República (art. 5º, inc. XLVII, alínea "c") e pelo Estatuto (art. 112, § 2º). Os **trabalhos forçados** possuem **caráter desumano**, desproporcional à capacidade de prestação daquele que é punido, ao passo em que a **prestação de serviços** à comunidade serve para que o adolescente **desenvolva** em si um **senso cívico**, ou seja, que apure sua percepção de cidadania, pois o serviço é realizado em entidades assistenciais, hospitais, escolas etc. A jornada de trabalho máxima que pode ser imposta ao adolescente é de 8 horas semanais e desde que não interfira na frequência escolar ou em atividades profissionais. Além disso, a medida tem prazo máximo de 6 meses de duração.

4.4. Liberdade assistida

Os artigos 118 e 119 disciplinam a medida socioeducativa de liberdade assistida. Trata-se da medida mais rígida dentre as não privativas de liberdade, pois importa em maior número de obrigações para o adolescente. Durante o período de liberdade assistida, o adolescente é acompanhado pela equipe interdisciplinar de uma entidade de atendimento, responsável por promover socialmente o adolescente e sua família, supervisionar sua frequência e aproveitamento escolar, diligenciar acerca de sua profissionalização e inserção no mercado de trabalho (art. 119, incisos I, II e III). A equipe de atendimento deve apresentar relatórios à autoridade judiciária (art. 1119, IV) para que se avalie a necessidade de sua prorrogação, substituição ou mesmo de seu encerramento (art. 118, § 2º). O prazo mínimo é de 6 meses de duração para a medida de liberdade assistida.

Prestação de serviços X liberdade assistida	
Medida socioeducativa	**Prazo**
Prestação de serviços à comunidade	Máximo de 6 meses (art. 117)
Liberdade assistida	Mínimo de 6 meses (art. 118, § 2º)

4.5. Semiliberdade

Essa é uma medida socioeducativa que priva, em parte, a liberdade do adolescente. Pode ser fixada desde o início ou como forma de transição para o meio aberto (art. 120). O adolescente **trabalha e estuda durante o dia** e, no período **noturno**, fica **recolhido** em entidade especializada. A realização de atividades externas não depende de autorização judicial. As disposições referentes à internação são aplicáveis, no que couber, ao regime de semiliberdade. Nesse sentido, quanto ao prazo de cumprimento, aplica-se o limite de 3 anos, previsto para a internação (art. 121, § 3º).

4.6. Internação

É a medida socioeducativa mais gravosa para o adolescente, pois lhe cerceia amplamente a liberdade.

4.6.1. Princípios pertinentes à internação

O art. 121 estabelece três princípios reitores da medida socioeducativa de internação: **brevidade**, **excepcionalidade** e **respeito à condição peculiar de pessoa em desenvolvimento**. Os princípios elencados no art. 121 não são meras exortações teóricas, pois estão materializados em dispositivos do próprio Estatuto.

Por **brevidade**, deve-se entender que a medida de internação somente deve ser imposta e cumprida pelo adolescente durante um período curto, o estritamente necessário para que reflita sobre a gravidade de suas ações e comece a ressocializar-se. Tão logo se verifique avanço em sua formação pessoal, melhoria de seu caráter, a medida deve ser substituída por outra menos gravosa (ex: semiliberdade ou liberdade assistida) ou mesmo encerrado seu cumprimento.

O **princípio da excepcionalidade** denota que a medida de internação deve ser aplicada com extrema cautela, em situações peculiares especificamente previstas em lei. A medida de internação somente é aplicada quando outra não se mostrar adequada (art. 122, § 2º). Vale dizer, se o caso concreto demonstra que o adolescente pode ressocializar-se plenamente em meio aberto, através, por exemplo, da liberdade assistida, então afasta-se a aplicação da medida extrema de internação - ainda que se esteja diante de uma situação que autorizaria, em tese, essa medida (art. 122, incisos I, II e III).

Por fim, tem-se o **princípio da condição peculiar de pessoa em desenvolvimento**. Esse princípio guarda relação com o principal postulado do Estatuto da Criança e do Adolescente, a proteção integral. Mesmo com a privação de liberdade decorrente da internação, é preciso tutelar de forma ampla o adolescente, pois a internação não tem o caráter punitivo da pena aplicada a maiores capazes. O **objetivo** da imposição da medida socioeducativa de internação é **ressocializar** o adolescente. Para isso, o Estatuto prevê um rol de direitos garantidos ao adolescente privado de sua liberdade (art. 124), dentre os quais se destacam o direito de receber escolarização e profissionalização (inciso XI), de realização de atividades culturais, esportivas e de lazer (XII) e de receber os documentos pessoais indispensáveis à vida em sociedade (XVI).

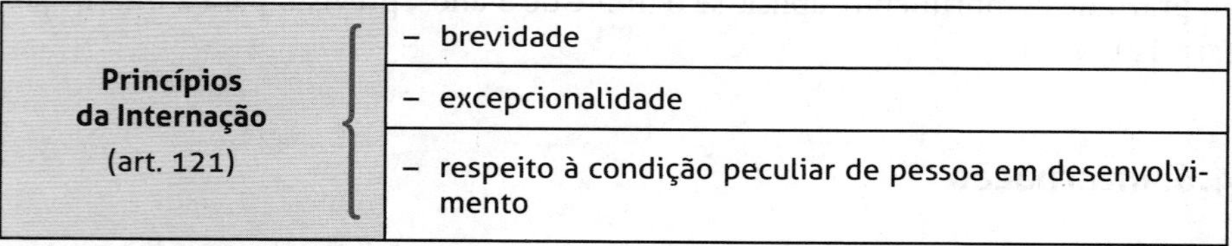

Princípios da Internação (art. 121)	
	– brevidade
	– excepcionalidade
	– respeito à condição peculiar de pessoa em desenvolvimento

4.6.2. *Realização de atividades externas*

Esse é um dos traços distintivos entre a semiliberdade e a internação. Naquela, a realização de atividades externas não depende de autorização judicial. No caso da internação, o art. 121, § 1º estabelece que a realização de atividades externas é possível, a critério da equipe técnica da entidade onde o adolescente cumpre a medida, mas pode ser vedada expressamente pela autoridade judiciária. Além disso, ainda que inicialmente permitida a realização de atividades externas, a autoridade judiciária pode rever a medida e proibi-la (art. 121, § 7º).

4.6.3. *Prazo de cumprimento da medida*

Na sentença judicial que impõe ao adolescente a medida socioeducativa de internação, o magistrado não fixa um prazo para seu cumprimento. A manutenção da medida deve ser constantemente reavaliada, no máximo a cada seis meses, através de decisão judicial (art. 121, § 2º) – que, naturalmente, deve ser fundamentada (CR, art. 93, IX).

Não é correto dizer que o prazo mínimo de cumprimento da medida de internação é de seis meses. O parágrafo segundo do art. 121 é claro ao determinar que a reavaliação deve ocorrer, no máximo, a cada 6 meses. Logo, pode ser feita reavaliação em período menor de tempo.

O Estatuto fixa prazos máximos para o cumprimento da medida de internação definidos por dois marcos distintos: (i) o tempo de cumprimento e (ii) a idade do adolescente.

O adolescente pode permanecer internado pelo prazo **máximo de 3 anos** (ar. 121, § 3º), se a internação decorreu de ato infracional cometido com violência ou grave ameaça a pessoa ou por reiteração no cometimento de infrações graves (art. 122, inc. I e II, respectivamente).

Vencido o prazo de 3 anos de cumprimento de internação, o adolescente deve ser liberado, colocado em semiliberdade ou em liberdade assistida (art. 121, § 4º).

Se a internação ocorreu por descumprimento reiterado e injustificável de medida anteriormente imposta (art. 122, III), hipótese chamada de **regressão** da medida, o prazo **máximo** de cumprimento é de **3 meses**, podendo ser decretada somente **após o devido processo legal** (122, § 1º).

Por fim, independentemente do tempo de cumprimento da medida, o adolescente é colocado em liberdade ao completar 21 anos (art. 121, § 5º). A idade fixada pelo Estatuto não foi revogada pela entrada em vigor do Código Civil de 2002. A **liberação compulsória** do adolescente não ocorre aos 18 anos, por ter alcançado a maioridade, mas sim aos **21 anos**.

Prazos de cumprimento da medida de internação	
Ato que enseja a internação	**Prazo**
– ato infracional praticado com violência ou grave ameaça ou reiteração no cometimento de infrações graves	3 anos
– descumprimento reiterado de medida anterior (regressão)	3 meses
Observações: – reavaliação da medida, no máximo, a cada 6 meses; – liberação compulsória aos 21 anos.	

4.6.4. Sistemática de aplicação da medida de internação

O artigo 122 prevê as hipóteses de aplicação da medida de internação:

> "A medida de internação só poderá ser aplicada quando: I - tratar-se de ato infracional cometido mediante grave ameaça ou violência a pessoa; II - por reiteração no cometimento de outras infrações graves; III - por descumprimento reiterado e injustificável da medida anteriormente imposta. § 2º. Em nenhuma hipótese será aplicada a internação, havendo outra medida adequada."

Hipóteses de aplicação da internação (art. 122)	
	– ato infracional cometido mediante grave ameaça ou violência à pessoa;
	– reiteração no cometimento de outras infrações graves;
	– descumprimento reiterado da medida anteriormente imposta.

Deve-se perceber que o *caput* do art. 122 utiliza a expressão "só poderá ser aplicada quando". Daí se extrai que o rol de hipóteses que autorizam a imposição da medida de internação é **taxativo**, *numerus clausus*. Se a situação do adolescente não estiver enquadrada em nenhum dos incisos do art. 122, não pode ser aplicada a medida de internação. Além disso, a imposição da medida socioeducativa de internação não é obrigatória, ainda que presente uma das hipóteses dos incisos do art. 122 (§ 2º). Esse dispositivo não contém um verbo impositivo; tem-se aí uma faculdade.

Portanto, o art. 122 traz em si dois comandos claros: (i) para aplicação da internação, somente nas hipóteses expressamente previstas; (ii) ainda que diante dessas hipóteses, pode ser aplicada medida diversa, menos gravosa.

> **▸ Importante:**
>
> As hipóteses de aplicação da medida de internação estão taxativamente previstas no artigo 122 do Estatuto; além disso, ainda que se esteja diante de uma dessas, pode ser aplicada medida menos gravosa.

4.6.4.1. Ato infracional cometido mediante grave ameaça ou violência à pessoa

É a hipótese do inciso I do art. 122. O conceito é autoexplicativo. Permite-se a imposição de medida de internação se o ato infracional é praticado mediante grave ameaça ou violência a pessoa. Exemplos: **homicídio, roubo, latrocínio**, extorsão mediante sequestro, estupro etc. Nessa hipótese, ainda que o adolescente não tenha antecedentes infracionais, ou seja, ainda que seja seu primeiro processo por ato infracional, é possível a aplicação da medida de internação.

Nos casos em que o ato infracional não é praticado com violência ou grave ameaça, não é cabível a medida socioeducativa de internação com base no inciso I do art. 122.

Esse ponto é especialmente relevante em relação ao tráfico de drogas e ao porte de armas, pois são considerados crimes graves, mas que não são praticados mediante grave ameaça ou violência a pessoa, razão por que **não é possível** a aplicação da medida de **internação** com base no inciso I do art. 122 do Estatuto da Criança e do Adolescente.

O Superior Tribunal de Justiça editou súmula a esse respeito.

> **Importante:**
>
> **Súmula 492.** O ato infracional análogo ao tráfico de drogas, por si só, não conduz obrigatoriamente à imposição de medida socioeducativa de internação do adolescente.

4.6.4.2. Reiteração no cometimento de outras infrações graves

A segunda hipótese de aplicação da medida de internação é para a reiteração no cometimento de outras infrações graves. Nesse caso, ainda que o adolescente tenha praticado ato infracional sem grave ameaça ou violência a pessoa, é possível a imposição da medida de internação. O requisito legal é a reiteração de infrações.

Como o Estatuto não elenca como hipótese de internação a reincidência, e tendo em vista que o rol é *numerus clausus*, tem-se muita discussão sobre quantos atos anteriores são necessários para que se imponha a internação. A jurisprudência do STJ alterna com frequência, ora para exigir 2 atos anteriores, ora para não exigir atos anteriores.

4.6.4.3. Descumprimento reiterado e injustificável da medida anteriormente imposta – regressão

A terceira hipótese que permite a imposição da medida de internação é a do inciso III do art. 122. Trata-se da ocorrência da **regressão**, ou seja, a substituição de uma medida menos gravosa pela internação, devido ao seu **descumprimento reiterado** e **injustificado** pelo adolescente. Por exemplo, ao final do processo de apuração de ato infracional, são impostas ao adolescente as medidas socioeducativas de prestação de serviços à comunidade e liberdade assistida, mas o adolescente deixa de cumpri-las mesmo advertido diversas vezes. Diante de sua **recalcitrância**, é possível a **regressão da medida**. No entanto, o Superior Tribunal de Justiça já sumulou o entendimento de que a regressão da medida socioeducativa deve ser precedida da oitiva do adolescente (súm. 265). Atualmente o § 1º do artigo 122 prevê expressamente a necessidade de se respeitar o devido processo legal.

Quando a internação é baseada no inciso III do art. 122, o **prazo máximo** de internação é de **3 meses** (art. 122, § 1º).

> **Importante:**
>
> **Súmula 265.** É necessária a oitiva do menor infrator antes de decretar-se a regressão da medida socioeducativa.

Quadro comparativo	
Semiliberdade	**Internação**
Imposta desde o início ou como forma de transição para o meio aberto	Imposta desde o início ou diante do descumprimento reiterado e injustificável de medida anterior
Atividades externas não dependem de autorização judicial	Atividades externas dependem de autorização da equipe técnica da entidade, mas podem ser vedadas pela autoridade judiciária.
Obriga à escolarização e à profissionalização	Recebe escolarização e profissionalização dentro da entidade
Prazo de cumprimento indeterminado	Prazo de cumprimento indeterminado
Reavaliações periódicas, no máximo, a cada 6 meses	Reavaliações periódicas, no máximo, a cada 6 meses
Reduz o direito de liberdade	Suprime o direito de liberdade

4.6.5. Característica do período de cumprimento da internação

O cumprimento da medida de internação não se confunde, nem deve ser assemelhada, à pena de prisão, imposta ao maior. O local de cumprimento da internação deve ser destinado exclusivamente aos adolescentes, e estes devem ser separados e agrupados de acordo com a idade, a compleição física e a gravidade do ato praticado (art. 123). As atividades pedagógicas são obrigatórias para todos os internos, inclusive os provisórios (art. 123, p.ú.).

Em hipótese alguma é admitida a **incomunicabilidade** do adolescente (art. 124, § 1º), mas **excepcionalmente**, diante de situações em que haja prejuízo a seus interesses, a autoridade judiciária pode **suspender seu direito de receber visitas**, inclusive dos pais ou responsáveis (art. 124, § 2º) – o que não significa transferir o adolescente para localidade mais distante do domicílio da família.

Além disso, o artigo 124 do Estatuto elenca, em rol exemplificativo, os direitos dos adolescentes privados de sua liberdade:

Direitos dos adolescentes internados (art. 124)
I - entrevistar-se pessoalmente com o representante do Ministério Público;
II - peticionar diretamente a qualquer autoridade;
III - avistar-se reservadamente com seu defensor;
IV - ser informado de sua situação processual, sempre que solicitada;
V - ser tratado com respeito e dignidade;
VI - permanecer internado na mesma localidade ou naquela mais próxima ao domicílio de seus pais ou responsável;
VII - receber visitas, ao menos, semanalmente;
VIII - corresponder-se com seus familiares e amigos;
IX - ter acesso aos objetos necessários à higiene e asseio pessoal;
X - habitar alojamento em condições adequadas de higiene e salubridade;
XI - receber escolarização e profissionalização;
XII - realizar atividades culturais, esportivas e de lazer:
XIII - ter acesso aos meios de comunicação social;
XIV - receber assistência religiosa, segundo a sua crença, e desde que assim o deseje;
XV - manter a posse de seus objetos pessoais e dispor de local seguro para guardá-los, recebendo comprovante daqueles porventura depositados em poder da entidade;
XVI - receber, quando de sua desinternação, os documentos pessoais indispensáveis à vida em sociedade.

CAPÍTULO XII

Remissão

1. INTRODUÇÃO

A remissão é disciplinada nos artigos 126 a 128 e 188 do Estatuto. Trata-se de um perdão dado pelo Ministério Público ou pelo Poder Judiciário ao adolescente.

2. MOMENTO PARA CONCESSÃO DA REMISSÃO

O artigo 126 estabelece o seguinte:

> "Antes de iniciado o procedimento judicial para apuração de ato infracional, o representante do Ministério Público poderá conceder a remissão, como forma de exclusão do processo, atendendo às circunstâncias e consequências do fato, ao contexto social, bem como à personalidade do adolescente e sua maior ou menor participação no ato infracional."

O perdão concedido pelo Ministério Público é dado para evitar a propositura de ação judicial de apuração de responsabilidade pelo ato infracional. Diante do caso concreto, o representante do Ministério Público pode propor a ação infracional, mas opta pelo perdão, em virtude das circunstâncias fáticas, do contexto social, da personalidade do adolescente e de sua participação no ato. Essa modalidade de remissão é forma de exclusão do processo (art. 126).

A outra modalidade de remissão está prevista no artigo 188 do Estatuto, nos seguintes termos:

> "A remissão, como forma de extinção ou suspensão do processo, poderá ser aplicada em qualquer fase do procedimento, antes da sentença."

Essa forma de remissão é concedida pela autoridade judiciária, em demanda já proposta, em qualquer fase do processo anterior à sentença.

Autor da remissão	Consequência processual
Ministério Público	Exclusão do processo
Autoridade judiciária	Suspensão ou extinção do processo

3. CARACTERÍSTICAS

Os artigos 127 e 128 do Estatuto dão os contornos do instituto da remissão. Sua concessão não implica reconhecimento ou comprovação de responsabilidade, tampouco serve como fixador de antecedentes. A remissão pode ser cumulada com medidas de proteção ou socioeducativas, exceto a semiliberdade e a internação.

A esse respeito, é preciso observar a súmula 108 do Superior Tribunal de Justiça, que trata da aplicação de medidas socioeducativas.

> ▸ **Importante:**
>
> **Súmula 108.** A aplicação de medidas socioeducativas ao adolescente, pela prática de ato infracional, é da competência exclusiva do juiz.

Caso o Ministério Público entenda adequada ao caso concreto a concessão de remissão cumulada com medida socioeducativa, essa medida deve passar pelo crivo do Juizado da Infância e da Juventude, pois somente o Poder Judiciário pode impor tais medidas ao adolescente.

Inclusive, o juízo pode discordar da concessão da remissão pelo Ministério Público, hipótese em que deverá remeter os autos ao Procurador-Geral de Justiça (art. 181, § 2º). O PGJ poderá insistir na aplicação da remissão ou designar outro representante da Instituição para oferecer a ação infracional.

O Estatuto prevê ainda que a remissão pode ser revista judicialmente a pedido do adolescente, de seu representante legal ou do Ministério Público (art. 128). Contra a decisão que concede ou denega a remissão, cabe apelação.

Quadro geral da remissão
– é um perdão concedido ao adolescente que pratica ato infracional; – pode ser concedida pelo Ministério Público (exclusão do processo) ou pelo Poder Judiciário (suspensão ou extinção do processo); – não implica reconhecimento ou comprovação de responsabilidade; – não fixa antecedentes;

Quadro geral da remissão
– pode ser cumulada com medidas de proteção e socioeducativas (exceto semiliberdade e internação); nesse caso de cumulação, a medida deve passar pelo crivo da autoridade judiciária; – o magistrado pode discordar da remissão e encaminhar ao PGJ, a quem cabe a decisão final sobre a remissão; – a decisão sobre a remissão pode ser revista e contra ela cabe o recurso de apelação.

Conselho tutelar

1. INTRODUÇÃO

O Conselho Tutelar está disciplinado nos artigos 131 a 140 do Estatuto. Trata-se de órgão que desenvolve importante papel na realização da proteção integral das crianças e adolescentes, pois atua na linha de frente da defesa dos direitos dos jovens.

2. CARACTERÍSTICAS

Trata-se de órgão integrante do Poder Executivo municipal – sem natureza jurisdicional (art. 131), não obstante seu trabalho trazer consequências que serão discutidas no Judiciário. É o que ocorre, por exemplo, quando o Conselho Tutelar representa ao Ministério Público acerca de situações de negligência dos pais que poderão acarretar a perda ou suspensão do poder familiar (art. 136, XI). Sua atuação – embora de cunho administrativo, relacionada ao poder de polícia do Estado – pode ser questionada perante a autoridade judiciária da comarca em que o Conselho Tutelar exerce suas atribuições (art. 137).

O Estatuto determina a existência de, ao menos, um Conselho Tutelar em cada município brasileiro – no Distrito Federal, deve haver um em cada região administrativa (art. 132). Naturalmente, nos municípios maiores, nas capitais dos estados, é imprescindível a existência de mais Conselhos Tutelares para que sua função possa ser bem desempenhada.

3. COMPOSIÇÃO E CARACTERÍSTICAS DOS INTEGRANTES

O Conselho Tutelar é formado por 5 membros, escolhidos pela própria população local para mandato de 4 anos, permitidas sucessivas reconduções, mediante nova votação (art. 132). Os requisitos necessários para se candidatar a membro do Conselho Tutelar são: idoneidade moral, idade mínima de 21 anos e residência no município (art. 133). Além disso, o Estatuto fixa impedimentos para elegibilidade e atuação no Conselho Tutelar, pois não podem servir juntos marido e mulher, ascendentes e descendentes, sogro e genro ou nora, irmãos, cunhados, durante o cunhadio, tio e sobrinho, padrasto ou madrasta e enteado (art. 140). O impedimento alcança também o candidato a conselheiro em relação à autoridade judiciária e ao representante do Ministério Público com atuação na Justiça da Infância e da Juventude, em exercício na comarca, foro regional ou distrital (art. 140, p.ú.).

Por se tratar de órgão municipal, a legislação local deve disciplinar diversos aspectos da atuação do Conselho Tutelar. Assim, compete à lei orçamentária municipal (ou distrital) prever recursos para a manutenção do órgão e a remuneração de seus membros, bem como disciplinar dia, hora e local de funcionamento de suas atividades. O artigo 134 elenca direitos mínimos aos membros do Conselho Tutelar, a saber:

- cobertura previdenciária;
- férias anuais remuneradas, acrescidas de um terço;
- licença-maternidade; e
- gratificação natalina.

As eleições para membro do Conselho Tutelar ocorrem de forma unificada no Brasil todo em data prevista no próprio Estatuto: primeiro domingo do mês de outubro do ano subsequente ao da eleição presidencial (art. 139, §1º). A posse no cargo ocorre em 10 de janeiro do ano seguinte (§ 2º). No processo de eleição dos membros do Conselho Tutelar, é expressamente vedado ao candidato doar, oferecer, prometer ou entregar ao eleitor bem ou vantagem pessoal de qualquer natureza, ainda que brindes de pequeno valor (§ 3º). O objetivo é coibir a compra de votos na eleição para o Conselho.

O exercício da função de conselheiro caracteriza serviço público relevante e estabelece presunção de idoneidade moral. Com o advento da Lei nº 12.696/2012, foi **revogada** a previsão de **prisão especial** para o conselheiro até a decisão final em processo criminal.

Principais características do Conselho Tutelar	– órgão autônomo e permanente, não jurisdicional; – mínimo de um Conselho por município (ou por região adm. no DF); – composição: 5 membros, com idoneidade moral, mais de 21 anos de idade e residência no município, eleitos pela comunidade local, na forma da lei municipal; – mandato do conselheiro: 4 anos permitidas novas reconduções mediante novo processo de escolha;

Principais características do Conselho Tutelar	– eleição unificada em todo o país no primeiro domingo de outubro do ano seguinte à eleição presidencial; posse dos conselheiros em 10 de janeiro do ano seguinte; – remuneração: obrigatória, com pagamento de cobertura previdenciária, terço de férias, licenças maternidade e paternidade e gratificação natalina; – lei municipal (ou distrital) deve prever ainda local, dia e horário de funcionamento; – os recursos para seu funcionamento e a remuneração dos membros devem constar de lei orçamentária municipal (ou distrital); – consequências do exercício da função (serviço público relevante): presunção de idoneidade moral; – suas decisões podem ser revistas pela autoridade judiciária, sendo cabível o recurso de apelação.

4. ATRIBUIÇÕES

O artigo 136 elenca as atribuições do Conselho Tutelar. É importante conhecê-las:

Atribuições do Conselho Tutelar (art. 136)
I - atender as crianças e adolescentes nas hipóteses previstas nos arts. 98 e 105, aplicando as medidas previstas no art. 101, I a VII;
II - atender e aconselhar os pais ou responsável, aplicando as medidas previstas no art. 129, I a VII;
III - promover a execução de suas decisões, podendo para tanto:
a) requisitar serviços públicos nas áreas de saúde, educação, serviço social, previdência, trabalho e segurança;
b) representar junto à autoridade judiciária nos casos de descumprimento injustificado de suas deliberações.
IV - encaminhar ao Ministério Público notícia de fato que constitua infração administrativa ou penal contra os direitos da criança ou adolescente;
V - encaminhar à autoridade judiciária os casos de sua competência;
VI - providenciar a medida estabelecida pela autoridade judiciária, dentre as previstas no art. 101, de I a VI, para o adolescente autor de ato infracional;
VII - expedir notificações;
VIII - requisitar certidões de nascimento e de óbito de criança ou adolescente quando necessário;
IX - assessorar o Poder Executivo local na elaboração da proposta orçamentária para planos e programas de atendimento dos direitos da criança e do adolescente;

X - representar, em nome da pessoa e da família, contra a violação dos direitos previstos no art. 220, § 3º, inciso II, da Constituição Federal;

XI - representar ao Ministério Público para efeito das ações de perda ou suspensão do poder familiar, após esgotadas as possibilidades de manutenção da criança ou do adolescente junto à família natural.

XII - promover e incentivar, na comunidade e nos grupos profissionais, ações de divulgação e treinamento para o reconhecimento de sintomas de maus-tratos em crianças e adolescentes.

Parágrafo único. Se, no exercício de suas atribuições, o Conselho Tutelar entender necessário o afastamento do convívio familiar, comunicará incontinenti o fato ao Ministério Público, prestando-lhe informações sobre os motivos de tal entendimento e as providências tomadas para a orientação, o apoio e a promoção social da família.

CAPÍTULO XIV

Justiça da Infância e da Juventude

1. INTRODUÇÃO

Os temas a serem estudados agora são o acesso à Justiça e a Justiça da Infância e da Juventude, disciplinados no Estatuto entre os artigos 141 e 151.

2. ACESSO À JUSTIÇA

O artigo 141 estabelece a garantia de acesso de toda criança e adolescente à Defensoria Pública, ao Ministério Público e ao Judiciário. Essa previsão está em consonância com duas importantes previsões constitucionais, a do direito de petição (CR, art. 5º, inc. XXXIV, alínea "a") e a da inafastabilidade da Jurisdição (art. 5º, XXXV).

Para garantir tal acesso, o Estatuto prevê regras e garantias específicas.

A primeira delas se refere à assistência judiciária gratuita, garantida no § 1º do artigo 141: "A assistência judiciária gratuita será prestada aos que dela necessitarem, através de defensor público ou advogado nomeado".

Outro aspecto importante toca à isenção de custas e emolumentos para as ações judiciais em trâmite na Justiça da Infância e da Juventude, ressalvada a hipótese de litigância de má-fé (art. 141, § 2º).

Além disso, o Estatuto prevê, no parágrafo único do artigo 142, a figura do curador especial nos casos em que os interesses da criança ou adolescente forem conflitantes com os de seus pais ou responsável. O exercício da curadoria especial compete à Defensoria Pública, conforme determina sua Lei Orgânica – Lei Complementar 80/94, art. 4º, inciso VI.

O artigo 143 prevê a proibição de divulgação de atos judiciais, policiais e administrativos que se refiram a atos infracionais praticados por criança ou adolescente. Na mesma linha, a notícia dos veículos de comunicação sobre o ato infracional não pode identificar o adolescente de forma alguma. A sanção para o descumprimento dessa vedação é a infração administrativa prevista no artigo 247. Por fim, o artigo 144 prevê que cópias e certidões de processos relativos a atos infracionais somente serão expedidos após deferimento pela autoridade judiciária e desde que demonstrado o adequado interesse.

Quadro de características do acesso à Justiça (arts. 141 a 145)
– assistência judiciária gratuita; – isenção de custas e emolumentos nos processos da Justiça da Infância e da Juventude, ressalvada a litigância de má-fé; – nomeação de curador quando os interesses de crianças e adolescentes colidirem com os dos pais ou responsável; – vedação de divulgação de atos judiciais, policiais ou administrativos a respeito de criança ou adolescente envolvido em ato infracional; a divulgação de notícias a respeito do fato não pode identificar a criança ou adolescente, nem mesmo indicar suas iniciais, filiação, parentesco ou fotos; – a expedição de cópia ou certidão a respeito de atos infracionais depende da demonstração de interesse e deferimento pela autoridade judiciária.

3. COMPETÊNCIA

O artigo 145 prevê o seguinte:

> "Os estados e o Distrito Federal poderão criar varas especializadas e exclusivas da infância e da juventude, cabendo ao Poder Judiciário estabelecer sua proporcionalidade por número de habitantes, dotá-las de infraestrutura e dispor sobre o atendimento, inclusive em plantões."

Não se trata de comando cogente, pois a competência constitucional para organização judiciária é dos estados e do distrito federal. Vale dizer, lei federal não poderia determinar a criação de varas especializadas, sob pena de usurpação de competência, em violação ao art. 125 e seu parágrafo primeiro.

3.1. Competência territorial

Os critérios de fixação de competência territorial estão previstos no artigo 147. Confira-se o quadro:

Critério	Base legal
– domicílio dos pais ou responsável	Art. 147, inc. I
– lugar onde se encontre a criança ou o adolescente, na falta dos pais ou responsável	Art. 147, inc. II
– local da ação ou omissão em caso de ato infracional	Art. 147, § 1º
– sede estadual da emissora ou rede, em caso de transmissão simultânea de rádio ou televisão que atinja mais de uma comarca	Art. 147, § 3º

3.2. Competência material

O artigo 148 elenca, exemplificativamente, uma série ações cuja competência é da Justiça da Infância e Juventude. Trata-se de **competência em razão da matéria**. Há uma distinção muito importante entre os elencos do *caput* e do parágrafo único, que é a caracterização da situação de risco da criança ou adolescente.

As hipóteses dos incisos do *caput* do art. 148 **não dependem** da caracterização da **situação de risco**. Em outras palavras, a competência da Justiça da Infância e Juventude é determinada para aquelas hipóteses independentemente da situação em que se encontrar a criança ou adolescente.

Por sua vez, o elenco dos incisos do parágrafo único do artigo 148 apresenta situações que, em sua maioria, competiriam às varas de família, como, por exemplo, suprimento de capacidade ou consentimento para casamento e ação de alimentos. Entretanto, pela **caracterização da situação de risco**, a competência recai sobre o Juízo da Infância e Juventude.

Veja-se a previsão legal:

Competência material (art. 148, *caput*)
I - conhecer de representações promovidas pelo Ministério Público, para apuração de ato infracional atribuído a adolescente, aplicando as medidas cabíveis;
II - conceder a remissão, como forma de suspensão ou extinção do processo;
III - conhecer de pedidos de adoção e seus incidentes;
IV - conhecer de ações civis fundadas em interesses individuais, difusos ou coletivos afetos à criança e ao adolescente, observado o disposto no art. 209;
V - conhecer de ações decorrentes de irregularidades em entidades de atendimento, aplicando as medidas cabíveis;
VI - aplicar penalidades administrativas nos casos de infrações contra norma de proteção à criança ou adolescente;
VII - conhecer de casos encaminhados pelo Conselho Tutelar, aplicando as medidas cabíveis.

Competência material em caso de situação de risco (art. 148, p.ú.)
a) conhecer de pedidos de guarda e tutela;
b) conhecer de ações de destituição do poder familiar, perda ou modificação da tutela ou guarda;
c) suprir a capacidade ou o consentimento para o casamento;
d) conhecer de pedidos baseados em discordância paterna ou materna, em relação ao exercício do poder familiar;
e) conceder a emancipação, nos termos da lei civil, quando faltarem os pais;
f) designar curador especial em casos de apresentação de queixa ou representação, ou de outros procedimentos judiciais ou extrajudiciais em que haja interesses de criança ou adolescente;
g) conhecer de ações de alimentos;
h) determinar o cancelamento, a retificação e o suprimento dos registros de nascimento e óbito.

3.3. Competência para regular da presença de crianças e adolescentes em eventos

O art. 149 determina que compete à autoridade judiciária disciplinar a entrada e permanência de jovens em determinados locais, desacompanhados de pais ou responsável, bem como sua participação em espetáculos públicos e concursos de beleza.

Confira-se a previsão do artigo 149:

> **Art. 149.** Compete à autoridade judiciária disciplinar, através de portaria, ou autorizar, mediante alvará:
>
> I - a entrada e permanência de criança ou adolescente, desacompanhado dos pais ou responsável, em:
>
> a) estádio, ginásio e campo desportivo;
>
> b) bailes ou promoções dançantes;
>
> c) boate ou congêneres;
>
> d) casa que explore comercialmente diversões eletrônicas;
>
> e) estúdios cinematográficos, de teatro, rádio e televisão.
>
> II - a participação de criança e adolescente em:
>
> a) espetáculos públicos e seus ensaios;
>
> b) certames de beleza.

Há uma distinção entre os incisos I e II do art. 149. É necessária a obtenção de alvará para entrada e permanência de crianças e adolescentes nas hipóteses das alíneas do inciso I, quando desacompanhadas de pais ou responsável. Em contrapartida, se a criança está acompanhada de pais ou responsável, sua entrada e permanência não dependem de autorização através de alvará.

Por sua vez, para a participação da criança ou adolescente em espetáculo público ou ensaio e concursos de beleza, a obtenção de alvará é necessária, ainda que os pais ou responsável estejam presentes ao local (art. 149, inciso II). A inobservância dessa norma caracteriza a infração administrativa prevista no art. 258.

Contra as decisões referentes ao artigo 149, cabe recurso de apelação (art. 199).

Os critérios que devem pautar o magistrado nessa regulação são os seguintes (art. 149, § 1º): princípios do Estatuto; peculiaridades do local; existência de instalações adequadas; tipo de frequência habitual ao local; adequação do ambiente; natureza do espetáculo.

3.4. Delegação do cumprimento de medidas

É possível o cumprimento de medidas socioeducativas e de proteção em local diverso daquele em que foi praticado o ato infracional (art. 147, § 2º).

3.5. Justiça Federal X Justiça da Infância e Juventude

O processo de apuração de ato infracional atribuído a adolescente é sempre de competência de Justiça da Infância e Juventude, independentemente da vítima ou do patrimônio lesado. Portanto, ainda que o adolescente pratique um ato infracional em detrimento do patrimônio da União, entidade autárquica ou empresa pública federal, a **competência** é da **Justiça da Infância e Juventude**, e não da Justiça Federal. Essa é a posição já consolidada no Superior Tribunal de Justiça (STJ - CC 86.408-MA).

3.6. Aplicação de infrações administrativas

É preciso fazer uma importante distinção entre (i) apuração de crimes cometidos contra crianças e adolescentes, (ii) atos infracionais praticados por crianças e adolescentes e (iii) infrações administrativas. Em relação aos crimes, seus agentes são pessoas maiores, de modo que a competência para processar e julgar seus atos é das varas criminais. Aos Juizados da Infância e Juventude, compete julgar os atos infracionais e as infrações administrativas, de acordo com o art. 148, incisos I e VI, respectivamente.

4. SERVIÇOS AUXILIARES

Para o bom desempenho de suas funções, a Justiça da Infância e Juventude conta com uma equipe interprofissional, responsável por apresentar relatórios e dados sobre os jovens e suas famílias. Esse serviço está previsto no artigo 151 do Estatuto, cuja redação é a seguinte:

> "Compete à equipe interprofissional dentre outras atribuições que lhe forem reservadas pela legislação local, fornecer subsídios por escrito, mediante laudos, ou verbalmente, na audiência, e bem assim desenvolver trabalhos de aconselhamento, orientação, encaminhamento, prevenção e outros, tudo sob a imediata subordinação à autoridade judiciária, assegurada a livre manifestação do ponto de vista técnico".

CAPÍTULO XV

Procedimentos

1. INTRODUÇÃO

Nos artigos 152 a 197-F, o Estatuto disciplina procedimentos referentes a crianças e adolescentes. Em passagens anteriores, já examinamos a colocação da criança ou adolescente em família substituta, as entidades de atendimento e normas de proteção. Neste ponto, faremos comentários mais sucintos para evitar repetição.

O procedimento de apuração de ato infracional atribuído a adolescente será objeto de exame em capítulo próprio, devido à sua importância.

> **Importante:**
> Os procedimentos previstos no Estatuto possuem tramitação prioritária, o que inclui também a prioridade na realização de ato e diligências (art. 152, § 1º).

2. PERDA OU SUSPENSÃO DO PODER FAMILIAR

Esse procedimento está regulado pelos artigos 155 a 163. A legitimidade para propositura da demanda é do **Ministério Público ou de quem tenha legítimo interesse** (art. 155). É o caso de um particular que vai pleitear a tutela ou a adoção. Se ainda não foi decretada a perda ou suspensão em processo anterior, então há a necessidade de cumular expressamente os pedidos de suspensão ou perda com os de tutela ou adoção. Quando proposta por particular, o Ministério Público atua obrigatoriamente como *custos legis*.

Em caso de motivo grave, a **suspensão do poder familiar** pode ser concedida **liminarmente** (ou incidentalmente) até o julgamento definitivo da pretensão (art. 157). Durante esse período, a criança ou o adolescente pode ser encaminhado às entidades de acolhimento institucional ou familiar.

Recebida a inicial, o juiz determina a citação e, de imediato, a realização de estudo social ou perícia por equipe interprofissional para comprovar a presença de uma das causas de suspensão ou destituição do poder familiar (§ 1º). Se os pais foram oriundos de comunidade indígena, é obrigatória a participação de representantes do órgão federal responsável pela política indigenista no estudo social (§ 2º).

O prazo para apresentação de defesa pelos réus é de 10 dias (art. 158), contados da juntada aos autos do mandado de citação cumprido, sendo que a contestação já deve indicar o rol de testemunhas e as demais provas. A citação será pessoal, salvo quando esgotados os meios para sua realização (art. 158, § 1º). Inclusive, se o caso for de réu preso, a citação é obrigatoriamente pessoal (§ 2º). É possível ainda a citação por hora certa (§ 3º).

Na audiência de instrução e julgamento, serão ouvidas testemunhas (art. 161, § 1º), bem como os pais, desde que estejam identificados e estiverem em local conhecido (§ 4º). Por sua vez, a criança ou o adolescente é ouvida, respeitado seu grau de desenvolvimento (§ 3º). A produção de provas é obrigatória e não está dispensada ainda que os pais não sejam encontrados ou concordem com o pedido. Se o pai ou a mãe estiverem privados de liberdade, o juiz deve requisitar sua apresentação para oitiva (§ 5º).

Proferida sentença de perda ou suspensão do poder familiar, deve-se averbá-la à margem do registro de nascimento da criança ou adolescente (art. 163, p.ú.).

O Estatuto fixa o prazo de 120 dias para encerramento do processo de perda ou suspensão do poder familiar (art. 163). Trata-se de um norte para orientar a atuação da Justiça da Infância e da Juventude e está em consonância com o princípio constitucional da duração razoável do processo (CR, art. 5º, LXXVIII).

3. COLOCAÇÃO EM FAMÍLIA SUBSTITUTA

Esse procedimento está disciplinado nos artigos 165 a 170 do Estatuto e abrange as hipóteses de guarda, tutela e adoção.

O *caput* do artigo 166 prevê a possibilidade de colocação em família substituta, sem a assistência de advogado ou defensor público, nas seguintes hipóteses: pais falecidos; pais destituídos ou suspensos do poder familiar; pais que aderirem expressamente ao pedido de colocação em família substituta. Na terceira hipótese, os pais devem ser **ouvidos em audiência** pelo Juízo e pelo representante do Ministério Público (§ 1º), ainda que já tenham manifestado por escrito seu consentimento (§ 4º). Inclusive, o consentimento, escrito ou colhido em audiência, só tem validade se for obtido após o nascimento da criança (§ 6º).

Os pais devem ser orientados e devidamente informados acerca das consequências da colocação em família substituta pela equipe interprofissional da Justiça da Infância e da Juventude, inclusive sobre o fato de que a adoção é irrevogável (§ 2º).

Por fim, são garantidos a livre manifestação de vontade dos detentores do poder familiar e o direito ao sigilo das informações (§ 3º). A família natural e a família substituta devem receber a devida orientação por intermédio de equipe técnica interprofissional a serviço da Justiça da Infância e da Juventude, preferencialmente com apoio dos técnicos responsáveis pela execução da política municipal de garantia do direito à convivência familiar (§ 7º).

Até a realização da audiência, os pais podem se retratar do consentimento dado; além disso, os pais podem exercer o arrependimento no prazo de 10 dias, contado da data de prolação da sentença de extinção do poder familiar (§ 5º).

4. HABILITAÇÃO DOS PRETENDENTES À ADOÇÃO

A seção VIII (art. 197-A a 197-F) disciplina a habilitação dos pretendentes à adoção. Os dispositivos enumeram documentos e diligências referentes ao procedimento de habilitação dos postulantes à adoção.

O maior destaque desses dispositivos é o artigo 197-E, que trata do momento posterior à habilitação. A **convocação** para adoção é feita em **ordem cronológica** dos deferimentos de habilitação. Ao ser convocada para adoção, a pessoa ou casal habilitado **pode recusar a adoção**, mas a **recusa sistemática** pode levar à **revogação da habilitação**.

Além disso, o art. 197-F prevê que o prazo de conclusão seja de 120 dias prorrogável uma vez por igual período.

5. APURAÇÃO DE IRREGULARIDADES EM ENTIDADE DE ATENDIMENTO

Os artigos 191 a 193 disciplinam o procedimento para apuração de irregularidades em entidades de atendimento governamentais e não governamentais. O Estatuto dá plena aplicação aos princípios constitucionais da ampla defesa e do contraditório nos artigos 192 e 193. O dirigente da entidade supostamente em situação irregular é citado para se defender e pode produzir provas. Se necessário, o juízo designa audiência de instrução e julgamento. Acerca da decisão final do processo, é importante notar que a autoridade judiciária pode fixar prazo para correção das irregularidades verificadas na entidade de atendimento, de modo que, satisfeitas as exigências, o processo é extinto sem resolução de mérito (art. 193, § 3º).

Como formas de penalidades, a **multa** e a **advertência** são aplicadas ao **dirigente da entidade** ou do programa de atendimento (art. 193, § 4º), e **não à entidade em si.**

6. APURAÇÃO DE INFRAÇÃO ADMINISTRATIVA ÀS NORMAS DE PROTEÇÃO À CRIANÇA E AO ADOLESCENTE

Esse procedimento está previsto nos arts. 194 a 197. A legitimidade para deflagrar o procedimento é do Ministério Público, do Conselho Tutelar, através de representação, ou de servidor efetivo ou voluntário, mediante lavratura de auto de infração.

A representação ou o auto de infração que dá início ao processo deve indicar especificamente a conduta praticada pelo requerido e a infração administrativa em que incorreu.

O rol de infrações administrativas está previsto nos artigos 245 a 258 do Estatuto.

Os princípios da ampla defesa e do contraditório estão consagrados no art. 195 e 197. Naturalmente, se o suposto infrator não tiver condições de constituir advogado, poderá contar com o patrocínio da Defensoria Pública.

CAPÍTULO XVI

Apuração de ato infracional

1. INTRODUÇÃO

Os artigos 171 a 190 estabelecem o procedimento a ser seguido quando um adolescente pratica ato infracional. São plenamente **aplicáveis** os princípios processuais constitucionais, como contraditório, ampla defesa, devido processo legal e duração razoável do processo. Inclusive, o próprio Estatuto elenca um rol de direitos individuais (arts. 106 a 109) e garantias processuais dos adolescentes que praticam atos infracionais (art. 110 e 111). É importante fazer a conjugação daqueles dispositivos com os desta seção.

2. APREENSÃO E ENCAMINHAMENTO

A apreensão de um adolescente pode ocorrer em duas situações: a ordem judicial e o flagrante de ato infracional (art. 106). É importante fazer a distinção entre ambas quanto ao encaminhamento a ser dado ao adolescente.

Tipo de apreensão	Encaminhamento do adolescente
Cumprimento de ordem judicial	Autoridade judiciária (art. 171)
Flagrante de ato infracional	Autoridade policial (art. 172)

3. FLAGRANTE DE ATO INFRACIONAL

O adolescente é encaminhado à autoridade policial. As providências a serem tomadas dependem do tipo de ato infracional cometido.

Quando o ato infracional é praticado mediante **violência ou grave ameaça** à pessoa, há a necessidade de lavratura de **auto de apreensão**, oitiva de testemunhas e do adolescente, apreensão dos produtos e instrumentos da infração e requisição de exames e perícias (art. 173, incisos I, II e III). Se o ato infracional é praticado **sem violência ou grave ameaça**, pode-se substituir a lavratura de auto de apreensão por **boletim de ocorrência circunstanciado** (art. 173, p.ú.).

O passo seguinte é o encaminhamento do adolescente ao Ministério Público, o que pode ser feito (i) por seus pais (ou responsável), (ii) pela própria autoridade policial ou (iii) pela entidade de atendimento.

Se os pais se apresentam à autoridade policial, o adolescente pode ser liberado para comparecer ao Ministério Público com sua família – desde que o ato infracional não seja grave e sua repercussão social não ponha em risco o adolescente ou a manutenção da ordem pública (art. 174). Em outras palavras, em caso de **ato infracional grave** e de grande repercussão social, a autoridade policial **pode manter o adolescente internado provisoriamente** para garantia de sua segurança pessoal ou para manutenção da ordem pública.

Nesse caso de não liberação do adolescente, é a própria autoridade policial que o encaminha imediatamente para o Ministério Público (art. 175).

Por fim, se não for possível a apresentação imediata do adolescente ao Ministério Público, a autoridade policial deve encaminhá-lo à entidade de atendimento que, por sua vez, será a responsável pela apresentação do adolescente ao *parquet*, no prazo de 24 horas (art. 175, § 1º).

É **direito** do adolescente **não ser conduzido** ou transportado **em compartimento fechado de veículo** policial (art. 178), pois se trata de pessoa ainda em formação, cuja integridade física e mental deve ser preservada, sendo-lhe destinado tratamento distinto do dado ao maior preso.

4. FORMAÇÃO DA CONVICÇÃO DO MINISTÉRIO PÚBLICO

Como demonstrado acima, o adolescente é sempre apresentado ao representante do Ministério Público, seja através de seus pais ou responsável, seja pela autoridade policial ou, ainda, pela entidade de atendimento. O promotor de justiça deve ouvir informalmente o adolescente, bem como, se possível, seus pais ou responsável, vítima e testemunhas (art. 179). O objetivo dessas entrevistas é dar elementos ao Ministério Público para formar sua convicção acerca do ato infracional, suas circunstâncias e desdobramentos. Além disso, o membro do Ministério Público se vale também dos dados apresentados pela autoridade policial, como o boletim de ocorrência e o relatório policial.

5. POSSÍVEIS MEDIDAS DO MINISTÉRIO PÚBLICO

De posse dos dados enviados pela autoridade policial e das entrevistas realizadas, o Ministério Público formará sua convicção acerca do ato infracional e poderá adotar **três posturas** (art. 180): (i) promover o **arquivamento** dos autos, (ii) conceder **remissão** e (iii) oferecer **representação** à autoridade judiciária para aplicação de medida socioeducativa.

5.1. Arquivamento X Remissão

É importante diferenciar as situações que possibilitam o arquivamento daquelas que levam à concessão de remissão.

O **arquivamento** ocorre quando o representante do Ministério Público concluir (i) que **não** ocorreu ato infracional, (ii) que o fato não caracteriza ato infracional ou (iii) que o adolescente não praticou o ato infracional.

Na **remissão**, o promotor de justiça verifica a ocorrência de um ato infracional praticado por adolescente, mas **opta por não instaurar um processo**, tendo em vista as circunstâncias do fato, a personalidade do adolescente, seu contexto sociofamiliar e sua participação no ato.

A distinção entre arquivamento e remissão está fundamentalmente na convicção pessoal do representante do Ministério Público sobre o ato. No arquivamento, a conclusão do promotor é a de que não há elementos para instaurar processo de apuração de ato infracional em face do adolescente – seja por não ter ocorrido o fato, seja pelo fato não caracterizar conduta infracional, seja não ter havido participação alguma do adolescente. Já na remissão, o Ministério Público conclui que houve a prática de ato infracional praticado pelo adolescente e pode propor ação para aplicação de medida socioeducativa, mas opta pelo perdão.

Em ambos os casos – arquivamento e remissão –, o Ministério Público deve fundamentar seu pedido e encaminhá-lo à autoridade judiciária para homologação. Se o Juízo não se convencer das razões do Ministério Público, deve remeter os autos ao Procurador-Geral de Justiça para sua análise. O PGJ pode oferecer representação, designar outro membro do Ministério Público para apresentá-la ou insistir no arquivamento ou na remissão – no último caso, a autoridade judiciária é obrigada a homologar (art. 181, § 2º).

5.2. Representação para aplicação de medida socioeducativa

Finalmente, a terceira postura que pode adotar o Ministério Público é a de oferecer representação à autoridade judiciária para aplicação de medida socioeducativa. Quando o representante do Ministério Público analisar os elementos que tem em mãos (auto de apreensão, boletim de ocorrência, relatório policial, entrevistas com o adolescente, pais ou responsável, testemunhas e vítima), concluir que **houve a prática de ato infracional** por adolescente e que **não é possível a concessão de remissão**, então deverá **oferecer representação** à autoridade judiciária.

A representação é a peça inicial para instauração de processo judicial em face do adolescente. Equivale à denúncia no processo criminal, razão por que deve conter o resumo dos fatos, a classificação do ato infracional e rol de testemunhas, se necessário (art. 182, § 1º). Se o adolescente tiver sido apreendido em flagrante, o Ministério Público pode pedir que sua internação seja mantida; se estiver solto, é possível pedir a decretação de sua apreensão provisória.

6. PRAZO DE CONCLUSÃO DO PROCEDIMENTO

O art. 183 estabelece um **prazo máximo de 45 dias** para conclusão do procedimento de apuração do ato infracional quando o adolescente estiver internado provisoriamente. Esse dispositivo está em consonância com o art. 108. Esgotado tal prazo, o adolescente deve ser posto imediatamente em liberdade.

7. PROVIDÊNCIAS PARA REALIZAÇÃO DA AUDIÊNCIA DE APRESENTAÇÃO

É preciso diferenciar quatro situações: (i) o adolescente não é encontrado; (ii) o adolescente está internado; (iii) o adolescente é encontrado, mas não comparece à audiência; e (iv) seus pais ou responsável não são encontrados ou não comparecem. Para cada uma, o Estatuto dá solução diferente, conforme se verifica no quadro abaixo.

Situação	Consequência
Adolescente em liberdade não é encontrado para citação	Expedição de mandado de busca e apreensão e sobrestamento do feito
Adolescente internado	Sua apresentação é requisitada à entidade de atendimento
Adolescente é citado, mas não comparece	Condução coercitiva
Pais ou responsável não encontrados ou não comparecem	Designação de curador especial para acompanhar o adolescente na audiência

7.1. Audiência de apresentação

A audiência de apresentação é o ato processual realizado no início do procedimento, em que o adolescente é ouvido e se manifesta acerca do ato infracional que lhe atribui o Ministério Público.

Mais do que um meio de prova, a audiência de apresentação do adolescente tem natureza jurídica de defesa. **Ao ser ouvido** pela autoridade judiciária, **o adolescente exerce sua autodefesa.**

O Estatuto da Criança e do Adolescente não estabelece como deve ser realizada a oitiva do adolescente, sendo necessário recorrer à legislação processual subsidiária pertinente, o Código de Processo Penal, que disciplina o interrogatório do acusado nos artigos 185 a 196. Assim, tem-se que a autoridade judiciária perguntará sobre a pessoa do adolescente, sua residência, meio de vida, relacionamento sociofamiliar, bem como sobre a atribuição infracional contida na representação, as provas já produzidas etc. (CPP, art. 187, §§ 1º e 2º).

Além disso, é direito do adolescente **reunir-se reservadamente** com seu advogado ou defensor público (CPP, 185, § 2º). O adolescente tem o **direito de permanecer calado**, sem que isso signifique confissão ou possa ser interpretado em prejuízo de sua defesa (CPP, art. 186, *caput* e parágrafo único). O direito de permanecer em silêncio, inclusive, é garantido constitucionalmente (CRFB, art. 5º, inciso LXIII).

Após as perguntas do juízo, o promotor de justiça e o defensor público (ou advogado particular) podem fazer perguntas também (CPP, art. 188).

Todos esses dispositivos do Código de Processo Penal que tratam da dinâmica do interrogatório são aplicáveis à audiência de apresentação do adolescente a quem se atribui a prática de ato infracional.

Interessante peculiaridade do Estatuto é a previsão da **oitiva não só do adolescente**, mas **também** de seus **pais ou responsável** (Estatuto, art. 186). O objetivo da norma é possibilitar ao juízo compreender o contexto sociofamiliar do adolescente. É possível, ainda, a determinação de elaboração de estudos e pareceres sociais ou psicológicos por profissionais especializados.

Através da verificação ampla e profunda da situação do adolescente, a autoridade judiciária pode avaliar a possibilidade de concessão da remissão como forma de suspensão ou extinção do processo (art. 186, § 1º).

7.2. Defesa prévia

Após a realização da audiência de apresentação, abre-se prazo de 3 dias para a Defesa apresentar defesa prévia e seu rol de testemunhas (art. 186, § 3º).

7.3. Audiência em continuação

É a segunda audiência realizada no processo de apuração do ato infracional (art. 186, §4º), oportunidade em que são ouvidas as testemunhas do Ministério Público e da Defesa, apresenta-se **relatório da equipe interprofissional** do Juizado e cumprem-se diligências imprescindíveis.

A produção de provas na audiência em continuação – ou através de laudo pericial ou outras provas documentais – é imprescindível para permitir a aplicação de qualquer medida socioeducativa. A **falta de provas** importa na prolação de **sentença de improcedência** do pedido contido na representação do Ministério Público.

Não se pode esquecer a súmula 342 do STJ: "No procedimento para aplicação de medida socioeducativa, é **nula a desistência** de outras provas **em face da confissão** do adolescente".

Após as partes se manifestarem oralmente, a autoridade judiciária profere sentença. É possível a substituição da manifestação oral por razões escritas.

> ▸ **Importante:**
>
> **Súmula 342.** No procedimento para aplicação de medida socioeducativa, é nula a desistência de outras provas em face da confissão do adolescente.

8. SENTENÇA

É o ato cognitivo do juiz que julga a pretensão deduzida na inicial. No processo de apuração de atribuição de ato infracional a adolescente, é na sentença que o juiz determina se o fato narrado constitui ato infracional, se o foi praticado pelo adolescente e quais medidas (de proteção e socioeducativas) lhe devem ser impostas.

O art. 189 descreve as hipóteses em que o pedido do Ministério Público para aplicação de medida socioeducativa será julgado **improcedente**, a saber: (i) **inexistência do fato**; (ii) **falta de prova** da existência do fato; (iii) **não caracterização de** que o fato constitui **ato infracional**; e (iv) **falta de prova da participação** do adolescente no ato infracional.

Os incisos II e IV do art. 189 consagram, no âmbito da Justiça da Infância e Juventude, um princípio histórico e amplamente aplicado no direito penal, o do ***in dubio pro reo***. Se, ao final da instrução processual, o Ministério Público não tiver conseguido produzir elementos de convicção profundos para condenar o acusado, a solução é sua absolvição.

Em outras palavras, à luz do Estatuto, se o juízo não estiver convicto de que ocorreu um ato infracional e de que seu autor foi o adolescente que está sendo processado, então a sentença deve ser de improcedência. Via de consequência, se o adolescente está **internado provisoriamente**, deve ser **imediatamente posto em liberdade** (art. 189, p.ú.).

O art. 190 estabelece três hipóteses diferentes sobre a questão da intimação da sentença. Quando a sentença impõe a medida de internação ou semiliberdade, a intimação deve ser feita ao adolescente e a seu defensor (inciso I). Se o adolescente não for encontrado, a intimação é feita a seus pais ou responsável e ao defensor (inciso II). Por fim, se não for aplicada nenhuma dessas duas medidas extremas, a intimação é feita exclusivamente ao defensor (art. 190, § 1º).

Quando a intimação for feita ao adolescente, deve-se colher sua manifestação sobre o desejo de recorrer da sentença (art. 190, § 2º).

Atenção para a súmula 705 do Supremo Tribunal Federal, cujo raciocínio é aplicável para o processo de apuração de ato infracional: "A renúncia do réu ao direito de apelação, manifestada sem a assistência do defensor, não impede o conhecimento da apelação por este interposta".

9. TERMOS JURÍDICOS PRÓPRIOS DO ESTATUTO

Leis penais	Estatuto da Criança e do Adolescente
Crime e contravenção	Ato infracional
Flagrante delito	Flagrante de ato infracional
Mandado de prisão	Mandado de busca e apreensão
Maior preso	Adolescente apreendido
Prisão provisória	Internação provisória
Imputação de crime	Atribuição de ato infracional
Pena	Medida socioeducativa
Denúncia	Representação
Réu	Representado
Interrogatório	Audiência de apresentação
Sumário de acusação e de defesa	Audiência em continuação

Recursos

1. INTRODUÇÃO

O Capítulo IV, do Título VI, do Estatuto é dedicado à sistemática recursal. A disciplina do Estatuto sobre o assunto é bastante curta, apenas dois artigos, prevendo-se expressamente a aplicação do Código de Processo Civil (art. 198). No âmbito recursal, ainda que se trate de processo de apuração de ato infracional, não é aplicável o Código de Processo Penal.

Há diferenças significativas entre as duas legislações processuais. Por exemplo: os prazos para interposição de embargos de declaração são distintos; a apresentação de razões recursais é concomitante à interposição do recurso na sistemática recursal do CPC, mas não no CPP.

Os pontos específicos tratados pelo Estatuto da Criança e do Adolescente serão a seguir analisados.

2. PREPARO

Há disposição expressa que **dispensa o recolhimento de preparo** para interposição de quaisquer recursos (art. 198, I), o que está em consonância com a diretriz do Estatuto da Criança e do Adolescente, que prevê a gratuidade de custas e emolumentos em todas as ações judiciais da competência da Justiça da Infância e Juventude, ressalvada a hipótese de litigância de má-fé (art. 141, § 2º).

3. PRAZOS

O art. 198, inciso II determina que o **prazo** de interposição de todos os recursos é de **10 (dez) dias**, exceto embargos de declaração.

Nesse ponto, o Estatuto traz uma regra específica que se diferencia do CPC-2015, que unificou os prazos em 15 dias (art. 1.003, § 5º).

Quanto aos embargos de declaração, o prazo é de 5 (cinco) dias, segundo determina o art. 1.003, § 5º.

Esse prazo recursal de 10 dias do Estatuto é aplicável para os procedimentos previstos no Estatuto, notadamente nos artigos 152 a 197. Em outras ações, ainda que se tutelem direitos infanto-juvenis, aplicam-se os prazos que lhe forem próprios – como, por exemplo, ação civil pública proposta pelo Ministério Público para tutelar direitos previstos no Estatuto. O prazo de apelação é de 15 dias, conforme regramento ordinário do CPC-2015.

Vale destacar que o regramento atual estabeleceu para MP, Defensoria Pública e advocacia pública o tratamento uniforme de intimação pessoal e contagem em dobro de prazos, conforme artigos 179 e 180, 183, *caput* e § 1º, e 186, *caput* e § 1º, do novo CPC.

Por fim, o novo CPC inovou na contagem dos prazos processuais ao prever que são contados tão somente os dias úteis (art. 219).

4. TRAMITAÇÃO PRIORITÁRIA DOS RECURSOS

Em razão da relevância das causas tratadas pelo Estatuto da Criança e do Adolescente, o artigo 199-C determina o **processamento prioritário**, com **imediata distribuição**, **sem** a necessidade de **revisor** (art. 198, III) e com a colocação do processo para **julgamento em mesa** no **prazo máximo** de **60 dias**.

No CPC-2015, já não existe a figura do revisor, pelo que cabe ao relator elaborar voto e restituir os autos à secretaria (art. 931) para que o presidente possa designar dia para julgamento (art. 934). Nesse contexto, a regra do artigo 198, III do Estatuto deixa de ser um procedimento diferenciado.

5. APELAÇÃO

A apelação é regida pelo Código de Processo Civil nos artigos 1.009 a 1.014. Em relação ao Estatuto da Criança e do Adolescente, há três questões importantes.

A primeira diz respeito ao exercício do **juízo de retratação**. Prevê o art. 198, inciso VII que a autoridade judiciária, **diante da interposição da apelação**, pode reformar sua própria decisão ao invés de determinar a remessa dos autos ao Tribunal de Justiça.

Essa regra do Estatuto continua plenamente aplicável à luz do CPC-2015, que não prevê um juízo de retratação amplo após a prolação de sentença (art. 494).

As hipóteses de exercício da retração do juiz são excepcionais na lei processual (exemplo, art. 332, § 4º).

Se houver a retratação, não há necessidade de interposição de novo recurso; basta que a parte interessada ou o Ministério Público requeira a remessa dos autos ao Tribunal de Justiça (art. 198, VIII).

Em caso de **adoção**, a sentença produz **efeitos desde logo**. Vale destacar que, em razão do advento do artigo 199-A, foi revogada tacitamente a primeira parte do § 7º do artigo 47: "*A adoção produz seus efeitos a partir do trânsito em julgado da sentença constitutiva, exceto na hipótese prevista no § 6º do art. 42 desta Lei, caso em que terá força retroativa à data do óbito*".

A sentença tem **efeitos retroativos** em relação à **adoção póstuma**, efeitos *ex nunc* em relação aos demais casos. Na **adoção internacional** e em caso de dano irreparável ou de difícil reparação, a apelação é recebida com **efeito suspensivo**. Por sua vez, em caso de destituição do poder familiar, a apelação será recebida apenas no efeito devolutivo.

O Estatuto não conta com dispositivo para regrar as demais hipóteses. Logo, por previsão expressa do próprio Estatuto (art. 198), deve-se buscar a aplicação do Código de Processo Civil, cujo artigo 1.012 prevê o recebimento dos recursos no **duplo efeito como regra geral**. Assim, atualmente vigora o recebimento da apelação nos efeitos suspensivo e devolutivo.

Ministério Público, advocacia e tutela de direitos

1. MINISTÉRIO PÚBLICO

1.1. Introdução

Trata-se de instituição extremamente relevante para o Estado, na medida em que exerce o papel de guardião da sociedade e das instituições democráticas. Na Constituição da República de 1988, o Ministério Público recebeu atenção especial do constituinte, cuja disciplina se encontra nos artigos 127 a 130-A.

No Estatuto da Criança e do Adolescente, o Ministério Público está previsto nos artigos 200 a 205. Em sua maioria, os dispositivos do Estatuto representam repetição de normas contidas em leis específicas da Instituição. Alguns pontos, porém, merecem maior cuidado na análise.

1.2. Remissão

O art. 201, I estabelece que compete ao Ministério Público conceder **remissão** como forma de **exclusão do processo**. Conforme esclarecido em comentários específicos sobre o tema (arts. 126 a 128), a remissão é concedida pelo Ministério Público antes da propositura da demanda. Após a instauração do processo, cabe à autoridade judiciária conceder a remissão, como forma de suspensão ou extinção.

1.3. Atuação do Ministério Público na Justiça da Infância e Juventude

O Ministério Público tem **atuação obrigatória** em todos os processos de competência da Justiça da Infância e Juventude. Quando não propõe as demandas, atua como *custos legis* (art. 202). O art. 201 elenca um rol de atribuições do Ministério Público. Embora extenso, o elenco não é exaustivo, mas sim exemplificativo (art. 201, § 2º).

Sua atuação é indispensável e sua não intervenção acarreta **nulidade absoluta** do processo, declarável de ofício (art. 204).

Dois importantes pontos que não podem ser esquecidos em relação ao Ministério Público: primeiro, sua **intimação** deve sempre ser **pessoal** (art. 203); segundo, goza da prerrogativa de contagem em dobro de prazos processuais (CPC, art. 188).

2. ADVOCACIA

Tem previsão constitucional no art. 133, onde se lê que "o advogado é indispensável à administração da justiça". Em legislação infraconstitucional, temos o Estatuto da OAB, Lei nº 8.906/94, que dispõe sobre a função. No Estatuto da Criança e do Adolescente, está previsto nos artigos 206 e 207.

O parágrafo único do art. 206 trata da assistência jurídica integral e gratuita ao hipossuficiente e está em consonância com a previsão do art. 5º, inciso LXXIV da Constituição da República.

Estabelece o Estatuto que o juízo pode nomear defensor (art. 207, § 2º), nos casos em que o adolescente e seus pais não tenham constituído advogado. Afinal, deve-se preservar o direito ao contraditório e à ampla defesa do adolescente.

Por fim, peculiaridade importante do Estatuto diz respeito à possibilidade dispensa de outorga de mandato. O advogado pode ser constituído como mandatário da parte oralmente na presença da autoridade judiciária (art. 207, § 3º).

3. TUTELA DE DIREITOS INDIVIDUAIS E COLETIVOS

3.1. Introdução

Os artigos 208 a 224 dispõem acerca da proteção de direitos individuais e coletivos (*lato sensu*) das crianças e adolescentes. Ao longo do Estatuto, foram elencados diversos direitos dos jovens (art. 53 e outros) e impostos vários deveres a particulares e ao Estado (art. 54 e outros). Em caso de lesão ou ameaça de lesão aos direitos das crianças e adolescente, cabe às instituições a atuação para contornar a situação.

3.2. Legitimidade

A **tutela** dos direitos de crianças e adolescentes pode ser feita de forma **individual** – através de uma demanda movida pelo próprio adolescente, devidamente assistido ou representado – **ou coletiva**, através principalmente da **ação civil pública**, movida por quaisquer de seus legitimados, com destaque para o **Ministério Público** e a **Defensoria Pública**.

Em relação à Defensoria Pública, o Estatuto não prevê expressamente sua legitimação para tutela de direitos coletivos (art. 210), tendo em vista que a Lei foi promulgada em 1990. No entanto, há a previsão de aplicação subsidiária da Lei de Ação Civil Pública (Lei nº 7.347/85), que teve seu artigo 5º alterado pela Lei nº 11.448/2007 para incluir essa Instituição no rol de legitimados. Portanto, a defesa de direitos metaindividuais de crianças e adolescentes pode ser feita também pela Defensoria Pública.

Quanto à **legitimidade de associações** (art. 210, III), é preciso atentar para seus requisitos: (i) constituição há pelo menos um ano; (ii) previsão de defesa de direitos das crianças e adolescentes entre seus fins institucionais; e (iii) autorização estatutária para propositura de demandas coletivas ou autorização assemblear.

3.3. Competência

De acordo com o art. 209, é competente o foro do local onde ocorreu ou deva ocorrer a ação ou omissão. Em outras palavras, a competência é fixada no local onde surgir a lesão ou a ameaça de lesão ao direito da criança ou do adolescente. Trata-se de competência territorial absoluta, ressalvadas apenas a competência da Justiça Federal e a originária dos Tribunais Superiores.

3.4. Litisconsórcio de Ministérios Públicos

Está previsto no art. 210, § 1º. É sempre facultativo, nunca obrigatório.

3.5. Amplitude de instrumentos processuais

Dentro do espírito de proteção integral da criança e do adolescente, o Estatuto traz previsões para tutela ampla e total dos direitos dos jovens. É **cabível** a propositura de **qualquer tipo de ação** que seja apta a solucionar a lesão ou a ameaça de lesão (art. 212). Contra atos ilegais e abusivos do Estado, cabe ação mandamental (art. 212, § 2º). Privilegia-se a tutela específica das obrigações (art. 213), em detrimento das indenizatórias, sendo possível a concessão de liminar e a fixação de astreinte, multa diária (art. 213, §§ 1º e 2º). Especificamente em relação à multa, sua exigibilidade surge após o trânsito em julgado da sentença favorável ao autor, mas será devida desde o dia em que se houver configurado o descumprimento (art. 213, § 3º).

Crimes e infrações administrativas

1. INTRODUÇÃO

O Título VII é o último do Estatuto e disciplina os crimes e infrações administrativas (artigos 225 a 258-C). Uma análise pormenorizada de todos os tipos contidos no Estatuto fugiria do objetivo desta obra, razão por que optamos por comentários ligados aos assuntos mais cobrados nos exames da Ordem e de concursos públicos.

2. LEIS PENAIS E PROCESSUAIS PENAIS

O Estatuto apresenta tipos penais nos artigos 228 a 244-A, cujos bens jurídicos tutelados são os direitos das crianças e adolescentes. Esse **rol não** é **exaustivo**, ou seja, **há** outros **tipos penais** previstos em **diversos diplomas legislativos** que também tutelam os jovens e são plenamente aplicáveis. O próprio Estatuto destaca a aplicação de outras disposições da legislação penal na proteção de crianças e adolescentes (art. 225). No Código Penal, por exemplo, temos tipos específicos, como o abandono de incapaz (art. 133), a exposição ou abandono de recém-nascido (art. 134) e os maus-tratos (art. 136).

Outro ponto a destacar é que o Estatuto apenas apresenta a tipificação de delitos, sendo plenamente aplicável a disciplina da parte geral do Código Penal (art. 226).

Por fim, as previsões do Estatuto acerca de processo são referentes à apuração de atos infracionais praticados por adolescentes. Os **crimes tipificados pelo Estatuto** são aqueles praticados por maiores, de modo que seu **processamento e julgamento** são regidos pelo **Código de Processo Penal** (art. 226).

3. AÇÃO PÚBLICA INCONDICIONADA

Todos os crimes previstos no Estatuto da Criança e do Adolescente são de **ação pública incondicionada**, conforme prevê expressamente o art. 227. Portanto, **não dependem de representação da vítima**, nem são propostos pelo particular. Cabe ao Ministério Público a propositura da ação penal quanto à prática dos crimes tipificados pelo Estatuto.

4. MODALIDADE CULPOSA

Em regra, na grande maioria dos crimes previstos pelo Estatuto, sua consumação ocorre apenas na forma dolosa. Entretanto, os tipos dos **artigos 228 e 229** são punidos tanto a título de **dolo**, quanto de **culpa**, conforme previsão de seus respectivos parágrafos únicos.

5. PRESCRIÇÃO DE INFRAÇÕES ADMINISTRATIVAS

O STJ entende aplicável o instituto da **prescrição** também às **infrações administrativas**. O prazo é o da prescrição de 5 anos, porque a natureza não é penal, mas sim administrativa.

6. CRIME DE MERA CONDUTA E TENTATIVA

O art. 239 tipifica a conduta de "promover ou auxiliar a efetivação de ato destinado ao envio de criança ou adolescente para o exterior com inobservância das formalidades legais ou com o fito de obter lucro".

Prevalece no STJ o entendimento de que o art. 239 é crime de mera conduta, sendo incabível a tentativa.

7. PRODUÇÃO DE MATERIAL PORNOGRÁFICO – CRIME

O artigo 240, cuja redação foi recentemente alterada pela Lei n. 11.829/2008, contém verbos nucleares que abrangem qualquer conduta pertinente à produção e elaboração de material pornográfico que envolva criança e adolescente.

8. ARTIGO 243 – ALCANCE

A venda de cola de sapateiro não caracteriza infração administrativa, mas sim crime do art. 243, porque o uso inadequado do produto causa dependência, o que se amolda à parte final desse dispositivo.

Além disso, com o advento da Lei n. 13.106/2015, o dispositivo passou a prever também como crime a venda de bebida alcoólica.

9. VENDA DE PRODUTOS SEM POTENCIALIDADE LESIVA – ATIPICIDADE

O art. 244 tipifica a conduta daquele que vende ou fornece fogos de estampido ou artifício a criança ou adolescente. Esse dispositivo guarda relação com o art. 81, inciso IV. Há ressalva de que não caracteriza crime a venda de fogos que sejam incapazes de provocar dano físico em caso de utilização indevida, por conta de seu reduzido potencial, como o *estalinho*.

10. EFEITO OBRIGATÓRIO DA CONDENAÇÃO – ART. 244-A

Esse dispositivo tipifica a conduta de quem submete criança ou adolescente à prostituição ou exploração sexual. É importante lembrar-se de seu parágrafo segundo, que determina, como efeito obrigatório da condenação, a cassação da licença de localização e funcionamento do local.

11. CORRUPÇÃO DE MENORES – CRIME FORMAL

O artigo 244-B trata da corrupção de menores:

> "Corromper ou facilitar a corrupção de menor de 18 (dezoito) anos, com ele praticando infração penal ou induzindo-o a praticá-la".

O Superior Tribunal de Justiça editou súmula para esclarecer que o delito é formal, ou seja, não depende de prova formal da corrupção:

> ▸ **Importante:**
>
> **Súmula 500.** A configuração do crime do art. 244-B do ECA independe da prova da efetiva corrupção do menor, por se tratar de delito formal.

12. INCONSTITUCIONALIDADE DECLARADA PELO STF

O STF declarou inconstitucional, em sede de controle concentrado (ADI nº 869-2), a parte final do parágrafo segundo do art. 247, que permite à autoridade judiciária determinar "a suspensão da programação da emissora até por dois dias, bem como da publicação do periódico até por dois números".

13. SUJEITOS DA INFRAÇÃO ADMINISTRATIVA DO ART. 249

O STJ entende que a parte final do dispositivo, que trata da determinação de autoridade judiciária ou de Conselho Tutelar, se limita àquelas pessoas referidas em sua primeira parte, pais, tutores e guardiões. Portanto, não é aplicável ao agente público, como um secretário municipal, por exemplo.

14. HOSPEDAGEM DE CRIANÇA OU ADOLESCENTE – INFRAÇÃO ADMINISTRATIVA

O art. 250 caracteriza como infração administrativa a hospedagem de criança ou adolescente, desacompanhada dos pais ou responsável ou sem autorização escrita destes, ou da autoridade judiciária, em hotel, pensão, motel ou congênere. Trata-se de conduta já proibida pelo Estatuto no artigo 82.

15. TRANSMISSÃO DE ESPETÁCULO DE FORMA INADEQUADA – INFRAÇÃO ADMINISTRATIVA

A transmissão de espetáculo em horário diverso do autorizado ou sem o aviso de sua classificação caracteriza a infração administrativa do art. 254, punível com multa.

Bibliografia

ALVES, Roberto Barbosa. *Direito da infância e juventude: coleção curso e concurso.* 3ª edição. São Paulo: Saraiva, 2008.

AMARAL, Francisco. *Direito Civil: introdução.* 6ª edição. Rio de Janeiro: Renovar, 2006.

BARBOSA MOREIRA, José Carlos. *O novo processo civil brasileiro.* 23ª edição. Rio de Janeiro: Forense, 2005.

________. *Comentários ao Código de Processo Civil, vol. V.* V. 12ª edição. Rio de Janeiro: Forense, 2005.

BARCELLOS, Ana Paula de. *A eficácia jurídica dos princípios constitucionais: o princípio da dignidade da pessoa humana.* 1ª edição. Rio de Janeiro: Renovar, 2006.

BARROS, Guilherme Freire de Melo. *Leis especiais para concursos, vol. 2: Estatuto da criança e do adolescente - lei n. 8.069/1990.* Salvador: Jus Podivm, 2008.

________. *Direito da criança e do adolescente.* Coleção Sinopses para Concursos. Salvador: Jus Podivm, 2012.

BARROSO, Luís Roberto. *Interpretação e aplicação da Constituição.* 5ª edição. São Paulo: Saraiva, 2003.

CÂMARA, Alexandre Freitas. *Lições de direito processual civil, vol. I.* 6ª edição. Rio de Janeiro: Lumen Juris, 2001.

CARRIDE, Norberto de Almeida. *Estatuto da criança e do adolescente anotado.* São Paulo: Servanda, 2006.

CARVALHO, Luiz Gustavo Grandinetti Castanho de. *Processo penal e Constituição: princípios constitucionais do processo penal.* 4ª edição. Rio de Janeiro: Lumen Juris, 2006.

CARVALHO, Luiz Paulo Vieira. *Direito civil: questões fundamentais e controvérsias na parte geral, no direito de família e no direito das sucessões.* 2ª edição. Rio de Janeiro: Lumen Juris, 2008.

CURY, Munir. *Estatuto da criança e do adolescente.* 9ª edição. São Paulo: Malheiros, 2008.

DIDIER JR., Fredie. *Curso de direito processual civil, vol. I.* I. 9ª edição. Salvador: Jus Podivm, 2008.

_______. ZANETI JR., Hermes. *Curso de direito processual civil, vol. IV*. Salvador: Jus Podivm, 2007.

ELIAS, Roberto João. *Comentários ao Estatuto da Criança e do Adolescente.* 3ª edição. São Paulo: Saraiva, 2008.

FACHIN, Luiz Edson. *Comentários ao novo Código Civil, vol. XVIII.* Rio de Janeiro: Forense, 2003.

FERNANDES, Antonio Scarance. *Processo penal constitucional.* 4ª edição. São Paulo: Editora Revista dos Tribunais, 2005.

FERREIRA FILHO, Roberval Rocha. *Principais julgamentos Superior Tribunal de Justiça.* Edição 2008. Salvador: Jus Podivm, 2008.

_______. *Principais julgamentos Supremo Tribunal Federal.* Edição 2008. Salvador: Jus Podivm, 2008.

GRINOVER, Ada Pellegrini. GOMES FILHO, Antonio Magalhães. FERNANDES, Antonio Scarance. *As nulidades no processo penal.* 8ª edição. São Paulo: Editora Revista dos Tribunais, 2004.

ISHIDA, Válter Kenji. *Estatuto da Criança e do Adolescente: doutrina e jurisprudência.* 9ª edição. São Paulo: Atlas, 2008.

LIBERATI, Wilson Donizeti. *Comentários ao Estatuto da Criança e do Adolescente.* 10ª edição. São Paulo: Malheiros, 2008.

LIMA, Marcellus Polastri. *Curso de processo penal, vol. I.* 2ª edição. Rio de Janeiro: Lumens Juris, 2003.

_______. *Curso de processo penal, vol. II.* 2ª edição. Rio de Janeiro: Lumens Juris, 2003.

LÔBO, Paulo Luiz Netto. *Do poder familiar.* In: Direito de família e o novo Código Civil. DIAS, Maria Berenice. PEREIRA, Rodrigo da Cunha. (coord.). Belo Horizonte: Del Rey, 2005.

MARTINS, Sergio Pinto. *Direito do trabalho.* 24ª edição. São Paulo: Atlas, 2008.

MENDES, Gilmar Ferreira. COELHO, Inocêncio Martires. BRANCO, Paulo Gustavo Gonet. *Curso de Direito Constitucional.* 3ª edição. São Paulo: Saraiva, 2008.

NUCCI, Guilherme de Souza. *Código Penal comentado.* 7ª edição. São Paulo: Editora Revista dos Tribunais, 2007.

PEREIRA, Caio Mario da Silva. *Instituições de direito civil, vol. V*. 14ª edição. Atualizadora: PEREIRA, Tânia da Silva. Rio de Janeiro: Forense, 2004.

PEREIRA, Tânia da Silva. *Direito da criança e do adolescente: uma proposta interdisciplinar.* 2ª edição. Rio de Janeiro: Renovar, 2008.

_______. *Da adoção.* In: Direito de família e o novo Código Civil. DIAS, Maria Berenice. PEREIRA, Rodrigo da Cunha. (coord.). Belo Horizonte: Del Rey, 2005.

RANGEL, Paulo. *Direito processual penal.* 8ª edição. Rio de Janeiro: Lumen Juris, 2004.

SARAIVA, Renato. *Direito do Trabalho: série concursos públicos.* São Paulo: Método, 2007.

TATAGIBA, Glauber. *Ministério Público: provas e concursos.* Belo Horizonte: Del Rey, 2004.

TEPEDINO, Gustavo. BARBOZA, Heloisa Helena. MORAES, Maria Celina Bodin de. *Código Civil interpretado: conforme a Constituição da República, vol. I.* 2ª edição. Rio de Janeiro: Renovar, 2007.

DIREITO DO CONSUMIDOR

Leonardo de Medeiros Garcia

CAPÍTULO I

Regulamentação das relações de consumo

1. A CONSTITUIÇÃO E CÓDIGO DE DEFESA DO CONSUMIDOR

Constituição Federal de 1988, incorporando uma tendência mundial de influência do direito público sobre o direito privado, chamado pela doutrina de *"constitucionalização do direito civil"* ou de *"direito civil constitucional"*, adotou como princípio fundamental, estampado no art. 5º, XXXII, *"a defesa do consumidor"*.

A inclusão da defesa do consumidor como direito fundamental na CF vincula o Estado e todos os demais operadores a aplicar e efetivar a defesa deste ente vulnerável, considerado mais fraco na sociedade.

A Constituição, sob o novo enfoque que se dá ao direito privado, funciona como centro irradiador e marco de reconstrução de um direito privado brasileiro mais social e preocupado com os vulneráveis.

A Constituição Federal, também de forma inovadora, introduziu a figura do consumidor como agente econômico e social, estabelecendo de forma expressa como **princípio da ordem econômica a *"defesa do consumidor"*** (art. 170, V), possibilitando a intervenção do Estado nas relações privadas, de modo a garantir os direitos fundamentais dos cidadãos. Nesse sentido, o empresário somente tem assegurado o livre exercício da atividade econômica (p.u. do art. 170 CF) se respeitar e assegurar os direitos do consumidor. Como exemplo, o empresário poderá elaborar contrato de adesão, estipulando as cláusulas contratuais para o fim de sua atividade, desde que não sejam abusivas.

Dessa forma, procurando dar efetividade a esse novo contexto, a própria Constituição, no art. 48 do Ato das Disposições Constitucionais Transitórias (ADCT), **estabeleceu um prazo de cento e vinte dias** da promulgação da Constituição, para que o Congresso Nacional elaborasse o Código de Defesa do Consumidor, fato que somente foi ocorrer em 11 de setembro de 1990, quando foi publicada a lei 8.078/90.

Por fim, há que considerar que a existência de um verdadeiro ***microssistema jurídico***, em que o objetivo não é tutelar os iguais, cuja proteção já é encontrada no Direito Civil, mas justamente tutelar os desiguais, tratando de maneira diferente fornecedor e consumidor com o fito de alcançar a igualdade. O CDC constitui um **microssistema jurídico multidisciplinar** na medida em que possui normas que regulam todos os aspectos da proteção do consumidor, coordenadas entre si, permitindo a visão de conjunto das relações de consumo. Por força do caráter interdisciplinar, o Código de Defesa do Consumidor outorgou tutelas específicas ao consumidor nos campos **civil** (arts. 8º a 54), **administrativo** (arts. 55 a 60 e 105/106), **penal** (arts. 61 a 80) e **jurisdicional** (arts. 81 a 104).

Quadros sinópticos

Artigos da Constituição	Finalidade
Art. 5, XXXII	A "*defesa do consumidor*" como direito e garantia fundamental
Art. 170, V	A "*defesa do consumidor*" como princípio da ordem econômica
Art. 48 da ADCT	Prazo de 120 para elaboração do CDC a partir da promulgação da CF

Visão topográfica do CDC – Microssistema das relações de consumo	
Área	**Artigos**
Civil	Arts. 8º a 54
Administrativo	Arts. 55 a 60 e 105/106
Penal	Arts. 61 a 80
Jurisdicional (Título III do CDC)	Arts. 81 a 104

2. NORMA DE ORDEM PÚBLICA E DE INTERESSE SOCIAL

As normas contidas no CDC são de **ordem pública** e **interesse social**, sendo, portanto, cogentes e inderrogáveis pela vontade das partes.

No tocante à atuação de ofício pelo juiz (sem necessidade de requerimento da parte) nas relações de consumo, a doutrina consumerista é pacífica em aceitar tal situação, principalmente porque o CDC é norma de "ordem pública". Assim, poderá o juiz inverter o ônus da prova de ofício, desconsiderar a personalidade jurídica de ofício, etc.

Mas no tocante aos contratos bancários, o STJ entendeu que o juiz está vedado declarar de ofício as cláusulas abusivas. É o teor da Súmula 381.

▸ **Súmula 381 do STJ:**

"Nos contratos bancários, é vedado ao julgador conhecer, de ofício, da abusividade das cláusulas".

As normas do CDC também são de **interesse social**, o que significa dizer que as normas de proteção aos consumidores possuem importância relevante para a sociedade como um todo, não interessando somente às partes, consumidores e fornecedores. São "*leis de função social*", pois não só procuram assegurar uma série de novos direitos aos consumidores, mas também possuem a função de transformar a sociedade de modo a se comportar de maneira equilibrada e harmônica nas relações jurídicas.

3. APLICAÇÃO DO CDC AOS CONTRATOS CELEBRADOS ANTERIORMENTE

Com relação à aplicação do CDC, o STF e o STJ entendem que os seus dispositivos **não incidem nos contratos celebrados antes de sua vigência** (REsp 248155/SP).

Entretanto, nos contratos de *execução diferida* e *prazo indeterminado* celebrados anteriormente à vigência do CDC, vem sendo admitida a incidência da norma consumerista pelo STJ, uma vez que o contrato é renovado a cada pagamento efetuado.

Ou seja, nos contratos de prazo indeterminado (*v.g.*, **previdência privada, plano de saúde**), o consumidor poderá discutir a validade das cláusulas ou requerer sua revisão durante o período de vigência do CDC; mesmo para os contratos celebrados anteriormente ao CDC.

Relação jurídica de consumo

1. CONCEITO DE CONSUMIDOR

O **conceito de consumidor** passa pela definição disposta no art. 2º do CDC, segundo o qual, consumidor *"é toda pessoa física ou jurídica que adquire ou utiliza produto ou serviço como destinatário final"*.

Sendo assim, são três os elementos que compõem o conceito de consumidor. O primeiro deles é o *subjetivo* (**pessoa física ou jurídica**), o segundo é o *objetivo* (aquisição de **produtos ou serviços**) e o terceiro e último é o *teleológico* (a **finalidade pretendida** com a aquisição de produto ou serviço) caracterizado pela expressão ***destinatário final***.

A definição estampada no *caput* do referido artigo é denominada pela doutrina de ***consumidor stricto sensu*** ou ***standard***, em contraposição aos consumidores equiparados definidos no parágrafo único do art. 2º e nos arts. 17 e 29.

De acordo com o *caput* do art. 2º do CDC, a única característica restritiva para se alcançar o conceito de consumidor seria a aquisição ou utilização do bem ou serviço como ***destinatário final***. Como o texto legal não responde o que significa destinatário final, a solução é buscar o auxílio da doutrina, para, assim, definir o conceito de consumidor.

Justamente para explicar o que seria destinatário final é que a doutrina se dividiu entre a teoria **finalista** e **maximalista**.

1.1. Doutrina finalista

A doutrina **finalista (ou subjetiva)** propõe que a interpretação da expressão destinatário final seja restrita, fundamentando-se no fato de que somente o consumidor, parte mais vulnerável na relação contratual, merece a especial tutela. Assim, consumidor seria o não profissional, ou seja, aquele que adquire ou utiliza um produto para uso próprio ou de sua família.

Sendo assim, o destinatário final é o que retira o bem do mercado ao adquirir ou simplesmente utilizá-lo (**destinatário final fático**), é aquele que coloca um fim na cadeia de produção (**destinatário final econômico**), e não aquele que utiliza o bem para continuar a produzir, pois ele não é o consumidor-final, já que está transformando e utilizando o bem para oferecê-lo, por sua vez, ao cliente, consumidor do produto ou serviço.

1.2. Doutrina maximalista

Já para a **corrente maximalista (ou objetiva),** o CDC é visto de uma maneira bem mais ampla, abrangendo maior número de relações, pelas quais as normas inseridas nesse diploma devem regular a sociedade de consumo como um todo.

Para teoria maximalista, o destinatário final seria **somente o destinatário fático**, pouco importando a destinação econômica que lhe deva sofrer o bem.

Assim, para os maximalistas, a definição de consumidor é **puramente objetiva**, não importando a finalidade da aquisição ou do uso do produto ou serviço, podendo até mesmo haver intenção de lucro. O que não poderá é adquirir um produto ou serviço com intuito de revender ou de incrementar diretamente a atividade do fornecedor.

Percebe-se, portanto, que dois são os posicionamentos acerca do conceito de consumidor: um mais restrito – doutrina finalista – e outro mais amplo – doutrina maximalista.

1.3. Doutrina finalista mitigada ou aprofundada – posição do STJ

Segundo Cláudia Lima Marques, para a exata definição de consumidor e delimitação de abrangência de aplicação do CDC nas relações contratuais, seria necessário fazer uma **interpretação teleológica da regra do art. 2º** com o sistema tutelar consumerista, buscando a *ratio* principal da norma. Para tanto, de acordo com a autora, destinatário final, para efeitos de definição do conceito de consumidor, seria somente aquele que, segundo o art. 4º, I fosse reconhecido como **"vulnerável"** numa relação contratual, pois somente esses merecem receber a tutela especial do CDC.

Para a autora, quatro tipos de vulnerabilidades são identificáveis: a **técnica**, a **jurídica** (ou científica), a **fática** (ou socioeconômica) e a **informacional.**

Resumidamente, a **vulnerabilidade técnica** seria aquela na qual o comprador não possui conhecimentos específicos sobre o produto ou o serviço, podendo, portanto, ser mais facilmente iludido no momento da contratação.

A **vulnerabilidade jurídica** seria a própria falta de conhecimentos jurídicos, ou de outros pertinentes à relação, como contabilidade, matemática financeira e economia.

A **vulnerabilidade fática** é a vulnerabilidade real diante do parceiro contratual, seja em decorrência do grande poderio econômico deste último, seja pela sua posição de monopólio, ou em razão da essencialidade do serviço que presta, impondo, numa relação contratual, uma posição de superioridade.

A vulnerabilidade **informacional** se dá uma vez que as informações estão cada vez mais valorizadas e importantes para que se tenha uma relação equilibrada. Em contrapartida, o ***déficit informacional*** dos consumidores está cada vez maior. Assim, de modo a compensar este desequilíbrio, deve o fornecedor procurar dar o máximo de informações ao consumidor sobre a relação contratual, bem como sobre os produtos e serviços a serem adquiridos.

Nesse sentido, hoje em dia, algumas informações não podem deixar de acompanhar a relação de consumo, seja sendo prestada de forma clara e precisa pelo fornecedor diretamente ao consumidor, seja acompanhando o produto nas embalagens.

Assim, a **vulnerabilidade seria o marco central** para que se aplicassem as regras especiais do CDC, que visaria, principalmente, fortalecer a parte que se encontra em inferioridade, restabelecendo o equilíbrio contratual. Destinatário final para o art. 2º **somente poderia ser aquele que se encontra vulnerável**, o que somente poderá ser averiguado no caso concreto pelo juiz, fazendo com que, mesmo aquele que não preenchesse os requisitos de destinatário final econômico do produto ou serviço pudesse ser abrangido pela tutela especial do Código.

Recentemente, o **STJ superou a discussão acerca do alcance da expressão "destinatário final"** constante do art. 2º do CDC, **consolidando a teoria finalista** como aquela que indica a melhor diretriz para a interpretação do conceito de consumidor, admitindo, entretanto, **certo abrandamento dessa teoria** quando se verificar uma vulnerabilidade no caso concreto, nos moldes do pensamento de Cláudia Lima Marques. Pela importância do tema, transcrevo parte do voto da Min. Nancy Andrighi no Resp 476428/SC, publicado no dia 09/05/2005: "Para se caracterizar o consumidor, portanto, não basta ser, o adquirente ou utente, destinatário final fático do bem ou serviço: deve ser também o seu destinatário final econômico, isto é, a utilização deve romper a atividade econômica para o atendimento de necessidade privada, pessoal, não podendo ser reutilizado, o bem ou serviço, no processo produtivo, ainda que de forma indireta. Nesse prisma, a expressão "destinatário final" não compreenderia a pessoa jurídica empresária. Por outro lado, a jurisprudência deste STJ, ao mesmo tempo que consagra o conceito finalista, reconhece a necessidade de mitigação do critério para atender situações em que a vulnerabilidade se encontra demonstrada no caso concreto".

2. CONSUMIDOR POR EQUIPARAÇÃO

2.1. Coletividade de pessoas (determináveis ou indetermináveis) - art. 2º, pu e art. 29

O **parágrafo único do art. 2º** equipara a consumidor a coletividade de pessoas, **determináveis ou indetermináveis**, que haja intervindo nas relações de consumo. É necessário, portanto, que a coletividade de pessoas tenha **participado**, de alguma forma, da relação de consumo. Ao contrário, o **art. 29** não exige tal requisito, bastando que a coletividade se encontre, potencialmente**, na iminência de sofrer algum dano**, como por exemplo, a exposição à publicidade enganosa.

Assim, as pessoas de uma casa que sofreram dano decorrente da utilização de algum produto contaminado comprado por apenas um deles, embora não possam ser caracterizadas como consumidores *stricto sensu*, equiparam-se a consumidor, beneficiando-se das normas protetivas do CDC.

Desse modo, o CDC equipara a coletividade lesada ao consumidor *stricto sensu*, viabilizando a tutela dos interesses difusos e coletivos, cujos direitos podem ser defendidos pelos órgãos legitimados para tal função (art. 82).

2.2. Vítima de acidente de consumo (*bystander*)

O legislador estendeu a proteção concedida ao consumidor *stricto sensu* para **terceiros (vítimas)**, estranhos à relação jurídica, mas que **sofreram prejuízo em decorrência do acidente de consumo.**

Agora, quando um terceiro se torna vítima do evento (chamado de ***bystander*** pela doutrina americana) se equipara a consumidor e pode ser ressarcido pelos danos sofridos.

Abrange o conceito de *bystander* aquelas pessoas físicas ou jurídicas que foram atingidas em sua integridade física ou segurança, em virtude do defeito do produto, não obstante não serem partícipes diretos da relação de consumo.

Caso amplamente noticiado pela imprensa e que se encaixa perfeitamente no artigo, foi a explosão ocorrida em um Shopping Center na cidade de Osasco, Estado de São Paulo, quando pessoas que sofreram danos em razão do acidente, embora muitas delas não fossem consideradas destinatárias finais de produtos ou serviços, foram equiparadas a consumidores, fazendo jus à tutela do CDC.

Consumidor *stricto sensu* ou *standard*

Consumidor é toda pessoa física ou jurídica que adquire ou utiliza produto ou serviço como destinatário final (art. 2º, *caput*)

Consumidor equiparado

- A coletividade de pessoas, ainda que indetermináveis, que haja intervindo nas relações de consumo (art. 2º, parágrafo único)
- Todas as vítimas de danos ocasionados pelo fornecimento de produto ou serviço defeituoso (art. 17)
- Todas as pessoas determináveis ou não, expostas às práticas comerciais ou contratuais abusivas (art. 29)

3. CONCEITO DE FORNECEDOR

Segundo o caput do art. 3º do CDC, fornecedor é toda **pessoa física ou jurídica, pública ou privada, nacional ou estrangeira**, bem como os **entes despersonalizados**, ***que desenvolvem*** atividade de produção, montagem, criação, construção, transformação, importação, exportação, distribuição ou comercialização de produtos ou prestação de serviços.

A **chave** para se encontrar a figura do fornecedor está na expressão ***"desenvolvem atividade"***. Ou seja, somente será fornecedor o agente que pratica determinada atividade com habitualidade. Nesse sentido, quando a escola oferece cursos não gratuitos no mercado, por praticar (desenvolver) a atividade de ensino, será considerada fornecedor. Agora, quando essa mesma escola resolve vender o veículo que serve para transportar professores, não estará atuando com habitualidade, pois não desenvolve a atividade de compra e venda de veículos. Nesse caso, ainda que se tenha do outro lado uma pessoa física adquirindo o veículo, a escola não será considerada fornecedora, não se estabelecendo, portanto, uma relação de consumo.

Para o CDC, o vocábulo fornecedor é **delimitado como gênero**, do qual **são espécies**, segundo o art. 3º: o **produtor, montador, criador, fabricante, construtor,**

transformador, importador, exportador, distribuidor, comerciante e o prestador de serviços.

No fornecimento de produtos ou serviços, podem ser considerados como fornecedores tanto a **pessoa jurídica** (o que é mais comum) como também a **pessoa física**, bastando se enquadrar nos ditames do artigo. As **pessoas jurídicas prestadoras de serviços públicos** também poderão ser enquadradas como fornecedores quando do fornecimento de serviços em que haja uma contraprestação direta pelos consumidores (serviços de água, luz, gás, telefone etc.).

Os **"entes despersonalizados"** estão abrangidos pelo artigo de forma a evitar que a falta de personalidade jurídica venha a ser empecilho na hora de tutelar os consumidores, evitando prejuízos a estes. A **família**, por exemplo, praticando atividades típicas de fornecimento de produtos e serviços, segundo o enunciado do art. 3o, seria considerada fornecedora para os efeitos legais. Também estariam inseridas aqui as **"pessoas jurídicas de fato"**, sendo aquelas que, sem constituírem uma pessoa jurídica, desenvolvem, de fato, atividade comercial (ex.: camelô).

4. CONCEITO DE PRODUTO

Segundo o art. 3º, §1º do CDC, produto é definido de modo bem amplo pela lei, sendo qualquer bem **móvel ou imóvel, material ou imaterial**.

Não foi objetivo do legislador limitar o que seria "produto". Pelo contrário, contemplou as diversas formas possíveis, inserindo tanto os móveis (carros, objetos em geral etc.), como os imóveis (apartamentos etc.). Não bastasse, ainda contemplou, ao lado dos materiais, os imateriais, como os programas de computador, por exemplo.

5. CONCEITO DE SERVIÇO

Já o serviço é qualquer atividade fornecida no mercado de consumo, *mediante remuneração* (art. 3º, § 2º). Segundo o artigo, estariam excluídas da tutela consumerista aquelas atividades desempenhadas a título gratuito, como as feitas de favores ou por parentesco (*serviço puramente gratuito*). Mas é preciso ter cuidado para verificar se o fornecedor não está tendo uma remuneração indireta na relação (*serviço aparentemente gratuito*). Assim, alguns serviços, embora sejam gratuitos, estão abrangidos pelo CDC, uma vez que o fornecedor está de alguma forma sendo remunerado pelo serviço.

Registre-se, ainda, que na parte final do § 2º, o legislador determinou expressamente que as atividades desempenhadas pelas instituições financeiras se enquadrariam no conceito de serviço. A jurisprudência do STJ é pacífica em aplicar o CDC às relações bancárias:

▸ **Súmula 297 do STJ:**
"O Código de Defesa do Consumidor é aplicável às instituições financeiras".

Ademais, de modo a estancar a questão, o STF julgou, por nove votos a dois, improcedente a **ADI 2.591** proposta pela Confederação Nacional do Sistema Financeiro, que pretendia ver excluídas da incidência da Lei n. 8.078/90 (Código de Defesa do Consumidor) as operações de "*natureza bancária, financeira, de crédito e securitária*" (previstas no § 2º do art. 3º da lei), alegando que tal dispositivo estaria viciado por inconstitucionalidade formal e material.

Por fim, as **relações havidas entre patrão (empresa ou não) e empregado** estão, por força de lei, **excluídos da apreciação do Código**, havendo legislação específica (CLT) para este caso.

6. PRINCIPAIS CASOS DE APLICAÇÃO DO CDC PELO STJ

- **Súmula 563 do STJ:** "O Código de Defesa do Consumidor é aplicável às **entidades abertas de previdência complementar**, não incidindo nos **contratos previdenciários celebrados com entidades fechadas**".
- **Taxista:** contrato de financiamento celebrado entre a CEF e o taxista para aquisição de veículo (Resp. 231.208/PE) e defeito em veículo zero quilômetro adquirido por taxista. (REsp 611.872/RJ).
- **SFH (Sistema Financeiro da Habitação):** relação entre o agente financeiro do SFH, que concede empréstimo para aquisição de casa própria, e o mutuário (Resp. 436.815/DF).
- **Sociedades e associações sem fins lucrativos** quando fornecem produtos ou prestam **serviços remunerados** (Resp 436815/DF e REsp 519.310/SP).
- **Súmula 608 do STJ:** "Aplica-se o Código de Defesa do Consumidor aos **contratos de plano de saúde, salvo os administrados por entidades de autogestão.**
- **Cooperativa de crédito:** integra o sistema financeiro nacional, estando sujeita às normas do CDC.
- **Súmula 602 do STJ:** "O Código de Defesa do Consumidor é aplicável aos **empreendimentos habitacionais promovidos pelas sociedades cooperativas.**"
- **Correios e usuários.** (REsp 527137/PR)

- **Contrato de administração imobiliária**: contrato efetuado entre o locador e as imobiliárias (REsp 509304/PR).
- **Súmula 297 do STJ**: "O Código de Defesa do Consumidor é aplicável às instituições financeiras".

7. PRINCIPAIS CASOS DE NÃO APLICAÇÃO DO CDC PELO STJ

- **Crédito educativo**: por não ser serviço bancário, mas sim programa governamental custeado pela União (Resp. 479.863/RS).
- **Condomínio:** relações decorrentes de condomínio (condômino x condomínio) (REsp 187502/SP);
- **Locação predial urbana:** relações decorrentes de contratos de locação predial urbana (aluguel) (REsp 280577/SP);
- **Contrato de franquia**: relação entre franqueador e franqueado (REsp 687.322/RJ);
- **Execução Fiscal e relação tributária.** (REsp 641541/RS)
- **Beneficiários da Previdência Social** (INSS): não são enquadrados como consumidores. (REsp 143.092/PE)
- **Serviços advocatícios.** (REsp 1228104/PR)
- **Plano de saúde de autogestão** (Súmula 608 do STJ).
- **Entidade fechada de previdência complementar** (Súmula 563 do STJ).

CAPÍTULO III

Política Nacional das Relações de Consumo

1. OBJETIVOS E PRINCÍPIOS

O código, através da **Política Nacional das Relações de Consumo (PNRC)**, estabelece **obrigações** e **princípios** que devem ser observados e exercitados pela sociedade, poder público e pelos fornecedores nas relações de consumo.

Segundo o art. 4º, *caput* do CDC, são **objetivos a serem alcançados** pela PNRC:

- o atendimento das necessidades dos consumidores;
- o respeito à dignidade, saúde e segurança dos consumidores;
- a proteção dos interesses econômicos dos consumidores;
- a melhoria da qualidade de vida dos consumidores;
- a transparência e harmonia das relações de consumo.

Para a concretização destes objetivos, os seguintes **princípios** devem ser observados:

- reconhecimento da vulnerabilidade do consumidor (art. 4º, I);
- ação governamental para proteger efetivamente o consumidor (art. 4º, II);
- harmonização dos interesses dos participantes das relações de consumo (art. 4º, III);
- educação e informação dos consumidores (art. 4º, IV);
- controle de qualidade e segurança dos produtos e serviços (art. 4º, V);
- coibição e repressão dos abusos praticados no mercado de consumo (art. 4º, VI);
- racionalização e melhoria dos serviços públicos (art. 4º, VII);
- estudo constante das modificações do mercado de consumo (art. 4º, VIII).

Vale lembrar que o **princípio da boa-fé objetiva** foi previsto no inciso III do art. 4º. A boa-fé objetiva estabelece um **dever de conduta** entre fornecedores e consumidores no sentido de agirem com **lealdade** e **confiança** na busca do fim comum, que é o adimplemento do contrato, protegendo, assim, as expectativas de ambas as partes. Em outras palavras, a boa fé objetiva constitui um conjunto de padrões éticos de comportamento, aferíveis objetivamente (ou seja, independentemente da vontade das partes), que devem ser seguidos pelas partes contratantes em todas as fases da existência da relação contratual, desde a sua criação, durante o período de cumprimento e, até mesmo, após a sua extinção (fases pré-contratual, contratual e pós-contratual).

A boa-fé objetiva também foi inserida no Código Civil, como cláusula geral, irradiando seus efeitos por todo o sistema civilista (CC, arts. 113, 187 e 422).

Aplicando o princípio da boa-fé objetiva, o STJ vem entendendo que a mudança abrupta nos preços de seguro de vida ou das mensalidades de plano de saúde, em razão da idade do consumidor, ofende o sistema de proteção consumerista. Assim, a seguradora ou operadora do plano de saúde deve "enxergar" o consumidor como um parceiro contratual – colaborador – de forma que qualquer mudança nos valores das prestações, além de serem previamente avisadas, devem ser feitas de forma amena e gradativa, não causando impacto surpreendente no consumidor (Resp 1073595/MG).

2. EXECUÇÃO DA POLÍTICA NACIONAL DAS RELAÇÕES DE CONSUMO

O **art. 5º** contém os **instrumentos** que o Poder Público utilizará para promover a **execução da Política Nacional das Relações de Consumo (PNRC)**.

São eles:

- assistência jurídica integral e gratuita para o consumidor carente (art. 5º, I);
- promotorias, delegacias, juizado especial e varas especializadas em direito do consumidor (art. 5º, II, III e IV);
- estimulo à criação e desenvolvimento de associações de defesa do consumidor (art. 5º, V).

CAPÍTULO IV

Direitos Básicos do Consumidor

O **art. 6º** contém uma **síntese de direito material e processual** que irá nortear o julgador na apreciação de causas que envolvam relações de consumo.

Os direitos contemplados pelo código são somente para proteção do ser vulnerável (consumidor), não podendo ser utilizado pelo fornecedor a seu favor. Assim, a título de exemplo, o fornecedor não poderá suscitar o art. 6º, V, para solicitar a modificação ou a revisão do contrato, causando prejuízos ao consumidor.

Ao elencar os direitos do consumidor, o legislador fez questão de ressaltar que se tratam dos **básicos**, ou seja, aqueles que irão servir de base na orientação e instrumentalização das relações de consumo. Não há dúvidas de que os consumidores possuem **um sem número de direitos não elencados no art. 6º** de forma expressa, mas que nem por isto não possam ser usados em sua defesa.

São eles:

- proteção da vida, saúde e segurança (art.6º, I);
- educação e informação (art. 6º, II e III);
- proteção contra publicidade enganosa ou abusiva, bem como contra práticas e cláusulas abusivas (art. 6º, IV);
- modificação e revisão das cláusulas contratuais (art. 6º, V);
- efetiva prevenção e reparação de danos individuais e coletivos (patrimoniais e morais) com acesso aos órgãos judiciários e administrativos (art. 6º, VI e VII);
- facilitação da defesa de seus direitos, inclusive com a inversão do ônus da prova (art. 6º, VIII);
- adequada e eficaz prestação de serviços públicos (art.6º, X).

Neste momento, somente iremos tratar dos incisos que não estão contemplados em outros artigos. Assim, o inciso I será examinado quando do estudo dos arts. 8º ao 10º; o inciso IV será analisado quando do estudo do art. 37 e 39, etc.

▸ **Observação:**

A Lei 13.146/2015 (Estatuto da Pessoa com Deficiência) impôs que a informação que deve ser prestada ao consumidor (inciso III do art. 6º do CDC: deve ser adequada, clara, especificando a quantidade, características, composição, qualidade, tributos incidentes e preço, bem como sobre os riscos que os produtos e serviços apresentem) **deve ser acessível também à pessoa com deficiência.**

1. MODIFICAÇÃO E REVISÃO DAS CLÁUSULAS CONTRATUAIS

No inciso V, temos a aplicação do **princípio da conservação dos contratos** de consumo ao prever *a* ***modificação*** das cláusulas contratuais que **estabeleçam prestações desproporcionais** (**teoria da lesão**) ou sua ***revisão*** em razão de **fatos supervenientes** que as tornem **excessivamente onerosas** (**teoria do rompimento da base objetiva do negócio jurídico**).

Há uma mitigação (relativização) do princípio ***pacta sunt servanda*** (os pactos devem ser obrigatoriamente cumpridos pelas partes) e da **autonomia da vontade** em face de práticas contratuais abusivas vedadas pelo nosso ordenamento jurídico. Assim, é possível a modificação e/ou a revisão das cláusulas contratuais, bem como a intervenção do Poder Judiciário (**dirigismo contratual**) nas relações jurídicas travadas entre particulares, visando restabelecer o equilíbrio contratual.

Primeiramente, percebemos a presença da figura da **lesão**. Para se aplicar tal instituto, basta provar a quebra da comutatividade, não sendo necessária a demonstração da **necessidade ou inexperiência do consumidor**. Isto porque o instituto da lesão foi também contemplado no **Código Civil em seu art. 157,** segundo o qual *"ocorre a lesão, quando uma pessoa, sob premente necessidade, ou por inexperiência, se obriga a prestação manifestamente desproporcional ao valor da prestação oposta"*.

Assim, para a configuração da **lesão no CDC,** ao contrário do CC, basta somente a demonstração do elemento objetivo (**a desproporcionalidade das prestações**).

No que tange à **segunda parte do inciso V**, que contempla a *revisão das cláusulas contratuais em razão de fatos supervenientes que as tornem excessivamente onerosas*, o desequilíbrio **surge no decorrer da execução contratual** (fato superveniente acarretando a onerosidade excessiva).

A teoria contemplada foi a do **rompimento da base objetiva do negócio jurídico** e não a **teoria da imprevisão.** Admite a cláusula ***rebus sic stantibus***, ou seja, a relação contratual se mantém enquanto as situações que as propiciaram se perpetuarem. De outro modo, as cláusulas contratuais vão se adequando à medida que surjam fatos novos que influam significativamente na relação. Para se ter direito à revisão das cláusulas contratuais é desnecessário investigar sobre a **previsibilidade do fato superveniente**, bastando simplesmente que o fato superveniente (posterior) acarrete a onerosidade excessiva.

Já o **Código Civil**, sobre o título da "Seção IV – Da resolução por onerosidade excessiva" em seu **art. 478, adotou claramente a teoria da imprevisão.** Prescreve o mesmo que "*nos contratos de execução continuada ou diferida, se a prestação de uma das partes se tornar excessivamente onerosa, com extrema vantagem para a outra, em virtude de acontecimentos extraordinários e imprevisíveis, poderá o devedor pedir a resolução do contrato*".

Assim, o **CC se filiou à teoria da imprevisão** exigindo que o evento seja imprevisível.

Sinteticamente, quanto às diferenças, temos:

Teoria da Imprevisão (CC)	Teoria da Base Objetiva do Negócio Jurídico (CDC)
Exige a imprevisibilidade e a extraordinariedade do fato superveniente	Não exige (somente exige o fato superveniente)
Exige a extrema vantagem para o credor	Não exige esta condição
Implica resolução (a revisão somente com a voluntariedade do credor)	Implica revisão (resolução somente quando não houver possibilidade de revisão). Aplicação do Princípio da Conservação dos Contratos

2. EFETIVA REPARAÇÃO DE DANOS PATRIMONIAIS E MORAIS

O art. 6º, inciso VI, prevê a possibilidade de o consumidor ser **ressarcido integralmente** dos danos que venha a sofrer (**princípio da *restitutio in integrum***). Em algumas leis como, por exemplo, o Código Brasileiro de Aeronáutica (Lei nº 7.565/86), estabelece-se limitações para indenizações por danos decorrentes de transporte aéreo a passageiros, perda de bagagens e cargas etc. Entretanto, em decorrência do CDC, tais limitações ou tarifações não mais prevalecem, tendo o consumidor direito ao **ressarcimento integral e não limitado.**

O ressarcimento integral deverá se dar tanto em relação ao **dano patrimonial e/ou moral**, seja a **título individual,** seja a **título coletivo**.

Nas relações de consumo há muitas formas de abusos praticados por fornecedores de produtos e serviços e que geram **dano moral**. O caso mais comum de dano moral nas relações de consumo é o **"abalo de crédito" (negativação),** que ocorre quando uma pessoa tem seu crédito negado indevidamente. Isto acontece pelo cadastro ou pela manutenção indevida do consumidor em órgãos de restrição ao crédito, como SPC, SERASA, BACEN, CADIN etc. ou pelo protesto indevido de títulos nos cartórios de protesto.

Principais Súmulas do STJ no tocante ao dano moral
• **Súmula nº 402:** O contrato de seguro por danos pessoais compreende danos morais, salvo cláusula expressa de exclusão. • **Súmula nº 388:** A simples devolução indevida de cheque caracteriza dano moral.. • **Súmula nº 387:** É lícita a cumulação das indenizações de dano estético e dano moral. • **Súmula nº 385:** Da anotação irregular em cadastro de proteção ao crédito, não cabe indenização por dano moral, quando preexistente legítima inscrição, ressalvado o direito ao cancelamento. • **Súmula nº 370:** Caracteriza dano moral a apresentação antecipada de cheque pré-datado. • **Súmula nº 227:** A pessoa jurídica pode sofrer dano moral. • **Súmula nº 37:** São cumuláveis as indenizações por dano material e dano moral oriundos do mesmo fato.

O **dano moral coletivo**, embora apresente divergências na doutrina quanto à existência, também foi expressamente previsto no art. 6º, incisos VI e VII do CDC e mais recentemente, após a alteração introduzida pela Lei 8.884/94 ao art.1º da Lei 7.347/85 (Lei da Ação Civil Pública). Configura o dano moral coletivo a **injusta lesão à esfera moral de certa comunidade**; a violação a determinado círculo de valores coletivos. Os valores coletivos não se confundem com os valores dos indivíduos que formam a coletividade. Com isso, percebe-se que a coletividade é passível de ser indenizada pelo abalo moral, independentemente dos danos individualmente considerados. Como exemplo, temos o dano moral gerado por propaganda enganosa ou abusiva. Recentemente, tivemos o chamado "apagão aéreo", gerando descrédito quanto ao sistema de aviação civil no Brasil.

> ▶ **Importante:**
>
> A maioria dos julgados do STJ vem reconhecendo a existência do dano moral coletivo.

3. INVERSÃO DO ÔNUS DA PROVA

Outro aspecto importante foi a inclusão no inciso VIII da possibilidade da **inversão do ônus da prova** a favor do consumidor quando for **verossímil sua alegação** ou **quando ele for considerado hipossuficiente.**

▸ **Observação sobre o novo CPC/15:**

No novo CPC/15 o juiz poderá atribuir o ônus probatório de maneira diversa, caso haja excessiva dificuldade para a parte cumprir o encargo, somada com maior facilidade da parte adversa (§1º do art. 373 do novo CPC/15).

A inversão do ônus da prova procura **restabelecer a igualdade e o equilíbrio na relação processual** em razão do fornecedor, geralmente, dispor de melhores condições técnicas e econômicas para a disputa judicial.

Importante destacar a diferença efetuada pela doutrina no tocante aos termos ***"vulnerabilidade"*** e ***"hipossuficiência"***, sendo a primeira um fenômeno de direito material (art. 4º, I – o consumidor é reconhecido pela lei como um ente "vulnerável"), enquanto a segunda, um fenômeno de índole processual que deverá ser analisado casuisticamente (art. 6º, VIII – a hipossuficiência deverá ser averiguada pelo juiz *segundo as regras ordinárias de experiência).*

O conceito de hipossuficiente envolve, segundo parte da doutrina, **aspectos econômicos e técnico-científicos:** o primeiro relacionado à carência econômica do consumidor face ao fornecedor de produtos ou serviços e, o segundo, pertinente ao desconhecimento técnico-científico que o consumidor geralmente enfrenta, na aquisição do produto ou serviço.

A doutrina e a jurisprudência divergem sobre qual o **momento adequado para se aplicar as regras de inversão do ônus da prova.** Alguns aduzem que seria no despacho saneador, de forma a preservar o princípio do contraditório e da ampla defesa. Nesse caso, a inversão do ônus da prova seria uma **regra de procedimento**. Já outros, entendem que o momento correto seria o da prolação da sentença, sustentando, pois, que a inversão do ônus da prova seria uma **regra de julgamento**. Recentemente a Segunda Seção do **STJ** entendeu que a melhor regra seria a de **procedimento** (Resp 802832/MG).

▸ **Observação sobre o novo CPC/15:**

O novo CPC/15 adotou a regra de procedimento, estipulando no art. 357 que o juiz deverá, na decisão de saneamento e de organização do processo, distribuir o ônus da prova (inciso III). Ademais, o art. 373 do novo CPC/15 afasta por completo a regra de julgamento ao prever que sempre que for alterado o ônus da prova, a parte deverá ter a oportunidade de se desincumbir do encargo. Como a regra de julgamento permite a inversão na sentença, não fornecendo mais oportunidade da parte se desincumbir do ônus probatório, não poderá mais ser adotada pela nova sistemática do CPC.

Sendo assim, quando verificadas uma das hipóteses previstas no inciso VIII, deve o magistrado, **de ofício ou a requerimento da parte**, inverter o ônus probatório, **presumindo como verdadeiros os fatos alegados pelo consumidor**, dispensando-o de produzir outras provas, cabendo ao fornecedor, então, a obrigação de produzi-las, sob pena de não se desincumbir do ônus probatório.

Para que haja a inversão do ônus da prova é necessário que o juiz analise as peculiaridades do caso concreto e, no contexto, facilite a atuação da defesa do consumidor. A inversão **não é automática**, devendo o juiz justificar devidamente se presentes os pressupostos da referida norma, para, aí sim, deferir a inversão da prova.

A inversão do ônus da prova instituída no art. 6º, VIII, do CDC é chamada pela doutrina de **inversão do ônus da prova *ope judicis*,** ou seja, pelo juiz. Isso por que, conforme dito, a inversão aqui não é automática, dependendo de manifestação expressa do juiz. Ao contrário, conforme veremos quando do estudo da responsabilidade e da publicidade, o CDC adotou três hipóteses da chamada **inversão do ônus da prova *ope legis***, ou seja, pela lei. Aqui, ao contrário do art. 6º, VIII, do CDC, não se depende de manifestação do juiz para inverter a regra geral instituída pelo art. 333 do CPC/73 (art. 373 do novo CPC/15). A própria lei é que já distribui o ônus da prova diferentemente do previsto no art. 333 do CPC/73.

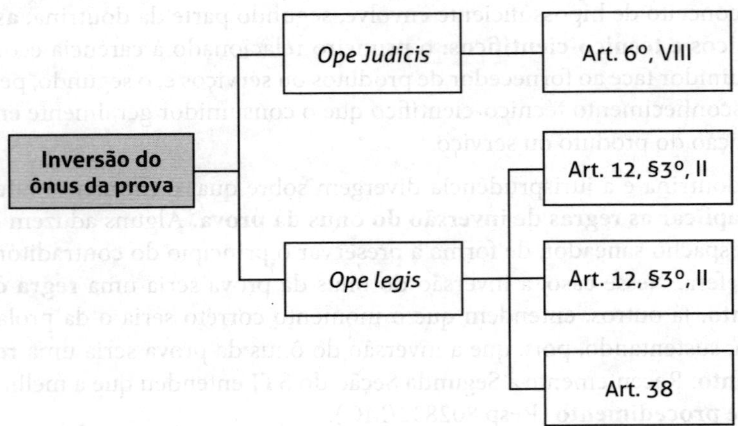

De acordo com o STJ, a simples inversão do *ônus probandi* **não tem o condão de obrigar** o fornecedor a arcar com **as despesas das provas** requeridas pelo consumidor.

Por fim, o art. 51, inciso VI considerou como **nulas de pleno direito as cláusulas contratuais** que estabeleçam a inversão do ônus da prova em prejuízo do consumidor.

▸ Importante:

O STJ vem aplicando a inversão do ônus da prova nas demandas coletivas e nas ambientais.

Súmula 618 do STJ: "A inversão do ônus da prova aplica-se às ações de degradação ambiental".

Nocividade e periculosidade dos produtos e serviços

Os arts. 8º, 9º e 10º tratam da **proteção à saúde e segurança dos consumidores**.

Os produtos e serviços oferecidos no mercado de consumo **não poderão acarretar riscos à saúde e à segurança** dos consumidores, salvo aqueles que, pela sua própria natureza, apresentam em si um risco inerente – considerados pelo código no art. 8º, *caput*, como ***"normais e previsíveis"*** (*v.g.*, remédios, bebidas alcoólicas, agrotóxicos, fogos de artifício etc.). Uma faca de cozinha, por exemplo, se quiser ser eficiente (afiada), terá que ser naturalmente perigosa.

Para a interpretação do que é "normal" e "previsível", o magistrado deverá, no caso concreto, verificar se a insegurança está de acordo com a **legítima expectativa do consumidor**. Como critérios, dois requisitos deverão ser analisados: **um objetivo**, exigindo que a existência da periculosidade esteja de acordo com o tipo específico de produto ou serviço (v.g., que a faca corta; que o agrotóxico possui substâncias que causam intoxicação etc.); e **outro subjetivo**, analisando se o consumidor tinha condições para prever a periculosidade.

Mas, em qualquer hipótese e em decorrência do **princípio da informação**, o legislador garantiu ao consumidor o direito de ser informado, de maneira **ostensiva e adequada**, sobre a periculosidade ou nocividade do que vai adquirir. Caso contrário, em decorrência da falta de informação, o produto será defeituoso e, se causar qualquer tipo de dano ao consumidor, poderá ser pleiteada indenização frente ao fornecedor.

O Código proíbe, também, a colocação, no mercado de consumo, de produto ou serviço que apresente **alto grau de periculosidade ou nocividade**. O conhecimento desses riscos por parte do fornecedor é presumido, já que ele ***"sabe ou deveria saber"*** de sua existência, não podendo, então, eximir-se da responsabilidade ao argumento de que os desconhecia.

Uma vez colocados os produtos e serviços no mercado de consumo e caso posteriormente tenha conhecimento de algum vício que poderá afetar a saúde e segurança dos consumidores, caberá ao fornecedor o dever de alertá-los, nos moldes do § 1º do art. 10, através de anúncios publicitários, às suas expensas, na imprensa, rádio e televisão devendo, também, comunicar tal fato imediatamente às autoridades competentes.

Por intermédio da observância do disposto nesse parágrafo é que se procede ao denominado **recall (chamar de volta).** Quando se descobre que um produto, por exemplo, foi posto no mercado de consumo com algum defeito de fabricação, deve o fornecedor comunicar a constatação aos consumidores, chamando de volta do mercado os produtos imprestáveis – nocivos ou perigosos – de modo a possibilitar o conserto do vício e/ou ressarcir o consumidor por eventuais danos. O recall é um **excelente instrumento para prevenir possíveis danos** advindos dos produtos e serviços após sua inserção no mercado de consumo.

Responsabilidade Civil (Fato X Vício)

▸ **Atenção:**

Tema muito cobrado nas provas da OAB

▸ **Dica importante:**

Caindo uma questão envolvendo responsabilidade civil, a primeira providência é identificar se se trata de FATO ou de VÍCIO. Conforme se verá adiante, os artigos são diferentes com repercussões legais diferentes.

Primeiramente, é preciso compreender os modelos de responsabilidade adotados pelo Código. Assim, o Código de Defesa do Consumidor disciplina em sua Seção II (arts. 12 a 17) a **responsabilidade por vícios de segurança** (sob o título "Responsabilidade pelo Fato do Produto e do Serviço"), em que a utilização do produto ou serviço é capaz de gerar riscos à segurança do consumidor ou de terceiros, podendo ocasionar um evento danoso, denominado de "acidente de consumo". Por sua vez, a Seção III (arts. 18 a 25) se ocupa **dos vícios de adequação** (sob o título "Da Responsabilidade por Vício do Produto e do Serviço") em que os produtos ou serviços não correspondem às expectativas geradas pelo consumidor quando da utilização ou fruição, afetando, assim, a prestabilidade, tornando-os inadequados.

Se for à loja de eletrodomésticos e comprar aparelho de som em que uma das caixas não funciona ou funciona mal, há **vício de adequação do produto**, gerando **responsabilidade por vícios (arts. 18 a 25).** Aqui, o prejuízo é intrínseco, estando o bem somente em desconformidade com o fim a que se destina. Entretanto, se este mesmo aparelho de som, por exemplo, em decorrência de um curto-circuito, pega fogo e causa danos às pessoas, tem-se **acidente de consumo**, gerando **responsabilidade pelo fato** (no caso, como se trata de aparelho de som, a responsabilidade é pelo fato do produto – arts. 12 e 13). Nesta hipótese, o prejuízo é extrínseco ao bem, ou seja, não há uma limitação da inadequação do produto em si, mas uma inadequação que gera danos além do produto. Assim, a responsabilidade pelo fato centraliza suas atenções na garantia da **incolumidade físico-psíquica do**

consumidor, protegendo sua saúde e segurança. Já a responsabilidade por vício busca garantir a **incolumidade econômica do consumidor**.

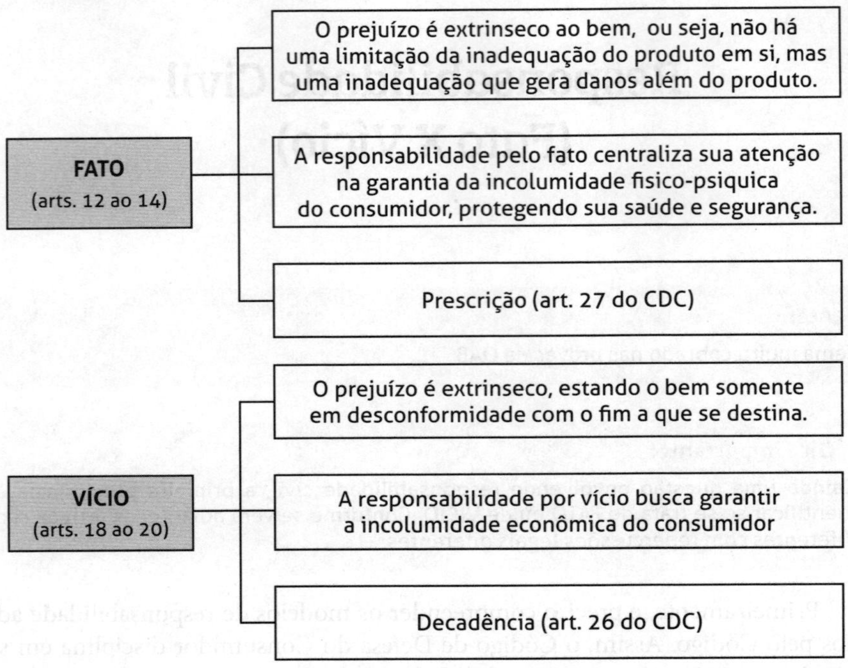

De forma a ter uma **visão topográfica** da matéria, sugerimos o leitor a ter sempre em mente o seguinte quadro esquemático:

Sistema de Responsabilidade no CDC

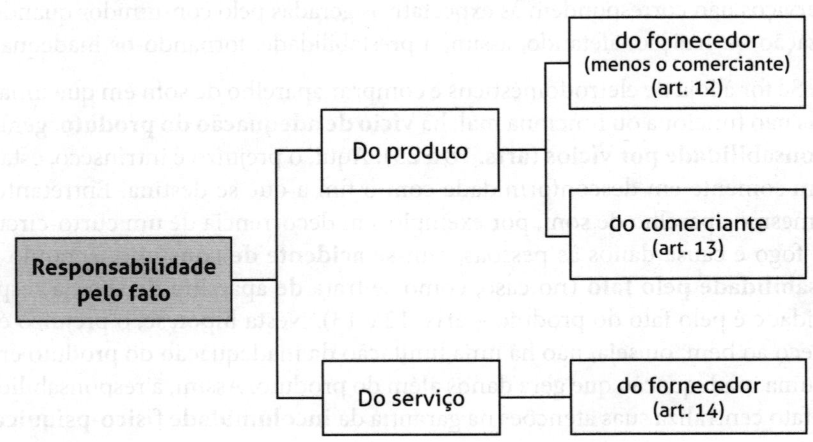

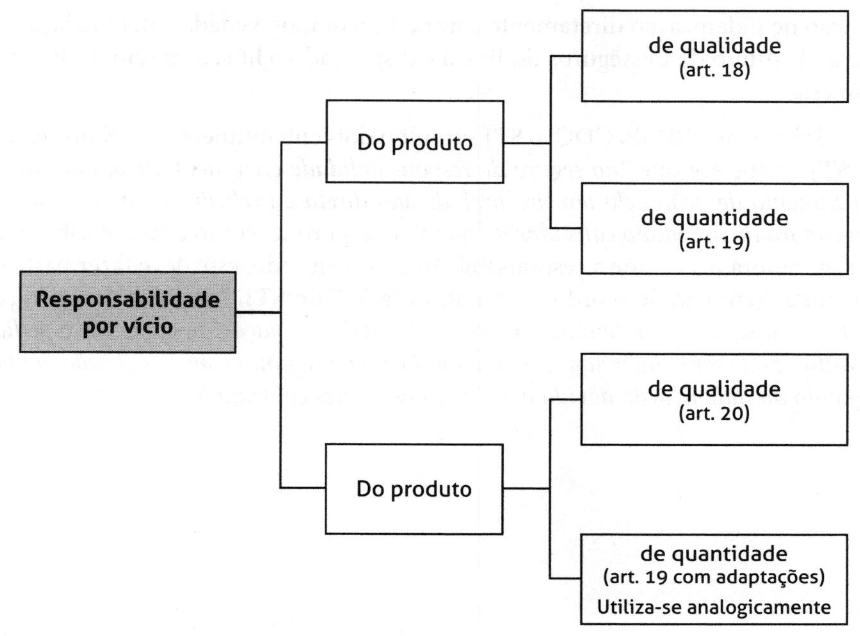

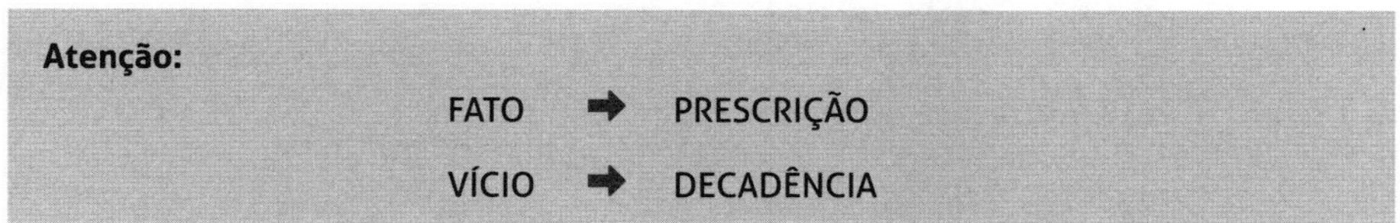

Para as relações de consumo, pouco importa a clássica divisão do direito civil entre responsabilidade contratual e extracontratual (também chamada de aquiliana). O que realmente importa é a existência de uma relação jurídica de consumo a ser pautada por vícios de qualidade (por insegurança e inadequação) e vícios de quantidade. Nesse sentido, conforme informa a doutrina, temos a chamada **teoria unitária da responsabilidade civil.**

Vale ainda lembrar que, segundo o art. 101 do CDC, **a ação de responsabilidade civil pode ser proposta no domicílio do autor e que se o réu (fornecedor) tiver contratado seguro de responsabilidade poderá chamar ao processo o segurador**, vedada a integração do contraditório pelo Instituto de Resseguros do Brasil.

Nesta hipótese, a sentença que julgar procedente o pedido condenará o réu nos termos do art. 80 do CPC/73 (corresponde ao art. 132 do novo CPC/15). Se o réu houver sido declarado falido, o síndico será intimado a informar a existência de seguro de responsabilidade, facultando-se, em caso afirmativo, o ajuizamento de ação de indenização diretamente contra o segurador, vedada a denunciação da lide ao Instituto de Resseguros do Brasil e dispensado o litisconsórcio obrigatório com este.

Sobre o art. 101 do CDC, o STJ sumulou dois entendimentos. A **Súmula 529 do STJ** estabelece que *"no seguro de responsabilidade civil facultativo, não cabe o ajuizamento de ação pelo terceiro prejudicado direta e exclusivamente em face da seguradora do apontado causador do dano"*. Isso porque, como a responsabilidade da seguradora pressupõe a responsabilidade do segurado, este deve fazer parte da demanda. Também de acordo com a **Súmula 537 do STJ**, *"em ação de reparação de danos, a seguradora denunciada, se aceitar a denunciação ou contestar o pedido do autor, pode ser condenada, direta e solidariamente junto com o segurado, ao pagamento da indenização devida à vítima, nos limites contratados na apólice"*.

Responsabilidade pelo fato do produto

O art. 12 trata da responsabilidade pelo fato do produto de todos os integrantes do ciclo produtivo-distributivo, excluindo, à primeira vista, o comerciante, que somente será responsabilizado nos moldes do art. 13.

A responsabilidade, portanto, do fabricante, produtor, construtor e do importador, ocorrerá independentemente da investigação de culpa (**responsabilidade objetiva**), ou seja, será desnecessária a averiguação de negligência, imperícia ou imprudência, sendo suficiente que o consumidor demonstre o **dano ocorrido (acidente de consumo)** e a **relação de causalidade entre o dano e o produto adquirido** (nexo causal).

Nos moldes do § 2º do art. 12, não será considerado defeituoso o produto pelo **simples fato de outro de melhor qualidade ter sido colocado no mercado**. Assim, para verificação do defeito do produto deverá ser demonstrada impropriedade capaz de ocasionar acidente de consumo. O simples fato, por exemplo, de um carro ser fabricado com dispositivos que permitem maior segurança do consumidor, como a inserção de *air bags* ou freios ABS, não induz que os veículos anteriormente fabricados sem tais dispositivos sejam considerados defeituosos.

1. EXCLUDENTES DE RESPONSABILIDADE

Cumpre esclarecer que a responsabilidade objetiva adotada pelo CDC foi a do **risco da atividade** e não a do **risco integral**. Isso se demonstra claramente, pois o artigo previu **hipóteses que irão mitigar tal responsabilidade**.

Poderá o fornecedor, de acordo com o § 3º, alegar que não colocou o produto no mercado ou que, embora o produto tenha entrado no mercado de consumo, o defeito inexiste ou que o dano foi causado por culpa exclusiva do consumidor ou de terceiro.

Sintetizando, o fornecedor não será responsabilizado quando provar: **I – que não colocou o produto no mercado; II – que, embora haja colocado o produto no mercado, o defeito inexiste; III – a culpa exclusiva do consumidor ou de terceiro.**

Embora o CDC não faça nenhuma referência à **culpa concorrente**, o STJ a tem admitido para reduzir a indenização, nos moldes do art. 945 do CC: "*Se a vítima tiver concorrido culposamente para o evento danoso, a sua indenização será fixada tendo-se em conta a gravidade de sua culpa em confronto com a do autor do dano*".

Mesma observação é válida para o **caso fortuito** e a **força maior.** Embora não constem expressamente no CDC, a jurisprudência mais atual tem admitido tais causas como excludentes da responsabilidade civil, principalmente quando ocorrem após a introdução do produto no mercado de consumo.

Interessante verificarmos as teorias do **"fortuito interno"** e "**fortuito externo**", já admitidas pelo STJ.

O **fortuito interno** é fato imprevisível, e, por isso, inevitável, que se **liga à organização da empresa,** relacionando-se com os riscos da atividade desenvolvida pelo fornecedor. Assim, conforme leciona Sérgio Cavalieri Filho, seriam exemplos de fortuito interno o estouro de um pneu do ônibus, o incêndio do veículo, o mal súbito do motorista etc., já que não obstante acontecimentos imprevisíveis, estão ligados à organização do negócio explorado pelo fornecedor.

▶ Exemplos de fortuito interno pelo STJ:

- **Roubo de malotes de cheques:** "O roubo de malote contendo cheques de clientes não configura fato de terceiro pois é um fato que, embora muitas vezes inevitável, está na linha de previsibilidade da atividade bancária, o que atrai a responsabilidade civil da instituição financeira" (REsp 685662/RJ).

- **Súmula 479 do STJ:** "*As instituições financeiras respondem objetivamente pelos danos gerados por fortuito interno relativo a fraudes e delitos praticados por terceiros no âmbito de operações bancárias*".

Por sua vez, o **fortuito externo** é também o fato imprevisível e inevitável, **mas estranho à organização do negócio**, não guardando nenhuma ligação com a atividade negocial do fornecedor.

Assim, de acordo com a moderna doutrina civilista, **somente o fortuito externo exclui** a responsabilidade do fornecedor, justamente por não guardar nenhuma relação com a atividade negocial, sendo fato estranho a esta.

Exemplos de fortuito externo pelo STJ:

- Assalto à mão armada no interior de ônibus coletivo. Caso fortuito externo. Exclusão de responsabilidade da transportadora. (REsp 726371)
- Usuário de transporte coletivo (ônibus) que foi vítima de ferimentos graves provocados pelo arremesso de pedra por terceiro, o que ocasionou seu afastamento das atividades escolares e laborais. Exclusão de responsabilidade da empresa de transporte. (REsp 919.823-RS).
- Disparo de arma de fogo para dentro do shopping provocando a morte de um frequentador. Fortuito externo. Não há responsabilidade do shopping. (REsp 1440756/RJ).

Outra questão também polemizada na doutrina é se o chamado **"risco de desenvolvimento"** também poderia ser considerado como excludente de responsabilidade. Risco de desenvolvimento é aquele risco que **não pode ser identificado quando da colocação do produto no mercado**, mas em função de avanços científicos e técnicos, é **descoberto posteriormente**, geralmente depois de algum tempo de uso do produto. Em geral, a doutrina consumerista **não aceita** o risco de desenvolvimento como excludente de responsabilidade.

2. RESPONSABILIDADE DO COMERCIANTE

A responsabilidade do comerciante será, nos acidentes de consumo, **condicionada a algumas circunstâncias.**

Segundo o art. 13, a responsabilidade do comerciante somente se dará quando: I – o fabricante, o construtor, o produtor ou o importador **não puderem ser identificados**; II – o produto for fornecido **sem identificação clara** do seu fabricante, produtor, construtor ou importador; III – **não conservar adequadamente os produtos perecíveis**.

Dessa forma, quando o fabricante, produtor, construtor ou importador não puderem ser identificados, seja em função do inciso I (ex: vendas de produtos hortifrutigranjeiros em feiras e supermercados que não se sabe quem é o produtor), seja em função do inciso II (ex: produtos sem rótulos), a responsabilidade do comerciante se dá porque se tornará o **único fornecedor acessível e identificável** para que o consumidor possa reclamar dos defeitos dos produtos.

Na hipótese do inciso III, a responsabilidade se dá porque o comerciante tem o **dever direto de conservar os produtos que comercializa**, ainda mais em se tratando de produtos perecíveis. Assim, quando o comerciante abaixa a temperatura de seu freezer no intuito de economizar energia e, em consequência desse ato, danifica os produtos perecíveis, responderá sozinho pelo acidente de consumo que vier a ser verificado.

De acordo com o parágrafo único do art. 13, aquele que pagar a indenização em decorrência do acidente de consumo **pode ser ressarcido** através do **direito de regresso** contra os demais corresponsáveis na causação do evento danoso. Esse direito de regresso não só cabe ao comerciante, mas a todos aqueles descritos no art. 12 (fabricante, produtor, construtor e importador).

Segundo o art. 88 do CDC, o direito de regresso poderá ser **exercitado nos mesmos autos** da ação de responsabilidade ou em **processo autônomo**, ficando **vedada a denunciação da lide.**

> **Atenção:**
>
> Não se admite a denunciação da lide no CDC!

Responsabilidade pelo fato do serviço

O fato do serviço pode ser definido como algum defeito no próprio serviço que, em razão dessa falha, **causa danos reais ou potenciais** ao consumidor ou a terceiros.

Semelhante ao que acontece na responsabilidade pelo fato do produto (art. 12), o art. 14 também contempla a ***responsabilidade objetiva*** *fundada na teoria do risco da atividade* e não a do risco integral, já que contempla hipóteses de exclusão da responsabilidade do fornecedor (§ 3º do art. 14).

Desse modo, basta o fornecedor demonstrar que, tendo prestado o serviço, **o defeito inexiste** ou que **houve culpa exclusiva do consumidor ou de terceiro** para que fique isento de responsabilidade (sobre **o caso fortuito e força maior**, conferir comentários ao tópico "Responsabilidade pelo Fato do Produto"). Da mesma forma, o STJ aceita a **culpa concorrente** como redutor do quantum indenizatório.

O serviço não é considerado defeituoso pela **adoção de novas técnicas**. (art. 14, § 2º). Assim, é necessário detectar a falha (o defeito) no serviço para gerar a responsabilidade do fornecedor.

Outro ponto interessante é a ressalva contida no § 4º, em que há a **única exceção quanto à aplicação da responsabilidade objetiva**: quando se tratar de **serviços prestados por profissionais liberais** (engenheiros, arquitetos, médicos, dentistas, advogados, etc.). Nesse caso, a responsabilidade será apurada mediante **verificação de culpa**, ou seja, constatando imperícia, imprudência ou negligência.

> **Importante:**
> A responsabilidade dos profissionais liberais será apurada mediante culpa (subjetiva).

1. RESPONSABILIDADE DOS MÉDICOS E HOSPITAIS

Questão que suscitou muita discussão no STJ é no tocante à responsabilização dos hospitais em face da atuação dos médicos. Poderia o médico, profissional liberal, ser responsabilizado subjetivamente e o hospital ser responsabilizado objetivamente?

A questão ficou bem elucidada com o julgamento do REsp 1145728/MG, Rel. Ministro João Otávio de Noronha, Rel. p/ Acórdão Ministro Luis Felipe Salomão, Quarta Turma, DJe 08/09/2011:

> A responsabilidade das sociedades empresárias hospitalares por dano causado ao paciente-consumidor pode ser assim sintetizada:
>
> **(i)** as obrigações assumidas diretamente pelo complexo hospitalar limitam-se ao fornecimento de recursos materiais e humanos auxiliares adequados à prestação dos serviços médicos e à supervisão do paciente, hipótese em que a responsabilidade objetiva da instituição (por ato próprio) exsurge somente em decorrência de defeito no serviço prestado (art. 14, caput, do CDC);
>
> **(ii)** os atos técnicos praticados pelos médicos sem vínculo de emprego ou subordinação com o hospital são imputados ao profissional pessoalmente, eximindo-se a entidade hospitalar de qualquer responsabilidade (art. 14, § 4, do CDC), se não concorreu para a ocorrência do dano;
>
> **(iii)** quanto aos atos técnicos praticados de forma defeituosa pelos profissionais da saúde vinculados de alguma forma ao hospital, respondem solidariamente a instituição hospitalar e o profissional responsável, apurada a sua culpa profissional. Nesse caso, o hospital é responsabilizado indiretamente por ato de terceiro, cuja culpa deve ser comprovada pela vítima de modo a fazer emergir o dever de indenizar da instituição, de natureza absoluta (arts. 932 e 933 do CC), sendo cabível ao juiz, demonstrada a hipossuficiência do paciente, determinar a inversão do ônus da prova (art. 6º, VIII, do CDC).

Expliquemos melhor. A responsabilidade dos profissionais liberais, dentre os quais o médico se enquadra, é subjetiva (mediante culpa). Ou seja, para que o dano seja indenizado, é necessário que se prove a culpa do médico (negligência, imprudência ou imperícia). Uma vez constatada a culpa do médico, a responsabilidade do hospital é objetiva e solidária, ou seja, não poderá entrar na discussão de prática culposa de sua parte. Desta forma, uma vez constatada a culpa do médico **e reconhecido o vínculo deste com o hospital**, responderá o hospital pelos danos causados. Mas, se não houver nenhum tipo de vínculo entre o médico e o hospital, este não responderá pelo dano causado pelo médico. O médico responderá sozinho. Agora, quando o dano é causado pelo próprio hospital (caso de infecção hospitalar, por exemplo), a responsabilidade é do hospital e será apurada de maneira objetiva (ou seja, neste caso não houve dano causado pelo médico).

2. RESPONSABILIDADE PELA PERDA DE UMA CHANCE

Teoria recentemente aplicada pelo STJ (REsp. 788459/BA) no tocante à indenização do consumidor é a chamada "*teoria da perda de uma chance*". Trata-se da possibilidade de se responsabilizar o autor do dano decorrente da perda da oportunidade de obter uma vantagem ou de evitar um prejuízo. Durante muito tempo não se admitia tal modalidade de responsabilidade sob o argumento de que aquilo que não aconteceu nunca poderá ser objeto de certeza, apto a ensejar uma reparação.

Raimundo Simão de Melo,[1] discorrendo com maestria sobre a teoria, ensina que "a doutrina francesa, aplicada com frequência pelos nossos tribunais, fala na perda de uma chance (*perte d'une chance*), nos casos em que o ato ilícito tira da vítima a oportunidade de obter uma situação futura melhor, como progredir na carreira artística ou no trabalho, conseguir um novo emprego, deixar de ganhar uma causa pela falha do advogado, etc." Porém, conclui o autor que é necessário que se trate de uma chance real e séria, proporcionando ao lesado efetivas condições pessoais de concorrer à situação futura esperada. *(Direito Ambiental do Trabalho e a Saúde do Trabalhador. 2a ed. p. 326/327).*

▸ Atenção:

A teoria da perda de uma chance já caiu na prova da OAB!

1. *Direito Ambiental do Trabalho e a Saúde do Trabalhador*. 2ª ed. São Paulo: Editora LTr, p. 326/327.

Responsabilidade por vício do produto

1. VÍCIO DO PRODUTO

Da mesma forma que na responsabilidade pelo fato, a **responsabilidade por vícios será aferida de forma objetiva**, ou seja, não se indaga se o vício decorre de conduta culposa ou dolosa do fornecedor. Também pouco importa se o **fornecedor tinha ou não conhecimento do vício** para que seja aferida sua responsabilidade. Nos moldes do art. 23, "*a ignorância do fornecedor sobre os vícios de qualidade por inadequação dos produtos e serviços não o exime de responsabilidade*".

Assim, por exemplo, quando o consumidor adquire veículo com vícios na concessionária, são legitimados a responder pelos vícios tanto o comerciante (concessionária), quanto o fabricante (montadora). **A responsabilidade é solidária**. É muito comum o consumidor comprar o produto em determinada loja e quando se dirige à mesma para realizar o conserto, é informado que deverá procurar a **assistência técnica** do produto situada em outro endereço. Essa prática é **considerada abusiva** e não pode ser tolerada, podendo, inclusive, a loja (comerciante) responder por perdas e danos, uma vez que, conforme exposto, a responsabilidade por vícios é solidária.

> **▸ Entendimento do STJ:**
>
> Nesse sentido, o STJ entende que o consumidor pode escolher o melhor local para encaminhar o produto viciado: fabricante, comerciante ou assistência técnica. Assim, o comerciante não poderá se recusar a receber o produto viciado, direcionando o consumidor à assistência técnica. (STJ, REsp 1634851/RJ)

1.1. Vício de qualidade do produto

O art. 18 trata da ***responsabilidade por vício de qualidade do produto***. O vício de qualidade do produto pode ser definido como algo que diminui a sua qualidade de tal forma que torne o produto **impróprio ou inadequado** ao uso e gozo, ou algo que o **desvalorize**, assim também quando apresenta **falha na informação**.

Assim, segundo o art. 18, vícios de qualidade dos produtos são: **1)** aqueles capazes de torná-los impróprios ou inadequados ao consumo; **2)** aqueles que lhes diminuam o valor; e **3)** aqueles que contêm falhas na informação (verdadeiros vícios de informação) em razão da disparidade com as indicações constantes do recipiente, da embalagem, rotulagem ou mensagem publicitária.

Com relação aos **produtos impróprios**, a própria lei no **§ 6º** enumera aqueles que são considerados impróprios para o uso e consumo: produtos cujos **prazos de validade estejam vencidos;** produtos **deteriorados**, **alterados**, **adulterados**, **avariados**, **falsificados**, **corrompidos**, **fraudados**, **nocivos** à vida ou à saúde, **perigosos** ou, ainda, aqueles em **desacordo com as normas regulamentares** de fabricação, distribuição ou apresentação; e produtos que, por qualquer motivo, se revelem **inadequados ao fim a que se destinam**.

O **§ 1º** dispõe que o fornecedor terá a oportunidade de sanar o vício no **prazo de 30 dias.** Então, caso a televisão adquirida na loja apresente vícios, como imagem distorcida, por exemplo, o consumidor não poderá, de imediato, exigir outra nova, o dinheiro de volta ou o abatimento do preço. Isto porque o fornecedor terá o direito de consertar o vício. Somente **quando não verificado o prazo de 30 dias** para sanar o vício é que o consumidor, **de acordo com a sua escolha**, poderá exigir: **1)** a substituição do produto por outro da mesma espécie (inciso I); **2)** a restituição imediata da quantia paga, monetariamente atualizada, exigindo inclusive perdas e danos (inciso II); **3)** o abatimento proporcional do preço (inciso III).

Opções do consumidor no Vício de Qualidade do Produto
(caso o vício não seja sanado no prazo de 30 dias)

a substituição do produto por outro
da mesma espécie (inciso I), ou

↓

a restituição imediata da quantia paga,
monetariamente atualizada,
exigindo inclusive perdas e danos (inciso II), ou

↓

o abatimento proporcional do preço (inciso III).

No caso de escolher outro produto da mesma espécie (na verdade o código deveria ter dito da mesma espécie, marca e modelo, ou seja, o mesmo produto) e o fornecedor não possibilitar a substituição do produto pretendido, o consumidor poderá optar pela **substituição por outro de espécie, marca ou modelo diversos, mediante complementação ou restituição** de eventual diferença de preço. É o que reza o **§ 4º do art. 18.**

Pelo **§ 2º**, o Código também prevê a possibilidade das partes **convencionarem a redução ou ampliação do prazo de 30 dias** para que seja sanado o vício, mas não poderá ser nunca **inferior a 7 dias e nem superior a 180 dias**. De acordo com o § 2º, quando a ampliação ou redução do prazo para sanar o vício ocorrer nos **contratos de adesão,** essa estipulação deverá ser convencionada **em separado**, através de **manifestação expressa do consumidor**.

Existem quatro hipóteses contempladas no **§ 3º** em que consumidor não precisará esperar o prazo de 30 dias para sanar o vício. Em tais circunstâncias, o consumidor poderá, diretamente, exigir as alternativas do § 1º (substituição do produto, restituição da quantia paga ou abatimento proporcional do preço). São elas:

1) quando a substituição das partes viciadas puder comprometer a qualidade do produto;

2) quando a substituição das partes viciadas puder comprometer as características do produto;

3) quando a substituição das partes viciadas diminuir o valor do produto;

4) quando se tratar de produto essencial.

De acordo com o **§ 5º**, "*no caso de fornecimento de* ***produtos in natura****, será responsável perante o consumidor o fornecedor imediato, exceto quando identificado claramente seu produtor.*" Produtos *in natura* são classificados pela doutrina como o produto agrícola ou pastoril, colocado no mercado de consumo sem sofrer qualquer processo de industrialização.

Por fim, em relação aos produtos *in natura*, o fornecedor não poderá se valer do prazo de 30 dias estabelecido no § 1º para sanar o vício apresentado. Aqui, de imediato, o fornecedor deve providenciar a substituição do produto ou a restituição da quantia paga ou o abatimento proporcional do preço.

1.2. Vícios de quantidade do produto

A *responsabilidade por vício de quantidade do produto* é tratada no art. 19 do CDC.

O produto, quando apresentar conteúdo líquido inferior ao indicado no recipiente, embalagem, rótulo ou mensagem publicitária, contém um vício de quantidade, fazendo com que o consumidor possa, à sua escolha, optar pelas **hipóteses previstas nos incisos I, II, III e IV do art. 19**. Veja que, em confronto ao § 1o do art. 18, **o art. 19 somente acrescentou** a possibilidade de o consumidor exigir a **complementação do peso ou da medida** do produto viciado.

Opções do consumidor no Vício de Quantidade do Produto

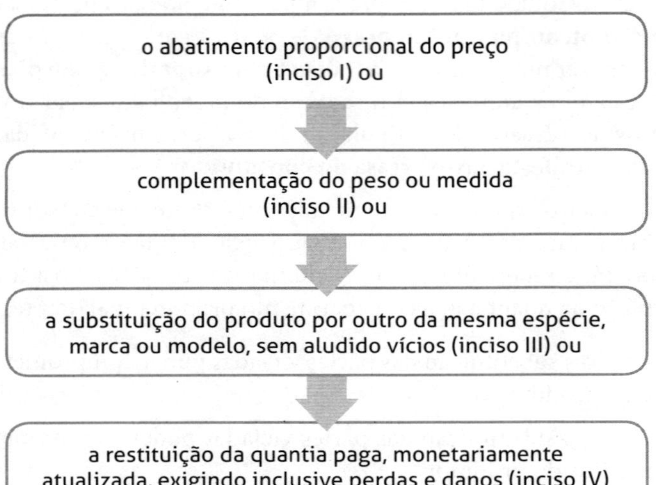

Da mesma forma que no art. 18, os fornecedores respondem **solidariamente** por esses vícios.

De modo excepcional, o **§ 2º** determina a **responsabilidade exclusiva do fornecedor imediato ou comerciante** quando **fizer a pesagem ou a medição do produto** e o instrumento utilizado não estiver **aferido segundo os padrões oficiais.** Aqui, por expressa disposição legal, há exceção à regra geral da responsabilidade solidária.

2. VÍCIOS DOS SERVIÇOS – QUALIDADE E QUANTIDADE

O serviço, quando prestado, deve, antes de tudo, ser **adequado** para os fins que razoavelmente dele se esperam.

Os ***vícios de qualidade*** são aqueles que fazem com que os serviços se tornem **impróprios ao consumo ou lhes diminuam o valor**. São considerados também como vícios de qualidade quando os serviços apresentam **falhas na informação** (verdadeiros vícios de informação), sendo as decorrentes da disparidade com as indicações constantes da oferta ou mensagem publicitária.

A noção de impropriedade do serviço é indicada pelo § 2º, ao dispor que *"são impróprios os serviços que se mostrem inadequados para os fins que razoavelmente deles se esperam, bem como aqueles que não atendam as normas regulamentares de prestabilidade"*.

Os fornecedores também respondem solidariamente por esses vícios, muito embora seja mais comum a verificação de um único fornecedor na cadeia de consumo, no caso, o que prestou o serviço. A **solidariedade** decorre do disposto no art. 7º, parágrafo único, e art. 25, § 1º.

Aqui **não há exceção** quanto à responsabilidade objetiva para os **profissionais liberais** nos moldes do art. 14, § 4º. A exceção, então, somente se verifica para a responsabilidade por fato do serviço (art. 14) e não para a responsabilidade por vício do serviço (art. 20).

Na verificação de tais vícios, o consumidor poderá, além da restituição da quantia paga e do abatimento proporcional do preço, constante também nos arts. 18 e 19, **optar pela reexecução do serviço (quando cabível)** e sem nenhum custo adicional para ele. Poderá também o consumidor, pelo disposto no § 1º, optar que terceiro reexecute o serviço, por conta e risco do fornecedor.

Na verdade, são as mesmas hipóteses do §1º do art. 18, porém, adaptadas para serviço. Assim, ao invés de o consumidor solicitar a substituição do produto por outro, poderá exigir outro serviço (o que se consegue através da reexecução).

Opções do consumidor nos Vícios de Qualidade do Serviço

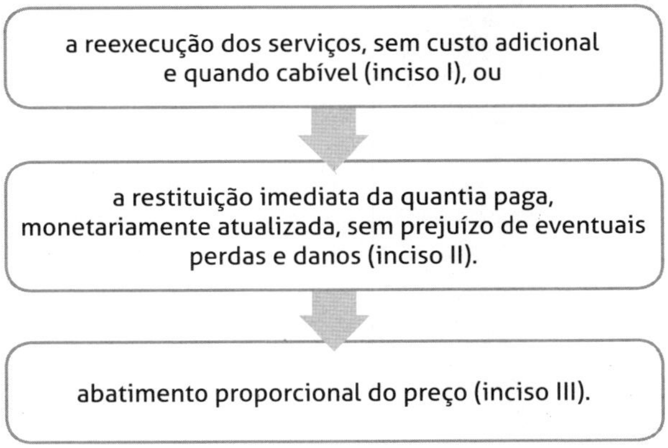

a reexecução dos serviços, sem custo adicional e quando cabível (inciso I), ou

a restituição imediata da quantia paga, monetariamente atualizada, sem prejuízo de eventuais perdas e danos (inciso II).

abatimento proporcional do preço (inciso III).

Por fim, não há tratamento expresso pelo código com relação aos *vícios de quantidade dos serviços*. Todavia, não significa que o consumidor ficará sem a devida proteção. Nesses casos, a doutrina busca, por analogia, a aplicação das regras estipuladas para os vícios de quantidade dos produtos (art. 19).

Serviços Públicos

As pessoas jurídicas **prestadoras de serviço público**, sejam de direito público, sejam de direito privado, **estão submetidas às regras do Código de Defesa do Consumidor**, não só devendo prestar serviços adequados, eficientes e seguros, como também estando sujeitos a reparar os danos que porventura vierem a causar aos consumidores, nos mesmos moldes do art. 14 do CDC (responsabilidade objetiva).

Sobre o tema, o CDC estabeleceu ainda como princípio da Política Nacional de Relações de Consumo ***a racionalização e melhoria dos serviços públicos*** (art. 4º, VII) e elencou, dentre os direitos básicos do consumidor, ***a adequada e eficaz prestação dos serviços públicos em geral*** (art. 6º, X).

Não é todo serviço público que se submete às regras do CDC, mas somente aqueles realizados mediante uma **contraprestação ou remuneração** diretamente efetuada pelo consumidor ao fornecedor, nos termos do art. 3º, § 2, pois somente os serviços fornecidos *"mediante remuneração"* se enquadram no CDC. Já o serviço público realizado mediante o **pagamento de tributos,** prestado a toda a coletividade, **não se submete** aos preceitos consumeristas, pois aqui não há um consumidor propriamente dito e sim um contribuinte, que não efetua um pagamento direto pelo serviço prestado, mas sim um pagamento aos cofres públicos que destinam as respectivas verbas, de acordo com a previsão orçamentária, para as atividades devidas.

Estão, portanto, sujeitos ao CDC os serviços públicos cuja remuneração é feita diretamente pelo consumidor. Desse modo, exemplificando, aplica-se o CDC aos serviços de **energia elétrica**, de **água**, de **esgoto**, de **telefonia**, de **transportes públicos** e outros. Já os serviços relativos à **segurança** e à **iluminação pública,** por exemplo, não estariam amparados pelo CDC.

Quanto aos **serviços essenciais**, àqueles entendidos como imprescindíveis para os interesses básicos da sociedade, o Código impõe **um dever de continuidade** (princípio da continuidade dos serviços públicos).

O STJ, por sua vez, entende que o **corte de fornecimento de energia elétrica** em caso de **inadimplemento** não descaracteriza a continuidade do serviço público. Asseverou o Ministro Castro Meira que "o princípio da continuidade do serviço público assegurado pelo art. 22 do Código de Defesa do Consumidor deve ser obtemperado, ante a exegese do art. 6º, § 3º, II, da Lei nº 8.987/95, que prevê a possibilidade de interrupção do fornecimento de energia elétrica quando, após aviso, permanecer inadimplente o usuário, considerado o interesse da coletividade" (STJ, REsp. 864715/RS, DJ 11/10/2006). A **única exigência** então para possibilitar o corte de energia elétrica em caso de inadimplemento é, portanto, que a interrupção seja **antecedida por aviso prévio** ao consumidor.

Interessante notar é o posicionamento do STJ no tocante à possibilidade de **corte de energia elétrica em relação às pessoas jurídicas de direito público.** A jurisprudência do STJ proclama que, diante da inadimplência de pessoa jurídica de direito público (União, Estados, Municípios, autarquias, etc.), pode haver a interrupção do fornecimento do serviço, mas **devem-se preservar as unidades públicas** provedoras de necessidades inadiáveis da comunidade (**hospitais, prontos-socorros, centros de saúde, escolas e creches**).

Ainda em relação aos serviços públicos, o STJ considerou que não ofende o direito do consumidor a **cobrança de tarifa mínima**, tanto de água, como de telefonia (chamada de tarifa de assinatura básica ou mensal), ainda que o consumidor não tenha utilizado o serviço ou tenha utilizado à menor. Esse entendimento em relação aos serviços de telefonia foi consolidado pela **Súmula nº 356 do STJ:** *"É legítima a cobrança da tarifa básica pelo uso dos serviços de telefonia fixa"*.

Na mesma linha de argumentação, o STJ também considerou ser legal a cobrança de **tarifa progressiva de água**. Trata-se da **Súmula nº 407 do STJ:** *"É legítima a cobrança da tarifa de água, fixada de acordo com as categorias de usuários e as faixas de consumo"*.

Importante lembrar ainda que pela **Súmula 506 do STJ**, *"a Anatel não é parte legítima nas demandas entre a concessionária e o usuário de telefonia decorrentes de relação contratual"* e pela **Súmula Vinculante 27 do STF**, *"compete à Justiça Estadual julgar causas entre consumidor e concessionária de serviço público de telefonia, quando a Anatel não seja litisconsorte passiva necessária, assistente nem opoente"*.

Decadência e prescrição

1. CONCEITO

Os arts. **26 e 27 do CDC** tratam respectivamente da **decadência e da prescrição.** O CDC separou as duas realidades. Tratou da decadência no art. 26 (*"O direito... caduca..."*) e da prescrição no art. 27 (*"Prescreve... a pretensão"*).

O direito caduca, a pretensão prescreve. No caso específico do CDC, a **decadência** afeta o **direito de reclamar**, a **prescrição afeta a pretensão à reparação pelos danos** causados pelo fato do produto ou do serviço.

> ▸ **Importante:**
> A *decadência* está relacionada à *responsabilidade por vício* enquanto a *prescrição* está relacionada à *responsabilidade pelo fato do produto* (quando há acidente de consumo).

2. PRAZOS DECADENCIAIS NO CDC

A diferenciação entre **vícios aparentes/fácil constatação** e **ocultos** será importante para se delimitar o início do prazo decadencial.

Os vícios tratados pelo CDC, segundo o art. 26, poderão ser, segundo a sua natureza: **1) aparente ou de fácil constatação** e **2) oculto**.

Os **vícios aparentes ou de fácil constatação** são aqueles cuja identificação não exige conhecimento especializado por parte do consumidor, em que a constatação se dá apenas com o exame superficial do produto ou serviço. Tal exame poderá se dar através de simples visualização sobre o bem (como no caso de um carro com riscos na pintura) ou através de experimentação ou uso do bem (carro que ao ser testado pela primeira vez, esquenta o motor).

Por sua vez, **vício oculto** é aquele vício que já estava presente quando da aquisição do produto ou do término do serviço, mas que somente se manifestou

algum tempo depois; ou seja, é aquele cuja identificação não se dá com simples exame pelo consumidor.

O prazo decadencial será **de 90 dias** para os **produtos e serviços duráveis** e de **30 dias** para os **não duráveis**.

Produtos não duráveis são aqueles que se exaurem após o consumo ao passo que os duráveis, a *contrario sensu*, seriam aqueles que não se exaurem após o consumo, mas que também não se perpetuam, tendo sua vida útil.

Assim, são exemplos de produtos duráveis os eletrodomésticos, carros, livros, etc. Já os produtos não duráveis são os alimentos, os remédios, os combustíveis, etc.

A **contagem** do prazo decadencial inicia-se a partir **da entrega do produto ou da execução do serviço**, para os **vícios aparentes ou de fácil constatação**. Para **os vícios ocultos**, esse prazo só começa a partir da **constatação do defeito**, uma vez que, se o vício ainda não se manifestou, embora oculto, não há possibilidade do consumidor reclamar por ele.

> **Atenção:**
>
> O prazo decadencial nos vícios ocultos somente inicia no momento em que o consumidor percebe o defeito (vício): *"momento em que ficar evidenciado o defeito"*.

Prazos de decadência		
Vícios aparentes ou de fácil constatação	**Prazo**	**Início da contagem**
Produtos ou serviços não duráveis	30 dias	Entrega efetiva do produto ou do término da execução dos serviços
Produtos ou serviços duráveis	90 dias	
Vícios ocultos	**Prazo**	**Início da contagem**
Produtos ou serviços não duráveis	30 dias	Momento em que ficar evidenciado o defeito
Produtos ou serviços duráveis	90 dias	

Questão inovadora no CDC foram as **causas obstativas da decadência** que evitam a perda do prazo para reclamar.

Uma dessas causas obstativas, previstas no **§ 2º do art. 26 do CDC**, é a **reclamação comprovadamente feita pelo consumidor ao fornecedor**, perdurando até a resposta negativa dada de forma inequívoca **(inciso I).** A reclamação deve ser comprovada pelo consumidor para poder se valer do benefício. O STJ entendeu que a reclamação do consumidor, desde que comprovada, pode ser, inclusive, verbal (STJ, REsp 1442597/DF).

Outra causa que obsta a decadência, segundo o artigo, é a **instauração de inquérito civil** a cargo do Ministério Público, perdurando até o seu encerramento **(inciso III),** que poderá se dar com o arquivamento do procedimento, com o início da ação civil pública, ou com a concretização de um acordo (termo de ajustamento de conduta - TAC).

O **inquérito civil** está previsto na CF (art. 129, III) e nos arts. 8º e 9º da Lei 7347/85 (Lei da Ação Civil Pública). O inquérito civil visa à **produção do conjunto probatório investigativo** das efetivas lesões a interesses metaindividuais (art. 81 do CDC) para que o Ministério Público possa ajuizar a ação civil pública. A iniciativa da instauração do procedimento pode ocorrer por iniciativa própria do Ministério Público ou por provocação de qualquer pessoa.

Assim, são duas causas que obstam o prazo decadencial pelo CDC:

1) reclamação comprovada do consumidor → até a resposta negativa do fornecedor

2) instauração de inquérito civil → até seu encerramento.

▸ **Atenção:**

Não obsta a decadência a reclamação formalizada perante os órgãos ou entidades de defesa do consumidor (Ex: Procons). Essa hipótese constava no inciso II do § 2º do art. 26 e foi vetado pelo Presidente da República.

O STJ entendeu que o art. 26 do CDC não é aplicável à ação de prestação de contas ajuizada com o escopo de se obter esclarecimentos acerca da cobrança de taxas, tarifas e/ou encargos bancários. Nesse sentido, a **Súmula 477 do STJ**: "*A decadência do artigo 26 do CDC não é aplicável à prestação de contas para obter esclarecimentos sobre cobrança de taxas, tarifas e encargos bancários*".

3. PRAZO PRESCRICIONAL NO CDC

O art. 27 trata da prescrição do direito de pleitear judicialmente a reparação pelos danos causados por um acidente de consumo (responsabilidade pelo fato do produto e do serviço – arts. 12 a 17).

O prazo prescricional é de **5 anos** é o início da contagem do **conhecimento do dano e de sua autoria.**

Assim, o prazo extintivo se exaure em cinco anos, contados da data do conhecimento do dano e de sua autoria, **cumulativamente.** Isto se mostra importante porque, não raras vezes, o consumidor sofre o dano, mas não tem conhecimento do fator responsável que ocasionou o dano.

> **Atenção:**
>
> O prazo de 5 anos somente se inicia com o conhecimento do dano **e** autoria.

Vale ressaltar duas súmulas do STJ que, embora possam estar dentro de uma relação de consumo, não se aplica o prazo prescricional de 5 anos do CDC.

- **Súmula 101 do STJ:** A ação de indenização do segurado em grupo contra a seguradora prescreve em um ano.
- **Súmula 412 do STJ:** A ação de repetição de indébito de tarifas de água e esgoto sujeita-se ao prazo prescricional estabelecido no Código Civil.

Há outras hipóteses também que, por não envolverem "fato do produto ou serviço", não se aplicará o prazo de 5 anos do art. 27 do CDC. Assim, se a controvérsia se relacionar à responsabilidade contratual (ex: dano em razão de negativação indevida ou envolvendo inadimplemento contratual), aplica-se a regra geral (art. 205 CC/02) que prevê dez anos de prazo prescricional e, quando se tratar de responsabilidade extracontratual, aplica-se o disposto no art. 206, § 3º, V, do CC/02, com prazo de três anos. Este entendimento foi consolidado pelo STJ no EREsp 1280825/RJ, Rel. Ministra Nancy AndrighiI, DJe 02/08/2018.

Assim, atenção! Quando não se tratar de fato do produto ou serviço:

Responsabilidade contratual	prazo prescricional de 10 anos
Responsabilidade extracontratual	prazo prescricional de 3 anos.

Desconsideração da personalidade jurídica

Sabemos que um dos princípios aplicáveis às pessoas jurídicas é o da **autonomia patrimonial.** Todavia, o princípio da autonomia **não pode ser utilizado de forma indevida,** dando margem à realização de **fraudes e abusos** na tentativa de lesar credores e locupletar-se ilicitamente. O uso irregular, ou abuso, na utilização do instituto da pessoa jurídica ensejou a criação da **teoria da desconsideração da personalidade jurídica (*disregard doctrine*).**

O CDC, ao acolher a teoria da desconsideração da personalidade jurídica *(disregard doctrine),* teve o intuito de propiciar a máxima proteção ao consumidor, estipulando de forma expressa e ampla a possibilidade de a pessoa jurídica ser desconsiderada no caso concreto, **afetando assim, o patrimônio dos sócios ou outra pessoa jurídica do mesmo grupo societário.**

Importa salientar que o instituto da desconsideração **será episódico, casual**, ou seja; somente ocorrerá no caso concreto a ser avaliado pelo juiz. **Não acarretará a extinção** da pessoa jurídica. Assim, para outras relações efetuadas com terceiros, a pessoa jurídica continua existindo e com autonomia patrimonial em face de seus sócios, a não ser que seja desconsiderada também sua personalidade em cada caso.

> ▸ **Atenção:**
> A desconsideração da personalidade jurídica não extingue a pessoa jurídica

O CDC foi o **primeiro** dispositivo legal a se referir à desconsideração da personalidade jurídica. Posteriormente, foi inserida em outras leis: art. 18 da Lei nº 8.884/1994 (Lei do CADE) – atualmente art. 34 da Lei nº 12.529/2011; art. 4º da Lei nº 9.605/1998 (dispõe sobre as sanções derivadas de danos ao meio ambiente); art. 50 do Código Civil e art. 14 da Lei 12.846/2013 (Lei Anticorrupção)

O caput do art. 28 enumera várias hipóteses autorizativas da desconsideração. São elas: **abuso de direito; excesso de poder; infração da lei; fato ou ato ilícito; violação dos estatutos ou contrato social; falência; estado de insolvência;**

encerramento ou inatividade da pessoa jurídica quando provocados por má administração.

Verifica-se no **§ 5º do art. 28** toda a *ratio* do sistema protetivo dos consumidores, ao estipular que ***"também poderá ser desconsiderada a pessoa jurídica sempre que sua personalidade for, de alguma forma, obstáculo ao ressarcimento de prejuízos causados aos consumidores"***. Nessa hipótese, a desconsideração da pessoa jurídica acontece independentemente de se configurar fraude ou abuso de direito. O que prevalece hoje é a noção de que a pessoa jurídica deve atender ao fim para o qual foi concebida, não podendo jamais servir como óbice ao justo ressarcimento das pessoas lesadas.

Mais recentemente, o Código Civil estabeleceu a desconsideração da pessoa jurídica, ao estipular no art. 50 que: *"em caso de abuso da personalidade jurídica, caracterizado pelo* ***desvio de finalidade****, ou pela* ***confusão patrimonial****, pode o juiz decidir, a requerimento da parte, ou do Ministério Público quando lhe couber intervir no processo, que os efeitos de certas e determinadas relações de obrigações sejam estendidas aos bens particulares dos administradores ou sócios da pessoa jurídica"*.

Note-se que as possibilidades de desconsideração pelo CDC são bem mais amplas que as da CC.

A desconsideração aplicada atualmente no Brasil apresenta duas teorias: "**uma maior e uma menor**". A **teoria maior** tem base sólida e se trata da verdadeira desconsideração, vinculada à verificação do uso fraudulento da personalidade jurídica, ou seja, apresenta requisitos específicos para que seja concretizada (**teoria presente no CC**). Já a **teoria menor** tem aplicação a qualquer situação em que haja insolvência da sociedade. Neste último caso, a fraude é presumida. Dessa forma, é chamada de "menor" justamente porque independe de requisitos específicos, bastando a insolvência da pessoa jurídica (**teoria aplicada pelo CDC em razão do § 5º do art. 28).**

Teoria Maior	Teoria Menor
Código Civil (CC/02, art. 50) – Exige *confusão patrimonial* ou *desvio de finalidade.*	Direito do Consumidor (CDC, art.28, § 5º) – Basta haver a insolvência da pessoa jurídica.

▸ **No novo CPC/15:**

O novo CPC/15, no intuito criar mecanismos para efetivar o instituto da desconsideração, previu um incidente de desconsideração da personalidade jurídica, modalidade de intervenção de terceiros, pois provoca o ingresso de terceiro (sócio ou outra pessoa jurídica do mesmo grupo societário) em juízo. O art. 133 do novo CPC/15 prevê que o incidente será instaurando a pedido da parte ou do Ministério Público, quando lhe couber intervir no processo (veja que o novo CPC/15 baseou-se no art. 50 do CC que traz dispositivo semelhante, proibindo a atuação de ofício do magistrado).

Por fim, importa ressaltar que a teoria da desconsideração surgiu e foi aplicada para permitir adentrar no patrimônio dos sócios e/ou administradores por dívidas da sociedade. Todavia, a doutrina e jurisprudência começaram a sustentar também o caminho inverso, ou seja, a possibilidade da quebra da autonomia patrimonial a fim de executar bens da sociedade por dívidas pessoais dos sócios. Trata-se da **desconsideração inversa da personalidade jurídica**. Sendo assim, caracteriza-se pelo afastamento da autonomia patrimonial da sociedade, para, ao contrário do que ocorre na desconsideração da personalidade jurídica tradicional, atingir o patrimônio da empresa, de modo a responsabilizar a pessoa jurídica por obrigações do sócio.

▸ **STJ:**

O STJ já reconheceu a aplicação da desconsideração inversa (REsp. 948117 / MS, Rel. Min. Nancy Andrighi, DJe 03/08/2010).

▸ **No novo CPC/15:**

O novo CPC previu expressamente a possibilidade da desconsideração inversa da personalidade jurídica (§1º do art. 133 do novo CPC/15).

1. RESPONSABILIDADE DE ALGUMAS SOCIEDADES

O art. 28 também disciplina as responsabilidades de alguns tipos de sociedades. Assim, as **sociedades integrantes dos grupos societários e as sociedades controladas** respondem **subsidiariamente** (art. 28, § 2º), as **sociedades consorciadas** respondem **solidariamente** (art. 28, § 3º), e as **sociedades coligadas** respondem somente por **culpa** (art. 28, § 4º). O que varia entre elas são somente os requisitos e a natureza da responsabilidade.

Assim, apenas para uma melhor visualização da questão, temos:

Tipo de sociedades	Tipo de responsabilidade
Integrantes dos Grupos Societários e Controladas	Subsidiária
Consorciadas	Solidária
Coligadas	Só respondem por culpa

▸ **Atenção:**

Decore este quadro para a prova!

Oferta

1. PRINCÍPIO DA VINCULAÇÃO CONTRATUAL DA OFERTA

O CDC assegura a inclusão da **informação ou publicidade**, desde que **suficientemente precisa,** como uma modalidade de **oferta.** Segundo o art. 30, a "informação" e a "publicidade" integram o termo "oferta". A oferta é um veículo que transmite uma mensagem, incluindo informação e publicidade. O fornecedor é o emissor da mensagem e o consumidor é o seu receptor.

A oferta (ou proposta) pode ser conceituada como a declaração inicial de vontade direcionada à realização de um contrato. A oferta, por si só, já é suficiente para **criar um vínculo** entre fornecedor e consumidor, surgindo uma obrigação pré–contratual, devendo o fornecedor cumpri-la nos exatos termos anunciados, vinculando-o contratualmente (**princípio da vinculação contratual da oferta**). A oferta deverá ser respeitada, devendo seus elementos integrar o futuro contrato que vier a ser celebrado. Exemplo: nos encartes de final de semana em jornais, temos vários anúncios de produtos (televisões, jogos eletrônicos, telefones celulares, etc.). As informações presentes no encarte (modelo, preço, condições de pagamentos, etc.) vinculam o fornecedor que patrocinou a publicidade.

Se o fornecedor se **recusar a cumprir o anunciado**, o consumidor poderá fazer uso das hipóteses do **art. 35**, ou seja, poderá exigir o **cumprimento forçado da obrigação; aceitar outro produto ou prestação de serviço equivalente** ou, caso já tenha realizado o contrato, **poderá rescindi-lo, com direito à restituição de quantia eventualmente antecipada**, monetariamente atualizada; e, ainda, perdas e danos.

Opções do consumidor quando o fornecedor não cumprir a oferta ou publicidade

Exigir o cumprimento forçado da obrigação, OU

↓

Aceitar outro produto ou prestação de serviço equivalente, OU

↓

Rescindir o contrato, com direito à restituição de quantia eventualmente antecipada.

Para que se aplique tal princípio, é necessário que a informação contenha certa precisão ou, nos dizeres do Código, seja *"suficientemente precisa"*.

Os **exageros (*puffing*)**, a princípio, não obrigam os fornecedores, justamente por lhes faltar a característica da precisão. Assim, expressões do tipo "*o melhor carro do mundo*" ou "*o mais elegante terno*" não se aplicam ao artigo. Geralmente, são expressões exageradas, que não permitem uma verificação objetiva.

Questão intrigante é se o fornecedor poderá alegar que houve **equívoco na oferta** (seja na informação ou publicidade) para se escusar de cumprir o ofertado. Por exemplo, poderá alegar que o preço do produto anunciado apareceu publicado errado? No primeiro momento, a resposta é negativa, ou seja, a responsabilidade é do fornecedor pelo informado e/ou anunciado, vinculando-o contratualmente.

Mas, em respeito ao princípio da boa-fé objetiva, segundo o qual as partes (fornecedor e consumidor) deverão agir com base na lealdade e confiança, tem-se admitido o chamado "*erro grosseiro*" como forma de não responsabilizar o fornecedor. O erro grosseiro é aquele erro latente, que facilmente o consumidor tem condições de verificar o equívoco, por fugir ao padrão normal do que usualmente acontece.

2. PRINCÍPIO DA TRANSPARÊNCIA NA OFERTA

O código, em consonância com os princípios da transparência e da informação, corolários do princípio da boa fé-objetiva, estipula que todo produto ou serviço deve conter em suas apresentações informações **corretas, claras, ostensivas,**

precisas e em língua portuguesa, pois é um direito do consumidor saber de todas as informações e características do produto ou serviço que está adquirindo.

O direito à informação ganha importância especial principalmente nos produtos e serviços que possam causar riscos à saúde e segurança dos consumidores. No mercado de consumo, a variedade de produtos e serviços ofertados, assim como a constante mudança de tecnologia, torna impossível para o consumidor acompanhar e ter conhecimento de todos os benefícios e malefícios que os produtos e serviços oferecem.

A norma também se aplica aos **produtos importados.** Assim, os importadores e demais fornecedores que pretendem vender produtos importados, antes de inseri-los no mercado, deverão possibilitar a tradução dos dizeres no rótulo, embalagem, manual, etc.

O descumprimento do art. 31 acarreta vício de informação, gerando dever de indenização, além de configurar infração penal, nos termos do **art. 66 do CDC**.

Segundo o parágrafo único do art. 31, "*as informações de que trata este artigo, nos produtos refrigerados oferecidos ao consumidor, serão gravadas de forma indelével*". O parágrafo visou o tratamento da oferta e apresentação de **produtos refrigerados.** A ideia do legislador é dar proteção ampla aos consumidores no sentido de exigir que as informações contidas nos produtos refrigerados (gelados e congelados) deverão ser **gravadas nas embalagens de forma duradoura,** ou seja, não poderão desaparecer com o tempo.

3. OFERTA DE COMPONENTES E REPOSIÇÃO DE PEÇAS

O **fabricante** e o **importador** têm o dever de fornecer e assegurar peças de reposição **enquanto durarem a produção ou importação do produto**, e mesmo depois, **por um período razoável**. De acordo com o art. 21 do CDC, o fornecedor deverá usar peças originais e novas no conserto de produtos, salvo quando o consumidor consentir em sentido contrário.

Interessante notar que o artigo não fala em "fornecedor" e sim em fabricante e importador. Quando o legislador não trata do gênero fornecedor é porque quer limitar a aplicação da norma a determinadas pessoas. Assim, por exemplo, estão excluídas da responsabilidade imputada no artigo as concessionárias de veículos (comerciantes), já que somente são responsáveis por venderem os automóveis e não fabricá-los. Por sua vez, a montadora, que é a fabricante de veículos, está inserida no dispositivo.

O CDC não estabelece qual seria esse prazo e nem o que *seria "período razoável de tempo"* que o fabricante e o importador devem disponibilizar as peças no mercado. Na ausência de lei regulamentadora, caberá ao juiz fazê-lo no caso concreto.

Visando definir a expressão "período razoável", o Decreto-Lei nº 2181/97, em seu art. 13, inciso XXI, dispõe que o "período razoável" nunca pode ser inferior ao tempo de **vida útil do produto ou serviço**.

4. OFERTA VEICULADA À DISTÂNCIA

O código estabelece uma obrigação de ostensiva identificação para o fornecedor quando pretender ofertar ou vender por **telefone ou reembolso postal**, ou qualquer outro tipo de contratação à distância, como os feitos atualmente pela **internet** (verificação dos princípios da informação e da transparência).

Isso acontece porque o consumidor fica muito mais vulnerável quando são utilizadas tais práticas comerciais, pois, ao menos, é preciso saber **o nome e endereço do fornecedor** para poder reclamar algum problema ou saber maiores informações sobre o produto ou serviço adquirido ou ofertado.

O **parágrafo único do art. 33** do CDC ainda proíbe a veiculação de publicidade de qualquer bem ou serviço **durante ligações onerosas que o consumidor fizer a quaisquer fornecedores.**

5. RESPONSABILIDADE SOLIDÁRIA

Os fornecedores são responsáveis solidários por atos de seus **prepostos ou representantes autônomos**, mesmo que não guardem com aqueles nenhum vínculo trabalhista ou de subordinação, aumentando assim a proteção dos direitos dos consumidores.

Assim, os consumidores podem acionar individualmente o preposto ou o fornecedor, ou se preferir, para maior segurança, ambos, pois a **responsabilidade é solidária.**

Publicidade

Primeiramente, é necessário destacar uma distinção abordada pela doutrina acerca dos termos **publicidade e propaganda**. Para a maioria da doutrina, embora pareçam sinônimos, apresentam diferenças relevantes. O termo **publicidade** expressa o fato de tornar público (divulgar) o produto ou serviço, com o intuito de aproximar o consumidor do fornecedor, promovendo o lucro da atividade comercial. Já o termo **propaganda** expressa o fato de difundir uma ideia, promovendo a adesão a um dado sistema ideológico (v.g., político, filosófico, religioso, econômico). O STJ não faz tal diferenciação, tratando-os como sinônimos.

1. PRINCÍPIOS APLICÁVEIS À PUBLICIDADE NO CÓDIGO DE DEFESA DO CONSUMIDOR

O CDC elenca uma **série de princípios** que devem ser verificados em relação à publicidade: princípio da vinculação contratual da publicidade (art. 30); princípio da identificação da mensagem publicitária (art. 36, *caput*); princípio da transparência da fundamentação da publicidade (art. 36, parágrafo único); princípio da veracidade da publicidade (art. 37, § 1º); princípio da não abusividade da publicidade (art. 37, § 2º); princípio do ônus da prova a cargo do fornecedor (art. 38); princípio da correção do desvio publicitário (contrapropaganda) (art. 56, XII).

O princípio da vinculação contratual da publicidade (art. 30) já foi tratado. Vamos aos demais:

1.1. Princípio da identificação obrigatória da publicidade (art. 36, *caput*)

O **art. 36, caput,** adota o **princípio da identificação obrigatória da publicidade** segundo o qual a publicidade, quando veiculada, tem o dever de ser identificada como tal, **de modo fácil e imediato** pelo consumidor. Visa o dispositivo legal, principalmente, proteger o consumidor, de modo a torná-lo consciente de que é o destinatário de uma mensagem publicitária e facilmente tenha condições de identificar o fornecedor (patrocinador), assim como o produto ou o serviço oferecido.

1.2. Princípio da transparência da fundamentação da publicidade (art. 36, parágrafo único)

O princípio da transparência da fundamentação, estipulado no parágrafo único do art. 36, ordena aos fornecedores manterem em seu poder dados fáticos, técnicos e científicos capazes, a quem interessar, de **comprovar a veracidade do vinculado na publicidade.**

O que se busca no dispositivo é fazer com que as informações publicitárias sejam dotadas de **veracidade e correção**, de modo a evitar que os anunciantes ofereçam **vantagens fantasiosas ou irreais** dos produtos ou serviços, para que o consumidor saiba, realmente, o que está adquirindo, em perfeita consonância com o princípio da boa-fé objetiva.

Assim, são comuns publicidades de sabão em pó em que o fornecedor elenca uma série de vantagens do produto, inclusive através de "testes comprovados". Nesses casos, o fornecedor deverá comprovar, caso solicitado, que as informações publicitárias são verdadeiras e que não foram colocadas apenas para iludirem os consumidores.

1.3. Princípio da veracidade da publicidade (art. 37, § 1º)

O **princípio da veracidade da publicidade** visa combater a chamada **publicidade enganosa.**

A publicidade enganosa é aquela **inteira ou parcialmente falsa**, ou aquela capaz de **induzir o consumidor ao erro**. Primeiramente, é importante registrar que a publicidade não precisa ser totalmente falsa para ser caracterizada como enganosa. Basta que parte da publicidade, ainda que pequena, não corresponda à verdade para que se caracterize a enganosidade.

A publicidade enganosa pode ser **comissiva,** quando afirma ou induz algo que, na verdade, não é; como por exemplo, anunciar que determinado veículo é o mais econômico da categoria quando existe outro mais econômico; ou **omissiva**, quando não informa sobre algo fundamental ("essencial") do produto ou serviço. Segundo o parágrafo 3º do art. 37, *"a publicidade é enganosa por omissão quando deixar de informar sobre dado essencial do produto ou serviço"*.

> ▸ **Atenção:**
> A publicidade enganosa pode ser também omissiva (ou por omissão).

Informação "essencial" é aquela cuja ausência pode influenciar o consumidor nas compras, uma vez que relevante aos produtos ou serviços e o consumidor a desconhece.

O anunciante é objetivamente responsável pelos danos que seu anúncio vier a causar, sendo irrelevante averiguar a **intenção (má-fé ou boa-fé)**.

> ▸ **Atenção:**
> A intenção do anunciante (fornecedor) é irrelevante para caracterizar a publicidade enganosa e abusiva.

1.4. Princípio da não abusividade da publicidade (art. 37, § 2º)

O **princípio da não abusividade** visa conter as chamadas publicidades abusivas.

A **publicidade abusiva,** por sua vez, é aquela que fere a vulnerabilidade do consumidor, podendo ser até mesmo verdadeira, mas que, pelos seus elementos ou circunstâncias, **ofendem valores básicos de toda a sociedade**. O § 2º do art. 37 elenca, de modo exemplificativo, uma série de publicidades abusivas, como a que apresenta alguma forma de **discriminação, que incita à violência, que explora o medo ou a superstição, a antiambiental, a indutora de insegurança, a que se aproveita da hipossuficiência da criança etc.**

É comum verificarmos publicidades abusivas, principalmente envolvendo crianças. Assim, não são admissíveis anúncios que causem em crianças um **sentimento de inferioridade**, caso não adquiram ou não possam adquirir um produto ou serviço; que estimulem o menor a **constranger seus responsáveis** ou terceiros a comprar determinado produto ou serviço.

> ▸ **Atenção:**
> Não confundam "publicidade enganosa" com "publicidade abusiva".

1.5. Princípio do ônus da prova a cargo do fornecedor (art. 38)

O art. 38 do CDC atribui àquele que patrocina a publicidade o ônus de provar a veracidade das informações veiculadas.

Ao contrário do art. 6º, VIII, a inversão do ônus da prova em relação à veracidade da publicidade não está no poder discricionário do juiz. O Código, de forma expressa, incumbe esse dever **ao patrocinador do anúncio** (inversão do ônus da prova ***ope legis***). Nesse caso, a inversão é obrigatória, sendo desnecessária declaração judicial.

1.6. Princípio da correção do desvio publicitário (contrapropaganda) (arts. 56, XII e 60)

O CDC, no art. 60, de forma a **desfazer o malefício** da publicidade enganosa ou abusiva e para melhor proteger os direitos dos consumidores, estipulou a imposição de **contrapropaganda** que será divulgada pelo responsável da mesma **forma, frequência e dimensão** e, preferencialmente, **no mesmo veículo, local, espaço e horário.**

A contrapropaganda visa tanto reparar a verdade da publicidade enganosa como também desqualificar a mensagem abusiva, reparando, ao final, o direito à informação do consumidor que foi violado.

Síntese dos princípios relativos à Publicidade	
1.	Princípio da vinculação contratual da publicidade (art. 30);
2.	Princípio da identificação da mensagem publicitária (art. 36);
3.	Princípio da transparência da fundamentação da publicidade (art. 36, parágrafo único);
4.	Princípio da veracidade da publicidade (art. 37, § 1º) (se refere à publicidade enganosa);
5.	Princípio da não abusividade da publicidade (art. 37, § 2º) (se refere à publicidade abusiva);
6.	Princípio do ônus da prova a cargo do fornecedor (art. 38);
7.	Princípio da correção do desvio publicitário (arts. 56, XII, e 60); (contrapropaganda)

Práticas abusivas

No **art. 39** estão enumeradas, de forma meramente **exemplificativa,** algumas práticas consideradas abusivas e que devem ser repelidas quando constatadas. Outras hipóteses, no caso concreto, poderão ser consideradas abusivas pelo magistrado.

De acordo com o art. 39, temos como práticas abusivas:

1. VENDA CASADA (ART. 39, I, PARTE A)

O fornecedor não pode **vincular seu produto ou serviço a outro**. É o que comumente chamamos de **"venda casada"** ou **"operação casada".**

Assim, é vedado, por exemplo, o fornecedor condicionar a abertura de conta corrente com a contratação de seguro de vida ou de seguro de residência. Os objetos são completamente distintos, não havendo razão para condicioná-los na contratação.

> ▸ **Atenção:**
> A venda casada é vedada pelo CDC.

Para o STJ, configura venda casada a imposição da contratação de seguro habitacional com a instituição financeira mutuante. É o teor da **Súmula 473**: "*O mutuário do SFH não pode ser compelido a contratar o seguro habitacional obrigatório com a instituição financeira mutuante ou com a seguradora por ela indicada*".

2. VENDA QUANTITATIVA (ART. 39, I, PARTE B)

O fornecedor não pode condicionar o fornecimento de produto ou serviço, **sem justa causa, a limites quantitativos.** Assim, duas situações podem ocorrer: imposição de limite máximo de aquisição e imposição de limite mínimo.

Ambas podem ocorrer, devendo analisá-las somente se foram feitas com razoabilidade (justa causa). No primeiro caso (imposição de limite máximo), tem-se aceitado como justa causa a justificar a limitação, principalmente em promoções, o argumento de que se um consumidor adquirir todo o estoque, justamente porque não há limitação de quantidade, outro ficará sem aproveitar a promoção.

3. RECUSAR ATENDIMENTO ÀS DEMANDAS (ART. 39, II)

Neste caso, tem-se que o fornecedor não pode **recusar a prestar o serviço ou a vender o produto** a qualquer consumidor que se disponibilizar a pagá-los, desde que tenha os produtos em estoque ou esteja habilitado a prestar o serviço.

4. FORNECIMENTO NÃO SOLICITADO (ART. 39, III)

O código veda a prática de enviar ao consumidor produtos ou prestar serviços **não solicitados por ele**. Se isso ocorrer, de acordo com o **parágrafo único do art. 39**, os produtos ou serviços serão considerados como amostras grátis, desobrigando os consumidores do respectivo pagamento.

Como não foi requerido pelo consumidor, qualquer dano sofrido em decorrência do envio de produto ou do fornecimento de serviço, o fornecedor deverá ser responsabilizado.

O STJ sumulou a prática abusiva de envio não solicitado de cartão de crédito. Consta da **Súmula 532 do STJ** que *"constitui prática comercial abusiva o envio de cartão de crédito sem prévia e expressa solicitação do consumidor, configurando-se ato ilícito indenizável e sujeito à aplicação de multa administrativa"*.

5. APROVEITAMENTO DA VULNERABILIDADE DO CONSUMIDOR (ART. 39, IV)

O fornecedor não poderá se aproveitar das **excepcionais vulnerabilidades** do consumidor para impor-lhe produtos ou serviços. Vários critérios são levados em consideração pela norma, como a **idade** (quer se trate de criança ou idoso); **condição social** (já que uma pessoa mais simples terá mais dificuldade de compreender novas tecnologias, podendo ser vítimas dos maus fornecedores); **conhecimento** (os analfabetos, por exemplo, terão dificuldades na contratação, sendo alvos fáceis também dos maus fornecedores) e a **saúde** (muito comum a prática dos hospitais de exigirem garantias abusivas da família - *v.g.*, cheque caução de quantia vultuosa – para que um ente querido seja internado).

A vulnerabilidade agravada a que é acometida o consumidor em algumas circunstâncias é chamada de **hipervulnerabilidade**. Enquanto a vulnerabilidade é a condição geral de todo consumidor (art. 4º, I), a hipervulnerabilidade é a situação social fática e objetiva de agravamento da vulnerabilidade da pessoa física consumidora, seja permanente (deficiência física ou mental) ou temporária (doença, gravidez, turista, analfabetismo, crianças, idosos, etc.).

Exemplificando, atualmente são comuns as práticas abusivas de oferta de crédito aos idosos, aproveitando das dificuldades dos mesmos para aferirem todos os contornos da contratação. As financeiras, aproveitando da dificuldade de discernimento dos idosos, impingem-lhes diversos contratos de créditos (entre eles o crédito consignado de aposentado), sem a devida cautela e informação necessária.

6. EXIGIR DO CONSUMIDOR VANTAGEM EXCESSIVA (ART. 39, V)

Não poderá o fornecedor, valendo de sua condição de superioridade econômica, **causar prejuízo ao consumidor**, rompendo com o equilíbrio contratual.

Por serem expressões sinônimas, poderá o interprete se valer dos critérios para verificação da "**vantagem exagerada**" contidos no § 1º do art. 51.

> § 1º Presume-se exagerada, entre outros casos, a vantagem que:
>
> I – ofende os princípios fundamentais do sistema jurídico a que pertence;
>
> II – restringe direitos ou obrigações fundamentais inerentes à natureza do contrato, de tal modo a ameaçar seu objeto ou equilíbrio contratual;
>
> III – se mostra excessivamente onerosa para o consumidor, considerando-se a natureza e conteúdo do contrato, o interesse das partes e outras circunstâncias peculiares ao caso.

O STJ utiliza ora um termo ora outro, não fazendo diferenciação.

7. SERVIÇOS SEM ORÇAMENTO E AUTORIZAÇÃO EXPRESSA (ART. 39, VI)

O inciso VI do art. 39, em conjunto com o art. 40 do CDC, prevê a necessidade de se **realizar orçamento prévio** e também de **autorização expressa do consumidor** para execução de quaisquer serviços. Se o consumidor não autorizar o serviço e esse for realizado, será considerado como **amostra grátis** de acordo com o parágrafo único do artigo.

Todavia, o fornecedor poderá se desonerar da obrigação, demonstrando que existem práticas anteriores entre ele e o consumidor, na qual não é costume haver orçamento prévio, nem autorização do consumidor. O juiz, ao apreciar a situação em concreto, deverá, todavia, observar o princípio da confiança nas relações contratuais.

Vale lembrar que pelo art. 40, o fornecedor de serviço será obrigado a entregar ao consumidor orçamento prévio discriminando o **valor da mão de obra, dos materiais e equipamentos a serem empregados, as condições de pagamento, bem como as datas de início e término dos serviços.**

Salvo estipulação em contrário, o valor orçado terá validade pelo **prazo de dez dias**, contado de seu recebimento pelo consumidor. Uma vez aprovado, o orçamento obriga os contraentes e somente pode ser alterado mediante livre negociação das partes e o consumidor não responde por quaisquer ônus ou acréscimos decorrentes da contratação de **serviços de terceiros não previstos** no orçamento prévio.

8. REPASSE DE DADOS E INFORMAÇÕES DEPRECIATIVAS (ART. 39, VII)

É vedado ao fornecedor o **repasse de informações sobre atos praticados por consumidor** no exercício de seus direitos. Assim, não poderá ser divulgado que determinado consumidor efetua queixas no Procon ou propõe demandas judiciais contra os fornecedores. A ideia é evitar que o consumidor seja constrangido ao defender seus direitos.

9. INOBSERVÂNCIA DE NORMAS TÉCNICAS (ART. 39, VIII)

Quando o fornecedor está obrigado a observar **normas expedidas pelos órgãos oficiais** (ABNT ou CONMETRO), não poderá colocar produto ou serviço no mercado fora das especificações previstas.

O inciso VIII do art. 39, ao prever o respeito das chamadas "normas técnicas", visa melhorar a qualidade dos produtos e serviços, de modo a garantir maior segurança e eficiência.

10. RECUSA DE VENDA COM PAGAMENTO A VISTA (ART. 39, IX)

O fornecedor não pode recusar a venda de um bem ou a prestação de um serviço a consumidor que se disponha **a adquiri-lo mediante pronto pagamento**. Caso contrário, o consumidor poderá se valer do art. 84 do CDC para obter a tutela específica da obrigação, além de perdas e danos, se houver.

A diferença em relação à norma prevista no inciso II do art. 39, é que aqui a prática abusiva acontece quando o fornecedor se recusa a vender o produto ou prestar o serviço diretamente ao consumidor, impondo intermediários para a conclusão do negócio. A norma, todavia, excepciona "*os casos de intermediação regulados em leis especiais*". Assim, o dispositivo não impede que continue a existir atacadista que venda apenas para pessoa jurídica intermediária e não para o consumidor final.

11. ELEVAÇÃO INJUSTIFICADA DE PREÇOS (ART. 39, X)

O que se veda é a possibilidade de uma elevação nos preços sem que se tenha **um motivo (justa causa)** como o aumento da matéria prima, o aumento do salário mínimo, que reflita no preço final do produto ou serviço.

12. INEXISTÊNCIA DE PRAZO PARA CUMPRIMENTO DE OBRIGAÇÃO (ART. 39, XII)

O código estipula a necessidade de todo contrato de consumo conter, necessariamente, o **prazo definido para o cumprimento das obrigações**. É comum a ausência de prazos para que os fornecedores entreguem produtos ou prestem os serviços enquanto, para os consumidores, o prazo para pagamento sempre é bem definido. Mais uma vez, o código visa equilibrar as relações.

13. ÍNDICE DE REAJUSTE DIVERSO (ART. 39, XIII)

Dispositivo inserido por Medida Provisória sobre mensalidades escolares (porque esta área é a que mais se percebia o abuso) vedando, em toda e qualquer relação de consumo, aplicar índice ou fórmula de reajuste diverso do estabelecido em lei ou do que foi convencionado.

Cobrança de dívidas

1. FORMA DE COBRANÇA DE DÍVIDA

A cobrança de débitos é um exercício regular de direito, mas deve ser feita de **forma comedida e sem excessos**, devendo, sempre, respeitar o princípio da dignidade da pessoa humana. O Código veda todas as formas de abusos praticados para se obter a quitação da dívida.

Constitui prática criminosa contra as relações de consumo, de acordo com o art. 71 do CDC, a utilização na cobrança de dívidas de ameaça, coação, constrangimento físico ou moral, afirmações falsas, incorretas ou enganosas ou de qualquer outro procedimento que exponha o consumidor, injustificadamente, ao ridículo ou interfira em seu trabalho, descanso ou lazer, sob pena de detenção de três meses a um ano e multa.

Assim, é vedado ao fornecedor, por exemplo, **ligar várias vezes** para o consumidor devedor no local de trabalho exigindo o pagamento ou **divulgar lista de devedores.** A exposição a ridículo, o constrangimento e a ameaça deverão ser analisadas caso a caso.

Se o consumidor se sentir prejudicado pelas cobranças vexatórias ou abusivas, poderá pleitear indenização por dano moral, com base no art. 6º, VII, o que, comumente, vem acontecendo.

De acordo com o **art. 42-A,** nos documentos de cobrança de dívida encaminhados ao consumidor deverão constar, obrigatoriamente, o **nome**, o **endereço** e o **número de inscrição**, seja o Cadastro de Pessoas Físicas – **CPF** ou o Cadastro Nacional de Pessoa Jurídica – **CNPJ**, do fornecedor do produto ou serviço.

2. REPETIÇÃO DO INDÉBITO

Se o consumidor pagou por uma **dívida indevida** ou por um preço maior do que o devido, tem direito a **receber em dobro o que pagou em excesso**, acrescido de correção monetária e juros legais, salvo quando o fornecedor provar que o erro se deu por **engano justificável**.

Primeiramente é importante destacar que a sanção prevista (repetição em dobro) somente é aplicada quando houver: ***1)*** cobrança indevida, ***2)*** pagamento em excesso, ***3)*** inexistência de engano justificável.

Assim, só há que se falar em repetição em dobro se houver "pagamento em excesso" e a duplicação ocorrerá **somente em relação ao valor indevido** (pago em excesso).

Para a aferição do **"engano justificável"** é preciso analisar se não houve culpa por parte do fornecedor. Se ele provar que não houve negligência, imprudência ou imperícia de sua parte, ficará isento de indenizar o consumidor pelo dobro da quantia cobrada. Seria o caso de uma cobrança indevida em razão de um vírus do computador que alterou o valor a ser exigido do consumidor ou o erro cometido pelos correios quando da entrega do boleto de pagamento. Entretanto, o fornecedor não poderá se eximir alegando que o erro foi praticado por um funcionário seu, uma vez que responde pelos atos causados pelos seus subordinados.

Banco de dados e cadastro de consumidores

Não existe concessão de crédito no mercado sem que se tenha informação sobre o destinatário (consumidor) de modo a avaliar os riscos de futura inadimplência.

O **armazenamento de dados** sobre consumidores é uma **atividade lícita e permitida** pelo CDC, devendo somente respeitar os preceitos legais a fim de evitar abusos.

Os bancos de dados e cadastros de consumidores, denominados genericamente de **arquivos de consumo**, conforme exposto, podem ser privados, quando instituídos e mantidos por entidades privadas, como os SPCs e Serasa; ou podem ser públicos, quando instituídos e mantidos por entidades oficiais, como os Procons, Bacen, Cadin etc. Mas, todos, sejam privados ou públicos, são considerados, segundo o § 4º do art. 43, de **caráter público**, dada a importância e efeitos que provocam na sociedade.

▸ Importante:

Os bancos de dados e cadastros relativos a consumidores (Ex: SPC e Serasa) são considerados entidades de caráter público.

Basicamente o CDC garante quatro direitos aos consumidores em relação aos arquivos de consumo: 1) direito de acesso; 2) direito de informação; 3) direito de retificação; 4) direito de exclusão.

Direitos dos consumidores em relação aos arquivos de consumo	Correspondência no art. 43 do CDC
1. Direito de Acesso	Art. 43, *caput*
2. Direito de Informação	Art. 43, § 2º
3. Direito de Retificação	Art. 43, § 3º
4. Direito de Exclusão	Art. 43, § 1º e 5º

1. DIREITO DE ACESSO

Sobre o direito de acesso, o *caput* do art. 43 é expresso ao obrigar os órgãos responsáveis pelo armazenamento dos dados e dos cadastros a **fornecer aos consumidores**, quando solicitadas, todas **as informações arquivadas**, assim como a respectiva fonte. O acesso deve ser imediato, devendo ser fornecido logo após o requerimento do consumidor.

A recusa ou imposição de dificuldades por parte do arquivista é considerada **infração penal** nos moldes do **art. 72 do CDC**: "*Impedir ou dificultar o acesso do consumidor às informações que sobre ele constem em cadastros, banco de dados, fichas e registros: Pena – Detenção de seis meses a um ano ou multa*".

O ***habeas data***, e não o mandado de segurança, é o instrumento processual cabível para a proteção ao direito de informação do cidadão, seja para possibilitar o conhecimento dessas informações, seja para a retificação. Isso porque, se a lesão ao direito do cidadão pode ser reparada por habeas data, afasta-se a possibilidade de impetração de mandado de segurança, segundo o inciso LXIX do art. 5º da CF.

O parágrafo 6º, recentemente incluído pela Lei 13.146/2015 (Estatuto da pessoa com deficiência), determina ainda que todas as informações solicitadas pelo consumidor devem ser disponibilizadas em formatos acessíveis para a pessoa com deficiência.

2. DIREITO DE INFORMAÇÃO

De acordo com o **§ 2º do art. 43**, quando não solicitada pelo consumidor, a abertura de cadastro, ficha, registro de dados pessoais e de consumo **deverão por escrito lhe ser comunicadas**, uma vez que o aviso ou comunicação de abertura de cadastro ou inscrição é obrigatório pelo sistema consumerista (direito à comunicação ou informação).

Em relação à forma de comunicação, a lei exige que seja **por escrito.** Assim, não tem qualquer validade a comunicação oral ou encaminhada por e-mail, por exemplo.

O STJ pacificou o entendimento no sentido de que a comunicação ao consumidor não precisa ser via **AR (Aviso de Recebimento).** É o que consta na **Súmula nº 404:** "*É dispensável o Aviso de Recebimento (AR) na carta de comunicação ao consumidor sobre a negativação de seu nome em bancos de dados e cadastros*".

A comunicação deve ser **prévia** e precedida de, no mínimo, 5 dias úteis do registro, por aplicação analógica do prazo previsto no § 3º do art. 43, de modo a permitir ao consumidor, caso haja alguma inexatidão na informação, proceder à retificação.

Sobre a necessidade de a comunicação ser prévia e ainda sobre a **responsabilidade exclusiva do arquivo de consumo** pela comunicação do consumidor, o STJ editou a **Súmula nº 359**, instituindo que "*cabe ao órgão mantenedor do Cadastro de Proteção ao Crédito a notificação do devedor antes de proceder à inscrição*".

Mas a responsabilidade pela retirada do nome do consumidor do cadastro, quando quitada a dívida, é do fornecedor (credor). Assim, pago o débito que gerou a negativação no banco de dados, deve o fornecedor providenciar imediatamente a retirada da inscrição do nome do consumidor.

O STJ, por sua vez, estipulou o prazo de **5 dias úteis do pagamento efetivo**, por analogia ao art. 43, § 3º, do CDC. Este é o teor da **Súmula 548 do STJ**: "*Incumbe ao credor a exclusão do registro da dívida em nome do devedor no cadastro de inadimplentes no prazo de cinco dias úteis, a partir do integral e efetivo pagamento do débito*".

3. DIREITO DE RETIFICAÇÃO

O acesso à fonte de onde provieram as informações é importante, pois havendo qualquer irregularidade, o consumidor tem meios para solicitar a **retificação (direito à retificação),** que deverá ser feita de forma imediata pelo arquivista, devendo este**, no prazo de até cinco dias úteis**, **comunicar aos outros destinatários** as informações incorretas (§ 3º do art. 43).

> ▸ **Atenção:**
>
> O prazo de 5 dias não é para retificação e sim para comunicar aos outros destinatários sobre as informações alteradas.

4. DIREITO DE EXCLUSÃO

Em relação ao limite temporal do registro, destaca o CDC que as informações negativas não poderão ser mantidas: **1)** por prazo superior a 5 anos (§ 1º do art. 43) ou **2)** após a consumação da prescrição da ação de cobrança (§5º do art. 43).

Ao lado do prazo de 5 anos, a norma impõe como limite temporal do registro a prescrição da ação para cobrança da obrigação. Deverá ser considerado **o que ocorrer primeiro;** ou seja, se o prazo da prescrição se esgotar antes do prazo de 5 anos, prevalecerá como limite temporal para o registro o fim do prazo prescricional, repita-se - ainda que antes do prazo de 5 anos.

Sobre o tema, vale lembrar a **súmula 323 do STJ**: *"A inscrição do nome do devedor pode ser mantida nos serviços de proteção ao crédito até o prazo máximo de cinco anos, independentemente da prescrição da execução"*.

Embora o CDC seja omisso em estabelecer a partir de qual momento o prazo de cinco anos será contado para que o consumidor seja "excluído", o STJ entendeu que deverá ser o do dia seguinte à data de vencimento da dívida e não o dia em que foi efetivamente inscrito no arquivo. (STJ, REsp 1316117/SC, DJe 19/08/2016)

5. ARQUIVOS DE CONSUMO E DANO MORAL

Sobre o dano moral nos arquivos de consumo, vamos sintetizar os entendimentos de acordo com o STJ:

a) a **simples inscrição irregular** já é por si só suficiente para configurar o **dano moral**, não havendo necessidade da prova do prejuízo sofrido (*dano in re ipsa*). Por outro lado, o **dano material**, em decorrência da inscrição indevida, não pode ser apenas alegado, devendo **estar provado** nos autos.

b) a ausência de comunicação prévia ao consumidor da inscrição de seu nome em cadastro de proteção ao crédito **caracteriza o dano moral.** Mas se há outras inscrições anteriores e a dívida é devida, a falta de comunicação de nova inscrição não gera danos morais. Somente há suspensão do registro até que seja cumprido o requisito da comunicação.

c) se o consumidor possui **negativação anterior**, não cabe dano moral por uma nova inscrição indevida. O consumidor somente terá direito ao cancelamento da inscrição indevida. É o que consta na **Súmula 385**: *"Da anotação irregular em cadastro de proteção ao crédito, não cabe indenização por dano moral, quando preexistente legítima inscrição, ressalvado o direito ao cancelamento"*.

d) o STJ entendeu que o **sistema *scoring* de crédito é legal,** não cabendo dano moral. O sistema *scoring* – pontuação usada por empresas para decidir sobre a concessão de crédito a clientes – foi reconhecido pelo Superior Tribunal de Justiça como um método legal de avaliação de risco, desde que tratado com transparência e boa-fé. O STJ sumulou o assunto. A **Súmula 550 do STJ** diz: *"A utilização de escore de crédito, método estatístico de avaliação de risco que não constitui banco de dados, dispensa o consentimento do consumidor, que terá o direito de solicitar esclarecimentos sobre as informações pessoais valoradas e as fontes dos dados considerados no respectivo cálculo"*.

6. DÍVIDA *SUB JUDICE*

Segundo o STJ, para permitir o cancelamento ou a abstenção da inscrição do nome do consumidor é necessário a presença concomitante de três elementos:

a) a existência de ação proposta pelo devedor, contestando a existência integral ou parcial do débito;

b) a efetiva demonstração de que a cobrança indevida se funda em jurisprudência consolidada do Supremo Tribunal Federal ou do Superior Tribunal de Justiça (houve certa relativização, exigindo apenas "fumaça do bom direito");

c) o depósito do valor referente à parte incontroversa do débito ou que seja prestada caução idônea.

Esse entendimento acima acabou gerando a **Súmula 380 do STJ:** "*A simples propositura da ação de revisão do contrato não inibe a caracterização da mora do autor*".

7. CADASTROS DE INADIMPLENTES E O NOVO CPC

O novo CPC (Lei 13.105/2015) **possibilitou a inclusão do nome do devedor de qualquer dívida** (e não somente de consumo) nos órgãos de proteção ao crédito. Dispõe o art. 782, § 3º do CPC/15 que na execução judicial ou extrajudicial, a requerimento da parte, o juiz pode determinar a inclusão do nome do executado em cadastros de inadimplentes. O § 4º do art. 782 complementa que a inscrição será cancelada imediatamente se for efetuado o pagamento, se for garantida a execução ou se a execução for extinta por qualquer outro motivo.

Consolidando este entendimento, o STJ, no final de 2015 e antes mesmo da entrada em vigor do novo CPC, permitiu a inscrição de devedor de alimentos em cadastros de inadimplentes.

CAPÍTULO XVIII

Proteção contratual

1. GENERALIDADES

Segundo **o art. 46** do CDC, os contratos que regulam as relações de consumo não obrigarão os consumidores, se não lhes for dada a oportunidade de tomar **conhecimento prévio** de seu conteúdo, ou se os respectivos instrumentos forem **redigidos de modo a dificultar a compreensão** de seu sentido e alcance. Assim, para que os contratos que regulam as relações de consumo tenham validade e obriguem os consumidores, é preciso que os fornecedores lhes ofereçam a oportunidade de tomar conhecimento efetivo de todos os direitos e deveres.

Do direito de tomar conhecimento prévio do conteúdo do contrato decorre a obrigação simples e óbvia do fornecedor de entregar uma via do contrato ao consumidor.

Outra imposição é a necessidade de as cláusulas contratuais serem redigidas de forma a facilitar a compreensão do seu alcance pelos consumidores. Caso contrário, o contrato não vinculará. Nesse sentido, são inválidas as cláusulas ambíguas, obscuras ou em linguagem técnica. Havendo dúvida sobre a obscuridade ou ambiguidade, aplica-se o **art. 47** do CDC, em que "*as cláusulas contratuais serão **interpretadas de maneira mais favorável ao consumidor***".

▸ **Não esqueça:**

a) Os contratos de consumo somente obrigarão aos consumidores quando:
- for dado aos consumidores a oportunidade de tomarem prévio conhecimento do conteúdo do contrato;
- os contratos não forem redigidos de modo a dificultar a compreensão de seu sentido e alcance.

b) As cláusulas contratuais serão interpretadas de maneira mais favorável ao consumidor (**princípio da interpretação mais favorável ao consumidor**)

2. DIREITO DE ARREPENDIMENTO

Quando o contrato de consumo for concluído **fora do estabelecimento comercial**, o consumidor tem o direito de desistir do negócio em **sete dias,** a contar do recebimento do produto ou do serviço ou, então, da assinatura do contrato. Trata-se de um *"prazo de reflexão obrigatório"* instituído pela lei, de modo a assegurar que o consumidor possa realizar uma compra consciente, equilibrando as relações de consumo.

A *ratio* da norma é que quando o consumidor adquire o produto ou o serviço fora do estabelecimento comercial, fica ainda mais vulnerável na relação instituída com o fornecedor. Com efeito, quando o consumidor está dentro do estabelecimento, ele pode verificar o produto ou serviço (tamanho, largura, cores, condições de prestação do serviço, etc.); comparar com outros de marcas ou modelos diferentes; tirar as dúvidas pessoalmente com o vendedor; conversar com outros consumidores que porventura estejam no estabelecimento e que já adquiriram o produto e/ou serviço anteriormente. Concluindo, o consumidor atua de maneira mais consciente e protegida quando está dentro do estabelecimento.

Assim, as vendas por telefone, reembolso postal, fax, os executados porta a porta, telemarketing ou até mesmo pela *internet* se enquadram nesse contexto.

O prazo de 7 dias inicia-se da **assinatura do contrato** ou do **recebimento do produto ou serviço.**

O direito de arrependimento não está vinculado a qualquer vício do produto ou serviço ou ainda a qualquer justificativa por parte do consumidor. Ou seja, o direito de desistir do negócio celebrado é imotivado.

Exercido o direito de arrependimento, o consumidor deverá **receber de forma imediata a quantia paga**, monetariamente atualizada, voltando ao *status quo ante.*

Assim, todo e **qualquer custo despendido pelo consumidor deverá ser ressarcido**, como o valor das parcelas pagas, além de outros custos, como os de transporte, por exemplo. Além disso, a norma autoriza que a restituição seja feita de forma imediata, ou seja, o fornecedor não poderá impor prazo ao consumidor para que restitua os valores.

> **Atenção:**
>
> O direito de arrependimento somente ocorre nas compras fora do estabelecimento comercial.

3. GARANTIA CONTRATUAL E LEGAL

Nos moldes do art. 24, a **garantia legal de adequação** do produto ou serviço independe de termo expresso, vedada a exoneração contratual do fornecedor. Por sua vez, a **garantia contratual** será **complementar** à garantia legal, possuindo existência distinta (art. 50).

Assim, a garantia legal do produto, por exemplo, através da adequabilidade de suas peças e componentes, não é excluída nem reduzida pela garantia do fabricante, que tem caráter meramente complementar.

Nesse sentido, os prazos estipulados no art. 26 (prazos de reclamação) só começarão a correr depois do prazo de garantia que o fornecedor oferecer de livre e espontânea vontade ao consumidor (garantia contratual).

Assim, suponha que o fornecedor dê um ano de garantia em seu produto (garantia contratual). Na verdade, o produto terá um ano mais 90 ou 30 dias, dependendo se durável ou não, pois as garantias são complementares.

O termo de garantia deve ser padronizado, garantindo uma uniformidade para com todos os consumidores. Deve conter todos os esclarecimentos necessários como a forma, prazo, em que consiste a garantia, lugar em que será exercida e os ônus a cargo do consumidor.

O termo deve ser preenchido pelo fornecedor no momento da conclusão do contrato e entregue ao consumidor, sob pena de se cometer uma infração penal determinada no art. 74 do CDC.

Garantia contratual	Garantia legal
é complementar à legal e será facultativa;	é obrigatória, não podendo o fornecedor dela se exonerar (art. 24);
será conferida mediante termo escrito.	independe de termo escrito.

Cláusulas contratuais abusivas

1. GENERALIDADES

O CDC enumera de **forma exemplificativa** *(numerus apertus)* as cláusulas consideradas abusivas que, quando presentes nos contratos, serão **nulas de pleno direito,** mesmo com o consumidor concordando com o conteúdo.

A doutrina consumerista interpreta a expressão "*nulas de pleno direito*" como sinônima de nulidade absoluta, não só em razão do art. 166, inciso VII do Código Civil, mas principalmente em consideração do caráter da tutela instituída no art. 1º do CDC: "*de ordem pública e interesse social*".

A sentença que decreta a nulidade é desconstitutiva (ou constitutiva negativa) e produz efeitos *ex tunc*, retroagindo à data da celebração do contrato. A nulidade das cláusulas abusivas tanto poderá ocorrer nos contratos de adesão, como nos contratos de comum acordo, uma vez que a norma abrange toda e qualquer relação de consumo.

Por se tratar de norma de ordem pública, o Poder Judiciário declarará a nulidade absoluta das cláusulas abusivas **de ofício**, ou a pedido dos consumidores, das entidades que os representem ou do Ministério Público. Embora seja este o entendimento dominante na doutrina consumerista, vale lembrar que o STJ, através da **súmula nº 381,** entendeu que **nos contratos bancários** é vedado ao julgador conhecer de ofício da abusividade das cláusulas.

O **§ 2º** contempla o **princípio da conservação dos contratos**, pelo qual a nulidade de uma cláusula abusiva **não contamina** todo o contrato, devendo ser interpretado de modo a dar-lhe operatividade, excetuando quando, apesar dos esforços de integração, ocorrer ônus excessivo a qualquer das partes.

Vale lembrar que o art. 6º, V, prescreve como direito básico do consumidor a modificação das cláusulas contratuais que estabeleçam prestações desproporcionais ou sua revisão em razão de fatos supervenientes que as tornem excessivamente onerosas. Assim, o juiz não somente poderá afastar integralmente uma determinada cláusula abusiva, como também poderá modificar o conteúdo negocial, de modo a manter o equilíbrio entre as partes, conservando igualmente o contrato. Um exemplo seria a redução da taxa de juros estipulada contratualmente e que foi considerada abusiva.

2. ESPÉCIES DE CLÁUSULAS ABUSIVAS

2.1. Exoneração da responsabilidade do fornecedor (art. 51, I)

O fornecedor não poderá inserir em contrato cláusula que o **isente do dever de indenizar** ou mesmo que **atenue a responsabilidade**. São as chamadas *cláusulas de irresponsabilidade* que, quando inseridas em contratos, são consideradas nulas de pleno direito, como se não existissem, ou seja, não terão nenhuma eficácia perante o consumidor.

Com relação à responsabilidade pelo fato e por vício do produto e serviço (arts. 12 e s. e 18 e s.), o art. 25 prevê no mesmo sentido: "*é vedada a estipulação contratual de cláusula que impossibilite, exonere ou atenue a obrigação de indenizar prevista nesta e nas seções anteriores*".

É muito comum frases do tipo "*o estacionamento não se responsabiliza por eventuais danos sofridos pelo veículo*". Assim, cláusula como essa é considerada como não escrita, devendo ser excluída no aferimento da responsabilidade pelo fornecedor.

Nesse sentido, a **súmula 130 do STJ**: "*A empresa responde, perante o cliente, pela reparação de dano ou furto de veículo ocorridos em seu estacionamento*".

A única exceção é no tocante às relações de consumo entre o fornecedor e o **consumidor-pessoa jurídica**, em que a indenização poderá ser limitada em ***situações justificáveis.***

2.2. Impedimento de reembolso (art. 51, II)

Em vários momentos, o CDC previu a possibilidade de o consumidor ser reembolsado. Como exemplo, temos o inciso II do § 1º do art. 18; no caso do inciso IV do art. 19 e também do inciso II do art. 20. Mas, talvez o artigo mais lembrado no que se refere ao direito de reembolso é o art. 49 que prevê o direito de arrependimento. Exercido tal direito, o consumidor terá direito de ser reembolsado dos valores eventualmente pagos monetariamente atualizados.

Assim, a cláusula contratual que subtrair o direito ao reembolso será considerada nula.

2.3. Transferência de responsabilidade a terceiros (art. 51, III)

Como a responsabilidade do fornecedor provém da lei, não pode ele, por meio de cláusula contratual, procurar se eximir, **transferindo-a a terceiros**.

Assim, por exemplo, é vedado às agências de turismo, fornecedoras diretas de pacotes turísticos, transferir a responsabilidade pelos danos causados ao consumidor ao hotel ou às companhias aéreas.

2.4. Obrigações iníquas e desvantagem exagerada (art. 51, IV)

Percebe-se a preocupação do legislador em manter sempre o equilíbrio contratual. Assim, são vedadas obrigações iníquas (injustas, contrário à equidade), abusivas (que desrespeitam valores da sociedade) ou que ofendem o princípio da boa-fé objetiva (como a falta de cooperação, de lealdade, quando frustra a legítima confiança criada no consumidor) e a equidade (justiça do caso concreto).

Dando aplicação a tais cláusulas gerais, o STJ não tem admitido a exclusão (não cobertura), em planos de saúde, de doenças como a AIDS. De igual modo, não se tem admitido a cláusula que limita o tempo de internação em contratos de plano de saúde. Esse entendimento transformou-se na **súmula 302 do STJ**: "*É abusiva a cláusula contratual de plano de saúde que limita no tempo a internação hospitalar do segurado*". Outra súmula importante é a **súmula 597 do STJ**: "*A cláusula contratual de plano de saúde que prevê carência para utilização dos serviços de assistência médica nas situações de emergência ou de urgência é considerada abusiva se ultrapassado o prazo máximo de 24 horas contado da data da contratação.*" Ou seja, o STJ admite o prazo máximo de 24 horas de carência nos casos de urgência e emergência.

2.5. Inversão do ônus da prova (art. 51, VI)

A **inversão do ônus da prova** somente poderá ocorrer a favor do consumidor, quando for verossímil sua alegação ou quando for considerado hipossuficiente. Nunca poderá ocorrer a favor do fornecedor, já que o próprio sistema do CDC foi elaborado para proteger o consumidor, uma vez que são considerados vulneráveis.

2.6. Arbitragem compulsória (art. 51, VII)

O legislador consumerista, em respeito ao princípio de proteção ao hipossuficiente, vedou a estipulação compulsória de convenção de arbitragem, por entender que seria prejudicial ao consumidor.

Vedou-se, assim, a **adoção prévia e compulsória da arbitragem** no momento da celebração do contrato. Porém, quando já configurado o conflito, é possível que seja instaurado o procedimento arbitral, caso haja consenso entre fornecedor e consumidor.

2.7. Imposição de representante (art. 51, VIII)

Não poderá o fornecedor, valendo da fragilidade e vulnerabilidade do consumidor, impor representante para celebrar negócio jurídico em seu nome. Muito comum, em contratos bancários, a conhecida **"cláusula mandato"** para, caso o consumidor fique inadimplente, o banco possa ser constituído como procurador do consumidor, assinando nota promissória ou emitindo letra de câmbio.

O STJ, visando conter abusos, editou a **Súmula 60**: "É nula a obrigação cambial assumida por procurador do mutuário vinculado ao mutuante, no exclusivo interesse deste".

2.8. Opção de conclusão do negócio (art. 51, IX)

O fornecedor não poderá inserir cláusula desobrigando-o de cumprir o contrato, porém obrigando somente o consumidor, pois, feriria o equilíbrio contratual. Vale lembrar que se o fornecedor se obrigou, seja por qualquer informação prestada, seja por publicidade, terá que cumpri-la nos moldes do art. 30. Caso seja necessário, o consumidor ainda poderá se valer do art. 35, obrigando o fornecedor a cumprir com o informado ou anunciado.

2.9. Variação unilateral do preço (art. 51, X)

Cláusula que permita o fornecedor alterar, ao seu livre arbítrio, o preço no contrato de consumo é inválida, pois acarretaria um desequilíbrio na relação jurídica, privilegiando o fornecedor em detrimento do consumidor. Qualquer alteração superveniente à formação contratual deverá ser convencionada pelas partes, em igualdade de condições.

Assim, são inválidas cláusulas que deixam para o fornecedor, de forma livre, a escolha dos índices do reajuste do contrato (pois é claro que sempre escolherá a maior), bem como as que possibilitam a alteração unilateral da taxa de juros do cheque especial ou do cartão de crédito.

2.10. Cancelamento unilateral do contrato (art. 51, XI)

Após a celebração do contrato, os contratantes têm o dever de cumprir com suas obrigações. Possibilitar somente a uma das partes, no caso o fornecedor, a opção de cancelar o contrato (resilição), causaria um grave desequilíbrio na relação, uma vez que geraria sensação de insegurança e incerteza ao consumidor. Assim, tal direito deve também ser concedido ao consumidor, colocando as partes em posição contratual de igualdade e equilíbrio.

2.11. Ressarcimento de custos (art. 51, XII)

Cláusula que confira somente ao fornecedor o direito de se ressarcir dos gastos com a cobrança, em razão do inadimplemento do consumidor, é considerada abusiva. Assim, tal direito deve ser concedido também ao consumidor, de modo a manter o equilíbrio nas relações consumeristas.

2.12. Modificação unilateral do contrato (art. 51, XIII)

São vedadas quaisquer alterações feitas de forma unilateral pelo fornecedor, sem o consentimento do consumidor. São exemplos dessa proibição cláusulas que permitem ao fornecedor alterar as taxas de juros ou alterar os materiais que serão empregados em determinado serviço.

2.13. Violação de normas ambientais (art. 51, XIV)

Não se admite que cláusulas contratuais possam **causar danos ao meio ambiente**, ainda que sejam benéficas ao consumidor. Aqui, a proibição vale para as duas partes da relação. Em nenhuma hipótese, podem as partes celebrar um contrato que venha, ainda que indiretamente, trazer malefícios ao meio ambiente.

2.14. Desacordo com o sistema de proteção ao consumidor (art. 51, XV)

Interessante norma de abertura em que a doutrina e a jurisprudência desempenham importante papel na apreciação das cláusulas que estejam em desacordo com o sistema de proteção ao consumidor. Esse sistema não está contemplado apenas pelo CDC, mas também por qualquer norma que tutele, ainda que indiretamente, o consumidor. Assim vale destacar a Lei de Economia Popular (Lei 1521/51), Lei dos Crimes contra a Ordem Econômica (Lei 8137/90), Lei de Plano de Saúde (Lei 9656/98), etc.

2.15. Renúncia à indenização por benfeitorias necessárias (art. 51, XVI)

Benfeitorias necessárias são aquelas que, a teor do art. 96, § 3º, do CC, têm por fim conservar a coisa ou evitar que se deteriore (ex: conserto do teto de uma casa evitando sua ruína). Então, quando o consumidor precisar realizar qualquer benfeitoria necessária, terá sempre o direito de ser ressarcido pelos gastos efetuados, ainda que exista cláusula excluindo tal direito.

3. CONTROLE DE CLÁUSULAS CONTRATUAIS

Segundo o **§ 4º do art. 51**, é facultado a qualquer consumidor ou entidade que o represente requerer ao Ministério Público que ajuíze a competente **ação para ser declarada a nulidade** de cláusula contratual que contrarie o disposto no CDC ou de qualquer forma não assegure o justo equilíbrio entre direitos e obrigações das partes.

Verifica-se assim a possibilidade de se efetuar o **controle judicial abstrato** das cláusulas contratuais abusivas. Embora o § 4º somente cite o Ministério Público, a doutrina é uniforme no sentido de admitir que qualquer dos legitimados do art. 82 do CDC.

A **ação civil pública,** com objetivo de controle abstrato judicial das cláusulas contratuais, mostra-se como o mais eficiente meio para o combate das práticas abusivas, tutelando os consumidores vulneráveis.

CAPÍTULO XX

Financiamento de bens e serviços

Nos contratos de fornecimento de produtos ou serviços que envolva **outorga de crédito** ou **concessão de financiamento**, o fornecedor deverá conceder ao consumidor **informações prévias e adequadas** sobre o preço em moeda nacional, montante de juros de mora e a taxa efetiva aplicada, acréscimos legais (como impostos e outros), número e o período das prestações, total a pagar à vista e com financiamento.

Note-se uma preocupação especial do legislador referente a este tipo de contrato, uma vez que o mesmo poderá levar o consumidor a uma situação de endividamento, vinculando-o permanentemente ao fornecedor **(superendividamento).**

A multa moratória não pode exceder a **2% por mês do valor da prestação** (ou das prestações vencidas), podendo o juiz adequá-la aos ditames legais cogentes.

Quando o consumidor quiser **quitar o débito**, total ou parcialmente, terá direito à **redução proporcional dos juros** e demais acréscimos, não podendo o fornecedor se opor a essa faculdade, sob pena de responder por perdas e danos. Qualquer cláusula que preveja tal restrição será, de acordo com o art. 51 do CDC, nula de pleno direito.

> ▸ **Atenção:**
> Multa de mora - não poderá ser superior a 2% (dois por cento) do valor da prestação

1. CLÁUSULA DE DECAIMENTO

Nos contratos de compra e venda de móveis ou imóveis em que o pagamento é efetuado em prestações e nas alienações fiduciárias em garantia (regulamentada pelo Decreto-Lei nº 911/69), serão nulas de pleno direito as cláusulas que preveem a **perda total das prestações** pagas quando houver inadimplência por parte do consumidor. É a chamada ***"cláusula de decaimento"*** pela doutrina.

Nesse sentido, uma vez rescindido o contrato, ao consumidor cabe o direito de reaver a quantia que pagou, descontado somente um percentual pela participação do fornecedor no contrato (taxa de administração) ou por perdas e danos sofridas por este.

Nesse sentido, a **súmula 543 do STJ** prevê que: "*na hipótese de resolução de contrato de promessa de compra e venda de imóvel submetido ao Código de Defesa do Consumidor, deve ocorrer a imediata restituição das parcelas pagas pelo promitente comprador - integralmente, em caso de culpa exclusiva do promitente vendedor/construtor, ou parcialmente, caso tenha sido o comprador quem deu causa ao desfazimento*".

2. CONSÓRCIO

Em relação aos contratos de consórcios (**§ 2º do art. 53**), os consumidores também terão descontadas das parcelas pagas a taxa de administração e a vantagem auferida com o uso do bem (se houver). Porém, há a previsão de um *plus*: **o prejuízo que causou ao grupo** de consorciados, seja pela inadimplência, seja pela desistência.

Sobre a taxa de administração nos consórcios, a **Súmula 538 do STJ** esclarece que: "*as administradoras de consórcio têm liberdade para estabelecer a respectiva taxa de administração, ainda que fixada em percentual superior a dez por cento*".

Cabe destaque à **Súmula 35 do STJ**, que determina a incidência de correção monetária sobre as prestações pagas, quando de sua restituição, em virtude da retirada ou exclusão do consumidor de plano de consórcio.

Com relação ao prazo para restituir o consumidor em contratos de consórcio, de forma a não prejudicar o grupo formado, firmou o STJ o entendimento de que a restituição dos valores pagos, corrigidos, não deve ser de imediato, mas até **trinta dias contados a partir do prazo** previsto contratualmente para o encerramento do plano, quando, então, passarão a correr os juros moratórios.

CAPÍTULO XXI

Contratos de adesão

1. DEFINIÇÃO E CARACTERÍSTICAS

Ao contrário do contrato de comum acordo em que as partes negociam cláusula a cláusula, contrato de adesão é aquele cujas cláusulas são **aprovadas por autoridade competente** (cláusulas gerais para o fornecimento de água, energia elétrica etc...), não podendo o consumidor recusá-las; ou **estabelecidas pelo fornecedor** de modo que o consumidor não possa discuti-las ou modificá-las substancialmente, cabendo-lhe somente o poder de aderir ou não ao contrato como um todo.

São **características** dos contratos de adesão: **1)** serem previamente elaborados unilateralmente, **2)** serem ofertados uniformemente e em caráter geral e **3)** terem como modo de aceitação a simples adesão do aderente, vinculando-o à vontade do ofertante.

O fato de ser inserida alguma cláusula posteriormente, mesmo que com a anuência e no interesse do consumidor, não tem o condão de descaracterizar o contrato como de adesão.

Segundo o § 3º do art. 53, os contratos de adesão escritos serão redigidos em termos claros e com caracteres ostensivos e legíveis, cujo tamanho da fonte não será **inferior ao corpo doze**, de modo a facilitar sua compreensão pelo consumidor.

2. CLÁUSULA RESOLUTÓRIA

É possível cláusula que preveja a **resolução do contrato**, desde que a critério do consumidor. Se o consumidor optar pela resolução, deverá ser aplicado o **§ 2º do art. 53,** devolvendo-lhe, assim, os valores pagos, monetariamente atualizados, descontadas as vantagens auferidas. Cláusula contratual que estipule de forma diferente será nula de pleno direito.

3. DESTAQUE PARA A CLÁUSULA QUE IMPLIQUE LIMITAÇÃO DE DIREITO

Nos contratos de adesão, toda cláusula que implicar em limitação de direito para o consumidor deverá vir **de modo destacado** (negrito, letra caixa alta, sublinhado, etc.) para que dela se possa tomar conhecimento imediato e facilmente, sob pena de não obrigar, nos moldes do art. 46.

CAPÍTULO XXII

Sanções administrativas

O Código de Defesa do Consumidor tratou especificamente das **Sanções Administrativas** em seu Capítulo VII, que compreende os artigos 55 a 60.

Assim temos:

- **art. 55** - trata de competência para normatização, controle e fiscalização da produção e distribuição de bens e serviços de consumo;
- **art. 56** - estabelece rol de possíveis sanções a serem aplicadas em caso de descumprimento das normas de proteção dos consumidores;
- **arts. 57, 58 e 59** - tratam, respectivamente, dos critérios de mensuração de pena de multa e dos critérios para imposição das penalidades de apreensão, inutilização, proibição de fabricação, suspensão do fornecimento, da cassação do registro ou revogação da concessão ou permissão de uso;
- **art. 60** - trata da imposição de contrapropaganda em caso em publicidade enganosa ou abusiva.

Visando organizar o Sistema Nacional de Defesa do Consumidor – SNDC (**arts. 105 e 106 do CDC**) e estabelecer as normas gerais de aplicação das sanções administrativas, foi editado o **Decreto 2181/1997**.

> **Dica para a prova:**
>
> Basta uma leitura atenta dos arts. 55 a 60. Esse assunto não é muito cobrado nas provas da OAB.

CAPÍTULO XXIII

Infrações penais

O Título II do CDC trata das **infrações penais** a que o fornecedor de produtos e serviços está sujeito quando praticar (crimes comissivos) ou deixar de praticar (crimes omissivos) certas condutas nas relações de consumo.

O direito penal do consumidor busca não somente reprimir condutas indesejáveis e causadoras de danos, mas, sobretudo, **prevenir** a ocorrência de tais condutas de forma a evitar o dano, amparando com mais eficiência os consumidores (princípio da precaução).

As condutas tipificadas no sistema consumerista constituem ***"crimes de perigo"***, uma vez que não constitui elemento constitutivo do delito a ocorrência do efetivo dano ao consumidor. Basta a simples manifestação da conduta para caracterizar a ilicitude.

Além da responsabilidade penal, o fornecedor de produtos e serviços pode, de forma cumulativa, **responder civil e administrativamente** por seus atos.

As infrações tipificadas no CDC também se harmonizam com outras previstas no Código Penal e em leis especiais, à semelhança do previsto no art. 7º do próprio CDC.

O **art. 76** traz em seu bojo **circunstâncias agravantes** dos crimes tipificados no CDC, como a prática de crime durante grave crise econômica, a prática de crime por servidor público, além de crimes que envolvam alimentos, medicamentos, produtos e serviços essenciais, dentre outros.

> ▸ **Dica:**
>
> Sabendo quais são as agravantes, você poderá excluir as hipóteses inseridas nas questões que não são agravantes.

As entidades e órgãos da administração pública, direta ou indireta e as associações que se destinam à defesa dos interesses instituídos no Código de Defesa do Consumidor poderão intervir como assistentes do Ministério Público, assim como propor ação penal subsidiária, caso a denúncia não seja oferecida no prazo legal.

Atenção: somente os crimes previstos nos arts. 63 e 66 apresentam a modalidade culposa

Assim, lembre: *SOMENTE estes crimes admitem a modalidade CULPOSA:*

- Omitir dizeres ou sinais ostensivos sobre a nocividade ou periculosidade de produtos, nas embalagens, nos invólucros, recipientes ou publicidade (art. 63)

- Fazer afirmação falsa ou enganosa, ou omitir informação relevante sobre a natureza, característica, qualidade, quantidade, segurança, desempenho, durabilidade, preço ou garantia de produtos ou serviços (art. 66)

▸ Dicas para a prova:

Basta uma leitura atenta dos arts. 61 a 80. Esse assunto não é muito cobrado nas provas da OAB.

1. CONDUTAS TÍPICAS ESTABELECIDAS PELO CDC

As condutas típicas se relacionam com o direito material do consumidor constante nos arts. 1º ao 54 do CDC.

Artigos	Tipo Penal
Art. 63	Omitir dizeres ou sinais ostensivos sobre a nocividade ou periculosidade de produtos, nas embalagens, nos invólucros, recipientes ou publicidade
Art. 64	Deixar de comunicar à autoridade competente e aos consumidores a nocividade ou periculosidade de produtos cujo conhecimento seja posterior à sua colocação no mercado
Art. 65	Executar serviço de alto grau de periculosidade, contrariando determinação de autoridade competente
Art. 66	Fazer afirmação falsa ou enganosa, ou omitir informação relevante sobre a natureza, característica, qualidade, quantidade, segurança, desempenho, durabilidade, preço ou garantia de produtos ou serviços
Art. 67	Fazer ou promover publicidade que sabe ou deveria saber ser enganosa ou abusiva
Art. 68	Fazer ou promover publicidade que sabe ou deveria saber ser capaz de induzir o consumidor a se comportar de forma prejudicial ou perigosa a sua saúde ou segurança
Art. 69	Deixar de organizar dados fáticos, técnicos e científicos que dão base à publicidade
Art. 70	Empregar na reparação de produtos, peça ou componentes de reposição usados, sem autorização do consumidor

Artigos	Tipo Penal
Art. 71	Utilizar, na cobrança de dívidas, de ameaça, coação, constrangimento físico ou moral, afirmações falsas incorretas ou enganosas ou de qualquer outro procedimento que exponha o consumidor, injustificadamente, a ridículo ou interfira com seu trabalho, descanso ou lazer
Art. 72	Impedir ou dificultar o acesso do consumidor às informações que sobre ele constem em cadastros, banco de dados, fichas e registros
Art. 73	Deixar de corrigir imediatamente informação sobre consumidor constante de cadastro, banco de dados, fichas ou registros que sabe ou deveria saber ser inexata
Art. 74	Deixar de entregar ao consumidor o termo de garantia adequadamente preenchido e com especificação clara de seu conteúdo

CAPÍTULO XXIV

Defesa do Consumidor em Juízo

1. INTRODUÇÃO

Uma das grandes inovações instauradas pelo Código de Defesa do Consumidor foi, sem dúvida, o regramento das ações coletivas através do Título III, intitulado *"Da defesa do consumidor em juízo"*. Tal título não somente contemplou o tratamento da tutela jurisdicional dos direitos e interesses do consumidor de forma coletiva, como também, de forma exclusiva, conceituou direitos difusos, coletivos e individuais homogêneos.

O Código de Defesa do Consumidor prevê duas maneiras para o consumidor se defender em juízo: **por meio de ação individual**, ajuizada pelo consumidor individualmente considerado; ou por **meio de ação coletiva**, ajuizada por qualquer dos colegitimados do art. 82.

Vale lembrar que, de acordo com o art. 83 do CDC, **são admissíveis todas as espécies de ações** capazes de propiciar a adequada e efetiva tutela dos direitos dos consumidores. Assim, o artigo permite, na defesa dos direitos e interesses dos consumidores, seja a título individual, seja a título coletivo, que se utilize a ação de conhecimento (declaratória, constitutiva, condenatória, executiva *lato sensu* e mandamental), a ação cautelar e a ação de execução. Além disso, os provimentos antecipatórios (liminares e tutela antecipada) são totalmente cabíveis.

Para assegurar a efetiva tutela dos consumidores, disciplina o art. 84 a **obtenção da tutela específica da obrigação de fazer e não fazer**, garantindo assim o resultado prático assegurado pelo direito. Para isso, prevê o dispositivo que ao juiz caberá determinar algumas providências, inclusive através de provimentos mandamentais, impondo uma ordem ao demandado, que deve ser cumprida, sob pena de configuração do crime de desobediência.

O juiz poderá, também, impor **multa diária** (***astreinte***) em decorrência do não cumprimento da obrigação, **independentemente da condenação em perdas e danos,** uma vez que essa tem caráter indenizatório, enquanto aquela tem caráter coercitivo.

Poderá conceder a tutela liminarmente de plano (***inaudita altera parte***) ou após justificação prévia (com citação do réu), caso seja relevante o fundamento da demanda (***fumus boni iuris***) e haja justificado receio de ineficácia do provimento final (***periculum in mora***) podendo, ainda, impor multa diária para o descumprimento da medida liminar, independente de solicitação do autor nesse sentido.

A conversão da obrigação em perdas e danos somente se dará se por ela optar o autor ou se impossível a tutela específica ou o resultado prático correspondente. Para alcançar a tutela específica ou o resultado prático equivalente, poderá o juiz se valer das medidas enumeradas no § 5º do art. 84, como a **busca e apreensão, desfazimento de obra, remoção de coisas e pessoas** etc., assim como de qualquer outra que assegure o mesmo fim, pois a enumeração do parágrafo é meramente exemplificativa.

2. DIREITOS DIFUSOS, COLETIVOS E INDIVIDUAIS HOMOGÊNEOS

Os direitos coletivos (*latu sensu*) são classificados em três categorias:

a) **Direitos Difusos**: são os transindividuais, de natureza indivisível, de que sejam titulares pessoas indeterminadas e ligadas por circunstâncias de fato (art. 81, I);

b) **Direitos Coletivos** (*strictu sensu*): são os transindividuais, de natureza indivisível de que seja titular grupo, categoria ou classe de pessoas ligadas entre si ou com a parte contrária por uma relação jurídica-base (art. 81, II);

c) **Direitos Individuais Homogêneos**: são os decorrentes de origem comum (art. 81, III).

Para clarear o que foi dito, veja quadro demonstrativo:

Modalidade	Divisibilidade do bem jurídico	Determinação dos titulares	Existência de relação jurídica
D. Difusos	Indivisível	Indeterminados	NÃO - ligados por circunstância de fato
D. Coletivos	Indivisível	Determináveis	SIM - ligados por uma relação jurídica-base
D. Individuais homogêneos	Divisível	Determinados ou determináveis	IRRELEVANTE - o que importa é que sejam decorrentes de origem comum

▸ **Dica para a prova:**

Guarde estas diferenças do quadro acima!

2.1. Exemplos

a) **Direitos Difusos:** exemplo desse caso é o direito decorrente de publicidade enganosa veiculada na televisão (circunstância fática), em que toda a coletividade é afetada. Não há nenhuma relação jurídica ou ligação entre os indivíduos que compõem a coletividade lesada, ou entre eles e o fornecedor que veiculou a publicidade. A ligação existente decorre simplesmente da circunstância fática (exposição de publicidade enganosa).

b) **Direitos Coletivos:** exemplo desse caso é o direito contra o reajuste abusivo das mensalidades escolares, em que somente os alunos (e pais) são afetados. Veja que é perfeitamente possível determinar quais são os titulares, em razão da relação jurídica-base anterior (relação dos alunos e pais com a escola).

c) **Direitos Individuais Homogêneos:** exemplo desse caso é o direito dos indivíduos que sofreram danos em decorrência da colocação de produto estragado no mercado. Ou seja, em razão dos danos causados pelo produto estragado (origem comum), surge a homogeneidade dos direitos individuais dos vários consumidores lesados. São pessoas determinadas ou determináveis que estão na mesma situação de fato (aquisição de um produto estragado) e são titulares de interesse divisível (reparação do dano a cada um dos compradores).

O mesmo fato pode dar ensejo à pretensão difusa, coletiva e individual. Nelson Nery Júnior exemplifica a respeito: "O acidente com o Bateau Mouche IV, que teve lugar no Rio de Janeiro no final de 1988, poderia abrir oportunidade para a propositura de ação individual por uma das vítimas do evento pelo prejuízo que sofreu (direito individual), ação de indenização em favor de todas as vítimas ajuizadas por entidade associativa (direito individual homogêneo), ação de obrigação de fazer movida por associação de empresas de turismo que têm interesse na manutenção da boa imagem desse setor da economia (direito coletivo), bem como ação ajuizada pelo Ministério Público, em favor da vida e segurança das pessoas, para que seja interditada a embarcação a fim de se evitarem novos acidentes (direito difuso)" *(Princípios do processo civil na Constituição Federal, p. 120.).*

3. LEGITIMIDADE

De acordo com o art. 82 do CDC, os legitimados para a ação coletiva são:

– o Ministério Público (Federal e Estadual);

▸ **Importante:**

Sobre a legitimidade do MP para as ações coletivas, vale destacar estas súmulas:

- **Súmula 643 do STF:** O Ministério Público tem legitimidade para promover ação civil pública cujo fundamento seja a ilegalidade de reajuste de mensalidades escolares.
- **Súmula nº 601 do STJ:** O Ministério Público tem legitimidade ativa para atuar na defesa dos direitos difusos, coletivos e individuais homogêneos dos consumidores, ainda que decorrentes da prestação de serviços públicos.
- **Súmula 329 do STJ:** O Ministério Público tem legitimidade para propor ação civil pública em defesa do patrimônio público.

- a União, os estados, o Distrito Federal e os municípios;
- as entidades e órgãos da Administração Pública (direta ou indireta) destinados à proteção do consumidor (ainda que não possuam personalidade jurídica) Ex: Procons;
- as associações privadas (com constituição legal há pelo menos um ano; e inclusão entre seus fins institucionais da defesa dos consumidores).

Requisitos que devem ser apresentados pela Associação	
Constituição ânua	esteja constituída há pelo menos 1 (um) ano nos termos da lei civil.
Pertinência temática ou nexo de finalidade	incluir, entre suas finalidades institucionais, a proteção ao consumidor.

No tocante às associações, o **requisito da pré-constituição pode ser dispensado** pelo juiz quando haja **manifesto interesse social** evidenciado pela dimensão ou característica do dano, ou pela **relevância do bem jurídico** a ser protegido.

A Lei nº 11.448, de 15/01/2007, alterou o art. 5º da Lei da Ação Civil Pública, legitimando também para sua propositura a **Defensoria Pública**.

▸ **Atenção:**

A Defensoria Pública também tem legitimidade para propor ações coletivas em defesa de consumidores (desde que os consumidores sejam necessitados). A título de exemplo, o STJ entendeu que a Defensoria tem legitimidade para defender consumidores de energia elétrica (REsp 912.849-RS).

Segundo o STF, a legitimidade tratada no art. 82 é **extraordinária (substituição processual)**, pois os legitimados concorrentes defendem em juízo, em nome próprio, direito alheio. A mesma posição é adotada pelo STJ.

A legitimidade é, de acordo com a doutrina, **concorrente e disjuntiva**. É **concorrente** porque todas as pessoas e órgãos contidos na norma possuem legitimidade para toda e qualquer ação coletiva, não estabelecendo a lei exclusividade a qualquer deles para uma determinada ação, quer seja de direito difuso, coletivo ou individual homogêneo. É **disjuntiva** porque cada legitimado pode, isolada e independentemente da vontade dos demais colegitimados, ajuizar ação coletiva. Caso desejem ajuizar ação em conjunto, o **litisconsórcio será facultativo.**

Vale lembrar que, nos moldes do art. 87 do CDC, nas ações coletivas:

a) **não haverá adiantamento** de custas, emolumentos, honorários periciais e quaisquer outras despesas;

b) **não haverá condenação** da associação autora em honorários de advogados, custas e despesas processuais, **salvo comprovada má-fé;**

c) **em caso de litigância de má-fé**, a associação autora e os diretores responsáveis pela propositura da ação serão solidariamente **condenados em honorários advocatícios e ao décuplo das custas,** sem prejuízo da responsabilidade por perdas e danos.

Novidade no novo CPC/15: o art. 139, X do novo CPC/15 previu que quando o juiz se deparar com diversas demandas individuais repetitivas, deverá oficiar o Ministério Público, a Defensoria Pública e, na medida do possível, os outros legitimados, para, se for o caso, promoverem a propositura da ação coletiva respectiva.

> **Art. 139 do novo CPC/15:** "O juiz dirigirá o processo conforme as disposições deste Código, incumbindo-lhe: (...) X - quando se deparar com diversas demandas individuais repetitivas, oficiar o Ministério Público, a Defensoria Pública e, na medida do possível, outros legitimados a que se referem o art. 5º da Lei nº 7.347, de 24 de julho de 1985, e o art. 82 da Lei nº 8.078, de 11 de setembro de 1990, para, se for o caso, promover a propositura da ação coletiva respectiva".

4. AÇÕES COLETIVAS PARA A DEFESA DE DIREITOS INDIVIDUAIS HOMOGÊNEOS

Qualquer dos legitimados do art. 82 poderá propor ação coletiva de responsabilidade pelos danos individualmente sofridos por uma coletividade de consumidores. A legitimidade tratada nesse artigo é extraordinária (substituição processual), pois os legitimados concorrentes defendem em juízo, em nome próprio, direito alheio.

Tratam-se dos direitos individuais homogêneos (versão brasileira da *class action* americana) que, segundo o Código, são aqueles decorrentes de origem comum. Exemplo desse caso é o direito dos indivíduos que sofreram danos em decorrência da colocação de um produto estragado no mercado.

Em decorrência da importância e relevância social que as ações coletivas representam, o legislador, cautelosamente, **obrigou o Ministério Público a atuar como fiscal da lei**, sob pena de nulidade dos atos praticados.

Segundo o art. 92 do CDC, quando o Ministério Público atuar como parte na demanda, será desnecessária sua atuação como fiscal da lei.

4.1. Competência

Para a propositura das ações coletivas, o foro competente será estabelecido de acordo com a **abrangência territorial dos danos.**

Assim, quando o dano (ou sua possibilidade) somente for verificado em âmbito **local (município),** competente será **o juízo estadual do lugar onde ocorreu** ou deveria ocorrer o dano.

Se, porém, a mesma situação **abranger várias localidades de um mesmo estado** (âmbito regional), será **competente o foro da justiça estadual na capital do Estado**.

Se de **âmbito nacional** a ocorrência do dano (em mais de um Estado), **será competente o foro da justiça estadual na capital do Estado ou o foro do Distrito Federal**, pois possuem **competências territoriais concorrentes**.

Mas, se em todos esses casos, **a União, entidades autárquicas e empresas públicas federais** forem interessadas na condição de autoras, rés, assistentes ou opoentes, **a competência será da Justiça Federal**, a teor do art. 109 da Constituição Federal.

Situação	Juízo competente
Dano de âmbito local	Justiça Estadual local
Dano de âmbito regional	Justiça Estadual na capital do Estado
Dano de âmbito nacional	Justiça Estadual na capital do Estado ou no Distrito Federal (competência concorrente)
Causas em que a União, entidade autárquica ou empresa pública federal forem interessadas na condição de autoras, rés, assistentes ou oponentes	Justiça Federal

4.2. Processamento

Proposta a ação, será **publicado edital no órgão oficial**, a fim de que os interessados possam intervir no processo como **litisconsortes**, sem prejuízo de ampla divulgação pelos meios de comunicação social por parte dos órgãos de defesa do consumidor (art. 94 do CDC).

A ampla divulgação é para permitir, a quem tiver interesse na demanda, de integrá-la como litisconsorte. Os consumidores, enquanto individualizados, não estão legitimados a proporem ações coletivas, mas, entretanto, poderão integrar o feito na qualidade de litisconsortes. A espécie é de litisconsórcio **facultativo e unitário**, pois, uma vez prolatada a sentença, será decidida de modo uniforme para todos.

A sentença, **caso seja procedente**, condenará o fornecedor pelos danos causados de **forma genérica**, sem estipular o valor a ser pago aos consumidores lesados. Somente estabelecerá a obrigação de indenizar, tornando-se assim, uma sentença certa e ilíquida (art. 95 do CDC).

Assim, a sentença genérica declarará a ocorrência de lesão a direitos individuais, mas, como toda sentença coletiva, não individualizará os sujeitos lesados.

A indenização somente será feita depois que os consumidores lesados demonstrarem, **na fase de liquidação**, os danos sofridos para que seja possível mensurar o que cada um tem direito.

De acordo com o art. 97 do CDC, a **liquidação e a execução de sentenças** que envolvam direitos individuais homogêneos poderão ser feitas não somente pelos legitimados do art. 82 (**liquidação e execução coletiva**), mas também, pelas vítimas e seus sucessores (**liquidação e execução individual**).

A liquidação deverá sempre ser personalizada e divisível. Expliquemos: embora a norma autorize a liquidação pelos legitimados do art. 82 (liquidação coletiva), esta somente ocorrerá na hipótese do art. 100 do CDC, ou seja, se, **no prazo de um ano, não houver a habilitação de um número de interessados** compatível com a gravidade do dano.

Para que se dê **a execução coletiva**, é necessário que se tenham as indenizações fixadas em sentença de liquidação. Assim, a execução promovida pelos entes legitimados (art. 82) somente abrangerá as vítimas que já tiverem suas indenizações liquidadas (art. 98).

Na **execução coletiva**, o foro competente será, necessariamente, o da **ação condenatória** e, na **execução individual**, o foro competente será não somente o da **ação condenatória, como também o da liquidação da sentença** (art. 98) que, a teor do art. 101, I, do CDC, poderá ser promovida no domicílio do autor. Note-se que nesse último caso, ocorrerá uma cisão entre o juízo da ação condenatória e o da liquidação. Exemplificando, supondo que se tivesse uma sentença condenatória (genérica) em ação coletiva proferida em Porto Alegre e o consumidor (vítima do evento) domiciliado em São Paulo. Poderá o consumidor promover a liquidação individual e a respectiva execução tanto em seu domicílio (São Paulo) como em Porto Alegre (juízo da ação condenatória). No entanto, se for feita coletivamente por um dos legitimados do art. 82, a liquidação e a execução deverão ser feitas, necessariamente, em Porto Alegre.

Execução coletiva	o foro competente será necessariamente o da ação condenatória.
Execução individual	o foro competente será não somente o da ação condenatória como também o da liquidação da sentença que, a teor do art. 101, I do CDC, poderá ser promovida no domicílio do autor. Note-se que nesse último caso, ocorrerá uma cisão entre o juízo da ação condenatória e o da liquidação.

Em caso de concurso de créditos decorrentes de condenação prevista na Lei da Ação Civil Pública (ações coletivas) e de indenizações pelos prejuízos individuais resultantes do mesmo evento danoso, estas terão preferência no pagamento. Assim, há uma **ordem de preferência do crédito individual sobre o crédito coletivo**.

▸ **Lembrete importante e muito cobrado pela FGV:**

De acordo com o art. 101 do CDC, o consumidor (autor) poderá propor a ação contra o fornecedor (réu) no seu domicílio (do consumidor), excetuando a regra do art. 94 do CPC/73 (art. 46 do novo CPC/15) – foro do domicílio do réu.

4.3. Coisa julgada

O art. 103 do CDC trata do regramento da coisa julgada nas ações coletivas.

Quando se tratar de **direitos difusos**, a sentença procedente fará **coisa julgada *erga omnes***, ou seja, abrangerá não só as partes do processo, mas também toda a coletividade. O mesmo ocorre quando for improcedente o pedido, salvo se por insuficiência de provas. Nesse último caso, permite o Código que qualquer legitimado do art. 82, inclusive o autor anterior, intente nova ação com o mesmo fundamento, valendo-se agora de nova prova, pois a sentença não se revestiu da coisa julgada material.

Percebe-se aqui a adoção pelo Código da chamada formação da coisa julgada "***secundum eventum litis***", pois, como se denota, a coisa julgada será formada de acordo com o resultado do processo.

Em relação aos **direitos coletivos**, aplicam-se as mesmas observações dos direitos difusos, somente tendo a diferença de que, nesse caso, a formação da coisa julgada não será *erga omnes*, mas sim ***ultra partes***.

A expressão *ultra partes* tem uma abrangência limitada em relação à expressão *erga omnes*, pois essa é estendida a toda a coletividade, sem exceção, enquanto aquela é estendida somente aos sujeitos que possuem um vínculo jurídico de forma a uni-los em torno de um grupo, categoria ou classe.

De acordo com o § 1º do art. 103 do CDC, as ações a título individual foram preservadas pelo legislador, pois **os efeitos da coisa julgada nos direitos difusos e coletivos não prejudicarão os direitos individuais dos envolvidos**, podendo os consumidores ainda intentar ações pelos danos individualmente sofridos, uma vez que se tratam de ações diversas, não só com relação às partes, como também pelo objeto, não induzindo, portanto, **litispendência**.

Já os **direitos individuais homogêneos**, sendo os decorrentes de origem comum, terão, assim como os direitos difusos, uma formação da **coisa julgada *erga omnes***, mas **apenas quando procedente o pedido**, beneficiando todas as vítimas e seus sucessores, caso em que poderão se habilitar na liquidação e promoverem a execução, depois que comprovarem o dano sofrido.

Já a **sentença de improcedência** do pedido somente alcançará a coisa julgada material para aqueles que **participaram do processo na qualidade de partes**, não prejudicando os consumidores que não tenham integrado como litisconsortes o processo. Isso porque, conforme ressaltado no art. 94, os consumidores que tiverem interesse na ação coletiva de direitos individuais homogêneos, poderão integrar o processo como litisconsortes, sendo naturalmente abrangidos pela coisa julgada material, seja quando da procedência ou da improcedência do pedido. Preferindo ficar inertes à ação coletiva, os consumidores somente serão abrangidos pela coisa julgada quando procedente o pedido. Por sua vez, quando o pedido for improcedente, não serão atingidos pela coisa julgada e poderão propor suas ações a título individual. Sendo assim, os efeitos da coisa julgada só se operam ***in utilibus***, ou seja, só atingem os indivíduos se for para beneficiá-los.

De maneira sistemática e mais completa, temos:

Análise da coisa julgada material *secundum eventum litis* nos direitos difusos e coletivos			
Sentença	**Coisa julgada**	**Direitos difusos**	**Direitos coletivos**
Procedente	Faz coisa julgada material	Efeito *erga omnes*	Efeito *ultra partes*
Improcedente (por outro motivo que não a insuficiência de provas)	Faz coisa julgada material	Efeito *erga omnes* Obs.: impede somente nova propositura de ação coletiva. Não impede, entretanto, que os consumidores intentem ações individuais pelos danos individualmente sofridos (art. 103, § 1º)	Efeito *ultra partes* Obs.: impede somente nova propositura de ação coletiva. Não impede, entretanto, que os consumidores intentem ações individuais pelos danos individualmente sofridos (art. 103, § 1º)
Improcedente por insuficiência de provas	Não faz coisa julgada material	Qualquer legitimado do art. 82 poderá intentar novamente a ação coletiva, bastando possuir nova prova	Qualquer legitimado do art. 82 poderá intentar novamente a ação coletiva, bastando possuir nova prova

Análise da coisa julgada material *secundum eventum litis* nos direitos individuais homogêneos		
Sentença	**Coisa julgada**	**Direitos individuais homogêneos**
Procedente	Faz coisa julgada material	Efeito *erga omnes*, bastando o consumidor se habilitar na liquidação e promover a execução, provando o dano sofrido
Improcedente	Se o consumidor integrou o processo como litisconsorte, tornando-se parte (art. 94), sofre os efeitos da coisa julgada material	Consequência: não poderá intentar a ação individual pelos danos sofridos
Improcedente	Se o consumidor ficou inerte ao processo, não sofre os efeitos da coisa julgada material	Consequência: poderá intentar a ação individual pelos danos sofridos

As ações coletivas **não induzem litispendência** para as ações individuais, podendo ambas coexistirem paralelamente (art. 104 do CDC).

No entanto, para que possa ser beneficiado pela sentença coletiva, terá o autor da ação individual que fazer uma opção, pois ao tomar ciência nos autos do ajuizamento da ação coletiva, terá **duas alternativas**: ou continua com sua demanda pessoal e nesse caso, estará se excluindo da coisa julgada; ou **requer a suspensão**

de sua ação individual no prazo de 30 dias e espera a decisão da ação coletiva, caso em que, se for procedente, poderá se beneficiar dela. Se improcedente, poderá ainda continuar em sua demanda individual.

> **Dica para a prova:**
>
> Na semana da prova, estude novamente os quadros do Capítulo *"Defesa do Consumidor em Juízo"*.

Convenção Coletiva de Consumo

Semelhante ao que acontece no direito do trabalho, no qual os sindicatos podem celebrar convenções com eficácia normativa válida para uma determinada coletividade, o Código de Defesa do Consumidor, preocupado com os possíveis conflitos e no intuito de criar instrumentos que possam solucioná-los ou, ao menos, estabelecer parâmetros que possam reger tais situações, **possibilitou às entidades civis de consumidores e às associações de fornecedores ou sindicatos de categoria econômica regularem, através de convenção coletiva, certas condições para as relações de consumo** (o art. 107 do CDC menciona algumas condições a serem convencionadas: preço, qualidade, quantidade, garantia e características de produtos e serviços, bem como a reclamação e composição do conflito de consumo). **Deve necessariamente ter a forma escrita.**

Daniel Roberto Fink conceitua a convenção coletiva de consumo como "um meio de solução de conflitos coletivos em que fornecedores e consumidores, por intermédio de suas entidades representativas, estabelecem condições para certos elementos da relação de consumo, de modo a atuarem nos contratos individuais". (*Código Brasileiro de Defesa do Consumidor Comentado Pelos Autores do Anteprojeto*. 6ª ed. 1999, p. 864).

É vedada qualquer estipulação em convenção coletiva que afaste a aplicação do CDC, por se tratar de norma de ordem pública e de interesse social.

A convenção, por sua vez, **deve ser registrada no cartório de registro de títulos e documentos**, tornando obrigatórias suas estipulações **somente para os filiados às entidades signatárias.** O fornecedor filiado que, posteriormente, se desligar, **não se eximirá de cumprir o conteúdo da convenção.**

Embora a convenção coletiva de consumo possua semelhanças com o termo de ajustamento de conduta (TAC), previsto no art. 5º, § 6º, da Lei de Ação Civil Pública (redação alterada pelo art. 113 do CDC), já que ambas têm por finalidade a regulamentação de determinadas condutas do fornecedor no mercado de consumo, apresentam significativas diferenças. No TAC há a obrigatoriedade da presença do órgão público em um dos polos. Já a convenção coletiva é celebrada entre particulares, não prevendo a participação de nenhum órgão público. Outra diferença marcante é no tocante às consequências do descumprimento do acordo. No TAC, o descumprimento gera título executivo extrajudicial, podendo sofrer execução direta, enquanto que na convenção coletiva gera simples descumprimento passível de reparação, devendo ser comprovado em juízo em ação de conhecimento.

DIREITO INTERNACIONAL E DIREITOS HUMANOS

Paulo Henrique Gonçalves Portela

Introdução ao Direito Internacional Público

1. CONCEITO DE DIREITO INTERNACIONAL PÚBLICO

Até um passado recente, prevalecia uma visão tradicional do Direito Internacional Público, para a qual a sociedade internacional seria composta exclusivamente por Estados soberanos.

Com isso, formou-se um **conceito clássico** de Direito Internacional Público como o ramo do Direito que **regularia apenas as relações entre os Estados e as organizações internacionais**, entidades, aliás, criadas pelos entes estatais.

Entretanto, a sociedade internacional na atualidade é marcada pela maior complexidade. Com efeito, são muitos os atores que efetivamente se envolvem em relações que perpassam as fronteiras do Estado.

Com isso, apareceu um **novo conceito** de Direito Internacional, que seria o ramo do Direito que visa a **regular as relações internacionais e a tutelar temas de interesse internacional**, norteando a **convivência entre todos os membros da sociedade internacional, que incluem não só os Estados e as organizações internacionais**, mas também todos os sujeitos que realmente mantêm vínculos que perpassam as fronteiras de seus Estados, como **os indivíduos, as empresas e as organizações não governamentais** (ONGs), dentre outros.

O Direito Internacional Público é também conhecido como **"Direito das Gentes"**.

2. OBJETO DO DIREITO INTERNACIONAL PÚBLICO

O objeto do Direito Internacional Público inclui o seguinte:

- regular as relações entre os Estados soberanos e delimitar suas competências nas relações internacionais;

- regular as relações internacionais naquilo que envolvam não só os entes estatais, mas também outros sujeitos de Direito Internacional, como as organizações internacionais, as ONGs e os indivíduos;
- reduzir a anarquia inerente a uma sociedade internacional ainda descentralizada e sem um governo central mundial;
- regular a cooperação internacional;
- contribuir para alcançar objetivos e interesses comuns a mais de um povo;
- conferir tutela adicional a questões cuja importância transcende as fronteiras estatais, como os direitos humanos e o meio ambiente.

3. CARACTERÍSTICAS DO DIREITO INTERNACIONAL PÚBLICO

O Direito Internacional Público é o ramo do Direito voltado a regular uma **sociedade internacional descentralizada**, em que **não há um governo mundial** que subordine os Estados, e em que estes necessitam se articular para tratarem de temas de interesse comum, estabelecendo regras que precisam, antes de mais nada, ser cumpridas de boa-fé.

Nesse sentido, o Direito Internacional assume algumas características, que apresentamos a seguir:

• O Direito Internacional é um direito de "coordenação", ao contrário do Direito interno, que é de "subordinação": suas normas são normalmente elaboradas pelos Estados de comum acordo e aplicadas pela articulação entre estes	• Ampla descentralização da produção normativa: as normas são produzidas em vários âmbitos (negociações bilaterais ou multilaterais, organizações internacionais etc.)
• Diversidade de condições em que as normas internacionais são elaboradas e variedade de matérias reguladas (fragmentação)	• Obrigatoriedade das normas internacionais: as normas de Direito das Gentes não são meras normas de cortesia ou simples recomendações, mas devem ser cumpridas
• Possibilidade de exame por mecanismos internacionais de solução de controvérsias, como comissões, comitês e cortes internacionais	• Possibilidade de aplicação de sanções pelo descumprimento das normas

4. FUNDAMENTO DO DIREITO INTERNACIONAL PÚBLICO

O estudo do fundamento do Direito Internacional Público visa a determinar o **motivo pelo qual as normas internacionais são obrigatórias**.

A matéria é polêmica, e há **duas teorias** a respeito do fundamento do Direito das Gentes: o **voluntarismo** e o **objetivismo**.

O **voluntarismo** é uma teoria de **caráter subjetivista**, em que o elemento central é a **vontade**. Para o voluntarismo, **seriam obrigatórias apenas as normas que os Estados consentiram em observar**, de forma expressa ou tácita.

O voluntarismo envolve várias vertentes, que são as seguintes:

• **Autolimitação da vontade** (Georg Jellinek): o Estado, por sua própria vontade, submete-se às normas internacionais e limita sua soberania	• **Consentimento das nações** (Hall e Oppenheim): o fundamento do Direito das Gentes é a vontade da maioria dos Estados de um grupo, exercida de maneira livre e sem vícios, mas sem a exigência de unanimidade
• **Vontade coletiva** (Heinrich Triepel): o Direito Internacional nasce não da vontade de um ente estatal, mas da conjunção das vontades unânimes de vários Estados, formando uma só vontade coletiva	• **Delegação do Direito interno** (ou do "Direito estatal externo", de Max Wenzel), para a qual o fundamento do Direito Internacional é encontrado no próprio ordenamento nacional dos entes estatais

O **objetivismo** é uma teoria em que os elementos que determinam a obrigatoriedade da norma são externos aos sujeitos de Direito das Gentes, **não tendo relevância a vontade** destes. Para o objetivismo, as **normas internacionais seriam obrigatórias** por sua **importância** maior para o bom desenvolvimento das relações internacionais e, nesse sentido, deveriam ser observadas independentemente da vontade dos Estados.

O objetivismo também envolve certas vertentes, que são as seguintes:

• **Jusnaturalismo** (teoria do Direito Natural): as normas internacionais impõem-se naturalmente, por terem fundamento na própria natureza humana, tendo origem divina ou sendo baseadas na razão	• **Teoria da norma-base de Kelsen**: o fundamento do Direito Internacional é a norma hipotética fundamental, da qual decorrem todas as demais, inclusive as do Direito interno, até porque não haveria diferença entre normas internacionais e internas
• **Teorias sociológicas do Direito:** a norma internacional tem origem em fato social que se impõe aos indivíduos	• **Direitos fundamentais dos Estados:** o Direito Internacional fundamenta-se no fato de os Estados possuírem direitos que lhe são inerentes e que são oponíveis em relação a terceiros

Existe também uma teoria mista, formulada por Dionísio Anzilotti, para quem o Direito Internacional fundamenta-se na regra *pacta sund servanda*. Logo, as normas internacionais ainda dependeriam da vontade dos entes capazes de celebrar tratados para existirem. Entretanto, a partir do momento em que os entes estatais expressem seu consentimento em cumprir determinadas normas internacionais, devem fazê-lo de boa-fé. **A boa-fé e o *pacta sund servanda* seriam normas maiores a reger as relações internacionais.**

Em suma, os Estados obrigam-se a cumprir as normas internacionais com as quais consentiram. Entretanto, **a vontade estatal não pode violar o *jus cogens*,** conjunto de **princípios e regras imperativos** que, por sua importância para a sociedade internacional, **limitam a vontade do Estado**. Não é permitida a derrogação das normas de *jus cogens* e, nesse sentido, é nulo um tratado que, no momento de sua conclusão, conflite com uma norma imperativa de Direito das Gentes (Convenção de Viena sobre o Direito dos Tratados de 1969, art. 53).

Quadro 1. Voluntarismo X Objetivismo

Voluntarismo	Objetivismo
• caráter subjetivista • elemento central: **VONTADE** • seriam obrigatórias as normas que os Estados consentiram em observar, de forma expressa ou tácita	• caráter objetivista • elemento central: **FATORES EXTERNOS. A vontade não tem relevância.** • seriam obrigatórias as normas que, por sua importância maior para o bom desenvolvimento das relações internacionais, deveriam ser observadas independentemente da vontade dos Estados

5. RELAÇÕES DO DIREITO INTERNACIONAL COM O DIREITO INTERNO

Em regra, o Direito Internacional também se aplica no âmbito interno dos Estados, vinculando autoridades e cidadãos em geral a observar as normas internacionais, sem o que os entes estatais não poderão cumprir os compromissos que assumiram no âmbito externo.

No **Brasil**, o Direito das Gentes também se aplica internamente: com efeito, quando entram em vigor, **os tratados são incorporados ao Direito interno por meio de decreto do Presidente da República**.

Com isso, as normas internacionais passam a fazer parte do ordenamento interno e é possível, portanto, que entrem em conflito com as normas de Direito nacional no caso concreto.

Para o Direito Internacional, as **normas internacionais** devem ser **cumpridas de boa-fé** pelos Estados que aceitaram cumpri-las, **não se justificando seu descumprimento com base em sua incompatibilidade com o Direito interno** (Convenção de Viena sobre o Direito dos Tratados de 1969, arts. 27 e 46).

Na prática, porém, a definição acerca da relação entre os preceitos de Direito Internacional e de Direito nacional geralmente é feita pelos Estados, os quais nem sempre atribuem prevalência às normas internacionais em caso de conflito.

O assunto é objeto de polêmica. A respeito, há duas **teorias clássicas** acerca do tema dos conflitos entre o Direito Internacional e o interno: **dualismo e monismo,** cada um dos quais com suas respectivas vertentes, como vemos a seguir:

Teoria	Vertentes
Dualismo	Dualismo radical
	Dualismo moderado
Monismo	Monismo internacionalista (monismo com primazia do Direito Internacional). Modalidades: radical e moderado.
	Monismo nacionalista (monismo com primazia do Direito interno)

Na atualidade, há também teorias que excluem as noções de dualismo e de monismo. Por exemplo, o **Direito Internacional dos Direitos Humanos** orienta-se não por essas teorias, mas pelo princípio da **primazia da norma mais favorável ao indivíduo/vítima**.

5.1. Dualismo

Para o Dualismo, o **Direito Internacional e o Direito interno** são dois **ordenamentos distintos** e totalmente **independentes entre si**, cujas normas **não poderiam entrar em conflito** umas com as outras.

Ainda para o dualismo, o Direito Internacional dirige apenas a convivência entre os Estados, ao passo que o Direito interno disciplina as relações entre os indivíduos e entre estes e o ente estatal. Dessa forma, os tratados não poderiam gerar efeitos no interior dos Estados.

No dualismo, haveria, porém, uma possibilidade de o tratado ser aplicado dentro do Estado. Entretanto, isso só ocorreria se a norma internacional fosse incorporada ao Direito interno, como reza a "teoria da incorporação", ou da "transformação de mediatização", de Paul Laband.

A partir da possibilidade de incorporação do tratado ao ordenamento interno, surgem duas modalidades de dualismo, dentro dos seguintes termos:

- Dualismo radical (dualismo propriamente dito): o teor dos tratados teria de fazer parte de uma lei interna. O conflito, aliás, seria entre normas internas.
- Dualismo moderado: não é necessário que o conteúdo das normas internacionais seja inserido em um projeto de lei interna para ser incorporado à ordem jurídica nacional. No caso, basta apenas a incorporação do tratado por meio de procedimento específico para tal, posterior à ratificação do acordo internacional.

5.2. Monismo

Já para o **monismo**, existe **apenas uma ordem jurídica**, com normas internacionais e internas, interdependentes e que podem gerar conflito entre si.

Entretanto, ainda prevalece uma dúvida: qual a norma que deve prevalecer em caso de conflito, a internacional ou a interna? A questão é respondida a partir da afirmação de duas modalidades de monismo:

- Monismo internacionalista: deve prevalecer a norma internacional.
- Monismo nacionalista: deve prevalecer a norma interna.
- O monismo internacionalista envolve, ainda, duas vertentes:
- Monismo internacionalista radical (Kelsen): uma norma nacional que contrariasse uma norma internacional deveria ser declarada inválida
- Monismo internacionalista moderado (Alfred von Verdross): a norma interna cujo teor contrarie norma internacional não perde a validade: é apenas derrogada no caso concreto.

Quadros: dualismo e monismo

Quadro 1. Dualismo e monismo

Dualismo	Monismo
Duas ordens jurídicas, distintas e independentes entre si	Uma só ordem jurídica
Uma ordem jurídica internacional e uma ordem jurídica interna	Uma ordem jurídica apenas, com normas internacionais e internas
Conflito entre Direito Internacional e Interno: impossibilidade	Conflito entre Direito Internacional e Interno: possibilidade
Necessário diploma legal interno que incorpore o conteúdo da norma internacional: teoria da incorporação	Não há necessidade de diploma legal interno

Quadro 2. Dualismo radical e dualismo moderado

Dualismo radical	Dualismo moderado
Necessidade de que o conteúdo dos tratados seja incorporado ao ordenamento interno por lei interna	Necessidade apenas de procedimento especial de incorporação, posterior à ratificação

Quadro 3. Monismo internacionalista e monismo nacionalista

Monismo internacionalista	Monismo nacionalista
Primazia do Direito Internacional	Primazia do Direito interno
Primado hierárquico das normas internacionais e invalidade das normas internas contrárias	Primado hierárquico das normas internas, com inaplicabilidade das normas internacionais contrárias.
Teoria adotada pelo próprio Direito Internacional	Teoria ainda praticada pelos Estados

Quadro 4. Monismo internacionalista radical e monismo internacionalista moderado

Monismo internacionalista radical	Monismo internacionalista moderado
Tratado prevalece sobre todo o Direito interno, inclusive o Constitucional	Tratado prevalece, com mitigações: o Direito interno é derrogado em caso de conflito com normas internacionais e pode, de resto, ser aplicado
Norma interna em oposição à internacional pode ser declarada inválida	Norma interna pode não ser declarada inválida e ser aplicada, sendo o Estado responsabilizado internacionalmente em caso de violação de tratado

Fontes do Direito Internacional Público

1. FONTES: CONCEITO E INFORMAÇÕES GERAIS

As fontes do Direito Internacional são os **fatos e as ideias** que ensejam o aparecimento da norma internacional e os **modos pelos quais esta se manifesta**.

As fontes do Direito Internacional dividem-se, inicialmente, em **fontes materiais** e **fontes formais**.

Fontes materiais	Fontes formais
Elementos (fatos e ideias) que levam ao aparecimento das normas jurídicas e que influenciam seu conteúdo.	Formas de expressão da norma internacional.

Neste livro, estudaremos apenas as fontes formais, visto que o exame das fontes materiais é deveras vasto e não cabe no escopo desta obra.

Parte do rol de fontes formais do Direito Internacional encontra-se insculpida no **artigo 38 do Estatuto da Corte Internacional de Justiça (CIJ).** Outra parte, porém, é **fruto da dinâmica das relações internacionais**, que criou outras fontes.

> **▸ Atenção:**
>
> Com isso, o rol das fontes do Estatuto da CIJ não é exaustivo/taxativo. Ou seja: não esgota o conjunto de fontes do Direito das Gentes.

Tema controverso é o da hierarquia das fontes. Com efeito, há quem considere não haver hierarquia, e há quem atribuía primazia aos tratados. Em todo caso, porém, é importante lembrar que **a ordem em que as fontes do Direito Internacional são listadas no artigo 38 do Estatuto da CIJ não determina a hierarquia entre elas**.

As fontes formais podem ser classificadas das seguintes maneiras:

Quanto ao papel na aplicação do Direito a um caso concreto	**Principais:** revelam qual o Direito aplicável a uma relação jurídica
	Acessórias/auxiliares: apenas contribuem para elucidar o conteúdo de uma norma. Para o Estatuto da CIJ, são somente duas: a jurisprudência e a doutrina
Quanto à existência de acordo entre os sujeitos de Direito Internacional	**Convencionais:** com acordo
	Não convencionais: fruto de processos sociais, políticos ou jurídicos que não envolvem o acordo dos sujeitos de Direito das Gentes
Quanto à presença no Estatuto da Corte Internacional de Justiça (CIJ)	**Estatutárias:** consagradas no artigo 38 do Estatuto da CIJ
	Extraestatutárias: criadas por meios diversos e não listadas no Estatuto da CIJ

2. FONTES ESTATUTÁRIAS – FONTES DO ARTIGO 38 DO ESTATUTO DA CORTE INTERNACIONAL DE JUSTIÇA (CIJ)

O inteiro teor do artigo 38 do Estatuto da Corte Internacional de Justiça (CIJ) é o seguinte:

1) A Corte, cuja função é decidir de acordo com o direito internacional as controvérsias que lhe forem submetidas, aplicará:

   a) as **convenções internacionais**, quer gerais, quer especiais, que estabeleçam regras expressamente reconhecidas pelos Estados litigantes;

   b) o **costume internacional**, como prova de uma prática geral aceita como sendo o direito;

   c) os **princípios gerais de direito**, reconhecidos pelas nações civilizadas;

   d) sob ressalva da disposição do Artigo 59, as **decisões judiciárias** e a **doutrina** dos juristas mais qualificados das diferentes nações, como meio auxiliar para a determinação das regras de direito.

2) **A presente disposição não prejudicará a faculdade da Corte de decidir uma questão *ex aequo et bono*, se as partes com isto concordarem.**

> **Observação:**
>
> O artigo 59 do Estatuto da CIJ, citado no artigo 38, determina que "**A decisão da Corte só será obrigatória para as partes litigantes e a respeito do caso em questão**".

2.1 Tratados

Designados no Estatuto da CIJ como "convenções", os **tratados** são **acordos escritos**, concluídos por **Estados e organizações internacionais**, com vistas a **regular** o tratamento de **temas de interesse comum**. São a fonte mais empregada no Direito Internacional e, por conta de todos os aspectos relevantes que seu estudo comporta, serão objeto do próximo capítulo.

2.2 Costume

O **costume** internacional é a **prática geral, uniforme e reiterada** dos sujeitos de Direito Internacional, reconhecida como **juridicamente exigível**.

A norma costumeira tem **dois elementos essenciais**, um de caráter **objetivo** e o outro, **subjetivo**:

Elemento objetivo – características	Elemento subjetivo – características
Conteúdo da norma costumeira (*inveterata consuetudo*): prática generalizada, reiterada, uniforme e constante de um ato	Convicção do direito ou da necessidade: convicção de que essa prática é juridicamente obrigatória (*opinio juris*, ou *opinio juris sive necessitatis*)

Cabe destacar que só haverá costume se os dois elementos estiverem presentes. Nesse sentido, a **mera** presença de um **elemento objetivo** configura simples **uso**.

Em vista da importância da vontade dentro do Direito Internacional, há polêmica quanto à necessidade de concordância ou não do Estado no tocante ao costume. Entretanto, devem ser observados dois pontos:

- Caso haja necessidade de **concordância**, esta pode ser **expressa ou tácita**.
- Em qualquer caso, existe a figura do "**objetor persistente**" (*persistent objector*), segundo a qual o Estado pode expressamente manifestar sua rejeição de determinado costume.
- Por fim, **a parte que invoca norma costumeira deve provar sua existência**.

O costume extingue-se pelo **desuso** (quando deixa de ser prática reiterada, generalizada e uniforme dentro de um lapso temporal ou quando se perca a convicção de sua obrigatoriedade) ou por **novo costume**.

2.3 As decisões judiciais e a doutrina

Para o Estatuto da CIJ, as **decisões judiciais e a doutrina** são **fontes auxiliares** de Direito Internacional. Nesse sentido, são um mero subsídio para a determinação das regras de Direito.

A jurisprudência internacional é o **conjunto de decisões reiteradas no mesmo sentido, em questões semelhantes**, que envolvam **conflitos relativos ao Direito Internacional,** proferidas por cortes e tribunais internacionais.

A propósito, **já há cortes e tribunais internacionais**, voltados a solucionar litígios com fundamento nas normas internacionais. Exemplos: Corte Internacional de Justiça (CIJ), Corte Interamericana de Direitos Humanos e Tribunal Penal Internacional (TPI).

Entretanto, a regra geral é a de que **os Estados não são automaticamente jurisdicionáveis perante tais cortes**. Nesse sentido, os Estados **devem pelo menos ser partes dos tratados** que regulam o funcionamento de tais tribunais e **aceitar a competência desses órgãos para julgá-los**.

A doutrina "dos juristas mais qualificados das diferentes nações" é o conjunto dos **estudos e ensinamentos** em Direito Internacional, constantes de textos, aulas etc. A doutrina tem o papel de contribuir para a interpretação e a aplicação da norma internacional, bem como para a formulação de novos princípios e regras jurídicas.

2.4 Princípios gerais do Direito

Os princípios gerais do Direito são as **normas** de **caráter mais genérico e abstrato** que incorporam os valores que fundamentam a maioria dos sistemas jurídicos mundiais, **orientando a elaboração, interpretação e aplicação de seus preceitos** e podendo ser **aplicadas diretamente às relações sociais**.

Mais precisamente, o Estatuto da CIJ refere-se aos "princípios gerais do Direito reconhecidos pelas nações civilizadas", expressão que atualmente alude àquelas **normas estáveis**, que incorporam **valores reconhecidos na maior parte dos diversos sistemas jurídicos existentes**.

São exemplos de princípios gerais do Direito válidos no Direito Internacional: o primado da proteção da dignidade da pessoa humana; o *pacta sund servanda*; a boa-fé; o devido processo legal; e a obrigação de reparação por parte de quem cause um dano.

Dentro do estudo dos princípios gerais do Direito é normal também incluir os princípios gerais do Direito Internacional Público, que são as normas que fundamentam todo o arcabouço normativo do Direito das Gentes. Exemplos:

prevalência dos direitos humanos nas relações internacionais, soberania nacional; não intervenção; igualdade jurídica entre os Estados; cooperação internacional e; e a solução pacífica das controvérsias internacionais.

2.5 Equidade

O Estatuto da CIJ determina que o rol de fontes de Direito Internacional que apresenta "**não prejudicará a faculdade da Corte de decidir uma questão *ex aequo et bono*, se as partes com isto concordarem**", referindo-se, assim, à equidade.

A equidade é a **aplicação de considerações de justiça** a uma relação jurídica **quando não existir norma que a regule** ou **quando o preceito não for eficaz** para solucionar, coerentemente e de maneira equânime, um conflito.

A equidade poderá ser usada pela CIJ no lugar das normas de Direito das Gentes caso estas não se adequem ao caso ou na ausência de norma de Direito Internacional. Entretanto, **poderá ser empregada apenas se as partes concordarem**.

Por fim, cabe lembrar que a equidade é objeto de polêmica: para parte da doutrina, é fonte; para outra parte, mecanismo de integração; para outros é, por fim, princípio geral do Direito.

3. FONTES EXTRAESTATUTÁRIAS

Como afirmamos anteriormente, **nem todas as fontes do Direito das Gentes constam do Estatuto da CIJ**. Tais fontes são as seguintes:

Atos unilaterais dos Estados	Atos/decisões das organizações internacionais
Jus cogens	*Soft law*

Os **atos unilaterais dos Estados** são os atos **praticados unilateralmente** pelos entes estatais que **geram efeitos jurídicos** no cenário internacional, **independentemente da vontade de outros sujeitos de Direito das Gentes**.

Os atos unilaterais dos Estados **exigem unicamente a manifestação de um ente estatal** para se aperfeiçoarem e gerarem consequências jurídicas. Não dependem, portanto, da aceitação de outros sujeitos de Direito Internacional

São exemplos de modalidades de atos unilaterais dos Estados: protesto, notificação, denúncia, renúncia, reconhecimento de Estado e de governo, promessa e ruptura das relações diplomáticas

Os **atos/decisões das organizações internacionais** são atos praticados pelos organismos internacionais no exercício de seus fins e que **geram efeitos jurídicos** nas relações internacionais.

Fundamentalmente, as organizações internacionais podem praticar os mesmos tipos de atos dos Estados. Entretanto, o **ato típico** do organismo internacional é a **resolução**, também conhecida como **"recomendação"**, que **pode ou não ter caráter vinculante**, dependendo do que determine a respeito o ato constitutivo da entidade ou o seu teor.

O *jus cogens* é a "**norma aceita e reconhecida pela comunidade internacional dos Estados como um todo como norma da qual nenhuma derrogação é permitida e que só pode ser modificada por norma ulterior de Direito Internacional geral da mesma natureza**" (Convenção de Viena sobre o Direito dos Tratados, de 1969, art. 53). Também é conhecida como "**norma imperativa de Direito Internacional geral**".

A norma de *jus cogens* é um preceito que tem **importância maior** para a convivência internacional e que, portanto, deve ser obedecida por todos os Estados, **não podendo tampouco ser contrariada pelos tratados**, anteriores ou supervenientes.

Entretanto, o *jus cogens* ainda não pode ser considerado um conjunto de normas constitucionais, nos mesmos moldes do que existe no Direito interno, visto que ainda **não é certo afirmar que existe uma Constituição internacional e um poder constituinte habilitado a elaborá-la**.

O rol das normas de *jus cogens* não se encontra em nenhum tratado e é definido dentro de processos históricos, políticos e sociais. Em todo caso, dentre as normas de *jus cogens* reconhecidas se encontram aquelas voltadas a tutelar os **direitos humanos**, a proteção do **meio ambiente**, **a paz e a segurança** internacionais e a **proscrição de armas de destruição em massa**, bem, como as normas de **Direito de Guerra e de Direito Humanitário**.

Atenção:

É nulo um tratado que, no momento de sua conclusão, conflite com uma norma imperativa de Direito Internacional geral. Ao mesmo tempo, se sobrevier uma nova norma imperativa de Direito Internacional geral, qualquer tratado existente que estiver em conflito com essa norma torna-se nulo e extingue-se

Por fim, o *soft law* é um conjunto de regras que **não seriam juridicamente obrigatórias** ou que **teriam pouco valor vinculante**, mas que, pela **maior ATENÇÃO aos aspectos técnicos** das questões reguladas e pela **maior facilidade de elaboração** em relação aos processos legislativos tradicionais, **acabam efetivamente orientando condutas na vida social**.

As normas de *soft law* podem ser elaboradas em vários Âmbitos, dentre os quais se destacam os organismos internacionais, as câmaras de comércio, associações e os próprios Estados.

Dentre os exemplos de modalidades de documentos que contêm preceitos de *soft Law* incluímos:

• Acordos de cavaleiros (*gentlemen´s agreements*)	• Atas de reuniões internacionais
• Acordos não vinculantes (*non binding agreements*)	• Códigos de conduta
• Comunicados conjuntos	• Leis-modelo
• Declarações conjuntas	• Declarações e recomendações de organizações internacionais
• Regras de boa governança	• Padrões mínimos (*standards*)

Fontes do Direito Internacional Público – Tratados

1. INTRODUÇÃO

A Convenção de Viena sobre o Direito dos Tratados, de 1969, define tratado como "um **acordo internacional** concluído **por escrito entre Estados** e **regido pelo Direito Internacional**, quer conste de um **instrumento único**, quer de **dois ou mais instrumentos conexos**, **qualquer que seja sua denominação específica**".

Entretanto, a Convenção de Viena de 1969 não considerou expressamente o fato de que, na prática, **as organizações internacionais e outros sujeitos de Direito das Gentes também podem celebrar tratados**.

Com isso, e a bem da precisão, podemos concluir que o tratado é um **acordo escrito**, firmado por **Estados, organizações internacionais e alguns outros sujeitos de Direito Internacional**, dentro dos **parâmetros estabelecidos pelo Direito das Gentes**, com o objetivo de gerar efeitos jurídicos no tocante a temas de interesse comum.

Os elementos relevantes para a compreensão do conceito de tratado são os seguintes:

Elemento	Informações pertinentes
Os tratados são acordos	São criados pela convergência de vontades dos atores competentes para celebrá-los e são, portanto, fontes convencionais
Os tratados adotam a forma escrita	Opõem-se ao costume, fonte não escrita
Os tratados podem ser celebrados apenas por certos sujeitos de Direito das Gentes	Tais sujeitos são o Estado, as organizações internacionais, a Santa Sé e, em certos casos, os beligerantes e os insurgentes.
Os tratados são regidos pelo Direito Internacional Público	Devem obedecer aos procedimentos e exigências fixados nas normas de Direito das Gentes e não podem violar o *jus cogens*

Elemento	Informações pertinentes
Os tratados podem constar de um ou mais instrumentos.	Suas normas podem estar em mais de um documento
Os tratados são considerados como tais qualquer que seja sua denominação específica	Os tratados podem adotar várias denominações (acordo, convenção etc.) sem que isso os descaracterize
Os tratados visam a gerar efeitos jurídicos em áreas de interesse comum	As normas dos tratados não são meras regras de cortesia: são obrigatórias

A elaboração e a aplicação dos tratados são reguladas por um tratado específico, a **Convenção de Viena sobre o Direito dos Tratados, de 1969** (ratificado pelo Brasil em 2009). Há também a Convenção de Viena sobre o Direito dos Tratados entre Estados e Organizações Internacionais ou entre Organizações Internacionais, que foi assinada em 1986, mas que ainda não entrou em vigor.

2. TERMINOLOGIA

A doutrina elenca uma série de espécies de tratados, cada uma com denominação específica, adequada a um tipo de situação que ocorra nas relações internacionais.

O emprego das denominações referentes aos tratados é indiscriminado. Entretanto, **tal fato não influencia o caráter jurídico do acordo**, nos termos da própria Convenção de Viena de 1969, que determina que **os tratados são vinculantes "qualquer que seja sua denominação específica"**.

A seguir, apresentamos uma lista não exaustiva dos tipos de tratados existentes:

• Tratado	• Ajuste complementar	• Declaração
• Convenção	• Carta	• Concordata
• Acordo	• Estatuto	• Acordo por troca de notas
• Pacto	• Memorando de entendimento	• *Modus vivendi*
• Protocolo	• Convênio	• Ato internacional (sinônimo de tratado)

3. CLASSIFICAÇÃO

A doutrina indica algumas formas de classificar os tratados, apontadas no quadro abaixo:

Modalidade de classificação	Tipos
Quanto ao número de partes	• Bilaterais: duas partes • Multilaterais: três ou mais partes
Quanto ao procedimento de conclusão	• Forma solene: procedimento de elaboração mais complexo, com várias fases • Forma simplificada (acordos executivos/*executive agreements*): procedimento de elaboração mais célere, que normalmente termina com a assinatura
Quanto à execução	• Transitórios: criam situações que perduram no tempo, mas cuja realização é imediata. Ex.: acordos que estabelecem as fronteiras entre Estados • Permanentes: sua execução se consuma durante o período em que estão em vigor. Ex.: tratados de direitos humanos, que protegem a dignidade humana enquanto permanecerem no ordenamento jurídico
Quanto à natureza das normas	• Tratados-contrato: visam a conciliar interesses divergentes entre as partes, criando regras baseadas em prestações, concessões e contrapartidas • Tratados-lei: estabelecem normas gerais de Direito Internacional, para criar um tratamento comum e uniforme acerca de certo tema
Quanto aos efeitos	• Restritos às partes: consequências limitadas aos signatários • Alcançando terceiros: efeitos incidem sobre sujeitos que não participaram de seu processo de conclusão
Quanto à possibilidade de adesão	• Abertos: permitem que novos Estados passem a ser partes • Fechados: não permitem que novos Estados sejam partes

Cabe ressaltar, acerca do procedimento de conclusão dos tratados, que **os atos internacionais em forma solene são a regra**, ao passo que **os acordos executivos são excepcionais**.

4. CONDIÇÕES DE VALIDADE

Um tratado pode existir e gerar efeitos jurídicos apenas quando observadas as condições abaixo:

• Capacidade das partes	• Habilitação dos agentes
• Objeto lícito e possível	• Consentimento regular

A **capacidade das partes** refere-se aos **entes que podem celebrar tratados** que são apenas os **Estados**, os **organismos internacionais** e a **Santa Sé.** Também podem celebrar tratados os **beligerantes** (com Estados neutros) e os **insurgentes** (dependendo dos termos do reconhecimento de insurgência).

Normalmente, **unidades subnacionais**, como Estados da federação e municípios, **não podem celebrar tratados**. Excepcionalmente, porém, os Estados de que fazem parte podem autorizá-las a concluir tratados, o que, em todo caso, não é a regra na prática internacional.

A **habilitação dos agentes** diz respeito aos **funcionários que podem praticar, em nome do sujeito de Direito das Gentes, atos ligados à celebração dos tratados**. Para a Convenção de Viena de 1969 (art. 7), esses agentes nos Estados são os seguintes:

- o Chefe de Estado, o Chefe de Governo e o Ministro das Relações Exteriores, para todos os atos relativos à conclusão de um tratado;
- os Chefes de missão diplomática (Embaixadores), para a adoção do texto de um tratado entre o Estado acreditante e o Estado junto ao qual estão acreditados;
- os Chefes de missões permanentes junto a organismos internacionais, para a adoção do texto de um tratado entre o Estado que representa e essa organização;
- os representantes acreditados pelos Estados perante uma conferência ou organização internacional ou um de seus órgãos, para a adoção do texto de um tratado em tal conferência, organização ou órgão.
- qualquer pessoa capaz para a assinatura de um tratado, desde que conte com plenos poderes, conferidos pelo próprio Estado para tal, por meio da chamada "Carta de Plenos Poderes".

Um **ato** do processo de elaboração de um tratado **praticado por pessoa que não é representante de um Estado** para esse fim **não produz efeitos jurídicos**, a não ser que seja confirmado, posteriormente, por esse Estado.

Na prática, Estados como o Brasil conferem poderes para todos os atos relativos à conclusão de um tratado apenas ao Chefe de Estado.

Nesse sentido, **a autoridade competente para celebrar tratados em nome do Brasil** é o **Presidente** da República, a quem cabe, privativamente, "manter relações com Estados estrangeiros e acreditar seus representantes diplomáticos" e "celebrar tratados, convenções e atos internacionais, sujeitos a referendo do Congresso Nacional" (CF, art. 84, VII e VIII). Entretanto, as autoridades mencionadas pelo artigo 7 da Convenção de Viena de 1969 (inclusive o Presidente da República) também podem representar o Brasil na negociação e na assinatura de atos internacionais.

Os demais sujeitos de Direito Internacional definem os agentes competentes para celebrar tratados em seus instrumentos.

O **objeto do tratado** deve ser **lícito e possível**. Nesse sentido, as normas dos tratados **não podem, por exemplo, violar o *jus cogens*.**

Por fim, **o tratado não pode ser celebrado sob o efeito de vícios do consentimento**, como o erro, o dolo, a coação e a corrupção do representante estatal.

5. ETAPAS DO PROCESSO DE ELABORAÇÃO DOS TRATADOS

Examinamos, a seguir, as etapas da elaboração de um tratado, levando em consideração os acordos celebrados em forma solene, que são a regra na convivência internacional. Cabe destacar que **o correto trâmite desse processo condiciona a validade do ato internacional**, o qual só gerará efeitos para o ente que completar todas as fases de sua preparação.

As etapas de elaboração dos tratados são, sucessivamente, as seguintes:

1) Negociação
2) Assinatura
3) Ratificação
4) Entrada em vigor no âmbito internacional
5) Entrada em vigor no âmbito interno (para os Estados que incorporam o ato internacional ao ordenamento nacional)
6) Registro (polêmico)

5.1 Negociação

A negociação é a fase de **discussão e elaboração do texto** do tratado, levada a cabo entre os sujeitos de Direito Internacional capazes de concluir um ato internacional.

A competência para a negociação repousa nas seguintes autoridades:

NO DIREITO INTERNACIONAL	NO BRASIL
Autoridades competentes para concluir os tratados (Convenção de Viena de 1969, art. 7)	• Do ponto de vista orgânico: União (CF, art. 21, I) • Do ponto de vista das autoridades competentes: Presidente da República (CF, art. 84, VII e VIII) e Ministro das Relações Exteriores

5.2 Assinatura

A assinatura é o ato pelo qual os negociadores, ao chegarem a um acordo sobre os termos do tratado:

Encerram as negociações	Expressam sua concordância com o teor do ato internacional
Adotam e autenticam seu texto, fechando-o	Encaminham o acordo para etapas posteriores da formação do ato internacional

Podem assinar o tratado todos os agentes estatais indicados na Convenção de Viena de 1969 (art. 7).

> ▸ **Atenção!**
> A assinatura não confere ao tratado o poder de gerar efeitos jurídicos imediatos, não obrigando ainda, portanto, a que as partes observem desde logo as normas do ato internacional. A exigibilidade de um tratado dependerá, portanto, de atos posteriores.

Em todo caso, a assinatura já gera alguns efeitos, que são os seguintes:

- enquanto o tratado não entrar em vigor, a assinatura obriga os signatários a não atuarem de modo a comprometer seu objeto;
- a assinatura impede que o texto do acordo seja alterado unilateralmente, embora não impeça a propositura de reservas;
- aplicam-se, desde a assinatura, as disposições relativas ao processo de elaboração do tratado e às reservas;

Na falta da assinatura, a Convenção de Viena de 1969 (art. 10) admite sua substituição pela **rubrica** dos negociadores, se acordado pelas partes, ou pela **assinatura *ad referendum*** do Chefe de Estado ou de outra autoridade competente para tal.

O acordo executivo fica pronto para entrar em vigor com a assinatura.

5.3 Ratificação

A ratificação é o ato pelo qual o Estado **confirma seu interesse em concluir um tratado previamente assinado** e seu consentimento em se obrigar a cumprir suas normas.

A ratificação é a **aceitação definitiva do acordo** e estabelece, no âmbito internacional, a **anuência do Estado em vincular-se a um compromisso internacional**. Entretanto, não necessariamente implica que o Estado tenha de cumprir o tratado imediatamente, visto que a entrada em vigor do ato internacional ainda depende de outras ratificações e/ou do fim do lapso temporal a partir do qual o tratado pode começar a ser cumprido.

A maior parte dos entes estatais confere o **poder de ratificar tratados** ao respectivo **Chefe de Estado**. A ratificação é **ato discricionário**, normalmente **condicionado à autorização parlamentar prévia**.

No **Brasil**, a ratificação é **ato privativo do Presidente da República**, competente para "manter relações com Estados estrangeiros e acreditar seus representantes diplomáticos" e para "celebrar tratados, convenções e atos internacionais, sujeitos a referendo do Congresso Nacional" (CF, art. 84, VII e VIII), **sujeito à autorização do Congresso**, ao qual compete "resolver definitivamente sobre tratados, acordos ou atos internacionais que acarretem encargos ou compromissos gravosos ao patrimônio nacional" (CF, art. 49, I).

▸ **Atenção!**

- A leitura do artigo 49, I, da Constituição Federal pode induzir a ideia de que a ratificação passou a ser competência do Congresso. Entretanto, à luz do artigo 84, VII e VIII, da Carta Magna, a ratificação continua prerrogativa do Presidente da República, a qual depende, porém, da anuência prévia do Congresso Nacional.
- A redação do artigo 84, VIII, pode levar a crer que a manifestação do Congresso no bojo do processo de elaboração de um tratado é posterior à ratificação, quando na realidade é anterior à ratificação, mas posterior à assinatura do ato internacional.

Quadro 1. Resumo: participação do Presidente da República e do Congresso Nacional na ratificação

Possibilidade 1:	Possibilidade 2:
Se o Congresso não autoriza a ratificação ↓ Presidente não pode ratificar	Se o Congresso autoriza a ratificação ↓ Presidente pode ou não ratificar

5.4 Entrada em vigor no âmbito internacional

Um tratado entra em vigor na **forma e na data previstas no tratado ou conforme for acordado** pelos Estados negociadores (Convenção de Viena, art. 24, §§ 1º e 2º).

Em geral, as condições pelas quais um tratado fica pronto para entrar em vigor no âmbito internacional variam entre os tratados bilaterais e os multilaterais.

Nos atos **bilaterais, ambos os Estados deverão ratificar o tratado**. A partir daí, são duas as possibilidades:

1) notificação da ratificação: quando os dois Estados informam um ao outro das respectivas ratificações, o tratado está pronto para entrar em vigor;
2) troca dos instrumentos de ratificação: quando representantes dos dois Estados trocam, em momento solene, documentos comprobatórios das respectivas ratificações, o tratado está pronto para entrar em vigor;

Nos multilaterais, não é, na maioria dos casos, necessário que todos os signatários ratifiquem o tratado. Nesse sentido, os passos são os seguintes:

1) É criada a figura do depositário, que é o Estado ou organização internacional (que não precisa ser parte no tratado) que receberá e guardará os instrumentos de ratificação dos Estados;
2) Deve haver um número mínimo de ratificações, indicado no próprio acordo, para que o tratado fique pronto para entrar em vigor. Alcançado esse número, o tratado fica apto a gerar efeitos jurídicos, mas apenas para as partes que já o ratificaram, passando a valer para as demais apenas na medida em que estas o ratifiquem.

Atenção!

Cabe acrescentar que a ratificação de um tratado multilateral não gerará efeitos para a parte que o ratifique antes que seja atingido o número mínimo de ratificações exigido.

Quadro 1. Entrada em vigor de um tratado multilateral para uma parte

Possibilidade 1:	Possibilidade 2:	Possibilidade 3:	Possibilidade 4:
se a parte não tiver ratificado o tratado e o número mínimo de ratificações não tiver sido atingido ↓ tratado não está pronto para entrar em vigor para a parte	se a parte tiver ratificado o tratado e o número mínimo de ratificações não tiver sido atingido ↓ tratado não está pronto para entrar em vigor para a parte	se a parte não tiver ratificado o tratado e o número mínimo de ratificações tiver sido atingido ↓ tratado não está pronto para entrar em vigor para a parte	se a parte tiver ratificado o tratado e o número mínimo de ratificações tiver sido atingido ↓ tratado está pronto para entrar em vigor para a parte

Uma vez que o tratado esteja pronto para gerar efeitos jurídicos, poderá entrar em vigor imediatamente (**vigência contemporânea**) ou algum tempo depois (**vigência diferida**), conforme fixado no próprio texto do ato internacional.

5.5 Registro

Parte da doutrina defende que o tratado entra em vigor apenas após seu registro na Organização das Nações Unidas (ONU) e publicação pelo Secretário-Geral da ONU.

No entanto, o **único efeito do registro** é **permitir que o tratado possa ser invocado perante os órgãos das Nações Unidas**.

> ▸ **Nota!**
> Os tratados não requerem aprovação das Nações Unidas para entrar em vigor.

6. INCORPORAÇÃO AO ORDENAMENTO JURÍDICO BRASILEIRO

No Direito brasileiro, os tratados são incorporados ao ordenamento interno, por meio de um processo relacionado ao trâmite de elaboração do acordo nas relações internacionais, mas cujo desfecho depende da entrada em vigor do tratado no âmbito internacional.

O processo inclui, sucessivamente, os seguintes atos:

Ato	Autoridade(s) competente(s)	Informações relevantes
1. Exposição de motivos	Do Ministro das Relações Exteriores para o Presidente da República	Ato pelo qual são apresentadas as razões para a celebração de um tratado e é pedida a sua ratificação
2. Mensagem ao Congresso	Do Presidente da República para o Congresso	Ato pelo qual o Presidente envia o tratado ao Congresso, para que este o examine e autorize ou não a ratificação
3. Apreciação congressual	Parlamentares	• Os tratados são aprovados em um turno de votação, pelo voto favorável da maioria absoluta dos parlamentares, presente a maioria absoluta de seus membros • Tratados de direitos humanos poderão ser aprovados nos termos da CF, art. 5º, § 3º
4. Decreto legislativo	Presidente do Senado	• Ato pelo qual é materializada a aprovação do tratado para fins de ratificação • Não é o ato pelo qual o tratado é incorporado ao ordenamento interno
5. Decreto presidencial	Presidente da República	• Ato pelo qual o tratado é promulgado e publicado • É o ato pelo qual o tratado é incorporado ao ordenamento interno

7. EFEITOS DOS TRATADOS

No tocante ao início da aplicabilidade do tratado no universo jurídico, a vigência do tratado pode ser "**contemporânea**" (o tratado entra em vigor imediatamente após estar pronto para gerar efeitos jurídicos) ou "**diferida**" (o tratado entra em vigor algum tempo depois de estar pronto para gerar efeitos jurídicos).

No tocante à **duração**, os tratados podem existir por **prazo indeterminado** (sem um momento pré-determinado para o fim do compromisso) **ou determinado** (por um lapso temporal pré-definido, por exemplo).

Os tratados aplicam-se de acordo com o **princípio da irretroatividade** de suas normas, salvo determinação em contrário, acordada entre as partes.

Por fim, **os tratados aplicam-se somente aos signatários**, aplicando-se a terceiros apenas muito excepcionalmente, e com o consentimento destes.

8. INTERPRETAÇÃO

A interpretação dos tratados é expressamente regulada pela Convenção de Viena de 1969 (arts. 31-33).

Fundamentalmente, a interpretação dos atos internacionais guia-se pelo seguinte:

Principal critério: boa fé
Orientação pelo sentido comum atribuível aos termos do acordo em seu contexto e à luz do objetivo que foi buscado pelos signatários
Pode levar em conta outros tratados e demais regras do Direito Internacional, a prática dos signatários, circunstâncias de conclusão do acordo, trabalhos preparatórios etc.

Quando o tratado tiver versões em mais de uma língua, a Convenção de Viena de 1969 estabelece que todas as versões autênticas do ato têm fé e são iguais entre si. Uma das versões poderá prevalecer para fins de interpretação, caso as partes assim o decidam. Por fim, quando não houver previsão de que prevaleça uma determinada versão, e quando a comparação dos textos autênticos revele uma diferença de sentido, adotar-se-á o significado que, tendo em conta o objeto e a finalidade do tratado, melhor conciliar os textos.

9. ADESÃO

A adesão é o ato pelo qual **um Estado passa a fazer parte de um tratado já em vigor**. É regulada pelo texto do tratado e **só é permitida nos tratados abertos,**

restando vedada nos fechados. Cabe destacar que o Estado que adere não está dispensado de ratificar o tratado ao qual pretende aderir.

10. EMENDA

A emenda é o ato pelo qual **o texto de um tratado em vigor é alterado.** É regulada dentro do próprio texto do tratado.

No Brasil, a emenda que gere compromissos gravosos para o Estado brasileiro deve ser submetida ao Congresso Nacional (CF, art. 49, I).

11. RESERVAS

A reserva é "uma **declaração unilateral**, qualquer que seja a sua redação ou denominação, **feita por um Estado ao assinar, ratificar, aceitar ou aprovar um tratado, ou a ele aderir**, com o objetivo de **excluir ou modificar o efeito jurídico de certas disposições do tratado em sua aplicação a esse Estado**" (Convenção de Viena de 1969, art. 2, § 1º, "d").

A reserva é, portanto, um meio pela qual um sujeito de Direito Internacional pode fazer parte de um tratado, sem se comprometer com todas as suas cláusulas ou estabelecendo como entende que certas cláusulas devam valer para si. Com isso, podemos identificar dois tipos de reservas:

Reserva exclusiva:	Reserva interpretativa
Exclui para a parte os efeitos de certas cláusulas do tratado	A parte estatui explicitamente como esses dispositivos devem aplicar-se a seu respeito

A reserva é **unilateral.** Entretanto, a Convenção de Viena admite algumas exceções a essa norma (art. 20).

Nem todos os tratados permitem reservas, e outros não permitem reservas sobre alguns dispositivos indicados em seu texto. Em qualquer caso, a reserva **não poderá ser feita se for proibida pelo tratado ou incompatível a finalidade e objeto do instrumento** (Convenção de Viena, art. 21).

> **Atenção!**
>
> A reserva não modifica as disposições do tratado quanto às demais partes no compromisso em suas relações entre si. Entretanto, a reserva regula as relações entre a parte que a formulou e outros signatários.

12. EXTINÇÃO E SUSPENSÃO E DOS TRATADOS

A extinção do tratado é o desaparecimento do acordo do ordenamento jurídico.

O Direito Internacional prevê várias modalidades de extinção dos atos internacionais, que podem estar também consagradas dentro dos próprios tratados e que são as seguintes:

• Denúncia e retirada	• Permanência de um número de partes inferior ao mínimo estabelecido (em determinados tratados multilaterais)
• Vontade comum das partes	• Fim da vigência do tratado por prazo fixo, com condição resolutiva ou com objetivo que tenha sido atingido
• Alteração fundamental das circunstâncias (incluindo guerra).	• Substituição por outro tratado e desuso (caducidade)
• Violação substancial	• Violação do *jus cogens*
• Impossibilidade de cumprimento (perda do objeto)	• Rompimento das relações diplomáticas: só na medida em que a existência dessas relações for indispensável à aplicação do ato

12.1 A denúncia

A denúncia é o **ato unilateral** pelo qual uma parte em um tratado anuncia sua intenção de se **desvincular de um acordo internacional** e, em seguida, **encerra seu compromisso com o tratado denunciado**.

A denúncia **deve obedecer aos termos estabelecidos no tratado**. Em qualquer caso, é ato que produz **efeitos *ex nunc***, não excluindo as obrigações estatais relativas a atos ou omissões ocorridos antes da data em que venha a produzir efeitos. Ademais, era, no passado, ato do Chefe de Estado, que prescindia de autorização congressual prévia, a qual já é, porém, exigida em alguns países.

A denúncia é **ato discricionário** e, no Brasil, **também é ato do Chefe de Estado** (CF, art. 84, VII), que, pelo menos **por enquanto, prescinde de autorização do Congresso Nacional**.

Entretanto, existe uma possibilidade, que segue a tendência internacional, de que passe a ser exigida a autorização congressual prévia ou o referendo posterior do Congresso, para que o Presidente da República possa proceder à denúncia de um tratado (STF. ADI 1625. Informativo 549, Brasília, 1º a 5 de junho de 2009).

13. CONFLITO ENTRE O DIREITO INTERNACIONAL E O DIREITO INTERNO E HIERARQUIA DOS TRATADOS NO ORDENAMENTO JURÍDICO BRASILEIRO

A incorporação dos tratados ao ordenamento interno abre a evidente possibilidade de que os acordos internacionais entrem em conflito com normas do Direito nacional.

A solução desses conflitos não é uniforme para todos os tipos de tratados e será determinada pela hierarquia que esses instrumentos possuem dentro da ordem jurídica pátria, bem como por outras regras, que examinaremos a seguir.

13.1 Tratados de direitos humanos

Caso o **tratado de direitos humanos** tenha sido **aprovado** pelo Congresso Nacional de acordo com o **procedimento estabelecido no artigo 5º, § 3º, da Constituição** Federal, será **equivalente a uma emenda constitucional**.

O dispositivo citado acima, **introduzido pela EC 45 (2004)**, determina literalmente que "Os **tratados** e convenções internacionais sobre **direitos humanos** que forem **aprovados, em cada Casa do Congresso Nacional, em dois turnos**, por **três quintos dos votos dos respectivos membros**, serão **equivalentes às emendas constitucionais**".

Caso o **tratado de direitos humanos não tenha sido aprovado nesses termos**, será **supralegal**, sendo, portanto, superior hierarquicamente às leis e inferior apenas às normas constitucionais (STF. HC 90.172).

Cabe destacar que há um entendimento doutrinário, por enquanto minoritário na jurisprudência, de que os tratados de direitos humanos são materialmente constitucionais (STF. Voto do Ministro Celso de Mello no HC 87.585).

Em qualquer hipótese, **foi abandonado o entendimento de que os tratados de direitos humanos seriam equivalentes às leis ordinárias**.

Atualmente, há três tratados de direitos humanos que são equivalentes às emendas constitucionais: a **Convenção Internacional sobre os Direitos das Pessoas com Deficiência (Convenção de Nova Iorque)**, o **Protocolo Facultativo à Convenção Internacional sobre os Direitos das Pessoas com Deficiência (Protocolo Facultativo à Convenção de Nova Iorque)** e o **Tratado de Marraqueche para Facilitar o Acesso a Obras Publicadas às Pessoas Cegas, com Deficiência Visual ou com Outras Dificuldades para Ter Acesso ao Texto Impresso**.

13.2 Tratados de Direito Tributário

O artigo 98 do Código Tributário Nacional (CTN) determina que "os tratados e as convenções internacionais revogam ou modificam a legislação tributária interna, e serão observados pela lei que lhes sobrevenha". Com isso, o CTN adota a noção de supralegalidade dos tratados de Direito Tributário.

Entretanto, tal entendimento não prevalecia diante da visão de que os atos internacionais incorporados à ordem jurídica pátria equivaleriam à lei ordinária, que prevaleceu a partir do julgamento do RE 80.004 no STF, em 1977. No entanto, a jurisprudência brasileira vem retomando a visão da supralegalidade dos tratados em matéria tributária, como revela o julgamento do RE 229.096, também no STF, que proclama reiteradamente a "supremacia dos acordos internacionais, em torno de matéria tributária, sobre a lei".

13.3 Demais tratados

Tratados que versam sobre matérias diversas possuem hierarquia de lei ordinária.

Caso tais tratados entrem em conflito com outras leis ordinárias, prevalecerão os critérios cronológico e da especialidade (STF. RE 80.004).

Quadro 1. Resumo: hierarquia dos tratados no Brasil e conflito com o Direito interno

TRATADOS EM GERAL	TRATADOS DE DIREITOS HUMANOS	TRATADOS DE DIREITO TRIBUTÁRIO
Infraconstitucionalidade: tratados equivalem à lei ordinária e encontram-se submetidos aos critérios cronológico (*lex posteriori derogat priori*) e da especialidade (*lex specialis derogat generalis*) em caso de confronto com outras leis ordinárias	Tratados aprovados nos termos do procedimento estabelecido no artigo 5º, § 3º, da CF (EC/45): status de equivalentes às emendas constitucionais (constitucionalidade material e formal) Tratados celebrados fora dos termos da CF, art. 5º, § 3º: supralegalidade	Supralegalidade

13.4 Princípio da primazia da norma mais favorável

Para a maior parte da doutrina de direitos humanos, deveria prevalecer o princípio da primazia da norma mais favorável ao indivíduo/vítima diante de

um conflito envolvendo normas dessa matéria, entendimento que é defendido no STF pelo Ministro Celso de Mello (HC 96.772).

Cabe destacar que o princípio em apreço também é conhecido como princípio *pro homine* ou princípio *pro personae*.

CAPÍTULO IV

Sujeitos de Direito Internacional Público

1. PERSONALIDADE INTERNACIONAL: OS SUJEITOS DE DIREITO INTERNACIONAL

Os **sujeitos de Direito Internacional** são as pessoas aptas para o exercício da titularidade de direitos e de obrigações estatuídas nas normas de Direito das Gentes.

Os sujeitos de Direito Internacional são detentores da "**personalidade internacional**" (**personalidade jurídica de Direito Internacional**).

A definição do rol de sujeitos de Direito Internacional é objeto de **polêmica.** Com efeito, a determinação dos detentores da personalidade jurídica de Direito Internacional varia entre o entendimento tradicional e a visão moderna, nos seguintes termos:

Sujeitos de Direito Internacional – visão clássica	Sujeitos de Direito Internacional – visão moderna
• Estados soberanos • Organizações internacionais • Santa Sé • Beligerantes • Insurgentes	• Estados soberanos • Organizações internacionais • Santa Sé • Beligerantes • Insurgentes • Blocos regionais • Indivíduos • Empresas • Organizações não governamentais (ONGs)

De antemão, e independentemente da polêmica a respeito, informamos que somente **os Estados, as organizações internacionais, a Santa Sé, os beligerantes, os insurgentes** (estes, dependendo do teor do ato de reconhecimento de insurgência) e determinados **blocos regionais podem celebrar tratados**.

Ao mesmo tempo, **só os Estados, as organizações internacionais e a Santa Sé** podem **fazer parte de organizações internacionais**.

Dessa forma, o indivíduo, as empresas e as organizações não governamentais (ONGs) reúnem capacidade jurídica internacional limitada, **não podendo celebrar tratados e participar de organismos internacionais** e tendo **acesso bastante limitado aos mecanismos internacionais de solução de controvérsias**.

2. O ESTADO

O Estado é o ente composto por um **território,** onde vive uma comunidade humana (**povo**) governada por um **poder soberano**. Tem grande importância dentro do Direito Internacional e, por isso, será objeto de estudo em capítulo específico.

3. AS ORGANIZAÇÕES INTERNACIONAIS

As **organizações internacionais** são **entidades criadas e compostas pelos Estados** por meio de **tratado**, com **arcabouço institucional permanente** e **personalidade jurídica própria**, com vistas a alcançar **propósitos comuns** por meio da cooperação entre seus membros.

As organizações internacionais são também conhecidas como "organismos internacionais", "organizações internacionais intergovernamentais" ou "organizações governamentais internacionais".

São exemplos de organizações internacionais a ONU (Organização das Nações Unidas) e a OEA (Organização dos Estados Americanos).

As organizações internacionais também possuem grande importância dentro do Direito Internacional e, por isso, serão objeto de estudo em capítulo específico.

4. OS BLOCOS REGIONAIS

Os **blocos regionais** são arranjos que **reúnem Estados, normalmente próximos geograficamente,** com o intuito de oferecerem **vantagens uns aos outros**

no relacionamento que mantêm entre si, mormente, mas não necessariamente, apenas no campo econômico-comercial.

São exemplos de blocos regionais: a União Europeia e o Mercosul.

Embora tenham surgido recentemente, os blocos regionais têm poderes semelhantes àqueles dos sujeitos tradicionais de Direito Internacional, como celebrar tratados e exercer direito de legação, embora não participem, até agora, de organizações internacionais

> ▸ **Atenção!**
>
> Em todo caso, nem todos os blocos regionais têm personalidade jurídica de Direito Internacional, o que vai depender fundamentalmente do interesse de seus Estados-membros. Ademais, os poderes dos blocos regionais nas relações internacionais vão depender do que decidam seus integrantes a respeito.

5. A SANTA SÉ E O VATICANO

A **Santa Sé** é a cúpula de **governo da Igreja Católica**. Em decorrência de séculos de atuação efetiva nas relações internacionais, é **pessoa jurídica de Direito Internacional**. É **chefiada pelo Papa**, que tem **status e prerrogativas de Chefe de Estado**.

O **Vaticano** é o **Estado soberano** que abriga a Santa Sé e que lhe confere o suporte material para o exercício de suas funções. Também é **governado pelo Papa**.

Tanto a Santa Sé como o Vaticano têm **capacidade para celebrar tratados e** podem **exercer direito de legação** (enviar e receber agentes diplomáticos) e **participar de organizações internacionais**.

6. BELIGERANTES E INSURGENTES

Os **beligerantes** são movimentos **revoltosos** ou revolucionários de **grande envergadura**, que são **contrários ao governo de um Estado**, visando a substituí-lo ou a criar um novo ente estatal, que mantêm o controle de parte do território do país e que são **reconhecidos como tal por outros membros da sociedade internacional**.

> ▶ **Atenção!**
>
> A beligerância pressupõe, portanto, o reconhecimento dos Estados, por meio de ato que é discricionário. Não é, portanto, um status que se adquire automaticamente, nem seu reconhecimento pelos Estados é obrigatório.

O reconhecimento de beligerância gera alguns efeitos, dentre os quais os seguintes:

• O beligerante pode celebrar tratados com Estados neutros	• O ente estatal onde atue o beligerante fica isento de eventual responsabilização internacional pelos atos deste
• O beligerante deve observar as normas internacionais aplicáveis aos conflitos armados	• Terceiros Estados ficam sujeitos aos direitos e deveres inerentes à neutralidade

Já os **insurgentes** também são grupos de **revoltosos**, cujas ações, porém, **não assumem a extensão da beligerância**, e que são **reconhecidos** como tais por outros sujeitos de Direito Internacional.

Assim como na beligerância, a atribuição do status de insurgente depende **do ato de reconhecimento** por parte de outros Estados, que é discricionário.

Os **efeitos** da insurgência **dependem** do ato de reconhecimento do status de insurgente e, normalmente, são os mesmos da beligerância.

7. INDIVÍDUOS, EMPRESAS E ONGS

Como afirmamos anteriormente, o caráter de sujeito de Direito Internacional dos indivíduos, empresas e ONGs é **controverso** na doutrina.

Em todo caso, indivíduos, empresas e ONGs **não podem celebrar tratados nem podem participar de organizações internacionais**, ainda que sejam reconhecidos como sujeitos de Direito das Gentes.

Por outro lado, indivíduos, empresas e ONGs **podem efetivamente gozar direitos consagrados nas normas internacionais** e ter **obrigações estatuídas no Direito das Gentes**. Para tais sujeitos, é possível, eventualmente, ter **acesso a alguns mecanismos de solução de controvérsias**, como a Comissão Interamericana de Direitos Humanos, que recebe petições de indivíduos ou de ONGs referentes a violações dos direitos humanos. Por fim, os indivíduos **podem ser réus em algumas cortes internacionais**, como o Tribunal Penal Internacional (TPI).

Quadro 1. Funções e limites dos sujeitos de direito internacional

Sujeitos tradicionais	Novos (fragmentários)	Outros entes que podem atuar na sociedade internacional
• Ampla capacidade de ação na sociedade internacional, incluindo o poder de celebrar tratados e maiores possibilidades de acesso a mecanismos internacionais de solução de controvérsias, bem como o direito a participarem de organizações internacionais	• Não podem celebrar tratados • Têm possibilidades de acesso a mecanismos internacionais de solução de controvérsias, embora mais restritas que as dos sujeitos tradicionais • Normas internacionais lhes conferem direitos e estabelecem obrigações diretamente	• Beligerantes: podem celebrar tratados com Estados neutros • Insurgentes: podem ou não celebrar tratados, nos termos do ato de reconhecimento de insurgência • Normas internacionais lhes conferem direitos e estabelecem obrigações diretamente. • Blocos regionais: status semelhante aos sujeitos tradicionais (embora, na prática, ainda não participem de organismos internacionais)

O Estado

1. O ESTADO. INTRODUÇÃO

O Estado é o ente formado por um espaço geográfico (**território**), uma comunidade humana (**povo**) e um elemento de poder supremo (**governo soberano**), dotado de **personalidade jurídica interna e internacional** e, portanto, da capacidade de exercer direitos e de contrair obrigações.

1.1 Elementos do Estado

O Estado é composto por **três elementos essenciais**, que são os seguintes:

Território	Povo	Governo soberano

Nem a finalidade nem o reconhecimento por parte de outros Estados são considerados elementos constitutivos dos entes estatais (Convenção de Montevideu, de 1933, arts. 1º e 3º)

O território é o espaço geográfico dentro do qual o Estado exerce seu poder soberano, aplicando a todas as pessoas que ali se encontrem seu ordenamento jurídico e as determinações das autoridades que em seu nome atuam. É o **PRINCÍPIO DA TERRITORIALIDADE.**

> **Nota:**
> É importante atentar para os seguintes fatos:
> - o Estado pode, excepcionalmente, exercer suas competências nos territórios de outros Estados, dentro, por exemplo, de uma missão diplomática;
> - a lei de um Estado estrangeiro pode, também excepcionalmente, aplicar-se em outro Estado, o que ocorre, por exemplo, em hipóteses previstas em tratados ou no Direito Internacional Privado;
> - por fim, o Estado pode não ter poderes para aplicar suas leis sobre determinadas pessoas e bens que estão em seu território. É a **IMUNIDADE DE JURISDIÇÃO**.

O **povo** é o conjunto de pessoas naturais vinculadas juridicamente ao Estado pelo vínculo da **nacionalidade**.

O **povo não se confunde com a população**, nos seguintes termos:

POVO	POPULAÇÃO
Conceito político e jurídico	Conceito estatístico/quantitativo
Inclui apenas os nacionais	Inclui nacionais e estrangeiros
Inclui os nacionais no exterior	Inclui nacionais e estrangeiros apenas de passagem pelo país

O governo soberano é aquela estrutura de poder dotada de soberania, atributo que confere ao poder estatal o caráter de independência e de superioridade frente a outros núcleos de poder que atuam dentro do Estado, como as famílias e as empresas.

▸ **Atenção!**

A soberania é característica própria do poder estatal. Nesse sentido, outros sujeitos de Direito Internacional Público, como as organizações internacionais, não são dotados de soberania, mas apenas de capacidade jurídica para agir em nome próprio.

A soberania incorpora duas modalidades:

- Soberania interna: superioridade do poder estatal frente aos outros poderes encontrados dentro do território do Estado, como as unidades subnacionais (Estados da federação, municípios etc.), as empresas, as ONGs etc. e não submissão a nenhum deles;
- Soberania externa: igualdade jurídica entre os Estados (nenhum Estado é juridicamente superior ao outro) e independência nacional (o Estado soberano é independente e, nesse sentido, não está juridicamente subordinado a qualquer outro poder externo).

1.2 Aparecimento e extinção dos Estados

O Direito Internacional elenca diversas formas de surgimento de um novo Estado, algumas das quais já em desuso, conforme apresentamos a seguir:

• Ocupação e posse da *terra nullius*: impossível na atualidade, pois já não há mais terras a descobrir e que não estejam ou sob a soberania de um Estado ou sob os cuidados da comunidade internacional	• Conquista: atualmente proibida pelo Direito Internacional
• Desmembramento: separação que resulta de um processo de descolonização	• Secessão: separação de parte de um Estado, que não é sua colônia, para o surgimento de outro Estado
• Guerra: vedada pelo Direito das Gentes, exceto nas hipóteses previstas na Carta das Nações Unidas	• Negociações internacionais
• Dissolução/desintegração	• Fusão/agregação/unificação

O Direito Internacional também lista um rol de maneiras pelas quais um Estado deixa de existir, que são as seguintes:

• Fusão/unificação/reunificação/agregação	• Dissolução/desagregação
• Negociações internacionais	• Decisão de um Estado de se juntar a outro
• Guerra: vedada pelo Direito das Gentes, exceto nas hipóteses previstas na Carta das Nações Unidas	• Conquista: vedada pelo Direito Internacional

2. RECONHECIMENTO DE ESTADO E DE GOVERNO

O **reconhecimento de Estado** é o **ato unilateral** pelo qual um ente estatal **constata o aparecimento de um novo Estado** e admite tanto as consequências jurídicas inerentes a este fato como que **considera o novo ente estatal como um sujeito com o qual poderá manter relações válidas no campo jurídico**.

O reconhecimento de Estado **não é ato constitutivo do novo Estado** (Convenção de Montevideu sobre Direitos e Deveres dos Estados, de 1933, art. 3). Ou seja: **não é elemento do Estado** e, com isso, é **ato meramente declaratório**.

O reconhecimento de Estado gera dois **efeitos**:

1) o ente estatal que reconhece aceita a personalidade internacional do Estado reconhecido, com todos os direitos e deveres determinados pelo Direito das Gentes;
2) o ente estatal reconhecido passa a participar oficialmente do circuito das relações internacionais.

O reconhecimento de Estado incorpora as seguintes características:

• Ato unilateral	• Ato meramente declaratório: não é constitutivo do novo Estado (não é elemento do Estado)
• Ato discricionário	• Ato irrevogável
• Ato incondicionado (condicionado apenas ao compromisso com o Direito Internacional, mormente com o *jus cogens)*	• Ato retroativo (ao momento de aparecimento do Estado)
• Não é obrigatório para aquele que o concede, nem é um direito do Estado que o requer	• Deve, em princípio, ser objeto de pedido do Estado que quer ser reconhecido. Na prática, nem sempre o é

O reconhecimento de Estado pode ser classificado da seguinte maneira:

Quanto à forma de manifestação do reconhecimento	Quanto ao número de Estados que confere o reconhecimento em determinado momento histórico
→ expresso	→ individual (um só Estado)
→ tácito	→ coletivo (mais de um Estado)

O **reconhecimento de governo** é o **ato unilateral** do Estado pelo qual este **admite o novo governo de outro ente estatal como representante deste nas relações internacionais**.

> ▸ **Atenção!**
> O reconhecimento de governo é cabível apenas diante de rupturas institucionais.

O principal efeito do não reconhecimento do governo é: o novo governo **não será reconhecido como representante do Estado na sociedade internacional** e não terá, portanto, capacidade para praticar atos em nome do ente estatal, **nem gozará das prerrogativas a que as autoridades estrangeiras fazem jus**.

As características do reconhecimento de governo são as seguintes:

• Ato unilateral	• Ato meramente declaratório: não é constitutivo do novo governo
• Ato discricionário	• Ato irrevogável
• Ato incondicionado (vinculado apenas ao compromisso do novo governo com o Direito Internacional e com o retorno à normalidade institucional)	• Ato retroativo (ao momento de aparecimento do Estado)
• Não é obrigatório para aquele que o concede, nem é um direito do novo governo	• Não envolve pedido

Por fim, pelo evidente impacto político de que se reveste, o reconhecimento de governo tem sido objeto de polêmica, levando ao aparecimento de determinadas doutrinas, que são as seguintes:

Doutrina Tobar/Tovar	Doutrina Estrada
O reconhecimento de governo só deveria ser concedido após a constatação de que os novos governantes contam com apoio popular	O reconhecimento de um novo governo configura intervenção indevida em assuntos internos de outros entes estatais. Nesse sentido, caso o Estado esteja insatisfeito com a mudança de governo, deve simplesmente retirar seus representantes diplomáticos

3. DIREITOS E DEVERES FUNDAMENTAIS DOS ESTADOS

Os Estados também possuem direitos e deveres fundamentais, voltados a garantir condições mínimas de convivência na sociedade internacional.

Os direitos e deveres dos Estados são regulados especialmente pela Convenção de Montevideu sobre Direitos e Deveres dos Estados, de 1933, e são, fundamentalmente, os seguintes:

• Direito de conservação: direito do Estado a existir, independentemente de reconhecimento, e a defender sua integridade e independência	• Dever de respeitar os direitos de outros Estados
• Direito à autodeterminação	• Dever de não intervenção
• Direito à auto-organização	• Dever de solucionar pacificamente as controvérsias
• Direito de não sofrer qualquer intervenção externa em assuntos próprios	• Dever de agir dentro dos ditames referentes às necessidades da cooperação internacional
• Direito ao exercício do poder soberano sobre todas as pessoas sob sua jurisdição	• Inderrogabilidade dos direitos

4. IMUNIDADE DE JURISDIÇÃO

Em decorrência do princípio da territorialidade, o Estado exerce poder soberano sobre seu território, abrangendo pessoas e bens que ali se encontram, sobre os quais podem ser aplicadas as leis e as medidas das autoridades do ente estatal pertinente.

Entretanto, dentro do território de um Estado, há pessoas e bens contra as quais as autoridades locais não podem agir. É o instituto da **IMUNIDADE DE JURISDIÇÃO**.

A imunidade de jurisdição refere-se à **impossibilidade** de que certas **pessoas** (naturais ou jurídicas) sejam **processadas e julgadas por outros Estados contra a sua vontade,** e que contra elas e seus bens sejam **impostas medidas** por parte das autoridades dos entes estatais onde se encontram ou onde atuam.

Beneficiam-se de imunidades de jurisdição as seguintes pessoas:

Pessoas jurídicas	Pessoas físicas
• Estados soberanos • Organizações internacionais • Santa Sé • Blocos regionais (quando dotados de personalidade jurídica de Direito Internacional e quando definido que terão as imunidades necessárias para o exercício de suas funções)	• Órgãos do Estado nas relações internacionais: Chefe de Estado; Chefe de Governo; Ministro das Relações Exteriores, agentes diplomáticos, agentes consulares e outras autoridades, indicadas pelo próprio Estado • Integrantes do Comitê Internacional da Cruz Vermelha • Ex-Chefes de Estado e, conforme determinado pelo Estado, outras autoridades que já não ocupem posições no governo

4.1. Imunidade de jurisdição dos Estados

O problema da imunidade de jurisdição dos Estados é: uma controvérsia que envolva um Estado estrangeiro pode ser solucionada pelo Judiciário nacional de outro ente estatal, que julgue unilateralmente o Estado estrangeiro contra a vontade deste?

A resposta é uma no âmbito do processo de conhecimento e outra no tocante ao processo de execução.

4.1.1 Imunidade de jurisdição estatal e processo de conhecimento

No processo de conhecimento, a noção de imunidade de jurisdição do Estado também variou do passado ao presente:

Passado	Presente
• Total imunidade de jurisdição do Estado estrangeiro: proibição de que o ente estatal fosse julgado pelo Judiciário de outro Estado contra a sua vontade. • Fundamento: igualdade jurídica entre os Estados (*par in parem non habet judicium/imperium*).	• Atos do Estado dividem-se em atos de império (*jure imperium*) e atos de gestão (*jure gestiones*) • Atos de império: prevalece a imunidade • Atos de gestão: não há imunidade

Os **atos de império** são aqueles em que o Estado age **revestido de suas prerrogativas soberanas**. Exemplos: atos relacionados à entrada e à permanência de estrangeiros (concessão de vistos, admissão de estrangeiros etc.),

Já os **atos de gestão** são aqueles em que o **ente estatal é virtualmente equiparado a um particular**. Exemplos: aquisição de bens móveis e imóveis, contratação de serviços e de funcionários locais para missões diplomáticas e consulares (especialmente em matéria trabalhista) e atos que envolvam responsabilidade civil.

Caso o Estado pratique um ato de império, não poderá ser processado e julgado pelo Judiciário de outro Estado. Entretanto, **a imunidade poderá não ser absoluta**, podendo **deixar de existir se o Estado renunciar a ela**.

No Brasil, no caso de processo contra Estado estrangeiro envolvendo a prática de atos de império, o **Juiz** deverá **comunicar-se** com o órgão competente do **ente estatal alienígena**, para verificar se este aceita ser processado e julgado pelo Judiciário brasileiro (STJ. Ag 1.118.724-RS, RO 39-MG, RO 57-RJ e RO-74-RJ). **Tecnicamente, tal "comunicação" não configura citação nem intimação** (STJ. Ag 1.118.724-RS).

Caso o Estado aceite ser processado, tem prosseguimento a apreciação do feito. Caso o Estado não concorde em ser processado, cabe a extinção do processo sem julgamento de mérito.

Por outro lado, **o Brasil não reconhece imunidade para atos de gestão** desde 1989 (STF. ACi 9.696 e RE-AGR nº 222.368/PE, dentre muitos outros). Com isso, caso seja aberto processo contra Estado estrangeiro no Judiciário brasileiro pela prática desses atos, o feito deverá ser apreciado pelo juízo competente.

▸ **Atenção!**

A noção de atos de império e de atos de gestão como referências para a análise da incidência ou não de imunidade de jurisdição aplica-se apenas à imunidade do Estado no processo de conhecimento, não se referindo nem à imunidade de jurisdição estatal no campo da execução nem às imunidades de autoridades estrangeiras e, ultimamente, tampouco das organizações internacionais.

4.1.2 Imunidade de jurisdição estatal e processo de execução

Apesar da mudança da jurisprudência brasileira no tocante à imunidade de jurisdição dentro do processo de conhecimento, **continua a prevalecer, dentro do processo de execução, a noção de imunidade absoluta do Estado estrangeiro.**

Com isso, os bens do ente estatal estrangeiro em outros Estados não podem, em princípio, sofrer qualquer ato de constricção por parte das autoridades locais.

O **fundamento** da imunidade de execução do Estado estrangeiro é a **inviolabilidade dos bens das missões diplomáticas e consulares**, garantida pelas Convenções de Viena sobre Relações Diplomáticas de 1961 (art. 22, § 3º) e sobre Relações Consulares de 1963.

Em todo caso, para assegurar a possibilidade de fazer cumprir uma sentença proferida contra Estado estrangeiro, a doutrina e a jurisprudência vêm especulando algumas alternativas, que são as seguintes:

• negociações diplomáticas;	• execução sobre bens não afetos (vinculados) aos serviços diplomáticos e consulares (STF. RE-AGR nº 222.368/PE);
• renúncia à imunidade (STF. ACO-AgR-543/SP).	• emissão de cartas rogatórias para o Estado estrangeiro, para que neste se processe a execução (STJ. Ag 230.684/DF);

Em matéria de execução fiscal, e à luz das Convenções de Viena de 1961 e 1963, o STF (ACO-AgR 633/SP) tem mantido a imunidade de execução do Estado estrangeiro.

▸ **Atenção!**

A imunidade de execução é autônoma em relação à imunidade de jurisdição. Nesse sentido, a renúncia à imunidade de jurisdição diante de conflitos relativos a atos de império não implica abrir mão da imunidade de execução, relativamente à qual nova renúncia é necessária. Ao mesmo tempo, lembramos que a inexistência de imunidade nos atos de gestão não afeta a manutenção da imunidade de execução.

4.1.3 Competência para o julgamento de um Estado estrangeiro

Caso seja possível processar e julgar um Estado estrangeiro no Brasil, a competência para examinar o feito é a seguinte:

CASO	ÓRGÃO COMPETENTE
Litígio entre Estado estrangeiro, por um lado, e a União, o Estado, o Distrito Federal ou o Território, por outro	STF (CF, art. 102, I, "e")
Litígio entre Estado estrangeiro, de um lado, e Município ou pessoa residente ou domiciliada no Brasil, do outro,	Em primeira instância: Justiça Federal (CF, art. 109, II). Em segunda instância: Tribunais Regionais Federais (CF, art. 108, II). Em grau de recurso ordinário: STJ (CF, art. 105, II, "c").
Litígio entre Estados estrangeiros e pessoas naturais, que envolvam relações de trabalho	Justiça do Trabalho (CF, art. 114, I)

4.2. Imunidade das organizações internacionais e dos órgãos do Estado estrangeiro

Estudaremos o tema da imunidade de jurisdição das organizações internacionais e dos órgãos do Estado nas relações internacionais respectivamente nos capítulos VII e VI deste livro.

Resumo da problemática da imunidade de jurisdição do Estado

Imunidade de jurisdição do estado – passado	Imunidade de jurisdição do estado – presente	Imunidade de execução
Imunidade total	Imunidade parcial	Entendimento prevalecente: manutenção da imunidade de jurisdição no campo da execução
Fundamento: *par in parem non habet imperium/judicium*	Fundamento: atos de império x atos de gestão	Hipóteses de execução de um Estado estrangeiro: negociações diplomáticas, execução sobre bens não afetos ao serviço exterior, renúncia e envio de rogatória para o exterior
Imunidade para qualquer ato do Estado em outro Estado	Imunidade para atos de império	
Perda da imunidade apenas mediante renúncia	Inexistência de imunidade para atos de gestão e perda da imunidade para atos de império apenas na renúncia	
Teoria prevalecente até os anos 60	Teoria consolidada no Brasil desde 1989	

Órgãos do Estado nas Relações Internacionais. Privilégios e Imunidades

1. ÓRGÃOS DO ESTADO NAS RELAÇÕES INTERNACIONAIS: NOÇÕES GERAIS

Os órgãos do Estado nas relações internacionais são os **indivíduos encarregados de representar os entes estatais em seu relacionamento externo**, agindo em nome do Estado em suas relações com outros Estados e com os demais sujeitos de Direito Internacional Público.

> ▸ **Nota:**
> Nesta acepção, portanto, os órgãos do Estado não se confundem com as unidades do organograma governamental, como os ministérios e as secretarias.

Tradicionalmente, as autoridades e funcionários que exercem o papel de órgãos do Estado nas relações internacionais são as seguintes:

- Chefe de Estado
- Chefe de Governo
- Ministro das Relações Exteriores
- Agentes Diplomáticos (Diplomatas)
- Agentes Consulares (Cônsules)

1.1 Chefe de Estado

O Chefe de Estado é o principal órgão do Estado nas relações internacionais e é, portanto, o **mais importante representante estatal na sociedade internacional**.

O rol de **competências** do Chefe de Estado nas relações internacionais é **definido na ordem jurídica de cada ente estatal** e depende da forma, do sistema e do regime de governo adotados.

Em geral, porém, a maioria dos Estados atribui funções semelhantes a seus respectivos Chefes, notadamente **formular e executar a política externa estatal, concluir tratados e declarar guerra e celebrar a paz.**

No Brasil, as incumbências do Chefe de Estado (Presidente da República) no âmbito internacional são as seguintes:

• Manter relações com Estados estrangeiros e acreditar seus representantes diplomáticos (CF, art. 84, VII)	• Celebrar tratados, convenções e atos internacionais, sujeitos a referendo do Congresso Nacional (CF, art. 84, VIII)
• Declarar guerra, no caso de agressão estrangeira, autorizado pelo Congresso Nacional ou referendado por ele, quando ocorrida no intervalo das sessões legislativas, e, nas mesmas condições, decretar, total ou parcialmente, a mobilização nacional (CF, art. 84, XIX)	• Celebrar a paz, autorizado ou com o referendo do Congresso Nacional (CF, art. 84, XX)
• Permitir, nos casos previstos em lei complementar, que forças estrangeiras transitem pelo território nacional ou nele permaneçam temporariamente (CF, art. 84, XXII)	• Formular e executar a política externa (infere-se do poder de manter relações com Estados estrangeiros e de acreditar seus representantes diplomáticos)

1.2 Chefe de Governo

As **competências** do Chefe de Governo nas relações internacionais **também são fixadas nos ordenamentos jurídicos dos Estados** e dependem da forma, do sistema e do regime de governo adotados pelo ente estatal, **assemelhando-se, no geral, às funções do Chefe de Estado** nessa área.

Como o Brasil adota o presidencialismo, não há qualquer papel específico para o Chefe de Governo nas relações internacionais do Estado brasileiro.

1.3 Ministro das Relações Exteriores

O Ministro das Relações Exteriores é o **principal assessor** do Chefe de Estado e do governo como um todo na formulação e execução da política externa e **no tratamento dos assuntos de interesse internacional do ente estatal**.

Os poderes do Ministro das Relações Exteriores são definidos dentro da legislação interna dos Estados. Em geral, porém, incluem: a **negociação e a assinatura de tratados**; a **assessoria ao Chefe de Estado e/ou de Governo em matéria internacional**, mormente na formulação e execução da política externa; a **administração e coordenação do tratamento dos assuntos de relações internacionais** na estrutura governamental e; a **chefia do órgão estatal encarregado desses temas**, o ministério das relações exteriores.

▶ **Atenção!**

No Brasil, o cargo de Ministro das Relações Exteriores não é privativo de brasileiro nato (CF, arts. 12, § 3º, e 87).

1.4 Agentes diplomáticos

Os agentes diplomáticos, ou "diplomatas", são **funcionários de um Estado**, encarregados essencialmente de **representá-lo em suas relações internacionais**.

A atividade dos agentes diplomáticos é regulada pela **Convenção de Viena sobre Relações Diplomáticas, de 1961**.

Fundamentalmente, os agentes diplomáticos atuam em seu próprio país, dentro do respectivo ministério das relações exteriores, ou em Estados estrangeiros, nas chamadas "**missões diplomáticas**", também conhecidas como "**embaixadas**".

Quando o diplomata se encontra no exterior, adquirem relevância as noções de **Estado acreditante** e **Estado acreditado**, que se referem ao seguinte:

ESTADO ACREDITANTE	ESTADO ACREDITADO
Estado que envia os agentes diplomáticos	Estado que recebe os agentes diplomáticos.

A ida de diplomatas para o exterior depende de o Estado ter o **direito de legação**, que é o **direito de enviar e de receber agentes diplomáticos** (respectivamente "**direito de legação ativa**" e "**direito de legação passiva**").

A existência do direito de legação, por sua vez, depende de o Estado acreditante e o acreditado manterem relações diplomáticas entre si.

As funções dos diplomatas incluem as seguintes:

• Representar o Estado acreditante perante o Estado acreditado	• Inteirar-se, por todos os meios lícitos, das condições existentes e da evolução dos acontecimentos do Estado acreditado ou da organização internacional junto à qual atuam e informar o Estado acreditante a respeito
• Proteger os interesses do Estado acreditante e de seus nacionais no Estado acreditado	• Promover relações amistosas e desenvolver as relações econômicas, culturais e científicas entre o Estado acreditante e o acreditado
• Negociar com o governo do Estado acreditado	• Exercer funções consulares, na ausência de missão consular

Dentro de uma missão diplomática trabalham não só os **diplomatas**, mas também o **pessoal administrativo, técnico e de serviço**. Parte destes funcionários é oriunda de outras carreiras do ministério das relações exteriores do Estado acreditante. Outra parte, porém, é recrutada no próprio Estado acreditado e forma o quadro dos chamados "contratados locais" (ou "funcionários locais").

> ▸ Atenção!
>
> Lembramos que a contratação de funcionários locais configura ato de gestão, não estando o Estado estrangeiro, portanto, imune à jurisdição de outro Estado no tocante a questões trabalhistas que envolvam tais funcionários.

O **chefe da missão diplomática** é o **Embaixador**, que é indicado pelo Chefe do Estado acreditante e que **pode ou não pertencer a um quadro de carreira diplomática**. Sua nomeação é materializada por meio das "**cartas credenciais**", as quais, quando apresentadas ao Chefe do Estado acreditado, marcam o início de sua missão junto ao governo estrangeiro.

A indicação do Embaixador depende do ***agréement***, ou seja, da **anuência do Estado acreditado**.

A concessão do *agréement* é o **ato discricionário** pelo qual o Estado acreditado aceita a indicação de Embaixador estrangeiro para que nele exerça suas funções. O *agréement* é objeto de pedido do Estado acreditante, e **o Estado acreditado não precisa motivar a eventual recusa**.

No Brasil, a **indicação do Embaixador** é **competência do Presidente da República** (CF, art. 84, VII), que **depende da aprovação prévia do Senado Federal**, por voto secreto, após arguição secreta (CF, art. 52, IV).

No Brasil, os **diplomatas de carreira** são selecionados por concurso público, **devendo ser brasileiros natos** (CF, art. 12, § 3º, V).

1.5 Agentes consulares

Os agentes consulares, ou cônsules, são **funcionários de um Estado**, encarregados essencialmente de oferecer a seus nacionais a **proteção e a assistência cabíveis no exterior**.

A atividade consular é regulada pela **Convenção de Viena sobre Relações Consulares, de 1963**.

Os agentes consulares poderão exercer um amplo rol de funções (Convenção de Viena de 1963, art. 5), muitas das quais assemelhadas ou comuns às diplomáticas. Entretanto, a **essência da atividade consular** é **a proteção e a assistência aos nacionais no exterior**.

Dentre as competências dos cônsules, podemos elencar as seguintes:

• Exercer a função notarial e de registro civil	• Cumprir funções típicas de agente diplomático, como as de promoção comercial, de atração de investimentos e de divulgação cultural (dependendo da cidade onde atuem)
• Oferecer a proteção, ajuda e assistência cabíveis a nacionais no exterior	• Exercer, excepcionalmente, funções diplomáticas plenas (quando o Estado não tiver missão diplomática noutro Estado e com a anuência deste)
• Resguardar os interesses dos nacionais no caso de sucessão por morte	• Atuar, após notificação ao Estado receptor, como representante do Estado que o envia junto a uma organização internacional
• Proteger os interesses de menores e incapazes que sejam nacionais de seu Estado, especialmente quando for requerida a tutela ou a curatela	• Tomar as medidas cabíveis para a representação dos nacionais perante as autoridades do Estado receptor, inclusive as judiciais.

O exercício da atividade consular depende do instituto da "notificação consular", que implica o seguinte:

• Os cônsules têm direito a comunicar-se com os nacionais de seu Estado e de visitá-los
• Os nacionais de um Estado têm o direito de manter contato com os funcionários consulares que possam assisti-los
• As autoridades do Estado receptor deverão, a partir de solicitação do interessado, informar o quanto antes à repartição consular cabível quando, em sua jurisdição, um nacional do Estado do consulado for preso, encarcerado, posto em prisão preventiva ou detido de qualquer outra maneira
• Toda comunicação dirigida à repartição consular pela pessoa presa deve igualmente ser transmitida rapidamente pelas autoridades nacionais do Estado onde o consulado estiver atuando

Atualmente, a notificação consular, que deve ser feita sem demora, é "prerrogativa jurídica, de caráter fundamental, que hoje compõe o universo conceitual dos direitos básicos da pessoa humana", relacionada diretamente às garantias mínimas do devido processo legal e cuja observância é norma cogente dentro dos procedimentos penais e processuais penais (STF. Ext 1126/Alemanha. Informativo 573. Brasília, 1 a 5 de fevereiro de 2010).

Como a função consular envolve a proteção e a assistência aos nacionais no exterior, os agentes consulares atuam apenas fora de seu Estado, dentro da "**repartição consular**", também chamada de "**consulado**", cuja instalação depende da autorização do Estado que a recebe. A repartição consular terá competência sobre fatos ocorridos em uma determinada área territorial, conhecida como "**distrito consular**" ou "**jurisdição consular**".

Quando não for possível instalar um consulado em determinada região ou país, a embaixada poderá criar uma seção consular, com funcionários encarregados de cumprir as incumbências dos agentes consulares. Cabe destacar que **os diplomatas alocados a essas funções continuarão a gozar de imunidades diplomáticas**.

O Estado que envia o agente consular é o "**Estado de envio**". O Estado que o recebe, por sua vez, é o "**Estado receptor**" ou "**Estado de acolhimento**".

O envio de cônsules depende da existência de relações consulares, mas não de relações diplomáticas, irrelevantes para o exercício da atividade consular.

Há **dois tipos de cônsules**:

- de carreira, ou *missi*: recrutados entre os nacionais do Estado que os envia e com competência para o exercício de um amplo rol de atividades consulares;
- honorários, ou *electi*: recrutados entre pessoas que vivem na cidade onde atuarão. Podem ter qualquer nacionalidade, inclusive a do Estado onde vivem. Suas funções costumam ser mais restritas do que as dos agentes consulares de carreira.

O chefe da repartição consular também é chamado de "cônsul". A respeito, são quatro as categorias de chefes de repartição consular: cônsules-gerais, cônsules, vice-cônsules e agentes consulares. Os demais membros da missão consular serão livremente denominados pelo Estado que os envia.

A nomeação do cônsul chefe do consulado é feita pelo Estado que o envia e deve materializar-se por meio de um documento chamado "**carta-patente**".

O exercício das funções do chefe da repartição consular depende da anuência do Estado que o recebe, denominada ***exequatur***. A concessão do *exequatur* é **ato discricionário** do Estado receptor, que **não se reveste de forma específica** e que **pode ser negado pelo Estado receptor sem que este esteja obrigado a comunicar ao Estado que envia o agente os motivos dessa recusa**.

No passado, os Estados tinham funcionários alocados especificamente para as atividades consulares. Na atualidade, porém, ocorreu a **unificação**

das carreiras diplomática e consular. Nesse sentido, o pessoal que exerce as funções de agente consular normalmente pertence à carreira diplomática, passando a cumprir o papel de agente consular quando lotados em repartições consulares.

2. PRIVILÉGIOS E IMUNIDADES: NOÇÕES GERAIS

Para que possam exercer suas funções no exterior, os órgãos do Estado nas relações internacionais gozam de certas **prerrogativas de imunidade de jurisdição**, também conhecidas como "**privilégios e imunidades**".

Com os privilégios e imunidades, **os Estados não podem impor a observância de suas leis e das decisões de suas autoridades a representantes de Estados estrangeiros**, bem como **devem abster-se de práticas que possam impedir ou limitar o exercício das atividades de representação** dos funcionários de Estados estrangeiros.

Cabe acrescentar que os benefícios da **imunidade de jurisdição** alcançam não só os **agentes estrangeiros**, mas também seus **locais de trabalho** (como as missões diplomáticas e consulares) e seus **bens**, por exemplo. Alcançam também **ex-Chefes de Estado**, bem como autoridades e pessoas que o Estado indique como beneficiárias de privilégios e imunidades.

O fundamento dos privilégios e imunidades é encontrado na "**teoria do interesse da função**", pela qual os órgãos do Estado nas relações internacionais se beneficiam de imunidade de jurisdição para **garantir o eficaz desempenho de suas funções de representantes dos Estados**".

> **▸ Atenção!**
>
> Os privilégios e imunidades não se fundamentam, portanto, na antiga teoria da extraterritorialidade, razão pela qual, aliás, missões diplomáticas e consulares não podem ser consideradas território estrangeiro.

Entretanto, tais prerrogativas não são absolutas, estando limitadas pelo Direito Internacional, nos seguintes termos:

- os privilégios e imunidades protegem os órgãos do Estado nas relações internacionais apenas no exterior, não em seus Estados de origem;
- as imunidades são extensivas à família, aos dependentes do agente diplomático e às comitivas de autoridades em viagem ao exterior;

- as imunidades não excluem a jurisdição do Estado de origem do agente sobre sua pessoa deste e sobre as missões diplomáticas e consulares no exterior;
- as imunidades não retiram do funcionário a obrigação de respeitar o ordenamento jurídico local;
- os privilégios e imunidades podem ser objeto de renúncia. Entretanto, o ato de renúncia às imunidades é do Estado, não do agente;
- o agente diplomático ou consular estrangeiro que seja considerado "indesejável", pode ser declarado *persona non grata* pelo Estado que o recebe, devendo sair do território deste em prazo razoável. Caso esta saída não ocorra, o funcionário estrangeiro declarado *persona non grata* não mais será reconhecido como integrante da missão diplomática ou consular, perdendo, portanto, suas imunidades;
- as imunidades não serão reconhecidas diante de atos considerados crimes contra a humanidade, de guerra, de genocídio e de agressão contra Estado estrangeiro (crimes internacionais);

Por outro lado, a existência de privilégios e imunidades **impõe ao Estado o dever de dar a proteção cabível aos representantes estrangeiros que receba**.

De resto, as imunidades encontram-se reguladas pela Convenção de Viena sobre Relações Diplomáticas de 1961 (agentes diplomáticos), pela Convenção de Viena sobre Relações Consulares de 1963 (agentes consulares), pelo costume (para outras autoridades) e, eventualmente, por tratados que os Estados celebrem sobre o tema.

Aliás, as imunidades dos Chefes de Estado, Chefes de Governo e Ministros das Relações Exteriores assemelham-se em muito às imunidades diplomáticas. Já **as imunidades consulares são mais limitadas que as imunidades diplomáticas**.

3. IMUNIDADES DIPLOMÁTICAS

Os diplomatas gozam de **imunidade penal praticamente absoluta**, pelo que não podem ser presos, processados, julgados e condenados no Estado acreditado.

Cabe lembrar, porém, que **não haverá imunidade penal caso o agente tenha cometido algum dos atos elencados como "crimes internacionais" (crimes contra a humanidade, de guerra, de genocídio e de agressão)**.

Os diplomatas gozam também de **imunidade cível e administrativa**. Entretanto, aqui há **exceções**, que são as seguintes:

• Ações sobre imóveis privados situados no território do Estado acreditado, salvo se o agente diplomático possuir tais imóveis por conta do Estado acreditante, para os fins da missão	• Ações sucessórias nas quais o agente diplomático figure, a título privado e não em nome do Estado, como executor testamentário, administrador, herdeiro ou legatário
• Ações referentes a qualquer profissão liberal ou atividade comercial exercida pelo agente diplomático no Estado acreditado fora de suas funções oficiais	• Se o agente diplomático iniciar uma ação judicial, não lhe será permitido invocar a imunidade de jurisdição no tocante a uma reconvenção diretamente ligada à ação principal

Os agentes diplomáticos **não poderão ser obrigados a depor como testemunhas**.

Os diplomatas gozam de **imunidade tributária** relativamente aos tributos nacionais, estaduais e municipais cobrados no Estado acreditado, incluindo aqueles que incidem sobre a importação de bens para uso pessoal e da missão. No entanto, também há **exceções** à imunidade tributária (ver Quadro 1, ao final deste ponto), como os **"impostos indiretos** que estejam normalmente incluídos no preço das mercadorias ou dos serviços" (Convenção de Viena de 1961, art. 34), que devem ser pagos pelo agente.

> **▸ Atenção!**
> A imunidade tributária não se estende a quem contrate com a missão diplomática.

Os diplomatas e as missões diplomáticas gozam de inviolabilidade, nos seguintes termos:

• Os locais da missão diplomática, a residência particular dos diplomatas e os veículos da missão diplomática e dos diplomatas não podem ser objeto de qualquer ação por parte das autoridades locais: as autoridades locais, não podem sequer entrar nesses espaços sem o consentimento do Chefe da missão • São protegidos os arquivos, documentos e comunicações da missão	• Os bens da missão e dos diplomatas não poderão ser objeto de qualquer medida executória • É protegida a bagagem dos agentes diplomáticos • O diplomata não pode ser detido

Quadro 1. Resumo: privilégios e imunidades diplomáticas (com informações adicionais)

Privilégios e imunidades	Exceções e eventuais observações
Imunidade penal	Não existe diante dos chamados "crimes internacionais"
Imunidade cível	• Causas relativas a imóveis particulares que não aquele empregado para os fins da missão • Causas sucessórias a título pessoal • Ações referentes a profissões liberais e atividades comerciais • Reconvenções
Imunidade tributária	• Causas relativas a imóveis particulares que não aquele empregado para os fins da missão • Causas sucessórias a título pessoal • Tributos incidentes sobre rendimentos privados auferidos no Estado acreditado • Tributos indiretos • Tarifas de serviços públicos • Impostos sobre o capital, referentes a investimentos em empresas no Estado acreditado NOTA: as isenções não se estendem a quem contrate com a missão
Inviolabilidade	• Pessoal • Residencial • Bagagem • Comunicações • Veículo • Arquivos e documentos
Liberação da obrigação de depor como testemunha	

4. IMUNIDADES CONSULARES

Como afirmamos anteriormente, os **privilégios e imunidades consulares** são, em geral, **mais restritos do que os diplomáticos**.

Os cônsules gozam de **imunidade penal**, observados, os seguintes pontos (Convenção de Viena de 1963, art. 41):

- não podem ser presos, "senão em decorrência de sentença judiciária definitiva";
- podem ser presos preventivamente, mas apenas "em caso de crime grave e em decorrência de decisão de autoridade judiciária competente";
- quando processados penalmente, devem comparecer aos atos processuais, embora estes devam ser conduzidos com as devidas deferências e de modo a se perturbe minimamente as atividades consulares;
- em qualquer caso, gozarão de imunidade pelos atos vinculados ao exercício de suas funções (Convenção de Viena de 1963, art. 42).

No campo **cível**, os cônsules terão **imunidade pelos atos ligados às funções consulares. Não haverá, porém, imunidade** nos seguintes casos:

• Ações que resultem de contrato que o funcionário consular não tiver realizado, implícita ou explicitamente, como agente do Estado que o enviou	• Ações propostas por terceiros por conta de danos causados em acidentes de veículo, navio ou aeronave

Os cônsules **podem ser obrigados a depor como testemunhas**, **exceto** por **atos vinculados a suas funções.** Nesse sentido, não serão obrigados a exibir documentos que se refiram às atividades consulares e a depor, na qualidade de peritos, sobre as leis do Estado que o enviou. Em todo caso, o depoimento deve implicar o menor transtorno possível ao exercício de suas funções.

Os agentes consulares beneficiam-se de **imunidade no campo tributário,** nos **mesmos termos que as imunidades diplomáticas tributárias**. São também imunes ao fisco local as **taxas cobradas pelos serviços consulares** (emolumentos consulares).

São invioláveis as **comunicações**, **arquivos** e **documentos** vinculados às funções consulares, bem como os **locais da repartição consular**, na medida em que sejam empregados para as funções consulares.

Por fim, os **cônsules honorários** terão **imunidades ainda mais restritas** e que, em linhas gerais, serão **limitadas aos atos vinculados ao exercício de suas funções**, não sendo tampouco extensivas à família.

Quadro 1. Resumo: privilégios e imunidades consulares (com informações adicionais)

PRIVILÉGIOS E IMUNIDADES	EXCEÇÕES E EVENTUAIS OBSERVAÇÕES
Imunidade penal relativa	• Possibilidade de prisão em caso de crime grave e em decorrência de decisão da autoridade competente • Possibilidade de prisão a partir de sentença judicial definitiva • O processo deve ser conduzido com as deferências devidas ao agente e de maneira a pouco perturbar as funções consulares • Cônsules honorários: imunidades restritas aos atos relacionados ao exercício de suas funções. Não se estendem à família.
Imunidade cível por atos realizados no exercício de suas funções	• Ações que resultem de contrato que o funcionário não tiver realizado como agente do Estado que o envia • Ações propostas por terceiros por conta de danos causados em acidentes de veículo, navio ou aeronave • Cônsules honorários: imunidades restritas aos atos relacionados ao exercício de suas funções. Não se estendem à família
Imunidade tributária	• Mesmos termos da imunidade diplomática no campo tributário • As imunidades abrangem também as tarifas cobradas para os serviços consulares • Cônsules honorários: as isenções incidem sobre instalações consulares que pertencerem ao Estado da repartição ou que forem por estes locadas, bem como sobre as importações de uso consular
Inviolabilidade **Pessoal** **Residencial** **Bagagem** **Comunicações** **Veículo** **Arquivos e documentos** **Local da missão consular**	• A residência do cônsul (chefe de consulado) é inviolável, mas não a dos demais agentes consulares da repartição, salvo, para estes, no campo tributário • Inviolabilidade da bagagem relativizada quando de seu emprego para fins incompatíveis com a atividade consular • De resto, haverá imunidade naquilo que se relacionar com as atividades consulares
Obrigação de depor como testemunha	• Não podem ser obrigados a depor acerca de atos vinculados a suas funções • Não são obrigados a exibir documentos oficiais nem a depor, na qualidade de peritos, sobre as leis do Estado que o enviou

As Organizações Internacionais. A ONU. A OEA.

1. TEORIA GERAL DAS ORGANIZAÇÕES INTERNACIONAIS

As organizações internacionais (também conhecidas como "organismos internacionais", "organizações intergovernamentais" ou "organizações governamentais internacionais") são:

- entidades que contam com personalidade jurídica própria de Direito Internacional Público
- criadas e compostas por Estados por meio de tratado
- dotadas de um aparelho institucional (órgãos) de caráter permanente
- e formadas para promover a cooperação em temas de interesse de seus membros

> **Atenção!**
> Um organismo internacional poderá fazer parte de outro. Entretanto, organizações não governamentais (ONGs) não poderão integrá-lo, podendo, no máximo, participar das atividades do organismo como "membros consultivos", que podem contribuir com os debates e ações da organização internacional, mas sem direito a voto.

Em vista do conceito que acabamos de examinar, são **elementos essenciais** de uma organização internacional: os **Estados** que a compõem; o tratado que a criou (**ato constitutivo**); a **personalidade jurídica própria**; os **órgãos permanentes** e; os **fins** a que se propõe.

As organizações internacionais são **criadas pelos Estados**. Dessa forma:

- a personalidade jurídica de Direito Internacional dos Estados é originária;
- a personalidade jurídica de Direito Internacional das organizações internacionais é derivada.

Entretanto, ainda que sejam formadas por Estados, que são sujeitos de Direito das Gentes, as organizações internacionais possuem **personalidade jurídica própria, de Direito Internacional Público**. São, portanto, **sujeitos de Direito Internacional,** ou de **Direito Público externo** (CF, art. 114, I).

Por possuírem personalidade jurídica própria, as organizações internacionais **podem celebrar tratados**, exercer o **direito de legação** (direito de enviar funcionários que a representem, abrindo representações nos Estados, e de receber agentes diplomáticos), contratar funcionários e praticar os atos necessários ao cumprimento de seus objetivos. Possuem também **imunidade de jurisdição** nos Estados onde atuam.

Em todo caso, os organismos internacionais **não são dotados de soberania**, que é um atributo do poder estatal.

A estrutura, os objetivos e os poderes de um organismo internacional, bem como as competências de seus órgãos e de seus funcionários, são definidos dentro do tratado (ato constitutivo) que o criou.

As características das organizações internacionais são as seguintes:

CARACTERÍSTICA	COMENTÁRIO
Multilateralidade	Devem ter ao menos três membros
Institucionalização	Possuem órgãos e agentes responsáveis por suas atividades
Permanência	Devem funcionar por prazo indeterminado, e não de maneira *ad hoc*
Poder regulamentar	Capacidade de regular o tratamento dos temas de sua área de competência e de ter um ordenamento interno próprio

As organizações internacionais classificam-se da seguinte maneira:

MODALIDADE DE CLASSIFICAÇÃO	TIPOS E CARACTERÍSTICAS	EXEMPLO
Quanto à abrangência ou alcance	Universais: abertas à participação de qualquer Estado do mundo.	ONU
	Regionais: abrangem espaço geográfico delimitado.	OEA
Quanto aos fins ou ao domínio temático	Gerais/vocação política: podem tratar de um amplo rol de assuntos, de vários tipos.	ONU
	Especiais/vocação específica: podem tratar apenas de temas especializados.	UNESCO (educação, ciência e cultura).

MODALIDADE DE CLASSIFICAÇÃO	TIPOS E CARACTERÍSTICAS	EXEMPLO
Quanto à natureza dos poderes exercidos	Intergovernamentais: baseadas na coordenação entre seus membros.	OEA
	Supranacionais: contam com poderes de subordinar os Estados-membros.	União Europeia
Quanto aos poderes recebidos ou às estruturas institucionais	Cooperação: fundadas na coordenação entre seus membros, para alcançar fins comuns.	Organização Mundial da Saúde (OMS)
	Integração/subordinação: contam capacidade de impor suas decisões aos Estados que as integram.	União Europeia

As organizações internacionais atuam como foro dentro do qual os Estados podem negociar tratados nas matérias que são objeto de interesse comum e que motivaram a criação da entidade. A respeito, os organismos internacionais deverão conferir o apoio cabível a essas negociações, eventualmente coordenando-as e acompanhando-as.

Vale destacar que, uma vez que os tratados estejam em vigor, caberá aos organismos internacionais o papel de monitorar e promover a sua execução.

As organizações internacionais podem também proferir as chamadas **"decisões de organizações internacionais"**, também chamados de **"atos de organizações internacionais"**, que podem ser fruto de deliberações dos Estados-membros da entidade ou se originar de órgãos competentes do organismo. São mais conhecidas como **"recomendações"** ou **"resoluções"** e **podem ou não ter caráter vinculante**, dependendo do que disponha o ato constitutivo do organismo ou do teor da decisão.

A admissão, a suspensão e a saída de novos membros da organização internacional estão condicionadas à concordância de pelo menos uma parte dos membros da entidade. Em todo caso, **a suspensão ou a saída do Estado do organismo não afeta os compromissos assumidos pelo ente estatal enquanto este ainda era integrante ativo da entidade**.

Toda organização internacional tem uma sede, cuja instalação depende de um **acordo de sede**, celebrado com o Estado onde ficam os órgãos permanentes da entidade. Tal acordo deve regular, ainda, as relações entre o organismo e o ente estatal que o acolhe, as prerrogativas dos funcionários da organização, o status dos representantes dos Estados-membros etc.

Os funcionários das organizações internacionais (funcionários internacionais) têm funções definidas nas normas da própria entidade e **imunidades** determinadas pelo **ato constitutivo da organização** ou nos **tratados celebrados entre o organismo e o ente estatal onde atuam.**

> **Nota:**
>
> Não se deve confundir o funcionário internacional, empregado de uma organização internacional, com o diplomata, agente de um Estado.

2. A IMUNIDADE DAS ORGANIZAÇÕES INTERNACIONAIS

Para permitir o exercício de suas funções, **as organizações internacionais e seus funcionários contam com prerrogativas de imunidade de jurisdição** nos Estados onde atuam.

As imunidades de jurisdição das organizações internacionais são **consagradas ou em seu ato constitutivo ou em tratados específicos, celebrados com os Estados**.

Nesse sentido, a doutrina identifica uma **diferença em relação à imunidade de jurisdição dos Estados**, nos seguintes termos:

- imunidade de jurisdição dos **Estados**: fundamentada em **norma costumeira**;
- imunidade de jurisdição dos **organismos internacionais**: fundamentada em **norma convencional** (tratado)

Entretanto, como muitos dos tratados referentes às imunidades das organizações internacionais são vagos, o tema é polêmico.

Nesse sentido, até um passado recente, a doutrina e os tribunais atribuíam às imunidades dos organismos internacionais as mesmas características da imunidade de jurisdição dos Estados. Nesse sentido, as organizações internacionais não teriam imunidade para os chamados atos de gestão (TST. RR-295/2004-019-10-00.6. RR 1045/2004-001-10-00.5).

Entretanto, a jurisprudência pátria quanto ao assunto vem sofrendo uma inflexão. Com efeito, os Tribunais brasileiros agora atribuem **imunidade absoluta** aos organismos internacionais, nos termos de seus atos constitutivos ou dos tratados que algumas delas celebraram com o Brasil (STF. Informativo 706. Brasília, 13 a 17 de maio de 2013. Processos: RE 578.543 e RE 597.368. Ver também: TST. Orientação Jurisprudencial (OJ) SDI 1-416.

Com isso, as organizações internacionais somente poderiam ser julgadas pelo Judiciário brasileiro caso renunciassem à imunidade.

Sendo possível processar e julgar um organismo internacional no Brasil, a competência para examinar o feito é a seguinte:

CASO	ÓRGÃO COMPETENTE
Litígio entre Estado estrangeiro, por um lado, e a União, o Estado, o Distrito Federal ou o Território, por outro	STF (CF, art. 102, I, "e")
Litígio entre organismo internacional, de um lado, e Município ou pessoa residente ou domiciliada no Brasil, do outro,	Em primeira instância: Justiça Federal (CF, art. 109, II). Em segunda instância: Tribunais Regionais Federais (CF, art. 108, II). Em grau de recurso ordinário: STJ (CF, art. 105, II, "c")
Litígio entre Estados estrangeiros e pessoas naturais, que envolva relações de trabalho	Justiça do Trabalho (CF, art. 114, I)

3. A ORGANIZAÇÃO DAS NAÇÕES UNIDAS (ONU)

A Organização das Nações Unidas (ONU), também conhecida como "Nações Unidas", foi criada na Conferência de São Francisco, em 1945, quando foi firmada a **Carta das Nações Unidas (Carta da ONU)**, seu ato constitutivo.

A organização é sediada em Nova Iorque (EUA).

A **antecessora da ONU foi a Liga das Nações**, também conhecida como **Sociedade das Nações (SDN)**, organismo internacional de caráter universal (aberto a todos os Estados do mundo) que tinha objetivos semelhantes aos das Nações Unidas. A Liga das Nações era sediada em Genebra (Suíça).

Os objetivos da ONU são os seguintes (Carta das Nações Unidas, art. 1º):

• Manter a paz e a segurança internacionais e, para esse fim: tomar, coletivamente, medidas efetivas para evitar ameaças à paz e reprimir os atos de agressão e chegar, por meios pacíficos, e de conformidade com os princípios da justiça e do Direito Internacional, à solução das controvérsias que possam levar à perturbação da paz
• Desenvolver relações amistosas entre as nações, baseadas na igualdade de direitos entre os Estados e na autodeterminação dos povos
• Promover a cooperação internacional para resolver os problemas internacionais de caráter econômico, social, cultural ou humanitário, e para estimular o respeito aos direitos humanos para todos, sem distinção de qualquer espécie
• Ser um centro destinado a harmonizar a ação das nações para a consecução desses objetivos comuns

Os princípios que devem orientar a ONU em suas atividades são (Carta da ONU – art. 2º):

Igualdade jurídica entre seus membros	Assistência dos membros da ONU aos Estados em qualquer ação a que eles recorrerem, de acordo com a Carta das Nações Unidas, e negação de auxílio a Estados contra os quais a ONU aja
Solução pacífica das controvérsias	Possibilidade de ação contra Estados que não são membros das Nações Unidas, quanto necessário à manutenção da paz e da segurança internacionais
Proibição do uso da força nas relações internacionais	Respeito à soberania nacional e não intervenção em assuntos que dependam essencialmente da jurisdição de qualquer ente estatal (assuntos internos), sem prejuízo, porém, da possibilidade de ação contra Estados que representem ameaça à paz
A boa fé deve fundamentar o cumprimento das obrigações decorrentes da Carta da ONU	Contribuir para criar as condições de estabilidade e de bem-estar necessárias às relações pacíficas e amistosas entre os povos, inclusive por meio da promoção dos direitos humanos

A admissão de um Estado na ONU depende da decisão favorável de dois terços dos membros da Assembleia-Geral das Nações Unidas, após recomendação favorável do Conselho de Segurança da entidade. Pode ser membro das Nações Unidas qualquer Estado do mundo, desde que seja "amante da paz", que aceite as obrigações contidas na Carta da ONU e que, a juízo da Organização, esteja apto e disposto a cumpri-las.

A ONU tem dois tipos de Estados-membros:

- **membros originais (ou originários)**: que participaram da Conferência de São Francisco (como o Brasil) ou que assinaram previamente a Declaração das Nações Unidas, de 01 de janeiro de 1942
- **membros admitidos**: que aderiram à Carta da ONU posteriormente.

Um Estado-membro da ONU poderá ter sua participação nas Nações Unidas suspensa quando for **objeto de ação preventiva ou coercitiva por parte do Conselho de Segurança** da entidade. Entretanto, a suspensão não é automática e depende de decisão da Assembleia-Geral, a partir de recomendação do Conselho de Segurança. A eventual suspensão de um Estado poderá ser cancelada por mero ato do Conselho de Segurança (Carta das Nações Unidas, art. 5).

Ademais, a **violação persistente dos princípios contidos na Carta da ONU** poderá levar à expulsão do Estado das Nações Unidas, medida a ser tomada pela Assembleia-Geral, a partir de recomendação do Conselho de Segurança (Carta da ONU, art. 6).

A Carta da ONU poderá ser objeto de emenda, que deve ser aprovada pelo **voto favorável de dois terços dos membros da Assembleia Geral**, aqui **incluídos os cinco membros permanentes do Conselho de Segurança** (Carta da ONU, art. 108).

3.1 Órgãos da ONU

Os órgãos das Nações Unidas são as unidades de seu organograma que cumprem as funções da entidade.

> ▸ **Atenção!**
>
> Os órgãos da ONU não se confundem com os organismos que formam como o chamado "Sistema das Nações Unidas", como a FAO e a UNESCO, que não são órgãos da ONU, mas sim organizações internacionais, com personalidade jurídica própria, que compartilham com a Organização das Nações Unidas certos princípios, valores e objetivos e que estão unidos à ONU por laços de cooperação.

Os principais órgãos da ONU são três: a **Assembleia-Geral**, o **Conselho de Segurança** e o **Secretariado-Geral (Secretaria-Geral)**.

3.1.1 A Assembleia-Geral

A **Assembleia-Geral** é o **órgão plenário da ONU**, que reúne representantes de todos os Estados-membros da entidade, organizados segundo o princípio da **igualdade jurídica**.

A Assembleia-Geral é competente para **discutir qualquer tema que esteja dentro das finalidades da Carta da ONU** ou que se relacione com as funções de qualquer órgão da organização.

Como resultado dos debates que ocorram em seu âmbito, a Assembleia-Geral **poderá proferir recomendações** aos membros das Nações Unidas ou ao Conselho de Segurança, a respeito dos temas acerca dos quais tenha deliberado.

A Assembleia-Geral poderá também **solicitar a ATENÇÃO do Conselho de Segurança** para situações que possam constituir **ameaça à paz e à segurança** internacionais. No entanto, **quando o Conselho de Segurança estiver discutindo temas do âmbito de sua competência, a Assembleia-Geral só poderá se manifestar a respeito por solicitação do próprio Conselho de Segurança**.

A Assembleia-Geral é também responsável por **acompanhar as atividades dos órgãos da ONU** e por deliberar acerca da **admissão, da suspensão e da expulsão de Estados-membros** e do **orçamento** da entidade.

A Assembleia-Geral reúne-se ordinariamente uma vez por ano. Pode também reunir-se extraordinariamente, por convocação do Secretário-Geral ou a pedido do Conselho de Segurança ou da maioria dos membros das Nações Unidas.

3.1.2 O Conselho de Segurança

O **Conselho de Segurança** é o órgão da ONU que detém a **principal responsabilidade pela manutenção da paz** e da segurança internacionais.

Cabe ao Conselho de Segurança, principalmente:

- examinar situações que possam consistir ameaça à manutenção da paz e da segurança internacionais;
- avaliar se tais situações constituem ou não risco à estabilidade internacional;
- deliberar acerca das medidas a tomar a respeito de cada caso de conflito ou de instabilidade e;
- articular a implementação das ações necessárias a manter ou a restaurar a paz. Tais ações podem incluir meras recomendações, a interrupção total ou parcial das relações econômicas, dos fluxos de transportes e de comunicações e ações militares.

▸ Atenção!

O emprego da força nas relações internacionais só é permitido na hipótese acima citada ("legítimo interesse da comunidade internacional em manter a paz e a segurança internacionais") ou em legítima defesa individual ou coletiva de Estados-membros das Nações Unidas que sofram ataques armados, caso em que a ação militar será lícita até que outras medidas sejam tomadas pelo Conselho de Segurança.

O Conselho de Segurança é composto por **quinze** Estados-membros da ONU:

- **cinco** são membros **permanentes** do Conselho, com **direito a veto: China, EUA, França, Reino Unido e Rússia**.
- **dez** são membros **não permanentes** do Conselho, eleitos para **mandatos de dois anos** segundo o critério de **repartição geográfica, sem direito a reeleição** para o período subsequente.

▸ Nota:

Abstenção não é veto.

3.1.3 A Secretaria-Geral

A Secretaria-Geral (ou "Secretariado-Geral") é o principal **órgão administrativo** da ONU.

A Secretaria-Geral é chefiada pelo **Secretário-Geral**, que é também o **mais alto funcionário** e **principal representante da Organização**, eleito pela Assembleia Geral, mediante recomendação do Conselho de Segurança, para um mandato de cinco anos, permitida uma recondução para o período subsequente.

O **Secretário-Geral é responsável apenas perante a ONU**, não podendo receber instruções de qualquer autoridade ou Estado, nem mesmo daquele do qual é nacional.

As funções do Secretário-Geral são, fundamentalmente, as seguintes:

- conduzir a **administração** da ONU;
- **atuar como principal representante** das Nações Unidas;
- oferecer bons ofícios ou mediação para solucionar conflitos e alertar o Conselho de Segurança para situações de risco para a paz (**função diplomática**).

Principais órgãos da ONU e respectivas funções

ASSEMBLEIA-GERAL	CONSELHO DE SEGURANÇA	SECRETARIA-GERAL
Discutir qualquer tema que esteja dentro das finalidades da ONU	Principal responsabilidade pela manutenção da paz e da segurança internacional	Órgão administrativo
Emitir recomendações acerca dos temas objeto de deliberação	Investigar situações de instabilidade, deliberar a respeito e tomar as medidas cabíveis	Secretário-Geral: principal representante internacional da ONU
Aprovar o orçamento da ONU e deliberar acerca da admissão de novos membros e da suspensão e expulsão de Estados integrantes das Nações Unidas	Definir e implementar sanções	O Secretário-Geral tem funções diplomáticas: deve oferecer bons ofícios, mediação etc.
Acompanhar as atividades da ONU	Decidir acerca da formação de forças de paz	O Secretário-Geral deve alertar o Conselho de Segurança para situações de instabilidade
Solicitar a ATENÇÃO do Conselho de Segurança para situações que possam constituir ameaça à paz e à segurança internacionais	Opinar sobre admissão, suspensão e expulsão de membros da ONU	

3.1.4 Outros órgãos

A Corte Internacional de Justiça (CIJ) é o **principal (não único) órgão jurisdicional da ONU**, cujo estudo a respeito será feito no capítulo referente aos mecanismos de solução de controvérsias internacionais.

Dentre outros órgãos da ONU, destacamos o Conselho Econômico e Social (**ECOSOC**), competente para fazer estudos e relatórios a respeito de assuntos internacionais de caráter econômico, social, cultural, educacional, sanitário e conexos, bem como para promover a observância dos direitos humanos e para coordenar as atividades dos organismos especializados do Sistema das Nações Unidas.

Destacamos, ainda, o **Conselho de Tutela**, cuja principal atribuição é administrar territórios recém-separados de seus Estados de origem e/ou que caminham para a independência.

4. ORGANISMOS ESPECIALIZADOS DO SISTEMA DAS NAÇÕES UNIDAS

Para que as Nações Unidas atinjam seus fins, a Carta da ONU (art. 57) determinou a criação de organismos internacionais especializados, com competências específicas nos campos econômico, social, cultural, educacional, sanitário e áreas conexas, que formam o Sistema das Nações Unidas.

Os organismos especializados possuem **personalidade jurídica própria** e **não são, portanto, meros departamentos das Nações Unidas**. Em todo caso, compartilham com a ONU símbolos, princípios e missões comuns e vinculam-se a esta por meio de tratados de cooperação.

Alguns dos organismos especializados do sistema das Nações Unidas são:

- Organização das Nações Unidas para a Educação, Ciência e Cultura (UNESCO)
- Organização Mundial da Saúde (OMS)
- Organização das Nações Unidas para a Alimentação e a Agricultura (FAO)
- Fundo das Nações Unidas para a Infância (UNICEF)
- Organização Internacional do Trabalho (OIT)
- Organização Internacional da Aviação Civil (OACI)
- Organização Marítima Internacional (OMI)
- Agência Internacional de Energia Atômica (AIEA)

5. ORGANIZAÇÃO DOS ESTADOS AMERICANOS (OEA)

A Organização dos Estados Americanos (OEA) foi fundada em 1948 e é sediada em Washington D. C. (EUA). Seu ato constitutivo é a **Carta da Organização dos Estados Americanos**.

O objetivo da OEA é promover a **cooperação entre os Estados americanos** em um amplo número de áreas, como o fortalecimento da democracia, a promoção dos direitos humanos e o combate a problemas comuns a boa parte das Américas, como a pobreza, o terrorismo, as drogas e a corrupção.

A OEA orienta-se por princípios como: o **respeito ao Direito Internacional**, a **igualdade jurídica entre os Estados**, a **boa-fé**, a **condenação do uso da força**, a **solução pacífica de controvérsias**, a **democracia** e a **importância da cooperação econômica** para o bem-estar, a justiça e a paz na região.

Os principais órgãos da OEA são os seguintes:

ÓRGÃO	INFORMAÇÕES IMPORTANTES
Assembleia-Geral	• Órgão plenário • Deve deliberar acerca das políticas gerais da OEA e de sua estrutura • Deve examinar qualquer assunto relativo à convivência dos Estados americanos • Deve fortalecer a cooperação com a ONU e com outras organizações internacionais • Deve aprovar o orçamento da entidade e fiscalizar seu funcionamento
Conselho Permanente	• Formado por Embaixadores nomeados por todos os Estados-membros • Competente para acompanhar as políticas e ações da entidade
Secretaria-Geral	• Responsável pela execução dos programas do organismo • Dirigido por um Secretário-Geral, principal funcionário da entidade • A administração da OEA é competência do Secretário-Geral adjunto

Nacionalidade

1. NOÇÕES GERAIS

A nacionalidade é **o vínculo jurídico-político une uma pessoa a um Estado**, implicando uma série de direitos e obrigações recíprocas.

A nacionalidade é, primariamente, objeto de regulamentação pelo Direito interno. Nesse sentido, **cabe a cada Estado determinar – por meio de sua própria legislação interna – quais são os seus nacionais.**

Em todo caso, a nacionalidade é objeto de alguns princípios de Direito Internacional, que são os seguintes:

• A nacionalidade é direito humano: todo indivíduo tem direito a uma nacionalidade. Fica proibida a apatridia (ausência de nacionalidade)	• Todo indivíduo deveria ter a nacionalidade do Estado onde nasceu
• Todo indivíduo deveria ter apenas uma nacionalidade: o Direito Internacional veda a polipatridia (quando um só indivíduo tem mais de uma nacionalidade)	• A nacionalidade deve ser efetiva
• Todo indivíduo tem direito a mudar de nacionalidade	• O Estado pode retirar a nacionalidade de um indivíduo. Entretanto, ninguém pode ser arbitrariamente privado de sua nacionalidade
• A nacionalidade da mulher não se relaciona com a do marido. Nesse sentido, alterações no estado civil da mulher não influenciam sua nacionalidade	• Os filhos de indivíduos a serviço de seu Estado no exterior terão a nacionalidade dos pais onde quer que nasçam
• O nacional tem direito a entrar e a permanecer no território do Estado cuja nacionalidade detém	• Regulamentação interna e caráter soberano de sua atribuição: cada Estado define as regras de atribuição de sua própria nacionalidade

1.1. Tipos e critérios de aquisição de nacionalidade

A nacionalidade divide-se em tipos, segundo o momento de sua aquisição. Dentro de cada um desses tipos, a nacionalidade adquire-se de acordo com certos critérios.

Tais modalidades de obtenção da nacionalidade e os respectivos critérios de aquisição são os seguintes:

TIPOS	CRITÉRIOS DE AQUISIÇÃO
Primária (originária)	*jus solis* e *jus sanguinis*
Secundária (adquirida)	Naturalização, casamento, vínculo funcional, anexação de um Estado por outro e nacionalização unilateral

1.2. Nacionalidade primária ou originária

A **nacionalidade primária ou originária** é aquela atribuída em decorrência do **nascimento**.

A definição da nacionalidade primária vincula-se aos seguintes **critérios**:

- *jus soli(s)*: o indivíduo adquire a nacionalidade do Estado em cujo território nasce;
- *jus sanguinis*: o indivíduo obtém a nacionalidade dos ascendentes, independentemente do local onde nasça.

> **Nota:**
> É muito importante atentar para o fato de que **não é correto afirmar que o Brasil adota exclusivamente o *jus solis***. Com efeito, o Brasil também adota o *jus sanguinis* em algumas hipóteses.

1.3. Nacionalidade secundária ou adquirida

A **nacionalidade secundária ou adquirida** é aquela que é obtida a partir da **manifestação de vontade do indivíduo em adquiri-la e do ato subsequente do Estado de concedê-la**. É atribuída a partir de fato posterior – e não relacionado – ao nascimento.

> **Atenção!**
> O elemento VONTADE tem um papel fundamental dentro do processo de obtenção da nacionalidade secundária.

O critério de aquisição da nacionalidade secundária por excelência é a **naturalização**.

A naturalização é o meio pelo qual uma nova nacionalidade é adquirida a partir da **manifestação do interesse do estrangeiro em obtê-la**, culminando com o **ato discricionário** do Estado em **conceder sua nacionalidade** ao indivíduo que a pleiteou, fundamentado também no atendimento de uma série de exigências legais.

A propósito, o **preenchimento dos requisitos de aquisição da nacionalidade secundária** gera apenas a **expectativa do direito** de obtenção de uma nova nacionalidade. Nesse sentido, é necessário atentar que **a naturalização dependerá de ato discricionário** do Estado que confere ao estrangeiro interessado a sua nacionalidade.

No passado, era comum que a pessoa que casasse com estrangeiro adquirisse a nacionalidade do cônjuge. Na atualidade, esse critério não é mais empregado com tanta frequência.

O critério do **casamento** como meio de aquisição da nacionalidade secundária **não é adotado pelo Brasil**.

▸ **Nota:**

Entretanto, o estrangeiro casado com cônjuge brasileiro (ou que tenha companheiro brasileiro) fará jus à redução do prazo de residência no Brasil exigido para obter a naturalização, que em regra é de quatro anos e que será reduzido para apenas um ano, no mínimo (Lei de Migração, art. 66, II). Ademais, o cônjuge ou companheiro, há mais de 5 (cinco) anos, de integrante do Serviço Exterior Brasileiro em atividade ou de pessoa a serviço do Estado brasileiro no exterior fará jus à naturalização especial (Lei de Migração, art. 68, I).

A nacionalidade secundária pode também ser adquirida pelo **vínculo funcional**, ou seja, a partir da prestação de serviços – por parte de um estrangeiro – a um ente estatal ou pelo fato de o estrangeiro se integrar ao serviço público de outro Estado. **Não é adotado pelo Brasil.**

▸ **Nota:**

No entanto, o fato de o estrangeiro haver prestado ou poder prestar serviço relevante ao Brasil reduzirá a exigência de prazo de residência no país de quatro para no mínimo um ano (Lei de Migração, art. 66, V).

Ademais, uma nova nacionalidade pode ser adquirida pela incorporação de um Estado a outro.

Por fim, a **nacionalização unilateral**, atribuída a partir de mero ato do Estado ou "pela vontade da lei", independente da vontade do indivíduo, é atualmente **rejeitada pelo Direito Internacional**.

2. NACIONALIDADE ORIGINÁRIA BRASILEIRA

Inicialmente, é importante ressaltar que o detentor da nacionalidade originária brasileira é **brasileiro nato.**

São brasileiros natos:

- os nascidos na República Federativa do Brasil, ainda que de pais estrangeiros, desde que estes não estejam a serviço de seu país (CF, art. 12, I, "a")
- os nascidos no estrangeiro, de pai brasileiro ou mãe brasileira, desde que qualquer deles esteja a serviço da República Federativa do Brasil (CF, art. 12, I, "b")
- os nascidos no estrangeiro de pai brasileiro ou de mãe brasileira (que não estejam a serviço do Brasil), desde que sejam registrados em repartição brasileira competente ou que venham a residir na República Federativa do Brasil e optem, em qualquer tempo, depois de atingida a maioridade, pela nacionalidade brasileira (CF, art. 12, I, "c")

Na hipótese do artigo 12, I, "a", do texto constitucional, o Brasil adota o ***jus solis***. Nas demais possibilidades de atribuição da nacionalidade brasileira primária, o Brasil abraça o ***jus sanguinis***.

No tocante aos indivíduos que nasçam em território brasileiro (CF, art. 12, I, "a"), é necessário observar o seguinte:

- caso os estrangeiros estejam a serviço de seus países de origem, o filho não será brasileiro e terá a nacionalidade do Estado de nacionalidade dos genitores;
- no entanto, caso os estrangeiros não estejam a serviço de seus países de origem, o filho será brasileiro.

Na hipótese do artigo 12, I, "b" da Carta Magna, **basta que um dos genitores seja brasileiro para que o filho obtenha a nacionalidade brasileira**.

A norma do artigo 12, I, "c" da Constituição merece ATENÇÃO especial, visto ter sido **alterada pela EC 54/2007,** que fixou duas possibilidades de atribuição da nacionalidade brasileira primária para os filhos de brasileira ou brasileiro que nasçam fora do Brasil, que são as seguintes:

- o filho é registrado na repartição consular ou diplomática competente ou;
- o filho retorna ao Brasil e opta, a qualquer tempo, quando maior, pela nacionalidade brasileira.

▸ Atenção!

"Os nascidos no estrangeiro entre 7 de junho de 1994 e a data da promulgação desta Emenda Constitucional, filhos de pai brasileiro ou mãe brasileira, poderão ser registrados em repartição diplomática ou consular brasileira competente ou em ofício de registro, se vierem a residir na República Federativa do Brasil" (art. 95 dos ADCT).

▸ Atenção!

Como não há distinção entre brasileiros natos e naturalizados, salvo nas hipóteses previstas pela Constituição Federal, ao(a) filho(a) de brasileiro naturalizado nascido no exterior também se aplica a regra do artigo 12, I, "c", do texto constitucional.

A **opção** pela nacionalidade brasileira será apresentada à **Justiça Federal** por meio de ação de opção de nacionalidade (CF, art. 109, X, e Lei de Migração, art. 63) e é **ato personalíssimo**, sem possibilidade de suprimento pela representação dos pais ou de qualquer outra pessoa (STF. RE 418.096).

▸ Atenção!

Os juízes federais são competentes para processar e julgar todas "as causas referentes à nacionalidade, inclusive a respectiva opção, e à naturalização". Eventuais recursos judiciais quanto à questão deverão ser apreciados pelos Tribunais Regionais Federais (CF, art. 108, II).

3. NACIONALIDADE ADQUIRIDA BRASILEIRA: A NATURALIZAÇÃO NO BRASIL

A naturalização é **a única forma de obtenção da nacionalidade secundária** no Brasil. É regulada pela Lei de Migração (Lei 13.445/2017 – arts. 111 a 124), que traz as regras gerais acerca do tema, e pela Constituição Federal (art. 12, II).

O indivíduo que adquire a nacionalidade brasileira secundária é **brasileiro naturalizado**.

De acordo com a Lei de Migração, há quatro tipos de naturalização no Brasil: **ordinária, extraordinária, especial e provisória**.

Os **requisitos** para a naturalização ordinária no Brasil são os seguintes: I - ter **capacidade civil,** segundo a lei brasileira; II - ter **residência em território nacional, pelo prazo mínimo de 4 (quatro) anos**; III - **comunicar-se em língua portuguesa**, consideradas as condições do naturalizando; e IV - **não possuir condenação penal ou estiver reabilitado**, nos termos da lei.

O período de **permanência no Brasil** para fins de naturalização pode ser **diminuído** para no mínimo 1 (um) ano se o naturalizando preencher quaisquer das seguintes condições:

- ter filho brasileiro;
- ter cônjuge ou companheiro brasileiro e não estar dele separado legalmente ou de fato no momento de concessão da naturalização;
- haver prestado ou poder prestar serviço relevante ao Brasil; ou
- recomendar-se por sua capacidade profissional, científica ou artística

A **naturalização extraordinária** será concedida a **pessoa de qualquer nacionalidade fixada no Brasil há mais de 15 (quinze) anos ininterruptos e sem condenação penal, desde que requeira a nacionalidade brasileira** (Lei de Migração, art. 67).

A Constituição Federal prevê, ainda, duas hipóteses adicionais de obtenção da naturalização (art. 12, II, "a" e "b"):

> "São brasileiros:
>
> II – naturalizados:
>
> a) os que, na forma da lei, adquiram a nacionalidade brasileira, exigidas aos originários de países de língua portuguesa apenas residência por um ano ininterrupto e idoneidade moral;
>
> b) os estrangeiros de qualquer nacionalidade, residentes na República Federativa do Brasil há mais de quinze anos ininterruptos e sem condenação penal, desde que requeiram a nacionalidade brasileira."

> ▸ **Atenção!**
>
> A hipótese de naturalização do artigo 12, II, b, da Constituição Federal, corresponde à possibilidade de naturalização extraordinária constante do artigo 67 da Lei de Migração.

A **naturalização especial** poderá ser concedida ao estrangeiro que se encontre em uma das seguintes situações, observados os seguintes requisitos:

> **SITUAÇÕES**
>
> I - seja cônjuge ou companheiro, há mais de 5 (cinco) anos, de integrante do Serviço Exterior Brasileiro em atividade ou de pessoa a serviço do Estado brasileiro no exterior; ou
>
> II - seja ou tenha sido empregado em missão diplomática ou em repartição consular do Brasil por mais de 10 (dez) anos ininterruptos.

REQUISITOS

I - ter capacidade civil, segundo a lei brasileira;

II - comunicar-se em língua portuguesa, consideradas as condições do naturalizando; e

III - não possuir condenação penal ou estiver reabilitado, nos termos da lei.

Por fim, a **naturalização provisória** poderá ser concedida ao **migrante criança ou adolescente que tenha fixado residência em território nacional antes de completar 10 (dez) anos** de idade e deverá ser **requerida por intermédio de seu representante legal**. Cabe destacar que a naturalização provisória será convertida em definitiva se o naturalizando expressamente assim o requerer no prazo de 2 (dois) anos após atingir a maioridade.

No curso do processo de naturalização, **o naturalizando poderá requerer a tradução ou a adaptação de seu nome à língua portuguesa**.

A naturalização produz efeitos apenas **após a publicação no Diário Oficial do ato de naturalização**. Cabe destacar que no prazo máximo de 1 (um) ano após a naturalização, **deverá o naturalizado comparecer perante a Justiça Eleitoral para o devido cadastramento.**

A **naturalização** poderá ser **cancelada** por **sentença** judicial, por conta do **exercício de atividade nociva ao interesse nacional** (CF, art. 12, § 4º, I).

Por fim, cabe recordar que os **juízes federais** são **competentes** para processar e julgar as causas referentes à **naturalização** (CF, art. 109, X). Em caso de **recurso**, compete aos **Tribunais Regionais Federais** apreciar a questão (CF, art. 108, II).

3.1 Condição jurídica do naturalizado

A lei não poderá estabelecer distinção entre brasileiros natos e naturalizados, salvo nos casos previstos na Constituição (CF, art. 12, § 2º).

Nesse sentido, os direitos de brasileiros natos e naturalizados são os mesmos, salvo naquilo que o texto da Carta Magna os diferencie. **São, portanto, inconstitucionais todas as normas infraconstitucionais que estabeleçam direitos e obrigações distintas – em relação aos natos – para os naturalizados.**

Em todo caso, a ordem constitucional consagra algumas normas que limitam os direitos dos naturalizados, determinando, inicialmente, que alguns **cargos** do governo do Estado brasileiro **são privativos de brasileiro nato** (CF, art. 12, § 3º). Tais cargos são os seguintes:

• Presidente da República	• Ministro do STF
• Vice-Presidente da República	• Membro da Carreira Diplomática
• Presidente da Câmara dos Deputados	• Oficial das Forças Armadas
• Presidente do Senado Federal	• Ministro da Defesa

O brasileiro naturalizado **tampouco poderá fazer parte do Conselho da República** (CF, art. 89, IV).

Ademais, a Carta Magna impõe **restrições** para a atuação de brasileiros **naturalizados** na **mídia** (CF, art. 222).

Por fim, lembramos que o **brasileiro nato não poderá ser extraditado** em nenhuma hipótese. Entretanto, esse não é o caso do **naturalizado**, que poderá ser **extraditado** com fundamento na prática de **crime comum, cometido antes da naturalização**, ou no caso de **comprovado envolvimento em tráfico ilícito de entorpecentes** e drogas afins, na forma da lei (CF, art.5º, LI).

4. MUDANÇA DE NACIONALIDADE, PERDA E REAQUISIÇÃO DA NACIONALIDADE BRASILEIRA

A nacionalidade brasileira não é um atributo intocável. Nesse sentido, seu detentor poderá perdê-la, em algumas hipóteses.

A Constituição Federal estabelece que será declarada a **perda da nacionalidade do brasileiro que** (CF, art. 12, § 4º, I e II):

<table>
<tr><td colspan="2">a) Tiver cancelada sua naturalização, por sentença judicial, em virtude de atividade nociva ao interesse nacional (CF, art. 12, § 4º, I)</td></tr>
<tr><td rowspan="2">b) Adquirir outra nacionalidade, salvo em algum dos casos seguintes (CF, art. 12, § 4º, II):</td><td>b.1) reconhecimento da nacionalidade originária brasileira pela lei estrangeira</td></tr>
<tr><td>b.2) imposição de naturalização, pela norma estrangeira, ao brasileiro residente em estado estrangeiro, como condição para permanência em seu território ou para o exercício de direitos civis</td></tr>
</table>

Tanto o brasileiro nato como o naturalizado poderão perder a nacionalidade brasileira se adquirirem outra nacionalidade, (CF, art. 12, § 4º, II).

Entretanto, a norma constitucional determina que **somente o naturalizado poderá perder a nacionalidade brasileira por sentença judicial,** fundamentada no exercício de **atividade nociva ao interesse nacional** (CF, art. 12, § 4º, I).

Com isso, o **brasileiro nato não poderá perder a nacionalidade brasileira por sentença judicial** proferida pela prática de atividade nociva ao interesse nacional.

Recordamos que é competente para promover a **ação visando ao cancelamento de naturalização** o **Ministério Público Federal** (LC n° 75, de 20/05/1993, art. 6º, IX), em processo julgado pela **Justiça Federal** (CF, art. 109, X), com eventual **recurso para o Tribunal Regional Federal** competente (CF, art. 108, II).

Pela leitura do texto constitucional, é possível inferir que a **aquisição de outra nacionalidade** é, portanto, permitida para brasileiros.

No entanto, **a obtenção de uma nova nacionalidade não implica necessariamente** a **perda da nacionalidade brasileira**, a qual pode ser conservada nas hipóteses da norma da CF, art. 12, § 4º, II.

▸ **Nota:**

Com isso, o Brasil aceita claramente a polipatridia, ou seja, a possibilidade de que um indivíduo tenha mais de uma nacionalidade.

A **reaquisição** da nacionalidade brasileira era regulada pela Lei 818, de 18/09/1949 (arts. 36 e 37), que foi revogada pela Lei de Migração. Com a Lei 13.445/2017, o brasileiro que, em razão do previsto no inciso II do § 4º do art. 12 da Constituição Federal, houver perdido a nacionalidade, uma vez cessada a causa, poderá readquiri-la ou ter o ato que declarou a perda revogado, na forma definida pelo órgão competente do Poder Executivo.

5. ESTATUTO DA IGUALDADE BRASIL-PORTUGAL

O chamado “Estatuto da Igualdade Brasil-Portugal” é regulado pelo Tratado de Amizade, Cooperação e Consulta existente entre a República Federativa do Brasil e a República Portuguesa, celebrado no ano 2000.

Fundamentalmente, **os brasileiros em Portugal e os portugueses no Brasil**, sem perder suas nacionalidades, gozarão dos **mesmos direitos** e estarão sujeitos aos **mesmos deveres** dos nacionais dos Estados onde se encontrem, **exceto os direitos expressamente reservados pelas Constituições** de cada uma das partes **aos respectivos nacionais** tudo nos termos e condições estabelecidos nas normas do Tratado de 2000 (arts. 12-22).

A concessão do benefício não é, porém, automática, **depende de pedido por parte dos interessados**, dos quais se exige **capacidade civil** e **residência habitual no país** em que o estatuto de igualdade é pleiteado.

O benefício extingue-se com a **perda, pelo beneficiário, da sua nacionalidade**, ou com a **cessação da autorização de permanência** no Estado de residência.

Tanto o deferimento do benefício como sua perda devem ser comunicados ao Estado de nacionalidade do beneficiário.

Condição Jurídica do estrangeiro

1. INTRODUÇÃO

A noção de "condição jurídica do estrangeiro" refere-se ao **conjunto de normas** que regulam **a entrada e a permanência de nacionais de outros Estados** no Brasil.

A condição jurídica do estrangeiro no Brasil é regulada pela **Lei de Migração** (Lei 13.445/17), a qual "dispõe sobre os direitos e os deveres do migrante e do visitante, regula a sua entrada e estada no País e estabelece princípios e diretrizes para as políticas públicas para o emigrante".

A Lei de Migração **revogou o antigo Estatuto do Estrangeiro** (Lei 6.815/80) e a Lei 818/49 (Lei da Nacionalidade). É regulada pelo Decreto 9.199/17.

Importante destacar que a Lei de Migração "não prejudica a aplicação de normas internas e internacionais específicas sobre refugiados, asilados, agentes e pessoal diplomático ou consular, funcionários de organização internacional e seus familiares" e não impede a aplicação de normas de tratados mais favoráveis, mormente aquelas aprovadas no âmbito do Mercosul.

1.1 Princípios e diretrizes da política migratória brasileira

A Lei de Migração estabelece os princípios e diretrizes que devem orientar a política migratória brasileira, que são os seguintes:

I - universalidade, indivisibilidade e interdependência dos direitos humanos; II - repúdio e prevenção à xenofobia, ao racismo e a quaisquer formas de discriminação; III - não criminalização da migração;	IV - não discriminação em razão dos critérios ou dos procedimentos pelos quais a pessoa foi admitida em território nacional; V - promoção de entrada regular e de regularização documental; VI - acolhida humanitária;

VII - desenvolvimento econômico, turístico, social, cultural, esportivo, científico e tecnológico do Brasil; VIII - garantia do direito à reunião familiar; IX - igualdade de tratamento e de oportunidade ao migrante e a seus familiares; X - inclusão social, laboral e produtiva do migrante por meio de políticas públicas; XI - acesso igualitário e livre do migrante a serviços, programas e benefícios sociais, bens públicos, educação, assistência jurídica integral pública, trabalho, moradia, serviço bancário e seguridade social; XII - promoção e difusão de direitos, liberdades, garantias e obrigações do migrante; XIII - diálogo social na formulação, na execução e na avaliação de políticas migratórias e promoção da participação cidadã do migrante; XIV - fortalecimento da integração econômica, política, social e cultural dos povos da América Latina, mediante constituição de espaços de cidadania e de livre circulação de pessoas;	XV - cooperação internacional com Estados de origem, de trânsito e de destino de movimentos migratórios, a fim de garantir efetiva proteção aos direitos humanos do migrante; XVI - integração e desenvolvimento das regiões de fronteira e articulação de políticas públicas regionais capazes de garantir efetividade aos direitos do residente fronteiriço; XVII - proteção integral e atenção ao superior interesse da criança e do adolescente migrante; XVIII - observância ao disposto em tratado; XIX - proteção ao brasileiro no exterior; XX - migração e desenvolvimento humano no local de origem, como direitos inalienáveis de todas as pessoas; XXI - promoção do reconhecimento acadêmico e do exercício profissional no Brasil, nos termos da lei; e XXII - repúdio a práticas de expulsão ou de deportação coletivas

1.2 Direitos dos migrantes

A Lei de Migração determina que ao migrante é garantida no território nacional, em condição de igualdade com os nacionais, **a inviolabilidade do direito à vida, à liberdade, à igualdade, à segurança e à propriedade**, tudo em conformidade com a Constituição Federal e **independentemente da situação migratória**. São também assegurados aos estrangeiros os seguintes direitos:

I - direitos e liberdades civis, sociais, culturais e econômicos; II - direito à liberdade de circulação em território nacional; III - direito à reunião familiar do migrante com seu cônjuge ou companheiro e seus filhos, familiares e dependentes; IV - medidas de proteção a vítimas e testemunhas de crimes e de violações de direitos;	V - direito de transferir recursos decorrentes de sua renda e economias pessoais a outro país, observada a legislação aplicável; VI - direito de reunião para fins pacíficos; VII - direito de associação, inclusive sindical, para fins lícitos; VIII - acesso a serviços públicos de saúde e de assistência social e à previdência social, nos termos da lei, sem discriminação em razão da nacionalidade e da condição migratória.

IX - amplo acesso à justiça e à assistência jurídica integral gratuita aos que comprovarem insuficiência de recursos; X - direito à educação pública, vedada a discriminação em razão da nacionalidade e da condição migratória; XI - garantia de cumprimento de obrigações legais e contratuais trabalhistas e de aplicação das normas de proteção ao trabalhador, sem discriminação em razão da nacionalidade e da condição migratória; XII - isenção das taxas de que trata esta Lei, mediante declaração de hipossuficiência econômica, na forma de regulamento;	XIII - direito de acesso à informação e garantia de confidencialidade quanto aos dados pessoais do migrante, nos termos da Lei nº 12.527, de 18 de novembro de 2011; XIV - direito a abertura de conta bancária; XV - direito de sair, de permanecer e de reingressar em território nacional, mesmo enquanto pendente pedido de autorização de residência, de prorrogação de estada ou de transformação de visto em autorização de residência; e XVI - direito do imigrante de ser informado sobre as garantias que lhe são asseguradas para fins de regularização migratória

2. ENTRADA E PERMANÊNCIA EM ESTADO ESTRANGEIRO

Nenhum Estado é obrigado a acolher e a manter um estrangeiro em seu território.

Nesse sentido, a entrada e a permanência de estrangeiros em outro país estão condicionadas à **observância de requisitos** estabelecidos pelos Estados visitados, que normalmente envolvem a posse de certos documentos e a obediência a determinados comandos normativos, abrangendo, ainda, em algumas hipóteses, a **discricionariedade** do ente estatal que recebe o estrangeiro.

2.1 Títulos de ingresso. Documentos de Viagem

A entrada e a permanência de um estrangeiro no território de outro Estado estão condicionadas à posse do chamado **"justo título"**, que compreende:

- um **documento de viagem válido**, que identifique o viajante, como um passaporte;
- um **visto**, concedido de acordo com o propósito da viagem, com fundamento na **obediência a certos critérios estabelecidos pelo Estado visitado,** e válido por um prazo específico, que pode ser determinado ou indeterminado.

Cabe destacar que **o visto pode ser dispensado** em determinados tipos de viagem, com base em tratados ou na reciprocidade.

A Lei de Migração reconhece expressamente os seguintes documentos de viagem, em lista não exaustiva:

I - passaporte; II - *laissez-passer*; III - autorização de retorno; IV - salvo-conduto V - carteira de identidade de marítimo; VI - carteira de matrícula consular;	VII - documento de identidade civil ou documento estrangeiro equivalente, quando admitidos em tratado; VIII - certificado de membro de tripulação de transporte aéreo; e IX - outros que vierem a ser reconhecidos pelo Estado brasileiro em regulamento

2.2. Vistos concedidos no Brasil

De acordo com a Lei de Migração, o visto é o documento que dá a seu titular expectativa de ingresso em território nacional. É regulado pelos artigos 12 a 18 da Lei de Migração e pelos artigos 4 a 57 do Decreto 9.199/17.

O visto brasileiro deve ser concedido no exterior, em embaixadas, consulados-gerais, consulados, vice-consulados e, quando habilitados pelo órgão competente do Poder Executivo, por escritórios comerciais e de representação do Brasil no exterior. Excepcionalmente, os vistos diplomático, oficial e de cortesia poderão ser concedidos no Brasil.

O visto não será concedido:

I – a quem não preencher os requisitos para o tipo de visto pleiteado;

II – a quem comprovadamente ocultar condição impeditiva de concessão de visto ou de ingresso no País; ou

III – a menor de 18 (dezoito) anos desacompanhado ou sem autorização de viagem por escrito dos responsáveis legais ou de autoridade competente.

O visto poderá ser denegado a pessoa nas seguintes condições:

• anteriormente expulsa do País, enquanto os efeitos da expulsão vigorarem;
• condenada ou respondendo a processo por ato de terrorismo ou por crime de genocídio, crime contra a humanidade, crime de guerra ou crime de agressão, nos termos definidos pelo Estatuto de Roma do Tribunal Penal Internacional, de 1998, promulgado pelo Decreto nº 4.388, de 25 de setembro de 2002 ;
• condenada ou respondendo a processo em outro país por crime doloso passível de extradição segundo a lei brasileira;
• que tenha o nome incluído em lista de restrições por ordem judicial ou por compromisso assumido pelo Brasil perante organismo internacional;
• que tenha praticado ato contrário aos princípios e objetivos dispostos na Constituição Federal.

A posse ou a propriedade de bem no Brasil não confere o direito de obter visto ou autorização de residência em território nacional, sem prejuízo do disposto sobre visto para realização de investimento.

O Brasil concede os seguintes tipos de vistos:

I - de visita;
II - temporário;
III - diplomático;
IV - oficial;
V - de cortesia

O Brasil não mais concede visto permanente, podendo, porém, conceder autorização de residência em caráter permanente.

O Brasil concede os seguintes vistos de visita:

I - turismo;
II - negócios;
III - trânsito;
IV - atividades artísticas ou desportivas; e
V - outras hipóteses definidas em regulamento.

O visto temporário, que poderá ser concedido ao imigrante que venha ao Brasil com o intuito de estabelecer residência por tempo determinado, inclui as seguintes situações:

I - o visto temporário tenha como finalidade: a) pesquisa, ensino ou extensão acadêmica; b) tratamento de saúde; c) acolhida humanitária; d) estudo; e) trabalho; f) férias-trabalho; g) prática de atividade religiosa ou serviço voluntário; h) realização de investimento ou de atividade com relevância econômica, social, científica, tecnológica ou cultural; i) reunião familiar; j) atividades artísticas ou desportivas com contrato por prazo determinado;
II - o imigrante seja beneficiário de tratado em matéria de vistos;
III - outras hipóteses definidas em regulamento.

Um dos vistos temporários brasileiros que mais chama a atenção da doutrina é o visto de acolhida humanitária, o qual "**poderá ser concedido ao apátrida ou ao nacional de qualquer país em situação de grave ou iminente instabilidade institucional, de conflito armado, de calamidade de grande proporção, de desastre ambiental ou de grave violação de direitos humanos ou de direito internacional humanitário, ou em outras hipóteses, na forma de regulamento**".

Outro visto temporário importante é o visto temporário de trabalho, que poderá ser concedido ao imigrante **que venha exercer atividade laboral, com ou sem vínculo empregatício no Brasil, desde que comprove oferta de trabalho formalizada por pessoa jurídica em atividade no País, dispensada esta exigência se o imigrante comprovar titulação em curso de ensino superior ou equivalente**". É também reconhecida ao imigrante "a quem se tenha concedido visto temporário para trabalho a possibilidade de modificação do local de exercício de sua atividade laboral"

Por fim, outro visto importante é o visto de reunião familiar, que visa a permitir que o migrante mantenha sua família no Brasil e que será concedido a pessoas nas seguintes condições:

I - cônjuge ou companheiro, sem discriminação alguma; II - filho de imigrante beneficiário de autorização de residência, ou que tenha filho brasileiro ou imigrante beneficiário de autorização de residência;	III - ascendente, descendente até o segundo grau ou irmão de brasileiro ou de imigrante beneficiário de autorização de residência; ou IV - que tenha brasileiro sob sua tutela ou guarda

Não será exigido visto de saída do estrangeiro do Brasil.

2.3 Autorização de residência

A autorização de residência no Brasil é regulada pelos artigos 30 a 37 da Lei de Migração e pelos artigos 123 a 163 do Decreto 9.199/17.

A autorização de residência poderá ser concedida nas seguintes hipóteses:

I - a residência tenha como finalidade: a) pesquisa, ensino ou extensão acadêmica; b) tratamento de saúde; c) acolhida humanitária; d) estudo; e) trabalho; f) férias-trabalho; g) prática de atividade religiosa ou serviço voluntário; h) realização de investimento ou de atividade com relevância econômica, social, científica, tecnológica ou cultural; i) reunião familiar	II - a pessoa: a) seja beneficiária de tratado em matéria de residência e livre circulação; b) seja detentora de oferta de trabalho; c) já tenha possuído a nacionalidade brasileira e não deseje ou não reúna os requisitos para readquiri-la; d) seja beneficiária de refúgio, de asilo ou de proteção ao apátrida; e) seja menor nacional de outro país ou apátrida, desacompanhado ou abandonado, que se encontre nas fronteiras brasileiras ou em território nacional; f) tenha sido vítima de tráfico de pessoas, de trabalho escravo ou de violação de direito agravada por sua condição migratória; g) esteja em liberdade provisória ou em cumprimento de pena no Brasil; III - outras hipóteses definidas em regulamento

Não será concedida autorização de residência a pessoa condenada criminalmente no Brasil ou no exterior por sentença transitada em julgado, desde que a conduta esteja tipificada na legislação penal brasileira, ressalvados os casos em que a conduta caracterize infração de menor potencial ofensivo, em casos de tratamento de saúde, acolhida humanitária ou reunião familiar ou quando a pessoa for beneficiária de tratado em matéria de residência e livre circulação. **Cabe destacar que poderá ser concedida autorização de residência independentemente da situação migratória.**

Poderá ser negada autorização de residência nas seguintes hipóteses:

• pessoa anteriormente expulsa do País, enquanto os efeitos da expulsão vigorarem;
• pessoa condenada ou respondendo a processo por ato de terrorismo ou por crime de genocídio, crime contra a humanidade, crime de guerra ou crime de agressão, nos termos definidos pelo Estatuto de Roma do Tribunal Penal Internacional, de 1998, promulgado peloDecreto no4.388, de 25 de setembro de 2002;
• pessoa condenada ou respondendo a processo em outro país por crime doloso passível de extradição segundo a lei brasileira;
• pessoa que tenha o nome incluído em lista de restrições por ordem judicial ou por compromisso assumido pelo Brasil perante organismo internacional;
• pessoa que tenha praticado ato contrário aos princípios e objetivos dispostos na Constituição Federal.

3. IMPEDIMENTO E REPATRIAÇÃO

O impedimento é o ato pelo qual é **impedida a passagem do estrangeiro pelo ponto de controle migratório.**

A repatriação é medida diretamente vinculada ao impedimento: é **ato pelo qual o estrangeiro impedido é devolvido ao país de origem ou de nacionalidade ou qualquer outro que queira recebê-lo,** em observância aos tratados dos quais o Brasil seja parte.

> ▸ **Atenção!**
>
> O impedimento tem como consequência a repatriação, e a repatriação depende do impedimento.

Poderá ser impedida de ingressar no Brasil, **após entrevista individual e mediante ato fundamentado**, a pessoa:

I - anteriormente expulsa do País, enquanto os efeitos da expulsão vigorarem; II - condenada ou respondendo a processo por ato de terrorismo ou por crime de genocídio, crime contra a humanidade, crime de guerra ou crime de agressão, nos termos definidos pelo Estatuto de Roma do Tribunal Penal Internacional, de 1998, promulgado pelo Decreto nº 4.388, de 25 de setembro de 2002; III - condenada ou respondendo a processo em outro país por crime doloso passível de extradição segundo a lei brasileira; IV - que tenha o nome incluído em lista de restrições por ordem judicial ou por compromisso assumido pelo Brasil perante organismo internacional; V - que apresente documento de viagem que: a) não seja válido para o Brasil; b) esteja com o prazo de validade vencido; ou c) esteja com rasura ou indício de falsificação	VI - que não apresente documento de viagem ou documento de identidade, quando admitido; VII - cuja razão da viagem não seja condizente com o visto ou com o motivo alegado para a isenção de visto; VIII - que tenha, comprovadamente, fraudado documentação ou prestado informação falsa por ocasião da solicitação de visto; ou IX - que tenha praticado ato contrário aos princípios e objetivos dispostos na Constituição Federal. NOTA - Ninguém será impedido de ingressar no País por motivo de raça, religião, nacionalidade, pertinência a grupo social ou opinião política.

Não será aplicada medida de repatriação a pessoa em situação de refúgio ou de apatridia, de fato ou de direito; ao menor de 18 (dezoito) anos desacompanhado ou separado de sua família, exceto nos casos em que se demonstrar favorável para a garantia de seus direitos ou para a reintegração a sua família de origem; ou a quem necessite de acolhimento humanitário. Em todo e qualquer caso, e à luz do princípio do *non refoulement*, **a pessoa não será recambiada para país ou região que possa apresentar risco à vida, à integridade pessoal ou à liberdade da pessoa**.

4. DEPORTAÇÃO

A deportação é o ato pelo qual **o Estado retira compulsoriamente de seu território um estrangeiro que ali entrou ou permanece de forma irregular**. É, em outras palavras, "**medida decorrente de procedimento administrativo que consiste na retirada compulsória de pessoa que se encontre em situação migratória irregular em território nacional**".

A noção de "**irregularidade**" refere-se fundamentalmente à **falta de justo título**, envolvendo, portanto, problemas no tocante ao documento de viagem ou ao visto, como passaporte vencido, documento de viagem inadequado, visto vencido, exercício de atividade incompatível com o tipo de visto concedido etc. Envolve também irregularidade na permanência, não aquela detectada no momento da entrada, que é objeto do impedimento.

No Brasil, a deportação é regulada pela Lei de Migração (arts. 50-53) e é **competência da Polícia Federal.**

No regime da Lei de Migração, a deportação deve observar o seguinte procedimento:

a) A deportação será precedida de notificação pessoal ao deportando, da qual constem, expressamente, as irregularidades verificadas e prazo para a regularização não inferior a 60 (sessenta) dias, podendo ser prorrogado, por igual período, por despacho fundamentado e mediante compromisso de a pessoa manter atualizadas suas informações domiciliares.
b) A notificação de deportação não impede a livre circulação em território nacional, devendo o deportando informar seu domicílio e suas atividades
c) A deportação não exclui eventuais direitos adquiridos em relações contratuais ou decorrentes da lei brasileira
d) Os procedimentos conducentes à deportação devem respeitar o contraditório e a ampla defesa e a garantia de recurso com efeito suspensivo
e) A Defensoria Pública da União deverá ser notificada, preferencialmente por meio eletrônico, para prestação de assistência ao deportando em todos os procedimentos administrativos de deportação
f) A ausência de manifestação da Defensoria Pública da União, desde que prévia e devidamente notificada, não impedirá a efetivação da medida de deportação.

Ao deixar o Brasil, **o estrangeiro deportado poderá partir para qualquer outro país**, devendo, porém, atender aos requisitos de entrada dos Estados para cujos territórios se dirija e tendo o direito de retornar a seu Estado de nacionalidade.

O retorno do deportado é permitido, nas seguintes condições:

- o estrangeiro deve estar **legalizado**;
- o estrangeiro deve ter **ressarcido eventuais despesas feitas pelo Tesouro Nacional com sua deportação;**
- o estrangeiro deve ter **pagado multas porventura devidas** por conta da irregularidade de sua presença no Brasil.

Não é permitida a deportação em dois casos:

- quando configurar **extradição inadmitida** pela lei brasileira;
- à luz do princípio do *non-refoulement*.

Entretanto, **não impede a deportação o fato de o estrangeiro ser casado com cônjuge brasileiro ou ter filho brasileiro sob sua guarda e dependência econômica.**

5. EXPULSÃO

A expulsão consiste em **medida administrativa de retirada compulsória de migrante ou visitante do território nacional, conjugada com o impedimento de reingresso por prazo determinado**.

No Brasil, a expulsão é regida pelos artigos 54 a 60 da Lei 6.815/80.

No regime da Lei de Migração, o Brasil expulsa estrangeiros em apenas duas hipóteses:

Crime de genocídio, crime contra a humanidade, crime de guerra ou crime de agressão, nos termos definidos pelo Estatuto de Roma do Tribunal Penal Internacional, de 1998, promulgado pelo Decreto n• 4.388, de 25 de setembro de 2002.	Crime comum doloso passível de pena privativa de liberdade, consideradas a gravidade e as possibilidades de ressocialização em território nacional. NOTA: o processamento da expulsão em caso de crime comum não prejudicará a progressão de regime, o cumprimento da pena, a suspensão condicional do processo, a comutação da pena ou a concessão de pena alternativa, de indulto coletivo ou individual, de anistia ou de quaisquer benefícios concedidos em igualdade de condições ao nacional brasileiro

No regime da Lei de Migração, **o impedimento de retorno ao Brasil é temporário**. No caso, o tempo de impedimento de entrada em território brasileiro **é proporcional ao prazo total da pena aplicada e nunca será superior ao dobro do tempo desta.**

Atenção!

No regime do antigo Estatuto do Estrangeiro, o impedimento de entrada era permanente, salvo revogação do decreto de expulsão.

A expulsão é proibida no Brasil nas seguintes hipóteses:

I - a medida configurar extradição inadmitida pela legislação brasileira;
II - o expulsando:
a) tiver filho brasileiro que esteja sob sua guarda ou dependência econômica ou socioafetiva ou tiver pessoa brasileira sob sua tutela;
b) tiver cônjuge ou companheiro residente no Brasil, sem discriminação alguma, reconhecido judicial ou legalmente;
c) tiver ingressado no Brasil até os 12 (doze) anos de idade, residindo desde então no País;
d) for pessoa com mais de 70 (setenta) anos que resida no País há mais de 10 (dez) anos, considerados a gravidade e o fundamento da expulsão.

Tampouco haverá expulsão quando subsistirem razões para acreditar que a medida poderá colocar em risco a vida ou a integridade pessoal, à luz do **princípio do *non refoulment*.**

Não é admitida, ainda, a expulsão de nacionais (“**banimento**”).

> ▸ **Atenção!**
>
> É proibida, ademais, a expulsão coletiva (Lei de Migração e Pacto de São José, art. 22, 9).

Todas as possibilidades que ensejam a expulsão deverão ser apuradas em **processo administrativo (“Inquérito Policial de Expulsão”)**, levado a cabo dentro do **Ministério da Justiça**, que servirá de fundamento para a decisão acerca da expulsão.

Ao final, a competência para decretar a expulsão é do próprio Presidente da República. Entretanto, por meio do Decreto 3.447, de 05/05/2000, a Presidência da República delegou “competência ao **Ministro de Estado da Justiça**, vedada a subdelegação, para decidir sobre a expulsão de estrangeiro do País e a sua revogação”.

O estrangeiro **poderá retornar ao Brasil** ao final do prazo de impedimento de entrada ou **se o ato de expulsão for revogado**, por meio de **decreto,** de competência exclusiva do **Presidente da República**.

> ▸ **Atenção!**
>
> O fato de o estrangeiro ter filho brasileiro que esteja sob sua guarda ou dependência econômica ou socioafetiva impede apenas a expulsão, mas não a deportação, a extradição e a repatriação.

▸ **Atenção!**

No regime do antigo Estatuto do Estrangeiro, a falsificação de documento de viagem ou visto era motivo para expulsão. Agora é causa de impedimento.

6. EXTRADIÇÃO

A extradição é o ato pelo qual um Estado entrega a outro Estado um indivíduo acusado de ter violado as leis penais deste ente estatal, para que neste responda pelo ilícito que praticou, sendo submetido a processo e a julgamento ou cumprindo a pena que lhe foi cominada.

A própria Lei de Migração define a extradição como **a medida de cooperação penal internacional entre o Estado brasileiro e outro Estado pela qual se concede ou solicita a entrega de pessoa sobre quem recaia condenação criminal definitiva ou para fins de instrução de processo penal em curso.**

Conceito de extradição: aspectos a destacar:	implica uma relação entre Estados
	medida dirigida contra um indivíduo (o extraditando)
	aplicável diante da prática de ilícitos penais e em qualquer fase (instrução penal, processo e julgamento)
	objeto: promover o combate ao crime, por meio da cooperação entre Estados. É ato de cooperação jurídica internacional no campo penal.

A extradição é **regulada no ordenamento interno** dos Estados e, eventualmente, em **tratados**. No Brasil, o tema é regulado pela Constituição Federal (arts. 5º, LI e LII, 22, XV, e 102, I, "g") e pela Lei de Migração (arts. 81-98).

A extradição deverá ser **objeto de pedido** do Estado interessado em punir determinado indivíduo que tenha violado sua lei penal. Entretanto, **o Estado que recebe o pleito de extradição não é obrigado a atendê-lo,** devendo examiná-lo de acordo com os requisitos estabelecidos nas normas internacionais e nacionais pertinentes.

▸ **Atenção!**

Apenas os Estados podem pedir a extradição a outro Estado, por meio dos respectivos órgãos governamentais competentes.

A extradição é ato de cooperação jurídica internacional **dirigido ao combate de ilícitos penais**, abrangendo, em geral, apenas aqueles atos que tenham **certa**

gravidade. Crimes de menor potencial ofensivo ou meras contravenções normalmente não abrem a possibilidade de extradição.

O ilícito que fundamenta o pedido de extradição deve caracterizar **violação do ordenamento penal do Estado que apresenta o pleito extradicional**, podendo, portanto, ter sido cometido tanto no território do ente estatal requerente como em qualquer outro país, desde que aplicáveis as leis penais do Estado que pede a extradição.

A extradição é **possível tanto na fase processual como após a condenação** do extraditando.

6.1 Fundamento da extradição

Para que o pedido da extradição seja examinado, deve haver:

- um tratado acerca do tema entre o Estado solicitante e o solicitado ou;
- caso não exista esse tratado, deve existir a aceitação, pelo Estado requerido, de uma promessa de reciprocidade do Estado requerente.

A **"promessa de reciprocidade"** é o instituto pelo qual **o Estado solicitante se compromete a examinar eventual pedido de extradição futuro que lhe for formulado pelo Estado solicitado.** A apresentação e a aceitação de uma promessa de reciprocidade dependem da legislação dos Estados envolvidos e constituem, normalmente, **ato discricionário.**

> **▸ Atenção!**
>
> Tanto o tratado como a aceitação da promessa de reciprocidade apenas permitem o exame do processo de extradição, dependendo a concessão desta do exame de outros requisitos, constantes do ordenamento interno e dos tratados pertinentes.

6.2 Do exame do pedido de extradição: princípios e regras pertinentes

De acordo com o princípio da **contenciosidade limitada, o Estado solicitado não examina o mérito da ação penal que motiva o pedido extradicional**, o que só poderá ser feito pela Justiça do Estado solicitante.

Com isso, o exame do pedido no Estado requerido resume-se apenas à **verificação da existência ou não das condições de concessão da extradição**, que são aquelas constantes dos tratados e da lei interna. É, portanto, um **sistema delibatório**.

A concessão da extradição no Brasil deve apoiar-se no **princípio da identidade**, também conhecido como princípio da "**dupla tipicidade**", segundo o qual:

- o ilícito que motiva o pedido de extradição deve ser tipificado como crime tanto no Brasil como no Estado requerente;
- o tipo de pena aplicável ao delito deve existir tanto no Estado solicitante quanto no solicitado.

Com isso, o Brasil não concederá a extradição quando o extraditando estiver sujeito a algumas das penas elencadas no artigo 5º, XLVII, da Carta Magna, **salvo quando o Estado solicitante se comprometer a comutar a pena**, mudando-a para um tipo menos gravoso.

A extradição segue também o **princípio da especialidade**, pelo qual sua concessão permitirá que **o extraditando seja processado e/ou julgado apenas pelos fatos constantes do pedido de extradição**.

A extradição poderá ser concedida para que o indivíduo responda apenas por alguns dos atos indicados no pedido ("**extradição parcial**").

O Brasil não concederá extradição de estrangeiro por crime político ou de opinião (CF, art. 5º, LII), bem como **quando o extraditando estiver sujeito a responder no Estado requerente, perante tribunal ou juízo de exceção.**

Entretanto, **quando o crime político for conexo com crime comum, existe a possibilidade de concessão da extradição,** de acordo com o chamado **"princípio da preponderância",** de acordo com o qual a extradição poderá ocorrer quando o fato delituoso constituir, principalmente, infração à lei penal comum ou quando o crime comum, conexo ao delito político, constituir o fato principal.

Os artigo 33 e 34 da Lei 9.474/97, lei que regula o tema do refúgio no Brasil, determinam, ainda, que:

- a **solicitação de refúgio suspenderá**, até **decisão definitiva**, qualquer **processo de extradição pendente**, em fase administrativa ou judicial, **baseado nos fatos que fundamentaram a concessão de refúgio** e;
- o **reconhecimento da condição de refugiado obstará o seguimento** de qualquer **pedido de extradição baseado nos fatos que fundamentaram a concessão de refúgio**;

Cabe ressaltar, porém, que o STF tem determinado, em alguns casos, que o processo de extradição deve ter seguimento, ainda que diante de um pedido de refúgio (STF, Informativos 558, 567 e 568, de 2009. Processo: Ext 1085/Governo da Itália).

O Brasil **não extradita brasileiros natos** e **só extradita naturalizados** quando estes tiverem praticado **crime comum antes da naturalização** ou quando for **comprovado seu envolvimento em tráfico ilícito de entorpecentes e drogas afins**, na forma da lei (CF, art. 5º, LI).

Extradição de brasileiros	**Brasileiro nato**	Vedação em qualquer hipótese
	Brasileiro naturalizado	Possibilidade nas seguintes hipóteses: 1. Crime comum cometido antes da naturalização 2. Crime de envolvimento em narcotráfico e delitos afins, cometido a qualquer tempo

O fato de o extraditando ser casado com cônjuge brasileiro ou ter filho brasileiro sob sua guarda e dependência econômica não impede a extradição (STF - Súmula 421).

Em suma, são condições para a concessão da extradição (Lei de Migração, art. 83):

I - ter sido o crime cometido no território do Estado requerente ou serem aplicáveis ao extraditando as leis penais desse Estado; e
II - estar o extraditando respondendo a processo investigatório ou a processo penal ou ter sido condenado pelas autoridades judiciárias do Estado requerente a pena privativa de liberdade.

É, em síntese, vedada a extradição nas seguintes hipóteses (Lei de Migração, art. 82):

> **Art. 82.** Não se concederá a extradição quando:
>
> I - o indivíduo cuja extradição é solicitada ao Brasil for brasileiro nato;
>
> II - o fato que motivar o pedido não for considerado crime no Brasil ou no Estado requerente;
>
> III - o Brasil for competente, segundo suas leis, para julgar o crime imputado ao extraditando;
>
> IV - a lei brasileira impuser ao crime pena de prisão inferior a 2 (dois) anos;
>
> V - o extraditando estiver respondendo a processo ou já houver sido condenado ou absolvido no Brasil pelo mesmo fato em que se fundar o pedido;
>
> VI - a punibilidade estiver extinta pela prescrição, segundo a lei brasileira ou a do Estado requerente;
>
> VII - o fato constituir crime político ou de opinião;
>
> VIII - o extraditando tiver de responder, no Estado requerente, perante tribunal ou juízo de exceção; ou

IX - o extraditando for beneficiário de refúgio, nos termos da Lei nº 9.474, de 22 de julho de 1997, ou de asilo territorial.

§ 1º A previsão constante do inciso VII do caput não impedirá a extradição quando o fato constituir, principalmente, infração à lei penal comum ou quando o crime comum, conexo ao delito político, constituir o fato principal.

§ 2º Caberá à autoridade judiciária competente a apreciação do caráter da infração.

§ 3º Para determinação da incidência do disposto no inciso I, será observada, nos casos de aquisição de outra nacionalidade por naturalização, a anterioridade do fato gerador da extradição.

§ 4º O Supremo Tribunal Federal poderá deixar de considerar crime político o atentado contra chefe de Estado ou quaisquer autoridades, bem como crime contra a humanidade, crime de guerra, crime de genocídio e terrorismo.

§ 5º Admite-se a extradição de brasileiro naturalizado, nas hipóteses previstas na Constituição Federal.

Não será tampouco efetivada a entrega do extraditando sem que o Estado requerente assuma o compromisso de (Lei de Migração, art. 96):

<table>
<tr><td>I - não submeter o extraditando a prisão ou processo por fato anterior ao pedido de extradição;

II - computar o tempo da prisão que, no Brasil, foi imposta por força da extradição;

III - comutar a pena corporal, perpétua ou de morte em pena privativa de liberdade, respeitado o limite máximo de cumprimento de 30 (trinta) anos;</td><td>IV - não entregar o extraditando, sem consentimento do Brasil, a outro Estado que o reclame;

V - não considerar qualquer motivo político para agravar a pena; e

VI - não submeter o extraditando a tortura ou a outros tratamentos ou penas cruéis, desumanos ou degradantes.</td></tr>
</table>

6.3 Autoridade competente para a concessão da extradição no Brasil

No Brasil, a decisão acerca do deferimento de um pedido de extradição é dividida entre o **Executivo** e o **Judiciário.**

O Executivo é o órgão competente para receber o pedido de extradição do Estado estrangeiro, por via diplomática ou por meio das autoridades centrais.

A possibilidade de conceder ou não a extradição será, porém, examinada pelo **Supremo Tribunal Federal (STF)**, em vista da norma pela qual **nenhuma extradição será concedida sem prévio exame da legalidade e procedência do pedido pelo Pretório Excelso** (CF, art. 102, I, "g").

Dentro do processo, a **defesa** do extraditando só poderá versar sobre a **identidade da pessoa reclamada, defeito de forma dos documentos apresentados** ou **ilegalidade** da extradição. A **concordância do extraditando é irrelevante** e não dispensa o exame do pedido (STF. Ext 1.056/França).

A decisão do STF é irrecorrível e, negada a extradição, não se admitirá novo pedido baseado no mesmo fato.

Caso a decisão seja por indeferir o pedido, não poderá o Governo brasileiro entregar o extraditando.

Entretanto, caso a decisão seja pela extradição, prevalece, atualmente, o entendimento de que **a decisão final acerca da concessão da extradição é do Presidente da República** (STF. Informativos 558, 567 e 568, de 2009. Processo: Ext 1085/Itália), em **ato discricionário, observados, porém, os tratados pertinentes**, que podem obrigar o Chefe de Estado a entregar o extraditando (STF. Informativo 572. 2009. Processo: Ext 1085/ Itália).

Em suma:

Se o STF negar a extradição	O Presidente não poderá concedê-la
Se o STF autorizar a extradição	1. O Presidente poderá concedê-la, em ato discricionário 2. O Presidente poderá não concedê-la, em ato discricionário NOTA: em qualquer caso, devem ser observadas eventuais normas de tratados, que podem obrigar à entrega

Concedida a extradição, o Executivo deve colocar o extraditando a disposição do Estado solicitado, o qual deverá **retirar o extraditando do Brasil em até sessenta dias** após a comunicação oficial do Governo brasileiro a respeito. **O extraditando que não for retirado do Brasil nesse prazo ganha liberdade** (STF - Súmula 367 e Lei de Migração, art. 93), o que não exclui, porém, a possibilidade de expulsão.

Por fim, não se deve confundir a extradição com a entrega (*surrender*), instituto previsto no Estatuto de Roma do Tribunal Penal Internacional (TPI)e que consiste no ato pelo qual o Estado coloca um indivíduo à disposição do TPI, para ali ser processado e julgado e para cumprir pena em caso de condenação.

7. ASILO E REFÚGIO

Uma pessoa que tem sua vida ou integridade ameaçadas em um país por motivos diversos tem a possibilidade de buscar proteção em outro país. No Direito Internacional, essa possibilidade cabe em dois institutos: o asilo e o refúgio.

7.1. Asilo

O **asilo** consiste na proteção dada por um Estado a um indivíduo cuja vida, liberdade ou dignidade estejam ameaçadas pelas autoridades de outro Estado por conta de **perseguições de ordem política**. É também conhecido como "**asilo político**".

O direito ao asilo é expressamente previsto na Declaração Universal dos Direitos Humanos (art. XIV), que estabelece que "Todo o homem, vítima de perseguição, tem o direito de procurar e de gozar asilo em outros países". Entretanto, o mesmo artigo também determina que o direito ao asilo "não pode ser invocado em casos de perseguição legitimamente motivada por crimes de direito comum ou por atos contrários aos objetivos e princípios das Nações Unidas".

As diretrizes básicas para o asilo constam da Resolução 3.212 da Assembleia Geral da ONU e são as seguintes:

Os Estados têm o direito, e não o dever, **de conceder asilo**	A **qualificação do delito** que justifica a perseguição compete ao **Estado ao qual o asilo é solicitado**
O asilo deve ser outorgado a **pessoas que sofrem perseguição**	O **Estado pode negar o asilo** por motivo de segurança nacional
A concessão do asilo deve ser respeitada pelos demais Estados e não deve ser motivo de reclamação	As pessoas que podem fazer jus ao asilo não devem ter sua entrada proibida pelo Estado asilante nem ser retiradas para Estado onde podem estar sujeitas a perseguição (**direito de *non refoulement***)

Além disso, a concessão do asilo **não é aplicável** diante de **crimes comuns** ou de **atos contrários aos objetivos e princípios das Nações Unidas.**

A concessão do asilo é também **ato discricionário do Estado.**

Há dois tipos de asilo: o **territorial** e o **diplomático**.

ASILO TERRITORIAL	ASILO DIPLOMÁTICO
O beneficiário é acolhido no território de um Estado	O beneficiário é acolhido em missões diplomáticas, navios de guerra, aeronaves e acampamentos militares
É o asilo por excelência	É forma temporária de asilo, prévia ao asilo territorial

No Brasil, a situação do asilado é regulada pelos artigos 27 a 29 da Lei de Migração.

No caso, a Lei de Migração confirma que o asilo político, "que constitui ato discricionário do Estado, poderá ser diplomático ou territorial e será outorgado como instrumento de proteção à pessoa".

O Brasil não concederá asilo a quem tenha cometido crime de genocídio, crime contra a humanidade, crime de guerra ou crime de agressão, nos termos do Estatuto de Roma do Tribunal Penal Internacional, de 1998, promulgado pelo Decreto nº 4.388, de 25 de setembro de 2002.

Por fim, a saída do asilado do País sem prévia comunicação implica renúncia ao asilo.

7.2. Refúgio

O refúgio é o ato pelo qual **o Estado concede proteção ao indivíduo que corre risco em outro país por motivo de guerra ou por perseguições de caráter racial, religioso, nacionalidade ou pertinência a um grupo social**.

No Direito Internacional, o refúgio é regulado pela Convenção relativa ao Estatuto dos Refugiados, de 1951 (Decreto 50.215, de 28/01/1961, atualizado pelo Decreto 99.757, de 03/12/1990, que retirou as reservas que o Brasil mantinha ao referido acordo); e pelo Protocolo sobre o Estatuto dos Refugiados, de 1967 (Decreto 70.946, de 07/08/1972). No Brasil, o tema também é objeto da Lei 9.474, de 22/07/1997.

Dentre as diferenças entre asilo e refúgio elencadas pela doutrina indicamos: a) a concessão do asilo é ato soberano e discricionário do Estado, ao passo que a concessão do refúgio é obrigatória para o Estado, uma vez atendidas as exigências definidas nos tratados; b) o controle da aplicação das normas sobre refúgio encontra-se a cargo de órgãos internacionais, como o Alto Comissariado das Nações Unidas para os Refugiados (ACNUR), ao passo que não existe foro internacional dedicado especificamente a acompanhar o tratamento do tema do asilo; c) os motivos para a concessão de asilo são políticos, ao passo que a concessão do refúgio pode se fundamentar em perseguições por motivo de raça, grupo social, religião e penúria; d) as discussões sobre o caráter político ou comum dos atos que motivam o pedido de asilo são irrelevantes no caso dos refugiados; e) em regra, a perseguição que motiva o refúgio ocorre por motivos que se aplicam a um grupo (é uma perseguição coletiva); f) o asilo pode ser solicitado no próprio país de origem do indivíduo perseguido, enquanto o refúgio só é admitido quando o indivíduo está fora de seu país e; g) quando o refúgio é concedido por motivos políticos, trata-se de uma perseguição a um grupo, ao passo que a perseguição política que motiva o asilo é individualizada.

De acordo com o Estatuto dos Refugiados, o refugiado é **a pessoa que sofre – ou teme sofrer – em seu Estado de origem, perseguição por motivos de raça, religião, nacionalidade, grupo social ou questões políticas e que, por esses motivos, deixa esse Estado e procura proteção em outro, não podendo ou não devendo voltar ao Estado de onde veio, onde sua integridade se encontra em risco.**

Na Lei 9.474, a definição de refugiado abrange não só as hipóteses constantes do Estatuto dos Refugiados, como também a do indivíduo que "**devido a grave e generalizada violação de direitos humanos, é obrigado a deixar seu país de nacionalidade para buscar refúgio em outro país**". Ademais, **os efeitos da condição de refugiado são extensivos ao cônjuge, aos ascendentes e aos descendentes, bem como aos demais membros do grupo familiar que dependerem economicamente do refugiado, desde que estejam no Brasil.**

Uma vez caracterizada objetivamente a condição de refugiado, e ressalvadas as restrições legais, **não é possível que o Estado não conceda o refúgio. Não cabe, portanto, a discricionariedade estatal** na matéria, ao contrário do que ocorre no tocante à concessão do asilo, que é ato discricionário.

A própria Convenção relativa ao Estatuto dos Refugiados admite (art. 33, par. 2) que **o potencial refugiado pode ser rechaçado pelo Estado de refúgio quando "por motivos sérios seja considerado um perigo à segurança do país no qual ele se encontre ou que, tendo sido condenado definitivamente por um crime ou delito particularmente grave, constitua ameaça para a comunidade do referido país".**

Entretanto, o pretende a refúgio rejeitado beneficia-se de um instituto central do Direito dos Refugiados, que é o **princípio do *non refoulment***, de acordo com o qual **não se admite que o refugiado seja enviado de volta ao Estado onde corre risco de perseguição ou de vida**. Cabe destacar, porém, que a própria Convenção relativa ao Estatuto dos Refugiados admite (art. 33, par. 2) que **o potencial refugiado pode ser rechaçado pelo Estado de refúgio quando "por motivos sérios seja considerado um perigo à segurança do país no qual ele se encontre ou que, tendo sido condenado definitivamente por um crime ou delito particularmente grave, constitua ameaça para a comunidade do referido país".**

No Brasil, compete ao **CONARE** (Comitê Nacional para os Refugiados) **analisar o pedido de refúgio** e **declarar o reconhecimento da condição de refugiado ou determinar, em primeira instância, sua perda,** bem como orientar e coordenar as ações necessárias à proteção, assistência e apoio jurídico aos refugiados e aprovar instruções normativas que permitam à execução da Lei 9.474.

Caso o refúgio seja negado, **cabe recurso ao Ministro da Justiça** e, no caso de recusa definitiva do pedido, ficará o solicitante **sujeito à legislação de estrangeiros**.

De acordo com a Convenção relativa ao Estatuto dos Refugiados, o indivíduo perderá a condição de refugiado nas seguintes hipóteses: **se a pessoa voltou a valer-se da proteção do Estado de que é nacional; se o refugiado, tendo perdido a nacionalidade, a recuperou voluntariamente; se o indivíduo adquiriu nova nacionalidade e passou a gozar de proteção do novo Estado do qual passou a ser nacional; se a pessoa voltou a estabelecer-se, voluntariamente, no país que abandonou ou fora do qual permaneceu com medo de ser perseguido; se, tendo deixado de existir as circunstâncias em consequência das quais a pessoa foi reconhecida como refugiada, ela não pode mais continuar recusando a proteção do país de que é nacional ou, no caso dos apátridas, pode voltar ao país de residência habitual.**

Nos termos da Lei 9.474/97, cessará a condição de refugiado nas hipóteses em que o estrangeiro: I - voltar a valer-se da proteção do país de que é nacional; II - recuperar voluntariamente a nacionalidade outrora perdida; III - adquirir nova nacionalidade e gozar da proteção do país cuja nacionalidade adquiriu; IV - estabelecer-se novamente, de maneira voluntária, no país que abandonou ou fora do qual permaneceu por medo de ser perseguido; V - não puder mais continuar a recusar a proteção do país de que é nacional por terem deixado de existir as circunstâncias em consequência das quais foi reconhecido como refugiado; VI - sendo apátrida, estiver em condições de voltar ao país no qual tinha sua residência habitual, uma vez que tenham deixado de existir as circunstâncias em consequência das quais foi reconhecido como refugiado.

O estrangeiro perde a condição de refugiado nas seguintes hipóteses:

I - a renúncia;	III - o exercício de atividades contrárias à segurança nacional ou à ordem pública;
II - a prova da falsidade dos fundamentos invocados para o reconhecimento da condição de refugiado ou a existência de fatos que, se fossem conhecidos quando do reconhecimento, teriam ensejado uma decisão negativa;	IV - a saída do território nacional sem prévia autorização do Governo brasileiro.

8. O ESTATUTO DA IGUALDADE

A Carta Magna prevê que "**Aos portugueses com residência permanente no País, se houver reciprocidade em favor de brasileiros, serão atribuídos os direitos inerentes ao brasileiro, salvo os casos previstos nesta Constituição**" (art. 12, § 1º).

Essa possibilidade é regulada pelo chamado "Estatuto da Igualdade Brasil-Portugal", nome empregado para designar o Tratado de Amizade, Cooperação e Consulta, entre a República Federativa do Brasil e a República Portuguesa, que trata do tema entre os artigos 12 e 22.

Em conformidade com a Carta Magna brasileira, o Estatuto da Igualdade determina que **os brasileiros em Portugal e os portugueses no Brasil** gozarão dos **mesmos direitos e estarão sujeitos aos mesmos deveres** dos nacionais desses Estados **exceto os direitos expressamente reservados pela Constituição de cada uma das partes aos seus nacionais.**

A concessão dos benefícios do Estatuto da Igualdade exige o seguinte:

• Requerimento do interessado	• Residência permanente do interessado no país em que o benefício é pleiteado
• Capacidade civil	• Decisão do Ministério da Justiça, no Brasil, e do Ministério da Administração Interna, em Portugal

O Estatuto da Igualdade prevê as seguintes **prerrogativas**:

• Direitos políticos	• Direito a não ser extraditado, salvo quando a extradição for requerida pelo Governo do Estado da nacionalidade
• Direito a ingressar no serviço público, exceto em cargos reservados a natos	• Direito a não perder a nacionalidade original e a documento de identidade igual ao dos nacionais do Estado onde vivem

O Estatuto de Igualdade **extingue-se** com a **perda, pelo beneficiário, da sua nacionalidade** ou com a **cessação da autorização de permanência** no território do Estado de residência.

Responsabilidade Internacional

1. NOÇÕES FUNDAMENTAIS

A responsabilidade internacional é o instituto de Direito Internacional pelo qual um **Estado ou organização internacional** que **descumpriu norma internacional** e **causou dano** a outro sujeito de Direito das Gentes deve **reparar o prejuízo causado**.

> ▸ **Atenção!**
>
> Antecipamos que, além dos atos ilícitos, também podem ensejar a responsabilidade internacional determinados atos lícitos, devidamente indicados dentro das normas de Direito das Gentes.

A existência do instituto da responsabilidade internacional fundamenta-se em duas premissas:

Dever de cumprir as obrigações internacionais	Obrigação de não causar dano a outrem

Existem três teorias acerca da natureza da responsabilidade internacional:

Teoria subjetiva	Teoria objetiva/ teoria do risco	Teoria mista
Responsabilidade depende da existência de culpa ou dolo	Responsabilidade independe de culpa ou dolo	Responsabilidade depende de culpa (negligência) na omissão e independe de culpa ou dolo nos atos comissivos, bastando o liame entre ato ilícito e dano

A responsabilidade internacional incorpora as seguintes características:

Meio de concretização da ideia de justiça: o instituto da responsabilidade internacional visa a permitir o cumprimento das normas internacionais	Finalidade reparatória, não punitiva: o instituto tem natureza civil e moral
Caráter institucional: o instituto da responsabilidade internacional aplica-se, tradicionalmente, apenas a Estados e a organizações internacionais	Caráter predominantemente costumeiro: a maior parte das normas relativas ao instituto da responsabilidade internacional ainda são encontradas no costume, embora alguns tratados possam regular a matéria

O instituto da responsabilidade internacional classifica-se de acordo com os seguintes critérios:

- quanto ao tipo de conduta ilícita: a responsabilidade pode ser comissional (decorrente de uma ação) ou omissional (consequência de uma omissão);
- quanto à fonte de Direito violada: a responsabilidade pode ser convencional (quando decorre da violação de um tratado) ou delituosa (quando resulta da transgressão de um costume);
- quanto ao autor do ato que enseja a responsabilização: a responsabilidade pode ser direta (quando emerge de atos do governo do Estado, de seus órgãos, de seus funcionários ou de particulares que exercem atividades imputáveis ao ente estatal) ou indireta (quando o ilícito for cometido por entes que o Estado represente na ordem internacional ou da falha do Estado em proteger interesses estrangeiros e em coibir certas condutas de particulares que configuram ilícito internacional);
- quanto aos atos que ensejam a responsabilização: a responsabilidade pode decorrer de atos ilícitos ou de atos lícitos.

A **reparação** decorrente da responsabilização do Estado ou do organismo internacional **deve corresponder à natureza da lesão e a seus efeitos** e normalmente é **compensatória e de natureza não punitiva**, podendo ou não ter expressão econômica.

Nesse sentido, a responsabilidade internacional tem **caráter patrimonial e moral**, não se revestindo de viés penal ou repressivo e não se aplicando, portanto, a todos os tipos de violação do Direito Internacional, notadamente aquelas caracterizadas como "crimes internacionais".

A reparação pode, portanto, restabelecer a situação anterior à ocorrência do ilícito ou pode consistir em pagamento de indenização pecuniária. Na hipótese de dano moral, as alternativas de reparação incluem pedidos formais de desculpas, atos de desagravo, a punição dos responsáveis, etc.

Por fim, a responsabilidade internacional tem **caráter institucional**, incidindo apenas sobre Estados e organismos internacionais, diferentemente do que ocorre no tocante aos chamados "crimes internacionais", a respeito dos quais a responsabilidade é de caráter individual.

2. ELEMENTOS DA RESPONSABILIDADE INTERNACIONAL

A configuração da responsabilidade internacional do Estado ou do organismo internacional requer três elementos:

ato ilícito	imputabilidade	dano

O **ato ilícito** é a **conduta comissiva ou omissiva** que **viola norma de Direito Internacional**.

▸ **Atenção:**

O fato de o ato ilícito à luz do Direito Internacional estar em conformidade com o Direito interno do Estado não exclui a violação da norma internacional e, portanto, a responsabilidade estatal, a teor da Convenção de Viena sobre o Direito dos Tratados, de 1969, que dispõe que "Uma parte não pode invocar as disposições de seu direito interno para justificar o descumprimento de um tratado" (art. 27).

A **imputabilidade** refere-se à necessidade de que o ato ilícito seja atribuído ao ente a ser responsabilizado. Deve haver, portanto, um **liame** entre a **violação da norma internacional** e um **Estado ou organização internacional**.

O **dano** é o **prejuízo**, **decorrente de um ato ilícito**, causado a outro Estado, a uma organização internacional ou a uma pessoa protegida pelo ente estatal ou organismo internacional. Pode ser material ou moral e pode ou não ter expressão econômica.

Entretanto, a responsabilidade internacional pode também assumir outras modalidades, como veremos a seguir.

2.1 Responsabilidade por atos lícitos

Ainda que em caráter excepcional, **a responsabilidade internacional pode também configurar-se a partir de um ato lícito** que cause dano a outrem. É a chamada "responsabilidade por atos não proibidos pelo Direito Internacional".

A responsabilidade por atos lícitos é, como afirmamos acima, **hipótese excepcional** dentro do instituto da responsabilidade internacional e, nesse sentido, **a regulamentação a respeito deve ser precisa, pormenorizada e restrita a poucas possibilidades, expressamente indicadas em tratados**.

Dessa forma, são poucas as atividades em que a prática de um ato lícito pode ensejar a responsabilidade internacional, o que é o caso, em geral, apenas de atos relacionados ao uso da tecnologia nuclear, à exploração espacial, à poluição por petróleo e derivados e aos danos ao meio ambiente em geral.

A caracterização da responsabilidade por atos lícitos requer o atendimento das seguintes exigências:

• Definição clara do dano	• Necessidade de constituição de seguros e de garantias suplementares por parte dos entes executores de atividades que podem ensejar responsabilização por ato lícito
• Consagração expressa da possibilidade de a vítima exigir reparação	• Fixação expressa das causas de exclusão da responsabilidade
• Canalização da responsabilidade: a autoria da lesão deve ser atribuída, de maneira inequívoca, a uma pessoa ou ente, que terá o ônus de provar a inexistência da responsabilidade	• Indicação dos foros onde a reparação deve ser buscada

A responsabilidade por atos não proibidos pelo Direito Internacional é **objetiva** e independe, portanto, de culpa ou dolo.

2.2. Responsabilidade por abuso de direito

Fundamentalmente, o abuso de direito consiste no **exercício de um direito de modo contrário a sua finalidade social, causando dano a outrem**.

A definição de abuso de direito é polêmica, havendo várias ideias a respeito na doutrina, como: **a intenção de prejudicar a outrem** (Scerni); o **desvio da finalidade** do direito (Lauterpacht); o **ato contrário à consciência jurídica da comunidade** (Sauer) e; o **exercício antissocial do direito** (Campion).

Para que o abuso de direito leve à configuração da responsabilidade internacional, são necessários três elementos:

- o exercício de um direito;
- o abuso no modo pelo qual é exercido, gerando efeitos deletérios para terceiros;
- o dano.

Em qualquer caso, há também na doutrina quem não acolha o abuso de direito como ato que enseje a responsabilização internacional.

2.3 Responsabilidade por atos do Estado, de funcionários e de revolucionários

A responsabilidade internacional pode decorrer de atos dos Poderes Executivo, Legislativo e Judiciário do Estado, dos órgãos estatais, de seus funcionários ou, ainda, de particulares que exercem atividades em nome do ente estatal, bem como das unidades subnacionais que compõem um ente estatal (Estados da federação, municípios etc.).

A responsabilidade internacional pode também derivar de ações ou omissões de pessoas naturais ou jurídicas protegidas por um Estado.

Em princípio, o Estado não responde pelos danos decorrentes de atos praticados por seus cidadãos. Entretanto, o **dever de reparar** o prejuízo pode aparecer quando restar provado que o **ente estatal deixou de cumprir seus deveres elementares de prevenção e de repressão**, violando sua obrigação básica de proteger interesses estrangeiros em seu próprio território, concordando com ações de seus nacionais que configurem ilícitos internacionais ou omitindo-se frente a tais atos.

3. EXCLUDENTES DA RESPONSABILIDADE INTERNACIONAL

Ainda que se configure a responsabilidade internacional do Estado, **esta pode ser excluída ou atenuada** em algumas hipóteses, liberando o ente estatal de reparar o dano ou reduzindo o seu montante.

Podem excluir ou atenuar a responsabilidade internacional estatal, dependendo do caso, os seguintes fatos:

• Legítima defesa	• Represália	• Contramedidas em geral	• Estado de necessidade
• Contribuição do Estado para o dano que sofreu	• Força maior	• Caso fortuito	• Perigo extremo
• Imprecisão da regra internacional	• Tomada, pelo Estado, de medidas cabíveis para evitar um dano	• Reconhecimento de beligerância ou de insurgência por parte do Estado que tenha sofrido o dano	• Prescrição

Lembramos que **não exclui a responsabilidade o descumprimento da norma internacional por conta da incompatibilidade desta com o Direito interno**.

4. PROTEÇÃO DIPLOMÁTICA

O instituto da proteção diplomática é a ferramenta adequada para providenciar a **reparação** de um **dano sofrido por um indivíduo ou pessoa jurídica nacional de um Estado por ato ou omissão de outro Estado** que viole o Direito das Gentes.

Por meio da proteção diplomática, **um ente estatal poderá formular a outro Estado um pedido de reparação em favor de seu nacional**. O ato que confere a proteção diplomática é o **endosso**, por meio do qual o ente estatal do qual o indivíduo ou entidade é nacional assume como sua a reclamação de um particular contra outro Estado.

A **concessão da proteção diplomática é ato discricionário**, o qual requer, em todo caso, o atendimento de **três condições básicas**:

Nacionalidade do prejudicado	Esgotamento dos recursos internos	Conduta correta do autor da reclamação
A pessoa que sofreu o dano deve, em regra, ser nacional do Estado que confere a proteção diplomática	A pessoa afetada deve recorrer a todos os recursos administrativos e judiciários existentes no Estado onde sofreu o dano, de forma a buscar a reparação cabível	A proteção diplomática não beneficia quem tiver contribuído para o ato objeto de reclamação, especialmente pela violação de normas internacionais ou internas

Dentro do instituto da proteção diplomática, desenvolveu-se a chamada "**Cláusula Calvo**", pela qual os estrangeiros **renunciavam à possibilidade de solicitar a proteção diplomática** de seus Estados de origem, reconhecendo os foros locais como os únicos competentes para apreciar reclamações contra atos do Estado onde se encontravam.

Tecnicamente, as **organizações internacionais** não oferecem "proteção diplomática", e sim "**proteção funcional**", voltada a resguardar pessoas a seu serviço e que **pode ser exercida contra o próprio Estado do qual o funcionário é nacional**.

5. ESBOÇO DE ARTIGOS SOBRE A RESPONSABILIDADE DE ESTADOS POR ATOS ILÍCITOS INTERNACIONAIS

O Esboço de Artigos sobre a Responsabilidade de Estados por Atos Ilícitos Internacionais (*Draft Articles on the Responsibility of States for Internationally Wrongful Acts*)[1] é um projeto de normas escritas de Direito Internacional acerca

1. O inteiro teor do Esboço de Artigos sobre a Responsabilidade de Estados por Atos Ilícitos Internacionais (em espanhol), cuja leitura na íntegra recomendamos, encontra-se no sítio das Nações

do tema da responsabilidade internacional, que foi elaborado pela Comissão de Direito Internacional da ONU e adotado pela Resolução 56/83, da Assembleia Geral das Nações Unidas, de 12/12/2001.

Inicialmente, é importante destacar que **o Esboço em apreço não é um tratado**, podendo, porém, ser qualificado como ato de organização internacional, de caráter não vinculante, ou *soft law*.

Na Primeira Parte do Esboço, foram definidos princípios e parâmetros relativos ao ato ou fato do Estado que seja internacionalmente ilícito.

O Capítulo I do Esboço em apreço, em seus artigos 1, 2 e 3, determina que a responsabilidade internacional dos Estados é governada pelos princípios constantes de seus artigos 1, 2 e 3. Tais dispositivos definem, inicialmente, que **todo ato internacionalmente ilícito do Estado gera sua responsabilidade internacional**, e que **cabe ao Direito Internacional definir quais atos configuram ilícitos internacionais, não exercendo o Direito interno qualquer influência a respeito**[2]. Por fim, **o ato do Estado será internacionalmente ilícito quando uma ação ou omissão foi atribuível ao Estado, à luz do Direito Internacional, e quando tal ato ou omissão violar uma obrigação internacional do Estado**.

O Capítulo II do Esboço (arts. 4-11) trata da atribuição do ato internacionalmente ilícito ao Estado.

Considera-se ato ilícito do Estado à luz do Direito Internacional **o comportamento de todo órgão do Estado que exerça funções legislativas, executivas, judiciais ou de qualquer outra índole, qualquer que seja seu lugar na organização do Estado ou pertença tanto ao governo central como a una subdivisão do Estado, tal como definidos pelo Direito interno do Estado**.

Também são atribuíveis ao Estado **os atos de pessoa natural ou entidade privada que, ainda que não sejam órgãos do Estado, atuem no exercício de atribuições do poder público**, segundo o ordenamento interno dos Estados onde atuem; **de órgãos de um Estado, postos à disposição de outro Estado, quando ajam em nome deste**; ou de **pessoas ou grupos de pessoas que atuem orientadas por instruções ou sob o controle dos Estados**.

Os atos ilícitos serão atribuíveis aos Estados **ainda que as pessoas, grupos de pessoas, entidades ou órgãos atuem fora dos limites das competências que lhe foram atribuídas ou das instruções que lhe foram dadas**, ou ainda que os

---

Unidas, no endereço <http://www.un.org/ga/search/view_doc.asp?symbol=A/RES/56/83&referer=http://www.un°rg/en/ga/sixth/65/RespStatesWrong.shtml&Lang=S>. Acesso em 20/06/2019.

2. O inteiro teor do artigo 3 do Esboço, que trata desse ponto, é: "A qualificação do ato ou fato do Estado como internacionalmente ilícito é regida pelo Direito Internacional. Tal qualificação não é afetada pela qualificação do mesmo ato ou fato como lícito no Direito interno".

agentes atuem no exercício de atribuições de caráter público na falta ou falha das autoridades estatais em fazê-lo. Ademais, também se atribuirá ao Estado o comportamento que não lhe seja imputável quando o Estado reconheça e adote esse comportamento como se fosse seu.

O Capítulo III do Esboço (arts. 12-15) define o que é uma violação de una obrigação internacional por um Estado, determinando que **esta existe quando um ato ou fato originário desse Estado não esteja em conformidade com as exigências dessa obrigação, seja qual for a origem ou natureza dessa obrigação**, deixando, porém, bem claro que só haverá ilícito quando o Estado estiver obrigado a fazer ou deixar de fazer algo à luz do Direito Internacional no momento em que ocorre o ato ou fato pertinente.

O Capítulo IV do Esboço (arts. 16-19) trata **da responsabilidade do Estado por atos de outros Estados**, definindo, inicialmente, que o Estado que auxilia outro Estado a cometer um ato internacionalmente ilícito ou o instrui e o controla a fazê-lo é também responsável internacionalmente quando conhece as circunstâncias do ato e se o ato for considerado ilícito quando praticado apenas pelo Estado que assiste outro na prática de um ilícito internacional. Também sujeita-se à responsabilidade internacional o Estado que coage outro Estado a praticar ato que viole o Direito das Gentes.

O Capítulo V do Esboço (arts. 20-27) estabelece as **circunstâncias excludentes de ilicitude** de um ato que enseje a responsabilidade internacional do Estado. Tais circunstâncias abrangem: o **consentimento válido de um Estado a que outro pratique um ilícito**, que exclui a ilicitude do ato ou fato em relação com o primeiro Estado na medida em que o ato ou fato permaneça dentro dos limites de tal consentimento; **legítima defesa**, desde que em conformidade com a Carta das Nações Unidas; **contramedidas**, tomadas em razão de um ato internacionalmente ilícito; **força maior**; **perigo extremo**; e **estado de necessidade**.

Nenhuma causa de exclusão de ilicitude, porém, afastará a responsabilidade internacional pelo descumprimento de normas imperativas do Direito Internacional (normas de *jus cogens*).

A Segunda Parte do Esboço trata do conteúdo da responsabilidade internacional do Estado.

O Capítulo I dessa parte trata do conteúdo da responsabilidade internacional do Estado, tema governado pelos princípios constantes dos artigos 28 a 33 do Esboço, que estatuem, inicialmente, que, em qualquer caso, **as consequências jurídicas da responsabilidade internacional do Estado não excluem a continuidade do dever estatal de cumprir a obrigação violada**.

O Estado responsável pelo ato ou fato internacionalmente ilícito está obrigado, entre outras coisas, a pôr fim ao ilícito; a oferecer garantias de que o fato

não se repetirá; e a reparar integralmente o ato ou fato ilícito. Cabe destacar que o prejuízo pelo ato ou fato ilícito abrange tanto o dano material como o moral.

Importante destacar que **o Estado internacionalmente responsável não pode invocar disposições de seu Direito interno para justificar o descumprimento de suas obrigações** de praticar os atos destinados a reparar o dano.

O Capítulo II (arts. 34-39) trata das formas de reparação previstas pelo Esboço, que podem ser as de **restituição**, de **indenização** e de **satisfação**.

A restituição consiste no **restabelecimento da situação anterior**, sempre e na medida em que essa forma de reparação não seja materialmente impossível e que não seja totalmente desproporcional em relação à indenização.

A indenização é **aplicável quando o dano não seja reparado pela restituição** e deve cobrir todo dano suscetível de avaliação financeira e incluir os lucros cessantes, quando comprovados.

A satisfação consiste no **reconhecimento da violação, em expressão de pesar, em desculpa formal ou qualquer outra modalidade adequada.** É aplicável quando impossível a restituição ou indenização e não poderá ser desproporcional em relação ao prejuízo nem humilhante para o Estado.

Por fim, a reparação integral do dano poderá incluir juros, e a medida da reparação deverá levar em conta a contribuição do Estado prejudicado para o ato ou fato que ensejou a responsabilidade estatal.

O Capítulo III (arts. 40-41) trata das violações graves de normas imperativas de Direito Internacional (*jus cogens*). Consideram-se violações graves aquelas **violações sistemáticas ou flagrantes de normas de *jus cogens*.** Os Estados devem cooperar entre si para pôr fim a essas violações graves, e nenhum Estado reconhecerá como lícita una situação criada por una violação grave do *jus cogens*, nem prestará auxílio para manter esse quadro.

A Parte III do Esboço trata dos modos de efetivar a responsabilidade internacional do Estado.

O Capítulo I dessa parte (arts. 42-48) trata da invocação da responsabilidade.

O Estado lesionado **poderá invocar a responsabilidade internacional contra um Estado específico, contra um grupo de Estados de que faça parte ou contra a comunidade internacional como um todo**, sempre que a violação da obrigação afete especificamente a esse Estado ou modifique radicalmente a situação de todos os demais Estados com os quais existe essa obrigação, no tocante ao ulterior cumprimento de referida obrigação.

De acordo com o Esboço, **o Estado que sofreu o dano deverá notificar o Estado que o provocou**, podendo especificar o comportamento a ser adotado para pôr fim à situação ilícita e a forma que deveria adotar a reparação.

A responsabilidade internacional não poderá, porém, ser invocada quando a reclamação não respeitar as normas aplicáveis em matéria de nacionalidade das reclamações e quando, estando esta sujeita à regra do esgotamento dos recursos internos, não tiverem sido esgotados todos os recursos existentes e efetivos. A responsabilidade internacional tampouco poderá ser invocada quando o Estado tiver renunciado ao direito de reclamar ou quando o comportamento do Estado lesionado levar a entender que este renunciou ao direito de reclamar.

O Capítulo II (arts. 49-54) trata das contramedidas, que só poderão ser tomadas pelo Estado lesionado com o **intuito de fazer com que o Estado violador das normas internacionais cumpra suas obrigações**.

As contramedidas consistem no **descumprimento temporário de obrigações internacionais que o Estado lesionado tenha com o Estado violador**. As contramedidas, porém, deverão, se possível, ser tomadas de forma que não se impeça a posterior retomada do cumprimento dessas obrigações.

No entanto, as contramedidas **não afetarão as obrigações do Estado em matéria de respeito aos princípios fundamentais das Nações Unidas, de proteção dos direitos humanos, de Direito Humanitário que proíbam represálias e que emanam de normas de *jus cogens*.** O Estado que adote contramedidas deverá também respeitar a inviolabilidade dos agentes, locais, arquivos e documentos diplomáticos e consulares e as normas alusivas ao funcionamento dos mecanismos de solução de controvérsias entre o Estado violador e o lesionado.

As contramedidas deverão também ser **proporcionais ao prejuízo** sofrido, levando em conta a gravidade do ato ou fato internacionalmente ilícito e os direitos envolvidos.

Antes de tomar contramedidas, os Estados deverão pedir aos Estados violadores que cumpram suas obrigações, oferecerão a possibilidade de negociações e notificarão o Estado violador acerca da tomada das contramedidas. Podem, porém, os Estados tomar as contramedidas urgentes, destinadas a resguardar seus direitos. Por fim, os Estados não poderão recorrer às contramedidas quando o ilícito houver cessado ou quando o ato ou fato estiver sendo examinado por uma corte ou tribunal internacional.

Por fim, as contramedidas deverão cessar quando terminar a violação e for retomado o cumprimento da obrigação.

Na Quarta Parte, o Esboço apresenta algumas disposições gerais, determinando, inicialmente, que **seus dispositivos não serão aplicáveis quando normas especiais de Direito Internacional o façam**. O Esboço determina, também, que as normas de Direito Internacional geral continuarão regendo questões não tuteladas por seus artigos.

Direito Internacional Econômico e Direito do Comércio Internacional

1. CONCEITO

O Direito Internacional Econômico é o ramo do Direito Internacional Público que visa a **regular o desenvolvimento da ordem econômica internacional**.

2. HISTÓRICO

O marco inicial do Direito Internacional Econômico é encontrado na Conferência de **Bretton Woods** (1944), momento em que foram celebrados os chamados "Acordos de Bretton Woods", por meio dos quais foram criadas duas das mais importantes organizações internacionais em matéria econômica da atualidade:

- o **Fundo Monetário Internacional (FMI),** competente para velar pela **estabilidade financeira mundial**;
- o "**Banco Mundial**" (Banco Internacional para a Reconstrução e o Desenvolvimento – BIRD), voltado à promoção do **desenvolvimento**;

As negociações de Bretton Woods trataram também de **comércio internacional** e deveriam levar à **criação da Organização Internacional do Comércio (OIC), o que não ocorreu**.

Entretanto, as conversações relativas ao comércio internacional continuaram, levando à assinatura, em **1947**, do **GATT** (*General Agreement on Tariffs and Trade* – **Acordo Geral de Tarifas e Comércio**), ato internacional que serviria como marco para todas as negociações internacionais em matéria comercial posteriores, que levaram à **criação da Organização Mundial do Comércio (OMC),** criada em 1994 e que começou a funcionar apenas em 1995.

> **Atenção!**
>
> A aplicação do GATT era acompanhada por um Secretariado, também chamado GATT, que não tinha personalidade jurídica e o qual deixou de existir com o início das atividades da OMC, em 1995. Entretanto, o acordo GATT continua em vigor, atualizado por atos internacionais em matéria comercial posteriores e por todos os tratados constantes da Ata de Marrakesh, de 1994, conhecidos como "GATT 1994".

3. PRINCIPAIS ORGANIZAÇÕES INTERNACIONAIS NA ÁREA DE DIREITO INTERNACIONAL ECONÔMICO

As principais organizações internacionais voltadas à regulamentação da economia internacional são o **Fundo Monetário Internacional** (**FMI**), o **Banco Mundial** (**BIRD**) e a **Organização Mundial do Comércio** (**OMC**).

3.1 Fundo Monetário Internacional (FMI)

O **Fundo Monetário Internacional** (**FMI**) foi criado por meio da **Convenção sobre o Fundo Monetário Internacional**, de 1944, e tem sede em Washington (EUA).

O principal objetivo do FMI é promover a **estabilidade do sistema financeiro e monetário mundial**.

Para isso, o FMI deve atuar pelo menos nas seguintes áreas:

- promoção da **estabilidade cambial** e da **cooperação monetária internacional**;
- oferta de **assistência financeira** a Estados em crise, fornecida dentro de determinadas **condições** e impondo o **monitoramento**, pelo FMI, das políticas econômicas e ações governamentais dos entes estatais beneficiados;
- **orientação em matéria de política econômica** e assistência na **formulação e implementação de reformas econômicas**;
- **acompanhamento do funcionamento da economia mundial** e **prevenção e resolução de crises**.

O FMI é financiado por meio das **cotas-parte pagas pelos Estados-membros**, cujo montante leva em conta o porte das respectivas economias. **Ao valor das cotas detidas por um ente estatal corresponde o número de votos na organização**. O FMI financia-se também por meio da remuneração de investimentos e do recebimento dos valores relativos aos empréstimos que concede.

Os órgãos do FMI são:

Comitê (ou Conselho) de Governadores: **órgão superior**, que conta com **representantes de todos os Estados-membros**	**Diretoria Executiva:** **órgão administrativo**, com vinte e quatro dos membros da entidade	**Diretor-Geral:** chefe da Diretoria Executiva e **mais alto funcionário do FMI**

3.2 Banco Mundial (BIRD)

O **Banco Mundial** (Banco Internacional para a Reconstrução e Desenvolvimento – BIRD) foi criado por intermédio da **Convenção sobre o Banco Mundial,** de 1945.

O principal objetivo do Banco Mundial e das entidades que lhe são associadas, que formam o chamado "Grupo Banco Mundial", é a **promoção do desenvolvimento** no mundo por meio da **concessão de financiamentos** e de **projetos de cooperação**.

O capital do BIRD é formado pelas **subscrições dos Estados-membros** e, assim como no FMI, o **número de votos** dos entes estatais é **proporcional ao volume de capital alocado para a entidade**.

Os órgãos do Banco Mundial são os seguintes:

Conselho de Governadores: **órgão plenário**, que conta com **representantes de todos os Estados-membros**	**Diretoria Executiva:** **órgão administrativo**, com vinte e quatro dos membros do Banco	**Presidente:** chefe da Diretoria Executiva e **mais alto funcionário do Banco Mundial.** Indicado pelos EUA, principal acionista do Banco

4. A ORGANIZAÇÃO MUNDIAL DO COMÉRCIO (OMC). DIREITO DO COMÉRCIO INTERNACIONAL

O Direito do Comércio Internacional é o ramo do Direito das Gentes que visa a **regular o desenvolvimento do comércio internacional**.

A principal referência no campo do Direito do Comércio Internacional é a **Organização Mundial do Comércio (OMC)**, cuja concepção seguiu a seguinte ordem cronológica:

- **1944**. Negociações ocorridas na **Conferência de Bretton Woods**, que **pretendiam criar a Organização Internacional do Comércio (OIC)**, o que **não chegou a ocorrer**;

- **1947**. Celebração do **Acordo Geral sobre Tarifas e Comércio (GATT)** e criação do **Secretariado** voltado a velar pela aplicação de suas normas, também chamado GATT.
- **1947-1994**. Realização das **rodadas de negociação comercial** que levaram à progressiva atualização do GATT.
- **1994**. Celebração do **"GATT 1994"**, que atualizou e ampliou o GATT e **criou a OMC**, que começou a funcionar em 1995, com sede em Genebra (Suíça).

O GATT 1994 é um conjunto de tratados em matéria comercial referente a vários temas de interesse para o comércio internacional, como o intercâmbio de bens e de serviços e a propriedade intelectual. Todos esses acordos constam da chamada "**Ata de Marrakesh**".

4.1 Papel da OMC

A OMC foi criada pelo **Acordo Constitutivo da Organização Mundial do Comércio**, parte do chamado "GATT 1994".

A OMC é **o principal organismo internacional encarregado da regulamentação do comércio internacional, tendo como norte a promoção do livre comércio**. As regras estabelecidas em seu âmbito serão **referência básica do comércio internacional** e, conjuntamente com seus órgãos, formam o chamado **"Sistema Multilateral de Comércio"**.

Nesse sentido, a OMC encontra-se voltada a **eliminar barreiras ao comércio internacional**, estabelecidas pelos Estados, e a **discriminação no campo comercial**, com o intuito de **criar um mercado mundial livre, competitivo e equilibrado**, tudo com o objetivo maior de **contribuir para o desenvolvimento** em escala global.

Para atingir seus fins, a OMC atua não só no campo do **comércio de bens**, mas também no âmbito do **comércio de serviços**, bem como em áreas correlatas, como os **investimentos** e a **propriedade intelectual**.

São os seguintes os **princípios** que governam a OMC e, portanto, o desenvolvimento do Direito do Comércio Internacional e do Sistema Multilateral de Comércio, bem como a aplicação de todos os tratados em matéria comercial:

- **Igualdade e não discriminação**: todo benefício conferido por um Estado a outro no comércio internacional deve ser estendido a terceiros Estados (**cláusula geral de nação mais favorecida**);

- **Tratamento nacional**: o comércio de produtos importados não pode ser dificultado por medidas que confiram tratamento mais gravoso para os produtos estrangeiros em comparação com os produtos nacionais;
- **Transparência, publicidade, previsibilidade e segurança**;
- **Não reciprocidade: possibilidade de tratamento diferenciado para países em desenvolvimento**, em vista de suas peculiaridades. Norma constante de todos os acordos comerciais;
- ***Single undertaking***: não é possível aderir apenas a parte dos acordos internacionais de comércio;
- N**egociações:** o Sistema Multilateral de Comércio deverá funcionar prioritariamente por meio de negociações entre os Estados;
- ***In dubio mitius***: a interpretação das normas internacionais de comércio deve ser restritiva.

A OMC procura atingir seus fins executando as seguintes ações:

• Apoio às negociações comerciais internacionais, para os quais é o principal foro	• Monitoramento das correntes de comércio internacional como um todo e das políticas comerciais nacionais
• Acompanhamento do cumprimento dos tratados em matéria comercial	• Oferta de cooperação e assistência técnica em matéria de comércio internacional

O **comércio internacional deve ser o mais livre possível**, mas ainda comporta certas **restrições**, como as seguintes:

- **proteção da saúde e da vida das pessoas, dos recursos naturais esgotáveis em geral e dos tesouros nacionais de valor artístico, histórico ou arqueológico, bem como da segurança do Estado;**
- possibilidade de **medidas especiais voltadas aos países em desenvolvimento**;
- abertura para **salvaguardas temporárias** em benefício de Estados que estejam sofrendo grave crise em seu balanço de pagamentos ou quando o aumento das importações cause significativos danos à economia local;
- **proteção da propriedade intelectual** .

▸ **Atenção!**

O GATT permite a formação de blocos regionais, proibindo, porém, o estabelecimento de restrições maiores ao comércio com outros países do que as existentes anteriormente, e determinando que parte substancial do intercâmbio comercial em nível regional seja beneficiada pelas medidas de liberação do comércio.

4.2 Órgãos da OMC

Os órgãos da OMC são os seguintes:

Conferência Ministerial: **órgão plenário**, que conta com **representantes de todos os Estados-membros**. Deve tomar as **principais decisões da entidade**	**Conselho Geral**: principal **órgão executivo** da OMC. Também conta com **representantes de todos os Estados-membros**. Pode cuidar de **qualquer assunto de interesse da OMC** e inclui **órgãos específicos**	**Secretariado**: **órgão administrativo**. Chefiado pelo **Diretor-Geral**. Deve também **acompanhar e examinar questões comerciais**

O Conselho Geral inclui ainda alguns órgãos, que são os seguintes:

Órgão de Revisão de Política Comercial: deve cuidar da **eficácia dos tratados em matéria comercial** e acompanhar a ação dos Estados na área do comércio internacional	**Órgão de Solução de Controvérsias**: deve **dirimir conflitos** acerca das normas comerciais internacionais	**Órgãos setoriais**, voltados a **promover a aplicação de tratados de áreas específicas**, como o Conselho do Comércio de Mercadorias, o Conselho do Comércio de Serviços e o Conselho de Direitos de Propriedade Intelectual

4.3 Solução de controvérsias

A solução de controvérsias relativas a matéria comercial na OMC é regulada pelo **Entendimento Relativo às Normas e Procedimentos sobre Soluções de Controvérsias** (Anexo 2 da Ata de Marrakesh).

O mecanismo de solução de controvérsias da OMC caracteriza-se pelos seguintes aspectos:

Abrangência: competência para examinar **conflitos referentes a todos os acordos da OMC**	**Automaticidade**: seu funcionamento segue **etapas consecutivas**, em **prazos rigorosamente estabelecidos**	**Exequibilidade**: capacidade da OMC de **obrigar os Estados a cumprir as decisões** dos órgãos competentes

O mecanismo de solução de controvérsias funcionará dentro do **Órgão de Solução de Controvérsias (OSC)** e do **Órgão Permanente de Apelação (OPA)**.

As principais funções do OSC são:

• **Autorizar a criação de paineis** (*panels*), foros competentes **para apreciar litígios** em matéria comercial	• **Fiscalizar a implementação das recomendações** sugeridas pelos paineis e pelo Órgão de Apelação
• **Adotar os relatórios** elaborados pelos paineis e pelo Órgão de Apelação	• Autorizar a suspensão de vantagens comerciais para os Estados que violarem as regras da OMC

O mecanismo de solução de controvérsias da OMC funciona de acordo com os seguintes passos:

1) Busca de uma **solução conciliatória** e **eventual eliminação da medida contrária às normas internacionais de comércio**, por meio de **mecanismos de consultas**.
2) Caso o conflito não seja dirimido, a OMC poderá acionar o mecanismo dos **paineis** (*panels*), formado por **especialistas independentes**, qualificados em matéria comercial, para examinar o caso.
3) O trabalho do painel poderá gerar um **relatório com as recomendações cabíveis, dirigido ao OSC, que poderá adotá-lo ou não**.
4) Dependendo do teor do relatório, o **Estado prejudicado poderá adotar, com autorização da OMC, medidas compensatórias contra o Estado causador do dano**, de caráter **temporário** e **limitadas** ao montante dos prejuízos sofridos.
5) O Estado derrotado poderá **recorrer ao Órgão Permanente de Apelação (OPA)**, composto por sete especialistas de reconhecida competência em matéria comercial. Apenas três atuam em cada caso, examinando meramente as questões de direito envolvidas em cada conflito comercial.
6) O trabalho do OPA gerará um **relatório**, a ser **submetido ao OSC**, que poderá adotá-lo ou não.

5. PRINCIPAIS ACORDOS COMERCIAIS CELEBRADOS NA OMC

Os mais importantes tratados em matéria comercial celebrados no âmbito da OMC são os seguintes:

GATT 1994: Acordo Geral sobre Tarifas e **Comércio**	**TRIMS**: Acordo sobre Medidas de **Investimento** Relacionadas ao Comércio
GATS: Acordo Geral sobre o Comércio de **Serviços**	**SPS**: Acordo sobre **Medidas Sanitárias e Fitossanitárias**
TRIPS: Acordo sobre Direitos de **Propriedade Intelectual** Relacionados ao Comércio	**TBT**: Acordo sobre **Barreiras Técnicas** ao Comércio

No Brasil, todos esses tratados foram incorporados ao ordenamento pátrio pelo Decreto 1.355, de 30/12/1994.

5.1 GATT-1994

O Acordo Geral sobre Tarifas e Comércio (*General Agreement on Tariffs and Trade* / GATT-1994) é composto pelo Acordo Geral de Tarifas Aduaneiras e Comércio de 1947, ampliado e modificado pelos tratados em matéria comercial que foram firmados posteriormente, com destaque para aqueles que constam da Ata de Marrakesh, de 1994.

O GATT 1994 é um acordo-quadro, que enuncia alguns dos **princípios gerais** que devem orientar as negociações comerciais internacionais e o desenvolvimento do comércio internacional, como a **cláusula geral de nação mais favorecida**, a **publicidade** e o **tratamento nacional**.

O GATT 1994 regula não só o comércio de **bens**, mas também o de **serviços**, bem como o de **produtos agrícolas** e de **têxteis**, não contemplados no GATT 1947.

Dentre as medidas previstas no GATT 1994 para facilitar o comércio internacional estão as seguintes:

• **redução ou eliminação das formalidades** relativas às operações de comércio exterior; • **liberdade de trânsito de bens destinado a terceiros estados**	• **proibição de restrições quantitativas**; • **vedação de subsídios**, salvo em prol do desenvolvimento de certos setores econômicos e quando não gerar restrições injustificadas ao comércio internacional, que prejudiquem outros países

5.2 Acordo Geral sobre o Comércio de Serviços (GATS)

O Acordo Geral sobre o Comércio de Serviços (*General Agreement on the Trade in Services* – GATS) visa a regular o **comércio internacional de serviços, exceto aqueles prestados por autoridades governamentais**, entendidos como os serviços **que não sejam prestados em bases comerciais, nem em competição** com um ou mais prestadores de serviços.

O GATS estabelece a obrigação de os Estados concederem imediata e incondicionalmente aos serviços e prestadores de serviços de outros países **tratamento não menos favorável** do que aquele concedido aos serviços e prestadores de serviços similares de qualquer outro país.

Os requisitos e procedimentos em matéria de autorização, certificação, qualificação, de licenças e de normas técnicas não poderão constituir obstáculos ou restrições ao comércio de serviços. Para isso, tais requisitos e procedimentos deverão ser **baseados em critérios objetivos e transparentes**, tais como a competência e a habilidade para prestar o serviço, e **não poderão ser mais gravosos que o necessário para assegurar a qualidade do serviço**.

Ainda nesse sentido, **os Estados poderão reconhecer os requisitos cumpridos ou as licenças ou certificados outorgados em outro Estado**, autonomamente ou por meio da harmonização de regras nacionais ou de acordo internacional, idealmente multilateral.

Nenhum Estado poderá impor restrições a pagamentos e transferências internacionais para arcar com seus compromissos no campo dos serviços, salvo no caso de sérias dificuldades financeiras externas ou de balanço de pagamentos.

O GATS **não impede que certos Estados celebrem acordos que liberalizem o comércio de serviços entre si**, permitindo inclusive a livre circulação de mão-de-obra.

O GATS pretende contribuir para a maior participação dos países em desenvolvimento no comércio mundial, permitindo que os Estados negociem entre si compromissos específicos, relativos, por exemplo, à liberalização do acesso aos mercados nos setores e modos de prestação de interesse de seus exportadores e ao fortalecimento da capacidade nacional, da eficiência e da competitividade em matéria de serviços, especialmente por meio do acesso à tecnologia em bases comerciais.

O **Conselho do Comércio de Serviços** é o órgão da OMC encarregado de velar pela aplicação do GATS.

5.3 Acordo sobre Direitos de Propriedade Intelectual Relacionados ao Comércio (TRIPS)

O Acordo sobre Direitos de Propriedade Intelectual Relacionados ao Comércio (TRIPS) visa a estabelecer **padrões internacionais mínimos de proteção da propriedade intelectual**, envolvendo a tutela dos seguintes bens:

• Direitos de autor e direitos conexos	• Desenhos industriais
• Marcas e patentes	• Topografias de circuitos integrados
• Indicações geográficas	• Informações confidenciais

A aplicação de normas de proteção da propriedade intelectual deve seguir os seguintes critérios:

- os direitos de propriedade intelectual são direitos privados;
- tais direitos não podem constituir obstáculos ao livre comércio;
- a proteção à propriedade intelectual deve contemplar a promoção da inovação tecnológica e a transferência e difusão de tecnologia, em benefício mútuo de produtores e usuários;
- a tutela da propriedade intelectual deve funcionar de forma a contribuir para o desenvolvimento e o bem-estar geral, inclusive dos países menos desenvolvidos
- deve haver um equilíbrio entre direitos e obrigações.

Dentro de seus próprios termos, o TRIPS permite que os Estados, ao atuarem no campo da propriedade intelectual, tomem medidas voltadas a:

- **promover o interesse público em setores de importância vital para seu desenvolvimento** socioeconômico e tecnológico;
- **evitar o abuso dos direitos de propriedade intelectual** por seus titulares;
- **impedir o recurso a práticas que limitem de maneira injustificável o comércio ou que afetem adversamente a transferência internacional de tecnologia**.

Para proteger os direitos vinculados à propriedade intelectual, os Estados poderão estabelecer determinadas **sanções**, como:

• Pagamento de **indenizações** aos titulares do direito violado	• **Disposição, fora dos canais comerciais, ou destruição de bens** cuja elaboração viole as normas do TRIPS
• **Impedimento da comercialização de bens importados** que envolvam violação de um direito de propriedade intelectual	• **Suspensão da liberação alfandegária** dos bens

Como em outros tratados celebrados dentro da OMC, as normas do TRIPS estabelecem que **é possível que os países de menor desenvolvimento se beneficiem de medidas especiais** no campo da proteção da propriedade intelectual, como prazos mais dilatados para o início da aplicação de suas disposições.

O **Conselho dos Aspectos dos Direitos de Propriedade Intelectual Relacionados ao Comércio** é o órgão responsável por supervisionar a aplicação do TRIPS.

As controvérsias relativas à aplicação do TRIPS seguirão a regra geral do GATT, mas incluem também a necessidade de **prevenir a ocorrência de conflitos**, para o que devem os Estados velar para que **as medidas que tomem no campo da propriedade intelectual sejam objeto de ampla publicidade**, com exceção de informações confidenciais, que impediriam a execução das normas pertinentes, ou que seriam contrárias ao interesse público ou, ainda, que prejudicariam os interesses comerciais legítimos de empresas públicas ou privadas.

O TRIPS entrou em vigor em 01/01/1995, mas passou a **gerar efeitos dentro do território brasileiro apenas em 01/01/2000**, por conta das regras que preveem um "prazo de extensão geral, estabelecido para todos os países em desenvolvimento, não sendo necessário qualquer tipo de manifestação por parte dos Estados-membros incluídos nessa categoria" (artigo 65, §§ 2º e 4º). Com isso, **o TRIPS não se aplica a situações ocorridas antes de 01/01/2000, ainda que posteriores a 01/01/1995** (STJ. Informativo 455, 8 a 12 de novembro de 2010. REsp 1.096.434-RJ).

5.4 Acordo sobre Medidas de Investimento Relacionadas ao Comércio (TRIMS)

O Acordo sobre Medidas de Investimento Relacionadas ao Comércio (*Trade Related Investment Measures* – TRIMS) visa a **regular a relação entre o comércio internacional e o investimento**, com o intuito de:

- **evitar que políticas econômicas no campo do investimento estabeleçam restrições e distorções que acabem por violar as regras da OMC**;
- **facilitar o fluxo de investimentos ao redor do mundo**;
- **contribuir para a promoção do livre comércio e para o crescimento global**.

> ▸ **Atenção!**
>
> O TRIMS abrange, porém, apenas investimentos relacionados com o comércio de bens.

O TRIMS visa, portanto, a impedir práticas como a obrigação de as empresas adquirirem insumos locais ou a de que pelo menos parte dos produtos sejam produzidos com matérias-primas locais, bem como restrições cambiais, limitações de remessas de lucros etc., em **lista não exaustiva**.

O TRIMS também permite que os **países em desenvolvimento** adotem, em **caráter temporário, medidas especiais** nessa área, como prazos mais dilatados para a entrada em vigor de suas normas.

O monitoramento da aplicação do acordo ficará a cargo do **Comitê sobre Medidas de Investimento Relacionadas ao Comércio**.

5.5 Acordo sobre Medidas Sanitárias e Fitossanitárias (SPS)

O Acordo sobre a Aplicação de Medidas Sanitárias e Fitossanitárias (*Agreement on the Application of Sanitary and Phytosanitary Measures* – SPS) reconhece **o direito de os Estados estabelecerem regras de caráter sanitário e fitossanitário**, mas **visa a evitar que tais regramentos configurem obstáculo velado e desnecessário ao comércio**, bem como **discriminação arbitrária ou injustificável entre os Estados.**

A **regra básica** do SPS é a de que as **medidas sanitárias e fitossanitárias devem ser aplicadas apenas na medida do necessário para proteger a vida ou a saúde humana, animal ou vegetal e com base em evidências científicas**.

O SPS pretende promover a **progressiva harmonização dos regulamentos sanitários e fitossanitários dos diversos Estados**, com base em regramentos, guias e recomendações internacionais eventualmente existentes.

O SPS estabelece ainda **procedimentos de avaliação e determinação de risco** e de **inspeção** e **controle** sanitário e fitossanitário e medidas de **cooperação internacional** nos campos da assistência técnica, da publicidade e da informação acerca de medidas sanitárias e fitossanitárias.

O SPS também prevê a possibilidade de **tratamento diferenciado para países em desenvolvimento**, inclusive por meio da concessão de prazos mais longos para o estabelecimento gradual de medidas sanitárias e fitossanitárias referentes a produtos de interesse desses países, a fim de manter suas oportunidades de exportação.

O SPS será administrado pelo **Comitê sobre Medidas Sanitárias e Fitossanitárias**, competente para aplicar as disposições do acordo e para promover a consecução de seus objetivos, especialmente em matéria de **harmonização**, bem como para servir de foro de consultas, para estimular negociações sobre temas sanitários ou fitossanitários específicos e para promover o uso de normas, guias ou recomendações internacionais por parte dos Estados.

Por fim, o SPS pretende também **contribuir para melhorar a saúde humana e animal e as condições sanitárias** em todos os países.

5.6 Acordo sobre Barreiras Técnicas ao Comércio (TBT)

O Acordo sobre Barreiras Técnicas ao Comércio (*Agreement on Technical Barriers to Trade* – TBT) **reconhece o direito de os Estados estabelecerem requisitos técnicos e processos de certificação e aprovação de mercadorias importadas**, para que estas possam ingressar em seus mercados, **ou de bens produzidos em seus próprios territórios** que se destinem à exportação.

Entretanto, o TBT **visa a evitar que a fixação dessas exigências leve à formação de barreiras desnecessárias ao comércio internacional**.

Para isso, o TBT estabelece que **os regulamentos técnicos não serão mais restritivos ao comércio do que o necessário para realizar um objetivo legítimo**, relacionados com imperativos de segurança nacional, de prevenção de práticas enganosas ou de proteção da saúde ou segurança humana, da saúde e vida animal e vegetal e do meio ambiente.

Outrossim, **os regulamentos técnicos não serão mantidos se as circunstâncias ou objetivos que deram origem à sua adoção deixaram de existir ou se modificaram**, de modo a poderem ser atendidos de uma maneira menos restritiva ao comércio.

Por fim, deverá haver um **esforço internacional de harmonização dos regramentos técnicos** entre os distintos Estados.

O TBT abrange todos os produtos, inclusive os agropecuários e os industriais, **não se aplicando, porém, a medidas sanitárias e fitossanitárias**, objeto do SPS.

O TBT regula a **cooperação entre os Estados-membros** na preparação de regulamentos técnicos, especialmente em apoio aos países em desenvolvimento, prevendo também a possibilidade de um tratamento diferenciado para estes.

Para dar aos Estados partes a oportunidade de consultar-se sobre questões relativas ao funcionamento do TBT, foi criado o **Comitê de Barreiras Técnicas ao Comércio**, encarregado também de cuidar da aplicação do acordo.

Direito da Integração e Direito Comunitário

1. NOÇÕES GERAIS

O Direito da Integração é o ramo do Direito Internacional que visa a regular o **funcionamento de mecanismos de integração regional**, também conhecidos como "blocos regionais", como a União Europeia e o Mercosul.

O Direito da Integração **reúne todas as características do Direito Internacional em geral**, como a **necessidade de incorporação de suas normas ao ordenamento interno** e a **possibilidade de que seus preceitos não se apliquem quando em conflito com as normas do Direito nacional**.

O Direito Comunitário, por sua vez, é o ramo do Direito que visa a reger o **desenvolvimento de mecanismos de integração regional que atingiram um grau mais aprofundado de integração** entre seus membros, a ponto de criar uma verdadeira **comunidade de Estados, com interesses comuns e prevalecentes** em relação aos interesses específicos dos entes estatais que dela fazem parte.

O Direito Comunitário tem algumas características que o distinguem do Direito das Gentes como um todo:

É criado tanto pelos Estados como pelos órgãos do bloco regional	É marcado pela primazia das determinações dos órgãos comunitários frente aos órgãos dos Estados soberanos (supranacionalidade)
Tem efeito direito e aplicabilidade imediata dentro dos entes estatais e não requer, portanto, incorporação aos respectivos ordenamentos internos	Os Estados vinculados a normas de Direito Comunitário abrem mão de parcela significativa de sua soberania
É sempre hierarquicamente superior ao ordenamento interno dos Estados (Direito supranacional)	Os órgãos comunitários reúnem ampla capacidade de fazer valer suas determinações frente aos Estados-membros

Tecnicamente, **o Direito Comunitário existe, na atualidade, apenas na União Europeia**.

Em todo caso, não é incomum que o ordenamento que regula o Mercosul e outros blocos regionais seja também considerado como "Direito Comunitário" por parcela da doutrina e dos operadores do Direito brasileiro.

1.1. Etapas da integração regional

Um processo de integração regional pode percorrer até cinco estágios distintos: **área (ou zona) de livre comércio**, **união aduaneira**, **mercado comum**, **união econômica e monetária** e **união política**.

A respeito das fases da integração regional, cabe atentar para o seguinte:

- Não é necessário que todos os blocos regionais avancem pela totalidade desses estágios, o que dependerá, fundamentalmente, dos interesses dos Estados-membros;
- A passagem para uma etapa subsequente implica a incorporação da anterior, não seu abandono.

As fases da integração regional têm as seguintes características:

ESTÁGIO	CARACTERÍSTICAS
Área/Zona de livre comércio	Liberalização da circulação de bens dentro do bloco regional
União aduaneira	Regras comuns para as importações oriundas de Estados de fora do bloco Criação de uma tarifa externa comum (TEC)
Mercado comum	Livre circulação dos fatores de produção: bens, serviços, mão-de-obra, recursos financeiros etc.
União econômica e monetária	Políticas macroeconômicas e moeda comuns
União política	Ampla coordenação de ações no campo político

2. MERCOSUL

O Mercado Comum do Sul (Mercosul) foi criado por meio do **Tratado de Assunção**, de 1991.

Integram o Mercosul a **Argentina**, o **Brasil**, o **Paraguai**, o **Uruguai e a Venezuela**. A Bolívia encontra-se em processo de adesão. Há também os chamados "**membros associados**" (Bolívia, Chile, Colômbia, Equador e Peru), que contam com **vantagens nas relações econômico-comerciais com os membros do bloco**.

O Mercosul é **aberto à adesão dos demais Estados-membros da Associação Latino-Americana de Integração (ALADI)**.

> ▸ **Atenção!**
> Apenas Estados que tenham um regime democrático em vigor podem entrar ou permanecer no Mercosul.

2.1 Breve histórico

A história do Mercosul e da integração na América Latina como um todo inclui as seguintes etapas:

ETAPA	PONTOS IMPORTANTES
ALALC (Associação Latino-Americana de Livre Comércio. 1960-1980)	Objetivo político de criar uma zona de livre comércio latino-americana, que não teve maior êxito prático
ALADI (Associação Latino-Americana de Integração. Desde 1980)	Preferências comerciais entre os países latino-americanos
Negociações Argentina-Brasil (1985-1991)	• Promoção do comércio bilateral pela retirada de barreiras ao intercâmbio entre os dois países • Celebração da Ata de Iguaçu, do Programa de Integração e Cooperação Econômica Brasil-Argentina (PICAB) e do Tratado Bilateral de Integração e Cooperação Econômica

2.2 Objetivo

O objetivo do Mercosul é **contribuir para o desenvolvimento da região por meio da criação de um espaço econômico comum**, que permita a ampliação dos mercados nacionais, a elevação do grau de competitividade das economias dos Estados-membros, o fortalecimento das posições dos países do bloco nos foros internacionais, a obtenção de vantagens comerciais com outros parceiros, a modernização econômica e a melhor inserção internacional de seus integrantes.

Para isso, o Mercosul pretende criar um **mercado comum** entre seus membros, incluindo, portanto, uma **zona de livre comércio**, uma **união aduaneira** e a **livre circulação dos fatores de produção** e abrangendo, em suma, os seguintes aspectos:

- Eliminação de barreiras tarifárias e não tarifárias à circulação de mercadorias;
- Adoção de uma tarifa externa comum (TEC) e de uma política comercial comum;
- Harmonização de legislações em amplo rol de áreas (política macroeconômica, saúde, seguridade social, trabalho etc.).

> **Atenção!**
>
> Entretanto, o Mercosul é, até agora, apenas uma união aduaneira.

O Mercosul orienta-se de acordo com os seguintes princípios: **gradualismo, flexibilidade, equilíbrio, reciprocidade de direitos e obrigações** entre os Estados partes e **consideração especial para países e regiões menos desenvolvidos** do bloco.

As fontes do Direito do Mercosul são o **Tratado de Assunção**, o **Protocolo de Ouro Preto, outros acordos** celebrados no âmbito do bloco e as **Decisões do Conselho do Mercado Comum (CMC)**, as **Resoluções do Grupo Mercado Comum (GMC)** e as **Diretrizes da Comissão de Comércio do Mercosul (CCM)**.

> **Atenção!**
>
> Tais normas têm caráter obrigatório, mas não têm efeito imediato, devendo ser incorporadas aos ordenamentos internos dos Estados pelos procedimentos cabíveis.

Todas as deliberações dentro do Mercosul só serão aprovadas se houver **consenso** entre seus integrantes, devendo todos os Estados-membros estar representados nas reuniões pertinentes.

O Mercosul conta com **personalidade jurídica de Direito Internacional própria desde a celebração do Protocolo de Ouro Preto** (1994) e conta, por exemplo, com **capacidade para celebrar tratados**.

Por fim, reiteramos que, embora muitos tratem o Mercosul como um espaço onde vigora um Direito de teor comunitário, tecnicamente esse não é o caso, pelos seguintes motivos:

- O Mercosul não é um espaço marcado pela supranacionalidade;
- O MERCOSUL é um esquema estritamente intergovernamental, que ainda não conta com órgãos supranacionais, com poderes para ditar diretrizes a um Estado-membro independentemente da concordância deste;

- O Direito do MERCOSUL não é supranacional e, portanto, não é hierarquicamente superior ao Direito brasileiro em todos os momentos, estando sujeito aos critérios de aplicação de tratados internacionais no Brasil
- Os tratados celebrados no âmbito do Mercosul ainda dependem de incorporação, nos mesmos termos dos demais tratados de que o Brasil é parte (STF. CR-AgR 8.279/AT).

3. ESTRUTURA E FUNCIONAMENTO DO MERCOSUL

Os principais órgãos do Mercosul são o **Conselho do Mercado Comum** (CMC), o **Grupo Mercado Comum** (GMC), a **Comissão de Comércio do MERCOSUL** (CCM), a **Secretaria Administrativa do Mercosul** (SAM) e o **Parlamento do Mercosul** (PARLASUL).

3.1 Conselho do Mercado Comum (CMC)

O Conselho do Mercado Comum (CMC) é o **órgão superior do MERCOSUL**, competente para a "condução política do processo de integração e a tomada de decisões para assegurar o cumprimento dos objetivos estabelecidos pelo Tratado de Assunção e para lograr a constituição final do mercado comum".

As funções do CMC incluem:

Velar pelo cumprimento dos tratados do Mercosul	Criar, modificar e extinguir órgãos do Mercosul e adotar decisões em matéria financeira e orçamentária
Formular e executar políticas e ações necessárias à conformação do mercado comum	Exercer a titularidade da personalidade jurídica do Mercosul
Negociar e celebrar tratados em nome do Mercosul	Designar o Diretor da Secretaria Administrativa do Mercosul (SAM)

O CMC é **formado pelos ministros das Relações Exteriores e da Economia dos Estados-membros do bloco**. O órgão deverá reunir-se quantas vezes entender necessário, e, **pelo menos uma vez por semestre, a reunião do CMC contará com a participação dos Presidentes dos Estados partes**.

A presidência do CMC é exercida alternadamente por cada um dos Estados-membros do bloco pelo prazo de seis meses, configurando a chamada **Presidência *pro tempore***.

As deliberações do CMC são as chamadas "**Decisões**".

3.2 Grupo Mercado Comum (GMC)

O Grupo Mercado Comum (GMC) é o **principal órgão executivo do Mercosul**. Encontra-se **subordinado ao CMC**.

As competências do GMC incluem, dentre outras:

• Velar, nos limites de seus poderes, pelo cumprimento dos tratados do Mercosul	• Criar, modificar ou extinguir órgãos
• Propor projetos de Decisões ao CMC e tomar as medidas necessárias para cumpri-las	• Manifestar-se sobre as propostas ou recomendações que lhe forem submetidas pelos demais órgãos do Mercosul no âmbito de suas competências
• Fixar programas de trabalho que assegurem avanços para o estabelecimento do Mercosul	• Negociar e assinar, por delegação do CMC, tratados em nome do Mercosul
• Eleger o Diretor da Secretaria Administrativa do Mercosul (SAM) e supervisionar as atividades deste órgão	• Organizar as reuniões do CMC e preparar os relatórios e estudos que este lhe solicitar

Normalmente participam do GMC delegações compostas por quatro membros titulares e quatro membros alternos por Estado, dentre os quais deve haver representantes dos ministérios das Relações Exteriores, da Economia (ou equivalentes) e dos bancos centrais nacionais, que atuam sob a coordenação dos Ministros das Relações Exteriores. As deliberações do GMC são as chamadas "**Resoluções**.

3.3 Comissão de Comércio do Mercosul (CCM)

A Comissão de Comércio do Mercosul (CCM) é o **órgão encarregado de cuidar da aplicação dos instrumentos de política comercial do bloco**.

A CCM deve reunir-se mensalmente e é composta de modo semelhante à do GMC, com cada Estado indicando quatro membros titulares e suplentes, sob a coordenação dos Ministérios das Relações Exteriores.

A CCM manifesta-se por meio de **Diretrizes (obrigatórias), ou Propostas, que têm teor de meras recomendações**.

3.4 Secretaria Administrativa do Mercosul (SAM)

A Secretaria Administrativa do Mercosul (SAM) é o **órgão de apoio administrativo e operacional do bloco**.

A SAM é sediada em Montevideu (Uruguai) e é dirigida por um **Diretor, eleito pelo GMC em bases rotativas e designado para o CMC para um mandato de dois anos, vedada a reeleição para o período subsequente**.

3.5 O Parlamento do Mercosul (Parlasul)

O Parlamento do Mercosul (Parlasul) é o órgão que **substituiu a Comissão Parlamentar Conjunta (CPC) do Mercosul**. É sediado em Montevideu (Uruguai).

O Parlasul é o **órgão de representação dos interesses dos cidadãos dos Estados Partes** e visa, também, a fortalecer a **cooperação interparlamentar**, com o intuito de contribuir para a harmonização das legislações nacionais e para a incorporação aos ordenamentos internos das normas emanadas dos órgãos do bloco.

4. SOLUÇÃO DE CONTROVÉRSIAS NO MERCOSUL

O mecanismo de composição de conflitos no Mercosul é regulado pelo **Protocolo de Olivos** para a Solução de Controvérsias no Mercosul, de 2002, que **substituiu o Protocolo de Brasília**, de 1991.

> ▸ **Atenção!**
>
> Não confundir o mecanismo de solução de controvérsias do Mercosul, regulado pelo Protocolo de Olivos, com a regulação da cooperação jurídica entre os integrantes do bloco mercosulino, objeto do Protocolo de Cooperação e Assistência Jurisdicional em Matéria Civil, Comercial, Trabalhista e Administrativa (Protocolo de Las Leñas).

Fundamentalmente, a estrutura dedicada à solução de controvérsias no Mercosul compreende três instâncias: **negociações diplomáticas**, **arbitragem** e o **Tribunal Permanente de Revisão**.

A **primeira etapa** para resolver um conflito é a das **negociações diplomáticas diretas** entre as partes em litígio, as quais reúnem as seguintes características:

• Podem levar a uma solução política, por serem um meio não jurisdicional de solução de conflitos	• As negociações serão diretas e durarão até quinze dias
• Iniciam-se por iniciativa dos Estados	• Na falta de acordo, é facultado aos Estados recorrerem ao Grupo Mercado Comum (GMC) que buscará solução para o caso ouvindo as partes e especialistas. Neste caso, o procedimento durará no máximo trinta dias e, ao final, o GMC emitirá recomendações a respeito

A partir do fracasso das negociações ou do procedimento junto ao GMC, poderão ser acionados os tribunais arbitrais *ad hoc*, a respeito dos quais cabe indicar o seguinte:

- O tribunal arbitral *ad hoc* é formado por três árbitros;
- A decisão do tribunal deverá ser fundamentada nas normas do Mercosul;
- A decisão constará de laudo arbitral, a ser proferido em até sessenta dias, prorrogáveis por mais trinta;
- O tribunal poderá proferir medidas de caráter cautelar

O **Tribunal Permanente de Revisão** é o órgão jurisdicional competente para **julgar, em grau de recurso, as decisões dos tribunais arbitrais *ad hoc*, ou para examinar questões não decididas em negociações diplomáticas, quando as partes desejarem submeter desde logo o caso ao Tribunal de Revisão**.

O Tribunal Permanente de Revisão é sediado em Assunção. É composto por **cinco árbitros**, dentro das seguintes condições:

• Quatro dos árbitros são indicados por cada um dos Estados-membros do Mercosul por um período de dois anos, renovável por no máximo dois períodos consecutivos	• Os árbitros devem ser nacionais dos Estados do bloco e devem ter reconhecida competência nas matérias controversas e no Direito do Mercosul
• O quinto árbitro é escolhido por unanimidade pelos Estados-membros do bloco, por um período de três anos, não renovável, salvo acordo em contrário	• Devem ser imparciais e independentes dos Estados dos quais são nacionais

▸ Atenção!

Os requisitos de qualificação dos árbitros que acabamos de apresentar valem também para os árbitros dos tribunais ***ad hoc***.

Acerca do processo no Tribunal, cabe destacar o seguinte:

• A controvérsia que envolver dois Estados será apreciada por apenas três árbitros, dois dos quais nacionais dos entes estatais envolvidos e um terceiro de nacionalidade diversa, relacionado por sorteio.	• Quando o conflito envolver três ou mais Estados, todos os árbitros examinarão o caso. • No caso de recursos de laudos arbitrais, o prazo para recorrer ao Tribunal é de até quinze dias.

• O recurso estará limitado a questões de Direito tratadas na controvérsia. • Laudos arbitrais emitidos com base nos princípios *ex aequo et bono* não serão suscetíveis de recurso. • O prazo para contestação é de quinze dias após o recebimento do recurso. • Depois do recebimento da contestação, ou do fim do prazo de quinze dias, o Tribunal tem trinta dias (prorrogáveis por mais quinze) para decidir a respeito do conflito.	• As deliberações do Tribunal serão confidenciais. • As decisões serão tomadas por maioria. • O julgamento do Tribunal é definitivo. • É cabível o chamado "Recurso de Esclarecimento", com efeito suspensivo, a ser interposto em até quinze dias após a notificação do laudo, com o intuito de solicitar explicações sobre seu teor e sobre a forma de seu cumprimento. • O Tribunal tem até quinze dias para pronunciar-se acerca do Recurso de Esclarecimento

Em qualquer caso, o Conselho do Mercado Comum (CMC) poderá estabelecer procedimentos especiais para atender casos excepcionais de urgência que possam ocasionar danos irreparáveis às Partes, abrindo, portanto, a possibilidade de que os tribunais arbitrais e o Tribunal Permanente de Revisão do MERCOSUL estabeleçam as medidas cautelares cabíveis.

A decisão do Tribunal é **obrigatória** e **deve ser cumprida em até trinta dias após a notificação a respeito**, salvo indicação contrária.

Caso o laudo seja descumprido, existem as seguintes possibilidades:

- O Estado vencedor pode aplicar, dentro de até um ano após o prazo final para o cumprimento do laudo, medidas compensatórias temporárias, primeiramente no setor afetado pela controvérsia.
- Caso tais ações se revelem impraticáveis ou ineficazes, o Estado vencedor poderá tomar providências adicionais em outros setores.
- Caso o Estado vencido considere excessivas as medidas compensatórias aplicadas, poderá pedir, em até quinze dias depois de sua aplicação, que o Tribunal se pronuncie a respeito em até trinta dias;

O procedimento de reclamação de particulares no Mercosul é regulado pelos artigos 39 a 44 do Protocolo de Olivos.

Por fim, o Conselho do Mercado Comum (CMC) poderá estabelecer mecanismos relativos à solicitação de opiniões consultivas ao Tribunal Permanente de Revisão definindo seu alcance e seus procedimentos, permitindo, portanto, que este órgão também exerça competência consultiva.

▶ **Atenção!**

Embora o Protocolo de Olivos esteja em vigor desde 2002, ainda há questões de certames jurídicos que se referem ao antigo e extinto Protocolo de Brasília como instrumento que regula o mecanismo de solução de controvérsias do Mercosul.

▶ **Atenção!**

O Tribunal Permanente de Revisão não aceita petições individuais, examinando apenas procedimentos que envolvam os Estados.

5. UNIÃO EUROPEIA

A União Europeia (UE) é o bloco que reúne **vinte e sete Estados europeus.**

A história da integração europeia é antiga. Entretanto, há momentos mais marcantes nessa trajetória, que são os seguintes:

BENELUX: 1944	Zona de livre comércio e união aduaneira entre Bélgica, Holanda e Luxemburgo
Conselho da Europa: 1949	Cooperação na Europa e prevenção de novos conflitos armados
CECA: 1951	Órgãos supranacionais administram a produção de carvão e de aço
Tratado de Roma: 1957	Criação da Comunidade Econômica Europeia. Objetivo de criar um mercado comum europeu
Ato Único Europeu: 1986	Bases da união econômica e monetária
Tratado de Maastricht: 1992	Criação da União Europeia
Tratado de Amsterdam (1997) e Tratado de Nice (2001)	atualização dos tratados europeus anteriores
Tratado de Lisboa (2009)	Tratado Reformador

5.1 Estrutura institucional da União Europeia

Os principais órgãos da União Europeia são: o **Conselho Europeu**, o **Conselho da União Europeia** (também conhecido como "**Conselho de Ministros**" ou simplesmente "**Conselho**"), o **Parlamento Europeu**, a **Comissão Europeia**, o **Tribunal de Justiça** e o **Tribunal de Contas**.

A respeito de tal estrutura, cabe informar o seguinte:

ÓRGÃO	FUNÇÕES E INFORMAÇÕES IMPORTANTES
Conselho Europeu	• Órgão de cúpula da UE • Competente para tratar dos "grandes temas" do bloco • Formado pelos Chefes de Estado e de Governo e pelos ministros das Relações Exteriores dos Estados-membros e pelo Presidente da Comissão Europeia, pelo menos • Encontros ocorrem no mínimo duas vezes por semestre • Decisões proferidas por consenso • Liderado pelo Presidente do Conselho Europeu
Conselho da União Europeia (Conselho de Ministros ou, Simplesmente, "Conselho")	• Competente para definir as principais políticas da UE, embora com amplitude política menor do que o Conselho Europeu • É composto por representantes dos Estados-membros • É presidido rotativamente, por um período de seis meses, por um Estado que, nesse período, é considerado como presidente da UE • Em regra, as deliberações são proferidas a partir do voto favorável da maioria de seus integrantes
Parlamento Europeu	• Órgão de representação dos cidadãos da UE • Exerce funções legislativas • Exerce funções de controle sobre os órgãos da UE • É competente para aprovar o orçamento comunitário e acompanhar sua execução • Membros eleitos pelo voto popular para um mandato de cinco anos
Comissão Europeia	• Órgão executivo do bloco • Visa a garantir o bom funcionamento do mercado comum e a garantir o cumprimento dos tratados e das decisões proferidas dentro dos órgãos da UE • Administra programas comunitários e executa as políticas da UE • Representa a UE nas relações com Estados e organismos internacionais
Tribunal de Justiça	• Encarregado da aplicação e interpretação das normas comunitárias • Deve cuidar de conferir certa uniformidade na aplicação do Direito Comunitário dentro do bloco • Não pode se manifestar acerca de questões de interesse exclusivo de um Estado-membro, exceto quando os Estados violem regras da UE
Tribunal de Contas	Controla a execução orçamentária da UE

5.2 Funcionamento da União Europeia

A União Europeia (UE) atingiu o estágio de **união econômica e monetária**. É também, portanto, zona de livre comércio, união aduaneira e mercado comum.

A União Europeia **tem personalidade jurídica de Direito Internacional**.

A UE operava em três planos diferentes, conhecidos como "pilares": Pilar da Comunidade, Política Externa e Segurança Comum e Cooperação Penal.

A noção de "pilares" foi substituída por três tipos de competências: a **exclusiva**, a **partilhada** e a de **apoio**, com as características a seguir:

Competência exclusiva	Competência partilhada	Competência de apoio
Só a UE pode legislar	UE e Estados podem legislar	UE é competente para apoiar, coordenar ou completar a atuação dos Estados-Membros, sem prejuízo da competência destes nos domínios que lhes são reservados
Estados só podem atuar quando habilitados pela UE ou para executar os atos proferidos pelos órgãos comunitários	Estados podem legislar apenas quando a UE não tiver legislado	
Temas (exemplos): união aduaneira, funcionamento do mercado comum, política monetária e comercial	Temas (exemplos): política social, meio ambiente, energia, segurança e justiça	Temas (exemplos): educação, turismo, cultura, formação profissional

A UE atua para **aproximar as leis nacionais dos Estados-membros**, de forma a que se pautem por padrões mínimos, com vistas a evitar que normas internas criem privilégios que causem desequilíbrios dentro da União.

No campo econômico, a UE é um espaço governado pelas regras da **economia de mercado**, embora com significativa regulamentação. No âmbito político, exige-se dos membros da UE um compromisso com a **democracia** e com o **Estado de Direito** e com a **garantia de diversos direitos aos cidadãos europeus**, consagrados especialmente na Carta dos Direitos Fundamentais da União Europeia, de 2007.

Os principais tipos de normas da UE, além dos **tratados**, são os **regulamentos**, as **diretivas**, as **decisões**, as **recomendações** e as **opiniões**. A respeito, veja-se o seguinte:

- Regulamentos: normas gerais, obrigatórias para os Estados e diretamente aplicáveis dentro do território destes;
- Diretivas: normas vinculantes no tocante ao resultado que pretendem alcançar, ficando a cargo dos Estados identificarem a melhor forma de alcançar os objetivos propostos;
- Decisões: normas vinculantes para os Estados aos quais se dirigem;
- Recomendações e opiniões: preceitos de caráter não vinculante.

Solução Pacífica de Controvérsias Internacionais

1. INTRODUÇÃO: AS CONTROVÉRSIAS INTERNACIONAIS

A controvérsia internacional é o **litígio entre determinados sujeitos de Direito Internacional, mormente os Estados e as organizações internacionais.**

Para dirimir tais conflitos, foram concebidos os chamados "**mecanismos de solução pacífica de controvérsias internacionais**", que partem de duas noções básicas: a) não há um governo mundial; b) a sociedade internacional é uma sociedade de coordenação, não de subordinação.

Com isso, os mecanismos de solução de controvérsias internacionais envolverão a possibilidade de que **a solução do conflito não se encontre no mundo do Direito**, bem como **que seu funcionamento dependa da autorização dos sujeitos envolvidos.**

Os mecanismos de solução de controvérsias internacionais são indicados na **Carta da ONU** (art. 33) e na **Carta da OEA** (art.25), não excluindo, porém, outros que porventura já existam ou que venham a ser criados no futuro.

Tais mecanismos são os seguintes:

• Negociação • Inquérito • Mediação • Conciliação • Arbitragem • Serviços amistosos e consultas	• Solução judicial • Recurso a entidades ou acordos regionais • Bons ofícios • Qualquer outro, combinado pelas partes

Os mecanismos de solução de conflitos internacionais se revestem das seguintes características:

Em geral, dependem do consentimento dos Estados para agir	Devem ser pacíficos
A solução não necessariamente precisa ser fundamentada no Direito	As listas de meios de solução de conflitos internacionais não são exaustivas
Devem, quando possível, ser preventivos	Não há hierarquia entre os mecanismos disponíveis

Os meios de solução pacífica de controvérsias internacionais podem ser classificados de duas maneiras:

Quanto à compulsoriedade das decisões que proferem	Quanto à fundamentação da decisão que ofereça a solução do litígio
• **Facultativos**: decisão juridicamente não vinculante	• **Diplomáticos (ou políticos)**: solução sem fundamento no Direito
• **Obrigatórios**: decisão juridicamente vinculante	• **Jurídicos**: solução com fundamento no Direito. Podem ser semijurisdicionais/semijudiciais (arbitragem) e jurisdicionais/judiciais (cortes e tribunais internacionais)

2. MEIOS DIPLOMÁTICOS E POLÍTICOS

Os meios diplomáticos e políticos, também conhecidos como "**não jurisdicionais**", são **aqueles cuja solução não necessariamente encontra fundamento em norma jurídica.**

Os meios diplomáticos caracterizam-se pelo **diálogo** entre as partes divergentes, com o intuito de chegar a uma **convergência de ideias** que permita a maior satisfação possível dos interesses dos envolvidos na contenda.

Os **meios políticos**, por sua vez, **identificam-se quase que totalmente com os meios diplomáticos**, diferenciando-se destes apenas porque as **tratativas entre as partes ocorrem dentro das organizações internacionais e de seus órgãos**.

Os meios diplomáticos e políticos são fundamentalmente seis:

Negociação	Bons ofícios	Consultas
Mediação	Conciliação	Inquérito

2.1 Negociação

A negociação é o processo pelo qual os Estados estabelecem **entendimentos diretos,** com vistas a compor um litígio da maneira mais satisfatória possível para todos os envolvidos.

As negociações podem ser **bilaterais ou multilaterais** e podem ocorrer **dentro ou fora de organizações internacionais ou de grandes reuniões**. Normalmente, envolvem funcionários especializados em assuntos internacionais e/ou em temas técnicos. Ao final, a solução do conflito pode resultar de **transação** (concessões recíprocas), da **renúncia** (abdicação de interesses) e do **reconhecimento** (admissão da procedência da pretensão da outra parte).

Não há regras gerais de Direito Internacional estabelecendo como deverão funcionar as negociações internacionais, operando cada uma de acordo com os procedimentos definidos para o caso, **embora, dentro das organizações internacionais, normalmente haja regras pré-definidas**.

2.2 Inquérito

O inquérito é um mecanismo voltado a **esclarecer fatos conflituosos**, com o intuito de **preparar o eventual estabelecimento de um meio de solução pacífica de controvérsias**, podendo, porém, eventualmente, **propor condutas a seguir.** É também conhecido como "investigação" ou *fact finding*.

O inquérito é, em geral, conduzido por um ou mais investigadores, normalmente especialistas técnicos em determinada matéria, e pode ser regulado pelos acordos cujas normas sejam objeto do inquérito ou pelas normas pertinentes dos organismos internacionais

2.3 Consultas

As consultas consistem em mecanismo por meio do qual Estados e organizações internacionais mantêm **contatos preliminares entre si**, com o intuito de **identificar e a estabelecer, com maior precisão, os temas controversos** do relacionamento **e preparar uma futura negociação**.

2.4 Bons ofícios

Os bons ofícios consistem na **ação de um terceiro**, chamado "**moderador**", cujo papel é o de **aproximar os litigantes, sem, porém, exercer nenhuma influência nas tratativas entre as partes em conflito**.

O moderador **pode ser Estado, um organismo internacional ou uma pessoa natural**, que pode atuar a pedido das próprias partes em conflito ou pode se oferecer para tal, devendo, neste caso, ser aceito pelos litigantes.

2.5 Mediação

A mediação é um mecanismo que conta com o **envolvimento de um terceiro, chamado "mediador" que, além de aproximar as partes, propõe uma solução para o conflito.**

A mediação **pode ser prevista e regulada em tratado ou pode ser facultativa. O mediador pode ser uma pessoa natural, um Estado ou um organismo internacional**, apontado ou aceito pelos envolvidos na controvérsia. Pode ser **oferecida pelo mediador ou solicitada pelos litigantes**, podendo o mediador ser rejeitado pelas partes ou recusar o encargo. Por fim, **as propostas do mediador não são juridicamente vinculantes** e podem, portanto, ser rejeitadas.

A mediação termina quando leva ao fim do conflito, ou quando as partes recusam as propostas do mediador.

2.6 Conciliação

A conciliação é semelhante à mediação. Entretanto, **a conciliação tem não um mediador, como na mediação, mas um órgão de mediação**, em geral formado por representantes dos litigantes e por pessoas neutras e com número ímpar de membros.

A comissão de conciliação emite um **parecer** acerca do litígio, dentro do qual são apresentadas propostas para solucionar uma contenda. No entanto, **o parecer não é juridicamente vinculante** e pode, portanto, ser rejeitado pelas partes.

> **Atenção!**
>
> Enfatizamos que os bons ofícios, a mediação e a conciliação envolvem a atuação de um terceiro. Entretanto, nos bons ofícios, cabe ao terceiro apenas aproximar as partes, ao passo que na mediação e na conciliação podem os terceiros contribuir para a solução do conflito.

3. MEIOS SEMIJUDICIAIS: A ARBITRAGEM INTERNACIONAL

Os meios semijudiciais são aqueles que levam a uma **decisão fundamentada em norma jurídica** e **juridicamente vinculante**, mas que não é proferida por um órgão jurisdicional permanente, e sim por um **juízo *ad hoc*.**

> Atualmente, o único meio semijudicial é a **arbitragem.**

A arbitragem internacional é o meio de solução de controvérsias que funciona por meio de uma **corte ou tribunal arbitral, composto por um ou mais árbitros, imparciais e com notória especialidade na matéria objeto de conflito,** que emite um **laudo** a respeito do litígio que lhe é submetido.

A arbitragem **não é obrigatória**. Com isso, **a submissão dos Estados ao procedimento depende de sua vontade**.

> ▸ Atenção!
>
> Uma vez aceito o procedimento arbitral, o laudo é obrigatório.

A decisão de submeter uma controvérsia à arbitragem pode ser feita **antes ou depois do surgimento do conflito por meio de cláusula arbitral**, que pode adotar uma das seguintes modalidades:

Cláusula compromissória	Compromisso arbitral
Anterior ao conflito e constante de tratado, que define também os poderes dos árbitros, o procedimento da arbitragem e outras questões relevantes	Posterior ao início do litígio. Feito por meio de tratado, que estabelece as condições da arbitragem

Normalmente, não cabe recurso do laudo arbitral, o que não exclui, porém, a recorribilidade da decisão proferida por um juízo arbitral em alguns âmbitos, como no Mercosul, dentro do qual há a possibilidade de reexame do caso pelo Tribunal Permanente de Revisão.

No momento em que é proferido o laudo, cessam as funções dos árbitros, que não podem mais interferir no caso nem para obrigar ao cumprimento da decisão proferida. Em todo caso, nada impede que os árbitros estejam vinculados a uma instituição permanente especializada em arbitragem, com listas de árbitros disponíveis para os interessados.

4. MECANISMOS JUDICIAIS: CORTES E TRIBUNAIS INTERNACIONAIS

Os mecanismos judiciais (ou jurisdicionais) são aqueles que funcionam por meio de **cortes e tribunais internacionais**.

As cortes e tribunais internacionais são **criados por tratados**, que também regulam seu funcionamento, e **podem ser permanentes ou de caráter *ad hoc***. Assim como os órgãos jurisdicionais internos, **emitem sentenças**, que resultam de um processo judicial semelhante ao processo nas cortes e tribunais nacionais.

Nenhum Estado é automaticamente jurisdicionável perante qualquer corte internacional e, nesse sentido, sua submissão a um tribunal regulado pelo Direito das Gentes depende de sua aceitação, normalmente expressa das seguintes maneiras:

- Norma de tratado, que preveja a competência do órgão jurisdicional para dirimir controvérsias entre as partes ou acerca da aplicação do próprio acordo que traga essa regra;
- Aceitação do Estado de se submeter a um procedimento em corte internacional
- Decisão dos contendores de levar o conflito ao tribunal internacional;
- Aceitação de cláusula facultativa de jurisdição contenciosa

Por fim, algumas cortes e tribunais internacionais, além de emitir sentenças, também contam com a **competência de emitir pareceres** acerca de conflitos internacionais.

4.1 Corte Internacional de Justiça

A Corte Internacional de Justiça (CIJ) é o **principal órgão jurisdicional da ONU. É regida pelo Estatuto da Corte Internacional de Justiça** (Estatuto da CIJ) e é sediada na Haia (Holanda).

A CIJ é competente para **conhecer de conflitos entre Estados relativos a qualquer tema de Direito Internacional**.

A CIJ é formada por **quinze juízes**, acerca dos quais é importante indicar o seguinte:

• Eleitos pela Assembleia-Geral e pelo Conselho de Segurança da ONU, em votação sem veto	• Devem possuir notória competência em Direito Internacional ou reunir condições de ocupar as mais altas funções no Judiciário dos respectivos Estados
• Mandatos de nove anos, com direito a reeleição	• Devem ser independentes
• Escolhidos segundo um critério de representatividade dos principais sistemas jurídicos mundiais	• Gozam de privilégios e imunidades diplomáticas
• Não poderá haver mais de um juiz da mesma nacionalidade	• São inamovíveis

A CIJ tem **competência contenciosa e consultiva,** nos seguintes termos:

COMPETÊNCIA CONTENCIOSA	COMPETÊNCIA CONSULTIVA
• Exame de litígios, cujo julgamento resulta em sentença • Somente Estados podem ser partes	• Emissão de pareceres • Pareceres podem ser solicitados somente pela Assembleia-Geral e pelo Conselho de Segurança da ONU, bem como por outros órgãos das Nações Unidas e entidades especializadas autorizadas pela Assembleia-Geral

▸ Atenção!

Organismos internacionais, pessoas naturais, empresas e ONGs não podem ser partes em processos da competência contenciosa da CIJ. Por outro lado, os Estados não podem solicitar pareceres à Corte.

A **competência *rationae materiae*** da CIJ abrange o seguinte:

• Todas as questões que as partes lhe submetam	• Litígios acerca de qualquer ponto de Direito Internacional
• Todos os assuntos especialmente previstos na Carta das Nações Unidas ou em tratados em vigor	• Natureza ou extensão da reparação devida pela ruptura de um compromisso internacional
• Conflitos relativos à interpretação de um tratado	• Controvérsias relativas à existência de qualquer fato que, se verificado, constituiria violação de um compromisso internacional

A CIJ não tem competência automática sobre os Estados: estes só podem ser réus nesse órgão jurisdicional depois de consentirem a respeito.

Nesse sentido, a CIJ só poderá examinar um caso nas seguintes hipóteses:

• Previsão em tratado	• Aceitação, pelo Estado, de ser processado no caso concreto
• Decisão voluntária das partes envolvidas em um litígio de submetê-lo à Corte, por meio de um acordo denominado "compromisso"	• Aceitação da "cláusula facultativa de jurisdição obrigatória" da CIJ (Cláusula Raul Fernandes), a partir do qual o Estado fica sujeito a ser réu em qualquer processo na Corte, independentemente de novo consentimento posterior

▸ Atenção!

O Brasil ainda não aceitou a cláusula facultativa de jurisdição obrigatória da CIJ.

A **sentença é definitiva, inapelável e obrigatória** para as partes em litígio e deve ser cumprida de boa-fé, ensejando seu descumprimento a **possibilidade de responsabilização internacional do violador e de ação do próprio Conselho de Segurança da ONU para garantir sua execução.**

A CIJ admite, porém, **pedidos de esclarecimento** e de **revisão da sentença**, esta apenas **depois de pelo menos dez anos e diante de fato novo**.

Em princípio, os pareceres não são vinculantes, embora possam vir a sê--lo, caso as partes que o solicitem assim o convencionem.

Direito do Mar

1. INTRODUÇÃO: O DOMÍNIO PÚBLICO INTERNACIONAL

O domínio público internacional refere-se às áreas e aos recursos naturais que **não pertencem a nenhum Estado específico** ou que, **ainda que estejam sob a soberania de um ou de mais Estados, são objeto de amplo interesse internacional.**

Pertencem ao domínio público internacional o **mar**, o **espaço aéreo**, as **zonas polares** e o **espaço extra-atmosférico.** Há também quem inclua nesse rol os **rios** e as **águas interiores.**

2. DIREITO DO MAR, DOS RIOS E DAS ÁGUAS INTERIORES

O Direito do Mar é o ramo do Direito Internacional que visa a **regular o manejo do espaço marítimo**, dentro de parâmetros como o **respeito à soberania nacional**, a promoção do **desenvolvimento sustentável** e a necessidade de garantir **o melhor proveito possível dos recursos marítimos por parte de toda a humanidade.**

O principal marco regulatório internacional na matéria é a **Convenção das Nações Unidas sobre o Direito do Mar** (**Convenção de Montego Bay**), de 1982.

No Brasil, o principal diploma legal relativo ao Direito do Mar é a **Lei 8.617/93**, que incorpora normas importantes da Convenção de Montego Bay.

Dentre os princípios do Direito do Mar encontramos:

• Respeito à soberania nacional, em conformidade com o Direito Internacional	• Facilitação das comunicações entre os povos
• Obrigação de proteger e preservar o meio ambiente marinho e de utilizar, de forma equitativa e eficiente, seus recursos	• Cooperação internacional
• Uso pacífico do mar	• Contribuição para a manutenção da paz e para o progresso de todos os povos do mundo

A Convenção de Montego Bay criou também o **Tribunal Internacional do Direito do Mar**, com sede em Hamburgo (Alemanha), competente para examinar controvérsias relativas às normas internacionais na matéria.

3. ESPAÇOS TUTELADOS PELO DIREITO DO MAR

Dentre os espaços que constituem objeto de preocupação do Direito do Mar estão o **mar territorial**, a **zona contígua**, **a plataforma continental**, a **zona econômica exclusiva**, o **alto-mar** e os **fundos marinhos**.

3.1 Mar territorial

O mar territorial é a **zona marítima adjacente ao território do Estado**, sobre a qual este exerce sua soberania.

> **Atenção!**
>
> O Estado exerce também poder soberano sobre o espaço aéreo sobrejacente, o leito e o subsolo do mar territorial.

Todo Estado tem o direito de fixar a largura de seu mar territorial **até o limite de 12 milhas marítimas**, medidas a partir de linhas de base determinadas em conformidade com a Convenção de Montego Bay.

No Brasil, de acordo com a Lei 8.617/93, o mar territorial **"compreende uma faixa de doze milhas marítimas de largura**, medidas a partir da linha de baixa-mar do litoral continental e insular, tal como indicada nas cartas náuticas de grande escala, reconhecidas oficialmente no Brasil".

> **Atenção!**
>
> Dessa forma, o mar territorial brasileiro não tem mais 200 milhas de extensão, como anteriormente definido pelo agora revogado Decreto-Lei 1.098/70.

Dentro do mar territorial, os navios de qualquer Estado gozarão do direito de "**passagem inocente**".

O Estado costeiro não exercerá sua jurisdição penal a bordo de **navio estrangeiro que passe por seu mar territorial** com o fim de deter qualquer pessoa ou de realizar qualquer investigação com relação a uma infração criminal cometida a bordo dessa embarcação durante a sua passagem, **exceto quando a embarcação vier de suas águas interiores**, bem como nos **seguintes casos**:

• Se o ato tiver consequências para o Estado costeiro	• Se o ilícito puder perturbar a paz do Estado ou a ordem no mar territorial
• Se a assistência das autoridades locais tiver sido solicitada pelo capitão do navio ou pelo representante diplomático ou consular do Estado de bandeira	• Se essas medidas forem necessárias para a repressão do tráfico ilícito de entorpecentes.

Em todo caso, o **Código Penal brasileiro** (art. 5º, § 2º) **determina que se aplique a lei brasileira** ao **crime praticado a bordo de embarcações estrangeiras de propriedade privada que se encontrem em território nacional, em porto ou no mar territorial do Brasil**.

O Estado costeiro não deve parar nem desviar de rota um navio estrangeiro que passe pelo mar territorial, com o intuito de exercer sua jurisdição cível em relação a uma pessoa que se encontre a bordo. Tampouco pode, em relação a essa embarcação, tomar medidas executórias ou cautelares, a não ser por força de obrigações assumidas pelo navio ou de responsabilidades em que o mesmo haja incorrido durante a navegação no interior das águas do Estado costeiro. Em todo caso, tal regra não se aplica ao navio estrangeiro que se detenha no mar territorial ou que atravesse águas territoriais procedente das águas interiores.

Os navios de guerra e aqueles empregados para fins não comerciais gozarão de imunidade de jurisdição, mas sua saída do mar territorial poderá ser exigida pelo Estado costeiro caso não cumpram as leis e regulamentos relativos à passagem pelas águas territoriais, sendo também responsáveis pelos danos eventualmente causados.

3.2 Zona contígua

A zona contígua é a **área adjacente ao mar territorial**, dentro da qual o Estado pode tomar as **medidas de fiscalização** necessárias para **evitar e reprimir as infrações às leis e regulamentos aduaneiros, fiscais, de imigração e sanitários** no seu território ou no seu mar territorial.

A extensão da zona contígua é a seguinte:

Convenção de Montego Bay	Brasil
Máxima de vinte e quatro milhas marítimas, contadas a partir das linhas de base que servem de referência inicial para medir a largura do mar territorial.	Doze a vinte e quatro milhas marítimas, contadas a partir das linhas de base que servem para medir a largura do mar territorial

3.3. Plataforma continental

A plataforma continental compreende o **leito e o subsolo das áreas submarinas além do mar territorial do Estado**, em toda a extensão do **prolongamento natural de seu território terrestre**, até o bordo exterior da margem continental ou até uma **distância máxima de 200 milhas marítimas** das linhas de base a partir das quais se mede a largura do mar territorial.

A Convenção de Montego Bay permite que o Estado solicite à Comissão de Limites da Plataforma Continental a extensão de sua plataforma continental para além de 200 milhas. Cabe destacar que **os limites estendidos**, eventualmente estabelecidos com base nessas recomendações, serão **definitivos e obrigatórios**.

No Brasil, a plataforma continental tem extensão de **200 milhas marítimas**.

Na plataforma continental, o Estado costeiro exerce **direitos exclusivos de soberania para efeitos de exploração e de aproveitamento de seus recursos naturais**, pelo que estrangeiros poderão atuar ali apenas com autorização do ente estatal costeiro, mesmo que este não explore a plataforma continental.

3.4. Zona econômica exclusiva

A zona econômica exclusiva é uma **área adjacente ao mar territorial**, de **extensão máxima de 200 milhas marítimas** contadas das linhas de base a partir das quais é medida a largura do mar territorial.

No Brasil, a zona econômica exclusiva compreende uma faixa que se estende de **doze às duzentas milhas marítimas**, medidas a partir das linhas de base que servem de referência inicial para definir a largura do mar territorial.

Na zona econômica exclusiva, o Estado tem direitos de soberania nos seguintes campos:

Exploração, aproveitamento, conservação e gestão dos recursos naturais e de atividades de fins econômicos	Proteção e preservação do meio ambiente
Pesquisa cientifica marinha	Construção, operação e uso de todos os tipos de ilhas, instalações e estruturas artificiais

Na zona econômica exclusiva, todos os demais Estados, tenham ou não litoral, gozam de liberdade de navegação e de sobrevoo e podem colocar cabos e dutos submarinos e desenvolver outros usos do mar internacionalmente lícitos.

A teor da Lei 8.617, "**A investigação científica marinha na zona econômica exclusiva só poderá ser conduzida por outros Estados com o consentimento**

prévio do Governo brasileiro, nos termos da legislação em vigor que regula a matéria". Ademais, a realização, por outros Estados, de exercícios ou de manobras militares na zona econômica exclusiva somente poderá ocorrer com o consentimento do Governo brasileiro, em particular quando impliquem o uso de armas ou de explosivos.

3.5 Alto-mar

O alto-mar compreende **todas as áreas marítimas sobre as quais não incide o poder soberano de qualquer Estado**.

O **uso do alto-mar está aberto a todos os Estados**, costeiros ou não. Nesse espaço, os entes estatais têm direitos como navegação, sobrevoo, pesca e pesquisa científica, a serem sempre exercidos com **fins pacíficos**.

3.6. Fundos marinhos

Os fundos marinhos, também conhecidos como "Área", compreendem **as regiões subaquáticas, o leito e o subsolo das águas internacionais, que não pertencem a nenhum Estado**. São patrimônio comum da humanidade e, por isso, sua exploração deve ser feita em benefício de todos os povos do mundo, independentemente de sua localização geográfica, e sempre com fins pacíficos.

4. NAVEGAÇÃO MARÍTIMA

A navegação marítima deve seguir as normas relativas ao tráfego de embarcações no mar territorial, na zona contígua, na zona econômica exclusiva e no alto-mar.

Fundamentalmente, **a navegação no alto-mar é livre**, desde que com **fins pacíficos**. No mar territorial de Estados estrangeiros, vigora o **direito à passagem inocente**.

Os navios devem possuir uma **nacionalidade**, nos seguintes termos:

- A nacionalidade da embarcação é aquela do Estado de bandeira;
- A embarcação deve ter apenas uma nacionalidade;
- Deve haver um vínculo substancial entre o Estado e o navio;
- No alto-mar, devem as embarcações submeter-se à jurisdição exclusiva desse Estado;
- O navio não pode mudar de bandeira durante uma viagem ou escala, salvo no caso de transferência efetiva da propriedade ou de mudança de registro.

A Convenção de Montego Bay (art. 111) regula ainda o chamado "**direito de perseguição**", cujos termos principais são os seguintes:

• Trata-se do direito do Estado costeiro de perseguir e capturar embarcação estrangeira que possa ter infringido suas leis e regulamentos
• A perseguição deve iniciar-se enquanto a embarcação estrangeira ainda estiver em águas que estejam sob alguma forma de jurisdição do Estado
• A perseguição só pode continuar fora de espaços sob a jurisdição do Estado costeiro se for ininterrupta
• O direito de perseguição só pode ser exercido por navio ou aeronave militar ou a serviço de um Estado
• O direito de perseguição cessa no momento em que o navio perseguido entre no mar territorial de seu próprio Estado ou de um terceiro Estado
• O emprego da força é possível, desde que previamente esgotadas outros recursos para parar a embarcação e que não haja risco para a segurança e a vida da tripulação

5. RIOS INTERNACIONAIS

Os rios internacionais são aqueles que **banham mais de um Estado**, podendo ser **sucessivos** (que passam por um Estado e depois por outro) e **contíguos** (fronteiriços).

A regulamentação do manejo dos rios internacionais depende, fundamentalmente, dos Estados interessados**, não havendo, ainda, um tratado geral acerca da matéria**.

6. ÁGUAS INTERIORES

Há duas noções principais de "águas interiores":

- Para a doutrina: **lagos, rios e mares localizados dentro do território dos Estados**;
- Para o Direito do Mar: **águas situadas no interior da linha de base do mar territorial, como baías e portos**.

A regulamentação relativa às águas interiores como rios e lagos, compartilhadas por mais de um Estado, **varia de acordo com os interesses dos entes estatais envolvidos**.

No tocante às **águas interiores marítimas, não há direito de passagem inocente**, havendo, porém, o **direito de ingresso de embarcações estrangeiras nos portos**, desde que **autorizado pelas autoridades competentes e nos termos das normas cabíveis**.

CAPÍTULO XV

Direito Internacional Privado

1. CONCEITO E NOÇÕES PRELIMINARES

O Direito Internacional Privado é o ramo do Direito que visa a **regular os conflitos de leis no espaço, determinando qual a norma jurídica interna aplicável a casos que tenham conexão internacional**.

O Direito Internacional Privado refere-se fundamentalmente àquelas **situações em que há dúvida acerca da norma nacional que incide em um caso concreto**, como, por exemplo, de um contrato celebrado entre partes que vivem em países diferentes, de um casamento contraído no exterior, da sucessão de um estrangeiro que tenha bens no Brasil ou de um contrato de trabalho celebrado em um país e executado em outro.

A regra geral é a de que se aplica a lei nacional aos fatos ocorridos no território de um Estado. Entretanto, determinadas situações podem gerar incertezas acerca de qual Direito nacional é aplicável, visto que alguns atos ou fatos podem, pelo menos aparentemente, dizer mais respeito à ordem jurídica de outro país.

É nesse sentido que é necessário definir qual ordenamento jurídico (nacional ou estrangeiro) que se aplicará a uma relação com conexão internacional.

A determinação acerca de qual ordem jurídica (nacional ou estrangeira) será incidirá em um caso concreto é o principal objeto do Direito Internacional Privado, cujos preceitos indicarão se uma determinada situação será regulada pela norma de um Estado ou de outro.

O Direito Internacional Privado é, portanto, uma **exceção ao princípio geral de que o ordenamento jurídico de um Estado se aplica indistintamente dentro do território nacional**, permitindo que uma norma estrangeira gere efeitos dentro de outro país.

As normas de Direito Internacional Privado são meramente **indicativas**. Nesse sentido, **servem apenas para apontar qual o preceito, nacional ou estrangeiro, aplicável a uma relação jurídica com conexão internacional**. São, portanto, **normas de "sobredireito"**.

A determinação da norma aplicável a um conflito de leis no espaço dependerá essencialmente da verificação dos chamados "**elementos de conexão**", que são os fatores que indicam o vínculo entre uma pessoa ou uma situação e uma ordem jurídica nacional, como o domicílio, a nacionalidade de uma das partes, o local de celebração de um contrato etc.

Cabe ressaltar que cada Estado definirá, dentro da respectiva ordem jurídica, os elementos de conexão que empregará nos respectivos territórios. Com isso, cada ordenamento interno deverá, a princípio, possuir suas próprias normas de Direito Internacional Privado. Em todo caso, há também preceitos de Direito Internacional Privado dentro de tratados.

Por fim, é importante salientar que **a norma estrangeira, quando indicada a regular um conflito de leis no espaço, poderá ser aplicada de ofício pelo juiz.**

2. OBJETO

O **objeto principal** do Direito Internacional Privado é **disciplinar a solução dos conflitos de leis no espaço, definindo qual é o ordenamento jurídico nacional aplicável a uma relação que tenha conexão internacional**.

Entretanto, a doutrina também elenca outros temas dentro do objeto do Direito Internacional Privado, que são os seguintes:

Regular questões pessoais de interesse internacional, referentes à nacionalidade e à condição jurídica do estrangeiro	Pautar a cooperação jurídica internacional	Tutelar o reconhecimento de direitos adquiridos no exterior

3. FONTES

Como anteriormente antecipado, **o Direito Internacional Privado é, a princípio, um ramo do Direito interno**, visto que **é o ordenamento jurídico nacional que autoriza a aplicação da norma estrangeira** e **estabelece os próprios elementos de conexão**, apontando o preceito (nacional ou estrangeiro) incidente em um fato.

> **▸ Atenção!**
>
> Portanto, a norma a ser aplicada a uma relação privada com conexão internacional deve ser apontada pela ***lex fori*** ("lei do foro"), ou seja, a lei do país.

A principal fonte do Direito Internacional Privado no Brasil é a **lei**.

No ordenamento jurídico brasileiro, a maior parte das normas de Direito Internacional Privado está na **Lei de Introdução às Normas do Direito Brasileiro (LINDB, antiga Lei de Introdução ao Código Civil - LICC)**. Há também normas de Direito Internacional Privado no **CPC** 2015 (Código de Processo Civil - Lei 13.105/2015) e na Lei 9.307/96 (**Lei de Arbitragem**) e na própria **Constituição Federal**.

Entretanto, para uniformizar as normas na matéria e evitar conflitos internacionais, as normas de Direito Internacional Privado podem também aparecer em **tratados ou em outras fontes do Direito Internacional Público.**

4. A NORMA DE DIREITO INTERNACIONAL PRIVADO

O Direito Internacional Privado inclui três tipos de normas:

- **Norma indicativa**: a norma típica de Direito Internacional Privado, que indica o preceito (nacional ou estrangeiro) aplicável a um conflito de leis no espaço;
- **Normas de caráter conceitual ou qualificador**: preceitos que governam a aplicação das normas indicativas, como aqueles relativos à ordem pública e à qualificação;
- **Normas diretas**: princípios e regras acerca de temas como nacionalidade e condição jurídica do estrangeiro, já estudados nesta obra;

4.1 A norma indicativa

A norma indicativa divide-se em **duas partes**: o **objeto de conexão** e o **elemento de conexão**, nos seguintes termos:

OBJETO DE CONEXÃO	ELEMENTO DE CONEXÃO
• Matéria à qual se refere a norma • Exemplos: personalidade, capacidade, direitos de família, obrigações etc.	• Critério que indica qual o Direito nacional aplicável à matéria • Exemplos: domicílio, nacionalidade, *lex fori, lex loci executionis* etc.

Normalmente o elemento de conexão é apontado pela lei nacional ou por outra norma pertinente (como um tratado).

Entretanto, **quando a *lex fori* o permitir, o elemento de conexão pode ser escolhido pelas partes**, configurando o instituto da **autonomia da vontade**.

Em geral, **há apenas um elemento de conexão para um objeto de conexão.** No entanto, **pode haver mais de um elemento de conexão para o mesmo objeto de conexão, de forma alternada ou subsidiária**.

4.2 Normas de caráter conceitual ou qualificador

A regra geral do Direito Internacional Privado é a de que **o juiz deverá aplicar a norma indicada pela *lex fori***.

A norma estrangeira poderá gerar efeitos em outro país **quando não violar a ordem pública**, ou seja, quando não atentar contra **aspectos fundamentais do ordenamento jurídico e da própria estrutura do Estado e da sociedade**.

É nesse sentido que **direitos adquiridos em um Estado poderão ser reconhecidos em outro, desde que não violem a ordem pública** deste último.

Uma **operação anterior à indicação da norma aplicável** a um conflito de leis no espaço é a **qualificação**, também conhecida como "**qualificação prévia**".

A qualificação é o ato pelo qual é delimitado o objeto de conexão, conceituando-se e classificando-se um instituto jurídico.

Há três teorias acerca da qualificação:

- **qualificação pela *lex fori***: o juiz deve qualificar o instituto nos termos de seu próprio ordenamento. É a regra geral;
- **qualificação pela *lex causae***: o instituto deve ser qualificado à luz da lei estrangeira;
- **qualificação** por **referência a conceitos autônomos e universais**.

O Brasil adota as seguintes teorias:

LEX FORI	*LEX CAUSAE*
Teoria predominante	Emprego limitado as seguintes hipóteses (LINDB, artigos 8 e 9): • Para qualificar os bens e regular as relações a eles concernentes, aplicar-se-á a lei do país em que estiverem situados • Para qualificar e reger as obrigações, aplicar-se-á a lei do país em que se constituírem

O Brasil proíbe o reenvio, que é o instituto por meio do qual o Direito Internacional Privado de um Estado indica as normas de outro Estado, e estas remetem às normas de um terceiro Estado ou ao próprio ordenamento do primeiro Estado.

Esse é o teor do artigo 16 da LINDB, que reza que "**Quando, nos termos dos artigos precedentes, se houver de aplicar a lei estrangeira, ter-se-á em vista a disposição desta, sem considerar-se qualquer remissão por ela feita a outra lei**".

5. ELEMENTOS DE CONEXÃO

Examinaremos, em seguida, alguns dos principais elementos de conexão empregados no Direito Internacional Privado brasileiro.

5.1 O domicílio (*lex domicilii*)

O domicílio é o **principal elemento de conexão adotado no Brasil**.

Por esse critério, **aplica-se aos conflitos de leis no espaço a norma do domicílio de uma das partes**.

No Brasil, o *lex domicilii* aplica-se nas seguintes situações:

• A lei do país em que for domiciliada a pessoa determina as regras sobre o começo e o fim da personalidade, o nome, a capacidade e os direitos de família.
• O regime de bens do casamento obedece à lei do país em que os nubentes tiverem domicílio, assim como os casos de invalidade do matrimônio, desde que, em ambas as hipóteses, o domicílio dos cônjuges seja o mesmo
• Tendo os nubentes domicílio diverso, regerá os casos de invalidade do matrimônio e o regime de bens do casamento a lei do primeiro domicílio conjugal
• A sucessão por morte ou por ausência também obedece à lei do país em que era domiciliado o defunto ou o desaparecido, qualquer que seja a natureza e a situação dos bens
• A lei do domicílio do herdeiro ou do legatário regula a capacidade para suceder
• Aplicar-se-á a lei do país em que for domiciliado o proprietário, quanto aos bens moveis que ele trouxer ou que se destinarem a transporte para outros lugares
• O penhor também regula-se pela lei do domicílio da pessoa, em cuja posse se encontre a coisa empenhada
• É competente a autoridade judiciária brasileira quando o réu for domiciliado no Brasil
• A sucessão por morte ou por ausência obedece à lei do país em que era domiciliado o defunto ou o desaparecido, qualquer que seja a natureza e a situação dos bens. NOTA: o STJ (REsp 1.362.400-SP) vem proclamando a relatividade da aplicação do artigo 10 da LINDB, afirmando que "Ainda que o domicílio do autor da herança seja o Brasil, aplica-se a lei estrangeira da situação da coisa – e não a lei brasileira – na sucessão de bem imóvel situado no exterior".

5.2 A nacionalidade (*lex patriae*)

Pelo critério da nacionalidade, **aplica-se aos conflitos de leis no espaço a norma do Estado do qual a pessoa é nacional**.

No Brasil, esse critério aplica-se nos seguintes termos:

• Tratando-se de brasileiros, são competentes as autoridades consulares brasileiras para lhes celebrar o casamento e os demais atos de Registro Civil e de tabelionato, inclusive o registro de nascimento e de óbito dos filhos de brasileiro ou brasileira nascido no país da sede do Consulado.
• O casamento de estrangeiros pode ser celebrado perante autoridades diplomáticas ou consulares do país de ambos os nubentes
• As autoridades consulares brasileiras também poderão celebrar a separação consensual e o divórcio consensual de brasileiros, não havendo filhos menores ou incapazes do casal e observados os requisitos legais quanto aos prazos, devendo constar da respectiva escritura pública as disposições relativas à descrição e à partilha dos bens comuns e à pensão alimentícia e, ainda, ao acordo quanto à retomada pelo cônjuge de seu nome de solteiro ou à manutenção do nome adotado quando se deu o casamento. Cabe notar, no caso, que "É indispensável a assistência de advogado, devidamente constituído, que se dará mediante a subscrição de petição, juntamente com ambas as partes, ou com apenas uma delas, caso a outra constitua advogado próprio, não se fazendo necessário que a assinatura do advogado conste da escritura pública" (Lei 12.874, de 29/10/2013).

5.3. *Lex fori* (lei do foro)

Pelo critério da *lex fori*, **é aplicável a lei do lugar onde se desenvolve a relação jurídica**.

No Brasil, o critério da *lex fori* aplica-se da seguinte maneira:

• As normas de Direito Internacional Privado são exatamente aquelas em vigor na *lex fori*;
• Aplica-se a *lex fori* quando o Direito estrangeiro não puder ser aplicado ou não for verificável.

5.4. *Lex rei sitae*

Pelo critério *lex rei sitae*, **incide a norma do lugar onde está situado o bem** objeto de conflito.

No Brasil, o critério *lex rei sitae* comporta certas hipóteses de aplicação e importantes exceções, nos seguintes termos:

HIPÓTESES DE APLICAÇÃO	EXCEÇÕES
• Para qualificar os bens e regular as relações a eles concernentes, aplicar-se-á a lei do país em que estiverem situados • A sucessão de bens de estrangeiros, situados no Brasil será regulada pela lei brasileira em benefício do cônjuge ou dos filhos brasileiros, ou de quem os represente, sempre que não lhes for mais favorável a lei pessoal do *de cujus* • Apenas a autoridade judiciária brasileira é competente para conhecer das ações relativas a imóveis situados no Brasil	• A capacidade para adquirir e dispor de bens é regida pela norma que rege a capacidade em geral: a do domicílio • Aplicar-se-á a lei do país em que for domiciliado o proprietário quanto aos bens moveis que ele trouxer ou que se destinarem a transporte para outros lugares; • O penhor regula-se pela lei do domicílio que tiver a pessoa, em cuja posse se encontre a coisa apenhada; • Cabe lembrar que a sucessão por morte ou por ausência obedece à lei do país em que era domiciliado o defunto ou o desaparecido, qualquer que seja a natureza e a situação dos bens

5.5 *Lex loci delicti comissi*

Pelo critério *lex loci delicti comissi*, é **aplicável a norma do lugar onde o ato ilícito foi cometido**.

O elemento de conexão em apreço incide nas obrigações extracontratuais que induzem à responsabilidade civil pela prática de atos ilícitos, como aqueles ligados à poluição ambiental.

5.6 *Lex loci executionis/lex loci solutionis*

O elemento de conexão *lex loci executionis*, ou *lex loci solutionis*, determina a **aplicação da norma do local de execução de um contrato ou de uma obrigação**.

A regra *lex loci executionis* tem duas hipóteses de incidência no Brasil:

- Contratos de trabalho celebrados em um país e executados em outro, salvo lei mais favorável ao trabalhador, no caso da Lei 7.064/82 (aplicável a trabalhadores contratados no Brasil e enviados para prestar serviços no exterior)
- É competente a autoridade judiciária brasileira quando aqui tiver de ser cumprida a obrigação

Por oportuno, é importante ressaltar que o TST extinguiu, em 2012, a Súmula 207, que estabelecia que "A relação jurídica trabalhista é regida pelas leis vigentes no país da prestação de serviço e não por aquelas do local da contratação".

> ▸ **Atenção!**
>
> Para trabalhadores contratados no exterior para prestar serviços no Brasil, continua valendo o artigo 198 do Código de Bustamante, que estabelece que "Também é territorial a legislação sobe acidentes de trabalho e proteção social do trabalhador".

5.7 *Locus regit actum/lex loci contractus*/lugar de constituição da obrigação

O elemento de conexão *locus regit actum* determina **a aplicação da norma do lugar em que a obrigação foi contraída**.

O Brasil emprega esse critério como regra geral para os contratos e obrigações, como evidencia o artigo 9º, *caput*, da LINDB, que dispõe que: "**Para qualificar e reger as obrigações, aplicar-se-á a lei do país em que constituírem**".

> ▸ **Atenção!**
>
> Cabe recordar que "A obrigação resultante do contrato reputa-se constituída no lugar em que residir o proponente", entendendo-se como "residência" o lugar onde teria sido feita a proposta" (LINDB, art. 9º, § 2º).

Quando a obrigação tiver de ser executada no Brasil, devem ser "admitidas as peculiaridades da lei estrangeira quanto aos requisitos extrínsecos do ato".

Para ter eficácia executiva no Brasil, o **título executivo extrajudicial, deve satisfazer aos requisitos de formação exigidos pela lei do lugar de sua celebração e indicar o Brasil como o lugar de cumprimento da obrigação (CPC 2015, art. 784, § 3º: "O título estrangeiro só terá eficácia executiva quando satisfeitos os requisitos de formação exigidos pela lei do lugar de sua celebração e quando o Brasil for indicado como o lugar de cumprimento da obrigação")**.

A forma do testamento também é regida pelo critério *locus regit actum*.

5.8 Autonomia da vontade (*lex voluntatis*)

A autonomia da vontade refere-se à **possibilidade de que as próprias partes escolham o ordenamento (nacional ou estrangeiro) aplicável a uma relação com conexão internacional, bem como o foro que decidirá acerca das eventuais controvérsias entre si**.

A autonomia da vontade pode ou não ser admitida pela *lex fori*, podendo também ser limitada pelo ordenamento que a permite.

Autonomia da vontade	
	• As próprias partes escolham o Direito aplicável a uma relação privada com conexão internacional
	• Pode ou não ser admitida e é normalmente limitada pelo ordenamento que a permite
	• Limitada também pela ordem pública

No Brasil, a autonomia das partes ainda não é, em geral, expressamente reconhecida como elemento de conexão juridicamente válido, em vista do preceito do artigo 9º, *caput*, da LINDB, que determina que "**Para qualificar e reger as obrigações, aplicar-se-á a lei do país em que se constituírem**".

O Direito brasileiro admite, porém, a autonomia da vontade nos seguintes casos:

• As partes poderão escolher livremente as regras de Direito que serão aplicadas na arbitragem, desde que não haja violação aos bons costumes e à ordem pública – Lei 9.307/96 (Lei de Arbitragem), art. 2º, § 1º	• O estrangeiro casado, que se naturalizar brasileiro, pode, mediante expressa anuência de seu cônjuge, requerer ao juiz, no ato de entrega do decreto de naturalização, se apostile ao mesmo a adoção do regime de comunhão parcial de bens, respeitados os direitos de terceiros e dada esta adoção ao competente registro – LINDB – artigo 7º, § 5º. É a possibilidade de opção pela adoção de outro regime de bens	• CPC - Art. 25. "Não compete à autoridade judiciária brasileira o processamento e o julgamento da ação quando houver cláusula de eleição de foro exclusivo estrangeiro em contrato internacional, arguida pelo réu na contestação". • A eleição de foro estrangeiro é válida, exceto quando a lide envolver interesses públicos – STJ. REsp 242383/SP

▸ **Atenção!**

A cláusula de eleição de foro exclusivo estrangeiro não se aplica às hipóteses de competência internacional exclusiva da autoridade judiciária brasileira.

CAPÍTULO XVI

Tópicos de Direito Internacional Privado

Cooperação Jurídica Internacional: Homologação de Sentenças Estrangeiras, Cartas Rogatórias e Auxílio Direto. Regime de Provas. Competência Internacional. Sequestro Internacional de Crianças

1. COOPERAÇÃO JURÍDICA INTERNACIONAL NO CPC 2015

O Código de Processo Civil de 2015 (CPC 2015) inova ao trazer capítulo específico acerca do tema da cooperação internacional entre os artigos 26 e 41.

No CPC 2015, a cooperação jurídica internacional será regida por tratado do qual o Brasil seja parte e observará, de acordo com o artigo 26:

> I – o respeito às garantias do devido processo legal no Estado requerente;
>
> II – a igualdade de tratamento entre nacionais e estrangeiros, residentes ou não no Brasil, em relação ao acesso à justiça e à tramitação dos processos, assegurando-se assistência judiciária aos necessitados;
>
> III – a publicidade processual, exceto nas hipóteses de sigilo previstas na legislação brasileira ou na do Estado requerente;
>
> IV – a existência de autoridade central para recepção e transmissão dos pedidos de cooperação;
>
> V – a espontaneidade na transmissão de informações a autoridades estrangeiras.

Para o CPC 2015, na ausência de tratado, **a cooperação jurídica internacional poderá realizar-se com base em reciprocidade**, manifestada por via diplomática. **Não se exigirá, no entanto, a reciprocidade para homologação** de sentença estrangeira.

Na cooperação jurídica internacional como um todo, não será admitida a prática de atos que contrariem ou que produzam resultados incompatíveis com as normas fundamentais que regem o Estado brasileiro. Em outras palavras: os atos de cooperação jurídica internacional deverão pautar-se pela manutenção da ordem pública.

Na ausência de designação específica, **caberá ao Ministério da Justiça exercer as funções de autoridade central**.

Aqui cabe destacar que a autoridade central é o órgão governamental, indicado por tratado ou por normas internas, que coordena a cooperação jurídica internacional em uma ou mais áreas, recebendo pedidos de cooperação vindos do exterior e remetendo-os aos órgãos competentes para praticar os atos solicitados no âmbito interno e enviando pedidos brasileiros para outros Estados, exercendo, ainda, um juízo de admissibilidade no tocante a pedidos de cooperação estrangeiros e acompanhando a tramitação dos pedidos feitos para o Brasil ou pelo Brasil.

O pedido de cooperação jurídica internacional oriundo de autoridade brasileira competente será **encaminhado à autoridade central** nacional para posterior envio ao Estado requerido para lhe dar andamento. O pedido em apreço e os documentos anexos que o instruem serão encaminhados **acompanhados de tradução** para a língua oficial do Estado requerido.

Para o artigo 41 do CPC 2015, considera-se autêntico o documento que instruir pedido de cooperação jurídica internacional, inclusive tradução para a língua portuguesa, quando **encaminhado ao Estado brasileiro por meio de autoridade central ou por via diplomática, dispensando-se a juramentação, a autenticação ou qualquer procedimento de legalização**. Cabe destacar, porém, que **a norma em apreço não impede, quando necessária, a aplicação pelo Estado brasileiro do princípio da reciprocidade** de tratamento.

Como afirmamos anteriormente, o pedido passivo de cooperação jurídica internacional será recusado se configurar manifesta **ofensa à ordem pública**.

A cooperação jurídica internacional terá por objeto (art. 27):

> I – citação, intimação e notificação judicial e extrajudicial;
>
> II – colheita de provas e obtenção de informações;
>
> III – homologação e cumprimento de decisão;
>
> IV – concessão de medida judicial de urgência;
>
> V – assistência jurídica internacional;
>
> VI – qualquer outra medida judicial ou extrajudicial não proibida pela lei brasileira.

O artigo 40 do CPC 2015 define expressamente que a cooperação para a execução de decisão estrangeira dar-se-á por meio de **carta rogatória, no caso de decisões interlocutórias**, ou de **ação de homologação de sentença estrangeira, no caso de decisões finais** de processos judiciais.

2. HOMOLOGAÇÃO DE SENTENÇAS ESTRANGEIRAS

A homologação da sentença estrangeira é o ato que permite que **uma decisão judicial proferida em um Estado possa gerar efeitos no território de outro ente estatal**, como se tivesse sido prolatada por um juiz deste.

2.1 Regras gerais

Nenhum Estado é obrigado a homologar decisão judicial proferida em outro. Nesse sentido, a eficácia de uma decisão judicial em território estrangeiro está condicionada, fundamentalmente, à **conformidade com as leis do Estado onde se pretende homologar a sentença**.

> ▸ Atenção!
>
> A homologação é, portanto, a princípio, regulada pelo próprio Direito interno do Estado. Entretanto, é também possível que o tema seja regulado por tratados.

A homologação de sentenças estrangeiras obedece a critérios vinculados a métodos (ou sistemas) doutrinários, como os seguintes:

- **Revisão do mérito da sentença**: deve haver novo processo judicial no Estado homologante, como se não existisse sentença estrangeira anterior a homologar. Somente após o julgamento do processo nacional, e dependendo de seu resultado, poderá a decisão estrangeira ser homologada;
- **Revisão parcial de mérito**: a homologação depende da verificação da boa ou má aplicação da lei do Estado onde a sentença estrangeira gerará efeitos;
- **Reciprocidade diplomática**: a homologação é fundamentada em tratados que envolvam o Estado de origem da sentença e aquele onde a decisão judicial deverá ser executada;
- **Reciprocidade de fato**: a homologação só pode ocorrer quando o Estado de origem da sentença também homologa sentenças estrangeiras;
- **Delibação: não se entra no mérito da decisão a ser homologada, examinando-se apenas certos pressupostos formais. É o sistema adotado pelo Brasil (STJ. SEC 651-FR).**

A homologação é uma **modalidade de aplicação do Direito estrangeiro**. Por isso, uma decisão judicial proferida em outro Estado **poderá ser homologada se não infringir as restrições referentes à aplicação de normas estrangeiras, como a proibição de violação da ordem pública**.

A decisão judicial estrangeira estará, no máximo, **apta a produzir os mesmos efeitos jurídicos de uma sentença nacional**.

2.2 A homologação de sentenças estrangeiras no Brasil

O regramento da homologação de sentenças estrangeiras no Brasil encontra-se dividido pelos seguintes diplomas jurídicos:

Constituição Federal, artigos 105, I, "i", e 109, X	Código de Processo Civil (CPC), artigos 26 e 27, 37 a 41 e 960 a 965	Regimento Interno do STJ (arts. 216-A a 216-N), alterado pela Emenda Regimental 18, de 17/12/2014, que revogou a Resolução nº 9/2005, também do STJ, que regulava temporariamente a apreciação da matéria no âmbito daquela Corte até que fossem aprovadas disposições regimentais próprias
Lei de Introdução às Normas do Direito Brasileiro (LINDB), artigos 15 a 17	Lei 9.307/96, artigos 34 a 40, com as alterações fixadas pela Lei 13.129/2015, aplicando-se, subsidiariamente, as disposições dos artigos 960 a 965 do CPC 2015	Tratados

Dentre os tratados que regulam a homologação de sentenças estrangeiras válidos para o Brasil destacamos o Código de Bustamante (artigos 423 e 433); a Convenção de Nova Iorque sobre o Reconhecimento e a Execução de Sentenças Arbitrais Estrangeiras, de 1958, a Convenção Interamericana sobre a Eficácia Territorial das Sentenças e Laudos Arbitrais Estrangeiros, de 1979, e o Protocolo de Las Leñas sobre Cooperação e Assistência Jurisdicional em Matéria Civil, Comercial, Trabalhista e Administrativa do Mercosul, de 1992.

No Brasil, **a homologação dependerá de apreciação judicial**, repousando na competência do Superior Tribunal de Justiça (**STJ**).

> **▸ Atenção!**
>
> Até a EC/45, de 2004, o órgão judiciário competente para apreciar a homologação era o Supremo Tribunal Federal (STF).

Dependem de homologação no Brasil:

Todas as decisões judiciais estrangeiras definitivas, inclusive aquelas de natureza cautelar, e aqueles provimentos não judiciais que, pela lei brasileira, tiverem natureza de sentença	Sentenças meramente declaratórias do estado das pessoas
Laudos arbitrais estrangeiros (Lei 9.307/96, arts. 34 a 40, tratados e subsidiariamente, as disposições dos artigos 960 a 965 do CPC 2015)	Sentenças penais, mas apenas para surtir efeitos civis

▸ **Atenção!**

De acordo com o artigo 961, § 4º, do CPC 2015, também haverá homologação de decisão estrangeira para fins de execução fiscal quando prevista em tratado ou em promessa de reciprocidade apresentada à autoridade brasileira

Não são homologáveis no Brasil:

As decisões interlocutórias e os despachos de mero expediente, por não terem natureza de sentença, e sim de meros atos processuais, que devem ser cumpridos no Brasil por meio de carta rogatória	Os títulos executivos extrajudiciais (STF. Rcl-AgR/1908)	As sentenças de tribunais internacionais, como a Corte Interamericana de Direitos Humanos

▸ **Atenção!**

De acordo com o artigo 961, § 5º, do CPC 2015, tampouco é necessária a homologação de sentenças estrangeiras de divórcio consensual: § 5º "A sentença estrangeira de divórcio consensual produz efeitos no Brasil, independentemente de homologação pelo Superior Tribunal de Justiça". Por outro lado, porém, as demais sentenças de divórcio continuam a requerer homologação no Brasil, a teor do artigo 7º, § 6º, de acordo com o qual "O divórcio realizado no estrangeiro, se um ou ambos os cônjuges forem brasileiros, só será reconhecido no Brasil depois de 1 (um) ano da data da sentença, salvo se houver sido antecedida de separação judicial por igual prazo, caso em que a homologação produzirá efeito imediato, obedecidas as condições estabelecidas para a eficácia das sentenças estrangeiras no país. O Superior Tribunal de Justiça, na forma de seu regimento interno, poderá reexaminar, a requerimento do interessado, decisões já proferidas em pedidos de homologação de sentenças estrangeiras de divórcio de brasileiros, a fim de que passem a produzir todos os efeitos legais".

O Brasil não homologa tampouco sentenças que versaram sobre matérias de competência exclusiva das autoridades brasileiras, que são as seguintes:

Sentenças relativas a imóveis situados no Brasil (CPC 2015, art. 23, I)	Sentenças que, em matéria de sucessão hereditária, procedam à confirmação de testamento particular e ao inventário e à partilha de bens situados no Brasil, ainda que o autor da herança seja de nacionalidade estrangeira ou tenha domicílio fora do território nacional (CPC 2015, art. 23, II)	Sentenças que, em divórcio, separação judicial ou dissolução de união estável, procedam à partilha de bens situados no Brasil, ainda que o titular seja de nacionalidade estrangeira ou tenha domicílio fora do território nacional (CPC 2015, art. 23, III). Exceção: sentença que meramente ratifica acordo entre as partes (STJ – SEC 1304/US)

São requisitos para a homologação da sentença estrangeira no Brasil (CPC 2015, art. 963, I a V e Regimento Interno do STJ):

- ter sido proferida por autoridade competente;
- ser precedida de citação regular, ainda que verificada a revelia;
- ter transitado em julgado (STJ - Súmula 420 e Regimento Interno do STJ - art. 216-D, III) e estar revestida das formalidades necessárias para a execução no lugar em que foi proferida, tendo, portanto, eficácia no país em que foi proferida;
- estar a petição inicial instruída com o original ou cópia autenticada da decisão homologanda e de outros documentos indispensáveis, devidamente traduzidos por tradutor oficial ou juramentado no Brasil, salvo previsão em tratado e chancelados pela autoridade consular brasileira competente, quando for o caso (STJ - SEC 587/CH e Regimento Interno do STJ, art. 216-C);
- não ofender a soberania nacional, a dignidade da pessoa humana e/ou a ordem pública (Regimento Interno do STJ, art. 216-F).

Não são requisitos legais para a homologação **o pedido do Estado estrangeiro e a reciprocidade** em relação ao reconhecimento de sentenças brasileiras no exterior (CPC 2015, art. 26, §§ 1º e 2º).

A **execução de sentença estrangeira homologada** pelo STJ é competência dos **Juízes Federais de primeira instância** (CF/88, art. 109, X, e CPC 2015, art. 965, *caput* e parágrafo único) e far-se-á "**a requerimento da parte, conforme as normas estabelecidas para o cumprimento de decisão nacional**", **devendo o pedido de execução ser instruído com "cópia autenticada da decisão homologatória"**.

2.3 A homologação de sentenças estrangeiras no novo Código de Processo Civil (CPC 2015): breve resumo

A homologação de sentenças estrangeiras é objeto dos artigos 26 e 27, 37 a 41 e 960 a 965 do CPC 2015.

O artigo 40 do CPC 2015 define que a cooperação jurídica internacional para execução de decisão estrangeira no Brasil dar-se-á por meio de **carta rogatória** – aplicável à **execução de decisões interlocutórias estrangeiras** – ou de **homologação de sentença estrangeira**, cabível para a execução de **decisões terminativas** de processos judiciais.

De acordo com o atrigo 961 do CPC 2015, **a sentença estrangeira somente terá eficácia no Brasil após a sua homologação**, salvo disposição em sentido contrário constante de lei ou de tratado.

De acordo com o artigo 961, § 1º e 5º, do CPC 2015, é passível de homologação no Brasil não apenas a decisão judicial definitiva, mas **também a decisão não judicial que, pela lei brasileira, teria natureza jurisdicional**. Entretanto, **a sentença estrangeira de divórcio consensual** produzirá efeitos no Brasil **independentemente de homologação**. Por outro lado, porém, é **necessário destacar que as demais sentenças de divórcio continuam a requerer homologação no Brasil, a teor do artigo 7º, § 6º, de acordo com o qual "O divórcio realizado no estrangeiro, se um ou ambos os cônjuges forem brasileiros, só será reconhecido no Brasil depois de 1 (um) ano da data da sentença, salvo se houver sido antecedida de separação judicial por igual prazo, caso em que a homologação produzirá efeito imediato, obedecidas as condições estabelecidas para a eficácia das sentenças estrangeiras no país. O Superior Tribunal de Justiça, na forma de seu regimento interno, poderá reexaminar, a requerimento do interessado, decisões já proferidas em pedidos de homologação de sentenças estrangeiras de divórcio de brasileiros, a fim de que passem a produzir todos os efeitos legais".**

A homologação de decisão estrangeira será **requerida por ação de homologação de decisão estrangeira**, salvo disposição especial em sentido contrário prevista em tratado.

A homologação obedecerá ao que dispuserem os **tratados** de que o Brasil faça parte e o **Regimento Interno do Superior Tribunal de Justiça (STJ)**, bem como o **texto legal do** CPC 2015. Já a homologação de decisão arbitral estrangeira obedecerá ao disposto em **tratado** e na **Lei 9.307/96**, aplicando-se, subsidiariamente, as disposições pertinentes à homologação constantes do CPC 2015.

▸ **Atenção!**

A Resolução 09/2005, do STJ, que antes regulava a homologação de sentenças estrangeiras naquela Corte, foi revogada pela Emenda Regimental 18/2014, que incluiu no Regimento Interno do Superior Tribunal de Justiça os artigos 216-A a 216-X naquele diploma regimental. Cabe destacar que as normas da Emenda em apreço tutelam não apenas a homologação de sentenças estrangeiras, mas também a concessão de *exequatur* às cartas rogatórias.

São requisitos essenciais para a homologação de uma sentença estrangeira (CPC 2015, art. 963, I a V):

- ser **proferida por autoridade competente**;
- ser precedida de **citação regular**, ainda que verificada a revelia;
- ser **eficaz no país em que foi proferida**;
- **não ofender a coisa julgada brasileira**;
- estar acompanhada de **tradução oficial, salvo disposição que a dispense prevista em tratado**;
- e **não haver manifesta ofensa à ordem pública**.

Cabe destacar que o Regimento Interno do STJ acrescenta que a sentença estrangeira não pode violar não apenas a ordem pública, mas também a soberania nacional e a dignidade humana (art. 216-F).

Não se exigirá a reciprocidade para homologação de sentença estrangeira.

A autoridade judiciária brasileira poderá deferir **pedidos de urgência** e realizar **atos de execução provisória** no processo de homologação de decisão estrangeira (CPC 2015, art. 961, § 3º).

É possível a homologação de decisão estrangeira para fins de execução fiscal quando prevista em tratado ou em promessa de reciprocidade (CPC 2015, art. 961, § 4º).

A **pendência de causa perante a jurisdição brasileira não impede a homologação** de sentença judicial estrangeira. Por outro lado, **não será homologada** a sentença estrangeira relativa a **casos de competência exclusiva** da autoridade judiciária brasileira.

A decisão estrangeira **poderá ser homologada parcialmente** (CPC 2015, art. 961, § 2º).

O cumprimento de decisão estrangeira far-se-á perante o **juízo federal competente**, a requerimento da parte, conforme as normas estabelecidas para o cumprimento de decisão nacional. O pedido de execução da sentença estrangeira homologada deverá ser instruído com cópia autenticada da decisão homologatória.

3. CARTA ROGATÓRIA

A carta rogatória é uma ferramenta de cooperação jurídica internacional que consiste no **pedido feito pelo juiz de um Estado ao Judiciário de outro ente estatal**, com o intuito de **obter a colaboração deste para a prática de certos atos processuais**.

O objeto da rogatória é, portanto, **permitir a prática de um ato processual no exterior**.

Em princípio, **nenhum Estado é obrigado a atender ao pedido contido em uma rogatória vinda de outro ente estatal**, exceto quando determinado pelo ordenamento jurídico pertinente.

É nesse sentido que se pode afirmar que a carta rogatória é **regulada pelo Direito interno** dos Estados e, eventualmente, por meio de **tratados**.

No geral, as rogatórias devem obedecer aos seguintes parâmetros:

Requerem pedido do Estado interessado	Devem estar escritas na língua do Estado rogado, salvo prescrição de tratado	Devem ser encaminhadas por via diplomática ou por outros meios previstos em tratados, como as autoridades centrais
Subordinam-se, quanto ao conteúdo, à norma do Estado rogante (*lex fori*)	São regidas, quanto à forma de execução, pela norma do Estado rogado (*locus regit actum*), salvo a partir de solicitação do Estado rogante, que puder ser atendida no Estado rogado	O Estado não é obrigado a prestar a cooperação solicitada, exceto diante de determinação legal ou de tratado

O atendimento à solicitação de cooperação formulada por carta rogatória é chamada de ***exequatur***.

3.1 Cartas rogatórias no Brasil

O regramento referente às rogatórias no Brasil encontra-se dividido pelos seguintes diplomas jurídicos:

Constituição Federal, artigos 105, I, "i", e 109, X	Código de Processo Civil (CPC) 2015, artigos 26 e 27, 36 a 41, 232, 260 a 263, 377, 515 (inciso X), 960, § 1º, 964 e 965.
Regimento Interno do Superior Tribunal de Justiça (STJ), art. 21, XI)	Regimento Interno do STJ (arts. 216-O a 216-X), alterado pela Emenda Regimental 18, de 17/12/2014, que revogou a Resolução nº 9/2005, também do STJ, que regulava temporariamente a apreciação da matéria no âmbito daquela Corte até que fossem aprovadas disposições regimentais próprias
Lei de Introdução às Normas do Direito Brasileiro (LINDB), artigo 17	Tratados

Regra básica é a de que o Brasil prestará a cooperação solicitada por Estado estrangeiro por meio de rogatórias tanto **com fundamento em tratados** como na garantia, expressa na rogatória recebida, de aplicação do princípio da **reciprocidade (STJ. AgRg nos EDcl na CR 2.260/MX)**.

No Brasil, há dois tipos de rogatórias: as **ativas**, **expedidas por autoridade judiciária brasileira**, e as **passivas**, **recebidas de Estados estrangeiros**.

3.2 Rogatórias ativas

As rogatórias ativas devem observar os seguintes parâmetros:

- **Devem obedecer, quanto à admissibilidade e modo de cumprimento, ao disposto em tratado.**
- **Na falta de tratado, devem ser remetidas à autoridade judiciária estrangeira por via diplomática ou por meio das autoridades centrais.**
- **Devem ser devidamente traduzidas para a língua do país em que o ato será praticado.**
- **Devem obedecer aos requisitos do artigo 260 do CPC 2015.**
- **Devem indicar o juízo de origem.**
- **Não é possível a emissão de carta rogatória com o objetivo de obter informações a respeito de bens localizados no exterior (CPC 2015, art. 23, II, e STJ, REsp 397.769/SP) .**
- **O objeto da rogatória deve ser lícito à luz da legislação brasileira (STF. HC 87.759/DF).**
- **De acordo com o artigo 377 do CPC 2015, as rogatórias suspendem o processo na hipótese do artigo. 313, V, "b", quando, tendo sido requeridas antes da decisão de saneamento, a prova nelas solicitada for imprescindível.**
- **O cumprimento da rogatória ativa no Estado rogado obedecerá à norma processual deste, seguindo o princípio *locus regit actum* (REsp 886.379/RS), salvo quando indicado em tratado ou quando pedido brasileiro a respeito for aceito pelo Estado rogado.**

3.3 Rogatórias passivas

A LINDB (art. 12, § 2º) determina que "**A autoridade judiciária brasileira cumprirá, concedido o *exequatur* e segundo a forma estabelecida pela lei brasileira, as diligências deprecadas por autoridade estrangeira competente, observando a lei desta, quanto ao objeto das diligências**".

O cumprimento da rogatória no Brasil dependerá, portanto, do ***exequatur*** do Superior Tribunal de Justiça (STJ), nos termos da CF/88, artigo 105, I, "i", o qual será concedido sempre que forem cumpridas as exigências estabelecidas pela lei brasileira, pelos tratados cabíveis e pelo Regimento Interno do STJ (art. 216-O a 216-X).ATENÇÃO: cabe destacar que, até a EC/45, a competência para conceder o *exequatur* às cartas rogatórias era do Supremo Tribunal Federal (STF), razão pela qual alguns diplomas legais brasileiros ainda mencionam o Pretório Excelso quando tratam das rogatórias.

As exigências básicas para o cumprimento das rogatórias passivas encontram-se nos artigos 962, § 2º, e 963 do CPC 2015 e são as seguintes: "I - ser proferida por autoridade competente; II - ser precedida de citação regular, ainda que verificada a revelia; III - ser eficaz no país em que foi proferida; IV - não ofender a coisa julgada brasileira; V - estar acompanhada de tradução oficial, salvo disposição que a dispense prevista em tratado; VI - não conter manifesta ofensa à ordem pública".

Cabe ressaltar que "**A medida de urgência concedida sem audiência do réu poderá ser executada, desde que garantido o contraditório em momento posterior**".

Acerca do cumprimento das rogatórias passivas, cabe salientar também o seguinte:

- A rogatória poderá ter como objeto tanto atos decisórios (decisões interlocutórias) como não decisórios.
- A rogatória deve observar a lei do Estado rogante quanto ao objeto das diligências.
- O exame da rogatória configura mero juízo de delibação: "Em qualquer hipótese, é vedada a revisão do mérito do pronunciamento judicial estrangeiro pela autoridade judiciária brasileira" (CPC 2015, art. 36, § 2º).
- O procedimento da carta rogatória perante o Superior Tribunal de Justiça é de jurisdição contenciosa e deve assegurar às partes as garantias do devido processo legal (CPC 2015, art. 36). Entretanto, a defesa limitar-se-á à discussão quanto ao atendimento dos requisitos para que o

pronunciamento judicial estrangeiro produza efeitos no Brasil, que compreendem a autenticidade dos documentos, a inteligência da decisão e a observância dos requisitos legais e do Regimento Interno do STJ.

- As rogatórias devem ser autênticas: "Considera-se autêntico o documento que instruir pedido de cooperação jurídica internacional, inclusive tradução para a língua portuguesa, quando encaminhado ao Estado brasileiro por meio de autoridade central ou por via diplomática, dispensando-se a juramentação, autenticação ou qualquer procedimento de legalização" (CPC 2015, art. 41, *caput*).
- Não será concedido o *exequatur* quando a rogatória ofender a soberania nacional, a dignidade da pessoa humana e/ou a ordem pública (Regimento do STJ, art. 216-P).
- Não serão cumpridas em hipóteses de competência exclusiva do Judiciário brasileiro.
- Poderão ser cumpridas em caso de competência concorrente do juiz brasileiro (STJ, AgRg nos EDcl na CR 2.894/MX)
- O *exequatur* será concedido por ato do Presidente do STJ
- Havendo impugnação ao pedido de concessão de *exequatur* à carta rogatória de ato decisório, o Presidente do STJ poderá determinar a distribuição dos autos do processo para julgamento pela Corte Especial. Das decisões do Presidente ou do relator na concessão de *exequatur* a carta rogatória caberá agravo.
- Serão cumpridas na Justiça Federal de 1º grau (CF, art. 109, X).
- A concessão do *exequatur* não implica o reconhecimento da competência da autoridade judiciária requerente nem o compromisso de homologar a sentença que resulte do processo que gerou a rogatória.

Destacamos que **os pedidos de cooperação jurídica internacional que tiverem por objeto atos que não ensejem juízo delibatório do Superior Tribunal de Justiça, ainda que denominados de carta rogatória, serão encaminhados ou devolvidos ao Ministério da Justiça para as providências necessárias ao cumprimento por auxílio direto**.

3.4 Tratados internacionais e cartas rogatórias

Os principais tratados dos quais o Brasil faz parte e que tratam de rogatórias são a Convenção Interamericana sobre Cartas Rogatórias, de 1975, e seu respectivo Protocolo Adicional, de 1979, e o Protocolo de Cooperação e Assistência

Jurisdicional em Matéria Civil, Comercial, Trabalhista e Administrativa, de 1992 (Protocolo de Las Leñas – arts. 5-17).

3.5. A concessão de *exequatur* às cartas rogatórias no novo Código de Processo Civil (CPC 2015): breve resumo

A concessão de *exequatur* às cartas rogatórias é objeto dos artigos 26 e 27, 36 a 41, 232, 260 a 263, 377, 515 (inciso X), 960, § 1º, 964 e 965, do Código de Processo Civil (CPC) de 2015.

No atual momento do Direito brasileiro, dar-se-á por meio de carta rogatória o **pedido de cooperação entre órgão jurisdicional brasileiro e órgão jurisdicional estrangeiro** para prática de ato de citação, intimação, notificação judicial, colheita de provas, obtenção de informações e de cumprimento de decisão interlocutória, sempre que o ato estrangeiro constituir decisão a ser executada no Brasil.

A rogatória estrangeira será cumprida apenas depois de **concedido o *exequatur*, salvo disposição contrária de lei ou de tratado**.

Os requisitos para a concessão do *exequatur* são os seguintes:

- ter o pedido de cooperação objeto da rogatória sido proferido por **autoridade competente**;
- ter o pleito sido precedido de **citação regular**, ainda que verificada a revelia;
- ser o **pedido eficaz no país em que foi apresentado**;
- **não ofender a rogatória a coisa julgada brasileira**;
- estar acompanhada a rogatória de **tradução oficial**, salvo disposição que a dispense prevista em tratado;
- **não haver manifesta ofensa à ordem pública, à soberania nacional e à dignidade humana**;
- no caso de medidas de urgência concedidas sem audiência do réu, quando **garantido o contraditório posterior**.

No CPC 2015, **não será concedido o *exequatur*** quando a matéria objeto do pedido repousar na seara da competência exclusiva da autoridade judiciária brasileira.

No CPC 2015, o procedimento da carta rogatória perante o Superior Tribunal de Justiça (STJ) é de **jurisdição contenciosa** e deve assegurar às partes o **devido processo legal**. A defesa limita-se à discussão quanto ao atendimento dos requisitos para que o pronunciamento judicial estrangeiro produza efeitos no Brasil.

Em qualquer hipótese, é **vedada a revisão do mérito do pedido estrangeiro pela autoridade judiciária brasileira**, mantendo o CPC 2015, portanto, o método da **delibação**.

O cumprimento das rogatórias é competência da **Justiça Federal**, devendo o pedido de cooperação ser instruído com cópia autenticada do *exequatur*.

▸ **Atenção!**

Enfatizamos que a execução no Brasil de decisões judiciais estrangeiras definitivas requer a homologação da sentença estrangeira, ao passo que as decisões interlocutórias devem ser executadas no território brasileiro por meio de rogatória.

▸ **Como o assunto foi tratado pela FGV?**

A prova da OAB de 2016.2 (reaplicação em Salvador) exigiu do candidato conhecimento acerca do emprego das cartas rogatórias no Brasil. A questão a respeito era a seguinte:

Uma agricultora japonesa residente no Brasil ingressou com ação perante a autoridade judiciária do Japão para cobrar indenização de seu principal fornecedor de pesticidas, a brasileira Ervas Daninhas S.A., alegando descumprimento dos termos de um contrato de fornecimento celebrado entre as partes. A agricultora recentemente obteve uma decisão interlocutória a seu favor, reconhecendo a Ervas Daninhas S.A. como devedora.

Sobre a hipótese, assinale a afirmativa correta.

a) A decisão da autoridade judiciária japonesa poderá ser executada no Brasil por meio de carta rogatória.
b) A decisão interlocutória da autoridade judiciária japonesa poderá ser executada no Brasil, depois de homologada pelo Superior Tribunal de Justiça.
c) A decisão proferida pela autoridade judiciária japonesa não poderá produzir efeitos no Brasil, visto que apenas a autoridade brasileira poderá conhecer de ações relativas a bens situados no Brasil.
d) A agricultora deverá aguardar o trânsito em julgado da decisão final da autoridade judiciária japonesa, para então proceder à sua homologação no Superior Tribunal de Justiça e execução na Justiça Federal.

Gabarito: A

4. AUXÍLIO DIRETO

O auxílio direto é um mecanismo de cooperação judiciária internacional empregado quando um Estado necessita que seja tomada, no território de outro Estado, providência relevante para um processo judicial que tramita em seu Judiciário, que pode ser inclusive uma sentença judicial

Os artigos 28 a 34 do CPC 2015 estabelecem regras expressas acerca do auxílio direto, indicando-o como cabível **quando a medida não decorrer diretamente**

de decisão de autoridade jurisdicional estrangeira a ser submetida a juízo de delibação no Brasil.

A solicitação de auxílio direto será encaminhada pelo órgão estrangeiro interessado à **autoridade central**, cabendo ao Estado requerente assegurar a autenticidade e a clareza do pedido.

Além dos casos previstos em tratados de que o Brasil seja parte, o artigo 30 do CPC 2015 determina que o novo auxílio direto terá os seguintes objetos:

> I – obtenção e prestação de informações sobre o ordenamento jurídico e sobre processos administrativos ou jurisdicionais findos ou em curso;
>
> II – colheita de provas, salvo se a medida for adotada em processo, em curso no estrangeiro, de competência exclusiva de autoridade judiciária brasileira;
>
> III – qualquer outra medida judicial ou extrajudicial não proibida pela lei brasileira.

A autoridade central brasileira comunicar-se-á diretamente com suas congêneres e, se necessário, com outros órgãos estrangeiros responsáveis pela tramitação e pela execução de pedidos de cooperação enviados e recebidos pelo Estado brasileiro, respeitadas disposições específicas constantes de tratado.

No caso de auxílio direto para a prática de atos que, segundo a lei brasileira, não necessitem de prestação jurisdicional, a autoridade central adotará as providências necessárias para seu cumprimento.

Recebido o pedido de auxílio direto passivo que necessite de prestação jurisdicional, **a autoridade central o encaminhará à Advocacia-Geral da União (AGU), que requererá em juízo a medida solicitada**. Cabe destacar, porém, que **caberá ao Ministério Público requerer em juízo a medida solicitada quando for a autoridade central**.

Destacamos que, quando o pedido de auxílio direto passivo demandar prestação de atividade jurisdicional, **compete ao juízo federal do lugar em que deva ser executada a medida solicitada apreciar o pleito** do Estado estrangeiro interessado.

5. REGIME DAS PROVAS

A produção e coleta de provas no exterior **normalmente é objeto de rogatórias** ou é regulada por tratados específicos, como o Código Bustamante (artigos 398 e 407).

A principal regra do Direito brasileiro sobre o tema é o artigo 13 da LINDB, que determina que "**a prova dos fatos ocorridos em país estrangeiro rege-se pela**

lei que nele vigorar, quanto ao ônus e aos meios de produzir-se, não admitindo os tribunais brasileiros provas que a lei brasileira desconheça".

6. COMPETÊNCIA INTERNACIONAL: DIREITO PROCESSUAL CIVIL INTERNACIONAL

O CPC 2015 e a Lei de Introdução às Normas do Direito Brasileiro (LINDB) fixam a competência da Justiça brasileira para o exame de causas que tenham conexão internacional de acordo com a noção de **competência concorrente e competência exclusiva**.

A competência concorrente é aquela que, ao fixar a competência do Judiciário brasileiro para apreciar um litígio, **não exclui a competência da Justiça estrangeira para examinar a mesma causa**.

A competência exclusiva, por sua vez, é aquela que, ao firmar a competência do Judiciário brasileiro para apreciar uma lide, **exclui a competência da Justiça estrangeira para examinar a mesma causa**, impedindo a homologação, no Brasil, da sentença proferida pelo Judiciário de outro Estado.

A competência concorrente da Justiça brasileira é fixada pelos artigos 21 e 22 do CPC 2015 e pelo artigo 12, *caput*, da LINDB, nos seguintes termos:

> **CPC 2015**
>
> Art. 21. Compete à autoridade judiciária brasileira processar e julgar as ações em que:
>
> I – o réu, qualquer que seja a sua nacionalidade, estiver domiciliado no Brasil;
>
> II – no Brasil tiver de ser cumprida a obrigação;
>
> III – o fundamento seja fato ocorrido ou ato praticado no Brasil.
>
> Parágrafo único. Para o fim do disposto no inciso I, considera-se domiciliada no Brasil a pessoa jurídica estrangeira que nele tiver agência, filial ou sucursal.
>
> LINDB
>
> Art. 12. É competente a autoridade judiciária brasileira, quando for o réu domiciliado no Brasil ou aqui tiver de ser cumprida a obrigação.

A competência exclusiva da Justiça brasileira é determinada pelos artigos 22 e 23 do CPC 2015 e pelo artigo 12, § 1º, da LINDB, nos seguintes termos:

> Art. 22. Compete, ainda, à autoridade judiciária brasileira processar e julgar as ações:
>
> I – de alimentos, quando:

a) o credor tiver domicílio ou residência no Brasil;

b) o réu mantiver vínculos no Brasil, tais como posse ou propriedade de bens, recebimento de renda ou obtenção de benefícios econômicos;

II – decorrentes de relações de consumo, quando o consumidor tiver domicílio ou residência no Brasil;

III – em que as partes, expressa ou tacitamente, se submeterem à jurisdição nacional.

LINDB

Art. 12. É competente a autoridade judiciária brasileira, quando for o réu domiciliado no Brasil ou aqui tiver de ser cumprida a obrigação.

A competência exclusiva da Justiça brasileira é determinada pelo artigo 23 do CPC 2015 e pelo artigo 12, § 1º, da LINDB:

CPC 2015

Art. 23. Compete à autoridade judiciária brasileira, com exclusão de qualquer outra:

I – conhecer de ações relativas a imóveis situados no Brasil;

II – em matéria de sucessão hereditária, proceder à confirmação de testamento particular e ao inventário e à partilha de bens situados no Brasil, ainda que o autor da herança seja de nacionalidade estrangeira ou tenha domicílio fora do território nacional;

III – em divórcio, separação judicial ou dissolução de união estável, proceder à partilha de bens situados no Brasil, ainda que o titular seja de nacionalidade estrangeira ou tenha domicílio fora do território nacional.

LINDB

Art. 12, § 1º – Só à autoridade judiciária brasileira compete conhecer das ações, relativas a imóveis situados no Brasil.

Cabe destacar que, na hipótese de competência concorrente da Justiça brasileira, o artigo 24, *caput* e parágrafo único, do CPC 2015 determina expressamente que "**A ação proposta perante tribunal estrangeiro não induz litispendência e não obsta a que a autoridade judiciária brasileira conheça da mesma causa e das que lhe são conexas, ressalvadas as disposições em contrário de tratados internacionais e acordos bilaterais em vigor no Brasil**" e que "**A pendência de causa perante a jurisdição brasileira não impede a homologação de sentença judicial estrangeira quando exigida para produzir efeitos no Brasil**".

Destacamos que **a eventual apreciação de matéria de competência exclusiva do Judiciário brasileiro no exterior impedirá a homologação da sentença proferida nesse processo no Brasil**, fundamentalmente porque a homologação requer que o provimento jurisdicional tenha sido proferido por autoridade competente, bem como porque não serão homologadas sentenças contrárias à ordem pública (CPC 2015, art. 39, e Regimento Interno do STF, art. 216-F).

Por fim, de acordo com o artigo 25 do CPC 2015, "**Não compete à autoridade judiciária brasileira o processamento e o julgamento da ação quando houver cláusula de eleição de foro exclusivo estrangeiro em contrato internacional, arguida pelo réu na contestação**". Cabe destacar, porém, que **não há possibilidade de escolha de foro nas hipóteses de competência internacional exclusiva** da autoridade judiciária brasileira, definidas pelos artigos 22 e 23 do CPC 2015.

▸ Como o assunto foi tratado pela FGV?

A prova da OAB de 2016.2 exigiu do candidato conhecimento acerca da competência da autoridade jurisdicional brasileira para conhecer de casos envolvendo divórcio. A questão a respeito era a seguinte:

Lúcia, brasileira, casou-se com Mauro, argentino, há 10 anos, em elegante cerimônia realizada no Nordeste brasileiro. O casal vive atualmente em Buenos Aires com seus três filhos menores. Por diferenças inconciliáveis, Lúcia pretende se divorciar de Mauro, ajuizando, para tanto, a competente ação de divórcio, a fim de partilhar os bens do casal: um apartamento em Buenos Aires/Argentina e uma casa de praia em Trancoso/Bahia. Mauro não se opõe à ação.

Com relação à ação de divórcio, assinale a afirmativa correta.

a) Ação de divórcio só poderá ser ajuizada no Brasil, eis que o casamento foi realizado em território brasileiro.

b) Caso Lúcia ingresse com a ação perante a Justiça argentina, não poderá partilhar a casa de praia.

c) Eventual sentença argentina de divórcio, para produzir efeitos no Brasil, deverá ser primeiramente homologada pelo Superior Tribunal de Justiça.

d) Ação de divórcio, se consensual, poderá ser ajuizada tanto no Brasil quanto na Argentina, sendo ambos os países competentes para decidir acerca da guarda das crianças e da partilha dos bens.

Gabarito: B

A prova da OAB de 2012.2 exigiu do candidato que este informasse acerca da competência do Judiciário brasileiro para apreciar um caso. A questão a respeito era a seguinte:

Um jato privado, pertencente a uma empresa norte-americana, se envolve em um incidente que resulta na queda de uma aeronave comercial brasileira em território brasileiro, provocando dezenas de mortes. A família de uma das vítimas brasileiras inicia uma ação no Brasil contra a empresa norte-americana, pedindo danos materiais e morais. A empresa norte-americana alega que a competência para julgar o caso é da justiça americana.

Segundo o direito brasileiro, o juiz brasileiro:

a) tem competência concorrente porque o acidente ocorreu em território brasileiro.

b) não tem competência concorrente porque o réu é empresa estrangeira que não opera no Brasil.

c) não tem competência, absoluta ou relativa, e deverá remeter o caso, por carta rogatória, à justiça americana.

d) tem competência concorrente porque a vítima tinha nacionalidade brasileira.

Gabarito: A

A prova da OAB de 2010.3 também exigiu do candidato que este informasse acerca da competência do Judiciário brasileiro para apreciar um caso, em conjunto com a identificação da lei nacional aplicável ao caso. A questão a respeito era a seguinte:

Em junho de 2009, uma construtora brasileira assina, na Cidade do Cabo, África do Sul, contrato de empreitada com uma empresa local, tendo por objeto a duplicação de um trecho da rodovia que liga a Cidade do Cabo à capital do país, Pretória. As contratantes elegem o foro da comarca de São Paulo para dirimir eventuais dúvidas. Um ano depois, as partes se desentendem quanto aos critérios técnicos de medição das obras e não conseguem chegar a uma solução amigável. A construtora brasileira decide, então, ajuizar, na justiça paulista, uma ação rescisória com o objetivo de colocar termo ao contrato. Com relação ao caso hipotético acima, é correto afirmar que:

a) o Poder Judiciário brasileiro não é competente para conhecer e julgar a lide, pois o foro para dirimir questões em matéria contratual é necessariamente o do local onde o contrato é assinado.

b) o juiz brasileiro poderá conhecer e julgar a lide, mas deverá basear sua decisão na legislação sul-africana, pois os contratos se regem pela lei do local de sua assinatura.

c) o juiz brasileiro poderá conhecer e julgar a lide, mas deverá basear sua decisão na legislação brasileira, pois um juiz brasileiro não pode ser obrigado a aplicar leis estrangeiras.

d) o juiz brasileiro poderá conhecer e julgar a lide, mas deverá se basear na legislação brasileira, pois em litígios envolvendo brasileiros e estrangeiros aplica-se a *lex fori*.

Gabarito: B

A prova da OAB de 2010.2 voltou a exigir do candidato que este informasse acerca da competência do Judiciário brasileiro para apreciar um caso. A questão a respeito era a seguinte:

Jogador de futebol de um importante time espanhol e titular da seleção brasileira é filmado por um celular em uma casa noturna na Espanha, em avançado estado de embriaguez. O vídeo é veiculado na internet e tem grande repercussão no Brasil. Temeroso de ser cortado da seleção brasileira, o jogador ajuíza uma ação no Brasil contra o portal de vídeos, cuja sede é na Califórnia, Estados Unidos. O juiz brasileiro

a) não é competente, porque o réu é pessoa jurídica estrangeira.

b) terá competência porque os danos à imagem ocorreram no Brasil.

c) deverá remeter o caso, por carta rogatória, à justiça norte-americana.

d) terá competência porque o autor tem nacionalidade brasileira

Gabarito: B

7. SEQUESTRO INTERNACIONAL DE CRIANÇAS: A CONVENÇÃO SOBRE OS ASPECTOS CIVIS DO SEQUESTRO INTERNACIONAL DE CRIANÇAS (CONVENÇÃO DA HAIA)

A Convenção sobre os Aspectos Civis do Sequestro Internacional de Crianças (Convenção da Haia), de 1980 (Decreto 3.413, de 14/04/2000), tem o objetivo de regular o enfrentamento da violação dos direitos de guarda, combatendo a transferência e a retenção ilícita de crianças em outro país, que é o que ocorre quando uma criança é levada indevidamente do país onde normalmente vive para outro, em regra por um dos genitores.

O objetivo da Convenção, nos termos de seu artigo 1, **é assegurar o retorno imediato de crianças ilicitamente transferidas para qualquer Estado Parte, ou nele retidas indevidamente, e fazer respeitar, nos outros Estados Contratantes, os direitos de guarda e de visita existentes num Estado Parte** .

A Convenção da Haia tem como fundamento proteger os interesses superiores da criança contra os efeitos prejudiciais que possam resultar da mudança de domicílio ou da retenção ilícitas em outro país. Para isso, a Convenção prevê medidas, inclusive no campo judicial, tendentes à restituição, ao país de sua residência habitual, dos menores ilicitamente transferidos para o território de outro País, tudo de forma a contribuir para o melhor desenvolvimento da criança, garantindo-lhe o bem estar e sua integridade física e emocional.

Fundamentalmente, a Convenção determina o retorno de uma criança indevidamente retirada de um país para outro. No entanto, a Convenção determina que esse retorno só poderá ocorrer no melhor interesse dessa criança e nos termos precisos de suas normas.

A Convenção da Haia aplica-se a qualquer criança que tenha residência habitual num Estado Parte imediatamente antes da violação do direito de guarda ou de visita. Entretanto, **a aplicação da Convenção cessa quando a criança atingir a idade de dezesseis anos**. Ademais, a Convenção da Haia abrange apenas as transferências ocorridas após a entrada em vigor desse tratado para os Estados envolvidos.

O STJ (REsp 1.315.342/RJ) definiu que "**residência habitual**", para os fins da Convenção de Haia, é aquela "**em que a criança tinha as suas raízes, estava vivendo em caráter de permanência**" antes de ser indevidamente levada a outro país.

A transferência ou a retenção de uma criança é considerada ilícita quando viola os termos de uma guarda que vinha sendo efetivamente exercida no momento do ato (Convenção da Haia, art. 3).

Para fazer cumprir a Convenção, **os Estados deverão designar Autoridades Centrais** (art. 6), as quais deverão cooperar entre si para assegurar o retorno imediato das crianças retidas ilicitamente no exterior, bem como tomar todas as medidas cabíveis para alcançar os objetivos desse tratado, que incluem (art. 7): localizar crianças transferidas ilicitamente; tomar medidas que previnam danos à integridade das crianças; empreender esforços para permitir a entrega amigável de crianças; trocar informações e; iniciar ou favorecer a abertura de processo judicial ou administrativo que vise ao retorno da criança ou a regulamentação e exercício do direito de visita.

No Brasil, a Autoridade Central da Convenção da Haia é a **Secretaria de Direitos Humanos da Presidência da República (SDH)**, na forma do Decreto 8.162/2013.

O retorno da criança transferida ilicitamente para o exterior deve ocorrer nos termos dos artigos 8 a 20 da Convenção.

De acordo com o artigo 8 da Convenção da Haia, "**Qualquer pessoa, instituição ou organismo que julgue que uma criança tenha sido transferida ou retirada em violação a um direito de guarda pode participar o fato à Autoridade Central do Estado de residência habitual da criança ou à Autoridade Central de qualquer outro Estado Contratante, para que lhe seja prestada assistência para assegurar o retorno da criança**".

A Autoridade Central que recebeu o pedido deve transmiti-lo com a maior celeridade possível à Autoridade Central do Estado onde se acredita que a criança se encontre. Em seguida, esta Autoridade Central deverá tomar, inicialmente, medidas para assegurar a entrega voluntária da criança, devendo tomar uma decisão a respeito desse pleito no prazo de até seis semanas depois de sua apresentação.

No Brasil, caso haja dificuldade para o retorno da criança em termos amigáveis, a **Autoridade Central brasileira encaminhará o caso à Advocacia-Geral da União (AGU)**, para que esta tome as medidas cabíveis para promover a devida ação judicial, a qual **deverá tramitar na Justiça Federal** (CF, art. 21, I, e art. 109, I e V). Cabe destacar que, no caso, **a competência da Justiça Federal é absoluta**, o que faz com que ações conexas, que em princípio correriam na Justiça estadual, também devam correr na Justiça Federal (STJ – CC 118.351/PR).

A União tem, portanto, legitimidade ativa *ad causam* e interesse processual para propor ação fundamentada na Convenção da Haia. A União deverá também atuar como assistente quando o cumprimento da Convenção em apreço é requerido diretamente por um dos genitores da criança dentro de um processo judicial (STJ – CC 100.345/RJ).

A análise de casos que envolvam a aplicação da Convenção da Haia **deverá limitar-se ao exame dos aspectos da eventual ilegalidade da transferência das**

crianças de seu país de origem e residência habitual, **evitando deliberar acerca do mérito da guarda**.

Para verificar a ocorrência de transferência ou retenção ilícitas, a Convenção da Haia estabelece que as autoridades do Estado requerido "poderão tomar ciência diretamente do direito e das decisões judiciais ou administrativas, formalmente reconhecidas ou não, no Estado de residência habitual da criança sem ter de recorrer a procedimentos específicos para a comprovação dessa legislação ou para o reconhecimento de decisões estrangeiras que seriam de outra forma aplicáveis" (art. 14). Tais autoridades poderão também pedir que o interessado apresente decisão ou atestado passado pelas autoridades do Estado de residência habitual da criança, comprovando que a transferência ou retenção da criança se deu de forma ilícita, desde que essa decisão ou atestado possam ser obtidas no referido Estado.

Configurando-se os requisitos que caracterizam a transferência ilícita, deve a criança retornar ao Estado de onde foi levada, não podendo o Estado agir discricionariamente negando a restituição. Por outro lado, porém, o STJ (REsp 1.196.954 ES) entende que, **uma vez provada a existência de exceção à obrigação de recambiar a criança para o país de onde foi retirada, a autoridade competente pode determinar a permanência da criança**.

A autoridade competente deverá ordenar o retomo imediato da criança **quando esta tiver sido ilicitamente transferida ou retida em outro Estado, e quando tiver decorrido um período de menos de um ano entre a data da transferência ou da retenção indevidas e a data do início do processo** perante a autoridade judicial ou administrativa do Estado onde a criança se encontrar.

O deferimento do pedido de retorno também poderá ocorrer **ainda que transcorrido o prazo de um ano, salvo quando for provado que a criança já se encontra integrada em seu novo meio** (art. 12).

Ao mesmo tempo, o STJ (REsp 1.293.800-MG) admite que "O pedido de retorno imediato de criança retida ilicitamente por sua genitora no Brasil pode ser indeferido, mesmo que transcorrido menos de um ano entre a retenção indevida e o início do processo perante a autoridade judicial ou administrativa (art. 12 da Convenção de Haia), **na hipótese em que o menor – com idade e maturidade suficientes para compreender a controvérsia – estiver adaptado ao novo meio e manifestar seu desejo de não regressar ao domicílio paterno no estrangeiro**". Cabe destacar, porém, que tal possibilidade é excepcionalíssima, deve ocorrer nos termos da Convenção da Haia e deve preservar o superior interesse do menor. Deve, nesse caso, "a criança já se encontrar integrada ao novo meio em que vive e manifestar o desejo de não regressar para o domicílio estrangeiro do genitor" (Convenção da Haia, art. 13).

O retorno do infante poderá ser recusado **quando não for compatível com os princípios fundamentais do Estado requerido com relação à proteção dos direitos humanos e das liberdades fundamentais** (art. 20).

Também poderá ser recusado o retorno da criança se a pessoa, instituição ou organismo que se oponha a seu retorno provar: a) **que a pessoa, instituição ou organismo que tinha a seu cuidado a criança não exercia efetivamente o direito de guarda na época da transferência ou da retenção, ou que havia consentido ou concordado posteriormente com esta transferência ou retenção**; b) **que existe um risco grave de a criança, no seu retorno, ficar sujeita a perigos de ordem física ou psíquica**, ou, de qualquer outro modo, ficar numa situação intolerável (art. 13).

As exceções à regra da devolução da criança (arts. 13 e 20) **devem ser interpretadas restritivamente**, sob pena de a Convenção se tornar letra morta e admitir-se o estímulo à remoção ilícita, na medida em que a divergência entre os pais seria transferida ilegalmente para apreciação na jurisdição à qual a criança foi sequestrada, provavelmente o país do sequestrador (TRF 2 – AC 399.087).

A Autoridade Central **não será obrigada a receber o pedido** quando for constatado que as condições exigidas pela presente Convenção não se encontram preenchidas, ou que o pedido não tem fundamento.

As autoridades judiciárias ou administrativas do Estado para onde a criança tenha sido levada ou onde esteja retida não poderão tomar decisões a respeito do mérito da guarda sem que fique determinado que não se encontram reunidas as condições previstas na Convenção para o retorno da criança, ou sem que haja transcorrido um período razoável de tempo sem que seja apresentado pedido de retorno da criança levada ilicitamente. Nesse sentido, reiteramos que a competência para decidir acerca da guarda ou da regulamentação de visitas é das autoridades do Estado onde a criança tem residência habitual.

Entretanto, **a Autoridade Central não poderá fundamentar a recusa do retorno da criança na tomada ou no reconhecimento de uma decisão relativa à guarda no Estado requerido**, caso esta venha a ser proferida, embora as autoridades competentes deste ente estatal possam levar em consideração os motivos dessa decisão.

O pedido que tenha como objetivo a regulamentação ou efetivação do direito de visita **também será dirigido à Autoridade Central do Estado onde se encontre a criança ilicitamente transferida** (art. 21). Referida Autoridade Central deverá tomar as providências, inclusive no campo judicial, para regular ou garantir o exercício desse direito.

A Convenção da Haia (art. 29) não impede que o interessado recorra diretamente às autoridades competentes do Estado onde a criança se encontre indevidamente, ao abrigo ou não das disposições da Convenção.

Em todo caso, "**A remessa de menor ao exterior ultrapassa os limites reservados à carta rogatória**, pois deve processar-se nos termos da Convenção sobre os Aspectos Civis do Sequestro Internacional de Crianças - Convenção de Haia (Decreto nº 3.413/2000), por intermédio da autoridade central para o caso, a Secretaria Especial dos Direitos Humanos, órgão vinculado à Presidência da República" (STJ - CR 2.874/FR).

A pessoa que transferiu ou reteve ilicitamente uma criança no exterior poderá ser condenada a arcar com os custos que o recorrente e os Estados interessados incorreram para localizar a criança e providenciar seu retorno (art. 27). Por outro lado, a Convenção prevê a isenção de custas, de cauções e de depósitos, a desnecessidade de legalizações e o direito à assistência judiciária aos interessados, embora os Estados possam exigir o pagamento de despesas relativas ao retorno da criança.

Por fim, é importante destacar que **o Brasil formulou reserva ao artigo 24 da Convenção da Haia**, para que todos os documentos em língua estrangeira juntados aos autos do processo de devolução da criança sejam sempre acompanhados de tradução para o português, feita por tradutor juramentado oficial.

▸ Como o assunto foi tratado pela FGV?

A prova da OAB de 2016.1 tratou da Convenção da Haia. A questão a respeito era a seguinte:

Para a aplicação da Convenção sobre os Aspectos Civis do Sequestro Internacional de Crianças, Lígia recorre à autoridade central brasileira, quando Arnaldo, seu marido, que tem dupla-nacionalidade, viaja para os Estados Unidos com a filha de 17 anos do casal e não retorna na data prometida. Arnaldo alega que entrará com pedido de divórcio e passará a viver com a filha menor no exterior.

Com base no caso apresentado, a autoridade central brasileira:

a) deverá acionar diretamente a autoridade central estadunidense para que tome as medidas necessárias para o retorno da filha ao Brasil.

b) deverá ingressar na Justiça Federal brasileira, em nome de Lígia, para que a Justiça Federal mande acionar a autoridade central estadunidense para que tome as medidas necessárias para o retorno da filha ao Brasil.

c) não deverá apreciar o pleito de Lígia, eis que a filha é maior de 16 anos.

d) não deverá apreciar o pleito de Lígia, eis que o pai também possui direito de guarda sobre a filha, já que o divórcio ainda não foi realizado.

Gabarito: C

Direitos Humanos

1. CONCEITO

Definimos os direitos humanos como **aqueles direitos essenciais para que o ser humano seja tratado com a dignidade que lhe é inerente e aos quais fazem jus indistintamente todos os membros da espécie humana**.

2. FUNDAMENTO

As principais teorias a respeito do fundamento dos direitos humanos são as seguintes:

- **jusnaturalista**: baseia tais direitos em uma **ordem superior, universal, imutável e inderrogável**;
- **positivista**: alicerça tais direitos na ordem jurídica posta, pelo que **somente seriam reconhecidos como direitos humanos aqueles expressamente previstos em norma de Direito positivo**;
- **moralista** (ou de Perelman): fundamenta os direitos humanos na "experiência e consciência moral de um determinado povo", ou seja, na **convicção social acerca da necessidade da proteção de determinado valor**.

Dentro dos tratados e documentos internacionais pertinentes, encontra-se consagrada também a visão de que os direitos humanos se fundam no **reconhecimento da dignidade inerente a todos os membros da espécie humana**.

3. CARACTERÍSTICAS

Os direitos humanos revestem-se de características como as seguintes:

Universalidade: os direitos humanos referem-se a todos os membros da espécie humana, sem distinção de qualquer espécie	**Inerência:** os direitos humanos pertencem a todos os indivíduos pela simples circunstância de serem pessoas humanas
Transnacionalidade: os direitos humanos pertencem à pessoa independentemente de sua nacionalidade	**Historicidade:** os direitos humanos configuram pauta aberta a novos direitos
Indisponibilidade, inalienabilidade e irrenunciabilidade	**Indivisibilidade, interdependência e complementaridade:** os diversos direitos dependem uns dos outros para sua realização plena
Imprescritibilidade: ainda não plenamente acolhida no Direito interno brasileiro (STF – ADPF 153/DF)	**Primazia da norma mais favorável:** em caso de conflito, deve prevalecer a norma que melhor resguarde a dignidade humana

4. BREVE EVOLUÇÃO HISTÓRICA

A formação do rol de normas de direitos humanos confunde-se com a história da humanidade, dentro da qual, porém, podemos identificar alguns momentos mais marcantes, que são os seguintes:

Antiguidade	Diversas civilizações já contemplavam normas protetivas de valores caros à vida humana
Doutrina cristã	Consagração da ideia de universalidade
Magna Carta, *Bill of Rights* e *Habeas Corpus Act*	Limite aos poderes dos soberanos e reconhecimento de certos direitos, como o devido processo legal
Iluminismo	Revolução Americana e Revolução Francesa. Declarações de direitos e Constituições. Humanismo. Limitação do poder.
Século XIX	Preocupação social. Surgimento do Direito Humanitário (1864)
Início do Século XX	Primeiras organizações internacionais voltadas à proteção dos direitos humanos no campo internacional: Liga das Nações e Organização Internacional do Trabalho (OIT). Consagração dos direitos sociais nas Constituições (México e Weimar) e na ordem internacional, com a OIT
Meados do Século XX	ONU e Declaração Universal dos Direitos Humanos
Segunda metade do Século XX	Celebração da maior parte dos atuais tratados de direitos humanos. Consagração de novos temas no rol dos direitos da pessoa humana.

5. GERAÇÕES E DIMENSÕES DOS DIREITOS HUMANOS

A doutrina divide os direitos humanos em gerações ou em dimensões, com intuito meramente didático, bem como para identificar as diversas fases de afirmação de certos direitos na história ou aspectos que lhes sejam comuns.

> ▸ Atenção!
>
> Cabe destacar, porém, que tal categorização não afeta a indivisibilidade e a interdependência dos direitos humanos.

5.1 Classificação tradicional: as gerações dos direitos humanos

As gerações dos direitos humanos são as seguintes:

- **Primeira geração: direitos de liberdade.** Direitos civis e políticos. Caráter predominantemente liberal e de oposição perante o Estado. Em geral de aplicabilidade imediata. Exemplos: vida, liberdade (de expressão, de reunião, de ir e vir etc.), propriedade e direitos políticos.
- **Segunda geração: direitos de igualdade**. Direitos econômicos, sociais e culturais. Caráter predominantemente social. Em regra, requerem a ação do Estado. Exemplos: educação, saúde e trabalho.
- **Terceira geração: direitos de fraternidade/solidariedade, vinculados à cooperação internacional e à promoção da igualdade entre os povos.** Exemplos: paz, desenvolvimento e meio ambiente. Titularidade coletiva (STF – MS 22.164/SP).

5.2 Classificação conforme o Direito Internacional dos Direitos Humanos: as dimensões dos direitos humanos

Com a celebração, em 1966, do Pacto Internacional dos Direitos Civis e Políticos e do Pacto Internacional dos Direitos Econômicos, Sociais e Culturais, a doutrina passou também a classificar os direitos humanos em "civis e políticos", por um lado, e "econômicos, sociais e culturais", por outro, formando as chamadas "dimensões" dos direitos humanos, que são as seguintes:

- **Primeira dimensão: direitos civis e políticos.** Correspondem aos direitos de liberdade da chamada "primeira geração".
- **Segunda dimensão: direitos econômicos, sociais e culturais.** Vinculam-se aos direitos de igualdade da "segunda geração".
- **Terceira dimensão: direitos globais.** Equivalentes aos direitos de liberdade da chamada "terceira geração".

6. DIREITO INTERNACIONAL DOS DIREITOS HUMANOS

O Direito Internacional dos Direitos Humanos **visa a proteger e a promover a dignidade humana em todo o mundo**, consagrando uma série de direitos dirigidos a todos os indivíduos sem distinção de qualquer espécie.

O **objeto** do Direito Internacional dos Direitos Humanos é, portanto, a **promoção e a proteção da dignidade humana em caráter universal**.

A internacionalização dos direitos humanos tem, basicamente, três fundamentos: a mudança do paradigma da soberania nacional, que passa a não mais ser vista como absoluta; a alteração do papel do indivíduo à luz do Direito Internacional, dentro do qual passa a pessoa humana a ser vista como sujeito de Direito das Gentes; e a prioridade atribuída à proteção e promoção dos direitos humanos no cenário internacional.

6.1. Evolução histórica da noção de proteção internacional dos direitos humanos

A história do Direito Internacional dos Direitos Humanos inclui, em relação ao desenvolvimento histórico dos direitos humanos como um todo, alguns momentos em comum e outros específicos, que são os seguintes:

Início da era cristã	Doutrina cristã. Afirmação da noção de universalidade.
Idade Média	Papel da Igreja Católica no desenvolvimento da noção de um patrimônio jurídico comum da humanidade. Direito à "intervenção humanitária".
Idade Moderna	Iluminismo. Humanismo. Internacionalização dos direitos humanos por meio das Constituições nacionais.
Século XIX	Perda do caráter meramente interestatal do Direito Internacional. Humanização do Direito Internacional. Início do emprego dos tratados para promover os direitos humanos. Aparecimento do Direito Humanitário e criação da Cruz Vermelha (1864).
Início do Século XX	Afirmação do papel das organizações internacionais na proteção dos direitos humanos. Fundação da Liga das Nações. Preocupação internacional com os direitos sociais: criação da Organização Internacional do Trabalho (OIT)
II Guerra	Limitação da soberania nacional. Importância da cooperação internacional. Promoção dos direitos humanos como fundamento da paz. Caráter prioritário da proteção dos direitos humanos no campo internacional. Criação da ONU.
Pós-II Guerra	Proclamação da Declaração Universal dos Direitos Humanos. Celebração dos principais tratados de direitos humanos. Primeiros tribunais internacionais de direitos humanos (Nuremberg e Tribunal Penal Internacional). Sistemas regionais de direitos humanos.

Cabe destacar que um dos primeiros tratados voltados diretamente à proteção da pessoa humana foi a **Convenção de Genebra para a Melhoria da Sorte dos Feridos e Enfermos dos Exércitos em Campanha, de 1864**, que visa a conferir proteção aos combatentes que, em conflitos armados, estejam fora de combate.

> ▸ Atenção!
>
> O Direito Humanitário, a Organização Internacional do Trabalho e a Liga das Nações são considerados pela doutrina como os principais precedentes do processo de internacionalização dos direitos humanos.

6.2. Fontes

As fontes do Direito Internacional dos Direitos Humanos são as **fontes do Direito Internacional em geral, especialmente os tratados**.

6.3 Características específicas

O Direito Internacional dos Direitos Humanos reúne as mesmas características dos direitos humanos em geral, adicionadas às seguintes:

6.3.1 Possibilidade de monitoramento internacional

O fato de um Estado concluir um tratado de direitos humanos implica sua **submissão a mecanismos administrados pelos organismos internacionais, voltados a verificar a conformidade da ação estatal com suas obrigações internacionais** em matéria de proteção à dignidade humana.

6.3.2 Possibilidade de responsabilização internacional

O Estado que infringe compromissos internacionais em matéria de proteção dos direitos humanos comete ato ilícito e pode ser responsabilizado internacionalmente, podendo assim sofrer sanções e ser obrigado a reparar o dano eventualmente causado aos indivíduos e terceiros Estados eventualmente prejudicados.

6.3.3 Papel primordial dos Estados e subsidiariedade do sistema de proteção internacional dos direitos humanos

O papel dos Estados na proteção internacional dos direitos humanos é primário, cabendo-lhes **garantir a eficácia das normas internacionais de**

direitos humanos em seu território em benefício de todas as pessoas sob sua jurisdição, assegurando assim a generalização, ao redor do mundo, do respeito aos direitos da pessoa humana.

Por outro lado, **o papel dos organismos internacionais é secundário, subsidiário ou complementar**, visto que **estes devem agir apenas quando o Estado não atue em conformidade com os tratados dos quais seja parte**.

Cabe destacar que, em vista desse papel primordial, cabe ao Estado **disponibilizar meios administrativos e jurisdicionais eficientes**, que permitam que o indivíduo que sofra a violação de algum direito obtenha a **reparação cabível no próprio âmbito nacional**.

É nesse sentido que toda transgressão de um compromisso internacional em matéria de direitos humanos deverá ser **apreciada primeiramente por todos os foros competentes que existam no ente estatal, antes de ser submetida ao exame de órgãos internacionais**. É a regra do **esgotamento dos recursos internos**, que é condição básica para a ação de um indivíduo junto a uma organização internacional voltada à proteção aos direitos humanos.

Cabe destacar, porém, que essa regra está sujeita à existência desses recursos ou a seu bom funcionamento. Nesse sentido, a maioria dos órgãos internacionais que recebe petições individuais desconsiderará a regra dos recursos internos em hipóteses como as seguintes:

• Inexistência dos recursos	• Funcionamento dos recursos estatais fora de padrões internacionais mínimos de administração da Justiça (respeito ao devido processo legal, imparcialidade etc.)
• Inacessibilidade ou dificuldade no acesso aos recursos	• Funcionamento lento dos recursos

6.4 Arcabouço institucional

A proteção internacional dos direitos humanos poderá contar com tratados e organismos internacionais abertos à participação de qualquer Estado do mundo, formando os chamados "**sistemas globais**", como o da ONU, ou apenas de Estados pertencentes a certas regiões, compondo os chamados "**sistemas regionais**", a exemplo do Sistema Interamericano de Direitos Humanos da OEA.

6.5 Universalismo e relativismo cultural

Uma das características dos direitos humanos é a **universalidade**, segundo a qual os direitos humanos **dirigem-se a todos os seres humanos indistintamente** de qualquer fator, inclusive do lugar onde se encontrem os indivíduos, de sua nacionalidade, de sua origem, religião etc.

Entretanto, a universalidade dos direitos humanos é contestada, na doutrina, pelo chamado "**relativismo cultural**", que, fundamentalmente, defende que **os diferentes povos do mundo possuem valores culturais distintos** e que, por isso, **não seria possível estabelecer uma moral universal única, válida indistintamente para todas as pessoas humanas e sociedades**.

A polêmica entre ambas as noções é marcada por questões de caráter político. Por um lado, os defensores do relativismo entendem que o universalismo implicaria imposição de ideias e concepções que, na realidade, pertenceriam ao universo da cultura ocidental. Por outro lado, porém, os universalistas defendem que o relativismo seria uma forma de justificar violações dos direitos humanos.

Na prática, os tratados internacionais de direitos humanos e os organismos internacionais continuam **reafirmando a universalidade** dos direitos humanos, nos termos da Declaração de Viena, de 1993, que estabelece que "Todos os direitos humanos são universais, indivisíveis, interdependentes e inter-relacionados. (...) Embora particularidades nacionais e regionais devam ser levadas em consideração, assim como diversos contextos históricos, culturais e religiosos, é dever dos Estados promover e proteger todos os direitos humanos e liberdades fundamentais, sejam quais forem seus sistemas políticos, econômicos e culturais".

7. A PROTEÇÃO INTERNACIONAL DOS DIREITOS HUMANOS E O DIREITO BRASILEIRO

Examinaremos a seguir algumas das mais importantes questões referentes à relação entre o Direito Internacional dos Direitos Humanos e o Direito brasileiro.

7.1 Incorporação dos tratados de direitos humanos ao ordenamento jurídico brasileiro: processo legislativo de incorporação

A exemplo de todo e qualquer ato internacional no Brasil, os tratados de direitos humanos também são celebrados pelo Presidente da República, sujeitos a referendo do Congresso Nacional, prévio à ratificação (CF, art. 84, VIII, c/c o art. 49, I).

Não há, portanto, nenhuma diferenciação no processo de incorporação de um tratado de direitos humanos no Brasil em relação aos tratados nas demais matérias, **ressalvada a possibilidade de aprovação pelo procedimento definido no artigo 5º, § 3º, da Carta Magna, que permite que o ato internacional ganhe o caráter de equivalente a uma emenda constitucional.**

Lembramos que o **§ 3º do artigo 5º** da Constituição Federal foi introduzido no texto constitucional por força da EC 45, que abriu a possibilidade de que os tratados de direitos humanos sejam submetidos a um **procedimento distinto de apreciação legislativa**, que consiste na aprovação de seu texto **em cada Casa do Congresso Nacional, em dois turnos de votação, por três quintos dos votos dos respectivos membros**.

Até agora, os únicos tratados que foram aprovados pelo Congresso nos termos do § 3º do artigo 5º da Carta Magna são a **Convenção de Nova Iorque sobre os Direitos das Pessoas com Deficiência e o seu respectivo Protocolo Facultativo.**

Por fim, os tratados deverão observar os **procedimentos previstos para entrada em vigor no plano internacional** e, depois disso, deverão ser **incorporados à ordem jurídica pátria por meio de decreto presidencial**.

7.2 A aplicabilidade imediata das normas de tratados de direitos humanos

O artigo 5º, § 1º, da Constituição de 1988 determina que "**As normas definidoras dos direitos e garantias fundamentais têm aplicação imediata**".

Com isso, **parte importante da doutrina de direitos humanos entende que o tratado fica pronto para entrar em vigor para o Brasil com a ratificação**, ficando **dispensado o decreto presidencial de incorporação**.

Entretanto, **esse entendimento não é acolhido pela jurisprudência dos tribunais superiores brasileiros**, que **rejeitam as noções de efeito direto e de aplicabilidade imediata** e que, portanto, **reafirmam a necessidade de que o tratado seja incorporado ao ordenamento jurídico pátrio por meio de decreto presidencial**, ato final do processo de preparação de um acordo internacional para o Brasil (STF – ADI-MC 1480/DF e CR-AgR 8279/AT).

Em todo caso, lembramos que o princípio da **aplicabilidade imediata** se refere à exigência de que **os direitos consagrados no sistema constitucional sejam assegurados independentemente de norma regulamentadora**.

7.3 Hierarquia das normas internacionais de direitos humanos e conflito com o Direito interno

Em primeiro lugar, é importante enfatizar que **o entendimento de que todos os tratados de direitos humanos equivaliam à lei ordinária foi abandonado** a partir de 2007.

Em segundo lugar, é necessário indicar que **a hierarquia dos tratados de direitos humanos no Brasil não é uniforme** e **variará segundo a forma de aprovação congressual,** nos seguintes termos:

TRATADOS APROVADOS NOS TERMOS DA NORMA DO ARTIGO 5°, § 3°, DA CONSTITUIÇÃO FEDERAL,	DEMAIS TRATADOS DE DIREITOS HUMANOS (Tratados não aprovados nos termos da CF, inclusive aqueles que entraram em vigor no ordenamento interno brasileiro antes de 2004)
• Equivalentes às emendas constitucionais e, portanto, formalmente constitucionais • Condições: aprovação pelas duas Casas do Congresso, em dois turnos de votação, por três quintos dos membros de cada Casa • Únicos tratados até agora aprovados nessas condições: Convenção sobre os Direitos das Pessoas com Deficiência (Convenção de Nova Iorque), Protocolo Facultativo à Convenção sobre os Direitos das Pessoas com Deficiência (Convenção de Nova Iorque) e Tratado de Marraqueche para Facilitar o Acesso a Obras Publicadas às Pessoas Cegas, com Deficiência Visual ou com Outras Dificuldades para Ter Acesso ao Texto Impresso	• Supralegais (STF. HC 90.172 e voto do Min. Gilmar Mendes no RE 466.343) • Doutrina e parte da jurisprudência: todos os tratados de direitos humanos são materialmente constitucionais, exceto aqueles aprovados de acordo com a regra do parágrafo terceiro do artigo quinto do texto constitucional, que seriam formal e materialmente constitucionais

7.4 Incidente de deslocamento de competência (IDC)

Nas hipóteses de **grave violação de direitos humanos**, o **Procurador-Geral da República**, com a finalidade **de assegurar o cumprimento de obrigações decorrentes de tratados** internacionais de **direitos humanos** dos quais o Brasil seja parte, **poderá suscitar**, perante o **Superior Tribunal de Justiça, em qualquer fase do inquérito ou processo, incidente de deslocamento de competência para a Justiça Federal** (CF, art. 109, § 5º).

Principais normas e órgãos internacionais de proteção dos Direitos Humanos

1. SISTEMA GLOBAL

O "**sistema global de proteção dos direitos humanos**" é formado por **instrumentos normativos internacionais abertos à adesão de qualquer Estado do mundo**, indistintamente de sua localização geográfica, e de **órgãos voltados a promover a dignidade humana em âmbito mundial**.

O sistema global é também conhecido como "**sistema internacional** de proteção dos direitos humanos" e "**sistema universal** de proteção dos direitos humanos" e é administrado principalmente pela **Organização das Nações Unidas** (ONU).

2. PRINCIPAIS INSTRUMENTOS NORMATIVOS DO SISTEMA GLOBAL

No campo especificamente normativo, o sistema global é formado pela **Declaração Universal dos Direitos Humanos,** por **tratados** e por outros instrumentos normativos, como resoluções de organismos internacionais e documentos de *soft law*.

2.1. Declaração Universal dos Direitos Humanos

A Declaração Universal dos Direitos Humanos foi **proclamada em 1948**, por meio de **resolução da Assembleia Geral da ONU**.

A Declaração é o **ponto de partida da construção do atual sistema internacional de proteção dos direitos humanos** e configura conjunto de **parâmetros mínimos de tutela da dignidade humana**, a serem observados em escala global.

Entretanto, **do ponto de vista técnico-formal, a Declaração é uma resolução** de um órgão das Nações Unidas, que se reveste do **caráter de mera recomendação, juridicamente não vinculante**.

> **Atenção!**
>
> A Declaração não é, portanto, um tratado.

Em todo caso, prevalece, na atualidade, o entendimento de que o teor da Declaração tem valor jurídico, visto que **seus preceitos se encontram positivados em outros tratados e no Direito interno de muitos Estados**. Outrossim, há quem considere as cláusulas da Declaração como **normas costumeiras**, regras **de *jus cogens*** ou **princípios gerais do Direito** ou do **Direito Internacional**.

A Declaração fixa normas protetivas da dignidade humana, mas **não estabelece órgãos específicos voltados a aplicá-los**, o que ocorrerá posteriormente, por meio de tratados celebrados dentro das Nações Unidas.

Algumas das normas insculpidas na Declaração referem-se aos seguintes temas:

• Universalidade, igualdade e não discriminação: arts. 1, 2 e 7 • Deveres: arts. 1º e 29 • Direito à vida, à liberdade e à segurança: art. 3 • Integridade pessoal: art. 5 • Direito de ir e vir e proibição da prisão arbitrária: arts. 9 e 13 • Liberdade de pensamento, de consciência, de religião, de expressão e de associação: arts. 18-20 • Asilo: art. 14	• Nacionalidade: art. 15 • Proteção da vida privada: art. 12 • Família: art. 14 • Propriedade: art. 17 • Trabalho: arts. 4, 23 e 24 • Direitos políticos: art. 21 • Qualidade de vida: arts. 22 e 25 • Educação, cultura e proteção da propriedade intelectual: arts. 26 e 27 • Tutela do processo judicial: arts. 8, 10 e 11.

2.2 Principais tratados de direitos humanos do sistema global. A Declaração de Viena de 1993

Os principais tratados de direitos humanos do sistema global e algumas das matérias reguladas em seu bojo são os seguintes:

TRATADO	ALGUNS TEMAS TUTELADOS
Convenção para a Prevenção e Repressão do Crime de Genocídio	• Genocídio como crime internacional: art. 1 • Conceito de genocídio: art. 2 • Atos puníveis: art. 3 • Compromissos estatais: arts. 5 e 6 • Genocídio não é crime político: art. 7 • Recurso às Nações Unidas: art. 8 • Solução de controvérsias: art. 9
Pacto Internacional sobre Direitos Civis e Políticos	• Autodeterminação dos povos: art. 1º • Igualdade e proteção das minorias: arts. 3, 26 e 27 • Direitos de crise: art. 4 • Pena de morte: art. 6 • Trabalhos forçados: art. 8 • Prisão: arts. 9-11 • Direito processual e garantias processuais: arts. 14-15 • Liberdade de pensamento, de consciência, de religião, de expressão e de associação e seus limites: arts. 18-22 • Proteção da família e da criança: arts. 23-24
Pacto Internacional sobre Direitos Econômicos, Sociais e Culturais	• Autodeterminação dos povos: art. 1º • Não discriminação: arts. 2 e 3 • Trabalho, previdência social e liberdade sindical: arts. 6-9 • Proteção da família, da maternidade e da criança: art. 10 • Qualidade de vida e segurança alimentar: art. 11 • Saúde: art. 12 • Educação: art. 13
Convenção Internacional sobre a Eliminação de todas as formas de Discriminação Racial	• Conceito de discriminação racial: art. 1º, § 1º • Atos que não configuram discriminação racial: art. 1º, §§ 2º, 3º e § 4º • Ação afirmativa: art. 1º, § 4º • Combate à propaganda racista e a organizações fundamentadas na noção de superioridade racial: art. 4 • Educação contra o preconceito: art. 7
Convenção sobre a Eliminação de Todas as Formas de Discriminação Contra as Mulheres	• Conceito de discriminação contra a mulher: art. 1º • Medidas contra a discriminação: arts. 2, 3 e 5 • Ação afirmativa: art. 4, § 1º • Educação e trabalho da mulher: arts. 10 e 11 • Saúde da mulher: art. 12 • Proteção da mulher rural: art. 14

TRATADO	ALGUNS TEMAS TUTELADOS
Convenção contra a Tortura e outros Tratamentos ou Penas Crueis, Desumanos ou Degradantes	• Conceito de tortura: art. 1º • Combate à tortura e jurisdição estatal: arts. 5-7 • A tortura e sua relação com a extradição, a expulsão e a deportação: arts. 3 e 8 • Tortura e prova no processo judicial: art. 15 • O Estado e o combate à tortura: arts. 9-14
Convenção sobre os Direitos da Criança	• Conceito de criança: art. 1º • Princípio dos interesses superiores da criança: art. 3 • Relacionamento das crianças com os pais: arts. 5, 9, 10, 14, 18 e 27 • Liberdades das crianças: arts. 12-16 • Qualidade de vida das crianças: arts. 23-27 • Educação: arts. 28 e 29 • Adoção: art. 21 • Infrações penais: art. 40
Convenção Internacional sobre os Direitos das Pessoas com Deficiência e seu Protocolo Facultativo	• Conceito de portador de deficiência e objetivo da Convenção: art. 1 • Termos importantes: art. 2 • Princípios: art. 3 • Obrigações estatais gerais: art. 4, 31 e 33 • Direitos dos portadores de deficiência: arts. 5-30 • Cooperação internacional: art. 32 • Comitê sobre os Direitos das Pessoas com Deficiência (CRPD): arts. 34-40 e Protocolo Facultativo

Na oportunidade, cabe ressaltar também a importância da **Declaração de Viena de 1993** e de seu respectivo **Programa de Ação**, que vieram a enfatizar a relevância dos seguintes temas:

• Reafirmação do caráter prioritário da proteção dos direitos humanos: preâmbulo • Visão antropocêntrica dos direitos humanos: preâmbulo • Importância da ação dos Estados, da cooperação internacional e do reforço aos mecanismos internacionais de proteção dos direitos humanos: preâmbulo • Reafirmação da universalidade dos direitos humanos: arts. 1º e 5 • Indivisibilidade e interdependência dos direitos humanos: art. 5	• A proteção internacional dos direitos humanos deve levar em conta os propósitos e princípios da Carta das Nações Unidas e o Direito Internacional: art. 7 • Interdependência das noções de democracia, desenvolvimento e respeito aos direitos humanos: art. 8 • Direito ao desenvolvimento: arts. 10, 12 e 14 • Meio ambiente: 11 • Discriminação racial: 15

Por fim, **o Brasil não é ainda signatário** de um importante tratado de direitos humanos: a **Convenção Internacional sobre a Proteção dos Direitos de Todos os Trabalhadores Migrantes e dos Membros das suas Famílias**.

2.3. Órgãos de proteção dos direitos humanos no Sistema global

A promoção dos direitos humanos no sistema global estrutura-se a partir de **órgãos com competência para cuidar da aplicação das normas protetivas da dignidade humana consagradas em diversos instrumentos internacionais** ("órgãos de competência geral") e de **órgãos de tratados**, responsáveis por velar apenas pela aplicação de um ato internacional específico.

Os principais órgãos de competência geral são os seguintes

ÓRGÃO	INFORMAÇÕES IMPORTANTES
Alto Comissariado das Nações Unidas para os Direitos Humanos (OHCHR)	• Mais alto órgão da ONU encarregado da promoção dos direitos humanos • Funções principais: proteger os direitos humanos no mundo no mais alto nível político e liderar os esforços das Nações Unidas nesse sentido • Deve oferecer apoio aos órgãos da ONU voltados à proteção dos direitos humanos e coordenar suas atividades • Deve auxiliar os Estados na aplicação das normas de direitos humanos • Deve trabalhar na prevenção das violações dos direitos humanos e na promoção da cooperação internacional na matéria • Dimensões do trabalho do OHCHR: elaboração de novas normas, monitoramento e aplicação dos tratados de direitos humanos • Chefe: Alto Comissário das Nações Unidas para os Direitos Humanos, mais alto funcionário da ONU especificamente dedicado ao tema
Conselho de Direitos Humanos (UNHRC/CDH)	• Sucessor da antiga Comissão de Direitos Humanos da ONU • Função principal: promover o respeito universal dos direitos humanos • Deve acompanhar o cumprimento dos tratados de direitos humanos e coordenar as ações dos órgãos das Nações Unidas na área • Pode examinar casos de violações dos direitos humanos • Pode emitir recomendações a respeito da aplicação dos tratados de direitos humanos • Emprega mecanismos próprios dos órgãos da ONU, como o "exame periódico universal" e os chamados "procedimentos especiais" • Não aceita petições individuais

Já os principais órgãos de tratados, todos partes da estrutura da Organização das Nações Unidas (ONU) são os que se seguem:

ÓRGÃO	INFORMAÇÕES IMPORTANTES
Comitê de Direitos Humanos	• Deve monitorar a aplicação do Pacto dos Direitos Civis e Políticos • Regulamentação: Pacto dos Direitos Civis e Políticos (arts. 28-45) e respectivo Protocolo Facultativo • Deve examinar os relatórios referentes à aplicação do Pacto, que os Estados são obrigados a encaminhar periodicamente • Pode examinar denúncias de Estados contra Estados e petições individuais • Condições para o exame de denúncias entre Estados: reconhecimento da competência do Comitê por ambas as partes, esgotamento dos recursos internos, apresentação de reclamação prévia diretamente ao Estado interessado e que o Estado denunciado não tenha respondido a essa reclamação dentro de até seis meses • Condições para o exame de petições individuais: inclusão do Estado reclamado dentre as partes do Protocolo Facultativo, esgotamento dos recursos internos, inexistência de litispendência internacional e comunicação escrita • Competente para emitir as chamadas "recomendações finais" e as "observações gerais"
Comitê de Direitos Econômicos, Sociais e Culturais	• Deve monitorar a aplicação do Pacto dos Direitos Econômicos, Sociais e Culturais • Regulamentação: Pacto dos Direitos Econômicos, Sociais e Culturais (arts. 16-25) e Resolução 1985/17, do Conselho Econômico e Social (ECOSOC) da ONU • Competências e procedimentos semelhantes aos empregados dentro do Comitê de Direitos Humanos • Deve examinar os relatórios referentes à aplicação do Pacto, que os Estados são obrigados a encaminhar periodicamente • Com a entrada em vigor do Protocolo Facultativo ao Pacto Internacional de Direitos Econômicos, Sociais e Culturais (PF- PIDESC), passa a ser possível a apresentação de petições individuais ao Comitê de Direitos Econômicos, Sociais e Culturais. • O Brasil ainda não é parte do PF-PIDESC. Logo, o Comitê de Direitos Econômicos, Sociais e Culturais não pode receber petições oriundas do Brasil. • É vinculado ao ECOSOC, ao qual deve dirigir relatórios periódicos e recomendações

ÓRGÃO	INFORMAÇÕES IMPORTANTES
Comitê para a Eliminação da Discriminação Racial (CERD/ CEDR)	• Deve monitorar a aplicação da Convenção Internacional contra a Discriminação Racial • Regulamentação: Convenção Internacional contra a Discriminação Racial (arts. 8-16) • Deve examinar os relatórios que os Estados são obrigados a enviar periodicamente • Emprega o mecanismo das "denúncias preventivas", para evitar violações de direitos por conta de discriminação racial • Recebe denúncias de Estados contra Estados e comunicações individuais, em procedimento semelhante ao do Comitê de Direitos Humanos • Manifesta-se por meio de recomendações e "observações gerais" e organiza "discussões temáticas"
Comitê sobre a Eliminação da Discriminação contra a Mulher (CEDAW)	• Deve monitorar a aplicação da Convenção Internacional contra a Discriminação contra a Mulher • Regulamentação: Convenção Internacional contra a Discriminação Racial (arts. 17-22) e respectivo Protocolo Facultativo • Pode examinar comunicações individuais, nos termos do Protocolo Facultativo, que são semelhantes aos requisitos para análise de petições individuais no Comitê de Direitos Humanos
Comitê para os Direitos da Criança (CRC)	• Deve monitorar a aplicação da Convenção sobre os Direitos da Criança e dos respectivos Protocolos Facultativos • Regulamentação: Convenção sobre os Direitos da Criança (arts. 43-45) • Deve examinar os relatórios que os Estados são obrigados a enviar periodicamente • Poderá examinar petições individuais apresentadas contra Estados partes do Terceiro Protocolo Facultativo à Convenção sobre os Direitos da Criança. • O Brasil ainda não é parte do Terceiro Protocolo Facultativo à Convenção sobre os Direitos da Criança. Logo, o Comitê para os Direitos da Criança não pode receber petições oriundas do Brasil.
Comitê contra a Tortura (CAT) e Subcomitê de Prevenção	• CAT: deve monitorar a aplicação da Convenção contra a Tortura • Regulamentação das atividades do CAT: Convenção contra a Tortura, arts. 17-24 • Deve examinar os relatórios que os Estados são obrigados a enviar periodicamente e pode investigar práticas sistemáticas de tortura • Recebe denúncias de Estados contra Estados e comunicações individuais, em procedimento semelhante ao do Comitê de Direitos Humanos • Subcomitê de Prevenção: criado pelo Protocolo Facultativo, estabelece um sistema de visitas regulares para prevenir a tortura

ÓRGÃO	INFORMAÇÕES IMPORTANTES
Comitê sobre os Direitos das Pessoas com Deficiência (CRPD)	• Deve promover a aplicação da Convenção Internacional sobre os Direitos das Pessoas com Deficiência (Convenção de Nova Iorque) • Regulamentação: artigos 34 a 40 da Convenção de Nova Iorque e respectivo Protocolo Adicional • Deve examinar os relatórios acerca do cumprimento da Convenção, que os Estados partes deverão encaminhar periodicamente ou quando solicitados • Pode examinar comunicações de pessoas ou grupos de pessoas relativas à inobservância do tratado, mas apenas quando o Estado onde a violação ocorreu for parte do Protocolo Facultativo • O Brasil celebrou Protocolo Adicional e, portanto, encontra-se submetido a seus procedimentos

▸ **Atenção!**

Logo, não podem ser apresentadas petições individuais contra o Brasil motivadas por eventuais violações do Pacto dos Direitos Económicos, Sociais e Culturais e da Convenção sobre os Direitos da Criança.

3. O DIREITO HUMANITÁRIO

Parte importante do Sistema global é o Direito Humanitário, que visa **a reduzir a violência inerente à guerra**, por meio da **proteção de um mínimo de direitos inerentes à pessoa humana que limite o impacto das hostilidades** e pela **regulamentação da assistência às vítimas dos conflitos armados**.

▸ **Atenção!**

O Direito Humanitário aplica-se às guerras externas e internas.

3.1. Informações gerais

O objeto do Direito Humanitário é, sucintamente **limitar a violência peculiar aos conflitos armados** e **tutelar a assistência humanitária**.

O Direito Humanitário surgiu no século XIX, a partir do trabalho do cidadão suíço **Henri Dunant**, que publicou o livro "**Uma Lembrança de Solferino**", dentro do qual ele defendia tanto o **estabelecimento de normas internacionais voltadas a proteger a pessoa na guerra** como a **criação de entidades voltadas a melhorar as condições de vida durante os conflitos armados** e a **auxiliar suas vítimas**.

As ideias de Dunant resultaram na criação do movimento da **Cruz Vermelha** e na assinatura, em 1864, do primeiro tratado dedicado a reduzir o impacto da guerra sobre a vida humana: a **Convenção para a Melhoria da Sorte dos Feridos e Enfermos dos Exércitos em Campanha**.

Os principais tratados de Direito Humanitário são as seguintes:

- Convenção I: para a Melhoria da Sorte dos Feridos e Enfermos dos Exércitos em Campanha
- Convenção II: para a Melhoria da Sorte dos Feridos, Enfermos e Náufragos das Forças Armadas no Mar
- Convenção III: relativa ao Tratamento dos Prisioneiros de Guerra
- Convenção IV: relativa à Proteção dos Civis em Tempo de Guerra
- Protocolo I: Protocolo Adicional às Convenções de Genebra relativo à Proteção das Vítimas de Conflitos Armados Internacionais
- Protocolo II: Protocolo Adicional às Convenções de Genebra relativo à Proteção das Vítimas de Conflitos Armados Não-Internacionais
- Protocolo III: relativo à Adoção de Emblema Distintivo Adicional

O Direito Humanitário dirige-se fundamentalmente à proteção das seguintes pessoas e bens:

• Regra geral: pessoas, bens e locais fora de combate ou que não estejam envolvidos nas hostilidades • Civis e bens de uso civil • Militares feridos, doentes, náufragos ou prisioneiros de guerra • Pessoal sanitário (pessoal voltado ao tratamento de saúde e à assistência humanitária nos conflitos armados) e material e instalações com as quais trabalham	• Religiosos, templos e lugares de culto • Pessoal de imprensa • Mortos • Prioridade de proteção: crianças, mulheres grávidas, parturientes e mães de lactentes ou com filhos de baixa idade.

O Direito Humanitário é governado pelos seguintes princípios:

- Neutralidade
- Universalidade e não discriminação
- Humanidade
- Suas normas devem ser observadas em todas as circunstâncias
- Suas normas aplicam-se a qualquer tipo de conflito armado, externo ou interno

- Encontram-se protegidos pessoas, bens e locais fora de combate ou que não estejam envolvidos nas hostilidades

Por fim, apresentamos alguns exemplos de normas de Direito Humanitário:

- Os não combatentes e combatentes fora de combate devem receber tratamento humano
- São proibidos ataques a civis, pessoal sanitário, religiosos, pessoal de imprensa, não combatentes e combatentes fora de combate, bem como aos equipamentos, instalações e locais de uso civil, sanitário, religioso ou não bélico
- São protegidos os bens culturais
- São proibidas as represálias, tomadas de reféns, cercos etc.
- Os feridos, doentes e prisioneiros em poder do inimigo devem ser tratados humanamente, não podendo ser torturados e devendo receber assistência médica, alimentação etc.
- O pessoal sanitário deve ter a maior liberdade possível para atuar, e os Estados, mesmo os neutros, devem apoiar ou não impedir a sua atuação
- O processo judicial deve ser conduzido de acordo com as garantias reconhecidas pelos povos civilizados.

3.2. Aplicação do Direito Humanitário

A **principal estrutura** dedicada à aplicação do Direito Humanitário é aquilo que costumeiramente chamamos de "**Cruz Vermelha**".

Na realidade, **é mais apropriado afirmar que existe um "movimento da Cruz Vermelha"**, formado por um **conjunto de entidades unidas entre si por princípios e objetivos comuns**.

A missão do "movimento da Cruz Vermelha" como um todo resume-se à: **contribuir com a elaboração de normas de Direito Humanitário e com sua aplicação em conflitos armados**; **atuar diretamente na assistência humanitária**; **divulgar o Direito Humanitário** e; em tempo de paz, **atuar por ocasião de situações que requeiram auxílio humanitário**, como desastres naturais.

> **Atenção!**
>
> Todas as organizações que formam o movimento da Cruz Vermelha são privadas, sem fins lucrativos e organizadas segundo o Direito interno dos Estados onde se encontram.

As entidades que compõem o movimento da Cruz Vermelha são as seguintes

ENTIDADE	INFORMAÇÕES IMPORTANTES
Comitê Internacional da Cruz Vermelha (CICV)	• Entidade de Direito privado suíço • Maior nível de articulação política do movimento da Cruz Vermelha • Envolvimento nas negociações de normas de Direito Humanitário e monitoramento direto da ação estatal na área • Não é nem uma organização internacional intergovernamental nem uma ONG: é uma entidade *sui generis*, de caráter privado, mas que conta com características das organizações internacionais, como personalidade de Direito Internacional Público e imunidade de jurisdição. Conta também com missões definidas pelas Convenções de Genebra
Federação Internacional da Cruz Vermelha e do Crescente Vermelho	• Entidade de Direito privado suíço • Auxílio direito às atividades do CICV • Coordenação das atividades das Sociedades Nacionais da Cruz Vermelha e do Crescente Vermelho
Sociedades Nacionais da Cruz Vermelha e do Crescente Vermelho	• Entidades de Direito privado dos Estados onde se encontram • Ação direta nos Estados no campo humanitário

Por fim, também atuam em prol da aplicação do Direito Humanitário a **ONU** e o **Tribunal Penal Internacional (TPI)**.

4. SISTEMAS REGIONAIS DE DIREITOS HUMANOS

Os sistemas regionais de direitos humanos são esquemas de proteção da dignidade humana **abertos à participação apenas de certos Estados**, localizados em **determinadas partes do mundo**.

Os principais sistemas regionais de proteção dos direitos humanos são o Sistema **europeu**, o **africano** e o **interamericano**.

4.1. Sistema interamericano – Introdução

O sistema interamericano de proteção dos direitos humanos é **aberto à participação dos Estados das Américas** e é administrado pela **Organização dos Estados Americanos (OEA)**. Conta com a participação do Brasil.

4.2. Principais tratados e instrumentos jurídicos do sistema interamericano

Os mais importantes instrumentos jurídicos do sistema interamericano, bem como alguns dos temas tutelados por suas normas, são os seguintes:

TRATADO OU OUTRO DOCUMENTO	TEMAS PRINCIPAIS
Declaração Americana dos Direitos e Deveres do Homem	• Rol de direitos muito semelhante ao constante de outros instrumentos internacionais: arts. 1-28 • Previsão expressa de deveres humanos: arts. 29-38 • Não é tratado
Convenção Americana sobre Direitos Humanos (Pacto de São José ou "Pacto de São José da Costa Rica")	• Definição de pessoa: art. 1, § 2º • Universalidade e não discriminação: art. 1, § 1º • Dever estatal de adotar disposições de Direito interno: arts. 1 e 2 • Direito à vida e regulamentação da pena de morte: art. 4 • Respeito à integridade da pessoa e proteção do indivíduo dentro do sistema prisional: art. 5 • Proibição dos trabalhos forçados: art. 6 • Garantias processuais: arts. 7-10 • Liberdades e seus limites: arts. 11-16 e 22 • Proteção da família e da criança: arts. 17-19 • Nacionalidade: art. 20 • Propriedade: art. 21 • Direitos políticos: art. 23 • Possibilidade de suspensão de garantias: art. 27
Protocolo Adicional à Convenção Americana sobre Direitos Humanos em Matéria de Direitos Econômicos, Sociais e Culturais (Protocolo de São Salvador)	• Direito à autodeterminação e ao desenvolvimento: Preâmbulo • Direito ao trabalho: arts. 6-8 • Previdência social: art. 9 • Saúde: art. 10 • Meio ambiente sadio: art. 11 • Segurança alimentar: art. 12 • Educação e cultura: arts. 13 e 14 • Proteção da família, da criança e do idoso: arts. 15-17 • Proteção dos portadores de necessidades especiais: art. 18
Convenção Interamericana para Prevenir e Punir a Tortura	• Conceito de tortura: art. 2 • Responsabilidade pela prática da tortura: arts. 3 e 4

TRATADO OU OUTRO DOCUMENTO	TEMAS PRINCIPAIS
Protocolo Adicional à Convenção Americana sobre os Direitos Humanos Referente à Abolição da Pena de Morte	• Proibição da pena de morte: art. 1 • Possibilidade de reservas relativas à pena de morte em tempo de guerra: art. 2
Convenção Interamericana para Prevenir, Punir e Erradicar a Violência contra a Mulher (Convenção de Belém do Pará)	• Conceito de violência contra a mulher: arts. 1 e 2 • Direitos das mulheres: arts. 4-6 • Obrigações estatais no tocante às mulheres: arts. 7-9
Convenção Interamericana para a Eliminação de Todas as Formas de Discriminação contra as Pessoas Portadoras de Deficiência (Convenção da Guatemala)	• Conceito de deficiência: art. 1 • Possibilidade de iniciativas de ação afirmativa: art. 1, § 2, "b" • Obrigações estatais: arts. 3-5

4.3. Principais órgãos do sistema interamericano: Comissão e Corte Interamericana de Direitos Humanos

As mais importantes estruturas de proteção dos direitos humanos do sistema interamericano são a **Comissão Interamericana de Direitos Humanos** e a **Corte Interamericana de Direitos Humanos, órgãos da OEA** criados pelo Pacto de São José, que regula seu funcionamento entre os artigos 33 e 73.

4.3.1. Comissão Interamericana de Direitos Humanos

A Comissão Interamericana de Direitos Humanos é um **órgão não jurisdicional** voltado a **acompanhar a aplicação dos tratados de direitos humanos do sistema interamericano** e a **velar por sua execução**.

A respeito da Comissão Interamericana de Direitos Humanos, deve-se destacar o seguinte:

COMISSÃO INTERAMERICANA DE DIREITOS HUMANOS	
• Tem sede em Washington (EUA)	• Deve atender às consultas dos Estados em questões relacionadas com a proteção dos direitos humanos e prestar-lhes o apoio possível. Pode, inclusive, em qualquer caso, solicitar que um Estado adote medidas cautelares voltadas a evitar danos irreparáveis aos direitos humanos

• É composta por sete membros, que atuam a título pessoal e, portanto, independentemente dos Estados dos quais são nacionais	• Pode examinar as petições e comunicações que lhe forem dirigidas por Estados, indivíduos e ONGs, referentes a denúncias de violação dos direitos humanos
• Pode ser acionada por Estados, por órgãos da OEA ou, dentro de determinadas condições, por indivíduos e certas entidades. Pode também agir de ofício	• Pode promover missões para verificar *in loco* a situação dos direitos humanos em países americanos
• Pode solicitar aos Estados informações sobre as medidas que adotarem no campo da proteção dos direitos humanos e realizar estudos acerca de questões vinculadas à promoção da dignidade humana nas Américas	• Pode também trabalhar para que questões envolvendo violações dos direitos humanos sejam resolvidos amistosamente
• Pode formular recomendações aos Estados para que adotem medidas progressivas em prol da promoção dos direitos humanos. Tais recomendações podem referir-se a mudanças no ordenamento jurídico interno, orientações quanto a políticas públicas, propostas de indenizações etc.	• Expressa suas conclusões por meio de relatórios, que conterão as informações e recomendações pertinentes ao caso

Vale salientar que a Comissão Interamericana de Direitos Humanos é competente para monitorar a conduta dos Estados em matéria de proteção dos direitos humanos, podendo responsabilizar apenas estes, não outras pessoas jurídicas ou pessoas naturais.

Cabe destacar que **a Comissão Interamericana de Direitos Humanos pode examinar as chamadas "petições individuais"**, apresentadas por **pessoas naturais, grupos de pessoas ou por determinadas entidades**, com o intuito de pedir providências contra um Estado que não tenha adequadamente reparado a violação de um direito qualificado como humano.

São os seguintes os requisitos para a apresentação de uma petição individual:

- A norma violada deve pertencer aos seguintes tratados do sistema interamericano: Pacto de São José, Convenção de Belém do Pará e Protocolo de São Salvador (direito à educação e direitos sindicais);
- Esgotamento dos recursos internos;
- Apresentação da petição em até seis meses após a notificação do esgotamento do último recurso;

- Inexistência de litispendência internacional e proibição do *bis in idem* (o caso não pode estar sendo apreciado por outro foro internacional nem ter sido examinado em outro mecanismo internacional de proteção dos direitos humanos ou pela própria Comissão);
- Que a petição seja apresentada por um indivíduo, um grupo de pessoas ou uma ONG legalmente reconhecida em um ou mais Estados-membros da OEA.

> ▸ **Atenção!**
>
> Logo não é possível ainda apresentar petições individuais referentes a eventuais violações de todos os tratados do sistema interamericano. Tampouco é possível peticionar individualmente no tocante a ofensas a todos os artigos do Protocolo de São Salvador.

É importante ressaltar que **a regra do esgotamento dos recursos internos não será exigida** nos casos de **não existir, na legislação interna do Estado de que se tratar, o devido processo legal para a proteção do direito ou direitos que se alegue tenham sido violados; quando não se houver permitido ao presumido prejudicado em seus direitos o acesso aos recursos da jurisdição interna, ou houver sido ele impedido de esgotá-los; e quando houver demora injustificada na decisão sobre os mencionados recursos.**

A petição individual difere da "**comunicação**", que é **apresentada por um Estado**, observados os **mesmos requisitos da interposição da petição**, somados à **necessidade de que o Estado reclamante e o reclamado tenham reconhecido a competência da Comissão para efetuar esse exame**.

> ▸ **Atenção!**
>
> Não são requisitos para a apresentação da petição a autorização de qualquer Estado ou o auxílio de advogado, embora este possa atuar no caso, permitindo-se ainda, no Brasil, que Defensores Públicos atuem no sentido de orientar a apresentação e o trâmite de uma demanda do tipo junto a órgãos internacionais.

Na análise da denúncia, a Comissão verificará, inicialmente, a **admissibilidade** da petição. Em seguida, poderá a Comissão Interamericana solicitar, se for o caso, que um Estado adote **medidas cautelares** voltadas a evitar danos irreparáveis aos direitos humanos. A Comissão deverá também ouvir as partes envolvidas, solicitando, por exemplo, informações aos Estados objeto da denúncia, e poderá **propor uma solução amistosa** para o problema, tudo de acordo com os artigos 47 a 51 do Pacto de São José.

O exame do caso deverá gerar um relatório, que poderá conter a exposição dos fatos e a solução alcançada ou, não sendo este o caso, as **recomendações cabíveis**. A partir desse relatório, **os Estados poderão adotar as recomendações formuladas** ou **submeter o caso à consideração da Corte Interamericana de Direitos Humanos**. Cabe destacar que a própria **Comissão Interamericana de Direitos Humanos também poderá submeter o caso à Corte**. Por fim, a Comissão Interamericana pode formular **medidas cautelares**.

> **Atenção!**
>
> Antecipamos, portanto, que pessoas naturais não poderão acionar diretamente a Corte Interamericana de Direitos Humanos.

4.3.2. Corte Interamericana de Direitos Humanos

A Corte Interamericana de Direitos Humanos é o **principal órgão jurisdicional do sistema interamericano**. Tem sede em São José, na Costa Rica.

A respeito da Corte Interamericana de Direitos Humanos, deve-se destacar o seguinte:

• É composta por sete juízes, que atuam a título pessoal, independentemente dos Estados dos quais são nacionais	• Os Estados só poderão ser partes em processos na Corte se aceitarem sua competência obrigatória
• Pode ser acionada apenas pelos Estados e pela Comissão Interamericana de Direitos Humanos	• O Brasil aceita a competência obrigatória da Corte desde 2002
• Pessoas naturais e ONGs não podem acionar diretamente a Corte: seus casos devem ser primeiramente apresentados à Comissão, a qual eventualmente pode levá-los à Corte. Não podem, tampouco, atuar como réus	• Os requisitos para acionar a Corte são idênticos aos exigidos para o peticionamento individual, acrescidos da aceitação do Estado réu em ser processado
• Tem competência contenciosa (exame, processo e julgamento de feitos judiciais) e consultiva (emissão de pareceres)	• A sentença é obrigatória, definitiva e inapelável e, quando determinarem indenização compensatória, poderão ser executadas no país respectivo pelo processo interno vigente para a execução de sentenças contra o Estado. No Brasil, a sentença da Corte Interamericana de Direitos Humanos deve ser executada no âmbito da Justiça Federal

Cabe destacar que a Corte submeterá à consideração da Assembleia-Geral da Organização dos Estados Americanos (OEA), em cada período ordinário de sessões, um relatório sobre suas atividades no ano anterior. De maneira especial, e com as recomendações pertinentes, a Corte indicará os casos em que um Estado não tenha dado cumprimento a suas sentenças.

5. TRIBUNAL PENAL INTERNACIONAL (TPI)

O Tribunal Penal Internacional (TPI) é uma **corte internacional permanente voltada a processar e julgar indivíduos que tenham cometido os chamados "crimes internacionais" tipificados no Estatuto de Roma do Tribunal Penal Internacional.**

O Tribunal Penal Internacional (TPI) foi criado em 1998 por meio do **Estatuto de Roma do Tribunal Penal Internacional**, do qual o Brasil é parte (Decreto 4.388, de 25/09/2002) e iniciou suas atividades em 2003.

O TPI tem sede na Haia (Holanda) e tem **personalidade jurídica de Direito Internacional Público**. O TPI não é parte do sistema das Nações Unidas, embora mantenha com a ONU laços de cooperação.

Nos termos do Estatuto de Roma (art. 1º), o TPI é "**uma instituição permanente, com jurisdição sobre as pessoas responsáveis pelos crimes de maior gravidade com alcance internacional, de acordo com o presente Estatuto**".

A jurisdição do TPI é complementar em relação às jurisdições nacionais. Nesse sentido, caberá aos Estados, primariamente, a competência de exercer a respectiva jurisdição penal sobre os responsáveis por tais atos, podendo o TPI agir apenas quando o Estado for omisso ou falho em punir os responsáveis pela prática de crimes internacionais.

O TPI atuará de acordo com o **princípio da responsabilidade individual**, devendo processar e julgar os indivíduos que cometam crimes internacionais. Nesse sentido, **Estados não serão processados nem julgados no TPI**.

5.1 Estrutura

De acordo com o artigo 34 do Estatuto de Roma do Tribunal Penal Internacional, os órgãos do TPI são a **Presidência**, o **Juízo de Instrução**, o **Juízo de Julgamento em Primeira Instância**, a **Seção de Recursos**, o **Gabinete do Procurador,** a **Secretaria**, e a **Assembleia dos Estados Parte s**, cujas funções são reguladas pelos artigos 34-52 do Estatuto de Roma.

O TPI é composto por **dezoito juízes**, que devem reunir os requisitos necessários para o exercício das mais altas funções nos Judiciários dos respectivos Estados, dominar uma das línguas de trabalho da corte (francês ou inglês) e ter reconhecida competência e experiência em matérias da alçada do Tribunal, como o Direito Penal e o Direito Processual Penal ou o Direito Internacional, o Direito Humanitário e os Direitos Humanos.

Os juízes são eleitos pelos Estados partes do Estatuto de Roma para um **mandato de nove anos**, sem direito a recondução, **não podendo haver dois juízes da mesma nacionalidade**. No exercício de suas funções, devem portar-se com **independência** em relação a seus Estados e **imparcialidade**. O Procurador também é eleito pelos Estados partes do Estatuto.

A seguir, apresentamos as principais funções dos órgãos do TPI:

Estrutura do Tribunal Penal Internacional	
ÓRGÃO	**COMPETÊNCIA**
Presidência	• Administração do TPI em seus aspectos judiciais
Secretaria	• Administração do TPI em seus aspectos não judiciais • Criação e administração de uma Unidade de Apoio às Vítimas e Testemunhas
Procuradoria	• Recebimento e recolhimento de informações sobre atos de competência do TPI • Abertura de inquéritos, com autorização do Juízo de Instrução • Condução dos inquéritos e das ações penais
Juízo de Instrução	• Autorização para a abertura de um inquérito • Impugnação da admissibilidade de um caso ou da jurisdição do TPI • Colaboração nos atos necessários para a abertura de um inquérito • Instrução processual prévia ao processo e julgamento no Juízo de Primeira Instância • Recebimento de representações de vítimas
Juízo de Julgamento em Primeira Instância	• Confirmação da inadmissibilidade do exame de um caso pelo TPI • Processo e julgamento em primeira instância
Juízo de Recursos	• Processo e julgamento de apelações contra os julgados do Juízo de Julgamento de Primeira Instância • Revisões
Assembleia dos Estados partes	• Órgão plenário do TPI, dentro do qual estão representados todos os Estados – membros • Tratamento de questões administrativas gerais do TPI • Deliberação quanto a mudanças no Estatuto de Roma e nos demais instrumentos que governam a Corte

5.2 Estatuto de Roma: princípios e competências *rationae personae* e *rationae temporis*

Os princípios que orientam as atividades do Tribunal Penal Internacional (TPI) encontram-se entre os artigos 10 a 13 e 20 a 33 do Estatuto de Roma e se resumem aos seguintes:

Princípios que guiam as atividades do Tribunal Penal Internacional	
• O crime deve ser grave e afetar à comunidade internacional como um todo • O Tribunal só terá competência relativamente aos crimes cometidos após a entrada em vigor do presente Estatuto • Complementariedade da jurisdição do TPI em relação à jurisdição dos Estados • *Ne bis in idem* • Responsabilidade individual: o TPI julga indivíduos • Responsabilidade subjetiva • Legalidade e vedação da analogia	• Anterioridade da lei penal • Irretroatividade, salvo para beneficiar o réu • Exclusão da jurisdição relativamente a menores de 18 anos • Irrelevância da qualidade oficial • O crime cometido em obediência a ordens superiores não exclui, em princípio a responsabilidade • Imprescritibilidade

A responsabilidade criminal das pessoas físicas nos termos do Estatuto de Roma em nada afetará a responsabilidade do Estado, de acordo com o Direito Internacional.

A responsabilidade pelos atos ilícitos tipificados no Estatuto de Roma é subjetiva. Nesse sentido, nenhuma pessoa poderá ser responsabilizada por um crime da competência do Tribunal, a menos que atue intencionalmente (com vontade de cometê-lo) e com conhecimento dos elementos materiais do crime (art. 30).

O TPI deve observar o princípio *ne bis in idem* (Estatuto de Roma, art. 20). Entretanto, o TPI poderá julgar um indivíduo que já tenha sido julgado por outra corte, caso o processo que tenha corrido em outro foro tenha tido o objetivo de subtrair o acusado à sua responsabilidade por crimes da competência do Tribunal ou não tenha sido conduzido de forma independente ou imparcial e em conformidade com as garantias processuais reconhecidas pelo Direito Internacional, ou, ainda, quando o feito tenha tramitado de maneira incompatível com a intenção de submeter a pessoa à ação da Justiça.

Os Estados têm o dever de cooperar com o Tribunal quando necessário, nos termos do Estatuto de Roma (arts. 86-102).

Excluem a responsabilidade criminal as circunstâncias elencadas no artigo 31 do Estatuto, que incluem, dentre outras: enfermidade, deficiência mental ou intoxicação, que privem a pessoa da capacidade para avaliar a ilicitude ou a natureza da sua conduta ou de controlá-la; legítima defesa, de si ou de outrem; e coação decorrente de uma ameaça iminente de morte ou de ofensas corporais graves para si ou para outrem.

O erro de fato excluirá a responsabilidade criminal se eliminar o dolo requerido pelo crime. O erro de direito poderá ser considerado fundamento de exclusão de responsabilidade criminal se eliminar o dolo requerido pelo crime ou se decorrer de decisão emanada de superior hierárquico (art. 32).

A obediência a ordens superiores não exclui a responsabilidade, salvo nas seguintes condições: quando a pessoa esteja obrigada por lei a obedecer a decisões superiores; quando a pessoa não tenha conhecimento de que a decisão é ilegal; e quando a decisão não seja manifestamente ilegal, como as que ordenam atos de genocídio ou crimes contra a humanidade (art. 33).

O TPI adotou o princípio da irrelevância da qualidade oficial, pelo qual o Estatuto de Roma se aplica de "forma igual a todas as pessoas sem distinção alguma baseada na qualidade oficial. Em particular, a qualidade oficial de Chefe de Estado ou de Governo, de membro de Governo ou do Parlamento, de representante eleito ou de funcionário público, em caso algum eximirá a pessoa em causa de responsabilidade criminal nos termos do presente Estatuto, nem constituirá de *per se* motivo de redução da pena" (art. 27). **Não afasta, portanto, a competência do TPI o fato de o réu fazer jus a privilégios e imunidades**.

Outros preceitos que orientam as atividades do TPI são comuns ao Direito e ao Processo Penal, como o princípio da legalidade (*nullum crimen sine lege, nulla poena sine lege*), o da anterioridade da lei penal, o *in dubio pro reo*, e o da irretroatividade, salvo para beneficiar o réu. Ademais a definição dos tipos penais deve ser precisa e, nesse sentido, é expressamente vedada a analogia (Estatuto de Roma, art. 22, par. 2).

5.3 Competência *rationae materiae* do Tribunal Penal Internacional: crimes da competência do TPI

O Tribunal Penal Internacional (TPI) é competente para examinar quatro tipos de ilícitos, desde que sejam de maior gravidade e que afetem a comunidade internacional em seu conjunto: **crimes de guerra**, **crimes contra a humanidade**, **crimes de agressão** e **genocídio**, listados entre os artigos 5 a 8 do Estatuto de Roma.

5.3.1. Crimes de guerra

Fundamentalmente, os crimes de guerra são os **atos ilícitos cometidos contra as normas do Direito de Guerra e do Direito Humanitário**, estabelecidas no próprio Estatuto de Roma (art. 8) e nas convenções da Haia e de Genebra.

Os crimes de guerra incluem, dentre outros: homicídio doloso; tortura ou outras formas de tratamento cruel ou desumano; experiências biológicas; destruição ou apropriação de bens em larga escala, quando não justificadas por necessidades militares e executadas de forma ilegal e arbitrária; tomada de reféns; privação intencional do direito de um prisioneiro de guerra a um julgamento justo e imparcial; ataques intencionais a populações ou bens civis, a pessoal sanitário ou a pessoal, material e instalações envolvidas em missão de manutenção da paz ou de assistência humanitária.

Outros exemplos de crimes de guerra são: lançar intencionalmente um ataque que sabidamente causará prejuízos extensos, duradouros e graves no meio ambiente e que se revelem claramente excessivos em relação à vantagem militar global, concreta e direta pretendida; matar ou ferir combatentes fora de combate (como aqueles que tenham deposto armas ou que tenham se rendido); dirigir intencionalmente ataques ao patrimônio histórico e cultural; promover ataques a religiosos e a templos; recrutar menores de quinze anos de idade; empregar "escudos humanos" ("Utilizar a presença de civis ou de outras pessoas protegidas para evitar que determinados pontos, zonas ou forças militares sejam alvo de operações militares"); atos de violência sexual; declarar abolidos, suspensos ou não admissíveis em tribunal os direitos e ações dos nacionais da parte inimiga; obrigar os nacionais da parte inimiga a participar em operações bélicas dirigidas contra o seu próprio país; e; utilizar armas que causem sofrimentos desnecessários ou que surtam efeitos indiscriminados, bem como veneno, armas envenenadas ou armas tóxicas.

5.3.2. Crimes contra a humanidade

Para o Estatuto de Roma (art. 7) **os crimes contra a humanidade consistem em atos cometidos no quadro de um ataque, generalizado ou sistemático, contra qualquer população civil, havendo conhecimento desse ataque**.

Tais atos incluem, dentre outros: homicídio; extermínio; escravidão; deportação ou transferência forçada de populações; prisão ou outra forma de privação da liberdade física grave, em violação das normas fundamentais de direito internacional; tortura, violação da liberdade sexual; desaparecimento forçado; perseguição de um grupo ou coletividade que possa ser identificado, por motivos políticos, raciais, nacionais, étnicos, culturais, religiosos ou de gênero; "limpeza étnica" e; *apartheid*.

Tais crimes incluem, ainda, "Outros atos desumanos de caráter semelhante, que causem intencionalmente grande sofrimento, ou afetem gravemente a integridade física ou a saúde física ou mental", norma que pode abranger inúmeros atos não expressamente mencionados no Estatuto de Roma, como o terrorismo.

Entendemos que, para avaliar o caráter desumano de certos atos, podem ser empregados como referência os tratados de direitos humanos, que examinaremos no Capítulo III da Parte III desta obra.

5.3.3. Agressão

O crime de agressão foi delineado pela Resolução RC 6, de 11/06/2010, que incluiu o artigo 8, *bis*, ao Estatuto de Roma, eliminando o antigo teor do artigo 5º, par. 2.

O crime de agressão consiste, fundamentalmente, **no planejamento, preparação ou execução, por parte de uma pessoa competente para efetivamente dirigir a ação política de um Estado, de um ato de agressão que, por suas características, gravidade ou escala, constituam uma manifesta violação da Carta das Nações Unidas**.

Encontram-se incluídos entre os atos de agressão elencados no Estatuto de Roma: invasões ou ataques armados aos territórios de outro Estado por parte de forças militares estrangeiras; ocupações militares, temporárias ou não; bombardeios; bloqueios de portos ou de regiões costeiras; ataques militares às forças armadas e frotas mercantes e aéreas de Estados estrangeiros; o emprego de forças armadas de um Estado, que se encontrem no território de outro Estado, com a anuência deste, fora dos termos do acordo que permitiu a presença dessas forças no território deste último; a ação de um Estado, que coloca seu território à disposição das forças de Estado estrangeiro para que ataquem um terceiro Estado e; o envio, por um Estado, ou em seu nome, ou com seu significativo apoio, de grupos armados (como mercenários), para que cometam atos belicosos contra outros Estados.

A Resolução 6 acrescentou também ao Estatuto de Roma o artigo 15 *bis*, que fixa como o TPI deverá exercer sua competência no tocante ao crime de agressão

5.3.4. Genocídio

O genocídio consiste na **prática de atos cometidos contra membros de um grupo étnico, nacional, racial ou religioso com a intenção de destruí-lo, no todo ou em parte**. Tais atos incluem: homicídio; ofensas graves à integridade física ou mental; sujeição intencional do grupo a condições de vida que possam provocar sua eliminação, total ou parcial; medidas destinadas a impedir nascimentos; e transferência forçada e de pessoas do grupo para outro grupo social.

A ocorrência de genocídio pode ser apurada à luz do Estatuto de Roma (art. 6) e da Convenção para a Prevenção e a Repressão do Crime de Genocídio, de 1952.

Competência *rationae materiae* do TPI: crimes de competência do Tribunal Penal Internacional

Genocídio	Crimes de guerra
Agressão	Crimes contra a humanidade

5.4 Competência *rationae loci, rationae personae* e *rationae temporis* do Tribunal Penal Internacional

A competência *rationae loci* do Tribunal Penal Internacional (TPI) poderá ser exercida no território de qualquer Estado parte e, por acordo especial, no território de qualquer outro Estado, a teor do artigo 4, par. 2, do Estatuto de Roma.

O TPI pode examinar **atos cometidos nos territórios dos Estados partes do Estatuto de Roma** ou **a bordo de navios ou aeronaves nestes registrados** ou, ainda, atos **praticados por seus nacionais. Pode atuar também contra atos cometidos no território de Estados não membros, desde que estes aceitem sua competência por meio de acordo especial** (Estatuto de Roma, art. 4, par. 2, e art. 12, pars. 1, 2, "a" e "b", e 3).

O TPI **pode também estender sua competência para atos cometidos em Estados não membros do Estatuto de Roma independentemente do consentimento destes**, desde que haja a devida **representação do Conselho de Segurança da ONU**. Essa é a norma do artigo 13, "b", do Estatuto de Roma, segundo a qual "O Tribunal poderá exercer a sua jurisdição em relação a qualquer um dos crimes a que se refere o artigo 5°, de acordo com o disposto no presente Estatuto, se: b) o Conselho de Segurança, agindo nos termos do Capítulo VII da Carta das Nações Unidas, denunciar ao Procurador qualquer situação em que haja indícios de ter ocorrido a prática de um ou vários desses crimes". Com isso, a competência do TPI pode ter alcance universal.

Cabe destacar que o TPI poderá exercer sua jurisdição nas seguintes hipóteses: **quando um Estado parte denunciar ao Procurador qualquer situação em que haja indícios de ter ocorrido a prática de um ou vários dos crimes de competência do Tribunal; quando o Conselho de Segurança, agindo nos termos do Capítulo VII da Carta das Nações Unidas, denunciar ao Procurador qualquer situação em que haja indícios de ter ocorrido a prática de um ou vários desses crimes; ou quando o Procurador tiver dado início a um inquérito sobre tal crime** (Estatuto de Roma, arts. 13 a 15).

Do ponto de vista da competência *rationae personae*, a competência do TPI abrange "**as pessoas responsáveis pelos crimes de maior gravidade com alcance internacional**" (Estatuto de Roma, art. 1) e exclui aqueles que, à data da suposta prática do ilícito, não tinham ainda completado 18 (dezoito) anos de idade (Estatuto de Roma, art. 26).

Cabe recordar que **o TPI adota o princípio da responsabilidade criminal individual**, pelo que tal Corte não julgará Estados, mas apenas pessoas físicas. Com isso, não poderão ser réus nesse Tribunal pessoas jurídicas, como Estados, organismos internacionais e ONGs.

Nos termos do artigo 25, par. 3º, do Estatuto de Roma, o TPI pode processar e julgar tanto aqueles indivíduos que cometeram o crime internacional como os que ordenaram, instigaram, solicitaram, facilitaram, encobriram ou de qualquer forma contribuíram para a prática do ato ilícito ou deste participaram, inclusive os superiores hierárquicos.

Lembramos que a **responsabilidade criminal das pessoas físicas nos termos do Estatuto de Roma em nada afetará a responsabilidade do Estado** (Estatuto de Roma, art. 25, par. 4º). Em todo caso, cabe recordar que a responsabilidade internacional do Estado deverá ser apurada nos foros competentes para processar e julgar entes estatais, como a Corte Internacional de Justiça, ou em outros mecanismos de solução de controvérsias internacionais[3].

Do ponto de vista *rationae temporis*, a competência do TPI **abrange apenas os atos cometidos após a entrada em vigor do Estatuto de Roma, em 2002**, ou, **para os Estados que aderiram ou vierem a aderir posteriormente a este tratado, depois da entrada em vigor do Estatuto para estes entes estatais, a menos que estes tenham aceitado anteriormente a competência do Tribunal para apreciar determinado fato** (Estatuto de Roma, art. 11).

3. O tema da solução pacífica de controvérsias internacionais é tratado no Capítulo XVII da Parte I deste livro.

Competência *rationae loci, rationae personae e rationae temporis* do TPI

Modalidade de competência	Informações relevantes
Competência *rationae loci*	• Competência exercida no território de qualquer Estado parte do Estatuto de Roma • Competência pode ser exercida no território de Estados que não sejam partes do Estatuto de Roma, por acordo especial • Competência pode ser exercida em navios ou aeronaves de Estados-parte do Estatuto de Roma ou de Estados que a este se submetam excepcionalmente • Competência pode ser exercida sobre o território de qualquer Estado, a partir de determinação do Conselho de Segurança da ONU
Competência *rationae personae*	• O TPI processa e julga pessoas naturais • A competência do TPI abrange "as pessoas responsáveis pelos crimes de maior gravidade com alcance internacional" • O TPI não julga crimes internacionais cometidos por menores de 18 anos • O TPI pode julgar quem cometeu, ordenou, instigou, solicitou, facilitou, encobriu ou contribuiu para um crime internacional
Competência *rationae temporis*	• O TPI processa e julga apenas atos cometidos após a entrada em vigor do Estatuto de Roma • Para os Estados que aderirem ao Estatuto posteriormente, o TPI só processa e julga atos praticados após a entrada em vigor do tratado para esses Estados

5.5. Decisões e penas

A sentença do TPI é **obrigatória**. As deliberações acerca da decisão serão secretas, mas a sentença será proferida em audiência pública e, sempre que possível, na presença do acusado.

De acordo com os artigos 75 a 80 do Estatuto de Roma, o TPI poderá aplicar as seguintes penas: **prisão, por no máximo trinta anos**; **prisão perpétua, se o elevado grau de ilicitude do fato e as condições pessoais do condenado a justificarem**; **multa**; e **perda de produtos, bens e haveres provenientes, direta ou indiretamente, do crime**, sem prejuízo dos direitos de terceiros que tenham agido de boa-fé. A sentença poderá também estabelecer formas de **reparação** em favor das vítimas, incluindo a restituição, a indenização ou a reabilitação.

Atenção!

O TPI não condena réus à pena de morte.

Topografia do Estatuto de Roma

MATÉRIAS		ARTIGOS
Capítulo I	Criação do Tribunal (informações gerais acerca do TPI)	1-4
Capítulo II	Crimes de competência do TPI	5-10
	Competência *Ratione Temporis*	11
	Condições prévias ao exercício da jurisdição, exercício da jurisdição e inquérito	12-16
	Admissibilidade	17-19
	Ne bis in idem e direito aplicável	20-21
Capítulo III	Princípios gerais de Direito Penal Internacional. Inclui elementos psicológicos (art. 30) e causas de Exclusão da Responsabilidade Criminal (art. 31).	22-33
Capítulo IV	Composição e administração do Tribunal	34
	Juízes. Inclui Presidência (art. 38) e Juízos (art. 39)	35-41
	Procurador, Secretaria, Privilégios e imunidades, cessação de funções e línguas de trabalho.	42-50
	Regulamento e Regimento	51-52
Capítulo V	Inquérito. Inclui informações sobre a detenção de um acusado nessa quadra processual (arts. 58-59)	53-59
	Instrução	60-61
Capítulo VI	Julgamento em primeira instância	62-76
Capítulo VII	Penas	77-80
Capítulo VIII	Recurso e Revisão (julgamento em segunda instância). Inclui Revisão (art. 84) e Indenização do Detido ou Condenado (art. 85)	81-85
Capítulo IX	Cooperação Internacional e Auxílio Judiciário. Inclui entrega (art. 89) e a diferença entre entrega e extradição (art. 102)	86-102
Capítulo X	Execução da pena. Inclui a execução da pena de multa e da perda de bens (art. 110) e o tema da evasão (art. 111)	103-111
Capítulo XI	Assembleia dos Estados Partes	112
Capítulo XII	Financiamento	113-118
Capítulo XIII	Cláusulas finais. Inclui disposições sobre a proibição de reservas (art. 120), emendas e revisões (art. 121-123) e retirada do TPI (art. 127)	119-128

EDITORA
JusPODIVM
www.editorajuspodivm.com.br